漫遊十七世紀古英國

伊恩・莫蒂默——著 溫澤元——譯

THE TIME TRAVELER'S GUIDE TO RESTORATION BRITAIN

1660-1700

IAN MORTIMER

我將這本書獻給兒子奧立佛．莫蒂默（Oliver Mortimer）。撰寫此書時，他每週都會陪我到公園慢跑。

慢跑讓我學到不少道理。其中最值得一提的，是我學到快樂不等於滿足。我當然希望你過得快樂，但我更盼望你能對自己的生命感到滿意。

目錄

致謝

撰寫此書時許多人提供協助，對此我感激不已。首先，感謝約格．漢斯根（Jörg Hensgen）與史都華．威廉斯（Stuart Williams）帶領的團隊，以及他們在The Bodley Head以及Vintaget出版社的夥伴。從各種層面上來看，作家非常仰賴出版社的協助。很多人認為作家需要出版社的首要原因，不外乎是把書印出來，並說服書店通路賣書。事實上，出版社的鼓勵、信任與耐心對作者來說更重要。當中最不可或缺的，就是耐心。我的出版社向來都很支持我，感激不盡。

另外，我也要感謝我的經紀人喬治娜．凱普爾（Georgina Capel），謝謝她的建議與溝通手腕。此外，我也要藉此感謝任職於聯合經紀公司（United Agents）的前經紀人吉姆．紀爾（Jim Gill），他替我談妥這本書最初在英國的版權，更細心照顧這本書還有前幾部作品。謝謝曼蒂．格林菲爾德（Mandy Greenfield）審稿編輯，謝謝艾莉森．雷伊（Alison Rae）細心校對。

一如往常，我要向妻子蘇菲（Sophie）獻上最深的謝意。沒有她的愛與陪伴，我根本無法花這麼多時間完成這系列寫作計畫。沒有她，我也無法在二十一世紀的現在，完全投身、沉醉於十七世紀晚期。我還欠她另外整整一世紀的感激。

伊恩・莫蒂默
二〇一六年十一月十二日於莫頓漢普斯泰德（Moretonhampstead），德文郡（Devon）

緒論

心自為其境，在此間，天堂可化地獄，地獄也成天堂。

——約翰·彌爾頓（John Milton），《失樂園》（Paradise Lost）第一部，第254-255行

初抵復辟時期英國的當晚，躺在羽絨床墊上，你會發現四周寂靜無聲。如果是來到一六九〇年代，或許你會聽到樓下傳來落地鐘的聲響。假如是在一六六〇年代，唯一聽見的是侍女緩步上閣樓休息時樓梯發出的喀吱聲，或屋外小狗對守夜人的吠叫聲。透著緊閉的玻璃窗往外看，夜空灑滿星光，整點時外頭會傳來教堂鐘塔的報時聲。除了這些聲響，萬物寂靜無聲。或許你會跟其他居民一樣，留著夜燭繼續燃燒，讓燭光映照在床罩上。假如睡覺時沒拉上床罩，你會看見房內的木製鑲板上反射著蠟燭的火光。在那張覆蓋著亞麻布的桌子上，擺著晨起整理儀容用的鏡子和侍女用來幫你梳頭的梳子，替接下來一整天做好準備。問題是，在這個時期，一天的生活是什麼模樣？

就算秉持著當代知識的優勢，以後見之明的角度來體驗一六六〇到一七〇〇年間的生活，還是難以推斷此時期的日常是何種樣貌。這四十年是段紛亂喧囂的時期。某位君王受到民眾擁戴，某位國王

又會被驅除出境。戰爭紛擾，除了內憂還有外患。少數宗教信徒遭到處決，其他教派或族群卻得以安身。此外，英國貿易範圍拓展至遠東地區，而沿岸地區的鼠疫也消聲匿跡。而復辟時期與前期最大的差異，是理性科學思維成為主流。社會上出現各種專業的職業，倫敦逐漸變成國際大城；優雅從容、講究時尚的中產階級也如雨後春筍般竄出頭來。這四十年更孕育了不少天才，像英國最偉大的建築師克里斯多佛・雷恩（Christopher Wren）、科學家艾薩克・牛頓（Isaac Newton）以及著名日記作家塞謬爾・佩皮斯（Samuel Pepys）。此外，偉大作曲家亨利・普賽爾（Henry Purcell）、木雕家格寧・吉本斯（Grinling Gibbons）還有鐘匠湯瑪斯・湯皮恩（Thomas Tompion）也都誕生在這個時期。還有，技藝超群的畫家彼得・萊利（Peter Lely）跟戈弗雷・內勒（Godfrey Kneller）、頂尖詩人約翰・彌爾頓（John Milton）與約翰・德萊頓（John Dryden），還有一大群才華洋溢的演員與劇作家，如湯瑪斯・奧托威（Thomas Otway）、艾芙拉・班恩（Aphra Behn）和威廉・康格里夫（William Congreve），若談到復辟時期，絕對不能不提這些人。另外，不要忘了，在科學界還有三位偉大的科學家，就是羅伯・波以耳（Robert Boyle）、羅伯・虎克（Robert Hooke）跟艾德蒙・哈雷（Edmond Halley），他們的成就也非同小可，只是光芒都被牛頓蓋過罷了。除了眾多優秀人才，這也是個發明創新的年代。茶、咖啡還有巧克力在此時進入英國人的生活，異國水果紛紛來到英國，美酒與新式藥品也陸續問世。巴洛克式的宅邸在此時期蔚為主流，屋內也以來自印度的布匹和中國的家具與瓷器布置。更重要的是，英語世界最具影響力的哲學家約翰・洛克（John Locke），在這個時期提出《權利法案》（Bill of Rights），限縮君王的權利，替英國憲法打下重要根基。所以無論你是來到十七世紀末的哪一年，日子一定充滿驚喜。

對於生活在這個時期的英國人而言，這些變化已經讓他們眼花撩亂。對於來自現代的你，一定更對十七世紀的日常生活充滿問號。早餐吃些什麼？被衣服上的寄生蟲跟蝨子螫到，皮膚奇癢無比時該怎麼辦？要用什麼東西刷牙？起床時，外頭馬車行經鵝卵石路面發出的聲響好奇特；攤販的叫賣聲跟上教堂的路人打招呼時的用語也前所未聞。拉開窗簾，從凹凸不平、略為變形的窗子往外看，可見在下方街道上戴著軟帽的女士和假髮的男性，以各種浮誇或隨性的方式對彼此打招呼。身處如此陌生的時空，該怎麼生活？

這本書會告訴你，在十七世紀末的日子該怎麼過。除了能在書中學到該穿什麼、吃什麼跟喝什麼之外，還能知道住哪裡比較好、多少錢能買到什麼東西，以及如何旅行遊玩。另外，你也可以在這本書裡學到如何防治蝨子以及維持口腔清潔，只不過這些盛行於十七世紀的方式可能會令你坐立難安。如你所見，《漫遊英格蘭》這系列作品的寫作方式，是希望能讓讀者以親臨現場的方式來了解歷史。這點跟傳統歷史書籍不同。一般歷史書會以客觀的角度，隔著一段距離來檢視歷史。因此，讀這本書的你可說是置身這段歷史之中。對某些人來說，這段歷史或許象徵著「荒涼、貧困、粗鄙、下流、短暫」；對其他人而言，這或許是個壯闊宏大的時期。無論如何，能親自用心靈之眼觀看十七世紀末的樣貌，絕對比聽別人口耳相傳還好。

不過在我們親臨一六六〇年至一七〇〇年的復辟英國之前，必須先瞭解幾項重要概念。首先，你要知道為什麼我們稱這個時期為「復辟時期」（Restoration）。復辟指的是在一六六〇年回歸的君主制政體，而根據日記作家約翰・伊弗林（John Evelyn）的描述，在確立復辟君主制之前，可是有一場長達將近二十年的血腥叛亂。這場「叛亂」爆發於一六四二年，發生衝突的雙方分別為擁護查理一世國王（King Charles I）的軍隊，以及支持議會（Parliament）一派（以奧利佛・克倫威爾〔Oliver Cromwell〕為首）的士兵。這場武力衝突的起因，就是為了爭奪在英格蘭掌政的權利。難道因為君王握有神聖的權利、身為上帝的代理人，所以人民必須服膺於他？還是人民其實有權透過議會自組政府？在政治領域中，這個問題相當深奧，無法單靠辯論得到答案。從一六四二年起，為期四年的間歇性戰爭就此上演。起初，由克倫威爾與議會為首、站在人民這邊的軍隊獲得勝利。一六四六年四月，軍隊節節敗退，查理一世逃到蘇格蘭尋求庇護。幾個月後，蘇格蘭人不願繼續保護這位君王，便把他交給英格蘭議會。一六四八年又短暫爆發第二次英國內戰，這次保王派的軍隊依然戰敗，查理一世因叛國罪而遭審判。罪名確立後，一六四九年一月三十日，他在白廳被當眾處決。幾天後，君主制以及上議院（House of Lords）遭到廢除。英格蘭、威爾斯、蘇格蘭以及愛爾蘭發出聯合聲明，宣告成為一個共和政體，即「共和國與自由邦」（Commonwealth and Free State），議會也正式宣布自己是不列顛群島上具有正當權力的統治單位。

當年的議會帶有相當濃厚的清教徒色彩。在這個時期，嚴厲的宗教約束以及道德規範，徹底推翻英國舊有的傳統與習俗。主教職位遭到廢除，教會法庭也難以倖免。若想體會這個年代的律法禁令有多極端，看看一六五〇年頒布的《通姦法案》（Adultery Act）就可略知一二。根據這條法規，任何犯下通姦罪的人都要被處以絞刑。住在德文郡北部拜德福德（Bideford）的理查・邦堤（Richard Bounty），他的妻子蘇珊・邦堤（Susan Bounty）跟其他男人通姦、因此懷孕。她在埃克塞特（Exeter）的巡迴裁判庭受審，因犯下通姦罪被判處死刑。她以懷有身孕為由，請求法官寬恕，後來法院同意讓她在監獄中待產。孩子出生後，她就立刻被處以絞刑。[1]

真正令人毛骨悚然的地方，是竟然沒有人批判這種極端的「正義」。全國上下的許多治安法官竟希望有更多人因道德缺陷接受絞刑。一六五〇年代大概是中世紀以來英國最虔誠的一段時期。之所以說「最虔誠」，是因為跟其他時空相比，此時的英國社會完全被基督教思想控管，也更加積極地責罰那些行為違背上帝旨意的人。如果你想從十七世紀當中，選擇一個時期來遊歷，又不想體驗清教徒式的社會氛圍的話，我強烈建議你不要選擇共和時期。

時光飛逝，掌握高權的人衰老病死，民眾也越來越受不了手段極端的政府。由此觀之，共和國崩解看來是無可避免。經濟狀況的動盪，也讓政府當局面臨瓦解，人民開始質疑清教徒式的統治方式，真的是正確、符合上帝旨意的手段嗎？一六五八年九月，克倫威爾逝世後，英國政府陷入嚴重債務危機，保王黨與共和黨成員這才發現，正是極端的宗教治理手段讓英國走向衰亡。接著，一段充滿混亂的時期於焉展開。一六五九年十月十一日，約翰．伊弗林在日記中寫下：「軍隊驅逐了議會。英國陷入無政府狀態，一切混亂無章。國家沒有治安官可以作主，到處都是士兵，這兩者可是截然不同啊。全能的上帝，請憐憫我們，解救我們吧！」其他人也曾用筆記錄這種恐懼的心情。同年十月十四日，艾塞克斯郡（Essex）厄爾斯科恩村（Earls Colne）的清教徒牧師萊夫．喬思林（Ralph Josselin）也寫到：「聽說……軍隊……把議會鬧得天翻地覆。我們的罪孽恐將招致我們自身的毀滅。」十一月二十日，他又寫下：「大家都極為不滿，現在我們遭受士兵的管理，但唯有上帝才能告訴我們該怎麼做。」又過一個月，倫敦的理髮師湯瑪斯．魯格（Thomas Rugg）在描述身邊的市井小民時，表示：「大家都躁動不安，而且心情鬱悶……現在整個國家被一群劍客揮著刀劍控管，他們就是所謂的『國安委員會』（Committee of Safety）。」

在這場危機之中，喬治．蒙克（George Monck）將軍現身，他是蘇格蘭的軍隊指揮官。蒙克是一位備受敬重的將軍，他不僅在愛爾蘭與蘇格蘭的多場戰事中證明自己的實力，參與第一次荷蘭戰爭（First Dutch War，一六五二年至一六五四年）時，他更是在海上所向披靡。蒙克將軍私下和查理一世的兒子查理王子（Prince Charles）密會，身為王位繼承人的查理王子當時正流亡法國。除了私下與王子聯絡之外，蒙克也將倖存的前任議會成員召集到西敏市（Westminister）。一六六〇年五月一日，議員一致同意讓查理王子登上王位。五月八日，查理王子立刻宣布自己為查理二世（Charles II），並在五月二十五日於多佛（Dover）的港口登陸英國。一六六〇年五月二十九日，查理二世在他三十歲生日當天，駕馬率領一隊士兵穿越倫敦。對蒙克將軍和查理王子而言，執行這一連串行動需要莫大勇氣。蒙克將軍要冒著被共和派分子貼上叛國賊標籤的風險，查理王子則是要按捺不安的情緒回來——這個國家的議會當時可是下令砍了他父親的頭。但是，當時都普遍認為共和國已經找不到其他繼任領導人，唯有像查理王子這樣權利獲得認可、不受宗教與世俗的派系鬥爭所限制的繼承人，才有機會讓分崩離析的英國合而為一。

如果能理解英國人害怕內戰再次爆發、秩序再度崩解的恐懼心理，就可以想像為什麼查理二世繼任時會舉國歡慶了。除了不希望國家再度陷入戰亂，民眾也不願意再有第二個蘇珊．邦堤，沒有人希望淪為清教徒紀律的受害者。新即位的國王不僅象徵穩定和團結，也代表了人民將不再遭受壓迫（至少在初期是如此），不讓極端宗教思想掌控整個國家。就在議會同意讓查理王子返國的同一天，蒙克將軍宣布王子已簽署了後世稱之為《布瑞達宣言》（Declaration of Breda）的文件。藉由此宣言，王子同意寬恕那些在內戰及共和政體期間，迫害王子本人與他父親的叛亂者（除了那些簽署了查理一世處決令的人之外）。此外，他也同意讓在這段期間內購買、販賣土地的人，繼續履行先前的買賣協議。不僅如此，他還實行宗教自由，給付軍餉欠款、重新部署王室軍隊的人力。經過了十多年充滿恐懼的日子，全英國總算再次洋溢著樂觀正面的氛圍。

國王重新登基，民眾便能重拾往日喜愛的傳統與習俗。人民不僅能在五月節跳五月柱舞，還能上劇院看戲、舉辦賽馬比賽，參加各種被清教徒禁止的休閒活動。查理二世即位後，也立刻恢復主教以及上議院的身分。另外，因為新任國王自己也有一位私生子，《通姦法案》想當然也遭到廢除。因此「復辟」這個詞指的不僅是王室的回歸，也象徵立法原則、歷史悠久的機關單位和古老習俗的再次復甦。一六六〇年跟其他英國史上的關鍵日期不同。很多在歷史上特別標明出的日子，只是代表某位君王逝世或某位新王登基而已，並沒有什麼真正重大的歷史意義，不過在一六六〇年，英國的日常生活可是發生了極大的變動。在英國史上，唯一能同樣與一六六〇年被視為歷史轉捩點的年份，大概只有一〇六六年了。

以上就是復辟時期開展的起因與過程，那這個時期又是怎麼畫下句點的？

有些史學家只將「復辟」這個詞套用在一六六〇年代，也就是查理二世繼位的那幾年。而這種現象，可能是優秀的日記作家賽謬爾．佩皮斯無意間造成的。透過精湛的寫作筆法，他將一六六〇年至一六六九年描述得栩栩如生，讓讀者不小心忽略十七世紀末的其他時期。此外，文學評論家將一六九〇年至一七〇〇年初這段期間的英國戲劇，稱為「復辟喜劇」。這些戲劇在形式上的特點，不外乎就是充滿諷刺機智、涉及性的粗俗對話，以及猥褻悖德的幽默感，這些元素也是一六六〇年後英國社會的特色。因此，大家對復辟時期的年代範圍並沒有共識。我之所以會將這段期間訂在一六六〇年至一七〇〇年，是基於以下幾點原因。首先，在這四十年間，整個社會都洋溢著放蕩享樂的氛圍，這個風氣直到一六九〇年代才逐漸消退。第二，詹姆斯二世的女兒瑪麗與夫婿威廉在一六八九年出任女王與國王時，「復辟」的現象似乎又捲土重來。第三，目前很少有書籍紀錄在十七世紀的最後三十年，英國人的生活是何種樣貌。佩皮斯針對一六六〇年代的描述實在太精彩，讓讀者都將重點放在他書寫的時期。因此除了學術鉅著，還有那些紀錄一六八八年光榮革命（Glorious Revolution）和偉人傳記的書籍外，很難找到紀錄十七世紀後三十年的史書。其實，除了佩皮斯聚焦的那十年之外，後面的那段時期也非常引人入勝，值得讀者仔細探索。

就地理版圖來看，在這個時期，英格蘭國王的勢力也大幅擴張。一六六〇年，查理二世統治整個不列顛群島（British Isles）、法國敦克爾克（Dunkirk）海岸，還有位在新世界（New World）、被稱為「種植園」（Plantations）的英國領地。在這個時期，眾多小規模殖民地包含麻薩諸塞灣（Massachusetts Bay）、新普利茅斯（New Plymouth）、康乃狄克（Connecticut）、羅德島（Rhode Island）、維吉尼亞（Virginia）、馬里蘭（Maryland）、新斯科細亞（Nova Scotia）以及紐芬蘭（Newfoundland）這些在北美東岸的城市。在西印度地區，英國的領地則有牙買加（Jamaica）、背風群島（Leeward Islands）還有巴貝多（Barbados）。到了一七〇〇年，英國在北美與大部分的西印度地區擁有十三個種植園，而且規模有增無減。此外，英國國王的統治更延伸至印度沿岸（包含孟買〔Bombay〕與加爾各答〔Calcutta〕），以及非洲西部沿岸的某些地區。雖然當時還未有「大英帝國」（British Empire）這個說法，不過若說這個稱號始於該時也不為過。不過，這本書主要是聚焦於不列顛群島中面積最大的大不列顛島（Great Britain）。本書並未觸及英國在一六六二年賣給法國的敦克爾克，也沒有談在一六六〇到一六八四年由英國統治、位於北非的丹吉爾（Tangiers）。如果你是想造訪十七世紀愛爾蘭的讀者，這本書或許也不適合你，本書介紹的主要還是英格蘭（England）。直至今日，英格蘭（England）仍是整個大不列顛島上人口最稠密的國家。雖然重點擺在英格蘭，我偶爾還是會稍微提到十七世紀蘇格蘭與威爾斯的風俗民情。讀者必須特別注意，「聯合王國」（United Kingdom）此時尚未成形。雖然威爾斯已在一五三六年被納入英格蘭王國當中，但蘇格蘭卻非如此。儘管英格蘭與蘇格蘭是由同一個國王治理，但兩國是直到一七〇七年才合而為一。在本書探討的時期中，蘇格蘭仍是一個具有自己的立法系統、議會、貨幣、語言和文化的政治實體。

在正式進入復辟英國之前，還有最後一件事讀者需要特別留意，就是衣服要穿得夠暖。十七世紀時，英國仍處於小冰期（Little Ice Age），所以天氣酷寒、糧食歉收與食物短缺等現象也是時有所聞。因為氣候極端，一六七五年甚至被稱為「沒有夏天的一年」。[2]一六八三年十二月到一六八四年二月，全英國籠罩在永無止境的嚴寒中，這三個月的氣溫更是成為有史以來最低的氣溫紀錄。一月二日到二月二十日，泰晤士河都是處於結冰的狀態，肯特郡（Kent）的地面則結凍深達三英尺，而根據《倫敦政府公報》（*The London Gazette*）的報導，唐斯（Downs）的海岸也「結冰有一英里之遠」。[3]英國的紳士拿著溫度計，忙著在鄉間別墅的樓梯間和圖書館測量室溫，發現室內溫度甚至低於冰點。不僅臥房角落的大水罐裡的水全結冰，乳牛場的牛奶和商店裡的墨水也都結凍。整個國度都覆蓋在銀白的大雪中。水車徹底停擺，船隻也停在港口邊動彈不得，船桅和索具在寒冷的陽光中閃耀光輝，毫無用武之地。

在你鑽進復辟時期英國的羽絨床，盯著淌著蠟的蠟燭、看著燭光的同時，你大概會懷疑自己幹嘛跑來這個天寒地凍的所在。在此，我想再補充幾句，讓人家思考一番。某位備受敬重的歷史學家曾說：「在伊莉莎白女王統治時期到安妮女王掌政的這段期間，英格蘭社會所發生的轉變，以及這些變革所帶來的影響，基本上不具革命性。」[4]如果你們讀過這本書，再跟《漫遊伊莉莎白女皇的英格蘭》這本書兩相對照的話，或許會有另一番見解吧。伊莉莎白女王死於一六〇三年，安妮女王則在一七〇二年登位，在兩者之間的這段時期，英格蘭社會發生了許多劇烈的變化。大家或許會把「將近二十年的血腥革命」視為「英國內戰」（Englissh Revolution），但後續的數十年也同樣具開創性。舉例來說，像是迷信的式微、對個人主義的重視、專業化的提升，以及對科學有更全面的理解，這實在是一個瞬息萬變，突飛猛進的時期。其實英國社會上最深遠重大的改變，都發生在一六六〇年至一七〇〇年間。在復辟時期，英格蘭社會歡天喜慶地迎接現代化，中世紀殘存的遺風已不見蹤影；而我們視為理所當然的理性主義，也是在復辟時期才成為主流思想。

不過，切莫全盤接受我的說法，請親自用雙眼飽覽復辟時期英國的風貌吧。

chapter 1 倫敦

今天是星期天，一六六一年六月二日，屋外正下著滂沱大雨。雨水敲打在充滿泥濘的街道上，要不聚成小水窪，就是隨著排水溝渠漫溢到鵝卵石鋪成的道路中央。這時很多人才剛從教堂回家，準備享用午餐。他們從雨滴斑駁的窗子向外望，教堂的鐘塔也在這陰鬱的正午時分發出報時聲響。路上少數幾位願意在這天氣出門的行人，低頭走在房屋突出的二樓之下，帽子跟斗篷都被雨水弄得溼答答。錯身而過時他們抬頭看你一眼，這些害怕昂貴服飾被雨水滴到的紳士，肩膀緊挨著牆壁行走，你只好往外繞讓他們通行。一輛馬車從旁駛過，車輪在不平的石頭上發出噠噠聲，讓水窪裡的水四處飛濺。一條野狗匆匆從馬車前閃開。儘管天氣惡劣，這時出門還是有其道理。在這種狀況之下，能將倫敦的市容清楚盡收眼底。天氣好的時候，路上擠滿馬車與行人，徹底遮蔽你的視線，更別提空氣污染了。有時房舍上頭會飄著一縷縷濃煙，這煙除了把你的雙眼燻得睜不開，也讓教堂的石壁變得漆黑。或許屋簷現在正不斷滴著水，但至少你的視線相當清晰。

行經倫敦核心地段時，你會發現整座城市就像個博物館。不過這並不代表倫敦市民全都費心保存古建築結構，其實單純是他們懶得把房子拆掉。舉目所及，每棟建築都歷史悠久。往東邊看，可見昂然挺立的倫敦塔（Tower of London）——過去是諾曼第人與金雀花王朝（Plantagenent）的英格蘭國王所駐紮的堡壘，現在則用來儲藏軍火彈藥以及監獄，專門安置位高權重的囚犯。倫敦塔北邊是倫敦市牆，這堵牆最初是由羅馬人建造，因此經過了無數次修繕。這座為了抵禦敵軍的牆高達十八英尺，目前大多仍屹立不搖。在市牆圍繞的範圍內，保有許多中世紀的街道巷弄，在這些蜿蜒曲折的小路兩旁，盡是古老的房舍與教堂。有些道路過於狹窄，無法同時讓兩輛馬車通行，有幾條巷弄甚至狹小到連一輛馬車都過不去。泰晤士街（Thames Street）是整個倫敦最繁忙的大街之一，其最窄的路段僅十一英尺寬，導致車潮時常會在此塞住。

在這個區域，許多房屋都有百年歷史。用來撐起房屋結構的椽木，經長期磨損都已呈現深沉的色澤，也帶有不少裂痕。牆上的鼠洞跟房子同樣歷史悠久，兩者皆洋溢濃厚的生命力。雖然老舊建築都已換上現代化的玻璃窗，但仍保有舊時的建築結構：二樓樓面向外延伸約十八英寸，三樓又比二樓突出一英尺，屋頂則採面向街道的山牆設計。在那些狹窄的巷弄中，住在對門三樓的住戶只要伸出手，就能觸碰到彼此。這種懸挑式設計遮蔽絕大多數的光線，因此陽光幾乎無法照進這些巷弄中；要是烏雲蔽日，這些路段就顯得更昏暗。在主要的大街上，你還是能找到用石頭砌成的大宅。現在這些房子的大廳，都已嵌入火爐並加裝磚砌煙囪，維持室內溫暖。就連那些四、五、六層樓高的樓房，至少也有六十至一百年的歷史了。此外，如果你拐進漆黑的巷弄中，走到那些歪七扭八的樓房後方，會看到舊時毫無章法的樓面結構。例如，這棟房子的廚房樓上是臥室，但另一棟建築的臥室底下卻是大廳。這些在中世紀落成的屋舍，多半是僧侶居住的修道院。就連舊時的穀倉，現在也改裝成可供居住的房屋。由此觀之，倫敦並不是一座透過拆毀、重建而發展的城市，當地居民透過持續的翻修微調，讓建築物的功能隨著人類的需求而改變。

就算對二十一世紀的倫敦瞭若指掌，看見復辟時期的倫敦市容可能還是倍感陌生。雖然倫敦塔看似大同小異，但其他建築都與現代的我們所熟悉的模樣完全不同。來到坎農街（Cannon Street）南端，會看到一個巍峨的石灰岩方尖碑，周圍以鐵片環繞。這座古老的地標，就稱為「倫敦石」（London Stone）。有人說這座尖碑，是由傳說中建立倫敦這座城市的路德國王（King Lud）所設，也有人說這是用來測量羅馬占領時期大不列顛島上所有里程碑與首都的距離。向北走到康希爾（Cornhill），會看到名為「標準」（Standard）的大型汲水裝置，這個設備能讓鄰近地區的民眾取用水資源。在街道北方，你會發現一棟華麗的古老建築，建築四周都設有拱廊，那就是皇家交易所（Royal Exchange）。皇家交易所是由托馬斯．格雷欣（Thomas Gresham）所建，並於一五七一年由伊莉莎白女王命名。在拱廊上方的壁龕裝飾中，可見諾曼人征服英格蘭（Norman Conquest）後的歷代國王與女王雕像。因為商業活動與交易繁忙，有時會有人說這是一塊全世界最有價值的四分之三畝地。不過在這個濕漉漉的週日午後，這裡反而像個陰森的紀念館，不僅滲著雨水，而且還空無一人。皇家交易所附近還有座散見於整座城市的頸手枷，用來懲罰那些違反交易規範的民眾，將他們的頭和手固定在木板上，供過路人恥笑。如今，這座頸手枷也同樣被雨水浸溼，與交易所庭院中的水窪一樣寂靜冷清。

舉目所及，萬物散發古老的氛圍，從整座城市的七座中世紀城門、勢力龐大的同業公會建築，還有建於一四一一年的倫敦市政廳（Guildhall），都瀰漫著古舊的氣質。在通商交易的主要道路齊普賽街（Cheapside）上，可見某些商人與金匠居住的考究宅邸，不過這些建築也將近一百來歲了。來到倫敦南邊，泰晤士河碼頭附近地區，這裡的建築也歷史悠久。如果暫時忽略河堤邊成群的船隻，會看到一排古意盎然的老舊牆壁與屋頂。這是倫敦第二座皇室堡壘，也就是荒涼的貝納德城堡（Baynard's Castle）。這座城堡在十五世紀時拆除重建，並於十六世紀初整修翻新。繼續沿著河岸走，會碰到一排蓋著擋水板與篷布的倉庫。租賃這些倉庫的商人，靠著過去四十年來的海運交易，從東印度運進大量的維吉尼亞菸草與香料。如果在週間，就算下著雨，昆西瑟（Queenhithe）碼頭邊的三架木製起重機仍照常運作，它們毫不間斷地將酒桶卸下或運到船上。不過今天是週日，所以起重機靜止不動。繼續沿著河岸行走，會來到斯蒂爾雅德（Steelyard），這是過去七百年來，漢撒同盟（Hanseatic League）的商人交易往來的中心。不過這裡早就失去當年主導經濟局勢的能力，如今建築也已逐漸凋零。

這條河岸上最令人眼睛為之一亮的建築，就是倫敦唯一的一座橋。這座橋建於十二世紀，全長九百一十英尺，連接倫敦與南邊的郊區南華克（Southwark），更藉著道路分支通往肯特郡（Kent）、薩里郡（Surrey）以及薩塞克斯郡（Sussex）。這座橋上的十九個拱道都各有其名，像是「皇后水閘」（Queen's Lock）、「狹窄入口」（Narrow Entry）、「岩石水閘」（Rock Lock）還有俏皮迷人，發音聽起來像在祝人好運（Good Luck）的「勇氣水閘」（Gut Lock）。這些拱道都是立基於船型橋墩或消波塊之上，藉以讓變化莫測的水流通過橋底。橋面上則蓋了一排排的房屋，俯視下方湍流的河水。橋的南端有一間中世紀時建造的守衛樓，那裡掛了二十多顆腐敗的頭顱和頭骨，全都是叛國賊的首級。擺放在公開場合的目的，無非是要讓民眾自我警惕。[1]在橋北端的那排房舍之間有個缺口，是一六三三年發生的大火所致。沒想到這座橋唯一一個最為重大的現代化改變，竟然是空出一塊縫隙，真是諷刺。[2]

越了解這座城市，就能發現幾乎眼前所有建築早在十七世紀前就已落成。雖然有些曾遭火災的舊址會有新建的房舍，但倫敦市牆內的建築有三分之二都是在中世紀時建造，剩下的三分之一則是誕生於伊莉莎白統治時期。皮革商公會大廳那豪華的柱廊，是在一六二〇年代時設計建造。皇室測量員伊尼戈．瓊斯（Inigo Jones）替皇后設計的皇家宮殿丹麥廳（Denmark House），也經過幾番整修，包含全新的皇室套房、養馬場以及馬房車庫。除了這些新搭建的房舍，市中心的建築幾乎都在一六〇〇年就已落成。城內最壯觀的十七世紀建築，大概就是聖保羅大教堂（St Paul's Cathedral）西側，寬十二英尺的科林斯式（Corinthian）柱廊，這同樣也是伊尼戈．瓊斯的傑作。不過看著在雨中略顯灰暗、散發濃厚哥德風的高聳鉛屋頂，不覺得這些柱廊顯得有點格格不入嗎？另外，瓊斯的設計跟中殿那早已被磨損的石雕，也呈現出強烈反差。一百年前，閃電擊中這座教堂的高塔，後續引發的大火也讓尖塔隨之崩塌，至今仍未修復。在教堂被煙燻黑的石牆底部與巨大的扶壁之間，人們搭起了一間間的商店與攤販。走進教堂，會發現兩側的樑柱都有些傾斜，有些傾斜的上下位差還有六英寸之多，不過這些直徑長十一英尺的樑柱看起來仍相當堅實。在教堂的圓柱之間和牆面上，立了許多倫敦的偉人或達官顯貴的紀念碑，像是決策無方者埃塞爾雷德（King Ethelred the Unready）、岡特的約翰（John of Gaunt）、尼古拉．培根爵士（Sir Nicholas Bacon）、法蘭西斯．沃辛漢爵士（Sir Francis Walsingham）、菲利浦．席得尼爵士（Sir Philip Sidney）、克里斯多佛．哈頓爵士（Sir Christopher Hatton）、約翰．鄧恩（John Donne）以及安東尼．范戴克（Anthony van Dyck）。不過因為惡意破壞或意外事故，很多紀念碑都已面目全非。絕大多數的毀損都是內戰所致，因為教堂在那時被當作馬廄，總共容納了八百多匹馬，此舉也顯示克倫威爾的軍隊對舊時宗教有多鄙視。此外，唱詩班的席位、主教的座位還有風琴也全都遭到破壞，地板甚至給人挖了個鋸木坑。一六六六年，某個委員會到教堂視察狀況，準備修整補救時，克里斯多佛．雷恩建議直接在教堂頂端，蓋上巨型巴洛克式的圓頂，不過其他委員都遺憾地表示，這棟建築根本撐不起份量感十足的圓頂。

這就是倫敦市中心的樣貌，一個陳舊衰敗、不斷順應變化，甚至瀕臨傾頹的城市，快被沉重的歷史與年代感壓得喘不過氣。不過只要踏出倫敦市牆，來到郊區，你會對眼前迥然不同的景象感到驚訝。首先，捏緊鼻子，經過弗利特水道（Fleet Ditch）四周的老舊倉庫以及搖搖欲墜的木造建築。過橋穿越弗利特河（River Fleet）時，可見湍流河水中的各式廢棄物：「肉攤製造的廢棄物，像是糞便、內臟、血，還有溺死的幼犬、發臭的魚屍體，還混雜著泥巴、死貓跟棄置的蘿蔔葉。」[3]繼續沿著弗利特街（Fleet Street）往西走，來到德魯里巷（Drury Lane）尾端，抵達我們現在所謂的倫敦西區（West End），能看見眼前的房屋牆面平坦，完全沒有突出的樓面，而且都是用高級的紅棕色磁磚砌成，面向街道的那一側還嵌了玻璃窗，窗與窗之間有華麗裝飾的圓柱。這些房子的大門採嵌壁式設計，上方有雅緻的天篷，門的頂部鑲有玻璃嵌版，好讓陽光灑進門廳。每棟房子都一樣高，放眼望去就像宏偉的宮殿，反而看不出是紳士或「上流階級」的私宅。下雨天時，這些房子的屋簷並不會一直滴水，因為上頭都設有排水渠道以及引流水管，將雨水往下導到街上。更令人驚訝的，是這區的道路不是鵝卵石或碎石子路，而是以工整的石塊所鋪成。此外，這些路面還有些微弧度，這樣雨水就不會聚在路中央，而是自動流進道路兩側的聚水渠。匯聚到路旁的雨水並不會淹到人行道上，因為人行道也特別做了加高設計。

在這座老城的外圍，雅緻的獨棟房屋已現身。

為何會有如此轉變？其中一個原因很簡單，就是倫敦市內快速成長的人口。一五五〇年，倫敦大約有五萬名居民。到了一六〇〇年，人數成長了四倍，來到二十萬人。在接下來的五十年內，人數又增加將近一倍，約莫有三十七萬五千位市民。從一六五〇年到今天一六六一年，人口又多出一成，現在倫敦大概有四十一萬人。不過人口增加，只證實當地需要更多房舍，並沒有解釋為何建築的樣貌會有如此轉變。要找出箇中原因，就必須先了解當時統治者的心態。彼時的統治者都住在河岸街（Strand）底端的白廳宮（Whitehall Palace）。距離白廳宮約半英里處就是德魯里巷，而伊莉莎白一世禁止民眾在德魯里巷西側的地區擴增、建造房屋。後來繼任的統治者也推動類似的政策，禁止人民在已開發地區繼續增建房屋。不過這些規範也並非滴水不漏，某部分原因是因為王室允許貴族購買營建執照，在德魯里街以西的空地搭建房舍。另一項原因，是這些華美高貴的宅邸，「能替國家門面加分」，因此也不受法規限制。[4]換言之，只要這些新式房屋裡住的是貴族或富人，就不會遭到政府當局取締。典雅華麗的房子紛紛落成，逐漸往白廳宮逼近，皇室也開始緊張，擔心這群嶄新的建築會蓋得亂七八糟。這時他們就發出聲明，強迫這些房舍的高度、寬度和牆壁厚度都要符合一定規格，而且必須與左鄰右舍的建築類似，不得特立獨行，因此整個街區看起來相當優雅和諧。這就是為什麼整排新式房屋看起來就像皇室宮殿，而非狹長的獨棟住宅。國王跟朝臣希望圍繞在白廳宮周圍的建築，都能優雅有章法，不要像毫無規劃的城市那樣看起來散亂、毫無規則可循。

在這些全新落成的房屋中，最令人歎為觀止的就是柯芬園（Covent Garden）廣場。這裡的建築跟市中心那些木造的老舊房舍不同。走進柯芬園，你會以為自己來到另一個國度。你會先抵達一處寬廣、鋪滿平整石板的廣場，周圍皆是三層樓高的房屋。柯芬園南邊的那幾塊花園，皆屬貝德福府（Bedford House）所有。貝德福府是貝德福郡第五任伯爵威廉・羅素（William Russell）的倫敦住所，其父在一六三一年，指派伊尼戈・瓊斯設計這座廣場。廣場西邊的教區教堂，也同樣出自伊尼戈・瓊斯之手，旁邊那兩棟磚砌的獨棟住宅則是由第四任伯爵（羅素之父）所建。廣場北面與東面，則是一整排由私人開發商建造的優雅建築，每戶人家正面都有高二十英尺的拱廊。第四任伯爵向國王購買建造廣場的證明時，付了兩千英鎊，教區教堂花了超過四千英鎊，三棟私人住宅則是四千七百英鎊，由此便可理解為何在一六六一年，柯芬園是高級住宅區的代名詞。[5] 跟此地富裕的住戶相比，住在古老市中心的居民一定覺得自己是貧困人家。

柯芬園是英國近代都市計畫的先驅。倫敦西部與北部後來出現不少的典雅建築，其實也都是受柯芬園的影響。此後，再也沒有人搭建木造的懸挑式房屋，人家都以磚頭砌出平面直挺的房子，社區的道路寬敞，設有完善的排水系統與溝渠，而且採光良好。此外，山形牆也已退流行，民眾都希望屋頂邊緣有科林斯式或愛奧尼亞式（Ionic）的柱頭與欄杆。最重要的一點，有錢人都希望住在比例方正的住宅中。在霍本（Holborn）附近，哈頓勳爵（Lord Hatton）就規劃出現在我們所知的哈頓公園（Hatton Garden）——一條堂皇美觀的街道，盡頭則是座落方正的典雅住宅群。更讓人讚嘆的是剛落成於林肯律師學院廣場（Lincoln's Inn Fields）與大皇后街（Great Queen Street）的建築，兩者都是由威廉・紐頓（William Newton）所建。荷蘭藝術家威廉・薛林克斯（Willem Schellinks）在一六六一年造訪倫敦時，形容林肯律師學院廣場「是一塊座落在林肯律師學院後方的寬敞方形空地。廣場四周圍繞著宮殿般的住宅，每戶人家高聳的外牆後方，都有自己的前院。仔細一數，這裡總共有七十個大門，而且雙開的大門邊都佇立著石柱，這裡是貴族雅士的居住地。」[6] 又過了幾年，來自佛羅倫斯的貴族羅倫佐・馬加洛堤（Lorenzo Magalotti），他跟著托斯卡納大公國（Tuscany）國王科西莫三世（Grand Duke Cosimo III）的車隊旅遊，行經倫敦時，他對這塊廣場大感讚嘆，表示：「這是全倫敦最大、最壯觀的廣場之一。這塊廣場不僅整齊劃一，建築物的規模也宏偉無比。」[7]在所有基督教國家中，荷蘭與佛羅倫斯地區的人不僅品味出眾，他們都市化的程度也最高。如果能讓來自上述兩個地區的遊客開口讚嘆，那這些建築師就真的是有兩把刷子。

所以倫敦確實有一新一舊這兩種面向。古老市牆的範圍之內，以及緊鄰城牆外圍的區域，就屬於舊城區，而泰晤士河南岸的南華克同樣也是舊城所在。新倫敦則包裹在舊倫敦外圍，從東北部的斯皮塔佛德（Spitalfields），延伸到哈頓公園以及席歐巴茲路（Theobalds Road）南邊的新建築，最遠來到皮卡迪利（Piccadilly）。不過新倫敦的範圍並不止於此，沿著新舊城的交界處走，會看到許多興建中的房舍。南漢普敦廣場（Southampton Square，現稱布盧姆茨伯里廣場〔Bloomsbury Square〕）在一六六〇年，由南漢普敦伯爵設計興建，現在這裡也是高級住宅林立的區段。雖然目前還看得到在內戰時期，為了保護倫敦免於戰事侵擾的半月形護欄（也就是所謂的「通信線路」〔Lines of Communication〕），不過這裡之後也會因為要蓋新道路而拆除。來到都市圈的最西邊，西敏寺與白廳宮等有菱有角、外型生硬的中世紀建築物仍然聳立。但你難免會認為這些建築大概過不了多久，就會被市牆邊如雨後春筍般冒出的嶄新房屋所吞噬。

雨下了一整天，絲毫沒有要減弱的趨勢。在倫敦塔北方，賽謬爾．佩皮斯在位於席斯巷（Seething Lane）中的住家，看著窗外滂沱落下的雨水。佩皮斯在海軍部隊中擔任書記官，這是個位高權重的職位。生活富裕的他興趣廣泛，對科學發展也非常著迷。佩皮斯已經坐在家中，跟數學用具製作者勞夫．葛托瑞斯（Ralph Greatorex）花好幾個小時飲酒、吃鯷魚，以數學的角度來討論槓桿，他已疲乏不堪。他衷心希望雨能快點停，這樣他才能早點送客。如果等到下週四天氣晴朗回溫時再來造訪，佩皮斯則顯得更有精神，跟鄰居威廉・潘爵士（Sir William Penn）坐在屋頂陽台上，邊彈魯特琴邊喝酒（又喝）。待過下著雨的週日，再來到這個陽光普照的日子，你對倫敦絕對會有截然不同的感受。

氣溫回升，代表城裡會發生幾場小火災，不過讓倫敦空氣聞起來刺鼻的，則是工廠燃燒煤炭排放的煙霧。除了燃煤的濃煙之外，還有其他污染物會令你的鼻子感到難受。除了河岸邊傳出的難聞氣味，還有進行布料染整及製革的地方，也會散發令你幾乎要窒息的惡臭。遺留在大街上的馬糞也同樣臭氣熏天。此外，男人在巷弄中小便留下的尿液也是臭味來源。接近正午，氣溫逐漸升高，地窖裡糞坑的氣味則越來越濃烈，幾乎都要蓋過其他臭味。鴿子從舊式房屋的屋頂下紛紛飛出，排遺在房屋的木頭結構上，留下一道道白痕。老鼠在木桶後方以及木箱周圍覓食。蒐集廚餘的人牽著馬車，挨家挨戶接收腐敗的剩菜剩飯。專門替人清掃私人糞坑的清潔工，也牽著載運動物排泄物的馬車走在街上。街上還可見活蹦亂跳的羊群跟其他牲畜，被人趕往屠宰場以及肉市，牠們的鮮血與糞便也讓街道上的臭氣有增無減。

你可能會說，舊倫敦在中世紀時也同樣充斥各種氣味。不過因為人口增長的緣故，現在的氣味可是比當年濃厚許多。倫敦在十七世紀的人口數，是十四世紀的十倍，這也代表倫敦多出了十倍的羊與牲畜，就連人類製造的廢棄物也是十倍之多。此外，倫敦擁擠密集的現象，可不單只是倫敦當地居民所致。倫敦是座擁有成千上百位訪客的城市，每天都有人因為工作或找樂子而來到倫敦——上市場、參加集市，在城內交易買賣，或是到劇院看戲。所以不管你到倫敦的哪個角落，永遠都有滿滿的人潮與動物。

接下來，聽聽倫敦街道上的聲音。每天，都有三千多隻牛被送進倫敦宰殺，其他牲畜的數量更是不可勝數。牠們經過你身旁，或在圍欄裡發出的叫聲，實在震耳欲聾。遭到宰殺時，這些動物的高頻叫聲、哀號以及痛苦的咆哮聲不僅刺耳，更令人心神不寧。每天都有兩千多輛載客馬車，還有幾千台推車和貨運馬車經過老舊的鵝卵石街道，這些車輛的輪子外都裹了鐵，因此滾動時會發出碰撞聲響。另外，街道邊還會傳來鐵匠或燭台工匠的敲打聲。如果路上的車輛都急著通行，造成交通大堵塞時，就可以聽見馬車駕駛爭執不休的吼聲。這時，清潔工拖著載運排泄物的馬車，手持鈴鐺或鈴錘，晃動時發出響亮的鈴聲，向人們宣告他們的到來。另外，群眾在街邊觀賞鬥雞或摔角比賽時發出的鼓譟、嘶吼聲，也是無比嘈雜；賭注下得越大，通常分貝數也會隨之上升。倫敦市內有一百多座教堂，每個鐘頭都會傳來此起彼落的報時鐘聲。還有，街道上的攤販，也會擠在人群中，不斷喊著：「鯖魚，兩條四便士，四條六便士」或是「比目魚喔，來買比目魚」還有「修補平底鍋哦！」這時，二樓以上的住戶也會把頭探出窗外，對著街上的攤販大叫，吸引老闆的注意。因此，舊倫敦不僅擁擠、臭氣熏天，噪音也大到蓋過你腦中的思緒。

如果想要遠離塵囂，倫敦市內有花園跟公園能讓你稍作休息。這是倫敦在文化層面上的轉變。一百年前，倫敦市中心才是民眾聚集關注的焦點。如果想要跟大自然接觸，只能徒步走到遙遠的田野或林間。只有貴族鄉紳才會想到在鄉間的別墅旁搭建花園，享受園藝帶來的樂趣。不過，十七世紀的倫敦人越來越渴望逃離壅塞的街道，就算只是片刻也好。經濟條件較佳的民眾，或許能租輛馬車到海德公園（Hyde Park），在草地上漫步，或坐在馬車上跟著其他時髦雅緻的馬車一同繞著公園轉。如果只能靠雙腳走路，你可能會選擇聖詹姆斯公園（St James's Park）。在聖詹姆斯公園中，你可以舒適地在筆直悠長的小路上散步，欣賞沿途高大的榆樹，並沿著知名的林蔭大道（The Mall），看著觀賞用河道中的水鳥。再往北移動，在聖詹姆士宮（St James's Palace）後方，有片賞鹿林地，後來這裡就成為所謂的綠園（Green Park），公園南側則是皇室的飼鳥場，稱為鳥籠道（Birdcage Walk）。另外一種更時髦高雅的行程，則是搭船到沃克斯豪爾（Vauxhall）走訪新春花園（New Spring Gardens）。民眾能行走在有遮蔽的步道上，漫步在繁花盛開的花床之間，或是跟人群一起排隊，向小木屋中的攤販買杯高於市價的酒或啤酒。在這個季節，欣賞盛開的玫瑰與石竹實在是相當愜意。回程則可搭乘渡船，將手指伸出船外感受冰涼的河水。船夫會將船停在最近的「階梯」或小碼頭邊，你就能徒步返家。

夜幕降臨，倫敦又會換上另一種面貌。白天的喧囂歸於平靜，紛繁的色彩蒙上一層陰影，街上的人車也逐漸散去。在那些開放給大眾使用的公園中，彬彬有禮、自重守法的紳士準備回家，品行不正的人卻鬼鬼祟祟地出沒。這時，走在聖詹姆斯公園的那排高大榆樹旁，彷彿走進另一個世界。羅徹斯特（Rochester）伯爵約翰·威爾默特（John Wilmot）在他的詩裡寫道：[8]

在黑夜的陰影處，
有人行雞姦，有人遭強暴，也有亂倫正在發生。
在這個萬惡叢生的樹林中，
一大群蕩婦還有妓女，
大家閨秀、侍女、工人、
撿破爛的，以及女繼承人蹣跚而行。

馬車車伕、神學牧師、貴族、裁縫
學徒、詩人、男妓、囚徒
男僕、紈絝子弟紛紛現身，
荒淫地在此交媾尋歡。

海德公園也是如此。十七世紀末，威廉三世（William III）對於馬車外那片漆黑的所在感到非常憂心，因此在今天的騎馬道（Rotten Row）上設置三百盞油燈，讓他回肯辛頓宮（Kensington Palace）時一路燈火通明。[9]在倫敦市中心，挨家挨戶的門上也掛了油燈。另外，像利德賀市場（Leadenhall Market）等交易場所，因為營業至深夜，所以肉攤也會點起蠟燭照明。政府派出的巡夜人也提著油燈在街上來回穿梭。唯有在半夜，街上的油燈才得以熄滅。過了午夜，除了馬車上懸掛的油燈，或是為飲酒作樂至深夜的紳士帶路、手舉火把的男孩，街上幾乎見不到一絲光線。不過在史密斯菲爾德（Smithfield）地區則是例外，當地市場的商人通常會聚集在火把旁邊，一路從半夜工作到破曉。除了特定地區之外，在午夜至黎明這段期間，倫敦會有短短幾個小時是毫無聲響、伸手不見五指，而且萬物靜止不動。

從各個面向認識倫敦這座城市後，你或許就能理解為何大家對倫敦的評價不一。對生於倫敦本地的居民而言，倫敦不僅是一座城市，她還象徵著無窮機會。倫敦不僅是當地人的信仰、是他們的神話，更是不可違抗的法律與傳統。在這裡，不僅能體驗各種生活模式，更能經歷生命中的善與惡、好與壞。隨便問一個本地人他對倫敦的看法，他一定會告訴你倫敦集結了各大城市的精華。理查・鈕寇特（Richard Newcourt）在他替倫敦繪製的新地圖（出版於一六五八年）裡表示，倫敦是「全歐洲最富盛名、最華麗壯觀的城市，其古舊的特質與文化底蘊，還有豐富的資源環境以及美感，都是其他城市所不能及。」約翰・布萊道爾（John Brydall）在其著作《倫敦速寫》（*Camera Regis*，一六七六年出版）中指出：「倫敦就是整個英格蘭的精華與縮影，也是大英帝國的基底，更是英格蘭國王的臥室。」[10]對於這些描述與讚譽，許多外地人也深感認同，因為倫敦面積之大確實無可比擬。泰晤士河中平均停有一千四百至兩千艘船，放眼望去數也數不盡，這幅畫面總能攫住異鄉人的目光。不過旅客對倫敦的抱怨，也同樣不勝枚舉。所有人都公認白廳宮是歐洲最大的宮殿，但其毫無章法可循的結構，也讓它成為歐洲最醜的皇宮。羅倫佐・馬加洛堤表示，倫敦境內有許多精緻華美的商店，這點確實是世界之冠，但倫敦的政府建築卻令人倒盡胃口。他認為少數稱得上美觀的，只有倫敦塔、白廳宮的國宴廳（Banqueting Hall，由伊尼戈・瓊斯設計）、西敏廳以及聖保羅大教堂。另外，他也無法接受在一個處於文藝復興末期的城市中，因為人車堵塞，被困在倫敦橋（London Bridge）上動彈不得。有位名叫彌松（Mission）的法國紳士，他認為倫敦舊城中的房屋「是世界上最沒質感的房屋，全是木頭、灰漿，還有醜到不行的小窗戶。」[11]我敢保證，一定也有不少英國作家對倫敦的市容深感不滿。丹尼爾・笛福（Daniel Defoe）將弗利特河形容為「令人作嘔、難以忍受的公共污水槽。」[12]約翰・蘭揚（John Lanyon）對倫敦的缺點，提出更全面的描述。他說：

> 縱使國家投入大筆經費，集結人力來清掃倫敦的街道，但在夏天仍是塵土飛揚、臭氣沖天。到了冬天，整個路面滿是泥濘，碰上路上有許多馬車穿梭時，整個城市更是令人難以忍受。飄著臭氣的泥

巴被雨水沖進下水道以及排水溝渠，最後流進泰晤士河。很多下水道早已堵塞，就連市政府規劃的溝渠也是如此（霍本水道〔Holborn Ditch〕尤其嚴重，之前這條水道還通暢無阻），這些效用不彰的溝渠如今成為倫敦的毒瘤。就連泰晤士河也令人頭痛不已，像是在倫敦橋前段的泰晤士河，根本不利於船行。而且倫敦的大街小巷，天天都有載著糞便廢物的小馬車，導致臭氣竄入每個角落。而且在通往垃圾場的路上，糞便會不斷從馬車上散落，讓街道散發難聞的惡臭，人車也難以通行。因為這些糞便，倫敦總是蔓延著一股臭氣，對過路人來說是一種折磨，也連帶影響到郊區的居民。原本適宜居住的近郊，因為風吹的緣故，導致臭味也飄散到當地，甚至間接造成傳染病的大流行。[13]

讀到這裡，你一定覺得倫敦需要來場大改造，才能把老舊、雜亂無章以及正在腐敗中的核心給切除，再重新換上一顆嶄新、設計完善的樞紐。

倫敦大火

一六六六年九月二日，星期天稍早，國王的烘焙師傅湯瑪斯．法爾諾（Thomas Farynor）在位於普丁街（Pudding Lane）的家中，被濃煙給嗆醒。他發現火焰在樓梯間中快速延燒。法爾諾叫醒他的兒子女兒以及女僕，要大家從樓上的窗戶爬出去。那位女僕因為有懼高症，因此堅決留在家中。法爾諾領著一對兒女，從屋頂邊緣安全抵達鄰居家中。而那位女僕，就是「倫敦大火」（Great Fire of London）的首位罹難者。三小時後，在倫敦另一端的席斯巷，賽謬爾．佩皮斯與妻子被女僕搖醒。女僕珍．畢爾齊（Jane Birch）表示自己從房間窗子往外看，發現遠方有一場大火。佩皮斯套上睡袍，走進女僕的房間看了一眼後，覺得這只是一件小事，就回房繼續睡覺了。早上七點，佩皮斯起床後，珍告訴他昨晚大概有三百間房子被大火摧毀，佩皮斯才注意到事情的嚴重性。他步出屋外，徒步走到河邊，從較高的位置往倫敦橋看去，眼前「是一片無盡延燒的大火，燒遍倫敦橋北側的街道。」[14]他觀看情勢，發現火已經沿著河岸燒到斯蒂爾雅德。民眾都急著將個人物品搬出家中，把行李拖到河邊放上船。佩皮斯往回走的時候，看見街上有不少人將貴重物品搬到教區教堂，認為石造建築能抵禦烈火。此外，他還發現窮人怎麼樣也不肯棄家逃生，等到火勢對生命構成威脅，才跑到離最近的河岸階梯，努力攀上逃生船。佩皮斯注意到鴿子也不願離開屋子，只是在窗戶與陽台邊盤旋，直到翅膀被火苗燒傷，墜地而亡。

其實倫敦人對火災習以為常，在佩皮斯的日記中，就紀錄了另外十五起火災意外，但從來沒有一場的規模像倫敦大火如此驚人。當時因為氣候乾燥、強勁東風吹拂，再加上民眾為了迎接冬天而囤積在地下室與後院的木材，火勢才會如此猛烈。此外，因為起火時間是半夜，所以烈火就在無人知曉的情況下大肆蔓延。以上就是倫敦大火之所以難以撲滅的原因。政府當局自以為能夠成功滅火的態度，也讓情況雪上加霜。倫敦市長湯瑪斯．布魯茲沃斯爵士（Sir Thomas Bludworth），太晚才下令用槍砲將房屋擊垮。不過最根本的問題，其實是房屋的結構。起火的房子皆歷史悠久，而且它們都是用木頭搭建而成。另外，每間房子還緊密相依，建築與建築間的巷弄空間相當狹小。木造建築起火時，樑柱與牆壁會往外崩解，加速火花與火苗的擴散。河邊的這排住宅，裡面還堆放不少燃油、瀝青、焦油、樹脂、麻線、繩索、白蘭地還有其他易燃物品，這些物品也全都堆放在一起。綜合以上因素，許多街道就在迅雷不及掩耳之際成為火海。湯瑪斯・文森（Thomas Vincent）回想當時狀況，表示：

嘎嗟、嘎嗟、嘎嗟，這是烈火在耳邊燃燒的聲響，彷彿有幾千架鐵馬戰車在石子路上狂奔。如果你看著街上一排房子的窗戶，突然間，火苗會從窗戶竄出來，整排街開始燃燒，好像每戶人家都是生火打鐵的鐵舖似的。火焰在路中央融合，眼前變成一片火海。接著房子會轟隆、轟隆、轟隆地倒塌，街道兩側的建築向彼此倒下，露出房屋的地基。[15]

九月二日黃昏時分，佩皮斯乘著小船，在河面上觀察火勢，但是現場溫度過高，而且空氣中飄著燃燒中的碎屑，他只好返回岸邊。佩皮斯走在未受火勢波及的河岸邊，隨後往一家酒館走去。他在那裡看著燃燒中的倫敦，寫道：

天色越來越黑，火勢越來越大，在街道轉角、屋頂尖塔之間，在教堂與房舍之間，最遠到城市邊緣的小土丘，都籠罩在猛烈豔紅的火光之中。這場火的殘暴程度，完全不是日常生活中的火苗可以比擬。我們站在遠方，太陽西下，從橋的這頭到彼端，全都被烈火所覆蓋，連後方的小丘也冒著熊熊烈火，延燒有一英里遠。見到這番場景，我不禁落淚。教堂、房子，全都付之一炬，烈火的聲響、房屋崩毀的聲音更令人惴惴不安。[16]

隔天，九月三日星期一，約翰・伊弗林也從泰晤士河南岸望向窗外，看著城市裡的慘況。他說：

火勢熏天，蒼穹如同燃燒中的烤箱頂部。我向上帝禱告，希望此生不要再看見這般場景。幾萬棟房屋現在竟深陷一片火海！燃燒的噪音、房屋的崩塌聲、烈火延燒的轟隆聲、女人小孩的尖叫聲，群眾急忙奔走的模樣，高塔、房舍、教堂崩塌的景象，這真是一場令人驚駭的災難。[17]

若你加入佩皮斯或伊弗林的行列，也會看見河面上飄著許多貴重物品。民眾把珍貴的財物丟入水中，大家都擠在船上，懷裡抱著家具、樂器、毛毯、現金以及銀器。整座城市的高塔及數十棟教區教堂，全都在烈焰火光的映襯下，成為一幢幢剪影。空中飄著漆黑的灰燼，火焰延燒的路徑中，地面上的一切被燒得一乾二淨。在某些區域，溫度甚至直逼攝氏一千七百度。[18]延燒範圍的中心點，是倫敦最宏偉的建築：聖保羅大教堂。這座教堂挺過了所有降臨在倫敦的災難，屹立不搖將近六百年。但是這次，教堂屋頂上的鉛也遇熱融化，沿著牆面向下流淌，濺灑在偉人的墳墓上。巨大石柱也因為高溫而碎裂。這座象徵倫敦悠久歷史的尊榮建築也崩壞為塵土。

有的人說這場火燒了四天才熄滅，也有人堅持是五到六天。不過在大火發生的四個月後，住宅的地下室裡仍有些許物品持續悶燒，只要空氣竄入又會引發火苗。佩皮斯發現，該年冬天，地窖還是時不時飄出濃煙，最後一次則是發生在一六六七年三月十六日，距離倫敦大火已有半年之久。[19]

烈火消退後，民眾開始注意到焚燒後的殘骸。某個十五歲的少年威廉．塔斯威爾（William Taswell），在九月六日當天來到大教堂，那時火勢仍在延燒。他描述路上的景象：

星期四太陽一升起，我就迫不及待來到聖保羅大教堂。地板好燙，我的鞋子都要燒焦了，而且空氣的溫度之高，我在走到弗利特橋的路上，還得停下來休息幾次，整個人精神委靡，差點都要暈過去。停下來喘口氣之後，我終於來到聖保羅。看到教堂的鐘融化時，我實在不可置信，希望能有人陪我一起承擔如此激動的情緒。崩塌毀損的牆面，還有教堂周圍的石造結構不斷墜落，掉在我腳邊發出巨響，差點都要把我壓死……我忘了說，那個時候我在教堂東側的牆邊看到一具屍體，在高溫中顯得相當乾癟。那具屍體乾癟蠟黃，身上沒有半寸肌膚完好如初。她應該是個跑到教堂避難的虛弱老太太，以為火絕對不會燒到這裡。她身上的衣服都已燒焦，四肢變成焦炭。[20]

隔天，約翰・伊弗林也像塔斯威爾一樣巡視整座城市。他說：

今天早上，我徒步從白廳走到倫敦橋，沿途經過弗利特街、聖保羅大教堂旁的盧德門山（Ludgate Hill）、齊普賽街、交易所、主教門（Bishopsgate）、艾德門（Aldersgate），還有莫菲爾德（Moorfields），接著來到康希爾等地，一路上困難重重、難以行走，必須攀過冒著煙的碎石堆，還不時會迷失方向。而且路面溫度過高，鞋底彷彿都要融化……回程路上，我發現宏偉的聖保羅大教堂現在成為一片廢墟，場面實在令人悲痛……教堂中由鉛和鐵鑄成的裝飾，還有鐘跟金屬嵌板全都融化了。裝飾精緻的默瑟小教堂（Mercers' Chapel）、美輪美奐的交易所、莊嚴的基督堂（Christ Church）、所有公會大廳、華麗堂皇的建築、拱門以及巍峨的大門入口，全都被燒成灰燼。噴泉都已乾枯傾頹，裡頭殘留的水還在滾沸的狀態。地下室中的裂縫、水井、地牢還有曾經用來堆放貨物的倉庫，仍飄出焦黑的惡臭以及濃煙。就這樣走了五、六英里，路上看不見半塊完好如缺的石頭或木材，全都被燒成煤炭或白如雪的石灰。

走在被火燒盡的倫敦中，每個人看起來要不是像在荒蕪的沙漠遊蕩，要不就像在被敵軍砲火摧殘的死城裡徘徊。動物屍體、床單寢具還有其他易燃物飄出的臭味，令人難以呼吸。而且我只能挑寬敞的道路走，完全無法走進狹窄的小巷。無論是地面還是空氣中，濃煙跟炙熱的高溫持續籠罩，我的頭髮都要燒了起來，腳步也越發沉重。窄巷跟小路已經堆滿廢棄物。有時走著走著，會不知道自己身在何方，唯一辨識方向的辦法，是靠著那些已成斷垣殘壁的教堂或公會大廳，如果還有塔樓或尖頂結構殘留下來，才能認得出路。[21]

烈火熄滅後，民眾才得以準確估算破壞的規模。他們發現從倫敦塔到聖殿教堂（Temple Church），也就是從泰晤士河到北側市牆之間的區域，全都被大火摧毀。除了聖保羅大教堂，倫敦有八十七座教堂與六間小教堂都成了廢墟，甚至完全倒塌。五十二座同業公會的大廳已不復存在，皇家交易所、海關大樓（Customs House）還有四間監獄的命運也是如此（許多囚犯還趁亂逃獄）。倫敦石裂成碎塊，其中體積最大的一塊也只不過長兩英尺。受大火波及的區域面積，總共有四百三十六公頃，總計超過有一萬三千兩百座房屋被燒成灰燼。雖然這只是整個倫敦的五分之一，但這個區域卻是最讓倫敦人自豪的地方，涵蓋了珍貴的歷史文物與建築、市政管理中心與交易通商場所。經過這場大火，總共有八萬人無家可歸。不過令人意外的是，大家幾乎都在四天內找到棲身之所。在六日星期四與七日星期五這兩天，在通往伊斯林頓（Islington）以及海格（Highgate）兩地的道路邊，都有人紮營野宿。到了隔週星期三，睡在路邊的民眾都已消失，暫時設立的教堂與市場也開始營運。當然囉，房地產售價與房租直線飆漲，但是人們都願意一起合住。有的人試圖在舊址上搭建簡便的小磚房，不過冬天將至，而且政府無力提供多餘的治安防護，多數人最後仍然搬離。這時要特別警覺，因為生活已相當艱難，民眾也無心恢復舊教區的巡守制度。如果在夜裡遭到襲擊，沒有員警會拿著火把前來協助。佩皮斯在傍晚搭著馬車經過這片廢墟時，手中可是握著出鞘的劍。[22]

大重建

倫敦大火是史無前例的大規模災難，但倫敦的重建速度也同樣不容小覷。比起在五年內建造一個嶄新完善的城市，要在五天內燒光全是木造建築的倫敦根本是易如反掌。不過，倫敦就是有辦法在短時間內站起來。在大火結束後的兩週內，約翰．伊弗林跟克里斯多佛．雷恩各自畫了一張都市規劃圖。雷恩參考伊尼戈．瓊斯設計的柯芬園，他在聖保羅大教堂還有皇家交易所等主要政府建築附近規劃許多廣場，再由許多寬敞綿長的道路把這些廣場串連起來。伊弗林也設計了不少廣場，他繪製的廣場較有章法，幾乎都座落在正方形或矩形街區後方。不過因為土地所有權的爭議問題，這兩份規劃草圖都被棄置在一旁。英國的地產法是幾世紀以來最穩定、最歷久不衰的法規，民眾深信沒有人能把他們的家園奪走。現在民眾最不希望發生的狀況，就是被剝奪自家舊址的土地所有權，因為很多人除了房產之外已一無所有。此外，政府也沒錢以市價購入所有被火燒過的土地。這之間還牽涉到許多複雜的法律問題。例如，那些仰賴房租維生的民眾該怎麼辦？縱然房子已被大火燒毀，很多房東仍繼續要求房客支付租金。在這段過渡期，需要場地做生意的民眾怎麼辦？暫居親戚家的民眾又該怎麼辦？他們不可能等到政府籌足買下他們房產的資金。基於以上因素，大家都希望倫敦能盡快重建恢復，這也代表大家必須把對於土地所有權的繁瑣法律攻防拋諸腦後。如此一來，原先的都市規劃草圖又獲採用。後來，政府只開拓了兩條新的道路，分別是國王街（King Street）與女王街（Queen Street），從市政廳延伸至泰晤士河。

廢墟處開始變得繁忙活絡，工人將殘存的牆面推倒，將老舊焦黑的木材移除，再將可重複利用的石頭運到別處。十一月底，拆除作業已大致完成。各個公會也自食其力，重新建造自己的集會大廳。一六六八年底，已有三棟公會大廳順利落成。隔年，皇家交易所也完成重建。至於聖保羅大教堂，雖然雷恩建議國王將教堂拆除，但國王起初仍堅持重建。不過在一六六八年春天，在修復教堂的過程中，正廳的部分牆面倒塌，大家才發現教堂的結構已搖搖欲墜。國王也因此重新評估修復的可能性，同年七月，他請雷恩繪製新教堂的設計圖。有趣的是，雷恩內心早就在盤算這件事了。隔月，政府就下令拆除聖保羅教堂。工程團隊將中世紀的石塊取下，放進弗利特河中讓河床高度上升、開通渠道。

正是在這個時期，倫敦建築物的品質控管有長足進展。政府通過一項法令，規劃出四種不同類型的房屋。這四種房屋都必須是用磚塊或石塊搭建而成，屋頂的建材則限定為瓦片或石板。房屋格局最小的類型僅兩層樓，每層樓的高度須為九英尺，再加上閣樓與地下室的建築，這種房屋適用於狹窄的巷弄之中。第二種類型的格局擴大，總共有三層樓以及一個閣樓，適用於一般街道、主要巷弄，以及面向河岸的道路。第二種房屋的樓高也有所限制，一樓跟二樓是十英尺高，三樓則是九英尺。第三種類的房屋則有四層樓，「都座落於重要街道上」，而樓層由下而上的高度規定分別為十英尺、十英尺半、九英尺與八英尺半。[23]佇立在同一條街上的所有房舍，都必須比鄰相接，而且屋頂高度也必須一致。第四種類型的房屋，則是「傑出市民或其他非凡人士的宅邸」，同樣也只能蓋四層樓高。並非所有的高級宅邸都參考威廉．牛頓在林肯律師學院廣場的高級住宅。大部分的房屋不能在高聳的外牆內設立前院。而且因為建造成本高昂，許多住戶也無法在屋頂上增設壁柱與華麗的欄杆。不過這項法案確實有效地讓高品質住宅的設計與建造變得更為普及，人民也負擔得起。一六六七年底，私人建商完成六百五十棟住宅，隔年又接著搭建一千四百五十戶。整個計畫完成之後，原先佇立一萬三千兩百棟民宅的範圍，總共冒出八千座嶄新的房屋。房屋數量之所以會縮水，是因為房子不再附有後院小屋。此外，新的道路也較寬敞開闊，政府也特別設計了污水處理溝渠。一六七〇年，雷恩開始重建倫敦的教區教堂。他在當年獨力設計了七十間教堂，最後完工的總共有五十一間。他也替聖保羅大教堂設計了全新的巴洛克式結構。因為教堂需要在一六九六年舉辦重大禮拜儀式，因此施工進度十分有效率，不過整個工程直到一七一〇年才算正式完成。而在一六七六年，由克里斯多佛．雷恩與羅伯．虎克設計、位於普丁街附近的倫敦大火紀念碑也順利竣工。

舊倫敦經歷一番大改造，郊區的建設也如火如荼進行。倫敦塔東邊，為工人搭建的小型房屋一棟一棟完工。在沙德韋爾（Shadwell），每公頃的土地上約莫蓋了五十間房子。[24] 而在倫敦北邊與西邊，富人也繼續大興土木。聖奧爾本斯（St Albans）伯爵亨利．傑米恩（Henry Jermyn）在一六六五年，開始興建聖詹姆斯廣場（St James's Square），他在廣場周邊興建的氣派住宅，在一六七〇年堪稱是全倫敦最奢華的居所。在北邊的皮卡迪利地區，在一六六〇年代出現了三棟寬敞的大宅。一六六七年，伯靈頓（Burlington）伯爵理查．波以爾（Richard Boyle）收購、完工了伯靈頓府（Burlington House，即現在的「皇家學院」〔Royal Academy〕），這棟建築是由皇室地產測量員約翰．德罕姆爵士（Sir John

Denham）所設計。沿著同一條街往西走，克蘭頓（Clarendon）伯爵艾德華・海德（Edward Hyde）的克蘭頓府（Clarendon House）也正在施工。這棟由羅傑・普萊特（Roger Pratt）設計的宅邸，是公認全倫敦最精雕細琢的建築。繼續往西，可見修伊・梅（Hugh May）替柏克萊（Berkeley）伯爵設計，竣工於一六六六年的寬敞柏克萊府（Berkeley House）。萊斯特廣場（Leicester Square）、蘇活廣場（Soho Square）以及黃金廣場（Golden Square）這三座廣場以及周邊的街道，在一六七〇年代陸續完工；德文郡廣場（Devonshire Square）在一六七八年誕生。紅獅廣場（Red Lion Square）與濱海廣場（Marine Square，現稱威克洛斯廣場〔Wellclose Square〕）是一六八〇年代一系列開發計畫中的兩個案子，而主掌這系列開發案的，是一位姓名古怪的經濟學家，他叫「尼可拉・如果上帝沒有為你而死那你就註定遭天譴・巴本」（Nicholas If-Jesus-Christ-Had-Not-Died-For-Thee-Thou-Hadst-Been-Damned Barbon；這個名字是由他的清教徒父親「稱頌神・巴本」〔Praise-God Barebones〕所取）。諷刺的是，當時的倫敦人都恨不得巴本遭天譴。巴本在敏希巷（Mincing Lane）建造的第一批房屋，因為地基不夠穩固，後來紛紛倒塌，而且未經屋主同意就拆除建築的行為，也讓他官司纏身。不過如此黑心的建商不止巴本一人。一六八二年，喬治・唐寧爵士（Sir George Downing）規劃了唐寧街（Downing Street），這條街上的房子建築結構漏洞百出，最後只有四間房子沒有倒塌。但倖存的房屋在後續幾百年內，仍需反覆翻新修補。那些住戶實在可憐。

為了平衡報導，還巴本一些公道，我必須說他其實還是在倫敦蓋了不少堅固的房子，河岸街、法院巷（Chancery Lane）還有紅獅廣場那裡的某些建築就是實例。此外，他還率先在一六七〇年代，設計出房屋火災保險。一六八〇年，他轉換服務的模式，成立合股公司「房屋保險公司」（The Insurance

Office for Houses）。不久之後，市場上就出現不少提供類似服務的競爭對手，像是成立於一六八三年的「房屋火災損失扶助會社」（Friendly Society for Securing Houses from Loss by Fire），還有名稱更引人注意、設立於一六九六年的「友善貢獻企業成立，協助房屋、廳室與臥室之火災損失公司」（Contributors for Insuring Houses, Chambers or Rooms from Loss by Fire, by Amicable Contribution）。[25]支付保費與會費後，這些公司會給你一塊金屬牌匾，將這塊牌匾掛在門口，就可證明你有投保火災險。不幸失火的話，這些公司的消防員就會來替你滅火。不過，如果你沒有繳交會費，或者沒有將牌匾掛在門前的話，他們只會冷眼旁觀。

倫敦人急需火災保險，因為他們使用蠟燭時實在太大意。如果你沒辦法親自目睹一六六六年倫敦大火的慘況，一六七二年一月，皇家劇院（Theatre Royal）的火災也同樣規模不小。位於席斯巷的海軍辦公中心（Navy Office）建築群在一六七三年一月失火，周邊三十間房子也遭到波及，當中包含佩皮斯的住宅。同年，沙德韋爾也發生火災，吞噬上百間老屋。接著在一六七六年五月二十六日星期五，位於泰晤士河南岸的南華克爆發了倫敦小火災（Little Fire of London）。這場火災跟前一場「大火」一樣，都是發生在擠滿了老舊木造房屋的狹窄巷弄中。這場火在隔天晚上十點才獲得控制，當時已經有六百二十四棟房屋被燒成灰燼。有些私人宅邸也會傳出火災事故。亨格福德府（Hungerford House，位置就在今天的查令十字車站〔Charing Cross Station〕）在一六六九年飄出濃密黑煙；格令府（Goring House）在一六七四年發生同樣事故，接著阿靈頓宮（Arlington House，如今成為白金漢宮〔Buckingham Palace〕的南側建築）也不幸遭殃。羅伯・虎克替蒙塔古（Montagu）公爵設計了蒙塔古府（Montagu House），這棟位於布魯姆斯伯里（Bloomsbury）的宏偉莊園，在一六八六年也慘遭祝融吞噬。此外，布里奇沃特府邸（Bridgewater House）也在隔年遭烈火侵襲，布里奇沃特伯爵的兩個兒子與家庭教師都不幸命喪火場。

在這一連串豪華宅邸的失火事件中，最令人震驚的就是發生於白廳宮的大火。一六九一年四月，有位侍女懶得找刀子，沒有從一整綑蠟燭中將一根蠟燭切下來，反而用燒的方式將蠟燭分離，而且還不假思索地把第一根蠟燭扔在一旁。伊弗林在日記中寫道：「那天晚上，一場嚴重的大火瞬間吞沒白廳的石廊（Stone Gallery），烈火從已故樸茨茅斯（Portsmouth）女爵的宅邸延燒到河岸邊。之前工程團隊三度將樸茨茅斯女爵的住宅拆除重建，只為了滿足她的要求，現在竟然付之一炬！」不過更慘的還在後頭。一六九八年一月，「全歐洲最醜陋、最巨大的建築」的殘存部分也葬身火海。起因是有位荷蘭籍的洗衣女工，將衣服晾在一堆生著火的木炭前方，完全忘記要將衣服收起來。在這起事故中，只有伊尼戈・瓊斯設計的國宴廳與警衛室的火勢及時被撲滅，成功逃過一劫。米開朗基羅（Michelangelo）與貝尼尼（Bernini）的雕塑作品全都葬身火海，霍爾拜因（Holbein）的精美亨利八世（Henry VIII）肖像畫和其他珍貴藝術品也付之一炬。那位洗衣女工就是這場大火的肇始者。[26]陳舊的宮殿被大火燒盡，開發者就在這塊地上興建更多住宅與辦公空間，連舊時的庭院、花園以及玩木球的綠地也被充分利用。

由於新建設與都市更新計畫，倫敦能容納的居民越來越多，當地人口數大幅超越以往。一六六〇年到一七〇〇年間，在較窮困的教區到城市東部地區，人口翻倍成長，從五萬九千人變為九萬兩千人。[27]而在城市西半部，聖馬田教堂（St. Martin-in-the-Fields）周遭的上流區段，人口變化更為劇烈，從一六六〇年至一六八五年，居民數量從一萬九千人變為六萬九千人。[28]以整個倫敦來看，一六六〇年的人口數有四十一萬人，到了一六七〇年變為四十七萬五千人，一七〇〇年則是五十七萬五千人。倫敦居民不僅多過於巴黎（四十八萬八千人）、是羅馬的四倍（十二萬五千人），更比都柏林（Dublin）多出約莫九倍（六萬人）。[29]倫敦現在的人口數佔了英格蘭總人口的百分之十一點四（一六〇〇年是百分之五）。此外，許多鄰近村莊的農民也會牽著自己養的牲口到市中心做交易，觀光客會到倫敦旅遊。來自全英國上下的人，都會來倫敦上法院或處理金融事務。如果加上這些通勤的民眾或遊客，倫敦容納的人數就更可觀，同時也更增加了倫敦作為首都的重要性。全英格蘭至少有六分之一的民眾都曾待過倫敦。

由此可知，倫敦在整個英格蘭地區具有支配性的地位，只不過也有不少民眾對此感到不以為然。一六七〇年至一七〇〇年間，倫敦的總人口數，是全英格蘭第二至第十一大城市人口總和的四點二倍。如此驚人的人口差距，不僅前無古人，甚至後無來者（上述差距，在二十一世紀僅一點六三倍）。[30]如此驚人的人口規模，不單只有數字上的意義。當時，全英格蘭只有三個地方得以印書，就是牛津（Oxford）、劍橋（Cambridge）以及倫敦，而倫敦的印書量又是冠軍。另外，倫敦不僅是印刷報紙的地方，也是議會的所在。股市於此誕生，銀行也聚集於此。如果想見國王一面，也必須到位於倫敦的宮廷。如果某個有錢人過世，但他在一個以上的主教教區（diocese）有價值五英鎊以上的財產，那他的遺囑執行人就必須到倫敦來證實遺囑的效力。因此，各形各色的人都有可能聚集到倫敦來。到了一七〇〇年，倫敦在絕大部分英國人的生命中，佔有舉足輕重的地位。

倫敦的政經地位以及紛繁的活動事務，也讓這座城市變成居民的人生放大鏡，讓每個人的個性與特質更加鮮明。富人更有錢，窮人更貧困，貪婪的人胃口更大。倫敦讓浪漫的人放膽做夢，讓落單的人更加絕望。倫敦也鼓勵充滿好奇心的人放手實驗，讓老饕大快朵頤，讓酒鬼暢飲醇酒，讓賭徒敢於冒險，也讓外放的人展現自我，讓害羞的人得以躲在自己的小空間裡。簡言之，倫敦能凸顯英格蘭人的生命百態，也是一個最適合作為復辟時期之旅的起點。雖然，對倫敦厭倦就等於對生命厭倦（這是塞謬爾·強森〔Dr Johnson〕在下一個世紀提出的著名言論），但倫敦只不過是大不列顛島上的一小塊土地而已。

旅人，前往下一站的馬車已經準備好了。

chapter

2

倫敦之外

十七世紀末，英格蘭人對鄉間景致的看法跟現代人迥然不同，這點十分有趣。騎馬外出時，他們不會在山頂上拉緊韁繩，大喊：「風景真美！」當時的民眾跟我們不同，他們不會將大自然與美連結在一起。古文物收藏家勞夫．瑟雷斯比（Ralph Thoresby）在一六九〇年代旅行至英格蘭北部時，從來沒對他所見的景色發出任何讚嘆。我們現在所知的湖區（Lake District）以前稱為溫德米爾湖（Lake Windermere），瑟雷斯比來到此地時，他只說：「這真是全英格蘭最大的湖。」登上哈德諾山道（Hardknott Pass）時，他只表示這些山路實在「恐怖」又「危險」，而且山谷間的溪流「醜得不像話」。[1]有位勇敢無懼、名叫西莉亞．芬尼斯（Celia Fiennes）的女士，在三十多歲時遊歷英格蘭各地，也說「那些陡峭、難以到達的荒蕪岩壁，兀自聳立在我們身旁，看起來奇醜無比。」[2]一六九八年，她造訪溫德米爾湖時，只寫下自己了解到當地的莊園制度以及風俗習慣，像是民眾如何做麵包等等，但從她的記述中，完全看不出來她是否被眼前的風景所感動。她確實對於河川與各種水道特別留意，但原因只不過是這些溝渠能讓居民捕魚、提供居民飲用水，以及具有驅動水車的作用。她從來沒表示過哪些湖泊看起來很美，哪些高山具有壯麗的景緻。來到蘭開夏郡（Lancashire）的黑岩峭壁

（Blackstone Edge）時，她指出「這座峭壁高聳、荒涼的程度舉國聞名，不管是上坡或下坡都相當陡峭，四周盡是荒野……讓人相當厭倦。」[3]待芬尼斯回到羅奇代爾（Rochdale），她表示這座城市的市容相當「優美，而且井然有序」。上述引出的幾段話，總結了多數十七世紀英格蘭人對地理環境的態度。如果一個地方具生產力，而且經過特別設計與維護，他們就會給予高度評價。如果某處徒具自然景觀，他們只會認為那裡特別原始，而且還常覺得「令人厭惡」。

這項態度也反映在當時的畫作上。當時，英國藝術家幾乎不會在畫中繪製自然景觀，只會偶爾將地理景緻當作陪襯的背景。願意繪製自然環境的畫家屈指可數，像羅伯・艾加斯（Robert Aggas）、羅伯・羅賓森（Robert Robinson）還有羅伯・斯特利特（Robert Streater）就畫過幾幅景觀畫。不過被譽為英國景觀畫之父的理查・威爾森（Richard Wilson），也是到一七一三年才出生。如果在畫廊或高級宅邸中看到幾幅以自然景觀為主角的畫作，那肯定是荷蘭或法國畫家的作品。英國人之所以無法用客觀的態度來看待自然環境，是因為他們的生活，跟田野、森林、籬笆還有鄉間小路息息相關。因為他們就生活在自然環境中，本來就不覺得有必要去稱頌，或以畫作來記錄眼前的景象。他們認為以群山或牲畜為題的畫像相當粗鄙、一點都不迷人，根本不會有人想看一幅母牛站在泥地裡的畫。

而瑟雷斯比與芬尼斯對我們後代研究者的貢獻，並不是他們對自然美景的視而不見，而是他們邁出大城市到鄉間遊歷的行動。光從這點來看，就可得知當時人民對鄉下的態度有所轉變。當時的另一個特點，就是鄉下的大地主會邀請低地國（Low Countries）的畫家替他們的房地產作畫。揚・斯伯瑞茲（Jan Siberechts）在一六七四年抵達英格蘭，他是英國境內眾多荷蘭與佛拉芒（Flemish）畫家的其中一人，替鄉間房舍以及田園繪製「肖像」，並以此維生。這些藝術家在作畫時，自然而然地將當地的自然景觀作為背景。另一位畫家是在第一章提過的威廉．薛林克斯，在這個時期，他才逐漸懂得欣賞地理環境的美感。爬到艾塞克斯郡某座山的至高點時，他說：「遠眺泰晤士河的另一端，往肯特郡的方向望去，那裡的景觀之優美，是英格蘭其他地區所不能及。」[4]後來他落腳於亞諾德．布林姆斯爵士（Sir Arnold Braems）的宅邸，他說「這棟房屋座落於一個景觀無比優美的低谷」。[5]

不過，美是相對的。若要凸顯某地的美感，就要用另一個不那麼怡人的地區來襯托。直到復辟時期，住在鄉間的英格蘭人只要環顧四周，在他們眼中，看見的也只不過就是一整片的田野與樹林。儘管一整片玉米田看起來比崎嶇的山壁還賞心悅目，但也不過如此，一切都依照上帝的旨意如此呈現。不過，住在擁擠大城市的民眾，越來越能體會鄉間的美好，發現鄉下的景色能讓他們暫時擺脫都市的喧囂。偶爾造訪城市裡的城鎮別墅（towe house），像位於林肯郡（Lincolnshire）的伊莉莎白．曼比（Elizabeth Manby）那裝潢雅緻的家，就會看到一幅風景畫。[6]另外，都市中揮之不去的灰黑煙霧，也令人更嚮往鄉下的新鮮空氣。約翰．伊弗林不僅在一六六一年出版的《防煙》（*Fumifugium*）中，抱怨倫敦的空氣品質極差，還表示若想維持健康，就必需定期到鄉下走一走。宗教作家約翰．班揚（John Bunyan）的看法也與伊弗林相同，他說：「誰不想走進舒適宜人的空氣，捨棄濁臭熏天？」至少現在看來，全英格蘭有一部分的人開始願意敞開心胸，接納大自然的美好。

以上就是十七世紀英格蘭人對鄉野的看法。那麼鄉下的景色究竟又是如何呢？

我們就先從英格蘭王國談起吧。這個時候，英格蘭王國包含威爾斯（我們在此先不談蘇格蘭）。我想大家應該都曉得，英格蘭王國的地貌多變，而且差異極端。例如北部的荒山沼地，東部的沼澤地區，到人煙稀少的威爾斯山地，還有肯特郡與薩莫塞特郡（Somerset）幾乎乾涸的溼地，全都各具特色。基本上，英格蘭南方比北方更富庶，東方比西方豐饒。一般來說，威爾斯被視為資源稀少的窮困區域，當地人口收入微薄，三分之一的人根本付不出壁爐稅（hearth tax）。此外，威爾斯的農產品種類與數量也相當貧乏。如果跟著湯瑪斯．巴斯克維爾（Thomas Baskerville）的腳步來到肯特郡，可見廣袤的櫻桃、梨子以及蘋果園，還有寬闊的蛇麻草園。如果來到多塞特郡（Dorset），可能會被眼前無數群綿羊嚇得目瞪口呆。據說光是在多爾切斯特（Dorchester）境內長六英里的土地範圍中，就有三十萬頭綿羊。綜觀全英格蘭，在一六六〇年總共有一千兩百萬頭綿羊，而且數量快速成長。[7] 除了資源分布的差異之外，某些產業也有地區之別。在德文郡與康瓦爾郡（Cornwell）的許多河流上，能聽見震耳欲聾的敲打聲。這是由水車驅動的大型鐵鎚敲打錫礦，並提煉礦物所發出的聲響。另外，像是在伯克郡（Berkshire）、諾丁罕郡（Nottinghamshire）、施洛普郡（Shropshire）以及杜倫郡（County Durham）最常見的，就是挖礦這項工業。其他產業則較無地域限制，像是處理羊毛布料的工廠就遍布全英格蘭。林地管理在全英格蘭也相當普及，民眾會種植灌木林當作燃料來源、用其木材來搭建圍籬和製作馬車。林業工作者會修剪山毛櫸與橡樹的枝幹，較粗的枝幹用來建造房屋與船隻，葉子則當成動物的草料，細枝則用來生火。在許多郡當中，民眾會在大捆的柳樹與榿木上覆蓋草皮，慢慢燒成木炭。而這些木炭則廣泛用於農村地區盛行的產業，像是鍛造業、釀造業以及槍砲製造業。講到農村產業，你或許會先想到編茅草屋頂或是手工藝品，完全不會想到原來武器製造業也屬於農村產業。不過仔細想想，如果以安全為考量，槍砲彈藥確實比較適合在潮濕的環境製造，而且武器工廠最好位在荒涼的地段，並且具有厚實的牆壁與薄透的屋頂，這就是為什麼彈藥工廠都設在偏遠地區。

如果要勾勒出此時英格蘭與威爾斯的農業概況，可參考十七世紀統計學家古格里．金（Gregory

King）在一六九五年統整而成的數據資料。根據他的計算，全英格蘭有十三分之七的面積是農業用地。英格蘭與威爾斯分別有五萬零三百五十與八千零一十五平方英里的土地面積，所以有三萬一千四百二十七平方英里的土地為農業所用，面積超過兩千萬公頃。[8]其中有將近一半用來耕種，當中又有一半作為放牧的草地。十三分之一（兩百九十萬公頃）的土地用來種植樹木與矮林；另外十三分之一為樹林、公園與公共用地；十三分之三為荒原、山丘以及荒蕪的土地。在最後的十三分之一中，有四分之一是道路，另外四分之一是河道以及水路，最後剩下的部分則是已開發土地，像房屋、建築物還有附加的花園、果園以及教堂庭院。對普遍英格蘭人來說，這時整個國家還是綠意盎然，不過這不代表他們沒有充分利用土地。根據金的統計，全英格蘭有百分之七十五的人口住在鄉下與小村莊中，並在當地工作餬口，而當中有百分之八十的人從事農業工作。[9]一六九五年，英格蘭人口大約有五百零六萬人，因此農村地區的人口密度，大約是每平方英里有七十五人。[10]相較之下，威爾斯的人口較稀疏，若將城鎮與鄉村的人口加起來，當地約莫只有四十萬人，密度僅每平方英里五十人。在二十一世紀，英格蘭的人口密度是每平方英里有一千一百一十二人，威爾斯則是三百九十人，所以來到復辟時期，你大概會覺得四周杳無人煙。

走在英格蘭鄉間，你會注意到很多田野是「開放的」，也就是說這些田地並沒有被圍籬或綠籬分隔開來。不過隨著時代演進，開放式田野的數量也跟著銳減。數百年來，英格蘭鄉村的居民會共同管理一整片土地，將整塊地分為兩塊、三塊或是數塊大型的田地，每塊田地約莫有數百公頃。接著他們再以「弗隆」（furlong）為單位將田地一一劃分，這樣自耕農以及佃農在各大田地當中，就有屬於自己的小型狹長土地。此外，這些農民也有一定程度的放牧權，而且也可定期參加領地行政權的管理會議或是法庭。以這種方式來管理土地的地區，稱之為「互助」（champion）或「原野」（champaign）地區。不過現在，越來越多土地的所有權遭到劃分，民眾也開始樹立圍籬、圍牆以及綠籬。這個現象始於中世紀。當時，許多莊園領主開始將未充分利用的耕地，轉變為放牧的草地，讓提供毛料的綿羊能夠吃草。一六〇〇年開始，這股趨勢更是銳不可擋。不過劃地設籬的現象，在十七世紀最為顯著，全英格蘭將近有四分之一的土地都樹起大量籬笆與圍欄。一六三〇年至一六八〇年間，許多地區都如火如荼地架設籬笆、搭建圍牆。[11] 一六三四年，伯克郡的一百三十九個教區中，只有十九個教區的土地設有圍籬。不過到了一七〇〇年，當地已有三分之二的田地被籬笆與圍牆圈住，完全屬於個人所有。[12] 威爾特郡（Wiltshire）也遭遇相同命運，在十七世紀初，當地幾乎看不見圍欄，但是到了世紀末，放眼望去全是一排排的籬笆。不過，也有些郡是一開始就沒有開放式田地，像肯特郡、薩塞克斯郡部分地區、康瓦爾郡以及柴郡（Cheshire）。在這些區域，唯一沒有被籬笆圈住的區域，就是農民有權能夠放牧牛羊的公共土地。在一七〇〇年，全英格蘭的四十個郡中，只有十一個郡還保有大規模的開放式田地。[13] 過了十七世紀，全英格蘭保有的「互助地區」從全國面積的百分之五十五，縮減為百分之二十三。[14]

你或許會說：「那又怎麼樣呢？」不過就是土地大小的不同吧？仔細回想，在二十一世紀，很多人常問：「為什麼現在很少人能在農村地區擁有一大片土地？」了解英格蘭是如何循序漸進地成為以圈地為主的國家後，或許就能找到這個問題的答案。首先，就要從「擁有」這個詞談起。十七世紀初，多數英格蘭與威爾斯的鄉村農地，都是貴族或擁有土地的鄉紳所有，但這些田地仍處於開放式階段時，地主無法任意決定農民該如何使用或管理農地。真正有權耕種、管理土地的其實是佃農。在一片開放式的莊園領地中，幾乎每戶人家都擁有幾塊狹長的耕地。就算某戶人家只能使用一到兩公頃的農地，他還是有權在一部分的公共用地上放牧。在某些地區，領地中的農民會共享一群牛隻，他們讓牛隻在休耕的土地上放牧，需要牛群幫忙耕種時也能自由運用。社區中的男男女女以及孩童都會協助農耕收成。他們也有權從果園或林地中，摘採水果或砍伐木材回家使用；另外，他們也能獵捕田地中的鳥類，更能在溪流中捕魚。此外，佃農透過不動產契約或租約享有使用權，所以莊園領主不能擅自驅趕佃農，也不能任意挪用土地，而且這些合議的使用權通常可延續兩至三個世代。換句話說，開放式的莊園領地並不只是一大片綠油油的土地，而是一個自給自足的社區；領主的「所有權」，充其量只代表他能從佃農那邊收取土地租用金，以及擁有排解紛爭、主持正義的權利。領主這個身分，不代表他就能恣意妄為，隨意釋出、收回土地。所以從開放式土地轉為圈地模式，替英國社會帶來極大轉變。這代表土地的所有權，從在地社區轉移到地主身上。

而為何圈地模式會在英格蘭成為主流呢？

對地主來說，實施圈地政策的主因是為了提升效率。不只是針對一大片的田地，就算將公共用地與牧場圈起來，也會提高生產力。在開放式的莊園與田地中，擁有較大批牛群與羊群的農民通常會過度消耗牧草，對那些擁有較少牲畜的農民來說，他們能享用的資源就相對稀少。假如土地是由所有人共同管理，通常大家都很樂意砍伐林木，但卻不會積極栽種；他們認為自己辛苦種樹，最後獲得利益的或許是別人，因此不想做白工。如此看來，用圈地的方式將樹木與矮林限制在自己的範圍內也不是件壞事。另外，在施肥技術進步後，農民無須讓廣袤的農田隔年休耕。不過，每位農夫都在各自的農地耕種，而且都持續沿用傳統的工作方式，要改變大家的耕作模式實非易事。到頭來，每位農夫要跑到不同的田地中照顧屬於自己的狹長農地，實在是件效率低落的事。如果屬於自己的土地都集中在同一個區域，那當然更省事方便。

偏好開放式農地與自治文化的農民也有不少怨言。將土地拆成數個狹長的耕地，能讓許多沒有其他謀生辦法的民眾自食其力。作為英格蘭莊園制的佃戶，農民只需繳納少許費用，而且地主也不能任意調漲租金。共同耕作，能讓那些家境較差的農民取用大家共有的資源，像是佃農共同飼育的牛群。所以較富裕的佃農能夠過各種方式，扶助貧困的農民。有人表示，若繼續採用開放式農田就永遠無法進步，但其擁護者則表示他們能夠改變耕種方式，例如挑選特定幾塊地休耕，不要讓整片田地同時休耕。此外，他們也表示自己能引進不同的春季作物，或者將耕地改為牧地，提供更充足的放牧空間。[15]而且，每位農夫在每塊大田地中，擁有自己的狹長農地也不是毫無益處。如果某年下了豪大雨，位於低處的農地可能就會泡在水中，高處的田地則能順利排水。如果雨量不足，高處的植物乾枯而死，至少地勢較低的農地還能收成。還有，雖然每隔一年就讓農地休耕看似很沒效率，但如果這塊農地是要用來讓牲畜吃草就有其道理。最後一點，如果農村的佃農不得管理農地，會發生什麼狀況？這樣一來，農民單純只是一位租用農地的人。效忠於地主的情操、互助互惠的共有制度，還有彼此間的尊重，這一切都將化為烏有，只剩租金上的往來。

究竟是該保留開放式農地，還是實施圈地制度，兩派人馬僵持不下。最後究竟誰能勝出，我想大家也心理有數。坦白說，圈地制度還是比較有效率。雖然舊式的共同農耕制度也與以往稍有不同，但改變的幅度畢竟有限，無法像圈地制度那樣充分利用土地資源。此時的農業已經引進新式的耕種法，像是種植蕪菁與苜蓿讓土壤恢復養分（在一六四〇年代由理查·威斯頓爵士〔Sir Richard Weston〕從法蘭德斯〔Flanders〕引進），或是像德文郡的農民那樣，燃燒土地上的植被，再將灰燼埋到土裡。這些全新的農耕法，在實施圈地制度的農田裡較容易落實，在開放式田地中反而窒礙難行。這些精心考量過後的措施，最後也證實圈地制度是較好的選擇。實施新制後，農耕的利潤隨之提升，那些認真投入農業的民眾也準備好支付更高額的租金。同樣重要的是，如果地主能夠圈出屬於自己的土地（經合議或議會法規），他們就能取消習慣法上的租賃契約，以市價出租自己的農地，不用被迫降低租金。

讀到這裡，你或許會認為英格蘭鄉間之所以會轉變為圈地制度，地產權全屬一人所有，那些貪婪的地主就是始作俑者。不過稍微跟幾位地主聊過之後，會發現話不能說的這麼武斷。如果某一年農地歉收或冬季氣候惡劣，只擁有小塊農地的小農就會淪落至入不敷出的窘境。這時，有些人就乾脆放棄種田，跑去做其他體力活來賺錢養家，有的人甚至會離開莊園領地。假如發生這種狀況，莊園總管就要將空出的土地重新分配給其他佃農。假如連續好一陣子都天候不佳，農民就會越來越少。不久過後，那些仍堅持繼續耕作的農夫，也會希望他們管理的土地都集中在同一區域，這樣也方便播種、施肥與採收。所以就連主掌農務的佃農也希望採用圈地制度。等到豎起籬笆與圍欄後，那些擁有較少田地的小農都被迫離開。光靠幾塊狹窄的農地，是沒辦法讓窮困的農民養家糊口的。就算小農想努力經營那塊小土地，但他也無法像以前那樣，運用大家共有的牛群、草地、公共用地、柴薪，更不能擅自獵捕樹上的鳥或河裡的魚。如果將大佃農與小佃農的工作範圍區分開來，資源豐富的農民也不會繼續協助貧困的小農，小農也因此孤立無援，必須另尋出路。原先由六、七十位佃農合力耕作的農地，突然變成只有二十幾位農民獨立作業，僅存的農民又聘請二、三十位勞工在旁協助。找不到工作的居民只好到鄰近城鎮另謀出路。

改善農地的工作方式，也以各種方式重塑英格蘭鄉村的樣貌。為因應圈地制度所設置的籬笆，全是直挺挺的直線，這跟中世紀時架設的扭曲樹籬迥然不同。另外，房屋的配置方式也有類似的差異。在中世紀的開放式田地中，居民的小屋都聚在一起，圍繞在村莊的綠地周圍。在那個年代，每棟農舍都距離很近。隨著圈地時代來臨，農民自有的田地不再像以前那樣四散各地，而是集結成一大塊土地，他們的房舍自然也就落在農田正中央，這樣也方便看管自己的牲畜。因此，英格蘭鄉村就出現不少嶄新的農舍，而從公用道路通往農舍的小徑，全都整齊筆直，不像德文郡、康瓦爾郡、肯特郡還有薩塞克斯郡農村的道路那樣，在籬笆與柵欄之間彎曲纏繞。既然村莊中的老舊房舍已經無人居住，居民會把這些房子改建成一排排的小屋，讓協助農務的勞工休息。

既然農民不再使用共有的牛群，人家便開始飼育馬匹來幫忙耕種。這種方式不僅更節省成本、工作起來更迅速，而且牲畜的用途也更多元。雖然在這個時期，你仍能在田野間看到耕作中的牛群，但數量已大幅縮減，同時，在一六六〇年至一七〇〇年間，英格蘭境內馬匹的數量則翻倍成長。[16]倫敦飆漲的人口，導致肉類與乳製品的需求也跟著上升。為了維持肉品與乳製品的新鮮，商人會利用速度較快的馬匹來運送這些生鮮食品，所以倫敦周邊也出現不少圈地制的大型農田。不斷飄升的肉品需求，以及如雨後春筍般冒出的圈地制農地，全英格蘭的綿羊數量也創下新高，在十七世紀末來到一千七百萬頭，平均每位英格蘭人有三頭以上的綿羊。[17]在英格蘭北部，農民也首度在田野中種植馬鈴薯。而從一六七〇年代開始，你也可以在英格蘭其他地區看到大片種植蕪菁的田地，這些作物收成後，會經過搗碎處理並與其他材料混合，作為牲口的飼料。[18]

除了圈地制度之外，農村地區還有其他更重大的變革。如果來到英格蘭的諾福克郡、劍橋郡

（Cambridgeshire）以及林肯郡的沼澤區（Fenlands），會發現面積約三十萬公頃的濕地，裡頭的水逐漸被抽乾。佩皮斯的數學家好友勞夫．葛托瑞斯發明了一組引擎，能將水抽進特地建造、深度較深的筆直渠道。[19]一六七〇年，約翰．伊弗林到沼澤區觀賞好幾座風車以及抽水機。他表示將水引道之後，底下的土地極其肥沃，而且沼澤的水被抽乾後，原本肆虐當地的蚊蟲也跟著消失。你可能會以為這項發明廣獲好評，但其實不然。抽水機跟圈地制度一樣，都受到某部分居民的反彈。住在當地沼澤以及水道週遭的斯洛哲人（Slodgers）對此相當不看好，他們希望能保有過去那種自給自足、半水生的生活模式，像是採收蘆葦、釣魚以及用陷阱獵捕動物。為了抵擋生活型態改變，他們開始破壞抽水機、水車還有水壩以及溝渠，希望能讓水流回濕地。就連在十七世紀，推動新改革也沒辦法面面俱到、讓所有人都滿意。

不過，並非所有英格蘭與威爾斯地區都有這類的農業改革。在大不列顛島的西南側，當地的農田已經連續好幾個世紀都採圈地制度。在當地，你可以見到牧者正領著為數不少的紅德文郡牛，將牠們趕到位於達特穆爾（Dartmoor）的夏季牧地。這群牛在幽深的小路上走著，遠看就像一片紅色的潮汐。在這個區域，你還能見到居民以草泥黏土（cob，混合泥土、稻草與動物的毛髮的材料）搭建而成的低矮房舍，而這些房舍的屋頂則是以茅草鋪成。通常茅草屋頂只能撐三十年左右，到一定年限就要全部換新。不過德文郡的居民只會更換頂層的茅草，所以日子一久，屋頂會越來越高，寬度和深度都有將近六英尺，看起來既笨拙又厚重。來到達特穆爾，你能在當地看到不少長屋，這是一種中世紀的花崗岩建築，人類住在房屋的其中一端，另一端則是牲畜生活的空間。人與動物住在同一個屋簷下，而且從同一個大門進出。

英格蘭北部的偏僻地區，景致與生活模式始終沒什麼太大改變。像是在坎伯蘭（Cumberland），鄉村的居民一直住在自己的房舍中，養著幾頭豬跟五、六隻雞，這位居民可能還有十頭牛跟五十隻綿羊，養在農舍附近的草場或「圈圍」（closes）。秋天來臨時，毛色深沉的蘇格蘭高地牛就會像一股黑潮般，遷移到南方的卡萊爾（Carlisle）出售，到低地過冬，並在隔年讓更南邊地區的放牧人收購；另外，這些牛也有可能會被賣給肉販，宰殺後醃漬成肉乾，供作船上的儲備糧食。當地主要的農作物為燕麥以及四棱大麥（bigg，一種質地更粗糙的麥類），因為這些植物耐得住嚴酷的氣候環境。至於民眾居住的房舍，多為以「黏土塗抹堆疊而成的單層平房」（clay dabbins），這些建築是將草泥黏土塗在基座的曲木屋架外，最後再以茅草覆蓋頂部。如果社區中有剛成婚的新人，所有居民會合力在一天內蓋好一座這樣的房舍讓他們入住。[20]其他也有以石頭搭建而成的單層平房，這些房屋的屋頂是以石板疊成，因此在冬天刮起寒風時，瓦片顫動的聲響特別明顯。而當地歷史更悠久的住宅，則是那些稱為「塔堡」（bastle）的建築。這些塔堡是過去用來抵禦蘇格蘭掠奪者的農舍，而不久之前，那些來自蘇格蘭的強盜才轉移目標，到南方搶奪農民的牲口。來到高地，能看見以石塊堆成的羊棚，如果牧者趕著牲口長途跋涉，他們就會暫時在這些羊棚中休憩；適逢放牧季節，這裡也可當作牧人或牧童的居所。西莉亞·芬尼斯在一六九八年來到卡萊爾時經過坎伯蘭，她對這些房舍的描述如下：

> 這些小房子看起來好可憐，牆壁是石塊堆疊而成，再砌上乾巴巴的泥土，屋頂也是用石瓦排列而成。他們的房子看起來好像沒有煙囪，而且牆面內外也沒有塗上灰泥。第一次見到這些房子時，我以為是用來安置牲口的穀倉或農舍，根本沒想到這是人類居住的空間。而且這些房子散落各處……住在

這種房子裡一定寒冷無比，當地人想必非常懶惰。[21]

對於芬尼斯的最後一句評論，我想當地居民或許會有另一番見解吧。

城鎮、自治市以及城市

我們在前面提過，根據古格里．金的統計，全英格蘭與威爾斯有百分之七十五的人口住在村莊與鄉下地區。這個數據值得我們好好思量，因為，如果你在這個時期行經他所定義的「城鎮」（town），反而會覺得比較像村莊（village）。因為每個城鎮裡大概只有四百位居民，總共也只有八十棟房舍。不過這些地區之所以會被稱為城鎮，並不是以人口數量來劃分，而是以當地是否有市場來決定。同理可證，城市之所以會是城市，並不是因為在那個地區有洶湧的車流與人潮。只要有大教堂（cathedral），當地就可被稱作城市（city）。像諾里奇（Norwich）這樣有三萬市民的地方可被稱為城市，只有三千位居民的伊利（Ely）也是城市，縱使威爾斯的聖戴維斯（St David's）內只有幾百人，它也配稱為一座城市。在一六九三年，全英格蘭具有市場的城鎮，總共有六百一十四座（當中包含二十二座城市），威爾斯則是有六十六座城鎮（其中有四座城市）。[22] 如果一個地區要成為「自治市」（borough），方式有許多種。第一，城鎮中具有市場，而且是由市長和高級市政官（aldermen）組成的團體所管理；第二，某個地區選出一到兩位議員至位於西敏市的議會；第三，也有可能是某個地方一直以來就被稱作「自治市」。只要符合以上其中一項條件，該地區即為「自治市」。在英格蘭，總共有兩百零二個由議會核定的自治市，威爾斯則有十三個。[23]不過要特別注意的是，並不是所有自治市都是城鎮。有些自治市只是早期中世紀的聚居區，人口相當稀少。以舊塞勒姆（Old Sarum）為例，雖然該地屬於自治區，但卻一位居民也沒有，「只是一些房屋的廢墟」——一位同時代的人如此描述。不過當地仍派出兩位議員到議會參政。[24]而像敦威治（Dunwich）這座曾經繁華一時的港口，雖然在一六七七年時，當地市場被海浪吞沒，仍推舉兩位議員至西敏市。

論及大型城鎮，在一六七〇年，全英格蘭約莫有六十八萬人（大約是全部人口的百分之十三點六）住在居民超過五千人的城鎮當中。換言之，總共有超過百分之八十六的英格蘭人住在我們所謂的鄉村地區（跟古格里．金對鄉村地區的定義不同）。到了一七〇〇年，這個比例略為下降，住在農村地區的英格蘭人口為百分之八十三。如果以這個標準來看，那麼此時的威爾斯就是如假包換的「農村地區」。當時在威爾斯，沒有半個城鎮的人口超過五千人，其中人口最多的雷克斯漢姆（Wrexham），一七〇〇年時也只有三千五百位居民。[25]

走在英格蘭的其他城市中，會發現某些與倫敦相似的特點，埃克塞特就是其中一例。埃克塞特與倫敦不僅都是具有河港的城市，而且兩者皆發展迅速。不過，埃克塞特當地的麵包師傅並沒有失手放火把整座城市燒掉，所以市容仍像舊倫敦那樣古樸，完全見不到嶄新氣派的廣場與建築。當地除了有中世紀的橋樑與城堡，還有兩座古老、高聳的教堂尖塔，連從中世紀就已存在的市政廳在高度上也略遜一截。埃克塞特境內的街道與巷弄都相當狹小，假如你爬到座落於市中心的小丘並環顧四周，會發現這裡的道路仍然是以鵝卵石鋪成，而且排水道設在道路中央。城市周圍的石牆高度約十三英尺，早期為了保衛城市而建的五座巨大石造城門依然佇立。埃克塞特的古舊民房仍採懸挑式建築，

居民超過五千人的英格蘭城鎮（*城市以星號標注）[26]

一六七〇年	人口	一七〇〇年	人口
***倫敦**	475,000	***倫敦**	575,000
***諾里奇**	20,000	***諾里奇**	30,000
***布里斯托（Bristol）**	20,000	***布里斯托**	21,000
***約克**（York）	12,000	新堡（Newcastle）	16,000
新堡	12,000	***埃克塞特**	14,000
科徹斯特（Colchester）	9,000	***約克**	12,000
***埃克塞特**	9,000	大雅茅斯（Great Yarmouth）	10,000
***徹斯特（Chester）**	8,000	伯明罕（Birmingham）	8-9,000
伊普斯威奇（Ipswich）	8,000	***徹斯特**	8-9,000
大雅茅斯	8,000	科徹斯特	8-9,000
普利茅斯（Plymouth）	8,000	伊普斯威奇	8-9,000
***伍斯特（Worcester）**	8,000	曼徹斯特（Manchester）	8-9,000
考文垂（Coventry）	7,000	普利茅斯	8-9,000
金斯林（King's Lynn）	7,000	***伍斯特**	8-9,000
曼徹斯特	6,000	伯里聖埃德蒙茲（Bury St Edmunds）	5-7,000
***坎特伯里（Canterbury）**	6,000	劍橋	5-7,000
里茲（Leeds）	6,000	***坎特伯里**	5-7,000
伯明罕	6,000	查塔姆（Chatham）	5-7,000
劍橋	6,000	考文垂	5-7,000

巷弄狹小泥濘，光線昏暗，有些地方甚至比倫敦的暗巷還要更狹窄陰暗。中世紀時，德文郡內的居民運送貨物時，使用的是馱馬（packhorse）而非馬車，所以他們在規劃道路時，完全沒將有輪子的交通工具納入考量，才會造就如此窄小的巷道。此外，埃克塞特的民宅也與其他城鎮雷同，都是採中世紀或都鐸式的木造建築。走在城市中，可見許多懸挑式樓面與樑柱上都飾有木雕，像是摩爾人（Moor）的頭像、獅鷲（griffin）、獨角獸以及其他異獸。[27]埃克塞特也有一座交易中心，遊客能在裡頭發現不少精緻高雅的商店。城市中的另一座交易所，座落於大教堂的迴廊

赫爾河畔京斯頓（Kingston upon Hull）	6,000	***格洛斯特**（Gloucester）	5-7,000
***索爾斯伯里**（Salisbury）	6,000	赫爾河畔京斯頓	5-7,000
伯里聖埃德蒙茲	5,000	金斯林	5-7,000
萊斯特（Leicester）	5,000	里茲	5-7,000
***牛津**	5,000	萊斯特	5-7,000
舒茲伯利（Shrewsbury）	5,000	利物浦（Liverpool）	5-7,000
***格洛斯特**	5,000	諾丁漢	5-7,000
		***牛津**	5-7,000
		普茲茅斯（Portsmouth）	5-7,000
		***索爾斯伯里**	5-7,000
		舒茲伯利	5-7,000
		桑德蘭（Sunderland）	5-7,000
		蒂弗頓（Tiverton）	5-7,000
城鎮區總人口數	約678,000	城鎮區總人口數	約850,000
英格蘭總人口數	4,980,000	英格蘭總人口數	5,060,000
倫敦人口佔全英格蘭百分比	9.5%	倫敦人口佔全英格蘭百分比	11.4%
其他城鎮人口佔全英格蘭百分比	4.1%	其他城鎮人口佔全英格蘭百分比	5.4%
總城鎮人口佔全英格蘭百分比	13.6%	總城鎮人口佔全英格蘭百分比	16.8%

舊址，這裡專讓商人交易買賣。這座交易所的經營模式與倫敦類似，布匹經銷商跟製造商每天會在這裡碰兩次面、做生意。[28] 而埃克塞特的市場也位在市中心，所以走在街上時，仍會聞到陣陣殺雞宰羊的血腥味以及地窖廢水的惡臭。大街小巷不時會傳來攤販的叫賣聲，而當地居民也會跟在康希爾的「標準」汲水器前排隊的倫敦人一樣，在南街（South Street）起點的供水設施前大排長龍。

另外，你也一定能在埃克塞特看到歷史悠久的旅館。這裡旅館林立，像是南街著名的「熊旅館」（Bear Inn），還有那些設在郊區的小客棧。這些小客棧外觀沒什麼醒目的特色，裡頭也只有一兩張床位而已。科西莫三世在一六六九年來到埃克塞特時，他帶領的一整群隨從全都住在鎮上最頂級的旅館，也就是高街（High Street）上設有四十間客房的「新旅館」（New Inn）。這座旅店在一四四五年落成之後，就一直給人「新旅店」的形象。科西莫三世在旅店接見當地士紳，而羅倫佐．馬加洛堤也一邊寫下他對這座城市的感受。儘管埃克塞特是整個英格蘭王國第七大城，他仍表示這是一座「小城市」。他還仔細地寫到，載著重達三百噸貨物的船隻能航行至鄰近的小鎮特普瑟雷（Topsham），當地商人再以駁船將商品由運河送往埃克塞特碼頭（Exeter Quay）。來到埃克塞特碼頭的貨物，像是嗶嘰布與呢絨等毛料布匹，能夠流通至世界各地，像是西印度群島、西班牙、法國、荷蘭、義大利以及中東，這點令馬加洛堤激賞不已。至於公共建築，他最欣賞的不外乎是大教堂、主教殿（Bishop's Palace），以及古老的城牆和城堡。[29]對於其他建築，馬加洛堤則是隻字未提。埃克塞特最令他心神嚮往的，就是：「城鎮中每條筆直寬闊的大道都在市中心交會，那裡有不少精美有趣的店舖，這是埃克塞特最棒、最吸引人的特點。」[30]顯然不管在埃克塞特還是在倫敦，馬加洛堤最在乎的還是購物。

眼前的市容，讓你想起大火前的舊倫敦。不過仔細觀察，還是能看出些許變化。古老的大教堂庭院現在已經翻新整修，像倫敦的聖詹姆斯公園那樣能讓民眾散步聚會，成為備受歡迎的新去處。馬加洛堤還提到：「庭院中種了好幾排樹，像荷蘭常見的公園那樣，夏天時走在樹蔭底下，環境相當優美。」[31]如果步出南門往東邊望去，會看見那裡有好幾排氣派的房舍正如火如荼地興建中。正右手邊的三棟建築最近剛落成，屋主是富裕的商人。那排建築總共兩層樓高，第三層是閣樓。屋頂的山形牆像老式房屋那樣面向街道，木造結構外型方正，其中以木板條與灰泥填補而成。不過這些房子與都鐸式建築的差異，是這些房子更為寬敞，頂部裝有磚砌的煙囪，而且房屋外觀平坦，並沒有採用凸出的懸挑式建築。這些新落成的住宅就是為因應逐漸增加的居民而存在。在各式各樣的房舍當中，偶爾會看見一兩棟華美的磚砌建築，不僅風格看起來與舊式房屋不同，連舒適度也大幅提升。瑪格戴倫路（Magdalen Road）上就有一棟這樣的房屋。那棟屋子格局寬大，總共有三層樓，是建商在一六五九年替湯瑪斯·馬修（Thomas Mathew）興建的宅邸。[32]用來搭建房屋的磚頭，原本是荷蘭商船的壓艙物。到了一六九〇年代，在埃克塞特東邊的聖西德威爾（St Sidwell）教區出現了不少製磚廠，因此當地有越來越多建築選擇以磚塊來搭建。一六九八年，西莉亞·芬尼斯造訪此地時，對這些房屋相當激賞。她說：「埃克塞特這座城市規劃完善，街道的坡度適中、利於行走，而且通商頻繁、貿易活絡。」[33]

埃克塞特的面積僅倫敦的百分之二。雖然埃克塞特有不少優點可與倫敦相提並論，但仍有許多不及倫敦之處。首先，埃克塞特沒有任何皇室宮殿，而且幾乎沒什麼貴族會造訪這座城市。埃克塞特會如此繁榮，靠的不是其社會文化上的地位，而是活絡頻繁的貿易活動。就算科西莫三世曾下榻新旅館，也並未吸引其他貴族到此地落腳。西莉亞·芬尼斯造訪埃克塞特時，她對嗶嘰布這項商品做了鉅細靡遺的觀察。她說商人讓馱馬載著這些毛料布匹，「擠得公共道路水洩不通」，然後將織品送進工廠漂洗。此外，她還注意到那條運送來往商人的運河與以往不同。經過整修拓寬的運河，能讓遠航貨船直抵埃克塞特，芬尼斯對此大表讚賞。她也指出，不久前，碼頭進行了增建工程，現在能讓更多商船與攤販交易流通，而且以紅色磚塊搭建而成的氣派海關大樓也即將竣工，船隻能在一樓地面卸貨。「嗶嘰布是當地流通的主要貨物」她表示：「諾里奇以長袍、印花布與錦緞而聞名；埃克塞特最為人所知的則是嗶嘰布。這座城鎮生產、賣出的嗶嘰布實在數量驚人。」[34]與現代人相比，十七世紀的民眾不僅對農村地區有自己的一套見解，觀察城鎮的視角也與我們不同。

並非所有舊城都如此繁華。有少數幾座歷史悠久的城市進步的速度超越倫敦，像諾里奇就是最佳例證，不過也有不少城鎮根本原封不動。那些城鎮之所以會停滯不前，除了因為固守舊時的風俗習慣外，保守的貿易政策也是原因之一，像某些地方就禁止「外來」商人進入。總而言之，英格蘭某些區域這些年來就是一成不變。湯瑪斯．巴斯克維爾行經萊斯特時，他表示：

這座城市不僅老舊、散發惡臭，而且完全沒有進步。萊斯特的運河死寂停滯，城鎮中的居民多是商人，也就是一些精紡毛料的梳理工廠跟裁縫師、成衣商。如果隔天一早有法官要到這座城市來，居民就會灑掃街道，水窪的臭味四處飄散，讓我走在街上不斷反胃。[35]

不過像曼徹斯特就憑藉其知名的紡織技術不斷進步蛻變。伯明罕的金屬工藝，也讓整座城市邁向繁榮。其他不斷擴張成長的城市，像是具有不少造船廠的查塔姆；前進大西洋進行貿易的利物浦與普茲茅斯；具有精良碘鹽加工技術、染料製造與製玻璃技術，還有便利碼頭的桑德蘭；蒂弗頓以蓬勃成長的毛料織品交易聞名；而諾丁漢也同樣以毛料交易和製襪工業而為人所知。在普利茅斯，因為逐漸興盛的大西洋區域貿易，又增設了一個新的碼頭。馬加洛堤發現所有男人全都去幫忙出口鉛、錫製品，「在普利茅斯只看得到女人與小孩，因為男人都出海了。」[36]這些經歷產業急速發展的城鎮，散落於英格蘭各地；此時，整個國家正在迎接經濟進步帶來的挑戰與機會。

除了這些居民超過五千人的大城鎮以外，全英格蘭大概有五十個城鎮的人口數大約落在兩千人；在威爾斯，有兩千人口的城鎮只有雷克斯漢姆、布雷肯（Brecon）、卡馬森（Carmarthen）、哈弗福韋斯特（Haverfordwest）以及斯溫西（Swansea）。[37]這些城鎮在這個階段，也同樣往富裕繁榮的彼端前進，它們蛻變的過程，就跟那些擁有老舊市場的城鎮相同。林肯的人口從原先三千五百人，穩定成長為四千五百人，居民也因為各式各樣的貿易產業而受惠。[38]緊貼著蘇格蘭的小城市卡萊爾，約有三千人口。因為兩個國家不再敵對作戰，延續好幾世紀、接連不斷的圍城戰劃下句點，整個地區終於撥雲見日，開始蓬勃發展（不過在一七四五年還會發生另一場圍城戰役，你們絕對不能說溜嘴）。在艾比街（Abbey Street）上，我們能看到不少以石塊和磚頭蓋成的嶄新氣派建築，像是在一六八九年替卡萊爾未來的教長所造的杜利府（Tullie House）。九年後，芬尼斯造訪此地時，她提到某些「優雅華美」的房舍，例如地方首長的宅邸。她說的那棟建築，「是以石塊搭建而成，外觀挺拔優雅，而且正面還有五扇精美的上下滑窗。」[39]不過，在這段承平時期，也有像施洛普郡（Shropshire）的拉德洛（Ludlow）那樣發展沒那麼好的地區。拉德洛在不久之前，才剛從一六四六年的圍城戰慢慢恢復過來。在衝突爆發之前，當地居民有兩千六百人；到一六六〇年，人口數只剩一千六百人。在已然傾頹的城牆裡頭，可見不少木造的老屋。雖然當地的市場仍算活絡，但整個城鎮的規模卻一成不變。到一七〇〇年，當地只有兩千兩百位居民。[40]

若想親眼見證經濟發展最蓬勃的城鎮，就要到西岸的新港口瞧一瞧。康瓦爾郡的史密斯威克（Smithwick）就是最顯著的案例。十七世紀初，史密斯威克只有隸屬於奇里格魯家族（Killigrw family）的莊園宅邸，以及亨利八世建造的海岸碉堡潘丹尼斯城堡（Pendennis Castle）。後來，奇里格魯家族在當地興建碼頭，並將其命名為法爾茅斯（Falmouth）。一六六〇年，彼得．奇里格魯爵士（Sir Peter Killigrew）獲准在法爾茅斯興建市場，他更另外蓋了一座監獄與兩間旅館。四年過後，當地的民宅超過了兩百棟。一六七〇年代，奇里格魯一家也在碼頭興建海關大樓。因為海港港闊水深，再加上英國對海外市場的興趣，當地經濟也隨之蓬勃發展。一六八八年起，法爾茅斯就成了官方郵船的出發地，專門將郵件包裹送往印度、西印度群島與美國等海外殖民地。到了一七〇〇年，當地有三百五十棟建築，居民數量也來到一千五百人。[41]

更令人驚豔的是位於坎伯蘭、名叫懷特港（Whitehaven）的小漁村。這座漁村距離芬尼斯認定的「可憐小房子」沒多遠，當地在一六三二年由洛瑟一家（Lowther family）主掌管理之前，只有九間茅草搭成的小屋。洛瑟一家人入主當地後，就像奇里格魯家族打造法爾茅斯那樣，積極開墾發展。克里斯多佛．洛瑟爵士（Sir Christopher Lowther）在當地建造港口，將當地開採的煤礦運至愛爾蘭，其子約翰爵士（Sir John）也在一六六〇年，獲得設立市場的許可。約翰爵士不僅鋪了好幾條筆直工整的街道，也興建教堂和其他公共建築，讓此地成為後來北部地區工業城鎮的雛形。一六八五年，當地人口為一千多人，在一七〇〇年增為三千人，這短短十五年間的人口成長實在驚人。[42]

如果讀者擅於加減乘除，能從上述提供的各項數據中，發現多數英格蘭與威爾斯城鎮的人口數都小於兩千，大概有六百五十座小鎮是如此。如果扣除居民達五千人以上的城鎮，在一七〇〇年，其他英國與威爾斯的城鎮平均人口數為八百一十人，或者也可說約莫是兩百戶人家。以現代的標準來看，這些社區根本連村莊都稱不上。[43]儘管人口稀疏，這些小鎮仍有自己的公共建築、市政服務及腹地。這些城鎮的中心點，就是當地市場座落的位置。威廉．薛林克斯在描述賓福特（Brentford）這個地區時，就詳細地描述當地市場的狀況。他說：「今天是禮拜二，也是此地市場營業的日子，市場中可見各式各樣的商品。很多民眾從鄰近村莊來到這裡，有人大聲叫賣，也有人採購囤貨。」[44] 儘管對馬加洛堤而言，阿克明斯特（Axminster）可能是一座「除了教堂之外，沒有其他可看之處的城鎮」；又或者芬尼斯行經里奇蒙（Richmond）時，會覺得這個只有一千四百人的小鎮，是個「看起來既可憐又簡陋的地方，而且居民似乎無心建設，讓小鎮慢慢凋零」。不過以整個國家的角度來說，這些小村落也是不可或缺的建設基礎。[45]

再以我的寫作地點莫頓漢普斯泰德為例，這裡位在德文郡達特穆爾的邊界。一六六〇年代，此地約莫有七百位居民，鄰近此教區的山丘農場上，又零零星星地住了一千位農民。在復辟時期，這裡沒有半條像樣的道路，只有人車通行留下的小徑。不過，你們還是能在這座城鎮上找到市場、市場十字形建築（market cross）以及教區教堂；一六七二年，當地也出現一座長老會（Presbyterian）的小教堂。當地市場集會日訂在星期六，而其他規模較小的市場則散落於城鎮各處，例如肉品屠宰場、奶油市場、蘋果以及玉米市場。另外，當地每年也會舉辦兩次牲口拍賣會，其中一次於七月舉辦，另一次則在十一月。聖靈降臨（Whitsun）週的前一個星期六，也會有另一場盛大的牲口販賣會。從我寫作的書桌往對街望去，座落著當地教會總部（Church House），裡頭有位老師正在教當地的少年讀書寫字。而鎮上唯一的鐵匠也在附近，坐在家中，我都能聽見鐵鎚與鐵砧撞擊的聲響。教堂不遠處，有一座成立於一六三七年的救濟院，裡頭收容了十六位窮困的居民。一六六二年起，鎮上出現一位領有執照的醫師，到了一七〇〇年，又有兩位具有合法外科醫生身分的醫護人員長駐鎮上。這裡有幾間提供食物與酒水的小酒館，附近新落成的旅店能讓旅客過夜休憩。因為街道坡度起伏，加上路面崎嶇不平，當地幾乎看不到馬車，商人都是靠馱馬將貨物運來此地。對於郊區或鄰近農村的居民而言，這座城鎮能讓他們兜售貨物、補充生活必需品，因此具有舉足輕重的地位。農村地區的居民會在市場集會日，趕著大約七英里的路來到此地，所以除了鎮上住戶之外，莫頓漢普斯泰德是七千多位英格蘭人民的物資流通地區。[46]

最後，每個或大或小的城鎮都會遭遇的一項災難就是火災。火災不僅肆虐倫敦，全英格蘭各地都曾受火災的摧殘。一六五九年四月二十五日，索思沃爾德（Southwold）幾乎所有的建築都被大火燒盡，其中包含兩百三十八座民宅、市政廳、市場建築、監獄、穀倉以及堆放商品的倉庫。邦吉（Bungay）在一六八八年三月一日燃起熊熊大火時，總共有兩百棟房屋化為灰燼，只有市政廳與費里斯旅館（Fleece Inn）毫髮無損。一六八三年三月二十二日，紐馬克特（Newmarket）有半數房屋遭到大火摧殘。其他城鎮失火的案例，像是一六六五年的洛文登（Rolvenden，位於肯特郡）、一六八一年鄰近愛丁堡（Edinburgh）的普利斯敦菲爾德（Prestonfield）、一六八七年位於皇家唐橋井（Tunbridge Wells）的步道（隨後被稱為潘泰爾斯〔The Pantiles〕）、一六八九年的聖艾夫斯（St. Ives，位於亨廷登郡〔Huntingdonshire〕）。另外，一六八九年在莫珀斯（Morpeth）有三十棟房屋被焚毀，一六九〇年比爾斯（Builth）也因為大火而幾乎滅村。無論走到英格蘭與威爾斯各地，火苗都有可能隨時竄起，大家就是學不會教訓。另外，九月則是火災發生的高峰期。在一六七五年九月二十日，大火席捲北安普敦（Northampton，此次火災被稱為北安普敦大火〔Great Fire of Northampton〕），摧毀鎮上四分之三的住宅，也就是將近七百棟房舍。一六八一年九月十二日，威爾斯的小鎮普利斯提恩（Presteigne），也因大火而損失七十二棟房屋。一六九四年九月五日，華威（Warwick）有一百五十座房舍化為灰燼。如果你們剛好在九月時遊歷英格蘭地區，最好把這些慘痛的教訓謹記在心。或者你們也可以先學學前人的滅火妙招，哪天真的燃起熊熊烈火也不至於手忙腳亂。湯瑪斯・巴斯克維爾在大火過後幾週來到北安普敦，他寫道：

> 我發現在城鎮中央有一棟房子，外觀看起來未受大火波及，但那棟房子周圍的建築全都被燒得焦黑。那棟屋子的較高樓層放滿不少車床以及石膏雕像。那是一間小旅館，裡頭有位鞋匠留了一句話，表示：「我在這整個鎮上尋找上等的麥酒，終於在這間店找到啦！」這間旅店竟能完好如初地逃過大火肆虐，這勾起我的好奇心，我趕緊問老闆為什麼這間店未受波及。他告訴我，當時店裡有幾個好朋友一起把好幾大桶啤酒抬出地下室，大家很努力地把酒潑灑在房子發燙的角落，就這樣順利躲過一劫。[47]

這絕對是英國救火史上最了不起的一起事件。儘管整個小鎮都起火，他們自己的家或許也被燒毀，這群酒鬼仍堅守這個旅館。此外，他們還大膽地用啤酒來打火，最後成功戰勝祝融。

蘇格蘭

蘇格蘭的地勢跟英格蘭、威爾斯截然不同。蘇格蘭高地（Scottish Highlands）有不少起伏跌宕的山脈，南方的英格蘭與威爾斯則較平坦。另外，蘇格蘭的人口僅一百二十萬人，與英格蘭和威爾斯差了一大截。不僅如此，當地人口分布也較不集中。[48]加上周圍的小島，蘇格蘭總面積大約三萬零四百二十平方英里，只比威爾斯小一些而已。不過蘇格蘭與威爾斯最大的差異，是蘇格蘭有幾座人口數超越五千的大型城鎮。多數蘇格蘭人口都住在國土中央條狀地帶，例如格拉斯哥（Glasgow）、愛丁堡以及這兩座城市之間的區域，或是生活在東岸的海港城鎮。有了這幾座大型城市，再加上政經地位極高的首都愛丁堡，蘇格蘭反而跟英格蘭比較相似，與威爾斯較不相同。

大家想到蘇格蘭時，通常會立刻聯想到其原始的自然地貌。蘇格蘭高地上，最常見的就是綿延數英里、無人居住的曠野、荒原與高山。不過在低地地區（Lowlands），田野也是一片開闊，沒有圍籬阻擋；因為當地樹木稀少，沒有多餘的木材能架設籬笆。蘇格蘭的自然環境多未遭人為破壞、保存完善，因此可見各種土生土長的野生動物。在某些地區，你會發現野生大貓的蹤影，如果更幸運的話，還有可能碰見僅存的英國狼。英國狼在復辟時期已是瀕臨絕種的物種，世界上最後一頭英國狼是在一六九〇年遭到射殺。[49]並不是所有在地人碰到野生動物時，都會露出驚喜的神色，我想這點讀者也心裡有數。事實上，此時的民眾在荒原中碰見動物時，頂多只認為這是個打獵的好機會罷了。

「貧瘠」與「野蠻」是兩個最常用來形容蘇格蘭的詞。在這段時期，根本沒有國王會踏足這個位於北邊的王國，當地也幾乎看不見英格蘭人的身影。一六八二年，佩皮斯陪著約克公爵乘船至愛丁堡，接著再來到史特靈（Stirling）、林利斯哥（Linlithgow）與格拉斯哥。雖然他不吝讚賞格拉斯哥這座城市，表示：「格拉斯哥是座景觀優美，貿易活絡的城市，比我在蘇格蘭行經的其他地區好上一百倍。」但他也補充：「不過蘇格蘭的男女老幼，每個人都髒兮兮、噁心醜陋。再美好的事物到了蘇格蘭也變得醜惡不堪，這裡就是有這種玷污一切的能力。」[50]另一位來自英格蘭的紳士，旅行至蘇格蘭時也對當地民房下了一番評論。他說：「這裡的房子都很殘破。狀況比較好的房屋，是以泥巴糊牆，以茅草為頂。貧困人家則住在那種前所未見、令人不忍卒睹的可憐小屋裡。」[51]而可憐的西莉亞・芬尼斯在一六九八年來到邊境時，只涉足蘇格蘭幾英里路，就被當地難以下嚥的食物還有蘇格蘭的女性服飾嚇到，有些不穿衣服的女子更是令她驚恐。原始粗糙的房舍也令她難受，所以她很快就掉頭逃回英格蘭。[52]

從各個角度來看，蘇格蘭在復辟時期仍保有中世紀的樣貌。若以同時代人的眼光來看，很難在蘇格蘭境內找到開墾或發展的痕跡，當地人的生活條件也相當原始惡劣。高地上散落不少領主的城堡以及守衛用的尖塔。十六世紀時，蘇格蘭國王不像英格蘭國王那樣強盛，無力抵禦貴族私人軍隊的侵擾，所以特別建造這些高塔。其中六十六座城鎮與皇室特區，仍由當地的教堂以及收取過路費的機構來管理。那些向民眾收取通行費用的單位，還具有舉辦議會以及開庭審理案件的功能。一六八九年，蘇格蘭廢止主教這個職位，不過在那之前，蘇格蘭境內有十四座中世紀的教堂。多數教堂的規模並不大，而且其座落的地區居民數量通常也低於一千人左右，這跟中世紀時的狀況相仿，其中只有三座教堂位在人口較多的城市（即格拉斯哥、亞伯丁〔Aberdeen〕以及愛丁堡）。[53]蘇格蘭多數鄉下人都住在「小鎮」（toun）上，每座小鎮都是個小社區，其中大概只有四到十戶人家，大家共同耕種一片土地。[54]這些小鎮實施的農耕模式稱為「小地佔有制」（runrig），即每位佃農定期會分到一塊適合農耕、鄰近小鎮的狹長土地。此外，大家也能共同使用距離小鎮較遠的田地，在那邊放牧或是種植燕麥等較耐寒的穀物。夏季來臨時，佃農也有共同使用的牧草地以及羊棚。若是在鄰近海灣或鹹水湖邊的小鎮，居民則會以漁獲來補足作物收成短缺的部分。

這些小鎮也同樣經歷了經濟發展上的變革。在蘇格蘭的南方與西南方，有些城鎮專門以飼養綿羊為業。[55]而數量龐大的綿羊，也讓農民跳脫原本自給自足式的農業，開始對外貿易，讓具有市場的城鎮與自治市（burgh）的經濟逐漸蓬勃發展。由於貿易往來，你會發現有越來越多人在城鎮間往來移動，帶著自己飼養的牲口，從高原往低地區販售；種植穀物的農民，也會從低地來到高原上做生意。住在農村地區的年輕男女，也會來到自治市當學徒，或是當人家的隨從、傭人。

那些規模較大或靠海的城鎮，經濟狀況的活躍程度最為顯著。過去四百年來，格拉斯哥的經濟穩定成長。一七〇〇年，當地人口數來到一萬五千人，成為蘇格蘭第二大城。[56]一六六八年，鎮上的議會在紐瓦克（Newark）購置一塊土地，目的是要建造深水港來促進貿易活動。那個港口就稱為格拉斯哥港（Port Glasgow）。雖然該港口並沒有立刻帶來龐大利潤，不過港口落成時恰好碰上大西洋貿易熱潮，而且格拉斯哥之所以在未來的兩個世紀中以驚人規模成長茁壯，也要歸功於這座港口打下的穩健基礎。另外，在蘇格蘭東岸的大型港口，也以出口鮭魚、煤炭、亞麻、鹽巴、毛料、粗布織品以及動物皮革而聞名歐洲大陸，[57]例如伯斯（Perth）、丹地（Dundee）、亞伯丁以及愛丁堡的利斯（Leith）。現在，這些港口也會從他國進口高檔的奢侈品，像來自英格蘭的布匹以及波爾多的美酒。因為國家經濟狀況穩定發展，至少有百分之六點六的蘇格蘭人口，在一六九一年時住在居民有五千人以上的城鎮中。同年，若不包含倫敦，英格蘭只有百分之五點四的人口住在如此規模的城鎮裡。[58]雖然蘇格蘭的大部分地區仍是一片未開墾的荒地，但其都市化的程度其實與英格蘭地區相去無幾。

蘇格蘭最興盛繁榮的城市就屬愛丁堡。一七〇〇年，愛丁堡與利斯的總人口數超過四萬人，輕而易舉成為大不列顛島第二大城。愛丁堡會如此壯盛，除了因為是該地區的主要城鎮外，更是整個蘇格蘭的首都。就算十六世紀以來，愛丁堡有大半時間沒有國王駐紮統治，也不減整座城市的規模。一五四二年起，蘇格蘭地區有大半時間是沒有國王領導統治的，這也間接提升愛丁堡的重要性。在中世紀，蘇格蘭政府高官要臣都必須跟著國王一同遊歷國內，但沒有國王之後，這項傳統也無需延續。因此，攝政王、國家議會、首相還有這些高官的親屬全都位於愛丁堡，當地也出現許多達官顯貴居住的氣派石造宅邸。家財萬貫的商賈也蓋起豪華寬敞的宅邸來彰顯自己的經濟能力。舉例來說，某位商人將格萊斯頓莊園（Gladstone's Land）的舊建築，改建成如今牆面平坦、六層樓高的獨棟建築。值得一提的是，該建築的一樓是營業用的店鋪，其中所採用的拱廊設計，可是比伊尼戈·瓊斯替柯芬園規劃的拱廊還早了二十年。同業公會也在城裡替自己蓋了不少嶄新的華麗集會所，位於牛街（Cowgate）的裁縫大廳（Tailors' Hall）便是其中一例。在所有建築之中，最令人歎為觀止的無疑是在一六三〇年落成，讓蘇格蘭議會召開集會的議會大廈。

一六六〇年，蘇格蘭人歡天喜地迎接王朝復辟後，更加深愛丁堡身為國家中心的地位。不過在這個時期，讓整座城市蓬勃發展的不只是其中的貴族與商人，不斷增加的專業人士（或稱「有一技之長的人」），也讓愛丁堡更為興盛。愛丁堡皇家內科醫學院（Royal College of Physicians of Edinburgh）成立於一六八一年，而大律師圖書館（Advocates Library）也在當年落成、對外開放。到了一六九〇年，愛丁堡住了兩百多名律師、三十三位內科醫師與二十四名外科醫師。[59]赫里奧特醫院（Heriot's Hospital）終於在一六五九年誕生，其有稜有角、頂部設有尖塔的方正建築，與數百棟外形各異的貴族宅邸形成強烈對比。在蘇格蘭國王的首席建築師羅伯·麥因（Robert Mylne）的指揮之下，城市中又多出不少典雅華美的建築，位於市中心的麥因廣場（Mylne's Square），還有皇家一英里（Royal

Mile）的麥因殿（Myle's Court）便是最佳例證。一六七一年，麥因與威廉．布魯斯爵士（Sir William Bruce）將蘇格蘭國王居住的荷里路德宮（Holyroodhouse），改建為帕拉底歐式（Palladian）的建築；一六七五年，工程團隊從柯密斯頓泉（Comiston Springs），牽了一條供水渠道至愛丁堡，沿途還安置了麥因與布魯斯設計的取水口和蓄水池。蘇格蘭銀行（Bank of Scotland）在一六九五年成立後，便開始提供蘇格蘭企業借貸服務。一六八五年，詹姆斯國王學院（College of King James）也更名為現在的愛丁堡大學（University of Edinburgh）。[60] 雖然愛丁堡不斷發展蛻變，但她也變成一座相當不尋常的城市，因為這是一個沒有國家元首居住的首都。

在愛丁堡的街上遊蕩時，一定會有兩件事特別令你印象深刻，首先是空氣中的臭味，再來是建築物的高度。談到臭味，愛丁堡市政府規定，民眾只能在週日將廢棄物與排泄物拿到屋外棄置。這項法規還不賴，不過在週一到週六，你還是能看到收垃圾的人拉著馬車在路上來回走動，所以街道邊都堆滿腐爛的魚頭、魚骨，還有魚皮和魚肉的碎屑，此外還有沾滿動物鮮血的麻布、尿液和糞便等著讓人收拾。要是在夏季，這些臭味就會變得更棘手。高溫加速竹簍中廢棄物腐化的速度，讓惡臭更濃烈，而且城裡的小溪與河川也都乾涸，沒辦法取水沖洗這些腐敗的物質。某位來自柴郡的旅客，對愛丁堡的氣味做了以下描述：「當地人又懶惰、又不愛乾淨……他們家中的大廳、廚房都充滿難以忍受的惡臭，這種臭味之強烈，只要一走進他們家門就立刻撲鼻而來。」[61] 另一位旅人也寫道：「臭味實在令人作嘔，走在街上的時候都得捏住鼻子。」反觀格拉斯哥，當地的氣味可是芬芳如玫瑰：「不僅風景優美，空氣宜人，格拉斯哥的花園與果園更是讓人心曠神怡，沒有其他地區能超越格拉斯哥。」某位旅人在一六六九年如此寫道，恰好跟佩皮斯在幾年後對格拉斯哥的評論不謀而合。

而愛丁堡當地的建築，絕大多數都有六到七層樓高，有些甚至還有第十一、十二或十三樓。這些樓房就像懸崖一樣高聳在街道邊，其旋轉式的樓梯塔則突出於建築之外。最高的建築幾乎都集中在議會廣場（Parliament Square）附近，如果你早已習慣倫敦那些四層樓高的房屋，那麼蘇格蘭的建築對你來說就會像摩天高樓一樣。當你爬著陡峭的樓梯，拜訪住在頂樓的住戶時，不免會膽戰心驚。畢竟，這些建築並沒有加裝逃生梯，要是發生火災，那該怎麼辦才好？

一七〇〇年二月三日星期六，大約晚上十點時，惡夢果然成真。在蘇格蘭議會後方有個小庭院，而圍繞在庭院四周的建築突然竄出火苗。這個社區中的住戶多為律師，因為起火建築總共十五層樓，所以常被指認為愛丁堡最高的建築。鄧肯・富比世（Duncan Forbes）在寫給他弟弟的信中，描述大火肆虐後的景象：

> 大火燒到隔天早上十一點。雖然我見過倫敦大火，但這次火勢猛烈和炙熱的程度，前所未見。估計大概有三、四百戶人家的住宅都化作灰燼，愛丁堡最引以為傲的建築就這樣被火吞噬。從牛街到高街，整段路都被燒得焦黑，幾乎沒有半顆石頭完好如初。政府高官、議長、最高民事法院（Court of Session）院長、貴族、律師、上班族的住宅還有銀行都無一倖免；無論你是貧是富，從達官顯貴到平民百姓都損失慘重……現場只有少數幾個人失蹤，但大家都無心也無力滅火，蓄水池裡也沒有水可救火。數千隻手在廢墟中尋找個人物品，但各種器物幾乎都已面目全非。這些高十層樓或十四層樓的通天巨塔，就這樣化為烏有，實在令人震撼。議會附近的交易所、地下室和地窖中都還有火苗。這封報告大火後續狀況的信就到此為止，我只能說上帝對我們發怒了，沒有任何人能來調解祂的怒火。[62]

富比世說錯了一件事，愛丁堡最引以為傲的建築並未「化為烏有」。其實經歷過這場災難的愛丁堡，就跟倫敦一樣，正準備浴火重生。在十八世紀的蘇格蘭啟蒙運動（Scottish Enlightenment）中，愛丁堡擺脫大火的陰霾、成功振作，帶領整個蘇格蘭邁向下一階段。不僅如此，這場劫難中還誕生了一項成就——一七〇三年，愛丁堡的有志之士成立了一個「滅火團隊」，成為全英國第一支地方消防隊。[63]

chapter

3 民眾

一六九五年，古格里．金試圖預估這個國度未來的人口數，這個點子實在瘋狂。在過去，大家都不相信這種事情能夠算得出來，因為世界上有多少人口，全憑上帝的旨意。不過金仍然仔細地分析歷史數據，推算出英格蘭與威爾斯的人口，從他身處的年代到一八〇〇年，會從五百五十萬人成長至六百四十二萬人，到了一九〇〇年會增為七百三十五萬人，兩千年時則會來到八百二十八萬人。[1]此外，他還預估到了兩千三百年，英格蘭與威爾斯的人口會停在一千一百萬人，不會向上攀升。他認為整個王國的土地有限，無法出產多餘糧食來撫育過剩的人口，因此人口數不會繼續成長。他的分析邏輯清晰、具有獨到的洞察力而且舉證豐富，唯一的問題是他提出的數字大錯特錯。在一八二〇年時，英格蘭與威爾斯的人口就已來到一千一百萬人，根本不用等到兩千三百年。在我寫作的當下（二〇一六年），人口數已是金的統計數字的五倍。

為何這位當時最優秀的統計學家，也會有如此離譜的失誤呢？

其中一項原因，當然就是因為金沒有想到，在未來兩百年農業技術會如此進步。另外，他也無法預知機械化會替人類生活帶來何種變革。所以，金完全無法想像人類能夠突破重重的阻礙，順利擴張人口總數。儘管如此，金在進行推算時，確實找出了各項阻擋人口成長的因素，並將這些因素列入考量。他粗估出生率為二十八分之一，自然死亡率為三十二分之一，所以全英格蘭每年應該會有兩萬名新生兒。另外，他也統計出每年死於疾病或飢荒的人口數約四千人。在英國各大戰爭中，總共有三千五百人喪命，而每年也有兩千五百名水手因公殉職。再談到位於美洲和西印度群島的種植園，每年大概有一千名英國人葬身當地，其中還不包含奴隸的死亡數目。將這些傷亡人數加總，從出生人口中扣除，英格蘭每年的人口成長數遠小於兩萬。

所以金除了沒有想到科技的進步之外，也誤以為這些限制人口成長的因素會持續存在。我們現在有了後見之明，就知道人類在中間這段過程，會將這些阻礙一一克服。不過身在一六九五年，當時的人沒有理由像我們如此樂觀。過去四十五年來，英格蘭人口數不斷遞減。一六五〇年，英格蘭人口為五百二十三萬人，到了一六六〇年則縮減為五百一十四萬人，再過十年，人口只剩四百九十八萬人。不過後來遞減的速度漸緩，人口數在一六八〇年至一六九〇年維持在谷底，大約為四百九十三萬人。終於到了十七世紀的最後十年，人口開始回升，恢復至五百零六萬人。[2] 不過一六九〇年代英格蘭的人口變化，跟整個歐洲大陸有所差異，甚至跟大不列顛島的大趨勢也截然不同。在一六九六年至一六九九年間，歐洲北部受到饑荒重挫，人口大幅衰減。蘇格蘭在一六九五年原本有一百二十萬人，但有十分之一的居民在世紀末最後四年間喪生，或是移居到其他國家，當中有不少人遷徙至波蘭。[3] 法國的狀況也與蘇格蘭相似，約莫損失百分之十的人口，也就是兩百萬人。雖然饑荒並沒有對英格蘭與威爾斯造成如此慘烈的影響，不過古格里・金居然仍認為人口還是會有所成長，實在相當大膽。

若是在一六八〇年漫步在英格蘭街道，會發現街上多是年輕人，這跟現代的社會樣貌相差甚遠。

在全英格蘭人口中，總共有百分之三十是十五歲以下的人口，然而在二十一世紀這個數字卻是百分之十七點六。而六十歲以上的老年人口，甚至還不到總人口數的百分之十，現在卻是百分之二十三。在孩童死亡率這麼高的時期，人口組成中竟然還有一大部分是嬰幼兒或青少年，這實在是相當諷刺。嬰兒死亡率在當時超過百分之二十一，反觀二十一世紀，一歲以下的孩童死亡率僅百分之零點四。如果將復辟時期一歲到十四歲人口的死亡人數納入統計，結果一定會令你大吃一驚。全英格蘭有百分之三十七的孩子活不過十五歲。[4]

正因如此，復辟時期英國的已婚婦女，至少要生四胎以上，才有辦法將總人口數維持在一定比例。[5]這是一件沒那麼容易的事情，而且要是女性晚婚的話該怎麼辦？雖然當時合法的結婚年齡，女生是十二歲、男生則是十四歲，但幾乎沒有人這麼年輕就步入家庭。查理二世讓兩位十四

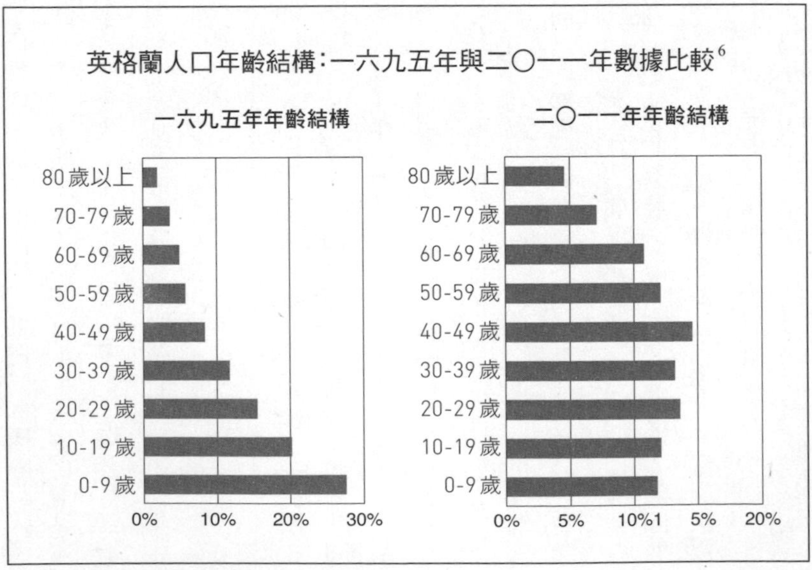

歲的私生子成親時，他們的妻子是十二歲。不過他們並非尋常百姓，因此不能將之視為常態。[7]約翰．伊弗林結婚時，他的太太瑪麗（Mary）年僅十二歲，整整比他小十四歲。一六五五年，二十二歲的賽謬爾．佩皮斯與妻子伊莉莎白（Elizabeth）結婚時，她還未滿十五歲。儘管如此，這些都只是少數個案。多數女子都要到二十幾歲才嫁人成家。當時女子平均結婚年齡為二十四歲，男子則是二十八歲。雖然婚結得晚，但許多女子仍挺身面對擴增國家人口的挑戰。某位住在牛津的侍女愛麗絲．喬治（Alice George），雖然三十歲才結婚，但她生了十五個小孩，還另外流產過三次。[8]生這麼多孩子，無疑是一件非常危險的事。就算不是第一胎，每一次懷孕都攸關生死。佛萊明夫人（Lady Fleming）芭芭拉（Barbara），在一六七五年四月產下第十五個孩子，也因此喪命。[9]如果你已經長大成年，也不要因此洋洋得意。在這個時期，成年男女的平均壽命也只有三十三歲左右，比二十一世紀的人類還少掉一半以上的壽命，而且甚至比十六世紀末的平均壽命還少五年。

雖然是這麼說，不過你還是能在英格蘭碰到一些老年人口。通常只要一過六十歲，民眾就會覺得自己已經垂垂老矣。艾塞克斯郡厄爾斯科恩的教區長萊夫．喬瑟林（Ralph Josselin），在一六七五年一月二十六日的日記中寫道：「今天我六十歲了，是個真正的老人了。」[10]約翰．伊弗林在一六八〇年十月三十日的日記中，也寫下歲數與心境上的轉變：「六十歲，我的生命來到更莊嚴穩重的階段，讓整個人的心境與舉止回歸神所賦予的平靜。」[11]三年後，約翰也在日記中描述那些健康、精神抖擻的老年人，例如他的教母凱特利夫人（Mrs Keightly）。凱特利夫人「已經八十六歲了，但她仍神采奕奕，身體也非常健康，視力更是未曾衰退。她紅潤的面容一定會讓人誤會她還不到五十多歲。」[12]從這段話，我們可知約翰認為既然自己的教母能安然活到八十六歲，他一定也辦得到。果然，約翰活到八十五歲才離世。

萊夫・喬瑟林這位日記作家，也開始從健康活躍的老年人身上尋找希望，鼓勵自己也能如此長壽。他前去造訪八十八歲的維拉夫人（Lady Vere），並驚訝地表示「她的頭腦還是非常清楚」。[13]維拉夫人享壽九十歲，不過喬瑟林享年僅六十六歲——但還是比查理二世多活了十二年。西莉亞・芬尼斯經過萊斯特的教堂墓園，在伊莉莎白・海瑞克（Elizabeth Heyrick）的墓前駐足沉思，海瑞克的傳奇之處，在於她活到九十七歲，膝下子嗣都已多達一百四十人。西莉亞・芬尼斯自己則是在八十歲生日的前幾週過世。[14]安・克里福德夫人（Lady Anne Clifford）直到八十六歲死前，每天仍保有寫日記的習慣，而她過世時正皺著眉，心情似乎相當憤慨。哲學家湯瑪斯・霍布斯（Thomas Hobbes）活到九十一歲；魯特琴手湯瑪斯・梅斯（Thomas Mace），九十三歲才離世。收藏家漢斯・斯隆爵士（Sir Hans Sloane），也是活到九十三歲才與世長辭。不過跟某些人相比，這些人簡直是不知天高地厚。一六八一年，愛麗絲・喬治（那位三十歲才結婚、懷孕十八次的婦女）告訴哲學家約翰・洛克，說自己已經一百零八歲，而她的父親是活到八十三歲辭世，母親在九十六歲過世，外祖母更是活到一百一十一歲才離世。[15]講完這段話後，愛麗絲又活了十一年才與世長辭。在這七年之間，有不少人到她位於牛津的住家造訪，而愛麗絲也不厭其煩地表演穿針引線的絕活來炒熱氣氛。重點是她穿線時不用戴眼鏡，那些以為老年人會視力退化、雙手顫抖的人都嘖嘖稱奇。一六九一年，在她據說活到一百二十歲時，畫匠也完成了她的肖像。一六六一年，一位高齡長者帶著威廉・薛林克斯參觀他的花園，那位老先生聲稱自己有一百一十四歲，[16]但還是完全被愛麗絲比下去。

社會階級

大家常說社會的貧富分布能用金字塔來表示，這點在復辟時期英格蘭也是如此。在金字塔底層的家庭，年收入低於二十英磅。往上一層，大約少於一半的英格蘭人年收入在三十英鎊左右。接著再上一層，大約有百分之八的人每年能賺六十英鎊以上。在金字塔第二層，大概有百分之三的人口年收入達一百五十英鎊。最後在金字塔頂層，大約有百分之零點一的人年收入超過六百英鎊。

古格里．金將英格蘭的民眾分成不同「類別」，提供粗估的收入統計數據，請見下頁圖表。

金仔細地將年收入三十英鎊以上的族群和那些收入微薄、生活困頓的民眾區分開來。年收入三十英鎊以下的戶數，大約有八十四萬九千戶，相當於英格蘭總戶數的百分之六十二，另外還包含三萬名無業遊民、吉普賽人、小偷以及乞丐。某種程度上來說，這份表單顯示出英格蘭社會的貧富不均。不過金的表格只以收入來分類，如果以個人所有的資本財產來計算的話，財富分布會更極端，幾乎所有資源都集中最富有、那百分之一的貴族和上層階級手上。不過光靠這些數字，還不足以顯示英格蘭社會的階級懸殊。其實要判斷社會大眾如何對待一個人，並不是以那個人握有的財富來決定，關鍵其實是他的身分地位。錢財來來去去，有增有減，但家庭背景和所受的教育卻是無法撼動，因此身家、頭銜才是他人最在意的重點。如果某位紳士曾受高等教育，而且交遊廣闊，就算他揮霍無度或胡亂投資而散盡家產，其他上流人士還是會歡迎他到家中作客。如果你只是一位農民，即便日進斗金、家財萬貫，也不可能擠得進上流階層的小圈圈。同理可證，如果有位寡婦是來自歷史悠久的鄉紳世家，就算她的住處是跟商人租的房子，只要時不時炫耀家裡的紋章，還有把身為海軍的姪子掛在嘴邊，上流社

古格里・金的收入統計數字，一六八八年[17]

戶數	階層、位階、頭銜、身分	每戶平均人口數（包含傭人）	平均年收入（單位為英鎊）
160	可進入上議院的世襲貴族	40	2,800
26	高級教士（Prelates）	20	1,300
800	準男爵（Baronets）	16	880
600	騎士	13	650
3,000	鄉紳（Esqures）	10	450
2,000	大商人／海商	8	400
12,000	士紳（Gentlemen）	8	280
5,000	大型行政單位職員	8	240
8,000	一般商人／海商	6	200
10,000	律師	7	140
5,000	一般行政單位職員	6	120
40,000	大型地產所有權人	7	84
2,000	高等神職人員	6	60
16,000	科學家、人文學者	5	60
5,000	海軍軍官	4	80
4,000	部隊軍官	4	60
140,000	小型地產所有權人	5	50
8,000	一般神職人員	5	45
40,000	店主與攤商	4.5	45
60,000	工匠與手工業工人	4	40
150,000	農民	5	44
50,000	一般水手	3	20
35,000	一般士兵	2	14
364,000	勞工與僕人	3.5	15
400,000	佃農、窮困人家	3.25	6.5
30,000	無業遊民、吉普賽人、小偷與乞丐	1	2

會的派對還是會對她敞開懷抱；反觀身為房東的商人，他的妻子再怎麼努力也不會受邀參加晚宴。所以探討社會地位不平等時，不能只想到收入與財富，還要將階級高低、身家背景、政治影響力、人脈、衣著、舉止、教育以及血統等因素納入考量。有權有勢的有錢人還有窮困人家之

間的差別，絕對不只是財產所代表的數字而已。

談到這裡，就帶出所謂的階級。英格蘭社會在復辟時期，開始對階級地位變得非常執著。當然，政府官方並沒有正式制定所謂的「階級系統」，所謂階級只是民眾心中的認知而已，而在這個時期，大家對各個階級的標準有了不同的看法。此時，英格蘭社會出現了一種新興的族群，那就是家境富裕、穿著時髦的城市居民。這些人的可支配所得額度相當高，有大把時間進行休閒娛樂，而且對自己的身分地位相當著迷，也對新奇的事物非常感興趣。當時，巴黎人開始將這一類人冠上「布爾喬亞」（bourgeois，意即中產階級）的稱號，其實這個詞彙是在一六七〇年，莫里哀（Molière）的劇作《布爾喬亞紳士》（*Le bourgeois gentilhomme*）公開首演後才蔚為流行。其實賽謬爾・佩皮斯就是布爾喬亞的典型代表人物。他不僅關注任何新鮮、流行的事物，對金錢相當執著，也時時確保進出公共場合時身旁的友人都大有來頭。身為海軍官員，佩皮斯跟絕大多數倫敦人還是有所不同，但這不是我們要討論的重點。雖然來自各種背景、從事各種行業的人都有可能成為布爾喬亞，不過這群布爾喬亞可有一些共同點，其中最明顯的就是他們趨炎附勢的態度，以及強烈的自我意識。既然這群人的共同點並非職業，而是生活型態，所以英文就出現了「階級」（class）這個詞，好將他們歸類。湯瑪斯・布朗特（Thomas Blount）在一六六一年出版《詞集》（*Glossographia*）第二版時，就將「階級」這個詞編入書中。[18]他特別以這個詞來形容擁有相似「等級」（degree）的族群。這個字不僅勾勒出某一群具有類似生活模式的民眾，更完美地把這些人和那些跟他們截然不同的族群區分開來，因此「階級」這個字後來變得相當普及。

「布爾喬亞」和「階級」在復辟時期仍是相當新鮮的詞彙。所以我們在此應使用復辟時期的人民較熟悉的語彙，例如「市民」（citizen）、「等級」（degree）以及「種類」（sort）等字。作家丹尼爾・笛福就將所有人分為七個「種類」，[19]如下：

頂層大人物，生活過得揮霍無度；
有錢的富豪，生活過得富裕豐饒；
中間層級的人，衣食無缺；
工匠和師傅賣力勞動，不致匱乏；
鄉下種田的農民，衣單食薄；
清寒之家，左支右絀、捉襟見肘；
最悲慘的人，餐風露宿、一貧如洗。

跟古格里・金區分的那二十六個階層相比，這七個「種類」比較簡單明瞭，因此這本書針對民眾身分階級的分類，會以上述七項作為基準。

頂層大人物

「頂層大人物」不僅家財萬貫，更是社會上地位最高的一群人。這群人中首先就是貴族階層。這些透過世襲繼承貴族身分的人，能參加英格蘭與蘇格蘭的國家議會。此階層中還包含英格蘭、威爾斯以及蘇格蘭的各大主教，另外還有那些享有準男爵或騎士身分的男子。這群人在社會上不僅備受尊重，更享有法律保障。假如這些貴族犯了罪，可要求案件交由同為貴族的人來審理，就算背負鉅額債務也不會因此入獄。一六七六年，英格蘭總共有十一位公爵（等級最高的爵位）、三位侯爵、六十六位伯爵、十一位子爵以及六十五位男爵，總共有一百五十六位非宗教的勳爵，再加上二十六位英格蘭與威爾斯的主教。[20]蘇格蘭的勳爵分級制度也與英格蘭類似，只不過數量較少。一六七六年，蘇格蘭的非皇室伯爵僅四人。所以相對來說，頂層大人物是數量稀少的一群人。根據古格里．金的統計，英格蘭所有勳爵、主教、準男爵還有騎士的總數為一千五百八十六人，約莫是總人口數的百分之零點零三。雖然數量不多，但這些人的平均年收入超過一千英鎊，而且所有的土地全與產權總和超過半個大不列顛島。有些勳爵甚至富可敵國。舉例來說，新堡公爵亨利．卡文迪斯（Henry Cavendish）年收入一萬一千三百四十四英鎊；白金漢郡第二代公爵喬治．維里爾斯（George Villiers）在一六六〇年代，每年進帳一萬九千英鎊。不過這麼多財富，也敵不過他們揮霍無度的習性。新堡公爵在一六九一年死前共累積七萬兩千五百八十英鎊的債務。白金漢郡第二代公爵也幾乎散盡家產，所以在一六七一年他將剩餘的房產與地產託管，每年只得領固定五千英鎊的津貼。後來在一六九四年成為貝德福第一任公爵的貝德福第五任伯爵，對自己的財富就顯得謹慎許多。他在青壯年時期的年收入為一萬至一萬四千英鎊，因為精明謹慎的個性，在一七〇〇年過世前年收入已增為兩萬英鎊。[21]

你可能會發現在古格里．金的收入表中，特地指出每戶平均人口數。若要了解復辟時期的社會階級，這也是非常重要的一個線索。你偶爾會聽到貴族勳爵或夫人用「家庭」來稱呼他們一整家人，包含家中傭人跟孩童，從這點就大概可以看出這些大家族的生活有多緊密。想當然，貴族家中聘請大量的僕人以及隨從，而且等級越高的貴族，家中的幫傭數量更是龐大。對這些貴族來說，連出門或上廁所也需要僕人陪同。在統計表中，古格里．金估算的平均僕人數量是四十人，但其實有些公爵或伯爵請了八、九十名男傭或女傭。在某些公爵或伯爵的宅邸中，高階僕從甚至也有自己的僕人。年收入約一千英鎊的騎士或準男爵，平均會聘用二十到三十位傭人，每年支付的總工資約為兩百英鎊。貝德福伯爵的宅邸沃本修道院（Woburn Abbey）每年大概要支付四十名僕人六百到七百英鎊的工資。[22]在這四十人中，包含十二名男僕，這些男僕的制服是「以寬幅棉布製成，內裡襯上橘色的粗呢」。從服飾的精緻程度，就可大膽推斷笛福所謂的揮霍無度確實所言不假。

另外，你們一定也會覺得這些頂層大人物吃的、用的、穿的都是上等貨，特別是那些有實際形體、可長久保存的東西，像是最頂尖的藝術收藏、藏書最齊全的圖書室、品質上等的家具，以及數棟氣派華美的房產。沒錯，確實是數棟房產。不少頂層大人物都繼承了好幾座鄉村莊園。一六八〇年，博福特（Beaufort）公爵握有十二座房產，諾福克公爵則是十間。雖然不少宅第都無人居住，甚至因為過於潮濕而不適合貴族入住，最後成為廢墟，但這些房產也在在展現出其主人的資本與能力之雄厚。從來不曾停筆、堅持天天寫日記的安．克里福德夫人，後來成為威斯摩蘭（Westmorland）爵位繼承人，她名下總共有五座城堡。克里福德夫人不僅將每座城堡整修一番，而且還會輪流居住，自豪地提醒眾人其祖先在該地區的統治權勢。屬於頂層大人物的人，至少都會握有兩棟房產，其中一棟位於倫敦，另外一棟則是鄉間宅第。他們在各宅第之間移動時，大部分的家族成員將行囊收拾打包、一起移動。一六六〇年代時，位在柯芬園南面的貝德福府當時主人並不住在此處，只有一位管家、一名守衛和園丁留守。走在偌大的宅第中，穿過一間間空蕩的房間，聽著腳步聲的回音，感覺還怪可怕的。

有錢的富豪

在「有錢的富豪」這個分類中主要有兩種人。第一種是靠著自己的本事和才華獲得財富，另一種是因繼承龐大不動產、收取高額租金而致富，而這種人不一定具備一技之長。在復辟時期，身分地位較高的通常是沒有才華的第二種人，這點可能會令你意外。

既然如此，我們就先從第二類富豪談起，他們就是沒有爵位、但握有房地產的士紳。根據古格里·金的統計資料，有不少鄉紳（Esquire）和士紳（Gentleman）的平均年收入介於兩百八十英鎊至四百五十英鎊之間。鄉紳即是獲得家族紋章的士紳。事實上，在這群有錢的富豪當中，收入仍有懸殊的差距。少數幾位家財萬貫的鄉紳甚至能買下兩到三個準男爵的爵位。而在這個族群中的底部，是那些擁有鄉下田產的自耕農（yeomen），他們將自己的土地租給其他農民。因為他們不必付出勞力、做苦工，鄰居便形容他們為「紳士」（gentle）。這些地主的收入可能僅有每年約一百英鎊。在古格里·金算出的一萬五千名鄉紳及士紳當中，大概有百分之十的紳士年收入為一萬英鎊以上。這些大地主甚至不像個體戶，反而像租地公司的老闆，他們過世之後，繼承人會接管所有的土地與房產。無論收入是一百英鎊還是一萬英鎊，他們就跟大型地產所有人一樣，在推舉議會的郡議員時擁有投票權。

那些憑自己本事白手起家的有錢人當中，賺取最多財富的就屬商人。其中最令人吃驚的案例就是修·奧德萊（Hugh Audley）。一六〇五年奧德萊開始做生意的時候，手邊只有兩百英鎊，但一六六二年過世時卻累積了四十萬英鎊的財產。奧德萊累積財富的過程絕非三言兩語就能道盡，那時就有一本厚重的巨書描述他的致富史。像賽謬爾·佩皮斯這麼在意名下財產的人，就在一六六三年一月購入那本書並開始閱讀。[23]不過書中的內容對他來說卻沒什麼意義。奧德萊的主要業務是借錢給別人，也因為如此，他才永遠被歸類在「有錢的富人」這類，無法攀到「頂層大人物」當中。

平凡老百姓還是有機會能翻身成為富有的權貴。若想成為頂層大人物，一位富豪可以在某個貴族家道中落時，和該家族的女繼承人成婚，或是借錢給國王。如果國王真的向你借錢，那還有可能獲得騎士或準男爵的頭銜。身為準男爵的羅伯．韋納爵士（Sir Robert Vyner），小時候只是華威某戶平凡人家的三兒子，但是英格蘭國王在一六七二年，竟然跟他借了高達四十萬英鎊的鉅款。另外一位準男爵約翰．班克斯（Sir John Banks），他原先出身梅德斯通（Maidstone），但現在卻住在林肯律師學院廣場最寬敞地段的宅第中。一六七六年約翰．伊弗林到他家造訪時，他的身價約為十萬英鎊；一六九九年他過世時，財產已達十八萬英鎊。[24]不過伊弗林似乎認為史蒂芬．福斯（Stephen Fox）和約西亞．蔡爾德（Josiah Child）更為富有。史蒂芬．福斯過世時，光是留下的某棟房產就價值十七萬兩千零二十四塊英鎊，而約西亞的財產可能還高出許多。[25]史蒂芬的父親，只是威爾特郡中某位收入中等的鄉紳，而且史蒂芬還是排行老七；另外，約西亞早年也只是一位供應海軍啤酒的釀酒商。得知他們平凡的出身之後，你一定會對他們的賺錢能力另眼相看。以上幾則案例告訴我們，只要有一技之長或是能抓準時機，就有可能擠進頂層大人物之列。不過，就算是那些交遊廣闊，樂善好施的理財金融家，也無法擺脫他們是靠操弄金錢來獲利的污名。喬治．唐寧爵士（Sir George Downing）就曾逗趣地說這些人是「騙子，只會敲詐、從別人身上吸血」。[26]有些人之所以致富、具有較高社會地位，是因為其祖先在中古世紀時替國王砍掉不少人的頭。跟這些人相比，那些靠耍手段放款借錢來獲得財富的人，反而更受唾棄。

財富多寡只是一個相對的概念。不過，在三十個人當中只有一個人年收入能達到一百英鎊以上，所以每年賺到兩百多英鎊的人會被當成「有錢人」也是合情合理。某些年收入達兩百英鎊以上的富人，一開始的經濟狀況只像個做小生意的商人，後來才慢慢往上爬。賽謬爾．佩皮斯就是其中一例。佩皮斯並沒有繼承鄉間莊園，也沒有鉅額私人收入，他的父親是倫敦的裁縫，母親則是一位洗衣女工，他是家中第五個孩子。當時瑪麗．羅賓森（Mary Robinson）夫人將遺產作為獎學金，讓窮困的倫敦學子得以受高等教育，佩皮斯也因此受惠，能夠進入劍橋大學校就讀。除了良好的教育背景外，他的親戚也是有權有勢的大戶人家。他父親的表兄名叫愛德華．蒙塔古（Edward Mountagu），擁有一座鄉間莊園，還有身為英格蘭國務大臣（Councillor of State）和海軍上將（General-at-Sea）的兩千英鎊年收入。更重要的是，蒙塔古是查理二世的心腹人臣，因此蒙塔古在一六六〇年回英格蘭時，國王賜予他不計其數的獎賞。後來國王更封他為三文治（Sandwich）伯爵以及錦衣庫（Great Wardrobe）總管、王璽事務官（Clerk of the Privy Seal）以及王國海軍中將（Vice-Admiral of the Kingdom）。佩皮斯從大學畢業後，在蒙塔古家中擔任秘書，後來又過了五年，蒙塔古動用權力讓佩皮斯成為海軍部書記官。當時佩皮斯的年收入約為三百五十英鎊，如果加上福利津貼以及賄賂，那總額勢必會往上調整。因此，裁縫的兒子順利躋身「有錢人」之列。後來佩皮斯在詹姆斯二世任內成功升為海軍參謀總長。要是你讀過佩皮斯的日記，一定知道他有雄厚的本錢過「揮霍無度」的生活。佩皮斯年輕時就有喝不完的美酒，身邊有無數美人相伴，縱情在樂音之中，全英格蘭比他更富有的人可能屈指可數。

中間層級

談到英格蘭社會的「中間層級」，我們要探討的是約莫二十三萬八千戶人家，差不多是一百三十萬人（包含家人和傭人）的生活。絕大多數的中間階層，是自己擁有一塊地、並在上頭耕作的自耕農，另外還有那些購置房產當作投資的民眾。此外，還有那些領有軍餉的軍人或是海軍指揮官，以及那些被同時代人稱為「專家」（professionals），能提供特殊專長或服務來賺取薪資的人，例如：神職人員、內科醫師、外科醫師還有學校老師。由此可知，中間階層裡頭包含了形形色色的人。這群人的共同點，除了他們都有多餘的可支配所得，有能力養活自己、達成收支平衡之外，這群人並沒有像「頂層大人物」或「有錢的富豪」擁有社交人脈或財務安全網。根據古格里．金的統計，大部分中間階層的年收入落在五十英鎊至一百英鎊之間。

因為復辟時期有越來越多新興的行業，因此這個類別也越來越多元。好幾世紀以來，內科醫生會幫貴族與有錢人治病。不過直到十七世紀，醫生的數量才多到足以讓平民百姓付費看診拿藥。而教授拉丁文的文法學校，也早在十三世紀時就存在於許多城鎮，不過也是直到十七世紀，學校才聘請更多專授希伯來文、希臘文以及數學的師資。因此專業教師的需求量與日俱增。蘇格蘭也是如此，因為一六四六年制定的法案，當地每個社區都必須設一座學校。另外還有更多前所未見的職業與專長在這個世紀竄出頭來，像是銀行業、保險業、統計業、製鐘產業、工程產業、報紙新聞產業以及調查服務等。整個復辟時期的特點，就在於這些崛起的專業人士和同樣具有高度影響力的「中間層級」。

▲ 約翰．麥可．萊特繪製的查理二世。大家或許認為查理二世是個不怎麼樣的君王，他放蕩糜爛的私生活更替形象扣分。但是王權復辟之所以會這麼成功，都多虧他圓滑的政治手腕。他對藝術和運動的提倡與支持也改變英國人民的社交生活。

▶ 彼得．萊利爵士繪製的詹姆斯二世。詹姆斯二世是位盡責的聖職授予者和恰如其分的貴族王子，但身為國王的他表現卻挺失敗的。他堅持對天主教採取寬容政策，讓詹姆斯二世在登基四年後就成為全民公敵。

布拉干薩的凱薩琳。凱薩琳的命運令人同情，她不僅嫁給公然在外拈花惹草的查理二世，也沒替皇室生下繼承人，沒有善盡身為皇后的重要使命。因為重病，凱薩琳精神錯亂，康復後她竟問：「我的孩子好嗎？」身旁的人只回覆她根本沒有孩子。

威廉三世，奧蘭治親王與查理二世的外甥。一六八八年，威廉三世被英國國教徒推為國教捍衛者，推翻詹姆斯二世政權。

瑪麗二世皇后，由威廉．維辛（William Wissing）所繪。她跟丈夫威廉三世共掌政權至一六九四年逝世為止。

芭芭拉・維里爾、凱瑟麥茵夫人，也是克里夫蘭女公爵。她是杳理二世回歸英格蘭後的第一位情婦，後米也曾擔任書中提到的其他紳士的情婦。

路易絲・德・克魯阿爾、樸茨茅斯女伯爵。來自法國的她先在奧爾良女公爵家中熟悉英格蘭皇室生活，後來因替國王效勞而受封女公爵。

妮爾・珪恩。雖然她的美貌比不上其他情婦，但卻是讓國王最動心，也最受倫敦人歡迎的情婦。 真的，她之所以能贏過其他情婦，靠的是個性，不是外貌。

倫敦對整個英格蘭的影響力在復辟時期來到高點。這張圖以泰晤士河南岸的視角呈現大火前倫敦的樣貌。

從泰晤士河南岸目睹倫敦大火的佩皮斯指出，「這該死、邪惡的火」一下就吞噬倫敦的核心。

伊尼戈·瓊斯替貝德福伯爵設計的柯芬園，替英國奠定都市規劃的基石。這座廣場周圍環繞優雅的拱廊以及華美的住宅，後來在一六七〇年成為龐大的市場。特別注意畫中那輛黃色哈克尼馬車，那就是收費載客的馬車。

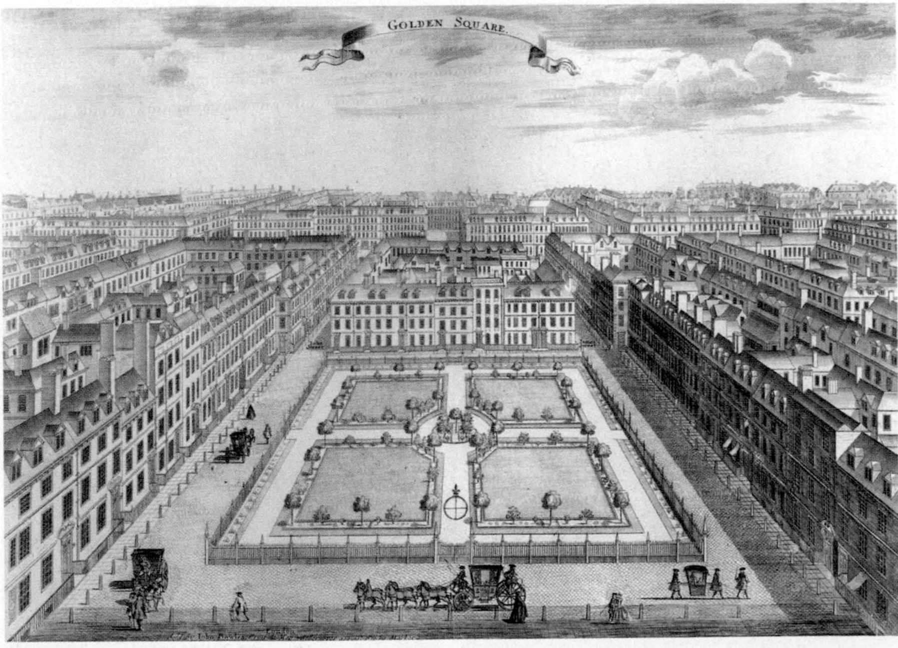

黃金廣場落成於一六七〇年代。倫敦往西部拓展後，出現許多像黃金廣場這樣比例方正的廣場。

麥可．達爾替喬治．魯克爵士（Sir George Rooke）繪製的肖像。畫中人的外套和背心正是一六九〇年代英格蘭紳士的招牌打扮，此流行延續至十八世紀。

約翰．麥可．萊特替蒙戈．穆雷勳爵（Lord Mungo Murray）繪製的肖像，圖中的全套蘇格蘭格紋打扮在一六九〇年代相當時興。

約翰．萊利替布莉姬．赫姆斯繪製的肖像。活到一百歲的她是宮廷中「不可或缺的女子」。畫中的她高齡九十五歲，身穿工作服飾。

麥可．達爾所繪的安妮．德維爾．卡貝爾夫人（Lady Anne de Vere Capel）。她在畫中展示一六九〇年代流行服飾。

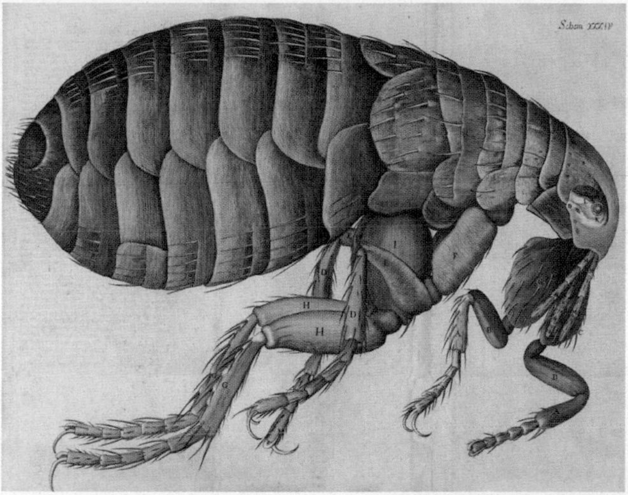

羅伯·虎克的《顯微圖譜》在一六六五年出版時造成不小轟動。這隻由他親手雕刻的跳蚤長十八英吋。顯微鏡的發明，讓民眾發掘未曾想像過的新世界。

▶ 在沒有麻醉藥的年代，牙痛肯定會要人命，不過牙痛還沒什麼大不了的，每年都市中就有百分之六的人因爛牙所引發的膿瘡而死。

▼ 史上最早的支票，於一六五九／六〇年從克萊頓與莫里斯銀行開出。復辟時期的金融行業也出現不少變革，例如股票交易市場、重新鑄造錢幣、火災保險還有英格蘭銀行的成立。

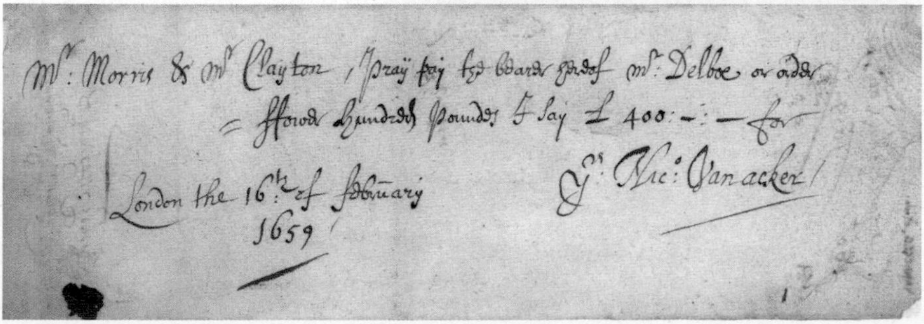

Mr: Morris & Mr Clayton, I pray pay the bearer hereof Mr: [illegible] or order
= ffoure hundred pounds I say £ 400:-:- for
London the 16th of February 1659
Yr: Nic: Vanacker

在一六八三至一六八四年的長霜期間，泰晤士河表面結成厚冰，民眾甚至在河面辦市集，這是史上最寒冷的冬天。

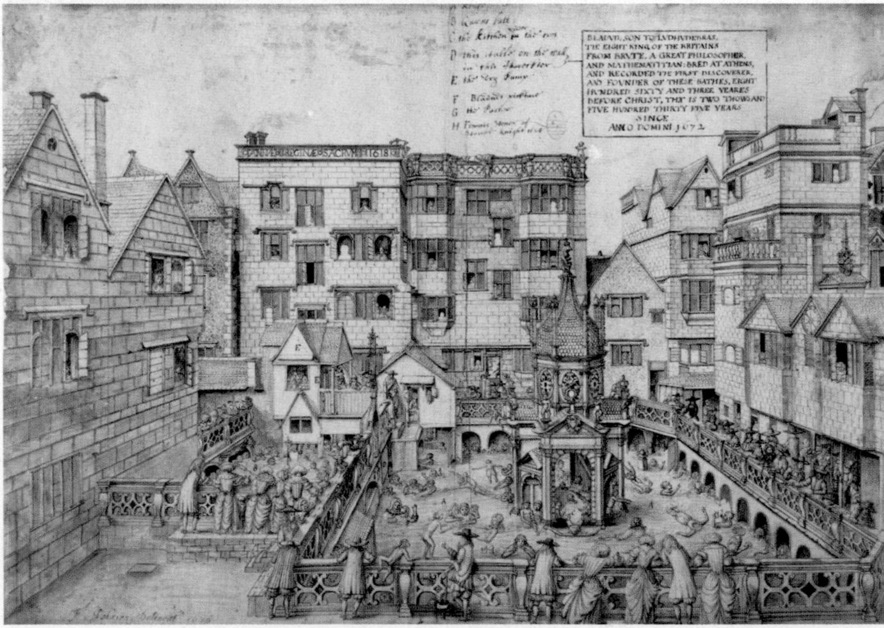

巴斯的國王浴場。來自社會不同階層的民眾會定期到浴場泡澡，他們飲用浴場中的水，也會用泉水沐浴、將水灑在身上。不過佩皮斯也發現，雖然這些泉水能治病，大概也已散播不少疾病。

工匠、專業師傅

在古格里．金的分類中，有大約十萬戶人家是以經營小本生意或製造業維生。當中有多數人都住在城鎮中，而其提供的服務大多於中世紀就已出現。在多數小鎮中，男性通常都以自家為店鋪或工廠，執行業務的形式也較隨性不羈。不過在大型城鎮中，做生意的模式就有較正式的流程，一方面讓專業的業主提供服務，同時避免陌生人跑來競爭攪局。

例如在埃克塞特，市政府就透過同業公會來管理城鎮中的生意人。年輕學徒結訓後只要繳交一筆費用，或證明自己有權接替父親的生意，就能成為同業公會的一員，而且也享有市民權。同時，他也要立誓效忠於皇室、市長以及郡副司法長官（bailiff）。此外，他還要發誓會繳交稅款，不會在市長法庭以外的地方控訴鎮上市民，而且會嚴格遵守地方法規。完成以上流程後，他就能在這座城市的任意一個角落執行業務，而且有權在市長選舉和推舉兩位議會議員的選舉中投票。事實上，市政單位已經不會再出面干涉那些沒有市民權的民眾做生意。旅館老闆、酒館老闆還有餐廳老闆，很多幾乎都沒有市民權，他們自己有另一套取得營業執照的系統。不過如果你是小本生意的業主，一定也會想要加入相關同業公會。如果想進一步了解英格蘭社會上存在的各種小本生意，就趕快參考下頁的享有市民權的職業種類列表。

如果把伊莉莎白時期埃克塞特的同一張表格（請見《漫遊伊莉莎白女皇的英格蘭》），拿來與下頁的表格相互比對的話，會發現經過三個世代，職業的種類與數量已截然不同。在復辟時期，為嗶嘰布縮絨加工的技工成為主流行業。一百年前，不僅稱呼有所不同（復辟時期稱為fuller，伊莉莎白時期

1659年至1699年，埃克塞特享有市民權的職業

編號	種類	人數	編號	種類	人數
1	縮絨技工	289	48=	行李箱製造商	6
2	雜貨店老闆	144	52=	號角製造商	5
3	裁縫	129	52=	音樂家	5
[4	士紳	127]	52=	蕾絲製造商	5
5	布商／零售商	117	52=	塗錫鐵板製造商	5
6	皮匠	104	56=	印刷工人	4
7	屠夫	76	56=	釀酒商	4
8	細木工人	75	58=	梳子製造商	3
9	編織工	66	58=	鋪路工	3
10	木匠	61	58=	別針製造商	3
11	麵包師傅	60	58=	嗶嘰布製造商	3
12=	絲綢織工	57	58=	菸草商	3
12=	毛料梳理工人	57	58=	切製菸草工	3
14	屋頂工	55	64=	理髮外科醫師	2
15	金匠	53	64=	籃子編織工	2
16	成衣製造／銷售商	52	64=	書本裝訂商	2
17	製桶工匠	45	64=	銅匠	2
18	藥劑師	39	64=	棉布紡織工	2
19	蠟燭、燃油雜貨商	38	64=	法院律師	2
20	理髮師	36	64=	染布師傅	2
21=	五金銷售商	31	64=	箭矢製造／銷售商	2
21=	鎖匠	31	64=	槍砲匠	2
23=	啤酒製造商	29	64=	儀器製造商	2
23=	縫紉用品銷售商	29	64=	女帽製造／銷售商	2
25	石匠	23	64=	流動攤販	2
26	刀叉製造／銷售商	22	64=	零售商	2
27	馬具銷售商	22	64=	代書	2
28	毛皮商	21	64=	外科醫生	2
29	手套製造／銷售商	20	64=	埃克塞特港測量員	2
30	鐵匠	18	64=	製錶師傅	2
31	錫匠	16	64=	羊毛供應商	2
32	羊毛銷售商	15	82=	鑄鐘匠	1
33=	毛氈製造商	13	82=	磚匠	1
33=	畫家	13	82=	雕刻師	1
35=	製革匠	10	82=	織品梳理工人	1

35=	菸斗製造商	10	82=	糖果製造／銷售商	1
35=	椅墊／椅套製造商	10	82=	法醫	1
35=	精紡毛料梳理師傅	10	82=	醫生	1
39=	書商	8	82=	束腹製造商	1
39=	製帽商	8	82=	旅館老闆	1
39=	玻璃鑲嵌師傅	8	82=	燈飾製造商	1
39=	麻布製品商	8	82=	皮件設計師	1
39=	縫針製造商	8	82=	麥芽製品商	1
39=	雪橇製造商	8	82=	水手	1
45=	藥商	7	82=	泥水匠	1
45=	文具商	7	82=	鞋匠	1
45=	葡萄酒商	7	82=	染絲師傅	1
48=	廚師	6	82=	肥皂製造商	1
48=	襪類織品銷售商	6	82=	車床技工	1
48=	水管師傅	6	82=	羊毛中介商（從供應商買原料，再將羊毛賣給製造商）	1
				人數總計	**2,089**

稱為tucker），就連數量也相差甚遠。當時埃克塞特只有五十七位獲得市民權的縮絨技工，僅為排行第三大的職業。另外，一百多年前也沒有所謂的印刷工人或釀酒商，更找不到磚匠、肥皂製造商、糖果製造/銷售商、製錶商、菸草商或是雜貨店業主，當年更只有少數幾位絲綢織工。其中最多人從事的就是一般的攤商，在攤商這個分類底下，還包含現在被稱為雜貨商的經營人。

雖然將各行各業賦予正式的名稱再加以歸類，看起來非常井然有序，不過其中卻隱含不少問題。其中最大的問題，就是這些做小本生意的民眾其實收入微薄。就算某位生意人每週工作六天，每年工作五十週（扣掉宗教節日以及聖誕節），每天能賺二十便士，或是說每年的收入約為二十五英鎊。如果他有六名子女，光靠這麼微薄的收入要怎麼讓孩子吃飽穿暖，甚至受教育呢？而且更令人震驚的是，生意人的收入與薪資不斷遞減，跟十五世紀中期相比，復辟時期商人的收入只剩一半。[27]十五世紀中期是工匠的輝煌年代，那時懷有一技之長的技工能順利養活一家好幾口，完全不用擔心會三餐不繼。現在，地方法官不但沒有保障這些工作者的最低收入，反而還限制他們的最高薪資額度。舉例來說，貝德福郡在一六八四年，限定專業木匠每天只能領一先令四便士（等於每週八先令，一年二十英磅）。如果雇主有供餐，那他的日薪就只剩十便士（每週五先令，每年十二英鎊十先令）。以上還是在日光充足的夏季時的薪資水準，在每年的九月中到隔年三月中，因工作時間較短，每日薪資又會縮減為一先令與八便士。推算過後，木匠的平均年收入約為十七英鎊十先令。而且這還是資深木匠的行情。如果今天是新手木匠，在夏季不供餐的情況下日薪是一先令，冬天則是十便士（一年十三英鎊五先令）。如果想要調薪而發起罷工，到最後只會丟掉工作，甚至入獄服刑。一六七七年，威爾特郡的特羅布里奇（Trowbridge），有一群勞工上街遊行，隊伍前方還有一位小提琴手。這群每天工作十二小時的勞工，希望每週薪資能從六先令漲到六先令六便士，而且他們還號召全村居民一起抗議。抗爭隊伍的領導人亞倫・艾金斯（Aaron Atkins）後來被逮補、丟進牢中，並且在下一次季審法庭受審。[28]

另外一個對這些工人、生意人最大的挑戰，就是高不可攀的房價。你或許會覺得二十一世紀的房價高得嚇人，以至於在大城市上班的民眾買不起鄰近房屋。十七世紀的英格蘭也是如此。如果有機會看看這些民眾的帳本，你可能會對笛福所說的「不致匱乏」一詞打上問號。正如前面所說，我寫書的地點位在埃克塞特以西三英里處，這裡叫做莫頓漢普斯泰德。招待我的屋主是從事編織工作的湯瑪斯・馬頓（Thomas Mardon），他的住家位在市中心，離教堂庭院只有幾步之遙。一六九二年，他的收入還不差。湯瑪斯每年進帳二十五英鎊，並以此支撐太太安妮（Anne）、兩名子女以及一位傭人的生活（他們有另外三個孩子已經夭折早逝）。扣掉所有支出後，二十五英鎊也所剩無幾。雖然錢還夠用，但房子卻不是他們的，而是租來的。湯瑪斯已故的岳父在五十年前將這棟房屋讓給湯瑪斯一家居住。租約上的條款寫到，在合約上列出的三位承租人過世後，這份合約也會因此失效過期。現在，那三位承租人早就離世。不過湯瑪斯一家之所以沒有被趕出門外，是因為其岳父在死前將最後一位在世的女兒，也就是湯瑪斯之妻列入合約當中。一六九二年時，安妮已經五十一歲了，整個家族都知道她或許再活也不久。安妮過世之後，湯瑪斯會失去他工作的地方，一家人也會沒有地方住。因此，湯瑪斯跟地主的管家重新商量一份租約。但這份合約要湯瑪斯支付高達一百零二英鎊的費用。[29]但湯瑪斯也沒有其他選擇，畢竟適合的房子不可多得。這就是為什麼像他這樣的工匠，會被形容為「賣力勞動」。湯瑪斯唯一能替家人做的，就是不斷替未來的困境做好準備與打算。

鄉下農民

讓湯瑪斯．馬頓頭痛不已的收支問題，也同樣困擾著鄉間民眾，只不過每個鄉下人遭遇的難關都不太一樣。過得好跟過得不好的分界線，就在於你種的是自己的田還是佃農（husbandmen）的田。如果你是後者，生活可能會過得非常艱苦，而且一不小心就會往下掉，跑到「最悲慘的人」這個分類中。農民的收入在十七世紀初時來到最低點，不過情況跟上一個類別的勞工階層一樣，十五世紀時，農民的收入反而比復辟時期高出一倍多。一六八四年，堆疊乾草的男性農民，每天能收到十便士，如果有雇主有供餐的話則是六便士，不過女性就只有六便士或三便士。不過堆疊乾草是季節性的工作，所以農民在冬天領不到薪水。收割也是同樣的道理。負責收割的男性農民，在夏天每天可賺入一先令六便士（不供餐），女性則是十便士，不過冬天沒有作物需要收割，所以他們也領不到錢。因此鄉間的民眾也要尋找其他貼補家用的工作，或是額外兼幾份差，像是幫忙縫紉或是洗衣，另外他們也要自己種一些蔬菜或植物。古時候的農民偶爾還能吃肉，但復辟時期的鄉村居民幾乎負擔不起各式肉品。就連負責二十至五十公頃田地的佃農，生活也過得不算穩定。他們耕種的田地多半是跟地主租來的。在扣掉休耕的土地之後，農民要用剩餘的土地來產出作物，藉以繳交現有土地租金，並預留未來租用其他土地的費用。這些龐大的開銷也時常讓農民陷入困頓。

復辟時期的英格蘭，在冬天時常陷入冰天雪地。現在我們就要帶出更實際的議題，探討寒冷的天氣對農業經濟的影響。如果你擁有約莫四十公頃圈地制的土地，屬於耕種地較多的佃農，在土地肥沃多產、氣候良好的時節裡，每公頃能產出十八蒲式耳的小麥。假如每公頃要留下四蒲式耳的小麥來播種，那麼總共能收成五百六十蒲式耳或七十夸特的小麥。這些小麥值多少錢？如果剛好碰到像一六八八年小麥大豐收、供過於求的時候，每夸特只值二十先令，那麼總共就是七十英鎊。扣掉三位夏季僱農的薪資，你還剩下五十二英鎊。另外，你可能也想把部分收成留下來當成家人的糧食，不會全數售出。此外，除了簽訂租約的費用外還要定期繳納租金。不僅如此，還要花錢飼養牲畜，讓牠們幫忙耕地、產出排泄物來滋潤大地。最後，身為教區居民，你也要定期納稅繳交各種公共款項。雖然支出大概就是上述幾項，但我們還沒把休耕的土地扣掉。農民不可能一次用盡全部土地，必須讓某幾塊田地的土壤恢復養分。如果每年只耕種四十公頃的其中一半，那麼淨收入就只剩二十六英鎊，這還是沒有扣掉稅金與款項之前的數字。而且大家要記得，我們剛剛的討論是建立於大豐收的前提之下。要是天氣惡劣，收成量欠佳呢？如果已經有半數土地在休耕，八月的時候又有豪雨將半數小麥沖毀，那麼每公頃只能產出九蒲式耳的小麥，並且留下其中四蒲式耳當作明年的種子。就算賣到好價格，每夸特收到兩英鎊九先令，淨營收也只有三十一英鎊五先令。在這種收成較差的年份，三位僱農的薪資縮減為十二英鎊，接著再扣掉租金、飼育牲口的費用，幸運的話你一整年的收入還有十五英鎊。

當然囉，損失半數作物絕對不是世界末日，最糟的情況是可能會失去全部的作物。

你很快就會發現，鄉村農民相當精明、節儉而且小心翼翼。環境迫使他們必須如此。他們的生計必須看老天爺的臉色，一輩子都隨著英國變化不定的氣候起伏波動。不過跟都市居民或勞工、商人比起來，農民有一項優勢，就是至少他們有自己栽種的作物可吃，絕對不會餓肚子。就算因為寒害或淹水，導致半數作物報銷死亡，剩下來的部分至少還能餵飽貧困的一家人。不過身為僱農可就沒這麼幸運了。

為了儲存糧食，你會在穀倉或農舍的角落，看見一袋袋的穀物以及成堆的起司。看看在一六八〇年代，位於艾塞克斯郡瑞特爾（Writtle）的史奇格斯農場（Skiggs Farm）。[30]基本上，這座農舍是由二樓的三間房間和一樓的三間房間所構成，另外還有擴建的區域以及屋外小農舍。這座農舍中所有的物品加起來，總價值達兩百五十九英鎊。農舍裡有銀湯匙、銀碗、銀製小湯碗、一本聖經、幾張地毯還有一把槍等奢侈品。顯然這座農舍的主人埃德蒙·史坦納（Edmund Sterne）是個生活優渥的男人。不過他所有的每一樣物品，包含家具、銀器，以及各式各樣的農具和設備，加起來只值四十英鎊。他的財富絕大部分都是糧食。有些食物以麻布袋承裝，例如三十四英鎊的小麥、二十四英鎊的黑麥、十六英鎊的燕麥以及十八英鎊的大麥。而專門擺放起司的房間裡，則有總價三英鎊十先令的起司。而他剩下的財產，要不是在牧場上吃草，就是賴在豬圈中。佃農就是透過這些辦法，來因應變化莫測的天氣。笛福說這些農民「衣單食薄」，可說是非常貼切。變化莫測的環境、氣候因素，讓這些農民永遠無法過好日子。

清寒之家

接下來我們要跨越赤貧線，談談「清寒之家」這個分類。古格里．金在統計表格中指出，全英格蘭大約有百分之六十的人口，生活水平剛好在「清寒之家」與「鄉下農民」的界線上，或是更窮困。在現代用語中，「上層社會」（upper class）這個詞已經無法明確界定「頂層大人物」與「有錢人」之間的區別。同理，「勞動階層」（working class）這個詞的範圍也相當模糊，其中可能涵蓋那些能維持生計的勞動者，或是生活過得很辛苦的勞工，甚至是那些捉襟見肘的幫傭、貧民、三餐不繼或真正一無所有的民眾。

先來看看這個類別中過得最好的一群人，也就是一般的水手。因為水手長年在外航行，所以他們通常也沒有孩子需要撫養，就算有，頂多也只有一兩個。許多人終生未婚。如果水手沒有承租或購置房產，所有家當都跟著他一起在海上漂流的話，就不用支付租金、稅金或其他款項。出海遠航時，通常船上也會提供三餐，要是替海軍服務就更是如此。通常除了基本薪資之外，水手還會有一些額外的收入。要是他們成功捕獲敵方船隻，就能領取獎金；如果水手在某個港口將貨物帶到另一個港口販賣，也能從中獲利。若能躲過北非中西部海岸海盜的俘虜，願意面對與其他船隻偶爾發生的小衝突，甚至是不知身在太平洋（但這片海一點都不「太平」）何方時，在五十尺高的大浪來襲時爬上桅杆，那麼身為水手的你每年或許會有二十英鎊的收入，這比大多數勞工或農民都來得多。不過在大海上討生活，也有十六分之一的機率會掉入海中不幸罹難。所以要當個稱職的水手，一定要接受、面臨海上的種種挑戰，甘心一輩子在船上度過。如果你碰到那些在港口之間往返，說著自己有多熱愛大海生活的水手，聽聽他們童年的故事，就可以體會他們的心情。幾乎所有嚮往海洋生活的水手都是出身赤貧之家。

就拿艾德華．巴洛（Edward Barlow）為例。或許你從沒聽過這號人物，不過他可是公海上的賽謬爾．佩皮斯。巴洛的故鄉是在曼徹斯特附近的普雷斯特維奇（Prestwich），他總共有兩個兄弟跟三個姊妹。他身為佃農的父親每年收入只有八到九英鎊，完全沒辦法讓六個孩子跟太太吃飽穿暖，這點孩子也都心知肚明。因為父母沒能力讓小孩穿上體面的衣服，所以他們一家也沒上過教堂，畢竟衣衫襤褸地進入上帝的殿堂也不是那麼莊重。艾德華在十二歲時就謀得一職。他幫忙運送煤炭，每天能賺兩到三便士。辛勤工作一陣子，累積一點積蓄之後，他就替自己買了一套衣服，完成他每週日能上教堂的心願。後來，他也試著當過漂白紗線的學徒，並利用空閒時間照顧牛羊，也參與架設籬笆、開挖渠道等工程。因為工資過低、不得溫飽，而且還會遭受拳打腳踢，艾德華就放棄學徒身分，在十三歲時徒步走到倫敦開創自己的未來。當時，他口袋裡只有兩先令。艾德華到倫敦投靠在有錢人家裡當幫傭的姊姊，雖然她幫不上忙，仍建議他到叔叔開在南華克的酒館當服務生。這還真是一份苦差事。艾德華的阿姨一直指控他在端啤酒或拿菸給客人的時候，會偷喝酒或把菸藏起來。為了避免諸如此類的指控，他只好轉任小馬伕。不僅如此，他叔叔也時常對他拳打腳踢。有一次他只是沒經過大人同意，就跑到泰晤士河邊看某隻擱淺的鯨魚，回去就遭到一番毒打。在他感到諸事不順、情緒低落的時候，有某位意圖不軌的人主動接近，說要提供一份薪資優渥的水手工作。事實上，這些打著鬼主意的人，會把像艾德華這樣的受害者拐走，經由海運把他們賣到牙買加當契約幫傭，不僅永生不得自由，而且還領不到半毛錢。幸好這時艾德華的叔叔出面阻止，讓他免於淪落為奴隸的悲劇。叔叔主動安排，讓艾德華到「內斯比旗艦」（Naseby）上當大副的學徒。內斯比旗艦是愛德華・蒙塔古的旗艦，而愛德華正是賽謬爾・佩皮斯的長輩跟贊助人。在海上磨練了十五年之後，他的月薪是二十五先令（每年十五英鎊）。[31]愛德華在海上度過大半輩子，而且他也在船上自學讀書寫字，並且在一大本皮革手札中寫下航海日誌。在他的努力保護之下，就算經過了那麼多船難和各種劫難，這本手札還是安然無恙。

如果你也被歸類在「清寒之家」這個類別中，但又不是水手或士兵，那應該就是農場雇用的勞工或富有人家中的幫傭。正如我們在前幾頁中讀到，傭農能拿到多少薪水全看當年份的收成狀況。假如氣候惡劣，作物歉收，就算穀物價格飆漲為兩倍之高，傭農仍然領不到半毛錢。這個時候，傭農跟家人只能靠豆類食物或搗爛的蕪菁填飽肚子，或是用燕麥以及磨碎的橡實種子做麵包充飢。所以如果你單身未婚，選擇到人家家裡當傭人的話，生活或許還會過得好一些。不過「被雇用」只是一個相對的概念，表示這些人不是自己開店做生意。就算謀得一職、到別人家當幫傭，也不一定代表你領得到薪水。有很多傭人連續好幾年拿不到半毛錢，而且還會被雇主拳打腳踢。雖然以當時的標準來說，賽謬爾・佩皮斯不算是個殘酷的人，但他也會毆打責罵傭人。一六六〇年，家中某位女傭以錯誤的方式將物品排放在屋外，就慘遭佩皮斯以掃帚毒打。接著在隔年，某位傭人因為笨到把槍跟火柴放在同一個口袋，佩皮斯就用鞭子抽打嚴懲。另外，佩皮斯還曾往某位小男僕的耳朵揍一拳，只因他沒有把斗篷穿戴整齊。[32]此外，無論同意與否，女性傭人還要遭受佩皮斯某種程度的性騷擾。在某些宅邸當中，屋主的兒子或男性賓客會對地位較低的女性僱傭毛手毛腳。他們都心知肚明，就算哪天醜事曝光，只有女僕的名譽會遭到損害、被解聘，男性無需承擔什麼後果。復辟時期傭人的日常生活就跟灰姑娘一樣，每天拖地、刷地、洗衣以及擦窗洗碗，從黎明忙到午夜。此外，她還要幫那些會暴力相向、霸王硬上弓的男性雇主梳頭、挑出頭髮中的蝨子。

每天過著一成不變、被剝削的日子，這些窮困的幫傭也只能領到微乎其微的工資。根據古格里・金的調查，大約有十五到二十萬名住在僱主家中的傭人，年薪只有三英鎊左右，不過有三十五到四十萬名幫傭的年薪比三英鎊更低。[33]在提供伙食以及住處的情況之下，女傭、酪農場女工以及洗衣女工的年薪大概是兩英鎊。女管家的年薪則至少有六英鎊，男廚師的年薪為四英鎊，女廚師則是兩英鎊五先令。男管家跟馬車車伕的年薪則是三英鎊多。[34]年輕的男僕或女僕有時候是以學徒的身分在僱主家工作，所以他們的薪水更低，有時甚至領不到半毛錢。一六七二年，一毛不拔的羅伯・虎克每年支付管家奈爾・揚（Nell Young）四英鎊，而這位女管家除了要維持家務，還要定期跟主人發生性關係。後來接替管家職位的傭人，每年只領到三英鎊。[35]萊夫・喬思林每年支付侍女兩英鎊十先令；[36]佩皮斯在一六六二年，支付女傭珍・畢爾齊三英鎊的年薪，還一廂情願地認為這對女性來說已是相當優渥的工資。隔年，他以四英鎊年薪聘請一位女傭到廚房幫忙，還自稱「這是我第一次付這麼多薪水」。[37]雖然小費對傭人來說確實不無小補，但很少人會給家僕小費。一六六三年，廚師收拾完某場晚宴的殘局後，佩皮斯跟其他賓客各給他十二便士的小費。這群名人雅士會如此慷慨，也是因為他們把餐桌搞得亂七八糟。[38]

讀到這裡，你大概能體會為什麼復辟時期英國沒有所謂的「僕人階層」。拿貝德福伯爵的管家跟一般傭人相比，可說是天堂與地獄之別。貝德福伯爵的管家不僅能住在僱主家、享用三餐、接受過教育、備受尊敬，而且年薪還高達四十英鎊。但是卑賤的小僕，只能忍受雇主毒打，領取僅兩英鎊的年薪。雖然同為僕人，但管家的收入卻與第三種分類「中間階層」相同，他能跟具有一技之長的專業人士平起平坐，但小傭人卻只能落入清寒貧困的類別中。要不是因為能住在僱主家中、享用廚房提供的伙食，搞不好傭人會直直落入最後一個分類中。或許笛福說這些人「左支右絀、捉襟見肘」，還算是相當貼切。

最悲慘的人

民眾沒辦法裝作「最悲慘的人」這個族群不存在，因為他們根本無所不在。一六七七年，約翰．伊弗林造訪伊普斯威奇，他在街上沒看見半個乞丐。對此他感到相當驚訝，而且在日記中表示「這座城鎮令人激賞」。[39]不過，他也補充這並不是因為當地沒有任何乞丐，而是「賢明、深謀遠慮的地方治安官」禁止任何人在街上乞討。令人遺憾的是，「最悲慘的人」並非少數。一六九〇年代，德文郡中約莫有五分之一的人都落入這個分類，靠著救濟度日。

因為貧困的狀況處處可見，所以位高權重的高官貴族，開始時常探討貧窮的議題。為什麼社會上會出現窮人？假如以整體社會的福祉為出發點，該制定甚麼措施？如果單純是想幫助這些窮人，該怎麼辦才好？

對於第一個問題，丹尼爾．笛福自有一番見解。他認為社會上之所以會出現這些一貧如洗的民眾，意外事故以及愚蠢的惡行是兩大主因。意外事故的意思是，某些人因為家族中有人生了重病，或是因為意外而截肢、失明，到最後淪為口袋空空的乞丐或小偷。而第二項原因，是因為有人慣於享樂，懶惰或驕傲到不願意工作討生活。以下是他的描述：

窮人身上時常散發一股懶惰散漫的氣質。英格蘭人常常工作賺到錢之後，就變得遊手好閒、尋歡飲酒，直到口袋中沒有半毛錢，甚至債台高築。在這些人喝醉時問問他們到底想幹嘛，這些人會坦白地表示，他會喝到沒辦法喝為止，最後再去找工作以便繼續享樂。[40]

從這段話來看，可知笛福並不認為工作短缺是貧困的主因。他寧願將問題歸咎到窮人身上，責備他們好吃懶做。像他這樣的工作狂，只要把問題推給懶惰的性格，就能輕鬆卸下改革社會的責任。抱持這種看法的，還不只笛福一人。不過大家對於「責任」一詞仍各持己見，到底誰該為貧困的社會現象負責任呢？

回溯歷史，最早因應貧困現象的政策，是一六〇一年推出的濟貧法（Poor Law Act）。因為這條法案，教區的監察官員必須向那些具有償債能力的家庭徵稅，並利用這些稅金來維持教區中貧困人家的生計（蘇格蘭也在一六四九年推出類似的法案）。在法案的規定之下，四肢健全的貧民必須去工作討生活，孩童則到各店鋪當學徒，用勞力換取伙食。體弱多病的則住在收容中心，領取免費的食物。十七世紀末，全英格蘭每年大約募集四十萬英鎊來援助這些貧民。[41]這筆資金通常是以現金的方式，每週以每人六便士或十便士不等的金額發放給需要的窮人，當中寡婦領取的總額最高。另外，城鎮中的監察官員也會發放醫療補助金給醫護人員，讓他們來診治窮困的病患。這套援助系統背後還有安置流程，如果有位窮困的異鄉人來到某個教區尋求協助，政府官員會詢問他的來歷，並將他送回出生地，交由當地監察人員照顧安置。雖然這整套措施非常完善，但居無定所的小偷與乞丐，對鄉村郊區的居民來說仍是一大威脅。因此，某些地區的政府會對這些來自外地的流浪漢採取行動：監察官員會一一質詢這些流浪漢，如果未能清楚交代來到此地的理由，就會將這些人送到地方治安官面前。[42]當時，很少人能像漢尼拔．巴斯克維爾（Hannibal Baskerville）如此慷慨大方。我們在前幾章提過有位旅人名叫湯瑪斯．巴斯克維爾，他就是漢尼拔．巴斯克維爾的兒子。他在伯克郡的宅邸旁，替流浪漢蓋了一棟宿舍，而且還在後門安置了一盞小鈴鐺。如果有乞丐來到屋旁，就可以用鈴鐺呼喚屋內的傭人尋求幫助。漢尼拔總共花了四分之三的財產，來幫助城鎮中的貧民。[43]

除了教區的濟貧制度，政府還落實兩項全新政策，來協助那些無法自立自強的民眾。首先是一個叫做「契約傭工」的措施，這就是前面說過的，替身體健全的民眾安排工作。假設你同意法律文件（即「契約」）上載明的條款，並簽名確認後，政府就會將你送往「種植園」（西印度群島或美洲）作為契約傭人，為期四年。到了殖民地之後，你要百分之百服從雇主的命令，照他的指示來工作。移民費用、伙食費以及住宿都不用擔心，政府會全權負責。等到四年簽約期滿，你就能重獲自由，在當地展開新人生。不過這個制度只比奴隸好一點而已。往好處想，有些被判處死刑的犯人，也有機會選擇到殖民地當契約勞工。不過另外一個問題是，有些不擇手段的惡徒，會藉機剝削那些守法的貧民。有些孩童會被綁架，賣到殖民地當作契約童工，此生再也回不了家。

另外一個紓解赤貧現象的措施，就是所謂的「濟貧工廠」。雖然工廠聽起來令人毛骨悚然，不過想到要緩解貧困的社會現象，讓窮人都有飯吃，是不可能不去考慮創造工作機會這個解決辦法。而且很多人還會說，工作是一件有益於身心的事情，能讓窮人擺脫「遊手好閒、尋歡作樂」[44]的習性。第一座濟貧工廠，是由倫敦濟貧局（London Corporation of the Poor）所設立，當時掌政者是克倫威爾。一六六二年通過的安置法案（Settlement Act），讓政府當局在倫敦內外設置不少濟貧工廠。一六六五，有位名叫湯瑪斯．弗名（Thomas Firmin）的生意人在倫敦設立首間私人濟貧工廠，讓三歲以上的孩童學習識字與紡紗。不過這座濟貧工廠只收容兒童，弗名對於成年流浪漢的偏見，比笛福來的更嚴重，他認為那些遊手好閒的成年人，都是「來自地獄邊境」[45]的惡人。雖然後來陸續有不少濟貧工廠如雨後春筍般冒出，但直到世紀末這些機構才真正成熟，改善貧民的生活狀況。一六九六年，布里斯托出現了一間制度完善的濟貧工廠，後來成為十八世紀常見的濟貧工廠的雛形。一七一二年，全英格蘭十四座城鎮中，都設有運作良好的濟貧工廠。雖然這項措施同樣令人倍感淒涼，但很多人都是在進入濟貧工廠後，才脫離笛福所謂「餐風露宿、貧困不已」的生活。

地位階層的社會問題

讀完前面關於各個類別的描述，或許你會對於這種地位高低的社會現象感到忿忿不平，認為這根本是不公不義。不過之所以會有這種感覺，是因為你來自現代社會。在復辟時期，很多人就是心甘情願接受這樣的差別待遇。就算有位高權重的人對自己咆哮，他們也不覺得是因為個人因素而遭此對待，全是出身卑微所造成的。另外，對於地位比自己高或低的民眾對自己的觀感，大家也都心理有數。被歸類在同一個層級的生意人跟農民，在鎮上可能會受到平等的待遇；假如那位生意人的財富比農民高出許多，而且衣著打扮較貴氣，大家對待他們的方式就會有顯著差異。在這個時期，阿諛奉承、拍馬屁簡直就像咳嗽抓癢一樣，是再自然不過的事。學徒不可能有膽直視老闆的雙眼。到教堂做禮拜時，就算你認為自己跟其他人在神的眼中是平起平坐的，也不代表你就真的可以隨便亂坐。教堂中的座席都屬私人，全都是按照社會地位來劃分。就算是在同一個家庭中，不同成員的地位也有高低之分。姐姐的地位絕對比妹妹來得高，但要是小妹嫁人成婚了，而姊姊還待字閨中，權力地位就會徹底翻轉過來。賽謬爾．佩皮斯曾說過一個故事，肯特郡伯爵的繼承人有一次以侍從的身分，服侍貝德福伯爵。這時突然來了一封信，表示肯特郡伯爵突然過世。肯特郡爵位的歷史比貝德福來得早，地位也理所當然較高，所以原本坐著接受服侍的貝德福伯爵，就自動起身向年輕的新肯特郡伯爵鞠躬，還邀請肯特郡伯爵坐上他剛離開的座椅，並站在身旁以隨從的身分伺候他用餐。[46]

在婚姻當中，地位扮演了最為舉足輕重的角色。不管你看上眼的人是幾歲（有時候民眾會跟大自己三、四十歲的人結婚），他或她的長相討不討喜也根本不是重點，最關鍵的是對方的社會地位是否與自己相配。舉例來說，「頂層大人物」只跟同樣來自頂層的顯赫人士結婚。雖然公爵有可能跟平凡女子成婚，但那名女子至少也要是騎士或準男爵的女兒。政府官員或貴族男性幾乎不會跟「頂層大人物」類別外的女子成婚，除非他自己同樣出身平凡人家。不過像身為艾爾博馬勒（Albemarle）公爵的蒙克將軍就是例外：一六四〇年代，他被囚禁在倫敦塔裡時，勾引他的女傭、與她發生關係，兩人後來也就成婚了。如果士紳的女兒要嫁給勳爵的兒子，可能會要準備可觀的嫁妝，不過在談到錢之前，也要兩家的身分地位匹配才行。三文治伯爵聽到太太建議把女兒嫁給一位富商時，整個人怒不可遏。他說：「我寧願看女兒背著地攤販的行囊，也不要把她嫁給區區一位士紳。」[47]論及婚嫁時，大家都不會考慮雙方是否真心相愛。一六七五年，有位年輕的紳士詹姆斯．葛拉漢（James Graham）愛上美麗的桃樂絲．霍華（Dorothy Howard）。桃樂絲是登達斯勳爵（Lord Dundas）之女，先前嫁給某位伯爵的兒子，但丈夫死後便成為寡婦。葛拉漢請約翰．伊弗林替他說媒，伊弗林同意了，表示他答應的原因是：「雖然男方出自好人家，但是與女方家族地位懸殊。不過我還是贊同他們成婚，原因倒不是認為女方找不到更好的對象，而是他們之間的情感令人動容。」[48]多謝伊弗林美言一番，葛拉漢終於抱得美人歸。不過在處理自家婚事時，伊弗林可就沒這麼好說話。他心中還是放不下階級地位的隔閡。吉伯特．傑拉德爵士（Sir Gilbert Gerrard）到伊弗林家談婚事，想讓自己的兒子跟伊弗林的女兒成婚。不過伊弗林一得知吉伯的財富是來自新堡附近的礦坑後，大驚失色，便斷然拒絕這樁親事。[49]婚姻大事對「中間階層」也同等重要，對他們來說，透過婚姻而得的金錢，是絕對不可妥協的事情。佩皮斯的弟弟湯姆，在一六六二年愛上一位女子。湯姆本身收入不高，而對方家長原本提出的嫁妝只有兩百英鎊。佩皮斯當時說服湯姆回絕對方，後來對方湊出了四百英鎊，但佩皮斯開口要求五百英鎊。佩皮斯與對方家長經過一連串交涉溝通後，還是沒有達成共識。最後那段戀情無疾而終，留下湯姆一人獨自心碎。[50]

國王

了解英國在復辟時期分層明確的社會階層後，接著就可以來探討站在社會階級制高點的那幾個人。在我們探討的時期中，有三名男子統治英格蘭以及蘇格蘭王國，那就是查理二世（一六六〇年至一六八五年）、詹姆斯二世（一六八五年至一六八八年）以及威廉三世（一六八九年至一七〇二年）。威廉跟他的妻子瑪麗二世（Mary II，詹姆斯二世的女兒）共同治理整個王國，直至一六九四年瑪麗逝世為止。不過掌政的權力都集中在威廉手上，瑪麗的影響力相當有限。這三位出身皇室的男子，就是維持社會穩固、讓國家順利運作的關鍵人物。

一開始我們就要釐清一個概念：國王並不是「一群平等之人當中地位最高的角色」，而是從世俗與宗教兩個角度來看，國王擁有至高無上、獨一無二的地位。國王是英國國教的最高領袖，也因為這個半神性的地位，讓他能影響國內每位民眾的生活。舉例來說，國王有權任命主教以及大主教，讓他們掌管人民的道德與宗教生活。不管是在公開場合或是私底下，都沒有人能詛咒國王。就算是在心中想像國王的死亡，也會觸犯叛國罪。就算有人逾越任何法律規範，只要國王一聲令下，罪狀就能遭到赦免。而國王的前身則是那些英格蘭的封建領主，這些人擁有整座國家，底下的貴族或高級教士只是一群擁有土地的人，完全沒有任何權利。雖然封建制度早在一六六〇年就已遭廢除，皇室家族仍然能從納稅人繳交的稅金中，持續領取一筆鉅額款項。下議院（House of Commons）的一個委員會認為皇室每年可獲得一百二十萬英鎊，用來維護皇室成員的生活還有政府的各項開支。前面我們討論過各個階層的人的收入，像是貝德福伯爵每年有兩萬英鎊，侍女每年則是兩英鎊，但是讀到皇室每年能領取一百二十萬英鎊的款項，就知道國王與一般社會之間的差距有多懸殊。另外，國王也具有任命權。他能賦予民眾頭銜，封人為貴族，以及選擇讓誰來擔任治安官，管理各地城鎮。國王不僅能召集或解散議會，他也是國家軍隊的總司令。而且國王還能在任何一個法庭中，控告任何一個人。國王的存在凌駕於法律之上，基本上國王的任何行為都不違法，唯一的例外是查理一世犯下的叛國罪。

不過大家都對這件往事絕口不提。

理論上，查理二世的地位和權力與其父相同。不過實際上，查理二世握有的權力根本不比查理一世。革命已成事實（即英國內戰），世局和過去不同，查理一世根本無能阻止自己被判刑處死。國王早就無法任意施行任何不合民意的政令，這點大家心知肚明。查理二世在一六六二年和一六七二年要推動寬容各宗教的法案時就遭到駁回。一六八八年，詹姆斯二世也因為宗教相關政策遭大力反彈，不得不逃離祖國。至於威廉三世，他也在一六八九年被迫接受權利法案，國王的實質權限因此更加遭到限縮。因此，這三位國王的權力都遠不及查理一世。不過從執政的角度來看，他們的影響力卻增加許多。之所以會如此，並不是因為國王能夠違抗議會的決定，而是因為國王開始跟議會合作。查理二世掌政初期，就開始參照「內閣」（cabinet）大臣的建議來執政。這些官員之所以稱之為「內閣」，是因為他們開會的地點就位在隱密的小房間，國王也會定期參與會議。另外，上議院在辯論法案細節時，國王偶爾也會出席參與。簡言之，在英國議會的力量與日俱增之時，國王的地位也逐漸穩固。

三位復辟時期國王

查理二世因沉迷賭博、女色和賽馬，又堅持過高品質生活，因此被形容為「快活王」（the merry monarch）。法國紳士彌松（Monsieur Misson）描述查理二世時，表示他是一位「耽溺美色，盡情享樂的國王。敦克爾克、英格蘭還有世界上其他國家的國王，都不比查理二世縱情聲色。」[51]不過如此活潑歡快的表面形象，底下其實藏了一位謹慎、善於算計，而且無比務實的倖存者。他心中唯一不可撼動的掌政原則，就是絕對不能被擠下王位。如果政局發生危機，他會毫不猶豫地犧牲某位大臣，讓別人當代罪羔羊。哈里法克斯（Halifax）伯爵就說：「在查理二世的人生中，大臣和情婦的角色沒有什麼分別。他並不是真心愛著這些人，只是利用他們。」[52]對於這段話，查理二世的情婦應該也深感認同。不過查理二世跟其中兩名情婦關係特別親密，其中一位是替他生下四個孩子的凱瑟麥茵夫人（Lady Castlemaine），另一位則是替他生下兩名子嗣的妮爾．珪恩（Nell Gwyn）。令人遺憾的是，他的葡萄牙裔妻子布拉干薩的凱薩琳（Catherine of Braganza）卻沒替他產下接班人。凱薩琳不僅四度流產，還得忍受丈夫在外風流，簡直不堪其辱。

查理頗有文化素養，他對音樂、藝術、戲劇、科學以及科技相當感興趣，而且具有豐富的航海與船艦知識。另外，他也對解剖非常感興趣；醫療團隊拆解大體時，他偶爾也會親自參與。一六六三年，查理二世聽聞某匹馬因為體內有四顆巨大的腎結石而死，就叫人每天從馬糞中採集更多樣本來研究。[53]在政壇中，查理二世則是個雙面人。一六七〇年，他私下承諾法國國王自己會改信天主教。不過，他很清楚要是公開自己信奉的是天主教，英格蘭社會勢必會掀起另一場革命，所以查理二世整整在立誓後過了十五年，臨終前在床上才改信天主教。他之所以會被貼上不可信賴的標籤，也是其來有自。羅徹斯特伯爵就寫了一篇詼諧的碑文，來嘲弄查理二世：

國王，我們的最高統治者就躺在此地
他的一字一句，沒有人會相信
他沒說過半句愚蠢的話
也沒做過什麼聰明的事

對此，國王回應：「話雖然是我自己說的，但決定都是大臣替我做的。」雖然這番回覆機智無比，但也同時顯示出他有多愛找人當擋箭牌。或許查理在政治生涯中做過最大的賭注，就是在他弟弟詹姆斯公開改信天主教後，仍支持他作為王位當然繼承人，此舉也讓政壇爆發長期鬥爭。英國現代的政治黨派，其實就是源於一六七九年至一六八一年間產生的排除法案危機（Exclusion Crisis）。那些希望將詹姆斯從繼承人名單中排除、限縮國王權限的派系，就稱為惠格黨（Whigs）。「惠格」一詞其實是對那些大力抨擊天主教的蘇格蘭放牧人的俚語。而與惠格黨相抗衡，意圖鞏固國王王權的政治派系，則稱為托利黨（Tories），而「托利」這個俚語在中指的是愛爾蘭的天主教小偷。惠格黨詆毀教宗的聲望以及名譽，甚至焚燒教宗的雕像。托利黨的反擊手法，是不斷提醒民眾克倫威爾的治國手法有多極端。最後，國王以及托利黨獲勝。一六八五年二月六日，查理二世過世時，詹姆斯在毫無異議的情況下繼承王位。查理二世在死前，不僅有相當豐富的政績，而且整段政治生涯相當活躍繽紛，也算是負責任；另外，他也握有相對的高權，行事作風透露一絲神秘感。查理二世絕對是復興君主政體這條路上最具革命性的推手之一。

詹姆斯二世的政治判斷力不僅不及查理二世，連才能智慧也差他一大截。更慘的是，詹姆斯二世不像他哥那樣務實、隨機應變。詹姆斯認為君主獨裁制「要不是以最純粹、極端的方式存在，不然就該徹底廢除。」一身為天主教徒的詹姆斯，又秉持著如此絕對的思維模式，讓他領導一個信奉英國國教的國家，甚至擔任宗教領袖，是一件困難重重的事情。

在詹姆斯的生涯中，他越來越堅信自己的義務就是讓英格蘭重新變為天主教國家。一六六〇年前，他曾有好長一段時間在法國流亡。在這段期間，他相信天主教是唯一真正的信仰。他深愛的第一任妻子安妮．海德（Anne Hyde）是克拉倫登（Clarendon）伯爵之女，她在一六六九年改信天主教，不久後詹姆斯也偷偷皈依天主教。一六七一年安妮過世之後，詹姆斯決定坦承自己是天主教徒的事實。一六七二年聖誕節，他拒絕跟身為國王的哥哥一起進行聖餐儀式。一六七三年，他正式公開自己的宗教信仰。當年九月，他以代理的形式，用天主教儀式迎娶信奉天主教的公主摩德納的瑪麗（Mary of Modena）。後來查理二世與托利黨黨員在排除法案危機中獲得勝利，也讓詹姆斯更篤定，堅信天意要他復興英格蘭的天主教。有了這個信念後，縱使主張遭受英國人民反對，他仍不改立場。

其實在詹姆斯統治初期，人民算是站在他那邊。在蘇格蘭地區，由阿蓋爾（Argyll）伯爵領軍的反抗軍，遭到蘇格蘭人擊敗。而在英格蘭，由蒙茅斯（Monmouth）伯爵（查理二世最年長的非婚生子）率領的反政府軍隊，也在一六八五七月六號的塞奇默爾戰役（Battle of Sedgemoor）中落敗。不過這大概就是詹姆斯最受愛戴的時期了。戰役落幕後，詹姆斯拒絕赦免那些被判處死刑的犯人，演變為後來所謂的「血腥審判」（Bloody Assizes），讓詹姆斯的聲望跌落谷底，後來人民也對他失去信心。詹姆斯以高壓手段打壓議會，讓反天主教相關法案胎死腹中，更拒絕接受牛津莫德林學院（Magdalen College）的選舉結果。此外，詹姆斯也將七名主教關在倫敦塔中，上述舉措對新教徒來說可是一大隱憂。不過，對於存在於英格蘭社會上的各式宗教信仰，詹姆斯確實是真心想要包容接納。只是讓他不滿的地方，在於有人把這種對宗教的寬容視為鞏固天主教的手段。對新教徒來說，聖經中完全沒有任何關於天主教儀式的論述，因此他們將天主教徒視為異端。因此，詹姆斯堅持推行宗教寬容的政策，最後導致他政權的殞落，聽來實在諷刺。

詹姆斯二世的統治為期不超過四年。他不相信自己的女兒瑪麗跟她丈夫奧蘭治的威廉王子（Prince William of Orange，同時也是詹姆斯的外甥）會為了維護新教而進軍英格蘭，因此太晚採取因應的軍事措施。一六八八年十一月五日，威廉在托貝（Torbay）登陸，接著往埃克塞特前進，並在當地設立軍事總部，也獲得當地士紳的大力支持。詹姆斯二世出軍攻打威廉布局在索爾斯伯里的部隊，但在出兵的過程中諸事不順，遭到多重打擊。更值得一提的是他的鼻血流個不停，讓他無法以英勇梟雄的姿態面對頻繁的戰事。詹姆斯的執政顧問建議他退回倫敦。十一月十一日，雖然詹姆斯試著逃離英格蘭，卻不幸在法弗舍姆（Faversham）被逮個正著，接著就被押回倫敦。威廉王子公開要求詹姆斯二世離開首都時，他只怯懦地逃到羅徹斯特，並從當地搭船逃到法國。

如果你在一六八九年初造訪英國，會發現英格蘭和蘇格蘭呈現一個沒有國王的狀態。當時無論是在朝政上或民間，都認為奧蘭治的威廉是唯一能讓國家安定的關鍵人物，這個信念至關重要。在過去的一六五八年至一六六〇年間，英格蘭社會秩序與律法制度處於崩解和混亂的狀態，這段歷史仍是英格蘭人民心中的夢靨。他們害怕要是威廉回到荷蘭，這場噩夢會重新上演。英國議會為此召開會議，熱烈地探討究竟要讓誰來接替王位。議會議員後來決定讓威廉登基，不過他必須接受四個條件。首先，他必須跟妻子瑪麗共同享有統治權，這樣威廉到海外出征、處理政事時，國內仍有一位統治者，只不過掌政的實權基本上還是威廉獨握。第二，他必須接受新的效忠宣誓。第三，他必須接受《權利法案》對君主權力的囿限。最後，他必須同意讓小姨子（瑪麗的妹妹安妮〔Anne〕）的子嗣享有王位的優先繼承權；假如安妮無後而逝，他在瑪麗死後再婚所生的子女才能繼承王位。

所以威廉三世的掌政方式和權力基礎跟祖父查理一世有極大不同。威廉必須服從權利法案的細項，如果未經議會同意，他不得暫停議會通過的任何一條法案，也不能擅自徵收稅金。在和平時期，國王也不能未經議會的同意就籌組軍隊，更不能擅自對他人施以高額罰金或殘酷極端的刑罰。另外，國王也不能禁止新教徒自擁用以自衛的武器，也要允許臣民能向他自由請願，而不必擔心因此遭受迫害。最後，國王也不得干涉議會的選舉、須尊重選舉結果，也必須保障議會議員的言論自由，不得因為特定發言對他人施以懲處，並且要讓議會定期舉行，不能擅自將其解散。一六八九年起，英國議會每年如期舉行，而且從一六九四年開始就進行每三年一次的選舉。史學家將一六八八年到一六八九年間發生的種種變革稱為「光榮革命」（The Glorious Revolution）。雖然有些現代評論家認為，在這一連串改革當中根本沒人流血，又何來「革命」的說法。不過只要仔細想想，英格蘭政府在復辟時期，從原本近乎君主專制的制度演進為君主立憲制，如此劇烈的轉變，要是不能用革命來形容，難道還有更適合的詞彙嗎？

女性

不同階層的民眾之間，過著極為不平等的生活，而男性與女性的地位與處境也有相當懸殊的差距。社會上的性別歧視嚴重到會讓你忍無可忍，而且大家對此都心知肚明。哈里法克侯爵在寫給他女兒的家書中表明：

> 首先妳必須明白，男性與女性有著本質上的差異。為了整個社會的福祉著想，身為立定法律制度的男性，天生就比女性更理性、理智……男性與女性的脾性有所不同，因此我們的缺陷與瑕疵終究能互相補償。妳們女性希望借助男性的理智，來告訴妳們該如何行事；妳們也希望男性能用強健的筋骨與意志來保護妳們。而男性則希望借助女性溫和的氣質，來舒緩娛樂我們的心靈。[54]

上述這段話跟厭女情結一點關係也沒有。其實有很多男人深愛著自己的妻子（妻子也同樣深愛丈夫），但男人仍然會責罵、毆打自己的太太，他們深信自己的出發點是為了老婆好。另外，當時也不是所有女人都認為兩性平等是值得追求，甚至有可能實踐的一件事。很多女性認為自己就是男性的附屬品，而且相信這就是世界的真理。連受過高等教育的女子也秉持著這種想法。舉例來說，身為拉丁文詩歌和散文譯者的露西・哈欽森（Lucy Hutchinson），她自己也是一位詩人，而且也曾替丈夫跟自己寫過傳記。你可能會以為她這樣識字、飽讀詩書的女子，會站出來為女性的權益發聲。但是她也同樣認為女性天生就不比男性聰明、有智慧。[55]在復辟時期英國的社會，性別歧視最令人咋舌的地方，在於不平等觀念深化到連許多女性都已坦然接受。

在英格蘭社會上，女性的法律地位到復辟時期也沒什麼太大的變化。簡言之，丈夫是太太跟女兒的主人與支配者，老婆跟女兒不僅要聽丈夫或爸爸的命令，連她們擁有的物品或財產也歸男性所有。艾德華・錢伯倫（Edward Chamberlayne）就在他所撰的《英格蘭社會》（*Anglia Notitia, or The Present State of England*，一六六九年出版）中，精確地描寫：「如果已婚女子獲得物品或是財產，這些東西會立刻歸她丈夫所有。在未經丈夫同意之下，她不得將這些物品出租、售出或者借給其他人。」[56]另外，在沒有經過老公允許之前，老婆也不能隨意向他人借錢或簽訂合約、遺囑。要是先生不同意，太太也不能讓外人踏入夫妻居住的房屋一步。要是有位太太逃離丈夫身邊，那他是有權闖進別人的房產把太太抓回家的。只要不致人於死地，丈夫也有權毆打自己的太太。如果老婆拒絕跟丈夫做愛，丈夫也可以強迫老婆就範。如果先生被告，不管罪名為何，太太都不能在法庭上提供任何不利於丈夫的證據。所以如果先生跟其他女人偷情時被正宮捉姦在床，老婆也不能在法院中提出證據、控告先生犯下通姦罪。另外還有更多諸如此類的不平等待遇。在十七世紀的英國社會，很多事都說不準，不過唯一有一件事是能夠肯定的，就是假如丈夫跟太太意見不合，就算太太說的才是對的，在法律上，她永遠是錯的一方。

與其說法律對婚姻生活造成太大影響，不如說是法律建構出來的框架，導致女性在日常生活中必須壓低姿態。要當一位「好的女性」，絕對不能按照自己的喜好來行事，而是要壓抑自己的本能與渴望。某位作家就說過：「女人或許不能違抗上帝的旨意，但是如果丈夫命令她違抗自身的意志，她也不得不從。」[57]賽謬爾和伊莉莎白・佩皮斯兩人之間，就不斷上演這種丈夫要求妻子壓抑個人情感的情況。一六六三年一月九日，伊莉莎白對著丈夫朗讀一封信，信中寫滿她悲戚的情緒（其實伊莉莎白已經寫過另一封副本給賽謬爾，但他讀也不讀就將信燒毀）。伊莉莎白在信中，表示每當先生到辦公室工作時，自己一個人在家孤苦寂寞。對此，佩皮斯感到相當驚愕，他不敢相信太太竟然將家庭私事寫在紙上，一不小心就有可能被外人拿去讀。他立刻將太太才剛朗讀的那封信撕碎，還把她珍藏的一整疊信搶過來，在她面前把信件撕成碎片，其中還包含早期他寫給她的情書。而伊莉莎白只是站在一旁淚流不止。[58]不管佩皮斯其實完全有權這麼做，也不管他當天稍晚在寫日記時，是多麼懊悔自己上午的行徑，最重要的，是法律竟然賦予丈夫這麼大的權力，讓男人變得如此自傲、不願妥協。只是小小的意見不合，最後竟演變為人格侮辱。讀者讀到這裡，一定會相當同情伊莉莎白。跟一個認為自己永遠是對的，而且能隨意對你發脾氣的男人共同生活，有多麼壓抑委屈。就算他事後懊悔不已也於事無補。

未婚女性跟已婚婦女遭受的普遍歧視更加另人沮喪。對女孩來說，要接受拉丁文教育是一件相當困難的事，所以以當時的標準來看，女性的教育程度普遍低落。就算她們能請私人教師到家裡上課，也不能到大學就讀或是以專業身分從事某項工作，例如律師或學校教師。如果女性精通醫術，她也不能向病患收取費用。另外，女性不能成為議會議員或地方治安官，當然也無法享有市民權，所以也無法擔任市長或市議員等職。女性也不能投票，選擇自己屬意的議會議員。就算身為女公爵，女人也沒辦法在上議院中列席。在貴族名門中，女兒只能站在一旁，看著每一位年幼的弟弟繼承家產，自己卻沒機會看父親的地產一眼，有時候其他家族中的遠房男性親戚還有權分一杯羹。第三代坎伯蘭伯爵唯一一位在世的女兒安・克里福德夫人就要等她叔叔跟表親（第四與第五代伯爵）過世後，才能繼承父親的房產和家族的城堡。與此同時，她還得忍受兩段不愉快的婚姻。潑辣的女子會被綁在懲椅上，並且被固定在兩根長棍的末端，再被浸泡到池塘或溪流中以示懲處。更慘的是，整個社區的人還有可能在旁觀賞揶揄，讓當事人更感羞辱。不過善於逞口舌之快的男人卻不會遭此下場。

儘管如此，有時你還是會聽到別人說：「如果有座通往英格蘭的橋，全歐洲的女人一定會立刻奔向英格蘭。」或是「從某些角度來看，英格蘭的律法特別照顧女性，彷彿法律是她們投票制定的。」[59] 聽到這幾句話，你一定會滿腹狐疑。舉例來說，要是英吉利海峽真的出現一座橋，伊莉莎白．佩皮斯肯定想往反方向跑。不過之所以會出現上面那種說法，在羅倫佐．馬加洛堤的手札中可以找到解答。馬加洛堤針對倫敦的女性，寫了這麼一段文字：

> 無論是身材或容貌，倫敦的女人都不輸男性。她們都相貌姣好，多數人身材高挑，有著深色的眼珠、淺色的秀髮，而且打扮得相當整齊乾淨，唯一的缺陷是牙齒不怎麼白淨。英國制定的法律，讓她們得以自在地過生活。其他國家的法律，對女性施以諸多限制，讓婦女綁手綁腳，但英國的女人想去哪就去哪，有沒有人陪都無所謂；低下階層的女子有時還能公開在街上玩球……她們並不會輕易墜入愛河，或是隨便對男人投懷送抱。不過一但她們心有所屬，就會陷入熱戀癡迷，為他犧牲一切。如果男人將她拋棄，她會陷入深沉的絕望與痛苦之中。英國婦女的穿衣風格相當優雅，呈現出法式時尚風情。她們以身上華貴的服飾為傲（連社會底層婦女的服裝也有一定的價值），沒有配戴昂貴珠寶的習慣。她們投資的珠寶基本上就只有珍珠，因此珍珠在英國倍受重視又搶手……另外，婦女在家中的休閒娛樂也受到一定程度的重視。妻子和太太專制地管理家中大小事務，男性對她們既尊敬又害怕。[60]

馬加洛堤在此並不討論法律的規範，將焦點放在英格蘭婦女的日常生活。在他眼中，英格蘭婦女比義大利的女性更自由，而且對丈夫有更高的掌控權，因為男人都尊敬，而且害怕自己的太太。其實他口中的自由以及懼怕，也如實印證在賽謬爾和伊莉莎白的婚姻關係中。就算賽謬爾想到太太可能會愛上別的男人，會因此發瘋、吃醋，他還是讓伊莉莎白到外頭逛街玩樂。至於害怕妻子的部分，賽謬爾在一六六二年的某一天，心中掙扎著到底該不該勾搭家中女僕，後來他打退堂鼓，因為「怕那位女僕太正直誠實，不僅拒絕我，還跑去跟我老婆告狀」，不過日記中沒有寫出如果東窗事發他會有什麼下場。[61] 一六六八年十月二十五日，賽謬爾把手伸進女僕的裙子裡時，恰好被老婆撞見。他在日記中坦承，「我的手指在她的小穴裡」。[62] 佩皮斯太太的反應，令賽謬爾相當不好受。她以沉默來表示自己的憤怒，原本相當自大的賽謬爾，也只能低聲下氣地苦苦求饒。事情發生後的那幾週，伊莉莎白不停地拿這件事說嘴，賽謬爾如此描述：「這是我這輩子最難受的一段時間。」

從某個角度來看，復辟英格蘭的法律以及風俗習慣其實相當保護女性。舉例來說，假如丈夫出門在外很長一段時間，返鄉後發現太太懷孕了，他必須把孩子當成親生骨肉撫養成人，就算他離家超過一年也是如此。[63] 同樣的，如果女子在結婚時腹中已經懷有胎兒，無論孩子跟丈夫是否有血緣關係，只要是男嬰，未來都能繼承丈夫的財產。法律如此堅持丈夫應當全權掌控妻子的行為舉止，以致於即使已婚婦人犯下叛國罪，那也被視為服膺丈夫命令的結果，因此算是無罪。結婚之後，女性會自動獲得與丈夫相同的社會地位與頭銜。如果丈夫是某位勳爵，那太太也會變成夫人（lady），不過要是地位較高的女性嫁給階層較低的男性，她仍保有原先的頭銜。假如某位公爵的女兒嫁給一般市井小商人，大家還是要稱她為夫人。而農村中的傳統甚至跟一般都市更加不同。管理農務以及各項家事時，妻子是丈夫的左右手。笛福就曾說：「如果先生的農地營運良好，他會誠實地將收入帶回家，讓太太管理。」[64]雖然在復辟時期，夫妻幾乎沒辦法離婚，就算離了也不太可能有辦法再婚，配偶還是能正式分居。申請分居後，法院可能會判男方要支付女方一定的贍養費。一六七七年，大主教法院（Court of Arches）宣判法蘭西斯．瑟洛摩頓爵士（Sir Francis Throckmorton）跟妻子分居後，每年要支付三百英鎊的贍養費。[65]除了這些制式的法律規範外，有些賦予女人權力的舊時風俗也會令我們現代人驚奇不已。彌松先生寫過：

> 有時走在倫敦的街上，我會看到一名女子拿著一個由稻草編成的人偶，人偶頭上掛著一對大型的角，前方有一位鼓手，後方跟著一大群人，用鐵夾、鐵架、煎鍋還有平底鍋敲敲打打，發出震耳欲聾的噪音。我問這是怎麼一回事，他們說社區中有一位婦女，因為被老公指控在外偷吃，就狠狠地把犯疑心病的丈夫打了一頓。碰到這種狀況，有些善良的社區鄰居，就會替這位傷痕累累、可憐無辜的先生舉行這類儀式。[66]

從離婚的贍養費還有稻草人頭上掛的那對代表姦夫的角，就可看出有多少男人對妻子抱持恐懼。

你可能也想知道，婦女的處境是獲得改善，還是每況愈下？在法律規範上，其中一個顯著的進步，是在一六九一年，女性能跟男人一樣申請在教會法庭受審，這樣一來，如果她們是初次犯下重罪，就可以免於處以絞刑的命運（欲知細節請見第十一章）。此外，婦女地位是否逐漸好轉，就要看她們自身的社會地位。如果妳的老公是窮困的農民，那妳生活肯定是過得越來越糟。首先，所有農民都覺得時運不濟，不僅糧食價格飆漲，工資也低得可憐。不過除了經濟因素之外，圈地制度也間接貶損鄉村農婦的地位。在十六世紀，許多農婦會跟丈夫一起在田野中耕種。現在農民失去自己負責的狹長耕地，沒辦法到林中砍伐生火的木材，也無法與其他農民共用牧地，只得到外地找其他有給薪的工作。在這種情況下，獨留家中的妻子不僅要扛起原本由丈夫負責的家務，還要兼顧自己原本的義務。因此賺取現金的只有丈夫一人（所以錢該怎麼花也是丈夫說了算），太太越來越像沒領錢的苦工。農婦原本算是丈夫的同事，兩人一起耕種、為家中經濟付出，後來演變成屋裡主掌一切事務的傭人。

屬於「中間階層」的女性，則要面臨另一種困境，就是無法接受正統教育。在這個開始講求專業化的時代，民眾越來越希望外科與內科醫師能具有一定的身分資格，而且曾在醫學院受教育。自己在家進修醫術的婦女，被當成二流醫師，只能解決孩童的疾病或無關緊要的症狀。教育與正式的資格變得比實際經驗更重要。想成為外科醫生或學校教師，就必須具有主教核發的證書。女性因為無法接受正統教育，因此沒辦法領取證書。對於證書與資格的需求越來越高，有些原本以女性為主的職業也逐漸被男性所佔領，助產士就是其中一例。

清教徒設下的高道德標準逐漸瓦解，較為富裕的女性獲益最為顯著。放縱享樂的風氣在宮廷中逐漸興起，家境富裕的女性也得以同時擁有好幾位情人，這種事在一六六〇年之前可是連想都不敢想。具有創造力的女性，也變得更自由，能夠盡情展現自己的才華。一六六一年起，女性能夠在倫敦的劇場登台演出，許多女演員的收入都不容小覷。在復辟時期，繪畫技巧高超的女性能以此維生，反觀在清教徒風格濃厚的英格蘭社會中，女畫家就連要設個工作室都會令人眉頭一皺。另外，女人要出版自己的劇作、詩和小說，也變得更加容易。還有一些家財萬貫的夫人開始設計、監督建築工程。伊莉莎白・韋伯翰（Elizabeth Wilbraham）的夫家位於史丹佛郡（Staffordshire）的宅邸，名叫威思頓莊園（Weston Park）的寬敞豪宅，就是在她的監督下竣工的。在此時期，也有妻子接管丈夫的帳目，幫忙老公做生意。[67]而淑女獲得的另外一項自由，就是能出門到遠方旅遊，西莉亞・芬尼斯就是最佳例證。在英國內戰之前，很少有女人能夠獨自出遠門的。內戰爆發之後，許多皇室成員旅居海外，這股不得不走避他鄉的風潮，讓更多女性發掘自己能藉由旅遊來自我學習。自此之後，女性自行出遠門的禁忌就逐漸瓦解。

整體來看，復辟時期的婦女過得不算輕鬆，但並非像往男性一面倒的法律所暗示的那樣嚴俊。有些人就認為，有能力、有辦法工作的婦女，是最快樂滿足的一群人。桃樂絲・奧斯伯恩（Dorothy Osborne）在五月的某個傍晚，經過住家附近的某塊牧地。她說：

> 有不少女僕在這裡看管羊群牛隻，並坐在陰影處唱著歌……我上前跟她們交談，她們對目前的生活已經相當滿足，因為她們知道自己是最快樂的一群人。聊到一半的時候，其中一名女子往四周觀望，看到她的牛群往麥田走去，她們飛步往牛群的方向跑去，彷彿腳上長了翅膀。[68]

除了家境貧窮的婦女遭遇的性別歧視和偏見、極高的幼兒死亡率還有艱困的生活條件之外，你或許會開始思索，這些復辟時期的婦女是否跟二十一世紀的女性一樣快樂自在。

chapter 4 性格

你相信巫術嗎？相信上帝的存在嗎？當然你不一定要回答「相信」，但相信的話會更容易理解當時的社會氛圍，因為十七世紀社會的思維與行為模式，主要是受到信仰和迷信的影響。要是你心中的答案是不相信，或許也可以理解為何社會上有越來越多人以科學的角度來詮釋萬物。這確實是一個令人驚嘆的變化。一六八五年，英格蘭最後一次將女巫處死；一六八七年，皇家學會（Royal Society）出版牛頓的《自然哲學的數學原理》（*Philosophiae Naturalis Principia Mathematica*〔*The Methematical Principles of Natural Philosophy*〕）。民眾對女巫的執著深到足以用死刑處置，但才過短短兩年，重要的科學著作已然出版，替現代科學打下基礎。不過這不代表民眾原本緊盯著天空，尋找飛天掃帚的蹤影，隔天馬上就拿筆計算太陽對地球造成的引力有多大。其實，如果民眾本來就懷抱迷信，他們一輩子也擺脫不了這種想法。是年輕人開始質疑父母老派的思維模式，讓這些習俗與迷信逐漸凋零。另外，其實早在一六八七年前，就有人以理性、實事求是的角度來解讀這個世界。雖然牛頓提出的萬有引力定律在當時相當前衛，但他也不是當時首位天馬行空的自然哲學家（現在我們稱科學家）。不過你造訪的復辟時期之所以與眾不同，是因為社會開始出現轉捩點，這個時候多數人屏棄老舊的迷信與傳統，開始用科學的角度來推導真理。

在其他層面，十七世紀下半葉也發生許多重大的轉變。在前面的章節中，我們談到教育和醫學領域的人才，從原本的業餘性質往專業的方向發展。軍隊的組織其實在復辟時期之前就有劇烈的變化，但以專業來分配人才的基準，也是一六六〇年以後的事。在這個時期，英國才正式設有常備軍，而海軍官員揀選與拔擢升等的機制，也是以個人專長為依據，不像以往只看社會地位。在建築方面，老舊的房舍逐漸遭到淘汰，在伊尼戈．瓊斯之後的建築師和專業建商，開始設計嶄新的房屋、教堂、街道以及廣場。肖像畫、劇作還有運動，也在此時期來到重要的分水嶺，這部分我們會在第十二章詳談。民眾對政治的看法也與過去截然不同。社會越來越不在意誰才是正統的統治者，大家開始覺得有兩件事更值得注意，第一是領導人有何作為，再來是他是否值得信賴。在宗教信仰方面，民眾不甘於只從聖經中的描述來理解萬物，大家希望能親自與廣博的世界接觸、探索一切真理。雖然信仰在此時失去部分影響力，但也加深民眾對科學的渴望與企求，也間接促成物理、化學、植物學、天文學、數學、統計學、顯微技術與經濟學的大躍進與諸多發現。

民眾對各個學科領域產生源源不絕的求知慾，就像新生兒那樣對一切事物感到新鮮、好奇，這就是復辟時期的精髓。英格蘭人看待萬物的神情，就像一位從漆黑山洞中走出來的原始人一樣。此外，他們對自己的存在也同樣備感驚奇。復辟時期的男男女女可以自行閱讀聖經裡上帝的話語，獨力探究上帝對自己有何旨意。民眾對於身為個體的自己越來越感興趣。沒錯，從這個時期開始，民眾開始將自己視為獨立的個體，這種想法前所未見。在舊時共同居住農耕的階段，大家其實都沒什麼私人生活空間，人人都認為自己是群體中的一分子，像是教區、十家區（tithing）、莊園領地或者城鎮中的公會等。復辟時期的人比較像現代的我們，具有身為獨立個體的意識，因此要說這是一個流行寫日記的時期也不令人意外。每個人都是自己世界的主宰，但是對十七世紀之前的人來說，他們生命是由上帝全權掌控。

既然整個社會對各種議題和領域有了思想上的轉變，在全國各地遊歷時，可要小心謹慎，千萬不要妄下定論。舉例來說，如果在一六八二年輕率地預測哈雷彗星會掉在農村地區，可會讓當地人嚇出一身冷汗。相反地，如果你在一六九九年到倫敦某間華美的宅邸參加舞會時，跟舞伴說某人因施展巫術而觸犯法律時，對方可能會神色大變，立刻掉頭找下一個舞伴。如同倫敦發生大火前有兩種面貌，英國社會在復辟時期也有兩種截然不同的面相。然而新舊之間並沒有明確的地理分界。英格蘭、威爾斯以及蘇格蘭，就是一塊混雜各種思想態度與偏見的大陸，千萬不要一概而論、妄下評斷。

迷信與魔法

像艾德華．巴洛這樣在大海漂流十六年的男子，你可能覺得他對任何自稱會施展魔法的人不屑一顧。巴洛到過日本、印尼、中國、非洲還有巴西，什麼最稀奇古怪的珍禽異獸他都見過，例如獅子、豪豬、大象、犀牛、鴕鳥、大嘴鳥以及猴子等。每每見到新奇的動物時，巴洛都謹慎仔細地觀察其樣貌。但是，見多識廣如他，仍相信世界上存有巫術。與他同船的水手在挪威的卑爾根（Bergen）港口欠下多筆債務，後來他們的船被暴風雨逼到了古德溫沙洲（Goodwin Sands），巴洛深信那場暴風雨就是被詐財的挪威女子施展的法術。[1] 從深植他心中的迷信來看，就能發現每個人都秉持一套屬於自己的信仰模式，並藉由這個系統來理解世界、解讀未知。

各式各樣的迷信在英格蘭社會隨處可見。彌松先生發現英格蘭男性會刻意保留從痣上長出的毛髮，他們將其視為好運的象徵。而在倫敦，多數生意人會特別重視每天一早收到的第一枚錢幣。他們會親吻那枚錢幣，並在上頭吐口水，再把它單獨放進口袋中，期望能帶來源源不絕的好運。[2]甚至像地方治安官或是法官等人，也會神智清醒地聽著惡魔造訪女巫時，化身為貓咪或喜鵲的故事。連萊夫·喬思林這樣的神職人員，也相信某頭將鎮上居民推進河裡的公牛是惡魔假扮的。[3]在某些地區，民眾深信如果有人被謀殺，只要讓兇手觸碰死者，屍體就會流出鮮血。一六六六年在奧克尼（Orkney），有四名離奇死亡的死者被挖出墳墓，只為了讓所有嫌疑犯觸碰那早已腐敗的屍體，以便執法人員判斷屍體是否出血（不過大家都覺得很奇怪，為什麼屍體都沒流血）。[4]就連受過高等教育的民眾，也對鬼怪敬畏三分。皇家學會的成員約翰·奧布里（John Aubrey）在一六九六年出版一本書，他在書中談到預兆、事物的徵象、夢境、鬼魂、靈魂的聲音、敲門聲、沒來由的一陣風、預言、魔術、以念力移動物體、水晶球中的幻影、與天使的對話、神諭、預知能力等實際案例，並證實以上皆屬實。[5]住在威爾特郡蒂德沃思（Tidworth）的治安官約翰·蒙貝松（John Mompesson），他從一六六二年三月到一六六三年四月，每天晚上都要忍受屋裡縈繞不去的擊鼓聲。每次那不具形體的聲響移到孩子的房間時，小朋友都會嚇個半死。[6]

最常見的迷信，是認為透過對某些現象的解讀，就能預知未來。強烈的暴風雨，可能昭示著某個城鎮即將大難臨頭。鯨魚擱淺或母牛產下雙頭牛也有類似的訊息。得知士麥納（Smyrna）還有其他地中海地區發生地震後，一向秉持科學思維的伊弗林認定世界即將發生大災難，他寫道：「全能的上帝保全他的教堂，讓躲在他羽翼底下的子民平安無事，直到災難退去！」[7]每年秋天，民眾都能購得平價的年鑑，讓你知道來年會發生哪些事。此外，大家相信正統準確的占星術，能預知他們往後的命運如何。其他迫不及待預知未來的民眾，就會去找人看手相，或尋求會算命的吉普賽人協助。一六六三年八月，某個吉普賽女子告訴佩皮斯，要特別小心名叫約翰和湯姆的男子，她說這兩個人在一週內會跟佩皮斯借錢。不久之後，他就從弟弟湯姆．佩皮斯那裡收到另一個弟弟約翰．佩皮斯的親筆信，信中表明想跟哥哥借二十英磅。而佩皮斯這位後來成為皇家學會主席的男子，對於這個預言「如此神準」感到刮目相看。[8]

談到身體健康，就連位高權重的貴族、皇室成員，也認為迷信具有神效。一六六三年十月，皇后因為一場感冒而身體狀況急遽衰退，幾乎到了性命垂危的程度。她的一群醫生在無計可施的情況下，只好採用最後一種療法，就是將活的鴿子固定在皇后腳邊。[9]後來皇后竟不藥而癒。不過，沒有人知道這種療法究竟需要幾隻鴿子。據說皇室成員本身也具有治療能力。自從中世紀以來，就謠傳英格蘭國王具有治療淋巴結核的能力（有人將其稱為「國王的病」〔the King's Evil〕）。查理二世特別堅持要延續這項傳統，因為這種治療儀式凸顯出他貴為國王的地位。他在觸碰病患的患部時，周圍也開放讓民眾圍觀。患者站在兩根橫木之間，在國王面前排成一列。他們雙膝跪地前進，國王伸手觸摸他們雙頰時，神職人員會在一旁唸著：「藉由國王的撫觸，上帝將您治癒。」觸摸完畢後，每位患者會領到一條掛了金牌的緞帶。至於這麼做是否真的有用，目前仍是樁懸案。聖湯瑪斯醫院（St Thomas's Hospital）的外科醫師霍里耶先生（Mr Hollier）就告訴人們，國王的撫觸完全不具療效。[10]雖然如此，每年仍有一堆人排著隊等待被國王撫摸。一六八四年，有太多人為了搶奪門票，有數個人甚至因被推擠而死。[11]你或許會猜想，民眾會如此踴躍根本是為了那塊金牌——你可能猜得沒錯。彌松先生寫道，在治療儀式結束後，「真的罹病的民眾還是會尋求內科醫師的治療，而那些只是為了金牌而來的人，根本無需再看醫生。」

國王並不是唯一具有神奇法力的術士。其實在復辟時期，還有一位鼎鼎有名的信仰治療師，那就是華倫泰・葛特瑞克斯（Valentine Greatrakes），又名「撫摸者」（The Stroker）。葛特瑞克斯出身愛爾蘭，他們家是英格蘭的大地主，所以他不是那種一般在街上看到、行騙四方的無賴。起初，他低調地要求大家不要四處宣揚他的神力。後來他逐漸靠著撫摸、按摩病患的肌膚讓大家恢復健康，他也變得威名遠播。民眾遠從英格蘭或愛爾蘭到他家求診，其中包含科學家以及後來變成皇家天文學者的約翰・佛蘭斯蒂德（John Flamsteed）。神職人員試圖阻止他繼續治療病患，一方面是因為他的能力太不可思議，另一方面則是由於他也能治療淋巴結核，不過這種疾病照理說只能靠國王來治癒。但民眾不管懷疑論者的看法，一心一意只想讓葛特瑞克斯撫摸自己的身體。國王後來聽聞葛特瑞克斯的神力，就邀請他到朝廷上施展治療術。想當然這份邀請完全是皇室策劃的詭計，皇室安排的那位病患自然無法被葛特瑞克斯治癒。不過在葛特瑞克斯的信徒眼裡，失敗一次根本無法抵銷他許多次的成功。另外，葛特瑞克斯也是首位承認自己不是每次出手都能成功的術士。當時首屈一指的內科醫生湯瑪斯・席登漢（Thomas Sydenham），還有偉大的科學家羅伯・波以耳都曾親身證實葛特瑞克斯真的有辦法治療疾病，波以耳本人更參與過六十多次的療程。[12]一六六六年，葛特瑞克斯回到愛爾蘭定居，不過他每幾年還是會到英格蘭一趟，替許多民眾治療，直到他一六八三年過世為止。如果你還是很好奇，不知道為什麼大不列顛島上的人對迷信如此執著，只要想幾乎所有人都對葛特瑞克斯的神力深信不疑，大概就心裡有數了。

巫術

當時，另一種超自然力量的展現，就是所謂的巫術——世紀之罪。身處復辟時期的你，其實錯過神秘主義的輝煌時期。因為施展巫術而被控訴或處死最頻繁的年代，落在一五九〇與一六六〇年間。[13]不過在復辟時期，巫術仍是成文法明定的犯罪行為之一。對當時的民眾而言，巫術不只是一連串古怪離奇的小把戲或民間的迷思，施展巫術的嚴重性非同小可。在英格蘭與威爾斯，施展巫術可是會被吊死；蘇格蘭人則是用絞勒或火刑來對付巫師或女巫。死於一六八五年的愛麗絲・莫蘭（Alice Molland）是英格蘭最後一位被判處死刑的女巫，不過在一七三六年政府正式廢除巫術法案之前，施展巫術還是有可能會賠上性命。而在蘇格蘭，政府最後一次將女巫活活燒死則是在一七二七年。那個時候，與她同村的居民對巫術仍深信不疑，認為她施行巫術，所以就在她身上淋滿瀝青，再點火將她活活燒死。

英格蘭正式通過禁止實施巫術的法案，是在一六〇四年，而蘇格蘭則分別是一五六三年與一六四九年。英格蘭於一六〇四年成立的法條與早期的法規有所不同，新法判定以下行為皆違法：召喚惡魔鬼魂、為了施法從墓中挖掘死屍，或是施展任何形式的法術，導致他人傷亡。被定罪者，一律以死刑處置。另外，新法也禁止女巫或巫師施展不具傷害性的超自然行為，像是用法力來找出遺失的物品，或是驅使他人產生「不合乎法紀的情感」。這些較輕微的法術，或是那些可能導致牲畜死亡的魔法，則會讓施法者吃上一年的牢飯。假如第二次被抓到，就算只是無傷大雅的巫術，女巫或巫師就會被吊死。蘇格蘭的條文內容則與英格蘭有所不同。他們的法條指出：「不能讓任何一位女巫活著。」每位被抓到施展巫術的人會立刻被火燒死，連只是試著跟死者的靈魂溝通的通靈師也不例外。[14]

你很快就會發現，這些巫術法案執行的頻率，在不同地區和不同時期有著懸殊的差距。基本上在越偏遠的地方，民眾越相信巫術的存在，所以獵巫行動和開庭審判女巫的情況相當常見。不過威爾斯則是例外，從一五六三年到一七三五年間，總共只有三十四個人被舉報觸犯巫術法案。[15]在那些對巫術深信不疑的英國地區，民眾舉報女巫的案例完全不是以穩定的速率成長，而是突然間大家都發瘋似地獵巫。如果你在一六六一至一六六二年、一六七七至一六七八年間造訪蘇格蘭，那可要特別當心，當時民眾一窩蜂地四處獵巫。在一六六〇年至一七〇〇年間，總共有一千多人被控訴施展巫術，這大約是國界以北以此罪名被起訴的總人數的三分之一。[16]而英格蘭在同一時期，卻沒有這麼多女巫或巫師遭到獵捕。一五六三年至一七三五年間，違反巫術法案的英格蘭人與蘇格蘭大同小異，不過多數案例都是發生在一六六〇年之前。

那麼巫術審判又是怎麼一回事呢？伊索貝爾．高蒂（Isobel Gowdie）大概是史上最願意開誠布公的女巫了。高蒂是一位住在蘇格蘭北部奧爾德恩（Auldearn）的農婦，她丈夫是一位農民。一六六二年，教會牧師亨利．富比世指控高蒂試圖用巫術傷害他。開庭審判的時候，高蒂當著富比世和蘇格蘭法官的面前，自動自發地坦承四項罪行。她表示十五年前，自己跟某位鄰居在外行走時碰到魔鬼。魔鬼在她肩上留下記號，而在鄰居緊抓著她的時候，魔鬼從記號上吸取她體內的血，接著再一口吐到手中，把血淋在高蒂頭上，還替她取名為「珍娜」、幫她受洗。第二次和魔鬼接觸時，她允許魔鬼跟自己交媾。她發現魔鬼的形體是一位「黝黑、毛髮濃密的冰冷男子」，而且具有分趾的腳掌。魔鬼重重地壓在她身上，他的生殖器官異常巨大，尺寸遠超過一般男性，而且其精液就像春天的井水一樣冷冽。後來她加入一支女巫團，魔鬼會大剌剌地當著其他女巫的面，輪流跟每一位女巫性交。女巫團從奈恩（Nairn）的墓園中，挖起一具未受洗的嬰屍，把嬰屍剁成碎片，再將碎肉和她們的手指甲、腳指甲，跟穀物以及甘藍葉混合。她們將調製好的魔藥倒在宿敵的糞便肥料堆上，打算讓對方的農作物全數死亡。「珍娜」藉由使魔的協助，成功毀掉其他農民的農作物，更讓他們的牛奶酸化腐敗。她更承認自己曾化身為野兔、寒鴉以及烏鴉。高蒂和其他女巫闖進富貴人家的屋舍，將屋內的食物吃光、美酒飲盡，酒桶空空如也之後，她們便在裡頭撒尿。她們乘著麥稈或掃帚在空中盤旋時，會用魔鬼提供的特製箭矢將他人射殺。高蒂相當痛恨富比世，卻又沒成功奪他性命，所以就問惡魔自己是否還有機會再次下手。高蒂和其他女巫用蟾蜍的肉以及內臟施法，對富比世下了一道咒語。她們用泥土捏了一尊人像，目的是要殺死當地地主的男嬰。女巫將這村人像擺在火上烤，一邊召喚強風與暴風雨來進行儀式。高蒂還描述了其他惡行惡狀。[17]

高蒂幾乎把她腦中所有跟巫術相關的行徑講了出來。綜合她的口供，她彷彿是在嘲笑牧師跟法官竟然會相信這些荒謬的言論。不過她招出來的共犯後來也被逮捕，而且口徑與高蒂一致。那些幫凶證實魔鬼的受洗儀式、與惡魔交媾的情況，還有用箭矢攻擊他人皆屬事實。我不確定高蒂後來有沒有被燒死，我四處詢問後，也沒有人知道後來確切的判決，不過那個時候有太多被指控施展巫術的女子都被活活燒死，就算高蒂遭此下場我也不會太意外。一六六一年，伊索貝爾．富格索恩（Isobel Fergussone）化身為她同父異母的兄弟的形體跟惡魔交媾，並因此被逮補。後來，她那位真實的兄弟也逃到愛爾蘭。富格索恩身上也具有惡魔的印記。招供之後，她被判處火刑。不過在火燄燒到她的身體時，富格索恩就被柴堆上的繩索給仁慈地絞死——蘇格蘭法律如此規定。[18]

而在英格蘭，文化較開明的東南部地區，就比較少傳出有人違反巫術法案的例子。當地人基本上不認為巫術真的存在，同時秉持較謹慎、不隨意起鬨的態度。彌松先生提到，當地人會將把蹄鐵釘在高牆上，以免女巫從海灣進入當地。彌松還說：「當地人提到這件事的時候，都莞爾一笑，不過大家的態度普遍還是相當正經。」[19]而在偏遠的西南地區，民眾對於巫術的執念仍根深蒂固。此地與距離五百英里遠的奧爾德恩一樣，民眾對鄉野傳說都深信不疑，而且他們認為年長的婦女能變形成貓咪或小鳥等動物。[20]威廉．薛林克斯在一六六一年來到康瓦爾郡時，緊張地說自己聽到當地住了不少女巫和法師。[21]而且很多人還會出面證實薛林克斯所言不假。

一六八二年，三位住在拜德福德的老太太被控施展巫術，她們名叫蘇珊納．艾德華（Susanna Edwards）、堤普蕾思．洛伊德（Temperance Lloyd）以及瑪麗．特普雷斯（Mary Trembles）。有位名叫朵卡斯．柯爾曼（Dorcas Coleman）的證人出庭作證，她說自己有天因為感到身體刺痛，就到比爾醫生（Dr Beare）那裡求診。醫生也沒仔細看，就隨口說這是巫術惹的禍。朵卡斯說後來她努力找出對他下咒的元兇，她發現那位女巫就是蘇珊納．艾德華。朵卡斯說她碰到艾德華時，就有一股要爬到她身邊，用指甲把艾德華抓出血來的衝動，而這顯然就是破解女巫咒語的唯一方法。另外一位名叫葛瑞絲．湯瑪士（Grace Thomas）的女子，也出庭作證自己身上出現刺痛感，而且指控兇手就是堤普蕾思。高齡八十歲的堤普蕾思敵不過法庭上猛烈的質詢與指控，只好坦承自己確實透過不斷刺穿某塊皮革來施展巫術。在其他人持續追問以及謠言的擴散之下，這三位老太太也違反巫術法案而被定罪。

堤普蕾思證實魔鬼曾化身為一位矮小的黑人男子出現在她面前，後來她和魔鬼發生性關係，並對葛瑞絲．湯瑪士下咒。法庭進行檢查時，執法人員發現堤普蕾思的陰道口有兩條長一英寸的突起，他們認為這肯定是魔鬼的標記。蘇珊納．艾德華後來也不得不坦承自己也遇過惡魔。惡魔現身時，化身為一位小男孩，並從她的乳房吸取血液，後來兩人也發生性關係。瑪麗．特普雷斯不僅被控以巫術傷害另一名女子，而且還在誘騙引導之下，說出自己確實見過以獅子形象現身的魔鬼，還表示獅子吸血時太用力痛得她忍不住尖叫。後來其他指控也陸續成立，像是這三名老太太能夠隱形，而且殺了一名女子，讓母牛分泌不出奶水，甚至導致船難。而這三位被告在一陣混亂之中，竟然也都沒有否認這些罪名。說真的，面對這一連串猛烈、莫名的指控大雜燴，有誰還能保持清醒，理智地面對審問呢？被判定有罪之後，市長就將三名女子帶到埃克塞特讓大法官裁定判決。她們三人都在一六八二年八月二十五日被判絞刑。

從以上幾個歷史資料，我們可以得出一些結論。其實巫術並不像大家所說的那麼普遍。不過在某些農村地區，因為民眾的觀念難以撼動，因此大家仍認為巫術是個相當危險嚇人的超自然力量。就連從倫敦巡迴至埃克塞特審理案件的法官，在這個全王國最繁榮的大城市中，仍以法律來制裁那些被控施展巫術的犯人。你怎麼想以及怎麼做根本不重要，關鍵的是別人對你抱持的看法，以及他們心中秉持的真相。以上這句話，聽起來實在令人不安。在現代社會中，我們會認為所謂的真相，是必須經由大家一致認同才會成立。如果某件事是事實，例如人不可能變成貓咪或寒鴉，那麼每個人的認知就會是一樣的。不過在十七世紀，情況並不是如此。十七世紀的民眾認為，自然的法則會對每個人產生不同影響，所以有些女巫辦得到的事，一般人是辦不到的。正因如此，大家所認定的「真相」也有所不同。談到巫術這個棘手的議題，要說服別人相信你所認定的「真相」，那可是比登天還難。

宗教信仰

假如你認為復辟英格蘭對宗教的投入程度不比以往，也不會有人站出來大力反駁。距離上次有異教徒被處死已經是好多年前的事了。一六一二年，有位名叫艾德華．惠特曼（Edward Wightman）的異教徒被判火刑，而處決異教徒的相關法令則在一六七七年正式被廢除。強制民眾都要上教堂的規定，也比以往鬆散許多。像佩皮斯就常一個人上教堂，把太太丟在家中。在某些地區，貧苦人家根本不會上教堂做禮拜。那些出身名門貴族的有錢人，越來越希望能上教堂展示自己華美的服飾，他們不想跟窮酸的民眾共處一室。正因如此，願意上教堂的民眾，不一定全都是虔誠的信徒。像佩皮斯那樣假借禮拜之名，行打量小姐之實的男子大有人在。湯瑪斯．巴斯克維爾到大雅茅斯的荷蘭教堂參觀時，注意到：「居民每天下午到這裡禱告聽布道，出席的婦女也都精心打扮。」[22]

儘管如此，當時民眾對宗教的信念仍然相當強烈。只要想想詹姆斯二世當初為了復興天主教，進而拔擢同樣身為天主教信徒的官員，最後引發國民猛烈反彈、失去王位，就知道宗教在民眾心中仍佔有極大地位。而且在歷史上，這還不是以政權來鞏固宗教的唯一案例。一六六一年，英國議會推出《地方公職法》（Corporation Act），要求每位在英格蘭政府機關上班的公務員領取證書，證明自己過去一年來有持續參與英國國教的禮拜儀式，並宣示自己百分之百效忠英格蘭國王，承認其崇高的宗教地位。查理二世試著在一六七二年推動宗教寬容時，受到強烈清教徒意識的重挫，最後他也只成功推行

《信教自由令》（*Declaration of Indulgence*），讓不信奉英國國教的基督教徒在持有執照的特定建築中做禮拜，並讓天主教徒在家進行宗教儀式。但就連如此低調的寬容政策，也在隔年遭到廢止，而國王不得不接受議會推動的檢覈法（Test Act）。這項法案要求公職人員立下三項誓約，除了與宣示自己效忠國王、承認國王至高無上的宗教地位之外，還要主張天主教關於聖餐化體說（transubstantiation）的教義是錯誤的。因為這條法令，查理二世的弟弟根本無法擔任公職。如果連國王和公爵都無法抵擋主流宗教的壓力，一般老百姓更不可能有辦法追求宗教自由。一六九七年，有位名叫湯瑪斯．艾克海德（Thomas Aikenhead）的蘇格蘭學生，被舉報他戲稱舊約聖經為「以斯拉寓言」（Ezra's Fables），他還宣稱耶穌基督曾在埃及學過魔術，所以能大展神蹟。在某個寒冷的夜晚，幾杯黃湯下肚後，他跟朋友開玩笑地說：「好想去以斯拉口中那個叫地獄的地方喔，那裡應該比較溫暖。」但湯瑪斯的酒友根本不是他的朋友，他也因此被捕、接受審判，最後被判死刑。他不斷哀求法官寬恕，他指出自己年僅十八歲，而且這只是初犯。法庭最後將決定權交予蘇格蘭長老會的神職人員，大家堅決判他死刑，以儆效尤。湯瑪斯最後被吊死在愛丁堡外的城牆上，行刑時那些定他罪的神職人員也在一旁觀看。

如果想知道在這個時期，宗教信仰的生命力有多蓬勃活躍，可觀察一下一六六〇年後出現的各式教堂與教派。艾德華．錢伯倫在一六七六年，寫下他曾聽聞的各種教派，像是：長老教會（Presbyterians）、獨立教會（Independent）、洗禮教（Anabaptist、Baptist）、貴格會（Quaker）、第五王朝派（Fifth-Monarchy Men）、咆哮派（Ranter）、亞當派（Adamite）、反律法派（Antinomian）、安息日派（Sabbatarian）、至善派（Perfectionist）以及愛之家派（Family of Love）。錢伯倫不僅羅列各個派系，而且還希望這些在克倫威爾王朝底下、如「蕈類般增生的基督派系」能夠迅速消亡。[23]

西諾・馬加洛堤（Signor Magalotti）和彌松先生也對英格蘭社會上為數眾多的非英國國教基督徒倍感興趣，又另外在錢伯倫的名單中加了好幾個派系，像是追隨洛德威克・馬格萊頓（Lodowicke Muggleton）的馬格萊頓教派（Muggletonian）。這個派系認為上帝和耶穌基督指涉的是同一人。不過佛提尼亞派（Photinian）則認為上帝與耶穌基督是兩個獨立的個體。另外，馬加洛堤與彌松還提到了亞流派（Arian）、布朗氏派（Brownist）、反經典派（Antiscripturist）、海丁頓派（Hederingtonian）、梭利安・尤安奈特派（Theaurian-Joanite）、追尋者派（Seeker）、等待者派（Waiter）、城鎮首長派（Reevist）、男爵派（Baronist）、威爾金森派（Wilkinsonian）、千年派（Millenarian）、亞美尼亞派（Arminian）、索齊尼派（Socinian）、奧利振派（Origenist）、平等派（Levellers）、昆廷派（Quintinist）、門諾會（Mennonite）以及解放派（Libertine）。[24] 如果研究得更徹底，他們會發現其實還有不少漏網之魚。

一六六二年，政府頒布的《統一令》（Act of Uniformity）要求每位民眾都要採用當年出版的新版公禱書（Book of Common Prayer）。照理說，這些分支的派系應該也要在那年全數消失才對。實際上並沒有。因為政府恢復主教的職位，所以兩千多位來自不同教派的神職人員，都因反對此項政令而被逐出英格蘭的教會。而在蘇格蘭，也同樣有兩百七十名牧師的職位被撤銷。遭到罷黜的蘇格蘭神職人員，隨即舉辦一系列「非國教徒的非法秘密集會」，而這些私下舉辦宗教集會的主辦人與參與者，也遭到大規模的血腥迫害。直到一六八九年，蘇格蘭議會為了鞏固蘇格蘭長老會的位置，將主教職位廢除後，私下集會的民眾才終於不用擔驚受怕。倘若社會真的往政教分離的方向前進，國界兩邊的神職人員八成也會聳聳肩，欣然服從《統一令》的規範；而各派別舉辦的禮拜，大概也會採用新版的公禱書。不過各派別的牧師與追隨者卻秉持另一種信念，他們認為自己的信仰比服從法律條文更重要。一六九〇年代，光是在英格蘭就有二十萬名信眾聽從非英國國教基督教牧師的布道，這大約是全英格蘭成年人口的十分之一。[25]如果你有一種復辟時期較不虔誠的錯覺，那是因為緊接在復辟時期之前的共和時期，是數百年來對宗教最投入奉獻的一段時光。

談到這裡，我發現一定要告訴大家幾件在復辟時期英國，關於宗教信仰的基本觀念。

1　整個社會並沒有屏棄宗教，只是民眾逐漸認為上帝會以俗世的方式來傳達旨意。大家不再期盼上帝會直接回應禱告與祈求，他們認為上帝會透過另一個凡人來實現、滿足自己的願望。舉例來說，如果身體不舒服，民眾不再期盼上天會降下神蹟，他們反而會期待上帝藉由內科醫師的協助來治癒疾病。當然，他們尋求的醫師就一定要具有無懈可擊的信仰基礎與精神素質。簡言之，這就代表病人會希望醫師的宗教信仰與自己相同。就算醫師受過正統教育、取得相關執照，如果他是無神論者，大概也得不到那些崇敬神的民眾的信任。

2　不要忘記，同樣身為基督徒的民眾不一定是你的朋友；但如果你不是基督徒，可能會一個朋友都交不到。

3　最好每週能在禮拜天上一次教堂，如果不這樣做，民眾就會開始閒言閒語。要是一整個月都不上教堂，就有可能被懷疑是天主教徒而被捕。[26]如果落入這種窘境，就要趕快找牧師開證明，證明你最近確實有到國教教堂崇敬主。不過保險起見，還是要定期上教堂。佩皮斯就不是非常虔誠，不過他通常每週會去兩次，一次是在早上去教區的教堂，另一次是週日用過中餐後，隨便到一家他喜歡的教堂去。

4 一定要謹慎選擇宗教信仰，如果不想鋌而走險，那就信奉英國國教。將一六六二年版的公禱書緊緊抱在胸前，大聲告訴別人你唾棄天主教徒、貴格會信徒以及無神論者，順便詛咒教宗、稱頌國王，還要記得在每年一月三十日、查理一世被處死的這天，緬懷他這位殉道者。如此一來，你就不會步上信奉其他教派的歧途。如果你是個具有反體制性格的人，完全無法服從於新教的規範，那可要仔細閱讀以下關於各個復辟時期教派的描述，看看哪些信仰的理念離奇古怪，又有哪些教派令人身涉險境。

復辟時期激進教派簡介

狂熱派（Fanatics）：在現代社會中，我們偶爾會碰到一些深信世界末日即將到來的民眾，並要求我們對自己犯下的罪懺悔。早在復辟時期的英國社會，就有不少秉持這種信念的人了，一般民眾稱他們為「狂熱派」。一六六三年十一月二十五日星期二，佩皮斯寫道：「大家都在議論紛紛，有一群狂熱派分子稱下週二就是世界末日了——無論世界末日什麼時候會來，信奉上帝是最正確的選擇。」[27]

第五王朝派：這個教派的信徒深信上帝很快會回到這個世界，所以他們必須依照聖經中丹尼爾（Daniel）的預言，替第五位君王的蒞臨做準備，到時猶太教信徒會改變信仰、突厥人被全數殲滅，耶穌基督則以光榮之姿統治全世界。這群信眾不贊同讓查理二世接替王位，也不樂見英國國教的復興。

一六六一年一月六日，他們拾起武器，在一位名叫詹姆斯．維納（James Venner）的酒商的領軍下，在倫敦街道上展開抗爭。倫敦的民兵團與第五王朝派信徒正面衝突時，問他們效忠於誰，那群信徒回答：「耶穌國王」，接著立刻開火。這場衝突延續了兩天，雙方各有二十多人喪命。

貴格會信徒：一六六〇年代，貴格會是最受人嫌惡，而且被打壓的最嚴重的一個新教徒派系。民眾賦予他們各式各樣的名稱，像是「無可救藥的罪人」、「異端分子」、「一群危險的人」、「宗教狂熱分子大集合」、「宗教改革後慘不忍睹的殘留物」還有「可笑愚蠢的偽善者」。[28]貴格會信徒同時激怒了神職人員和貴族成員，因為他們拒絕支付教區稅款，也不願意宣示自己效忠於英格蘭國王或承認他的宗教領導地位，甚至對社會階級比自己高的族群也越來越不尊重。更驚世駭俗的一點，是他們竟然讓女人在集會中發言。貴格會的信徒人數遠比第五王朝派高出許多，這也讓他們成為最具威脅性的一支教派。貴格會的創辦人喬治．福克斯（George Fox）到一六四七年才開始宣教傳道，而且他還在獄中度過很長一段時間，但是到了一六六〇年，英格蘭中的貴格會信徒竟然已經有三萬人。一六六二年，英格蘭政府通過貴格會法案（Quaker Act），強制民眾不得拒絕宣誓效忠國王，也不允許教派舉辦五人以上的集會。在這個時期，到各大監獄走走看看，會發現有很多貴格會信眾莊嚴地坐在獄中。一六六三年八月的某一天，就有一百名貴格會信徒在南華克被逮。一六六八年，貴格會在倫敦興建一棟集會所，假如提起勇氣走進那棟建築，你會立刻被逮捕，而且每參加一次崇拜儀式就會被罰十英鎊。直到一六八九年的《宗教寬容法案》（Toleration Act）通過之後，才有教徒安心地在集會所中進行宗教儀式。[29]

無神論者：無神論者不算是一種教派，畢竟他們沒有既定的組織也沒有領導人，要不然無神論者可能會取代貴格會，成為最令人憎惡的團體。馬加洛堤寫道：

> 無神論者陷入無知、盲目的深淵，這種自我設限的信念，都是受到對社會有害的加爾文主義異端的影響。無神論者說上帝不存在，他們也不相信所謂的耶穌復活，不承認靈魂是永生不朽的。這些人宣揚萬物與所有事件都是偶然，他們秉持那種自大、執拗的心態，完全不考慮未來，一心只想著當下。[30]

其實上述這段文字還不是講得最難聽的。很多人對無神論者感到深惡痛絕，就連開口討論都是一種禁忌。一六八九年，英國議會通過一項法案，只要不承認耶穌基督的神聖地位就算有罪，因此無神論或自然神論者（deism，自然神論者同意上帝創造萬物，但祂並未介入、管理萬物的運行）基本上都是違法的。如果你是無神論或自然神論者，自然就無法配合一六七三年通過的檢覈法，進行最高權威宣示。如果你居心不良，為了謀得公職而進行最高權威宣示，也會因為立假誓而犯罪。身為無神論者或自然神論者就是如此進退兩難，就算你是天才，生活也不會過得比較輕鬆。科學家愛德蒙．哈雷（Edmond Halley）申請牛津大學的薩維爾天文學教授（Savilian Professor of Astronomy）一職時，就因為他疑似是無神論者而遭拒。只有家財萬貫或風趣迷人的人，才有辦法在身為無神論者的同時出人頭地。要擁有像浮誇的羅徹斯特伯爵那樣的身分，才有辦法公開自己的無神理念；平凡的攤商或農民要是大肆宣揚自己覺得神不存在，只會被鄰居孤立而已。

長老教會、公理會（Congregationalists）、獨立教會（Independents）、一神普救派（Unitarians）、洗禮教（Bapptists）：如果你屬於這幾個教派的信徒，那生活可能會過得稍微輕鬆一些，但只有一些些而已。因為很多人都認為新教徒骨子裡其實是共和主義支持者。不少態度溫和的長老教會神職人員，在一六六二年被逐出教會後，在接下來十年間過得非常低調。一六七二年，總共有一千五百位新教徒獲得宣教執照，那些長老教會的神職人員也在其中。態度更激進的新教徒，則遭到排擠與壓迫。一神普救派的創辦人約翰・貝特爾（John Biddle）大半輩子都在獄中度過，就連他在一六六二年過世時也不得自由。一六六一年，安息浸禮宗（Seventh Day Baptist）在白教堂（Whitechapel）附近的布斯泰克巷（Bulstake Alley）舉辦集會，當天與會的所有信徒都被關進新門監獄（Newgate Gaol）。而當天講道的牧師約翰・詹姆斯（John James）被判犯下叛國罪，後來在泰本（Tyburn）被施以吊刑，執法人員甚至將其內臟與腸子挖出，遺體也被分屍。深受第五王朝派的影響，獨立公理會的信徒約翰・班揚在復辟時期，在監獄裡蹲了整整十二年。雖然只要他願意停止宣教就能立刻出獄，但他卻拒絕配合。他燃燒心中的理想與熱情，寫出四十二部宗教文學出版品，而且持續舉辦非法宗教集會，這也讓他在一六七六年再度入獄。

簡單來說，除非你清楚知道自己在幹嘛，否則在一六八九年政府通過《寬容法案》之前，最好不要隨便加入任何一個新教教派。每個教派都非常危險。要是你或自己的孩子最後還是忍不住加入某個新教派系，其實也不用太緊張。

至少你們信奉的不是羅馬天主教。

羅馬天主教

在復辟時期英國，如果你身為羅馬天主教徒，那最好先搞清楚自己即將面臨的處境。羅馬天主教徒屬於極度弱勢族群，整個國家只有不到百分之零點五的民眾信奉天主教，而且天主教徒一直以來也不斷遭到社會的排擠與國家的壓迫。天主教徒不得離家超過五英里遠，也不能接受教育、無法上大學。與信仰其他宗教的民眾相比，天主教徒需要繳交兩倍的稅賦，如果結婚時採天主教儀式，那也需要繳交一百英鎊的罰鍰。信奉天主教的內外科醫師無法取得執照、開業行醫，律師也沒辦法代替客戶出庭。加上前面提過的《地方公職法》（一六六一年）與《檢覈法》（一六七三年），也禁止天主教徒擔任公職。如果你以為最慘的情況莫過於此，那可就大錯特錯。

一六七八年，一場反天主教的社會大恐慌就這樣爆發開來，這就是所謂的「天主教陰謀」（Popish Plot）。提圖斯．奧茲（Titus Oates）這位改信天主教的心機鬼，向政府透露有幾位英格蘭的天主教徒準備謀殺查理二世，好讓他改信天主教的弟弟詹姆斯登上王位。國王親自審問奧茲，發現他是一位自私自利、搞雙面手段的陰險角色，下令將他逮捕，但議會害怕奧茲所言屬實，便駁回國王的命令。後來議會派給奧茲專屬的武裝部隊，要他找出預謀殺害國王的天主教徒。奧茲後來向名叫埃德蒙．戈弗雷（Edmund Godfrey）的治安官舉報數位策劃陰謀的天主教徒，但戈弗雷卻被人絞死，屍體還被他配戴的劍割得傷痕累累，此時社會對天主教徒的憤恨情緒又來到最高點。民兵團進入備戰狀態，商家賣出數百把「戈弗雷短劍」，讓國教教徒防身自衛，免於被嗜血的天主教徒殘殺。倫敦城門二十四小時都有人守衛，天主教徒領袖的住家也遭到搜索。只要被發現跟耶穌會士有所往來，都會立刻被逮捕並送進倫敦塔。某議會議員甚至因否認陰謀的存在而被逐出城鎮。奧茲暗地裡又將五位天主教官員的名單交給政府，他們五人也因此被捕，受審後被判有罪。其中一位史塔福勳爵（Lord Stafford）還被處決身亡。議會立刻通過第二版的《檢覈法》，禁止天主教貴族列席上議院。奧茲跟他的共謀後來又誣陷信奉天主教的皇后，說她試圖毒殺身為新教徒的丈夫。甚至有謠言指出天主教徒為了毀掉整座城市，因而引發倫敦大火。一六八一年，奧茲的陰謀才正式被揭發，不過當時已經有三十五人因他的偽證而被處死了。

社會對天主教的恐懼尚未平息，英格蘭的天主教徒又接著面臨兩個危機。首先是查理二世在一六八五年二月六日過世，執政風格一點都不圓融、身為天主教徒的詹姆斯接著繼位。第二，則是法國國王下令廢除《南特敕令》（Edict of Nantes）。南特敕令這項法案原本保障胡格諾派（Huguenots，法國新教徒）的宗教自由，允許他們能在法國境內集會、從事宗教活動。法案被廢止後，他們面臨抉擇，要不是改信天主教，就只剩死或是逃難這兩種選擇。數千名胡格諾派的信眾遭到處刑、謀殺。他們所使用的教堂被拆除，學校也被迫關閉，成千上百名胡格諾信徒逃離法國。逃到英格蘭避難的他們，不斷講述自己是如何受到天主教徒的迫害。在這些不利於天主教的言論四處流傳之時，詹姆斯二世執意要推行寬容天主教政策、拔擢天主教官員，實在是相當不明智的舉動。詹姆斯二世不僅讓一位天主教徒擔任樞密院成員，還鼓勵宮廷成員參加彌撒，約翰．德萊頓與妮爾．珪恩都乖乖配合。他還下令允許讓天主教的書籍與圖片公開販售，天主教修士走在路上時臉上也堆著笑容。極力反對天主教的民眾，遲早會出面抗爭。消息指出，身為新教徒的奧蘭治親王威廉，即將現身幫助英格蘭脫離天主教國王的苦海時，倫敦境內的每一座天主教教堂都被拆除焚燒。天主教地區的大使館（威尼斯、西班牙、托斯卡尼以及普法茲（Palatinate））也遭到攻擊突襲。[31]

明智的天主教徒在這段期間都保持低調。事實上，如果你信奉天主教，直到下個世紀來臨之前最好都不要引人注目。威廉三世在一六八九年推動《寬容法案》時，尚未將天主教納入寬容名單之中，只讓信奉新教的非英國國教徒進行宗教儀式。更重要的是，被逐出海外的詹姆斯二世屢次揚言要在法國的協助之下，回到英格蘭奪回王位。一六九〇年，他入侵英格蘭，威廉三世在博因河戰役（Battle of the Boyne）中打了勝仗，但詹姆斯仍未放棄。一六九二年、一六九四年以及一六九六年分別出現由詹姆斯擁護者策劃、盼能奪回王位的計謀，但他們卻從未成功刺殺威廉三世這位新任國王。此後，天主教徒都不得踏進倫敦方圓十英里內的土地。

猶太教徒

在我們結束宗教這個話題之前，你或許對早期同樣受到壓迫的某個弱勢宗教團體感到好奇；他們原先也受到迫害，但後來命運出現轉機。從十三世紀開始，猶太教徒就被逐出英格蘭，一直以來都無法在這個王國中生存。一五八〇和一五九〇年代，有少數信奉猶太教的家庭定居倫敦，不過這只是特例。基本上，猶太教信徒要在一六五六年後才有辦法在英格蘭生活。一六五六年，克倫威爾鬆綁這項法案，邀請猶太教徒到英格蘭定居。一六六〇年，倫敦大概有三十五戶猶太教家庭，到十七世紀末又增加了約莫一倍之多。這些猶太教居民多是來自波蘭與德國的賽法迪猶太人（Sephardic）與阿什肯納茲猶太人（Ashkenazim），他們的生活範圍落在白教堂與佩蒂寇特巷（Petticoat Lane）一帶。雖然已經出現猶太教社群，但英格蘭社會並沒有敞開心胸接納他們。王朝復辟後，市長以及倫敦金融當局要求查理二世再次驅逐猶太教信徒。[32]不過這次國王駁回這項請願，允許猶太教信眾繼續安居。

道德缺陷

我在本書緒論中提到，一六六〇年議會將通姦法廢除時，整個社會都鬆了一口氣。大部分民眾都歡天喜慶地看著這些嚴刑峻法消失於歷史之中。不過有一小群不容忽視的人持相反意見，他們非常支持克倫威爾時期制定的嚴厲法條。一六八八年，詹姆斯二世被擠下王位之後，由行為較端正嚴謹的威廉與瑪麗繼位，英格蘭社會的清教徒似乎重獲新生，呼籲政府制定更嚴峻的道德法規。一六九〇年，有一群主教和法官草擬一項法案，試圖讓通姦法重見天日。另外，他們為了讓定罪的程序更簡略，提議如果兩人被發現同在一張床上，或裸體待在同一個房間內，即可作為通姦的假設。幸運的是這項法案並未通過。後來又有人試圖主張用吊刑來處置通姦罪犯，或者可以用烙印以及被送往殖民地等方式替代，這項主張也在一六九八年於千鈞一髮之際遭到駁回。[33]不斷受挫之下，那些道德感強烈的倫敦居民開始自己想辦法。他們成立了一個專門進行道德改革的協會，目的是為了指控任何具有道德瑕疵、犯下不良行為的民眾。一六六〇年的王朝復辟看似象徵社會重獲自由，但也不是所有人都能恣意放縱地過生活。

在蘇格蘭，民眾的生活還是被嚴格的道格規範給約束著。一六四九年，蘇格蘭議會在討論是否將所有犯下通姦罪的人處以死刑，幸好這項法案最後並未通過。儘管如此，蘇格蘭的道德約束法案還是不勝枚舉，例如：「針對可怖的褻瀆罪的法案」、「針對詛咒他人、喝醉、咒罵還有講出其他褻瀆語言的法案」、「針對姦淫的法案」以及「以死刑處置可怖的亂倫罪犯的法案」。而以死刑處置亂倫罪犯這條法案，可是會讓那些與親戚或姻親同床共枕的人小命不保。無論是跟繼父繼母、配偶的姪子、姪女、叔叔、阿姨，或是跟親戚的配偶躺在同一張床上，都會被處以重刑。當時最為人所知的案例，就是有一名蘇格蘭男子因為跟太太的姐妹上床，就被活活燒死。[34]這條法案在整個復辟時期可說是相當活躍。至於褻瀆罪，我們已在前面章節提過湯瑪斯・艾克海德的案例，可見蘇格蘭政府不會因為年輕無知就從輕量刑。

談了這麼多嚴刑峻法，你一定會好奇到底什麼能做，什麼不能做？到底能使壞到什麼程度呢？

不僅觸犯法律的人具有不道德的行為與念頭，立法者心中多少也有踰矩的渴望，所以我們就從民眾的道德感談起吧。很多人會因為一些微小的行為舉止而倍感罪惡。舉艾德華・巴洛為例，他覺得自己最不應該的一點，就是他每次愛上一名女子時，都承諾下次返航後會回到她身邊。不過巴洛通常會在旅途中碰到新對象，而且跟新對象做出同樣的承諾。[35]光是在週日彈奏樂器，就讓佩皮斯感到很羞愧。會有這種罪惡感的人，可不只佩皮斯一人。彌松先生寫道：「那些因為謀殺雙親被判吊刑的人，在法庭上懺悔的第一件事都是自己沒有遵守安息日的規範。」勞夫・瑟雷斯比到鹿特丹旅遊時，看到當地人「在安息日唱歌、玩耍，四處散步，而且一邊進行縫紉工作」，對此他感到相當錯愕震驚。[36]除了神職人員外，唯一能夠在週日工作的就是礦工。要是礦工週日停工，礦井就會被大水淹沒。對某些人來說，沒有乖乖遵守安息日的規定就該加以譴責，不過還有更不可饒恕的罪行。一六六〇年，佩皮斯跟西敏宮的情婦蘭恩（Mistress Lane）小姐會面，把她帶到三文治伯爵的宅邸，兩個人在花園中共享美酒，接著再把蘭恩小姐帶回位在斧頭場（Axe Yard）的舊家，並發生性行為。不過這還算不了什麼。下個月，佩皮斯又跟另一名女子在空無一人的舊家中做愛。[37]在他橫跨十年的日記中，佩皮斯總共跟十位女子發生過性關係，並跟四十多位女子有過親密的肢體接觸，例如互相玩弄性器官等。他深知這種行為是不對的，甚至比在週日彈魯特琴更不可饒恕，但他就是無法壓抑內心的渴望。一六六三年六月某日下午，佩皮斯跟蘭恩小姐在某間酒館裡偷歡，有人從窗邊經過時目睹這番光景，就朝佩皮斯丟石子。佩皮斯發現自己行蹤曝光後，就在日記中寫下：「最近我太太離開倫敦後，我就一直刻意接近自己心儀的女孩子，跟她們發生不正當的行為。我感到好慚愧，不能再繼續這樣下去了。」

不道德的行徑一旦曝光，那可就非同小可，有些行為舉止還可能讓你喪命。舉例來說，假如佩皮斯是同性戀的話，那他的下場可就不只是被石頭砸中而已。男性之間的情慾在復辟時期被視為一種不自然的情感，但只有實際發生男人之間的性行為——雞姦——才會被當作是完全違反自然法則的舉止。另外，在一五三三年制定的雞姦法案中，人獸交也同樣是會被判處死刑的重罪。數年來就發生數個違反雞姦法案的重大案件，像是在一六三一年與一六四〇年被處死的凱索哈文（Castlehaven）伯爵以及沃特福德主教約翰．阿瑟頓（John Atherton）。此類案件真正浮上檯面的並不多，因為基本上這些行為都不會發生在大庭廣眾之下。而那些提供證據的參與者，通常也會被處以吊刑。某位控告老闆雞姦自己的男僕，也同樣逃不掉被吊死的下場。因此，同性戀男子通常都不會以雞姦這個罪名控告他人，而是以「意圖雞姦」的名義來指控對方，這樣自己就能免於刑責。

親臨復辟時期的你，就會在英格蘭社會上體驗到這些道德風暴。民眾所服膺的法律框架，與人類心中自然的渴望格格不入，從性需求到在週日下午刺繡等行為都受到諸多限制。到頭來，每個人都得找出一套適合自己的應對模式，像羅伯．虎克就跟自己的女管家奈爾．揚發生關係。女管家辭職後，虎克又跟自己的姪女葛蕾絲（Grace）發展情慾關係。虎克與葛蕾絲顯然犯下了亂倫大忌，而且葛蕾絲還以「女管家」的身分住在虎克家。佩皮斯則是靠扯謊以及耍手段來掩蓋自己違反道德的偷情舉止，在他被逮個正著之前，能怎麼騙就怎麼騙。其他人只好靠買春來解決生理需求。對貴族名門來說，他們只要養個情婦就得了。三文治伯爵在切爾西（Chelsea）有一棟住宅，裡頭住了他的女友，佩皮斯稱那名女子為「婊子」（他怎麼有臉叫別人婊子！）。不想養或養不起情婦的男人，只好在倫敦的弗利特巷（Fleet Alley）尋歡，這種以提供性服務著稱的街道在其他大城市也找得到。想當然爾，倫敦的人口不斷增加，性產業也越來越蓬勃。一六九〇年代，要找性工作者已經不用特別跑到某條街，在倫敦任何一條街道上隨便都碰得到。一六九一年，某份期刊的記者建議市政府特別規劃一個區域，讓提供性服務的女子每天晚上都能合法在路邊招攬生意，就像阿姆斯特丹那樣。[38]

不過民眾口中議論紛紛的，則是宮廷中那些淫蕩、不道德的事蹟。民眾都很害怕國王瘋狂、毫無節制的放蕩行為會替國家招來厄運。一六六七年七月，皇室專屬牧師在某次布道中，就大膽地當著國王的面提到早年因為大衛王犯下通姦罪，「整個國家崩塌瓦解」。[39]一六六〇年以前，皇室也同意要對放蕩不羈的人加以懲處，不過查理二世繼位後，他卻鼓勵民眾活得更隨心所欲，不要被道德框架所拘束。神職人員在這種情況下，碰到一個很大的難題：要是連國家元首、宗教領袖都帶頭縱情享樂，那麼底下的人民又怎麼會遵守嚴格的法律規範呢？

距離英格蘭國王包養情婦已經是一百多年前的事了，所有民眾都不曉得該對有情婦存在的皇室作何感想。對此，查理二世一點都不擔心，他似乎下定決心把這一世紀以來包養情婦的額度一次用完。

查理二世總共跟七名女子生了十四名非婚生子女，另外還跟多位女性發生性關係。不過最讓民眾目瞪口呆的，是他那巴不得將風流韻事公諸於世的態度。一六六三年一月，查理二世連續在凱瑟麥茵夫人（Lady Castlemaine）的公寓中度過四、五晚。每天早上，鄰居都能看見他徒步走回宮殿的身影。不僅國王的僕人對此議論紛紛，皇宮的警衛和其他民眾也是如此。對此，佩皮斯表示：「皇宮裡什麼沒有，荒淫無度的醜事最多。」幾天後，佩皮斯親眼看見國王從情婦的住處離開，表示：「做這種事實在有辱王子的身分。」[40]又過了幾週，佩皮斯從費納上尉那裡聽說凱瑟麥茵夫人邀請美麗的法蘭西斯．史都華（Frances Stuart）到家中作客，兩名女子為了取悅國王，就在他面前演了一段結婚儀式的戲碼。她們不僅交換戒指，甚至還演到拋擲褲襪的橋段。在這個橋段中，裸身的新娘會將褲襪拋給在場觀禮的女性友人。後來飾演新郎的凱瑟麥茵夫人還把角色讓給國王演，讓他跟法蘭西斯．史都華一起鑽進棉被中。這些就是關於國王的傳言，而無論是真是假，國王的態度彷彿間接鼓勵民眾將這些故事當真。

查理二世用貴族頭銜來獎勵滿足他性慾的女性，出手更是毫無節制。凱瑟麥茵夫人是他登上王位後的第一位情婦，後來查理將她封為克理夫蘭（Cleveland）女公爵。女公爵耶！如果說賜予情婦某種頭銜，讓她在宮中通行無阻，甚至躋身「頂層大人物」之列，讓大家不得不尊敬她，到這邊或許都還說得過去。不過把她的地位抬升到尊貴的伯爵夫人之上，這會不會太誇張？不僅如此，他還將每一位非婚生子女封為貴族。南漢普敦公爵、格拉夫頓（Grafton）公爵還有諾森伯蘭公爵都是他跟凱瑟麥茵夫人的孩子。另外，他跟更早期一位情婦的孩子詹姆斯．史考特（James Scott）後來也成為蒙茅斯公爵。一六七〇年，有位名叫路易絲．德．克魯阿爾（Louise de Kéroualle）的知名法國美人來到英國。

她之所以會跨海來到英國，目的是要說服查理二世跟法國簽訂某項條款，後來她順利完成任務。一六七三年，她受封為樸茨茅斯女伯爵，而她與國王所生的兒子則成為里奇蒙公爵。雖然妮爾．珪恩最後仍是一介平民，但國王仍待她不薄。查理二世送給妮爾．珪恩一棟位於帕摩爾的房產，而國王與她的私生子後來也成為聖奧爾本斯公爵。以上是六位成為公爵的非婚生子。加上普利茅斯伯爵（國王與凱瑟琳．佩姬〔Catherine Pegg〕的兒子）之後，你會發現英格蘭貴族中，絕大多數人都是國王忝不知恥縱慾尋歡之下的產物。

整個王國中行徑放蕩的可不只國王一人。一六六三年，放蕩的準男爵查理．賽德利（Charles Sedley），在弓街（Bow Street）上名叫庫克（Cock）的餐館陽台上裸身走來走去。他擺出所有「你能想像得到最情色的性行為姿勢」，甚至講出一大串極度褻瀆上帝的言論。在光著身子變換姿勢的同時，他告訴在底下圍觀的一千多人，說自己有一種粉末能讓一整個城鎮的女人對自己趨之若鶩。不過他在發表這番言論時，用得並不是「女人」這個詞，而是以女性生殖器官來代稱。接著他端出一杯酒，將自己的性器官泡在酒中洗，接著把酒一飲而盡，然後又喝了杯酒向國王致意。而他的朋友查爾斯．薩克維爾（Charles Sackville）則在一旁鼓勵這段脫序的演出。查爾斯．薩克維爾具有柏克霍斯特勳爵（Lord Buckhurst）的頭銜，本身是貴族，而且疑似是一位攔路搶劫的強盜。一六六八年，這兩名男子在倫敦街上跑來跑去，據說全程「光著屁股」，還假裝打架那樣嬉鬧玩耍，直到被巡邏守夜人逮捕為止。[41]其實妮爾．珪恩在成為國王的情婦之前是一位女演員，當初是柏克霍斯特勳爵勸她不要再繼續演戲，而且跟她上床後，才把她送進宮中成為國王的情人。

另一位更出名、比賽德利與柏克霍斯特更驚世駭俗的人，就是下流放蕩的羅徹斯特伯爵約翰．威爾默特。講到放縱、不道德的舉止，代表人物就是他！酗酒、沉迷女色、染梅毒，這都只是開胃小菜。他人生中的重頭戲包含綁架未婚妻、與多名女子通姦、自認曾有雞姦的經驗、褻瀆上帝、無差別辱罵他人（包含國王）、極度猥褻淫穢、主張無神論、對於軍事戰爭膽大妄為、與他人扭打、在國王面前毆打皇室僕人、販賣假藥、寫詩、以非法身分登上倫敦的戲劇舞台、被囚禁在倫敦塔中，最後被逐出宮廷。據傳，威爾默特還是《索多瑪》（*Sodom*）這齣劇的作者。《索多瑪》劇中有位縱情聲色的國王，他鼓勵沉迷性愛的臣民盡情做愛雞姦，堪稱史上最不入流的劇作。為了讓讀者稍微了解這齣劇有多淫亂，劇中角色有：波里希米安國王（King Bolloximian，Bollock 指睪丸）與康蒂格拉西亞皇后（Queen Cuntigratia，Cunt 指陰道）、波肯奈羅（Pockenello，最受國王喜愛的性玩物）、波拉斯特斯（Borastus，雞姦總指揮官）、佩尼（Pene）與圖里（Tooly）以及歐菲西納夫人（Lady Officina），這三人分別是兩名孌童以及一位名譽雛妓；接著還有法克達利亞、肯特郡柯利亞以及柯里特洛斯（三人的名字分別是 Fuckadilla、Cunticula 以及 Clitoris，分別指涉「幹」、「陰道」以及「陰核」）。國王身邊還有弗勒克斯（Flux，專門替國王看診的醫生）以及維多奧索（Virtuoso，宮廷的假陽具工匠）。

前面舉的例子已經夠多，接下來就無需再說。社會上或多或少會有挑戰禁忌、逾越尺度的民眾存在。但這幾位大膽無懼的貴族，跟其他案例又有何差別呢？不就只是下流嗎？很多人真的是這樣想。如果單純從道德的角度來審視這幾位貴族，很容易會忽略他們展現的精神與其行為的意義。

賽謬爾．佩皮斯暗地裡跟其他女人來往，表面上又一副道貌岸然的樣子，根本就是偽君子。不過查理二世、羅徹斯特伯爵、柏克霍斯特大人還有賽德利，他們完全不來這一套。這些人完全不掩飾自己對道德規範的不屑，光明正大地挑戰禁忌。他們透過言行舉止，對這樣的道德箝制提出質疑：如此偽善、自命清高的清教徒式紀律，根本已是毫無人性，現在要如何對抗這些教條呢？女性一旦通姦或被指控施展巫術就會被吊死，男人只要是同性戀或褻瀆上帝也會慘遭同樣的下場。另外，民眾還不能自由發表言論，也沒有思想自由，更不能任意選擇自己的宗教信仰，言行舉止都遭到嚴密的監控。一般民眾頂多只能反對教會的控制，但是這些家境富裕、享有特權的年輕人卻能夠真正做點什麼，就算只是打破所有規範。他們之所以光著身子四處亂竄，或是在陽台上擺出猥褻的動作，並不是因為他們又蠢又傻。他們這群受過高等教育的人，很清楚這些行為舉止的目的是為了要打破社會禁忌。此外，他們還能提筆寫作。這些貴族男子能發揮文學造詣，寫出挑戰禁忌的文本與作品，對抗那些迫使查理二世流亡國外、奪走其父性命的清教徒思想。他們在創作的鼎盛時期，留下許多傑出的詩作。這些詩作使用的語言之下流粗鄙，對我們來說仍相當前衛。像羅徹斯特伯爵這樣具有寫作才能的男子，會在作品中加入下流鄙俗的字詞，這並非無意之間的選擇，而是因為這些字都被清教徒視為禁忌。因此，這些貴族踰矩的行徑不只褻瀆了教會聖潔的思想，更具革命意義。他們有意識地做出這些挑戰禁忌、侮辱教條的行為，而且還秉持正大光明、引以為豪的態度，跟佩皮斯躲在閣樓翻玩女僕襯裙的偷偷摸摸態度截然不同。

對外地人的態度

全英國找不到半個會以微笑來迎接陌生民眾的人。詢問每一位到過倫敦的外地人，大家對當地人的看法都如出一轍：英格蘭人既不友善、驕傲自滿，而且相當奸詐；蘇格蘭與威爾斯人則是殘忍冷血、野蠻粗魯。不過他們的可取之處則是講求公平（英格蘭人），以及不屈不撓的勇氣（蘇格蘭與威爾斯人）。不過在這些大方向的描述底下，貴族富豪以及平民百姓的態度也有所不同。彌松先生在描述蘇格蘭人時，就說：「那些曾到海外遊歷，跟英格蘭和法國有貿易往來的蘇格蘭人，文化水平較高」。而那些尋常百姓，則被他形容為「未完全開化的一群人」。他還表示那些見多識廣的蘇格蘭人「彬彬有禮、態度友善……而且相當有智慧，言行舉止都比平民百姓內斂、圓滑，而且對科學很有一套。」生活較貧困的民眾，「就像野人一樣」。[42]而馬加洛堤在描述倫敦人時，也提到了類似的差別，只不過他的用詞比較委婉：

> 倫敦的市井小民屏棄友善的天性，對待外國人時都非常高傲自大、粗魯失禮。倫敦人對法國人特別不友善，他們對來自法國的民眾抱持極大的偏見與憎惡，言行舉止都顯露出輕視與侮辱。而住在倫敦的貴族雖然態度也算是高傲，但至少不像低下階層的民眾那樣失禮，還能稍微展現一點禮儀。最有禮貌的還是那些有到海外見過世面的紳士，他們在國外學到何謂待客之道。[43]

這種見解並不令人意外。彌松先生和馬加洛堤這些走遍歐洲大陸的旅人來到英國，他們的見識肯定比多數當地人還要廣博，畢竟能到海外旅遊居住的英格蘭人少之又少。此外，能夠到英國旅遊，就代表這些旅人沒什麼經濟壓力，生活過的還算富裕。再加上他們能提筆寫下旅遊見聞，代表以前曾受過教育。所以當時絕大多數關於英國的評論，都是那些受過教育的民眾對不識字平民的描述，內容多半直白、不留情面。不過英國人到外地旅遊時，對他國百姓的形容也好不到哪裡去。對於像你這樣來到復辟英國的遊客來說，這些評論是非常好的指標。透過這些描述，你大概能知道自己會受到何種待遇。曾受教育的貴族或有錢人，會盡心盡力款待跟自己地位相近的民眾，中間階層會對你抱持懷疑的態度，底層民眾則是對你不理不睬。除非從口袋拿出足夠的錢，他們才願意搭理你。

無論你來自哪個國家、容貌對他們來說多有異國風情，遭到的待遇就是如此。一六六二年，俄羅斯外交大使到倫敦拜訪時，穿著俄羅斯傳統服飾在街上走著，尋常百姓的反應一點禮貌也沒有。佩皮斯寫道：「上帝啊，英格蘭人的個性實在太古怪，他們看到新鮮特別的事物，總是忍不住加以訕笑嘲弄。」[44]在十七世紀末，彼得大帝到英格蘭拜訪造船廠時，下榻在約翰・伊弗林所有的薩耶斯莊園。某位伊弗林的僕人寫信告訴主人，說待在屋內的那些俄羅斯人「令人難以忍受」。[45]不過前來的兩位大使都受到高規格的熱烈歡迎，畢竟這項外交任務對英格蘭來說無比重要。一六六二年，伊弗林特地前去觀賞造訪英格蘭的俄羅斯賓客時，特別指出這些客人「坐在馬背上，身上穿的背心充滿該國特色，身上蓋著厚重的皮草，頭戴軍帽，手中提著禮物，像是老鷹、皮草、牙齒（象牙），還有弓等等。」最後他說：「實在是一場很壯觀的秀。」[46]

關於橫越歐洲大陸的旅人，我們就談到這裡。接下來要看看，在英格蘭、蘇格蘭與威爾斯之間移動的民眾，會遭到哪些對待？

英格蘭、威爾斯與蘇格蘭之間的尷尬關係我想無需贅述。某位英格蘭人到蘇格蘭旅遊時，形容當地人「驕傲自大、愛吹噓、虛榮心強、殘暴野蠻，根本是沒人性的屠夫。」[47]如果你在一六六二年三月一日，聖大衛日（St David's Day）這天身處倫敦，會發現城裡所有的威爾斯人都會在帽子上配戴韭蔥。這個舉動，是為了紀念某場威爾斯人擊敗英格蘭人的古老戰役。而英格蘭人則是習慣將玩偶、稻草人以及韭蔥一起放在威爾斯人的帽子裡來捉弄他們。在這一天，雙方都喝個爛醉，言行舉止也變得粗暴喧鬧。某位英格蘭廚師將韭蔥放在自己的帽子裡，醉醺醺地稱一位來自威爾斯的大人為「同鄉」。這位威爾斯人覺得一點都不好笑，嚴肅地用威爾斯語回話，結果廚師又用英文嘲諷回去。那位大人拔出輕巧細長的劍往廚師刺去。廚師跑回廚房，從火爐中拿出一把紅通通的烤肉叉自衛。那位大人的侍從紛紛拔劍保護主人，不過周遭圍觀的民眾也加入戰局，將手上的泥巴、石頭還有各種物品亂丟亂砸，最後逼得威爾斯人逃到河邊，乘船而去。[48]

這種擦槍走火的場面，不只會發生在大不列顛島上的各個國家之間，就連約克郡的居民和倫敦人也有可能爆發衝突場面，同一個郡縣裡的小村莊也有可能會互相對立。確實，在復辟時期，農村地區的民眾會用「外地人」(foreigner) 這個字，來指涉任何不屬於在地社區的民眾，甚至連莊園領主對他們來說也不算自己人。[49]這種普遍的「外來」概念，時常讓那些身無分文的旅人被誤認為是乞丐或遊民。無論你是正在求職的賭徒、乞丐或傭人；是返航途中顛沛流離的水手；是剛退役、準備返家的軍人；是流動攤商、剛出獄的囚犯、勞工，或是在城鎮之間移動巡演的音樂家或演員，只要穿著打扮稍嫌破爛又身無分文，看起來像是會對當地社群構成威脅的窮人，專屬治安官就會把你當成流浪漢，甚至把你捉起來。而後續的處置手法也很簡單：專屬治安官會把你上半身扒個精光，「用鞭子抽打直到背部淌血為止」。[50]接著你會被逐出教區。千萬不要搞錯，這根本不是什麼正式的罪名；只要被當地居民視為沒錢的「外地人」，就會慘遭此下場。

這光景想來實在淒慘，不如換個角度，談談英國人對外地人展開雙臂的案例。法國國王開始殘殺國內的新教徒時，英格蘭人放下偏見，提供法國難民安全的避風港。一六八〇年代，蘇格蘭的城鎮也開始歡迎法國難民入住。全英國大概收容了七萬名胡格諾派信徒。一六九七年，倫敦就有二十二座法國教堂（其中有九座位在舊斯皮塔佛德市場），數百名胡格諾派神職人員也在此駐紮。[51]另外，來自其他國家的民眾也在倫敦建立群體，從城裡的荷蘭、義大利以及丹麥的教堂就可見一斑，而第二座猶太教堂也在此時期落成。[52]在其他城鎮，也出現零星的法國與荷蘭教堂。綜合以上論述，我們也不能武斷地說英國人對外地人不友善，只是他們看到陌生人時不會立刻熱情歡迎招呼罷了。而且，在這個充滿瘟疫疾病、宗教戰爭以及零星衝突的年代，會有這種態度也是可以理解。

黑人

在復辟時期，英國的黑人數量相對稀少，一六六〇年大約有兩千至三千人，一七〇〇年則有約莫五千人。[53]絕大多數的黑人都是貴族富商的僕人。每位生活富裕、講求格調的名人雅士，都希望家裡能有一位穿著華美制服的黑人小男僕。雍容華貴的夫人幾乎是將黑人小男孩當成寵物，像是查理二世的情婦樸茨茅斯女公爵，在請戈弗雷．內勒替自己繪製肖像時，身旁就站了一位衣著精緻的黑人小男僕。殖民地的領主不僅在西印度群島有屬於自己的黑人侍從，他們回到位在英格蘭的宅邸時也希望身邊有黑人服侍自己。奴隸販子通常會派船將黑人從非洲運往西印度群島，而這些人走在利物浦或布里斯托的街道上時，身邊通常也會跟著幾位年輕的黑人隨從。如果你在教區的人口登記名冊看見「negro」或「blackamoor」等字樣，代表莊園領主或他的太太遠從非洲找來幾名樣貌、膚色與英格蘭人大相徑庭的奴僕。

這些黑人又會受到怎麼樣的待遇呢？這點很難說。我們在現代社會所說的種族歧視，在復辟時期還是一個相當模糊的概念，不過這些膚色黝黑的人種，確實也被英國人視為「他者」。這種他者的概念代表英國人民普遍對黑人帶有既定的成見，其中免不了有些令人不悅的偏見。因為這些黑人是來自撒哈拉以南的非洲地區的異教徒，因此英國人將他們視為毫無神性的一個族群。整體來說，英國社會算是默許奴隸交易這個行為，否則殖民的領主要去哪裡找工人生產大家趨之若鶩的糖呢？聽到「奴隸」一詞時，英國人不太會聯想到橫跨大西洋的奴隸交易，更不可能理解世界另一頭的奴隸工作環境有多惡劣。英格蘭人將奴隸這個字，用在那些被囚禁在北非的白人基督教徒身上。那些家裡有海軍或水手的英國家庭，或多或少會遭遇親人被巴巴里海盜擄走的悲劇。那些巴巴里海盜會突襲村莊，或是在海上攔截其他船隻，將船上的船員賣到突尼斯、的黎波里以及阿爾及爾的奴隸市場。有些英國人都曾提過這些奴隸販子慘無人道的行徑，作家艾芙拉．班恩就在一六八八年出版的小說《奧魯諾可》（*Oroonoko*）觸及這個議題，不過多數人壓根不會設身處地想想黑奴的處境，甚至還把黑奴交易視為必要之惡。

將黑人與無神性和奴隸這兩個特點做連結，讓我們不得不深入思考自由的本質。如果殖民地領主將黑奴帶到英格蘭，這些黑人的身分仍是奴隸嗎？在議會制定的法律中，英格蘭並不是一個存有奴隸制度的國家，所以很多人會直截了當地判定這些黑人已不是奴隸了。艾德華．錢伯倫在一六七六年寫到：「來自外地的奴隸被帶進英格蘭後，就會自動脫離奴隸身分，不過他還是得服勞務。」[54]皇家首席大法官約翰．霍爾特（John Holt）也贊同這個說法，他認為：「黑人一但進入英格蘭之後便能恢復自由之身，或許他還是要繼續擔任農奴，但絕對不是奴隸。」[55]此外，因為民眾普遍認為不該讓基督徒擔任奴隸，因此受洗儀式能讓奴隸重獲自由。一六六七年，某位已受洗的黑人女性蒂納・布萊克（Dinah Black），在布里斯托擔任某夫人的僕役長達五年。蒂納的主人把她賣給奴隸販子，準備將她送到西印度群島去，不過蒂納斷然拒絕。布里斯托的高級市政官出面調停，判定奴隸販子不能迫使蒂納到西印度群島工作，還要求他們讓蒂納下船。既然蒂納的前任雇主也無意讓她回到家中幫傭，因此蒂納有權決定自己接下來的工作。不過並不是所有地方法院都對奴隸這麼寬厚。基於財產法規的限制，很多人認為如果某位勞工過去曾是他人購買的奴隸，那麼當初花錢的富商或貴族有權將奴隸二度出售。一六七七年有兩起法律案件，皇家法官判定因為黑人並非基督徒，所以不能享有一般男女市民具有的權利，他們僅被當作財貨。基於這個原因，如果這些奴隸來到大不列顛島，原本擁有這些奴隸的買家可要求賠償。倫敦主教在一六八〇年時，更斷然指出受洗儀式無法解放奴隸的身分，讓黑奴的處境更加惡劣。[56]

先不管黑人在法律上的地位為何，基本上在英國他們就是被當成奴隸一樣買進賣出。威廉・霍伊爾（William Hoyle）在德文郡的聖約翰莊園受洗時，教區註冊簿上形容他為：「某位屬於科夫先生的黑人，年約十七、八歲，其祖父與威廉・柯姆斯先生為其主。」[57]特別注意這裡的用語：威廉「屬於」他的「主人」，就算主人就是他的祖父，這種附屬品的意涵還是相當強烈。就連身為半個白人的他，也被形容為「黑人」。另外，英格蘭境內的黑人奴僕也常遭到主人兇惡的對待，跟殖民地的狀況相去無幾。有位名叫凱瑟琳・澳客（Katherine Auker）的黑人女性，在一六八四年被羅伯・里奇（Robert Rich）帶到倫敦。身為巴貝多殖民者的羅伯・里奇，常跟自己的情婦聯手虐待凱瑟琳・澳客。而且他們在沒有解除僱傭關係的情況下把凱瑟琳趕出家門，所以她也無法到別處找工作。里奇先生耍手段讓凱瑟琳被捕入獄，他跟老婆就趕回巴貝多，把凱瑟琳丟在獄中。一六九〇年，凱瑟琳向法院申請解除僱傭關係，希望能重新找工作養活自己。法院同意放她自由，只要有人願意雇用她，就能展開新的工作契約，不過「里奇回到英格蘭後，她就得回到他身邊。」[58] 顯然凱瑟琳這輩子都脫離不了這個男人，因為她是他的財產。

雖然黑奴在英國並不被稱作奴隸，不過他們的身分其實跟奴隸相去無幾。查理二世花了五十英鎊，從安特里姆郡侯爵那裡買來一個黑人小男僕，而這份交易契約的簽署人不是奴隸本人，而是奴隸的主人。三文治勳爵也同樣在一六六二年買來年輕的土耳其人跟黑人，送給女兒們當做「禮物」。[59] 基本上，黑人的脖子上戴著銀、銅或黃銅製成的項圈，上頭刻有主人或女主人的姓名以及家徽。威廉三世最愛的黑人奴僕也有一個項圈。如果黑奴逃跑的話，報紙上的廣告就會寫出他們的年紀、身上的傷痕、英語能力以及項圈上的文字。有少數幾位黑人男性與女性能夠自食其力，到別人家當幫傭賺錢，不過晚上還是要回到主人家。而絕大多數的黑人奴僕都只是主人家的幫傭。一六六九年，佩皮斯對於自家黑人女僕的廚藝相當激賞，而他的鄰居威廉．巴騰（William Batten）也對家裡的黑人男僕明戈（Mingo）另眼相看。明戈陪著巴騰先生到小酒館裡，還順便展現了驚人的舞技。不過來到羅伯．維納（Robert Vyner）家中，就會發現還是有人以獵奇的角度來看待黑皮膚的人。黑人小男僕因肺炎而死之後，羅伯竟然沒有以基督教的葬禮將他下葬，反而用烤箱將屍體烘乾，當成珍奇的文物收藏，放在箱子裡展示。[60]

暴力

如果說復辟時期比二十一世紀還來得更暴力，我想你也不會太意外。英國歷經了長時間內戰洗禮，還有各種意識形態間的仇恨與憎惡，會充滿暴戾之氣也不難理解。不過如果光看英格蘭的話，治安也沒有你想的那麼差。每年在英格蘭，十萬人之中只有四人死於兇殺案，十七世紀初期的數據可是復辟時期的兩倍。[61]在斯堪地那維亞，死於兇殺案的比例是英格蘭的三倍多，義大利更是多出五倍。十七世紀末，在英格蘭被謀殺的機率跟比利時相比也只剩二分之一。[62]

雖然如此，我還是建議你不要掉以輕心。畢竟十萬分之四這個數據還是比現代英國社會高出三倍。這還不包含那些不致命的暴力事件。彌松先生表示：

對英格蘭人來說，打鬥彷彿是一件令人趨之若鶩的事。如果兩個男孩在街上起衝突，路人會停下腳步將他們圍住，讓兩人面對面站著呈搏擊狀態。準備打起來之前，對決的兩人會把領巾跟背心交給圍觀的路人，開始對空揮拳。決鬥者出拳時都瞄準對方的臉部，腳則是往對方的脛骨猛踢，偶爾還會拉扯對方的頭髮等。把對手擊倒的那一方，能在對手重新起身之前再揍個一到兩拳，但兩拳是上限。對方站起來後，兩人就必須繼續出拳。在打鬥的過程中，路邊的行人會激昂地叫囂鼓舞，只要決鬥雙方不違反規定，沒有人會將他們拉開勸架。此外，圍觀的群眾不只有少年、攤販或是遊手好閒的人，還有許多打扮時髦的紳士。圍觀民眾之多，有時候根本看不到格鬥實況，其他人還會站在路邊的攤位上。如果路邊有像歌劇院那種私人包廂，大家一定會紛紛搶租觀戰。[63]

來到如此偏好暴力的社會，還是小心為妙。別忘記，那名倫敦的廚師跟威爾斯人只是一言不合，最後竟演變成火爆場面。而且不要以為市井小民比紳士更愛好暴力。其實頂層大人物跟貴族富商更喜歡拳打腳踢，或是用刀劍攻擊別人。坦白說，紳士是喜愛訴諸暴力的人當中最糟糕的一個族群。因為有錢人從小營養良好，所以比一般勞工階層的人更高大健壯。他們從小就覺得自己能為所欲為地霸凌別人。一六六五年，莫萊勳爵（Lord Morley）對於亨利．黑斯廷（Henry Hastings）在酒館中的發言耿耿於懷，竟然把對方打到喪命。一六八五年，莫頓伯爵跟僕人因為一條狗起口角，竟用劍將他刺死。一六六六年，多爾切斯特侯爵與白金漢公爵因為爭奪上議院的座位，便互相推擠、拉扯假髮。同年，白金漢公爵又因為在上議院建議停止進口愛爾蘭牛肉，被奧索里（Ossory）伯爵認為他在侮辱自己的同鄉，奧索里伯爵就向白金漢公爵下戰帖單挑，公爵也欣然答應。不過這次國王插手介入，將兩人送進倫敦塔冷靜冷靜。兩天後，白金漢公爵又跟多爾徹斯特侯爵因為專利權而起紛爭，公爵指名要找侯爵決鬥，後來他又被送進倫敦塔。[64]

由此可見，這是個單挑決鬥的黃金時期。[65]拳擊、打鬥、毆打、摔角、口角衝突、群眾暴動等暴力場面都很好理解，而且在各個時代都沒什麼區別，不過兩兩單挑決鬥可就不同了。單挑是僅存於兩名紳士之間的決鬥，他們藉由私下單挑，以榮譽解決紛爭。單挑跟其他打鬥方式最大的差別，是在於打鬥雙方的身分：只有貴族會單挑，平民百姓不會選用這種打架模式。商人或勞工通常只會走到屋外，動手把對方打得鼻青臉腫，有時忍不住在屋內就打起來的也大有人在。對紳士而言，單挑也需要注重規矩禮數。另外，市井小民打完架之後，雙方頂多是頭痛流鼻血而已，但紳士之間的單挑通常會出人命。

為什麼貴族或紳士要單挑呢？簡單來說，為什麼不？切斯特非爾德勳爵（Lord Chesterfied）為了母馬的價格就跟別人單挑。譚克維爾（Tankerville）伯爵戲稱阿爾巴默爾公爵的新槍為「紈褲子弟的玩具」，而被對方下戰帖，兩人用劍單挑（直到一七一一年才有人用槍單挑）。薛靈頓・塔伯特（Sherrington Talbot）跟別人討論在蒙茅斯公爵的反政府抗爭中，哪一方的戰略比較出色，最後引發口角，在決鬥中喪命。白金漢公爵被三文治伯爵下戰帖，只因為公爵在某場牌局中輸了錢卻拒絕付帳。有人因為看不慣柯尼爾斯・賽默爾（Conyers Seymour）的穿著打扮，就在單挑中把他殺了。羅伯・渥瑟萊（Robert Wolseley）在一六八九年跟高尚的威廉・華頓（Honourable William Wharton）單挑，只因渥瑟萊不欣賞華頓的詩作。最後渥瑟萊將華頓殺了，致死的傷口是在臀部上（這種死狀還真是高尚）。而發生在亨利・貝萊斯（Henry Bellasis），他的一群摯友以及身為劇作家的酒友湯姆・波特（Tom Porter）之間的單挑事件，大概是史上最沒意義的一場打鬥。上述那群男人在咖啡屋裡喝酒聊天時太大聲，有人就問貝萊斯是不是跟波特起口角。貝萊斯否認，只說自己只是在給波特一些建言，還說道：「我從來不吵架的，只會直接出手。」這時，波特隨口開了一點玩笑，宣稱全英格蘭應該沒人敢對他出手。貝萊斯一聽就立刻伸手，半開玩笑地往波特耳朵揍了一拳。波特竟然認真了起來，要貝萊斯到店外跟他單挑。他們確實走出店外，不過貝萊斯醉到直接倒在馬車上準備回家。波特還特地將車夫攔下來，請貝萊斯下車對決。等到貝萊斯緩慢下車後，兩人抽出身上配戴的劍。在這場對決中，雙方都受了傷，貝萊斯更是性命垂危。貝萊斯在口吐鮮血之際，要波特趕快離開現場，他表示自己會努力站穩腳步不倒地，這樣波特才能順利逃走。後來貝萊斯真的信守諾言。法醫後來做出的死亡判決，表示死者「死於未知原因」。[66]

基本上對決只發生在被冒犯的人與冒犯者之間，不過在復辟時期，雙方都有可能找幫手助陣，這些幫手通常也會參戰。亨利．傑米恩（Henry Jermyn，倫敦西區興建者的姪子）接連勾引不少家財萬貫的夫人跟自己上床，其中包含舒茲伯利伯爵夫人。這些風流的行徑，讓他收到湯瑪斯．霍華（Thomas Howard）上校的單挑戰帖。決鬥雙方又各自選定一位幫手。傑米恩挑了吉爾斯．洛林斯（Giles Rawlings），霍華則選定凱瑞．迪隆（Cary Dillon）上校來助陣。他們約定在一六六二年八月十九日，於聖詹姆斯公園碰面。在決鬥過程中，傑米恩被霍華擊中三次，倒在地上動彈不得；洛林斯也被迪隆一擊斃命。獲得勝利的那方最後騎馬逃離現場。這場對決的特殊之處，是傑米恩跟洛林斯根本不知道這場決鬥的起因為何。後來傑米恩身體康復後，才發現霍華也跟舒茲伯利伯爵夫人有一腿。另外一場有幫手助陣的對決，也跟舒茲伯利伯爵夫人的情事相關。她丈夫向她的新歡白金漢公爵下戰帖單挑。對決日期訂在一六六八年一月十六日，地點在艾姆斯穀倉（Barn Elms）附近的某塊田地。公爵找來兩個朋友助陣，其中一位是海軍英雄羅伯．霍姆斯（Robert Holmes），另一位是任職於皇家騎兵衛隊閱兵場的威廉．珍金斯（William Jenkins）上尉。舒茲伯利伯爵則是請來約翰．塔伯特（John Talbot，前面提過那位薛靈頓．塔伯特的父親）以及伯納．霍華（Bernard Howard）。公爵直接持劍刺向舒茲伯利伯爵的胸口，伯爵身受重傷，而約翰的手臂也被羅伯刺傷，而公爵請來的珍金斯上尉則被霍華殺死。如果是我的話，一定會建議你跟舒茲伯利伯爵夫人的情夫離得遠一些，以免被找去決鬥。當然囉，最好也不要跟伯爵夫人有什麼感情糾葛。

為什麼政府不要立法禁止雙人單挑？嘴巴上說得簡單，實際執行起來可是很困難。發源於義大利的雙人單挑在十六世紀進入英格蘭後，國王就多次試圖阻止這種行為。不過那些決心殊死一戰的貴族紳士，已經氣到不管政府要罰多少錢都不怕。查理二世曾在一六六〇年與一六八〇年，分別下令禁止民眾兩兩對決單挑，但除此之外，他沒有再設法出手阻止。[67]國王不想讓那些將榮譽看得比生命更重要的貴族紳士疏離自己。議會議員也為此爭論不休，同時制定許多法案強迫那些進行兩兩單挑的人，要上繳半數或全部房產給國家。其實用劍來進行雙人對決，比用子彈一決勝負還危險許多，而且也需要莫大的勇氣，[68]所以這種對決模式格外令人尊敬。假如決鬥的雙方願意冒著喪命的風險、克服恐懼、取得勝利，展現這些社會推崇的美德，那麼立法禁止這個行為反而顯得小家子氣。

殘忍

彌松先生認為英格蘭社會有其溫和之處。他發現英格蘭人對待囚犯的方式，不像法國人那樣殘酷血腥。法國人會將囚犯綁在死亡輪上滾動碾死，或是將人的四肢綁在四匹馬上，讓馬匹將囚犯的身體扯得四分五裂，或是用燒得紅通通的鉗子將人的皮肉從骨頭上撕扯下來。[69]而且如果你在過去一百五十年來有認真觀察英格蘭社會的變化，會發現英格蘭人不像以往那麼血腥殘暴。正如我們在前面章節提過，女巫被吊死的案例逐年遞減，英格蘭人也不再用火刑對待異教徒，或是將下毒殺害別人的犯人用熱水燙死（亨利八世在位時，這種刑罰確實存在）。自從中世紀以來，在哈里法克斯，用來處置罪犯的著名「絞刑台」或斷頭台，也在一六五〇年後就未曾使用。一六六一年，國王讓原本被判處死刑的五十名囚犯，可以選擇到牙買加當契約傭人，五十名犯人全都接受這個替代方案。[70]一六八九年，針對威廉三世制定的權利法案，也特別禁止國王使用「殘酷或不尋常的處罰方式」來對付犯人，因此國王不能再對任何人施以酷刑了。一六九一年開始，英格蘭不再以吊刑來處置那些犯下頭號重罪的婦女，讓某些人開始認為社會確實越來越溫和，間接證實彌松的看法。

不過這個已經「溫和」許多的英格蘭社會，對你來說絕對還是相當野蠻。有些行徑看似仁慈，實際上卻不是如此。國王之所以讓囚犯選擇到殖民地當勞工，是因為殖民地勞力短缺。在英格蘭境內，叛國賊先被處以絞刑，再趁他們還有一口氣時，把繩子割斷，再活生生地開腸剖肚。雖然異教徒已經不會被處以火刑，但殺死丈夫、雇主或偽造錢幣的婦女仍然會被火燒死。每一個郡都有專屬絞刑架，城鎮中還有一堆被鞭打到背部都是血的流浪漢或小偷。開明的民眾都認為鞭刑是相當仁慈的刑罰，因為鞭打的傷口有朝一日會痊癒，砍掉耳朵或是用熱鐵烙印反而會留下永久的疤痕。

不只在處罰犯人的手段上可看出英格蘭社會的殘忍，把男人或女人「綁」到西印度群島當契約傭工的手段也很不人道，像艾德華．巴洛就差點落得這個下場。在這個時期，倫敦人要擔心走在小巷中時，會被人綁到泰晤士河岸，丟到船上載往西印度群島。一六七〇年，有一位名叫羅傑．皮姆（Roger Pym）的年輕學徒，就被某位水手拉到船上。水手把少年賣給船長後，船就開往殖民地，皮姆的親人再沒見過他。[71] 賽謬爾．恩布里（Samuel Embry）也曾上法庭控告賽門．哈里斯（Simon Harris），他說：「我的姊姊瑪麗．恩布里（Mary Embry）被他綁走，並以四十八先令的價錢被賣出，再被運往巴貝多當傭工。」某些人口綁架的案例實在是悲慘無比。有位名叫瓦特．史考特（Walter Scot）的男人，他的太太被綁架後也到巴貝多當勞工。瑪格瑞特．凱瑟（Margaret Caser）的獨子湯瑪斯跟兩個月的小孩，被理查．史貝克（Richard Specke）這名來自沙德韋爾（Shadwell）的水手擄走。史貝克將這兩個孩子賣給約翰與凱瑟琳號（John and Katherine）的舵手，後來也同樣被帶到巴貝多。談到誘騙民眾上賊船，女人跟男性水手一樣心狠手辣，莎拉．夏普（Sarah Sharp）就是其中一例。

莎拉．夏普是一個會綁架小孩、誘騙年輕男女僕人到船上的女子……她向蓋伊先生坦承自己有一次騙了四個人上船，其中一人年僅十一歲。這些人全被送往海外地區，像是巴貝多或維吉尼亞。[72]

而在市民的生活當中，殘忍的行徑不僅被視為常態，甚至被當成道德義務。佩皮斯發現家中某位男僕偷喝廚房裡的乳清之後，表示：

我不斷揮鞭直到手抬不起來為止，但他還是不願意招供……最後，我還是不想就這樣放他走，又再次質詢他，要他把罩袍脫掉只剩襯衣，不斷抽打他，縱然他先前矢口否認，最後還是認罪……晚上睡覺的時候我的手臂好酸。[73]

佩皮斯以各種手段施壓，希望將這位名叫韋納曼．畢爾齊（Wayneman Birch）的男僕塑造成符合道德規範的僕人。而韋納曼．畢爾齊也據傳是佩皮斯最疼愛的男僕，因為佩皮斯對韋納曼．畢爾齊的姐姐情有獨鍾。不過在一六六三年夏天，韋納曼．畢爾齊還是被解僱，並在十一月被送往巴貝多。[74]

男人在公開場合賭命決鬥，私底下又在家裡打老婆、小孩以及僕人，我想他們對待小動物的態度就更不用說了。在本書最後一章，我會談到鬥雞、縱狗咬牛和咬熊等遊戲，這些活動在復辟時期可是相當熱門。共和政府其實有下令禁止這些活動，不過原因不是這些行徑太殘忍，而是因為民眾太過投入，這對清教徒來說是一種玩物喪志的現象。一六五六年，倫敦熊花園（Bear Garden）的所有熊都被槍斃而死，只有一頭小熊例外。許多人都相當樂見這種血腥運動再次蔚為風潮。而這些殘殺動物的活動除了是休閒娛樂之外，也是一項重要的年度儀式。薛林克斯就記錄了一六六二年懺悔星期二（Shrove Tuesday）的實況：

在倫敦的大街小巷中，都能看到年輕的小學徒跑來跑去，腋下挾著一頭公雞，公雞的腳上綁了一條繩子，另一頭是根長釘。小學徒找一塊空曠的場地，把長釘固定在石頭之間，跟參加活動的民眾收一便士。繳交一便士之後，就能站在一定的距離外朝公雞投擲棍棒。成功把雞打死的人，就能把雞帶回家。另外在鄉下，有些農民會把公雞埋在土裡，讓雞頭露出地面。這個時候讓戴了眼罩的人轉個兩三圈，試著用手中的鞭子抽打公雞。成功打中公雞或距離抓得最近的人就能獲得首獎。[75]

最殘忍的不只如此。在魚街（Fish Street）這些坡道較陡的路段，會看到馬車車伕不斷用鞭子抽打馬匹，街旁的少年或路人也會加入用棍棒毆打這些可憐的動物。[76]而在十一月五日，有一群貓咪被困住、活活燒死，關於這起事件下一章會有更詳細的描述。只要民眾目睹刺蝟、白鼬、狐狸還有獾的身影，就會當場獵殺。鯨魚更是逃不過被獵捕的命運，而那些不小心游進泰晤士河的鯨魚，絕對是難逃死劫。一六五八年跟一六九九年，就有鯨魚在泰晤士河遭到獵捕的情形。在二十一世紀，我們碰到這種狀況會試著引導鯨魚游回大海。不過在十七世紀，民眾的本能是先殺再說，之後再來思考要怎麼處理，反正魚肉跟魚油一定用處多多。

民眾對於動物的態度也有逐漸轉變的跡象。像約翰・伊弗林這樣有教養的人，就相當排斥縱狗咬其他動物這種活動：

有一次，我不得不陪朋友到熊花園去，那裡有人在鬥雞、鬥狗，也有人在縱狗咬熊跟公牛，最近這種野蠻的活動實在是非常熱門，但對我來說這只是慘無人道的殘忍舉止罷了……兩隻可憐的狗就這樣被殺了，被綁在馬背上的猿也是如此。看到這種粗鄙下流的休閒活動，我感到相當厭煩。[77]

「馬背上的猿」指的是緊接在縱狗咬熊遊戲後的收尾節目。民眾會將猴子綁在老馬的背上，然後放出一批年輕的小狗，讓狗將猴子咬下來。在小狗瘋狂將老馬咬死的過程中，上頭的猴子會不斷嚎叫。很多人喜歡欣賞這種場面，但約翰・伊弗林顯然非常看不慣這種行為。

有這種感受的不僅伊弗林一人。錢伯倫在一六七六年，就指出「鬥雞這種活動，看在外國人眼中相當幼稚，而且也有損士紳的身分格調；對尋常百姓來說，縱狗咬熊跟牛的活動實在太殘忍，用足球踢公雞的舉動也相當野蠻粗俗。」[78]不知道英格蘭社會的男男女女，是否因為開始養了動物之後，才開始對動物產生情感，不再把牠們視為食物或有害的野獸。查理國王就養了幾頭獵犬，還讓他們在宮中跑來跑去，甚至開會、處理國事時也不加以約束。伊莉莎白・佩皮斯在一六六〇年，買了一隻狗來陪自己獨守空閨（不過這隻狗因為訓練不佳，所以被佩皮斯關在地下室中）。一六六〇年底，佩皮斯家中又為了要遏止猖獗的老鼠，所以又多養了一隻貓。一六六一年一月，佩皮斯家的小型動物園又多了兩隻金絲雀，隨後還有一隻啁啾不停的烏鶇。佩皮斯也養了一隻猴子，不過那隻猴子試圖掙脫牢籠的時候，他整個人氣炸了，他寫道：「我氣到不行，把那隻母猴打個半死。」79

我對於民眾對動物產生情感的猜測就談到這裡。英格蘭人顯然是歷經一段漫長複雜的過程，才逐漸擺脫早期對待動物時那種粗暴血腥的手段。

冒險精神

迷信、巫術、信仰仇恨、排外情節、暴力以及殘忍，你在本章節讀到的這些負面人格特質，可能會讓你誤以為英國人是一個悲慘、易怒、眼光狹窄又自私的民族，只有放蕩的貴族子弟聽起來稍微有趣一些。但除了個性黑暗面之外，英格蘭人也是有非常陽光、正面的特質。我在本章節開頭就提過，英格蘭人具有難以抵擋的好奇心。渴望透過旅遊來體驗這個世界，就是他們展現求知慾的一種方式。而英格蘭旅人到外地開拓視野後的收穫與探索，也讓整個民族的世界觀更多元。

首先，我們要先了解這時期的民眾，在日常生活中會移動多少距離，才能突顯出旅人的野心與動力。雖然窮困人家或悲慘的底層民眾通常都居無定所，像乞丐或小兵就是如此，不過民眾主要都是因為財產或其他必要因素，才會長途跋涉到外地。鄉下居民通常都會參與社區當地的市集，不過在英格蘭，每參加一次市集最多只要走六、七英里的路。有時候，他們也需要到別的城鎮或是有大教堂的都市參加宗教儀式，這就要走上十到二十英里的路。像是石匠或船隻木匠這些師傅，常常為了工作東奔西跑。校長或老師有時候也會到農村授課，或是到文法學校擔任教職而遠距離移動。另外在一整年間，醫術高明的醫生也有可能要移動三十到四十英里到外地照顧病患；醫術越高明，要走的路就越遠。貴族富豪也會因為教育、投票、旅行遺囑或上法院等理由而遠赴外地。而出身名門的貴族或有錢人，他們的房產通常也遍布全國各地，所以僕人也常要跟著一起到其他城市參與社交活動、管理房地產。此外，這些位於頂層階級的民眾也要定期到倫敦出席商業活動或參與議會、進宮。而為了要履行身為治安官、領主以及部隊軍官的職責，這些大人物也需要常常在鄉里間奔走。

這些不得不遠行的理由早已存在數個世紀。而復辟時期的特殊之處，在於民眾開始想為旅行而旅行；出門旅行只為了欣賞前所未見的景觀、探索新事物，甚至維持身心健康。西莉亞・芬尼斯就曾談過為何男男女女都應該在大不列顛島上四處走走：

> 女士也好，紳士也行，如果大家願意撥出一些時間在祖國土地上旅遊，抱持求知的心，到各地觀察美善的景色、建築，嘗試在地農產品以及特色工藝品……如此一來，這些人就能擺脫自大空想這種傳染病，永遠不會再染上這種壞習慣，搞不好還能順便把懶惰的習性給戒掉。除此之外，旅行也能讓我們更了解英格蘭，更以自己的國家為榮，不再有那種外國月亮比較圓的想法。更認識自己的國家後，在招待外國賓客至少就不用感到自卑，身處異國時也不會忘記祖國。無知、不了解自身歷史是英格蘭人的通病。藉由旅遊，女性就能對這個世界有更多觀察，言談之間內容更豐富……也不用每天想著要怎麼度過無趣的日子，不用靠打牌或玩擲骰遊戲來消磨時間……對於紳士來說，旅遊更是不可或缺。無論他們身在英格蘭還是在國外，住在大城市還是鄉間，旅遊對男性來說也相當有益，對那些在議會服務的大人來說更是如此。議會官員能藉由旅遊，更了解國家的本質與特色、人民的能力與智慧，進而提升、改進國家的製造業與貿易。[80]

芬尼斯提到國內旅遊的優點，也同樣可套用在異國旅行上。「壯遊」（Grand Tour）一詞最早是在一六七〇年，出現於理查．拉塞（Richard Lassels）的作品《一次義大利之旅》（*An Italian Voyage*）當中。拉塞用壯遊這個詞，來形容每年數百名在歐洲大陸上遊歷的英格蘭年輕紳士。這些年輕人會從多佛出發，橫越英吉利海峽到法國的加萊（Calais），接著抵達巴黎。他們在巴黎生活一陣子後，會往南到義大利。通常大家一定會在羅馬多做停留，緊接著來到威尼斯。其他對英格蘭人而言不可不造訪的地點，包含帕爾馬（Parma）、皮亞琴察（Piacenza）、波隆那（Bologna）、熱那亞（Genoa）、盧卡（Lucca）、佛羅倫斯（Florence）、西恩納（Siena）、維泰博（Viterbo）、阿雷佐（Arezzo）、佩魯賈（Perugia）、特爾尼（Terni）以及那不勒斯（Naples）。旅程最南來到義大利的帕埃斯圖姆（Paestum），之後他們就會折返往北，順道造訪旅途中漏掉的城鎮，能越晚回到英格蘭越好。絕大多數年輕人總共耗費十八個月到兩年進行壯遊，不過有些壯遊則拖得更長。彭布羅克（Pembroke）伯爵的弟弟托馬斯．賀伯特（Thomas Herbert），在一六七六至一六七九這三年間，就在法國與義大利之間旅遊。桑德蘭伯爵羅伯．史賓塞（Robert Spencer）就從一六六一年到一六六五年，用四年時間行遍法國、西班牙、瑞士以及義大利。父母都希望兒子能在旅途中學到一些什麼，所以他們會派一位導師在旁陪同。這位導師的職責，就是讓年輕人專注欣賞義大利文藝復興時期的藝術品與建築，不要被美麗的義大利女子迷惑。這是一個難上加難的任務，畢竟這些導師通常只是隨從或僕人，沒有權限告訴年輕的主人該怎麼做。所以這些初離家門的年輕小伙子一到巴黎，就立刻流連聲色場所、沉迷於女色之中。不過有些壯遊確實具有教育意義。一六六三年，博物學家約翰．雷就特地搭船到加萊，記錄當地獨有的鳥類、動物、魚類以及昆蟲。而在接下來三年，他的足跡也遍布法蘭德斯、荷蘭、德國南部、奧地利、義大利、西西里島、瑞士以及法國。羅伯・波以耳也花了五年時間在海外研讀倫理學、歷史、自然哲學以及防禦工事。愛德蒙・哈雷（Edmond Halley）於一六八〇至一六八二年進行的壯遊，讓他得以在巴黎天文台和喬凡尼・卡西尼（Giovanni Cassini）一同觀測彗星的動態。

除了出國，英格蘭紳士與女士也能從來自海外的旅人身上學到不少，像是荷蘭的威廉・薛林克斯、義大利的羅倫佐・馬加洛堤以及法國的彌松先生。成千上萬名旅客，從世界的各個角落抵達英國港口。一六八二年，暹羅王（泰國）派出的大使就來到倫敦。一六八〇年，約翰・伊弗林接待了來自法國的靜物畫家夏丹（Jean-Baptiste Chardin），還聽他分享到東印度群島、波斯、黑海、裏海、巴格達、尼尼微（Nineveh）和波瑟波里斯（Persepolis）旅遊的故事。當中最令人印象深刻的訪客，是會說拉丁文的中國知識分子沈福宗。一六八七年，沈福宗與佛拉芒耶穌會士柏應理（Philippe Couplet）到英格蘭時，詹姆斯二世特地安排戈弗雷・內勒替他繪製一幅身穿長袍馬褂的肖像。沈福宗在牛津待了一陣子，替博德利圖書館（Bodleian Library）內的中文書編制目錄，還提供了關於中國地圖、月曆、數學和傳統遊戲等相關知識。同年，柏應理撰寫《中國哲學家孔子》（*Confucius Sinarum philosophus*）一書，引介四部儒家經典中的三部作品給西方學者。由商船帶到英格蘭港口的外來貨品，也讓民眾認識到遠在世界另一頭的異文化，像是中國瓷器與家具，還有印度棉花、棉布、地毯以及茶葉。若從貿易的角度來看，其實英格蘭人對外來物是相當「友善」，商人都熱切地將來自中東與遠東地區的貨物引進國內。

除了上述文化交流的方式外，英格蘭也在這個時期不斷向外伸出外交觸角。英格蘭外交官在復辟時期，來到下列國家駐紮拜訪：丹麥、法蘭德斯、法國、神聖羅馬帝國、漢薩同盟、托斯卡尼、威尼斯、波蘭、葡萄牙、普魯士、俄羅斯、薩伏依（Savoy）、西班牙、瑞典以及土耳其。[81]另外在一六七六年，英格蘭政府也在阿勒坡、士麥納、桑特（Zante）、阿爾及爾（Algiers）、突尼斯（Tunis）、的黎波里（Tripoli）、墨西拿（Messina）、那不勒斯、熱那亞、馬賽、阿利坎特、馬拉加、卡迪斯、塞維亞以及加那利群島設領事館。外交官不僅定期向政府回報外國的狀況，回到大不列顛島時也會參加晚宴，向主人與賓客分享異國經驗。此外，英格蘭政府在國外也有領地。而在新英格蘭、維吉尼亞、卡羅來納、紐約、紐芬蘭、牙買加、巴貝多、百慕達、背風群島（Leeward Islands）、聖克里斯多福島（St Christopher Island，也就是聖基茨島〔St Kitts〕）、尼維斯（Nevis）、澤西島（Jersey）、根西島（Guernsey）、孟買、聖喬治堡（Fort St George）、萬丹（Bantam，位於印度尼西亞〔Indonesia〕）、丹吉爾（Tangiers，位於北非）、幾內亞（Guinea，位於西非）還有其他附屬於這些國家的領地[82]英格蘭政府派出的統治者或者副手，會以英格蘭的法律治理當地。蘇利南（Suriname）以及貝里斯（Belize）則是復辟時期初安頓好的新殖民地。西印度公司、皇家非洲公司（Royal Africa Company）、黎凡特公司（Levant Company）以及哈德遜灣公司（Hudson's Bay Company）各自跟不同國家交易，再將收集來的消息與外來商品輸送至英格蘭。雖然英國並沒有在澳大拉西亞（Australasia）設立殖民地，不過英國人都曉得這個地區：一六〇七年，英國人發現澳洲的存在，接著在一六四二年發掘紐西蘭。所以復辟時期製造的地圖以及地球儀，跟二十一世紀的版本看起來相當雷同，只是其中缺了某些細節罷了。[83]

英國政權遍布各地，不僅紳士會分享自己在外域旅遊的經驗，航海的船員也會帶來海外新知。任職於英格蘭皇家海軍的五萬名水手以及附屬的商船，會航行到世界各地，在異鄉發掘前所未見的事物。艾德華・巴洛親身經歷的奇聞軼事之豐富，說出來都會讓身為長官的少尉與有榮焉。巴洛真真切切到過世界各地，見識過各種怪奇的事物，所以他講話實在，從不誇大其詞。一六七九年至一六九一年，從小就在海上生活的威廉・丹皮爾（William Dampier）駕船環繞地球三圈，讓他成為第三位環繞地球航行的航海員（第一位是法蘭西斯・德瑞克〔Francis Drake〕，一五七七年至一五八〇年；第二位是托馬斯・卡文迪什〔Thomas Cavendish〕，一五八六年至一五八八年）。丹皮爾從蚊子海岸（Mosquito Coast）出發，但出發不久就碰到來自西印度群島與維吉尼亞的海盜。後來他沿著合恩角（Cape Horn）航行，橫越太平洋，只為尋找馬尼拉郵船的蹤影，最後在新荷蘭（澳洲）靠岸，並在一六八八年年初，在當地探索了將近兩個月。返航途中丹皮爾經過越南、蘇門答臘以及印度，最後在一六九一年九月十六日於英格蘭靠岸。他將這段旅程寫成回憶錄《環航新冒險》（*New Voyage Round the World*，一六九七年出版），書中紀錄他在異地看到的花卉、動物、族群、島嶼以及海盜，此回憶錄一出版立刻成為暢銷書。所有人都想親自見他一面，佩皮斯與伊弗林就曾邀他共進晚餐。後來丹皮爾又進行兩次環球航行，成為史上第一位環航三次的航海員。

約瑟夫・皮特（Joseph Pitts）則是誤打誤撞成為探險家。皮特這名了不起的水手，可是首位造訪麥加的英格蘭人。麥加這個聖地向來只有穆斯林能夠涉足，而皮特不僅親臨現場，更寫了一本書紀錄他在當地的所見所聞。一六七八年，皮特誕生於埃克塞特，並在十四歲時加入前往紐芬蘭的捕魚船隊。船隻從西班牙港口準備返航時，被阿爾及利亞的奴隸販子攔截，皮特跟其他船員都被鐵鍊給綑住。後來皮特被丟到阿爾及利亞的奴隸市場上兜售，買下他的主人還因為其基督教信仰而對他拳打腳踢。後來皮特再次被轉賣給另一位雇主，第二位雇主堅持皮特必須改信伊斯蘭教。新的雇主把皮特倒吊起來，不斷毆打他的腳底板，鮮血就這樣沿著小腿流下。就這樣虐待了幾天之後，雇主又把傷痕累累的皮特泡到鹽水中，再把他吊起來猛毆腹部，最後皮特終於同意改信伊斯蘭教。皈依伊斯蘭教之後，好運終於降臨在皮特身上。他的第三位雇主是一位善良的老先生，而皮特也獲得許可能跟雇主一起到麥加朝聖。他們行經非洲北部，途中經過亞歷山大港舊址。來到港口時，他發現岸邊停了一艘來自德文郡林普斯敦（Lympstone）的英格蘭船隻，船上的某名水手更是來自家鄉的舊識（這就是「世界真小」的實例）。結束朝聖之旅後皮特便重獲自由，他乘船至士麥納，在當地碰到一位來自康沃爾郡的英格蘭人，那名男子替他支付搭船到義大利里沃納（Leghorn）的費用。皮特就從義大利徒步走回十六年未見的英格蘭家鄉。後來皮特出版《伊斯蘭教信仰與禮俗紀實》（*A faithful account of the Religion and the Manners of Mahometans*），他以中立、理性的筆調，對伊斯蘭教進行詳實的描述，並勾勒阿爾及爾居民的生活樣貌。能夠以客觀、不帶偏見的筆法描述異國民族的信仰與風俗，皮特的文筆足以讓他躋身皇家學會的會員之列。

越來越多人將自己的旅遊經歷昭告天下，也讓社會大眾熱烈地討論起任何關於異國的話題。窮困人家對於水手口中的故事震懾不已；貴族富豪也興致高昂地談論著某個遠方國家的生活樣貌，聽著同儕描述自己在異域的所見所聞，或分享自己在丹皮爾或皮特的書中讀到的訊息。遼闊的世界成為英格蘭人每天掛在口中的話題，大家都能對外來的新知發表個人意見。某天下午，佩皮斯跟兩名掙脫束縛的白人奴隸在費里斯酒館爭論。佩皮斯指出阿爾及爾人對基督教奴隸的態度，比英格蘭殖民者對黑奴的態度更仁慈寬厚。這兩位白人奴隸立刻開口指正，向佩皮斯揭露白人奴隸天天被棍棒、鞭子毆打腳底板以及腹部的遭遇。伊弗林有一次也舉辦晚宴，邀請賓客來談論有關中國與日本的議題。來自柯尼斯堡（Königsberg）的商人，在倫敦參加宴會對東道主講述冬天的情況，當地漁民會將半英里長的漁網丟入結冰水面挖出的洞中捕魚，再用蓋滿雪的雪橇將漁貨拖到市場販售。[84]有時候你會跟朋友聊到土耳其軍隊前進德國時，德國君王飲酒過量的糗事；隔天有可能又談到狂妄的摩洛哥軍閥、霍屯督人（Hottentot）的半閹割儀式，或者讚嘆某本以中文或俄羅斯文書寫的書籍。[85]對於異國文化知識的流傳，報紙也扮演相當重要的角色。在倫敦的咖啡屋中，你會從報紙讀到一六六三年，奧地利的約翰（Don John of Austria）於阿梅西亞爾（Ameixial）吞下的敗仗，或是一六八八年五月底，利馬被地震重挫的消息。[86]其實復辟時期識字的倫敦人，跟二十一世紀的民眾一樣對世界各地的消息都相當靈通，只不過十七世紀的資訊傳遞速度會依地理距離的遠近而有所不同。例如一六六三年六月八日，發生在葡萄牙阿梅西亞爾的戰役，是在三個禮拜後登上倫敦的報紙。摧毀利馬的大地震實際上發生於一六八七年十月二十日，倫敦人獲知這件事時也已過整整七個月。

科學知識

一六六〇年十一月二十八日，一群學識淵博的紳士在倫敦會面，希望能以探索科學新知為目標，共建一個新的學院或哲學協會。兩年後，他們的創辦的組織獲得皇室認可，成為皇家學會（Royal Society）。又過了三年，皇家學會出版《自然科學會報》（*Philosophical Transactions*）這份刊物。這在科學發展史上無疑是相當重要的里程碑。當時的學者為了瞭解神造萬物（Creation）的深度與廣度，發展出自然哲學這門學問（當時他們稱科學為自然哲學），皇家學會成立後，就透過組織架構將海內外珍貴的資源挹注到自然哲學上。

神造萬物這個帶有宗教意涵的詞彙更不可不談。生在二十一世紀的我們，都將宗教信仰和科學視為兩個毫無瓜葛的領域。不過在十七世紀，科學跟宗教則密不可分。民眾在新世界發現全新的動植物時，會立刻認為這是上帝創造的生物。發現新物種後，學者會積極了解這些生物的特性。他們相信上帝創造這些動植物，就是要讓人類加以利用，例如做成藥物或是染料等。因此對知識的渴求以及對精神啟迪的追尋，讓學者投入自然哲學的研究。羅伯．波以耳對於天地萬物的本質與廣度特別感興趣，這不僅加深他對自然世界的熱情，更讓他自掏腰包將聖經翻譯成外國語言，讓傳教士帶到其他大陸，向當地原住民傳教。艾薩克．牛頓可說是比其他人更熟悉聖經，因此除了科學研究成果外，他還撰寫不少神學論著。身為天文學者的約翰．佛蘭斯蒂德也同時是一位神職人員。羅伯．虎克之所以會深入探究生物的細微構造，也是希望能發掘神造萬物的精密機制。復辟時期的科學發展會有如此突飛猛進的突破也不令人意外。回顧過去幾世紀就能發現，只要有宗教的動力，人類就能在各項事物有所突破。

促成科學進展的除了宗教因素之外，通力合作也是重要因素。其實這些科學家大可獨立做研究，孤寂地走在追尋真理的路上。不過皇家學會讓優秀的科學家齊聚一堂，共同為科學努力，《自然科學會報》這份雜誌就是他們共同努力的結晶。新穎的點子或發現，絕不是緩慢滲入社會，而是以迅雷不宜掩耳的速度傳播開來。皇家學會就邀請羅伯．虎克每個禮拜到實驗室做實驗，他也順勢成為首位領有薪水的專業研究員。虎克透過實驗展示，將空氣灌進一動也不動的肺中，就能讓小狗維持生命現象。另外他還在小狗身上做了輸血以及皮膚移植等實驗。《自然科學會報》中刊載了數百篇科學發現，科學家自己出版著作分享研究突破與進展。研究成果豐碩的幾位科學家，也變成揚名海內外的大人物。約翰．伊弗林曾說如果有人來到英格蘭旅遊，卻沒有到實驗室拜訪正在工作的羅伯．波以耳，那就是「錯過我國最珍貴的資產」。[87]虎克在一六六五年出版《顯微圖譜》（*Micrographia*）後，也成為家喻戶曉的科學家。在這本著作中，虎克將顯微鏡下的影像轉化成精美的插畫，讓民眾更熟悉日常接觸的物品以及動植物。你一定看過長十八英寸的跳蚤圖像，還有小蚊子、寄生蟲以及蒼蠅眼睛的精緻版畫。而約翰．佛蘭斯蒂德和愛德蒙．哈雷等天文學家，則讓民眾了解原來外太空還有成千上萬顆肉眼看不到的星星。艾薩克．牛頓發表數篇關於光學的論文之後，名聲就遠播海外，後來出版的《自然哲學的數學原理》更讓他家喻戶曉。全英格蘭沒有人不認識這幾位學者，他們甚至受歡迎到被劇作家寫成作品中的角色。就算你不是自然哲學家，也不可能對此時的科學發展一無所知。

這場科學革命（Scientific Revolntion，這個詞彙是後來的史學家所賦予）主要以倫敦為中心。在這個時期，許多重要的思想哲學家來自歐洲大陸，像哥特佛萊德．萊布尼茲（Gottfried Leibniz）、克里斯蒂安．惠更斯（Christiaan Huygens）以及雅各布．白努利（Jakob Bernoulli）。雖然其他國家也有學者在研究上有重大突破、提出新穎的見解，但科學革命的重鎮還是倫敦。其中一個原因，是因為皇家學會就在倫敦，另外就是有許多製造儀器的工匠都聚集在倫敦。如果要買顯微鏡、望遠鏡、溫度計、氣壓計或是時鐘，絕對要來倫敦。如果你是製造上述器材的師傅，那也絕對要到倫敦做生意，因為這裡的民眾願意付錢購買這些精密的儀器。

因為科學的進展，精密儀器需求漸增，順利在這股潮流中聲勢鵲起的就屬湯瑪斯．湯皮恩。被譽為英格蘭鐘錶之父的湯皮恩，誕生於貝德福郡的某個打鐵舖。一六六〇年左右，湯皮恩搬到倫敦學習鐘錶製造技藝，這實在是個絕妙的時機。一六五七年，荷蘭數學家克里斯蒂安·惠更斯（Christiaan Huygens）發明了第一座擺鐘，後來立刻被抄襲得一塌糊塗。在這股風潮中，湯皮恩製作的擺鐘品質無人能敵。一六七五年，惠更斯去信皇家學院，宣告自己發明了一款具有平衡彈簧的手錶。羅伯·虎克立刻跟查理二世抱怨，表示自己十五年前就有相同的構想了。國王馬上下令，要湯皮恩照著虎克的設計把錶做出來。隔年要替新建的皇家觀測站（Royal Observatory）尋找製造精密時鐘的師傅時，湯皮恩順勢成為最佳人選。湯皮恩打造了一款鐘擺長十三英尺的時鐘，這款時鐘結構精細縝密，只需上一次發條，時鐘就能運轉一整年，就算受到損傷也能照常運轉。在鐘擺問世不到二十年內就能有如此的準確度（一天誤差兩秒以內），實在是非常了不起的成就。此後，湯皮恩的製鐘生意便蒸蒸日上。他聘請數十名學徒以及技工，專門生產精密的計時儀器。在他分工縝密的工廠中，總共有六組負責製造不同鐘錶的團隊，像是手錶（一六八一年開始）、彈簧鐘（一六八二年）、重力鐘（一六八二）、打簧表（一六八八年）、鬧鐘（一六九二年）以及具有特製丁字輪結構的手錶（一六九五年）。另外湯皮恩也持續替天文學家製造專業的計時儀器，同時接受歐洲皇室的委託，以精湛技術打造氣壓計以及時鐘。[88]

另外從住家中的機械以及各項儀器，就能明顯看出科技的發展。佩皮斯家中就購置了時鐘、溫度計、顯微鏡、望遠鏡、計算金錢的儀器以及比例繪圖器（一種能以原尺寸複製圖像的儀器）。如果家中負擔不起這些先進的器材，到外頭走走，也能在公共空間看見新穎的設備。假如你在一六六〇年十月左右行經聖詹姆斯公園，會看見一系列的汲水裝置，例如勞夫·葛托瑞斯設計的阿基米德式（Archimedes）螺旋抽水機。[89]賽謬爾·莫蘭（Samuel Morland）在一六八一年，成功將水抽到高六十英尺的溫莎城堡上。而在莫蘭位於倫敦大羅素街（Great Russell Street）的店鋪中，也有許多實用的小型器材，適用於礦坑、住家、船隻、水井、排水溝渠、花園灑水裝置以及飲用水幫浦。莫蘭更發明了一款傳聲筒或揚聲器，能讓人聲傳送一英里遠。[90]十七世紀末期，湯姆士·塞維利（Thomas Savery）這名來自德文郡的紳士，發明一款能將水抽出礦坑的蒸汽引擎。這部引擎在一六九八年獲得專利，隔年皇家學會的會員也親眼見證這部機器的運作模式。

這群科學家與工程師的熱忱與投入，讓他們得以破除人類數世紀以來面臨的束縛。他們無畏無懼，不斷締造新紀錄。成功在小狗身上輸血後，科學家開始想把這個手法運用在人體上。皇家學會徵召了一位名叫亞瑟·柯佳（Arthur Coga）的紳士，將綿羊的血液灌輸到他體內，手術結束後他仍然生龍活虎。皇家學會告訴查理二世他們要測定空氣的重量時，國王整個人笑到不可遏止。不過虎克還是著手測量，他發現一百一十九品脫的空氣重量為二又八分之一盎司，這距離正確數值（略高於三品脫）已非常接近。[91]一六九一年四月，某艘載滿黃金與象牙的船隻在英格蘭南岸沉沒時，艾德蒙·哈雷設計了一款新的潛水裝，讓政府派人下海搶救船隻與珍貴的財貨。飛行則是另一個科學家不願放棄、屢次嘗試的主題。虎克試圖以火藥作為飛行動力，更設計了能穿戴在身上的機械翅膀。如果要他談論關於飛行的話題，可能會冗長到令你昏昏欲睡。這群科學家什麼領域都涉足了，唯一沒有探究的就是遠古年代。大家仍深信世界是在公元前四千零四年的十月二十三日黃昏前形成的，這個時間點是由大主教詹姆斯·烏雪（Bishop Ussher）推算而出。因此，約翰·柯尼爾斯（John Conyers）在一六七九年，於倫敦某處的大象骨頭旁發現以火石製成的手斧時，大家都認為那頭大象是在公元四十三年，由羅馬皇帝克勞狄一世（Emperor Clandins）帶進英格蘭，後來被某位早期的英國人給屠殺。不然大象要怎麼渡海來到英格蘭呢？[92]從來沒人想過那把手斧已有三十五萬年的歷史，而且大象根本是在英格蘭土生土長的動物。

而思維模式上最大的突破，是科學家開始認為一切事物都能夠量化。牛頓用透鏡以及平滑的玻璃，精確測出一縷空氣的深度是十萬分之一英寸。羅伯·波以耳能夠計算出氣體體積與壓力之間的關係。約翰·佛蘭斯蒂德能推導出彗星的移動軌跡，哈雷則能算出人口的預期壽命，其他科學家也開始量化不同事物進行。量化能給予萬物既定的形象與答案，因此在這個充滿不確定性的世界裡，量化成為民眾的信仰。烏雪大主教對於創世日期的推算，對你來說或許愚蠢至極，但是在這個渴望將一切量化、獲得確定答案的時代脈絡下，這個行為其實可以理解。因此不管對科學的理論或實務來說，量化變成重要根基，數學也在這個時期展現其重要性。後來出現在倫敦的火災保險，就運用不少數學運算。建造大型建築、商船，或是測量土地或街道廣場時，數學也是相當重要的工具。除了具體的事物，民眾也開始對整個社會以及社會上的問題進行評估。一六六二年，約翰·葛蘭特（John Graunt）是第一位試圖估算倫敦真實人口、年齡組成以及其他數值的學者。而他有權有勢的好友威廉·佩諦（William Petty）也接手這份統計工程，在一六七六年出版《政治演算》（*Political Arthithmetick*）。他在書中表示：「與其使用表達相對性、絕對性的字詞或賣弄才智的語彙，我選擇用最真切的數字、重量以及其他度量單位來表達我的見解。之所以會選用這個方式，是因為我長期以來都在鑽研政治演算學，此書即是範本。」[93]就算不是科學家，也能體會復辟時期突飛猛進的統計思維對社會有多大的助益。對現在的我們來說，無論是科技或是社會層面的進步，都奠基於復辟時期的發展之上。

教育

對於探索地球、丈量萬物的渴望，或許會讓你誤以為此時民眾的教育程度也隨之提升，可惜事實並非如此。在科學蓬勃發展的同時，學校的水平並未跟上腳步。學校的教學內容被政府規範限制，再加上那些立意良善的創辦人秉持的保守思想，授課內容完全無法因材施教、因地制宜。許多古老的文法學校只教授希臘文、拉丁文以及希伯來文，數學、化學以及物理卻一概不談。如果碰到有人慶祝鎮上出了一個小天才，他絕對不是在自然哲學方面特別有天賦，通常是因為他從小就精通用來書寫聖經的語言。威廉・沃頓（William Wotton）就是其中一例。伊弗林稱讚沃頓在五歲時，就能閱讀拉丁文、希臘文以及希伯來文，十三歲時又習得阿拉伯文以及亞拉姆語（Aramaic）。[94] 倫敦發生大火時，皇家學會的科學家都激動不已；不過有些老師對此無動於衷，他們這輩子的理想，就是頂著月桂葉花環的榮耀，在攀滿常春藤的陳舊校園裡教聖經語言。

並不是所有人都會上學。假如你的父親是農夫或勞動階級，頂多只會在禮拜天接受神職人員的布道以及教誨而已。如果很幸運地能夠上學唸書，五或六歲之後，會先在規模較小的學校花幾年時間識字，這時使用的教材大多是文字板。在文字版上只有一頁紙張，上頭寫了（或印有）字母表、數字以及主禱文，紙張固定在木框當中，上頭由一張透明的膜所覆蓋。這個字母板的用意，是要讓學童學會辨識、書寫字母與符號。到了七或八歲，理論上已經具備識字能力之後，就要進入下一階段的教育。不過接下來的學習狀況，可能會讓你感覺在復辟英格蘭唸書是件倒霉的事。與其說是到學校受教育，不如說是在那裡接受嚴格的管訓。夏天的時候，男孩必須在一排排硬邦邦的長椅或板凳上，從早上六點坐到傍晚六點（冬天則是早上七點到晚上五點），而且教室完全沒有裝設暖爐。老師會強迫學生像鸚鵡那樣，反覆背誦古舊的文字，表現不好就會慘遭毒打。學校並不鼓勵學生發問，只希望所有人能服膺於傳統。其實皇家學會主打的精神標語「不要輕信別人的話語」（Nullius in Verba），就是想破除對舊觀念的迷思與執著。許多教育改革者都試圖推動更符合實際需求的課綱，不過在他們想像的學術烏托邦中，所有課程最後都還是以拉丁文來教授，完全沒有與時俱進。

你應該會很好奇，怎麼有人把孩子送到冷冰冰的教室裡，被迫用拉丁文交談，還會定時被老師毆打。答案很簡單，因為父母希望小孩能靠教育達到一定的社會地位。像是西敏市的公立學校，在那裡學習用拉丁文、希臘文、希伯來文甚至是阿拉伯文溝通、書寫文章，每年大概就要四十英鎊。[95]另外，像是書寫用具、聖經、紙張還有制服也都要額外付費。學校每年跟家長收取的費用，比絕大多數家庭的年收入來得高。以古希臘文寫作的能力，在宮廷中大概派不上用場（在其他地方更是如此），你當然會質疑花時間、金錢學習這項技能是否值得。不過你學到什麼不是重點，在哪裡上學才是關鍵。出身貧寒的小孩很清楚自己無法跟有錢人平起平坐，享用同樣的教育資源，不管他們再怎麼聰明都不得其門而入。少數能夠獲得贊助的少年，則有辦法免費到文法學校上課，並且以隨從的身分（以類似僕人的身分伴在富家公子身邊）到大學就讀。如果不繼續唸大學的話，許多從文法學校畢業的少年大概在十五歲左右，就會跟著父親學習一技之長或者經商，在接下來的七年間以學徒身分生活。如果你小時候就沒去正統的小學，也沒有接著到文法學校進修的話，另外一種選擇就是慈善學校（如果你是孤兒的話），或是被送到私立寄宿學校。不過在這種機構就讀，即使接受的是正式教育，對未來的身分地位也沒什麼幫助。艾德華．巴洛能自學讀書寫字，實在是令人刮目相看，而且他在印尼的巴塔維亞（Batavia；現在的雅加達）當戰俘時仍持續自學。諷刺的是，英格蘭公立學校的教育環境跟巴塔維亞一樣惡劣。

所以，識字程度跟身分地位緊密相關。幾乎所有頂層大人物、富商以及中間階層都能讀書寫字，不少人還具備三語能力：英語、拉丁文以及法文。如果從學徒當起，後來準備成為工匠或師傅，老闆大多會鼓勵你練習閱讀以及寫作能力。在一六八〇與一六九〇年代，每三個工匠或師傅中有兩個人會寫字。農村地區的識字率就比較低，雖然有一半的自耕農會寫自己的名字，但具有同樣能力的佃農僅四分之一。至於最貧困的底層族群，在英格蘭有能力簽名的僕人僅五分之一，勞工的比例則更低。直到一七〇〇年，全英格蘭的識字率大概是百分之五十五。跟其他歐洲國家相比，英格蘭的教育程度算不錯，但相較於蘇格蘭還是差了一點。加爾文主義的教育傳統，加上全國的教區學校網絡，有百分之六十七的蘇格蘭人有能力簽名。更精確地來說，從一六六〇年到一七〇〇年，蘇格蘭的工匠的識字率從百分之五十提升到八十。一七〇〇年，幾乎有四分之三的蘇格蘭農民會簽名。另外，從一六六〇年到一七〇〇年，會寫自己名字的僕人以及勞工比例，也從十分之一上升為三分之一。[96]

女性的教育程度又是另一回事了。漢娜・沃萊（Hannah Woolley）在《女性介紹》（*Guide to the Female Sex*）中表示：「很多父母忽略了女兒的能力與需求，這點實在令人不滿，我認為應加以譴責。這些父母不讓天資聰穎的女兒受教，反而花錢讓腦袋空空的兒子上大學。」[97]沃萊口中的這些父母，想當然就是那些貴族名門。不過在復辟時期，不管是哪個社會階層，父母都普遍認為對女兒來說，學到某些技能比接受學術訓練來得重要。因此在一六八〇年代，在英格蘭與蘇格蘭分別只有百分之十三和十二的女人有辦法簽名。[98]雖然女性的教育普遍不受重視，但是對於貴族名門而言，「閱讀能力」

和針線活、唱歌、跳舞跟說法語一樣，都被視為女性需要具備的「技能」。約翰．伊弗林的寶貝女兒瑪麗．伊弗林就看得懂法文和義大利文，也飽讀歷史書籍和經典著作，而且她的歌聲出色，還會彈奏大鍵琴。瑪麗的姐姐蘇珊娜對於設計和油畫特別有天賦，拿起針線來也相當靈活。不僅如此，蘇珊娜也通曉法語，能閱讀多數以希臘文或拉丁文書寫的古書文獻。我必須說，女性的受教機會確實有逐步提升。在倫敦、舒茲伯利、里茲以及曼徹斯特，都有專門讓紳士的女兒就讀的學校。不過跟男性的教育狀況相同，女性上學這件事，也同樣深化、鞏固既有的階級差異。即便沒有去上學，還是有辦法請私人教師來家裡上課。如果妳父親有英文版的聖經，也能自己學著識字閱讀。如果實在是不得其門而入，那妳這輩子恐怕無法體會閱讀的樂趣了。有一些專收孤兒的慈善學校也會讓女性就讀，像基督公學（Christ's Hospital）就是其中一例。只不過在這些慈善學校中，男女學生是分開授課，女生只會使用那些「適合女性、讓她們未來成為好妻子的教材」。[99] 畢業後究竟有多少女性能讀書寫字根本不是重點；老實說，有很多男人根本不想讓窮人受教育，甚至認為窮困的女人根本不配讀書寫字。

讓全英格蘭的學校原地踏步的主要因素，也同樣限制了六所英國大學的發展，這六間學校分別是英格蘭的牛津大學、劍橋大學，以及蘇格蘭的聖安德魯斯大學、格拉斯哥大學、亞伯丁大學以及愛丁堡大學。雖然有好幾代的贊助人慷慨解囊，提供學校充足的營運資金，但是在他們的嚴密控管下，學校無法自由運用這些資源。而其他限制學校發展的因素，還有傳統、特權以及終身教職三項因素。一六七六年，劍橋大學十六個學院的其中十四個，是由幾位神學博士所管理。而這所大學共有八名教授，其中有兩位神學教授，剩下的則是法律、醫學、數學、希伯來文、希臘文以及阿拉伯文教授。牛津大學中共有五位欽定教授，專長領域分別是神學、醫學、法律、希伯來文以及希臘文；另外還有教授解剖學、歷史、自然哲學、天文學、幾何學、倫理學以及植物學的一般教職員。[100]而在這些傑出的學術人才當中，只有兩位是皇家學會的成員。幸虧身為皇家學會會員的牛頓與約翰·沃利斯（John Wallis），分別在劍橋大學與牛津大學擔任數學教授與薩維爾幾何學教授，否則這兩所學校跟發生在倫敦的科學革命根本沾不上邊。儘管如此，每年還是各有數千名十四到十七歲的少年到劍橋和牛津大學，花一年的時間學修辭學（教材多是以希臘文和拉丁文寫成的書籍，還有很多神學論著），接著再用兩年時間鑽研亞里斯多德邏輯。而在蘇格蘭的大學，每年新生大約有一百多人。查理二世在一六六八年推動政令，在聖安德魯斯大學設立數學教授一職，此政策廣受好評。首位獲得此教職的詹姆斯·葛蘭姆（James Graham）在一六七三年於校園中成立天文台。不過蘇格蘭的其他大學，則是慢慢才接觸到新興學科。曾在格拉斯哥大學擔任數學與實驗哲學教授的喬治·辛克萊爾（George Sinclair），不僅首創以氣壓計測量礦坑深度，在天文觀察上提出全新見解，也設計潛水鐘，更測量礦坑的各項數據、協助礦坑排水。不過他最知名的著作，卻是一六八五年出版的《發掘撒旦的隱形世界》（*Satan's Invisible World Discovered*）。他在書中列舉巫術、鬼怪哭嚎的案例，也談疑似由惡魔引起的現象，甚至試圖證實這些事件為真。

雖然英格蘭的大學將非英國國教徒的新教徒拒於門外，不過新教徒卻能到蘇格蘭上大學。一六七○年開始，英格蘭的長老會與貴格會信徒能到蘇格蘭的異議學院（Dissenting Academy）就讀，畢業後同樣能獲得學位。這種異議學院是規模較小的高等教育機構，這種學校的老師通常只有一人，而且他還要身兼經營者的角色。通常這些學院的學生不多，學生畢業後會直接申請蘇格蘭的大學，或是到低地國的大學進修，像是萊頓（Leideen）或是烏特勒支（Utrecht）。沒有在英格蘭念大學的丹尼爾·笛福，就是透過這種方式獲得學位的。笛福一開始先在私立寄宿學校就讀，後來被送到位於倫敦北部的異議學院唸書。那所遠近馳名的異議學院位於紐頓格林（Newington Green），校長則是查爾斯・莫頓（Charles Morton）。創立衛理教會（Methodism）的約翰・衛斯理（John Wesley）和查理・衛斯理（Charles Wesley），他們的父親賽謬爾・衛斯理（Samuel Wesley）當年也是在紐頓格林接受莫頓的指導。在這間異議學院裡，所有課程都是以英文進行，授課內容有神學、古典研究、歷史、地理、當代語言、政治學、數學以及自然哲學。學院的實驗室備有空氣泵、溫度計以及數學測量儀器。一般的異議學院每年只會招到六名學生左右，不過莫頓每年卻能吸引五十位青年學子。但好景不常，莫頓的異議學院在經營十年後，就被對此感到不滿的倫敦主教施壓，不幸在一六八五年歇業。莫頓本人在一六八六年移民美國，並在哈佛學院（Havard College）擔任副校長直到退休。[101]不過其他地區的異議學院在往後幾年仍持續招收學生。

悲傷

只要是人類，無論男女都有快樂、悲傷以及其他你我共有的情緒。正如我們在前面章節談到，復辟時期的預期壽命不算長；喪失至親時，他們要如何應付哀慟的情緒？平均來看，復辟時期的父母大約會失去半數左右的子女，無法看著他們健康平安地長大，因此子女離世所帶來的哀戚非常深刻。難道十七世紀的父母對死亡已無動於衷？難道他們甚少感到悲傷？還是他們跟我們一樣，失去摯愛時也會倍感失落？

仔細觀察一對坐在孩子病榻旁邊的父母，會發現小孩死時的年紀，跟父母哀傷的程度成正比。萊夫．喬思林僅出生十天的兒子過世時，他表示這個兒子來到世界上的時間過於短暫，尚未與他產生情感連結，因此沒有感到特別悲痛。而另一名十三個月大的嬰兒離世時，萊夫跟他的妻子也僅是略感不捨。不過他們八歲大的女兒瑪麗逝世時，萊夫整個人都被悲傷的情緒給淹沒。他寫道：

> 她是個珍貴的孩子，她無比甜美，帶來源源不絕的生命力。她的價值無以衡量，不僅充滿智慧、知識豐富，聰明靈巧，言談舉止也幾乎像個穩重成熟的女性，是上帝賜予的贈禮……上帝啊，能從你手中獲得這個孩子我感激不盡……她活著的時候受眾人喜愛，離世時大家都悲痛不已。陪在我身邊時，她帶來許多甜美的感受，而這些感受未來也會在我心頭盤踞不去。[102]

超過兩歲或三歲的孩子死亡時，父母會悲傷到心神錯亂；出生不久的嬰兒離世時爸媽只會淡然接受事實。這種情緒的差異也印證在約翰．伊弗林身上。他最年幼、七個月大的兒子逝世時，就在日記裡寫了一篇短文：「上帝的安排令我們感到遭受折磨，今天早上他將我最年幼的兒子喬治帶走。這七個禮拜以來，喬治由保姆撫養，也慢慢開始要長牙，但最後卻成為一具浮腫的屍體。上帝神聖的旨意定會一一應驗！」而伊弗林五歲大的兒子死於流感時，他的悲痛則顯著得多。醫生曾千交代萬交代，要伊弗林把孩子的手放在棉被底下，所以兒子臨終前雙手並未交疊擺放，伊弗林還為此禱告、徵詢上帝寬恕。伊弗林寫了好長一篇日記悼念兒子，他還在文末表示：「我生命的喜悅就此畫上句點。」我們在前段提過他那多才多藝的女兒瑪麗，而瑪麗在八歲驟逝時，伊弗林心中的傷痛根本無以言喻。他在日記中寫了一頁又一頁悼念文，讀來甚感哀戚：

> 她在十四日（一六八五年三月）離世，給親人以及認識她的朋友留下無限的憂傷與哀痛……瑪麗討人喜歡的個性，帶給我們多少歡笑與喜悅，如今她離開了，我該說什麼？還是沉默不語吧。瑪麗從來不驕傲自恃，連家中性格最粗鄙的僕人也對她相當尊敬……噢我親愛的孩子啊，像我這樣心如刀割的父親，要如何心甘情願、不帶一絲憂傷地讓如此完美、討喜的妳離開！妳對我的情感、敬愛以及崇敬之心，對我來說不僅代表了父女之情，更像是摯友之間的情誼。母親對妳投以無微不至的呵護，更以身作則，作妳的榜樣，妳對他的情感也無以言喻……妳就這樣離開，她又有多失落呢！妳的離去讓我們頹喪不已！直到我們離世的那一天，也會帶著妳留下的回憶一同入土。[103]

如果換作是少年少女過世，親朋好友內心的痛苦則難以衡量；特別是那些在生產過程中喪命的年輕婦女，更是讓家人感到心如刀割。這個時候你一定會想，在殘忍無比的復辟社會中，暴力事件以及傳染病層出不窮，你幾乎會想要民眾別把生離死別看得太重。但事實上，復辟時期的英國人就跟我們一樣，既脆弱又容易心碎。

幽默

要是你一點幽默感也沒有，在復辟英國可是會活得很痛苦。為了讓聊天氣氛活潑一些，講個一、兩個笑話絕對有幫助。請注意，我說的是講笑話，而不是被當成笑話：跟非英國國教的新教徒走在一起就會被當笑話看，所以我不建議你這麼做。而且我也不鼓勵你跟賽謬爾・佩皮斯來往。之所以會這麼說，並不是因為他沒有幽默感，而是他講得笑話一點都不好笑，有的甚至很下流。舉例來說，有個笑話是某位男子佯裝是醫生，要說服一名貞潔的婦女讓他觸摸下體，這個笑話讓佩皮斯笑得樂不可支。另外，某位男子主動幫忙將另一名男子的牡蠣吞掉，以免牡蠣發臭，這種無聊的場面也能讓佩皮斯笑開懷。還有，有一種椅子是只要人一坐上去，就會張開機械手臂把人困住，佩皮斯也覺得這種惡作劇椅有趣好玩。一六六一年四月，不知為何他特別想「找點樂子」。他告訴某位婦人想把她的孩子買下來，還把兩位少年要提去給學校老師的酒拿走，直接喝掉。他還跟派特上尉（Captain Pett）串通，要對外宣稱派特太太肚子裡的孩子是自己的。[104] 對我們調皮搗蛋的賽謬爾來說，任何取笑他人無知行為的舉動或逗弄別人的行徑，都帶有無窮樂趣。祝福他哪天能成熟一些。佩皮斯有許多可取之處，但缺點也不少；讀完這個段落的你，大概會把他的幽默感歸類在缺點那邊吧。

在農村中，你幾乎能在每間旅館、酒吧、酒館還有各種喝東西的店裡，目睹這些捉弄人的無聊遊戲。內德・沃德（Ned Ward）有一天在倫敦的咖啡屋中，聽某個技巧欠佳的演奏家拉小提琴。這時有兩名水手走進店內，偷偷把掛在火爐牆上的鉤子取下，抓住那位小提琴手，將鉤子放入他褲子後方的狹縫，把他整個人吊起來。全場笑得不停。這位可憐人試圖掙脫、胡亂扭動時，卻不小心摔到地上，在場的人笑的更張狂，「就連我們看到有人踢足球時扭斷脖子，也沒現在這麼好笑。」[105] 你應該心理有數了。復辟時期流行的笑點，就跟許多早年的笑點一樣，對我們二十一世紀的人來說根本是莫名其妙。

如果想聽一些比較慧黠機敏的笑話，絕對不能錯過宮廷中的詩作。這些詩作都以國王和他風流的趣事相關，非常幽默。以下是宮中某位廷臣的作品，內容關於一六六七年，荷蘭人在麥德威（Medway）攻打英格蘭艦隊的事件：

尼祿大帝手中握著豎琴，
看著他的羅馬葬身火海；烈火焚燒，他撥弄琴絃，
而我們偉大的王子，在荷蘭艦隊入侵時，
放任我國艦隊被火焰吞噬；船隊付之一炬，而他翻雲覆雨，
在我軍危急之際，
他只盼在播種之時，烈焰不要燒到他偷歡的床。[106]

另一首更極盡挖苦之能事的詩作，則是出自羅徹斯特伯爵之手的〈查理二世諷刺詩〉（Satire upon Charles II）：

他追求和平，個性彬彬有禮，
他愛己所愛，尤其是翻雲覆雨，
他野心勃勃，卻力有未逮，
他的權柄跟雞巴一樣短小；

他一邊跟這位情婦調情，同時又跟另一位情婦勾搭，
跟弟弟詹姆斯相比，至少還算懂得享受，
可憐的王子！你就跟廷中的弄臣一樣愚蠢。
你恣意享受歡愉，被慾望牽著走。
你是最縱慾放蕩的國王，
是世上最自大、專斷的雞巴。
不管人身安危、法律、信仰，
什麼都敵不過他對屄的熱愛。
他情婦一個換過一個，
好一個歡樂快活、醜聞不斷的可憐國王。[107]

不過，如果想深刻體會這首下流詩的幽默之處，一定要親自目睹羅徹斯特伯爵不小心把這首詩遞給國王時的尷尬場面。

在這個處處是幽默的年代，我也不知到底該選哪個例子作為這個段落的尾聲。不如我就列舉五個好笑的事件作結。這五個案例分別發生在五位不同身分的人身上：有科學家、貴族、女士、放蕩的男人以及一位議會議員。透過這五則案例，我想你大概就能體會復辟時期的幽默為何。

1 皇家學會曾做過一場實驗，主要是將某隻小狗的血抽乾，換到另一條血也被抽乾的狗體內。目睹這

場實驗後，會員都認為如果能把人體內劣質的鮮血換掉，一定對健康大有助益。在場有某位會員就提問，如果把貴格會信徒的血，輸進國教大主教的體內，會發生什麼事？[108]

2 一六六〇年，身為業餘醫生的多爾切斯特侯爵，找自己的女婿羅斯勳爵單挑，揚言要將劍刺進他的頸子。羅斯大人則回應：「陪你耍劍我不怕，要我吃你開的藥我才怕。既然不是逼我吞藥，那有什麼好怕的。」[109]

3 約克公爵詹姆斯（也就是未來的國王詹姆斯二世）想將凱瑟琳·賽德利納為情婦時，凱薩琳非常納悶，不知道公爵到底看上自己哪一點。她說：「我長相平庸，所以顯然不是貪圖我的美色。不過，公爵也不可能是看上我的頭腦，畢竟以他的智力，怎麼可能看得出我的智慧呢。」[110]

4 凱瑟琳·賽德利的父親是查理·賽德利爵士，凱瑟琳是他唯一的婚生女。因此，詹姆斯把凱瑟琳騙上床時，查理並不是太開心。後來登上國王寶座的詹姆斯將凱瑟琳封為多爾切斯特女伯爵時，查理仍然相當不悅。所以，在一六八九年議會舉辦國王選舉時，查理投給威廉三世以及瑪麗，而他的理由是：「詹姆斯二世讓我女兒變成女伯爵，我就讓他女兒當皇后啊。」[111]

5 《政治演算》的作者威廉·佩諦被艾林·博德里克（Aleyn Broderick）下戰帖，因為博德里克不喜歡佩諦對於愛爾蘭的描述。佩諦欣然接受單挑。不過佩諦的視力不好，嚴格來說他算是個瞎子。所以他在接受戰帖時也提出一項條件，就是雙方必須在伸手不見五指的地下室拿斧頭決鬥。[112]

chapter 5 日常生活

無論你身在何時何地，「入境隨俗」這句俗話都相當適用。不過等等，初來乍到復辟時期的你，還不了解此地此時的生活常識。英格蘭人何時跟別國打仗呢？在復辟時期，英格蘭總共打了三場戰役，分別是一六六五年三月到一六六七年七月的第二次荷蘭戰爭（Second Dutch War）、一六七二年四月至一六七四年二月的第三次荷蘭戰爭（Third Dutch War）。第三場仗則是大同盟戰爭（Nine Years' War），到一六八九年三月，這場戰役已經打了一年，而且要直到一六九七年三月才會畫下句點。除非你對於暴力場面特別著迷，或是追求極度刺激，否則我強烈建議不要在上述那三個時期加入海軍。對於平民百姓，又有哪些日常生活中的基本概念需要了解？這個時期的人民使用何種硬幣？要去哪購物？怎麼看時間？復辟時期的各個生活層面，與我們所處的當代社會迥然不同。在這個章節，我們會探討那些常被視為理所當然的基本生活要素。對於生活方式有基本認識後，才能悠遊復辟時期。

天氣

週四凌晨約莫兩三點時，下了一場史上最暴烈的暴雨以及冰雹，狂風也毫不留情地猛颳。此外，天空不斷出現閃電，雷聲不絕於耳，有些人還以為審判日即將降臨。這無疑是場最令人畏懼、史無前例的暴風雨。強勁的狂風將如石頭般的冰雹往窗戶與牆上吹，連熟睡的民眾都驚醒過來。[1]

這段是勞夫·瑟雷斯比在描述一六七八年一月十九日傍晚的天候時寫下的文字，那年他十九歲。對多數人而言，一六六二年二月十八日的「大風」（the Great Wind）是破壞力最強的一場天災，很多倫敦居民都被大風刮下的磁磚擊中身亡。風災過後街上都是「磚頭和磁磚的碎屑、鉛片、帽子、羽毛還有假髮。」而薩托史塔夫人（Lady Saltonstall）的住家也硬生生倒塌，將睡夢中的她活埋。而在英格蘭另一側的狄恩森林（Forest of Dean）也有近三千棵樹被吹斷。[2]

另外一場恐怖程度不相上下的暴風雨，則是發生在一六九〇年一月十一日的颶風。據伊弗林描述：

> 今天這場大風強度前所未見，其中還摻雜大雪，氣候嚴酷，對許多地區造成極大傷害。颶風不僅將房舍和樹木吹垮，還奪走許多人的性命。這場災難大概在凌晨兩點時來臨，直到凌晨五點才逐漸消退。根據航海員的觀測，這類颶風是到近期才往北部侵襲。[3]

除了強烈的颼風，酷寒難耐的低溫可能更令你頭大。在現代英格蘭，年均溫是攝氏九點七度，在一六六〇年代是九度、一六七〇年代為八點六度、一六八〇年代為八點七度，而在一六九〇年代來到八點一度，這無疑是相當寒冷的一段時期。碰到這種極端氣候，最好提前做好準備。在這四十年當中，總共有四個月份的平均溫度來到最低點，分別是一六七四年三月、一六九八年五月、一六九五年七月還有一六九四年九月。[4]此外，你們應該還記得一六七五年那個「完全沒有夏天」的一年，還有一六八三年至一六八四年的「長霜」（Long Frost）。在長霜肆虐的那段時期，總共有三個月的平均溫度來到攝氏負一點二度，這在英格蘭史上仍是最低溫紀錄（來做個對比，現代英格蘭十二月至二月的平均溫度是三點七度）。尤其是在這種惡劣的天氣之下，你才會發現窗戶邊條根本關不密，大門也無法抵擋颼颼的寒風。

日曆

十七世紀晚期，歐洲人使用的日曆分為兩種。其中一種是英格蘭王國使用的儒略曆（Julian Calendar），這種日曆發跡於中世紀。在儒略曆系統中，新年始於報喜節（Lady Day，三月二十五日），每四年就會出現一次閏年，因此在四個世紀中會有一百個閏年。另外一種則是在一五八二年後適用於幾乎整個歐洲大陸的格里曆（Gregorian Calendar，也稱「公曆」），我想大家對於這個比較耳熟能詳。在格里曆的系統中，新年是一月一號，每四個世紀中有九十七個閏年。所以使用儒略曆的英格蘭跟使用格里曆的其他歐洲國家，在日期上會有些微出入。蘇格蘭人跟英格蘭人一樣使用儒略曆，但是其中一項重要的差異，是蘇格蘭將新年定在一月一日，這點跟其他歐洲國家相同。因此，天文學家在彼此核對觀星日期時，要注意自己與其他人在日期紀錄上的差異。假如某學者在一六九一年一月五日當天，在聖安德魯斯（St Andrews）發現了什麼天文事件，那麼在格林威治皇家觀測站的約翰·佛蘭斯蒂德看到同樣天文場景的日期，就會是一六九〇年一月五日，對於在巴黎天文台的喬凡尼·卡西尼則是一六九一年一月十五日。這種日期差異對旅人來說尤其棘手。舉例來說，如果你在一六六八年在巴黎度過聖誕節，接著在聖誕節隔天耗費九天時間來到倫敦，抵達倫敦的那天也會是一六六八年的聖誕節。接著，如果你再花十六天往北走，在你跨越英格蘭與蘇格蘭的國界線時，日期就會從一六六九年一月十二日，變成一六七〇年一月十二日。

另一個更令人困擾的問題是，民眾並不會乖乖遵守同一個曆法系統。有些英格蘭人（例如佩皮斯）會在一月一日慶祝新年，但是對官方來說，三月二十五日才是新年。所以在一月一日至三月二十四日這段期間，有的人會說這是新年，也有人會說這是前一年。所以一六七六年的情人節，他們都寫成一六七五／一六七六年的二月十四日。另外還有更多差異會搞得你頭昏眼花。舉例來說，英國每年最短的一天是哪一天？答案是十二月十日或十一日。一六六七年的復活節是在幾月幾日？答案是四月七日跟三月二十二日。因為當年度是從一六六七年三月二十五日起算，到一六六八年三月二十四日，所以當中剛好有兩個復活節。一六九四年也有兩次復活節，而且更詭異的是一六九四年的復活節過後，緊接著是一六九五年的復活節星期一。

民眾也會記下自己的生日，只不過他們不像我們會大肆慶祝。而且你以為他們不知道自己幾歲，但事實恰好相反。在過去幾世紀，要記得自己的年紀可不容易，尤其是當你只依稀記得母親說你是在前一位國王掌政的第十三年間，聖靈降臨節後的星期三出生時，要推算自己的年齡根本難上加難。但這種狀況已經日漸減少。到了一六六〇年，大家已經熟悉了公元（Anno Domini）紀年的概念，只不過各國的新年日期還是不盡相同。對於占星特別著迷的人，就對自己的生日更執著了。一六六〇年，查理二世在三十歲生日當天駕馬回到倫敦絕對是刻意的安排。至於佩皮斯，他不僅會慶祝自己的生日跟結婚紀念日，還會舉辦晚宴紀念取出膀胱結石的那場手術。當年，這種難度頗高的手術讓很多人命喪手術台。一六六三年，他就宴請八位友人，以高檔的酒食慶祝自己幸運生還。

「聖誕節一年只有一次，就讓我們載歌載舞，歡慶佳節。」保王黨詩人約翰・泰勒（John Taylor）如此寫道，他的用詞和歡欣的情緒，你肯定不會覺得陌生。雖然沒有聖誕樹、聖誕卡、聖誕爆竹或閃亮的裝飾，復辟時期的民眾仍以傳統儀式與歡騰的氣氛來慶祝這個神聖的佳節。大家會在大廳上掛滿冬青以及常春藤，並在爐火中燒著聖誕柴。民眾會祝福彼此幸福快樂，飲酒時也會要大家「盡情暢飲」、「歡迎享用大餐」以及「願上帝與你同在」。在賽倫賽斯特（Cirencester）這樣的小鎮上，會聽到唱詩班在街上吟唱福音歌曲。而在倫敦，唱詩班則會端著祝酒杯（裝有香料麥酒的大碗），[5]挨家挨戶拜訪。有些作風傳統的莊園領主會在大廳提供豪華的晚宴，讓僕人跟佃農大快朵頤。[6]雇主也會將給僕人的「獎賞」放在盒子裡，這也是「節禮日」（Boxing Day）的由來，而每戶人家的父親也會給孩子小禮物。在聖誕節的這十二天內，民眾會遵照傳統習俗來過生活。為了趕走過去一年來的不順遂與憂愁，民眾會玩遊戲、彈奏音樂、跳舞，還會享用佳餚美酒。英式肉餡餅、火雞以及李子燕麥粥成為聖誕節不可或缺的菜餚。不過請留意，復辟時期的肉餡餅可能會跟你的想像有所出入。這個時期的民眾會在餅中加入雞肉、蛋、糖、葡萄乾、檸檬皮、橘子皮、香料以及牛舌。[7]

這些歡慶佳節的心意、唱聖誕讚美詩、火雞大餐還有肉餡餅，都是深受復辟時期民眾喜愛的習俗，其實箇中原因很好理解：早期清教徒禁止民眾慶祝聖誕節。所有慶典儀式都被禁止！清教徒主張聖經中並沒有提到聖誕節，他們認為這是來自天主教的傳統。你八成會以為在聖誕節當天，清教徒會恪守宗教儀式，實際上他們巴不得跟聖誕節劃清界線。神學作家認為耶穌基督降臨的日期並未記載於聖經中，所以聖誕節必然是天主教會的發明。[8]牧師不能在聖誕節當天布道，商店也必須照常營業。雖然現在聽來很荒誕，但是在一六五〇年代，在十二月吃肉餡餅、李子粥或豬肉凍都被視為迷信的行徑。可想而知，民眾非常抗拒這種清教徒式的作風，他們開始將這系列被禁止的歡慶儀式擬人化，想像出所謂的「聖誕老人」（Old Father Christmas）。留著雪白鬍鬚的聖誕老人生平沒有犯下任何罪過，但卻接受嚴厲的審訊。不過現在聖誕老人重回民眾的生活，在歡慶聖誕節的十二天當中，你也可以盡情享用肉餡餅。不僅如此，就算你想用冬青以及常春藤妝點教堂以及住家也沒有人會管你。民眾也能大口吃著以迷迭香調味的烤牛肉，玩牌喝酒，帶著老鷹外出狩獵，將現金、禮物以及裝著贈禮的箱子送給孩童、僕人以及學徒，或是維持傳統習俗，送給親朋好友幾隻閹割過的公雞。以上這些歡慶的儀式，在共和時期都被嚴厲禁止。[9]

從傳統的角度來看，聖瓦倫丁日（St Valentine's Day）是小鳥擇偶的日子，所以這天具有訂婚的意涵。就連已婚的人也能選擇情人，而且對方還不一定是他的配偶。這個活動很簡單，你只要挑選另外一個人即可，不過除非你選的是自己的配偶，否則這個遊戲風險很高。如果不選自己的配偶，你跟朋友可以把彼此的名字寫在依性別區分顏色的紙上，然後把紙條丟進帽子裡，接著從帽中抽選紙條。另一種玩法，就是將二月十四日早晨第一個看見的異性當成情人（除了家人或僕人之外）。一六六二年，伊莉莎白．佩皮斯一大早就得閉著眼睛，否則會看到在外頭走動的男性工人。在這天，男性要買禮物給自己的情人，女人也希望第一位映入眼簾的是俊俏的白馬王子。法蘭西斯．史都華就很幸運，她在一六八八年的情人節收到來自約克公爵的珠寶，價值高達八百英鎊。[10]

比起在二十一世紀，焰火節（Gunpowder Plot Day，十一月五日）的地位在復辟時期更為重要。在這天，所有商店都關上大門，教會也會舉辦特別的禮拜儀式。在教堂中聽牧師宣道的民眾，能聽到發生在一六〇五年，整個王國從蓋．福克斯（Guy Fawkes）與天主教陰謀者手中掙脫的歷史。既然這天叫焰火節，民眾上街遊行、升起篝火也是可想而知的儀式。不過來到一六七〇年代，一六七〇年代末，在信奉天主教的約克伯爵即將繼位，所以焰火節也順勢成為抗議遊行的最佳時機。民眾開始擔心民眾對天主教陰謀的恐懼來到頂點時，提圖斯．奧茲被打扮成教皇，並且跟一群活貓一起被放在篝火上活活燒死。[11]詹姆斯二世成為國王後，曾徒勞地試圖禁止這種殘忍的儀式，不過一六八八年十一月五號，信奉新教的威廉三世就在德文郡登陸，推翻詹姆斯二世政權。現在新教徒有兩個理由可以慶祝十一月五日，因為英格蘭在這天兩度被上帝從天主教徒的手中救出，因此歡慶儀式也要加倍！如果要造訪英格蘭，十一月五日會是個不錯的選擇。不過如果你是天主教徒或是隻貓，那可就另當別論。

報時

你可能會以為看時間是個沒有時代限制的行為，不過就是兩根指針，十二個數字，有什麼大不了的？如果每個時鐘上真的都有兩根指針，那倒是沒什麼困難，不過在復辟時期，多數落地式大擺鐘都只有一根時針。另外，教堂的時鐘還有農村屋舍的塔鐘甚至沒有鐘面，只會在整點時敲鐘。很多人仍然使用日晷，還有那種能調整誤差的口袋型日晷。那些出自倫敦頂尖工匠之手的落地式擺鐘就有時針與分針，而那些由湯皮恩設計的精緻時鐘更能顯示今天是星期幾。大多數的錶確實有時針與分針，不過這個時期民眾使用的是掛著鏈帶或繩子的懷錶，手錶尚未問世。

時鐘並不是便宜的玩意兒。在一六七〇年代，一個標準規格的時鐘的二手價約為兩英鎊，跟普通工匠製作的時鐘價格相仿。[12]彌松先生在一六九七年完成英格蘭之旅後，表示時鐘在英格蘭還是相對少見，不過幾乎所有人都有懷錶。湯皮恩的工作室生產五千多只懷錶，但時鐘卻只有六百五十個。[13]民眾幾乎還是要依賴教堂鐘塔的鐘聲，或是仰賴夜裡在街道上搖著手鈴報時的「鳴鐘者」。一六六〇年一月十六日，佩皮斯在日記裡表示自己在熬夜的時候，「鳴鐘者剛好經過窗外，我正巧寫下這行字，那男子喊道：『凌晨一點，今天清晨好冷、好凍，風好大。』」[14]教堂的鐘塔在夜裡也會繼續報時。如果你凌晨四點就要開始工作，很可能就會聽到本地教區的教堂鐘塔催促的鐘聲。

凌晨四點開始工作？沒錯，這就是復辟時期某部分人的生活，在夏天尤其是如此。不僅麵包烘焙師或市場商家必須在四點上工，某些行業也是如此。是否有充足日光，決定民眾是否能外出工作。像是在六、七、八月，佩皮斯就常在凌晨四點到辦公室上班，而在五月和九月則是凌晨五點開始工作。相反，在冬天他有時候會睡到早上八點。[15]一心想長途跋涉的旅人也會借助夏季日光趕路。在夏天，查理國王就會在凌晨四點從紐馬克出發回倫敦。如果佩皮斯需要長途趕路，他就會在凌晨三點左右起床。[16]勞夫．瑟雷斯比的自制力更強，就算在冬天他還是能早起。一六八〇年十一月，他下定決心要「在時鐘內裝鬧鈴，把時鐘架在床頭，每天早上五點起床」。而他早起的目的，是為了有充足的時間禱告、讀聖經。[17]如果負擔得起，你也可購入由湯皮恩設計、內建鬧鐘的時鐘。

至於睡覺時間，很多人會在晚上十一點上床休息。在夏天，民眾通常在九點就上床睡覺，如果有人預計在凌晨四點起床的話，就會更早就寢。詩人約翰・彌爾頓就九點就寢、四點起床，而且每天四點半就有專人對他誦讀希伯來聖經。[18]當然，還是有人屬於夜貓子或喜歡在夜裡遊手好閒。佩皮斯有時候就會熬到凌晨。三文治勳爵在一六六〇年跟國王共進晚餐後，在外頭閒晃了好一陣子，直到凌晨五點才回家、早上十一點才上床睡覺，[19]很多旅人或民眾早在七個小時前就起床了。

語言

從我們提到的日記作家所使用的英文裡，你就能發現，在英格蘭聽到的語言並不陌生。對你來說，一五〇〇年的英語會有點難懂，但到了一六六〇年就比較好理解，這要歸因於威廉・廷代爾（William Tyndale）在一五二〇與一五三〇年代初期的聖經翻譯工程，統一了民眾所使用的英語。在聖公會（Anglican church）所使用的聖經中，有超過四分之三就是由廷代爾翻譯而成，這個版本後來也被稱為欽定版聖經（King James Version）。因此，廷代爾使用的句構以及語法措辭，長久地影響了英語。[20]不過你在街上聽到的英文跟現代英文就有些差異。舉例來說，某些動詞過去式的型態就不一樣，我們現在使用的「rose」（起身）在當時是「ris」、「dared」（膽敢）在當時是「durst」、「caught」（抓）在當時是「ketched」，而「drowned」（淹沒）在當時是「drownded」。而「thee」、「thou」、「ye」（三者都是指「你」）這些人稱代名詞也相當常見。至於拼字，有些單字還沒有轉變成我們現在使用的拼法，像是「ambassadors」（大使）當時是「imbassadors」和「embassadors」，「pensions」（津貼）拼成「pentions」、「stationers」（文具商）拼成「stacioners」。外來字的拼法則參考其發音，所以倫敦人可能會將柯芬園裡的廣場稱為「piatzza」。而「has」與「does」這兩個字，在復辟時期仍採用舊式拼法「hath」以及「doth」，不過其他以「th」作為字尾的古字已經越來越少人使用。

在復辟時期，某些字詞的意涵也與現代用法不盡相同。有時候你以為自己完全理解另一人說的話，但事實上你以為的意思跟對方的本意相差十萬八千里。舉例來說，在十七世紀，「discover」（在現代指「發現」）的意思其實是「uncover」或「reveal」（揭發）。所以假如我說：「The bishop discovered me in bed with his sister」（以現代英文來解讀，意思為「主教發現我跟他的妹妹同床共枕」），我指的並不是主教把床單掀開後，驚訝地發現我跟他的妹妹有染，而是說主教把我們私通的事公諸於世。在下一頁的列表中，我們再舉出幾則字詞意涵有所更動的例子。

所以在復辟時期是很容易出糗的。佩皮斯在描述海軍首長派特的女兒時，表示：「a very comely black woman」（字面解讀：外型姣好的黑人女性），其實他的意思是她容貌姣好，又有一頭烏黑的秀髮，不是說她的膚色黝黑。如果佩皮斯的意思是後者，那他就會選用「negress」或「blackamoor」這兩個字。不過，在某些語境之下，民眾確實會用「black」這個字來形容種族。談到語言，文字的意思有時候本來就要依照使用的語境以及文化來判定。

碰到艱澀難懂的字詞，十七世紀末的民眾比他們的祖先還輕鬆許多，因為這時已有品質不錯的字典能從旁協助。字典的雛形其實是一份將所有難字列出的清單，其中只有非常簡略的解釋。後來湯瑪斯・布朗特（Thomas Blount）編纂的字典《詞集》終於問世（初版於一六五六年問世，第二版則在一

復辟時期用語	現代英語意涵
She hath a fine carriage （字面解讀：她有一輛不錯的馬車。）	你可能會以為說話者是在討論那位小姐的交通方式。不過請停下來想一想，對方的意思其實是：她舞姿曼妙（或她走路姿態曼妙）。
His third sermon was his most painful （字面解讀：第三次布道最讓他痛苦。）	我可以猜到你們在想什麼。坐在木椅上聽牧師講道三小時，屁股一定痛得不得了。不過這句話的意思是：「聽牧師第三輪布道時，他最專注投入。」
He read my book with great affection （字面解讀：他深情地讀著我的書。）	你們腦中一定在想像某位男子深情地愛撫一本書。不是這樣的，這句話的意思是：「他仔細讀著我的書。」
The beer there is rarely good （字面解讀：那邊的啤酒差強人意。）	如果在現代，有人對某間酒館的啤酒下此評價，我一定會敬而遠之。不過在復辟時期，這其實是稱讚，意思是：「那邊的啤酒品質無人能敵。」
I lost my wig in my toilet （字面解讀：我的假髮掉在廁所。）	這句話指的不是假髮掉進馬桶，而是：「我在換衣服的時候假髮掉下來。」
Mr Pepys is a most effeminate man （字面解讀：佩皮斯先生是個大娘娘腔。）	是啦，這句話一點也沒錯。在復辟時期，「effeminate」這個字的意思是「沉迷女色」。
She is licensed to be a badger （字面解讀：她具有當獾的許可證。）	這裡指的是她有權在市場上購買日常用品，再轉賣賺取利潤。
She is the meanest woman I ever met （字面解讀：她是我碰過個性最差的女人。）	這句話的意思不是指她性格惡劣，而是：「她是我碰過最窮的女人。」
The dancing was interrupted by divers who had not been invited （字面解讀：那些未受邀的潛水員突然打斷整場舞會。）	這跟穿著潛水裝的人毫無關係，這句話的意思是：「不少未受邀請的人出現之後，舞會就突然中斷。」
His schoolmaster tells me that my grandson is the most pregnant boy he has ever met （字面解讀：學校教師說我的孫子是他碰過懷孕跡象最顯著的男孩。）	這是伊弗林在日記中寫下的一段話，不過他談的並不是什麼醫學奇蹟，教師的意思是指他的孫子「非常有潛力。」

六六一年出版）。布朗特跟先前編字典的前輩一樣，搜集自己在各專業領域碰到的術語，如法律、科學、音樂、建築、數學等範疇，再賦予這些詞彙定義。另外，他也納入許多民眾日常生活用語，像是咖啡（coffee）、巧克力（chocolate）、布匹（drapery）、蛋捲（omelette）、陽台（balcony）等詞。他總共編了一萬一千多個英文字，並說明這些字詞的來源，順勢開拓辭典學這條道路。

雖然後來出版的許多字典都更複雜詳盡，但全都奠基於《詞集》這部字典之上，其中最令人讚嘆的是愛德華．菲利普斯（Edward Phillips）編纂的《英語詞彙新世界》（*New World of English Words*，一六六二年出版）。這部共有五冊的字典，記載地名、人名、歐洲與早期歷史上的重要人物，其中也有詞彙的定義與解釋。這本字典告訴讀者每個字詞是從哪個語言而來，像是希伯來文、阿拉伯文、亞拉姆語、希臘文、拉丁文、義大利文、法文、西班牙文、愛爾蘭蓋爾語（Gaelic）、荷蘭文以及撒克遜語（Saxon）。字典中也針對較古舊的用語進行解釋，像是讀者能在書中發現「myriad」是來自希臘文，原意是「一萬」；「molar」這個代表臼齒的字，是來自拉丁文，原意是磨坊。而「muricide」（在拉丁文裡指的是殺老鼠的人）是膽小如鼠的人；「mixen」則是糞便或糞堆的古字。

走遍大不列顛島，會發現民眾說話的方式不盡相同。各地方言一定會把你搞得一頭霧水，完全聽不懂對方在說什麼。舉例來說，德文郡農村地區民眾說話時使用的詞彙，在菲利普斯和布朗特的字典中都被歸類為古舊的用語。像是「muxy」這個字跟前面提過的「mixen」相關，德文郡的民眾都用這個字來指涉滿是泥濘的小徑。而在康沃爾郡的最西邊，在法爾河（Fal）口的底端，你還是會聽到所謂的康沃爾語。這種語言是布立吞（Brythonic）蓋爾語，跟威爾斯語相似，反而跟英文相差十萬八千里。最後一次有牧師用康沃爾語布道，是在一六七八年的拉德維德內克地區（Landewednack），此後康沃爾地區的民眾幾乎也都會說英語，只懂康沃爾語的人所剩無幾。[21]不過在威爾斯以及蘇格蘭地區，威爾斯語以及蘇格蘭蓋爾語仍然是強勢語言。芬尼斯曾表示在舒茲伯利的市場上，能聽到身邊的人都操著威爾斯語，彷彿置身威爾斯一般。[22]在一六六〇年之前，大約有一百本書是以威爾斯語印刷出版，此後每年也約有七到八本以威爾斯語撰寫的著作。相較之下，市面上根本找不到以康沃爾語出版的書籍。雖然以蓋爾語出版的著作也是少之又少，但在高地上有將近二十萬人是以蓋爾語為日常用語，顯然當地講英語的人口不多。就算能跟當地人以英語交談，他們的英語還是夾雜許多蘇格蘭方言，以及帶有濃厚的蘇格蘭口音，只有當地人才聽得懂他們在說什麼。[23]

多數受過良好教育的英格蘭人懂一點法語，只是大部分都講得不怎麼流利，從外地來到英格蘭的民眾幾乎都不會講英語，這點跟我們所處的二十一世紀迥然不同。曾經進行壯遊的紳士也都會說些義大利文和西班牙文，所以這兩個語言在英格蘭也相當常見。有受教育和沒受教育的族群之間，最主要的差異就是語言能力，所以有時候紳士們在討論私事的時候會用法文，以免被僕人偷聽。三文治勳爵跟佩皮斯在討論約克公爵跟安妮·海德的風流韻事時，用的語言就是法語。[24]另外，拉丁文也被當成是一種較高等的語言，許多科學書籍或學術著作為了要吸引更多外國讀者，會選擇以拉丁文書寫。不過拉丁文僅流行於書寫與閱讀，能以流利拉丁文對談的人可是少之又少。但實際上，拉丁文不像某些人想像的那麼通用：英格蘭人在發拉丁文的音時，跟其他歐洲國家的民眾不同。馬加洛堤就提到，一六六九年科西莫三世造訪劍橋大學時，所有教授跟學校的領導人都出來迎接。大公被領進議會大樓，以尊榮的身分坐在偌大的長桌前，所有高官都與他保持一定距離以示尊敬，現場也有一位備受敬重的教授以拉丁文朗誦歡迎詞。那位教授一開口，所有義大利人都一臉狐疑，因為他的腔調過重，聽起來就像英文一樣，對義大利人來說都是無法理解的外語。[25]

溝通與書寫

寫信就跟看時間一樣，有可能把你搞得滿頭問號。信要用什麼筆寫？要寫在什麼東西上？另外，要使用哪一種字體？信寫完之後又要拿去哪裡寄？你會發現民眾在書寫時，會依照不同目的而選用不同材料。如果他們只是做筆記、寫個短信、記帳或者寫備忘錄，他們就會使用紙張。當然囉，依照不同的需求也要選用不同品質的紙。比較精緻的白色紙張每二十刀要六先令八便士，比較粗糙的紙張每二十刀則是兩先令。[26] 如果要寫法律文件或需長時間保存的文件，像是教區的出生證明以及租賃合約，民眾就會選用上等皮紙。這種上等皮紙通常是以經過特殊處理的羊皮製成。如果保持乾燥、不被老鼠啃食的話能保存數千年。至於寫字的筆也有多種選擇，像是鵝毛筆、鋼筆、鉛筆或者是金屬筆。上等鵝毛筆是選用鵝或天鵝的飛羽所製成。只要在鵝毛筆的筆尖剪一個小洞，就能從墨水瓶中吸取墨水，碰到紙張時墨水就會在附著在紙上。金屬筆也是同樣的道理，許多畫家會用金屬筆來繪製精美的畫作。不過你很快就會發現，筆尖很容易就會沾取過多的墨水，導致紙張溼答答、留下墨漬甚至讓紙張破裂。復辟時期的鉛筆跟現今的鉛筆頗為相似，都是在木頭中嵌入石墨條，只不過復辟時期的鉛筆橫截面是橢圓形。而鋼筆在此時期還是相對新穎的發明，所以還不甚實用。不過對新鮮事物總是感到好奇的佩皮斯，在一六六三年八月就收到一組附有墨水的銀製鋼筆。[27]

字體的選擇可就多了。多數印刷品的字體都以「斜體」（italic）呈現。對於斜體，你們一定不陌生，我這本書的英文字體就是採斜體印刷（不論有沒有斜向一邊〔slanted〕，都一樣）。復辟時期的斜體與現代的差別，只在當時「u」跟「v」用的是同一個字（通常「v」會出現在字詞開頭，而「u」則在字的中間）；「i」跟「j」這兩個字母會交替使用，而「s」的形狀則被拉長，看起來像是中間沒有一槓的「f」一樣。另一種看起來像是天書的字體是所謂的「書記體」（secretary hand）。這種字體不會出現在印刷品中，只會在手寫時使用。書記體就是將所有字母連成一氣的草書，書寫時筆完全無需離開紙面（理論上），寫起來速度也會比較快。許多字母的形狀與現在的字體長得不一樣，大小寫皆然，所以第一眼望去的時候會有些摸不著頭緒，但很快就會習慣。其中最難辨別的就屬速記字體（shorthand，或稱速記法〔tachygraphy〕），民眾如需在短時間內寫字，就會運用這種字體。這種字體跟湯瑪斯．薛爾頓（Thomas Shelton）創造的系統類似，能用簡單的一個符號代表一串字詞，所以看起來跟常見的書寫文字大相徑庭。很多人都看不懂速寫體，這也是佩皮斯選擇用速寫體寫日記的原因。透過這種方式，他才能在日記中記下那些精彩刺激的生活細節，同時不被妻子和僕人揭穿。

所以現在你寫好一封信了，然後呢？首先，不用費心找信封了，信封在復辟時期還沒出現。你只要把信紙摺好，將收件人地址和姓名寫在信紙外側，接著再用封口蠟將信黏起來，如果有印戒的話還可以在蠟上蓋個章。如果你住在倫敦，只要把信拿去郵政總局（General Letter Office）即可。郵政總局位在針線街（Threadneedle Street）上，位置差不多就在今天的英格蘭銀行（Bank of England）附近。經過倫敦大火後，郵政總局在一六七八年移到臨時搭建的新址，位在朗伯德街（Lombard Street）上。你可以將信交給「玻璃窗後的專員」，再支付郵票的資費。只要付兩便士，就能將只有一頁的一封信送往八十英里內的其他地區，如果要將投遞範圍往外擴充八十英里，總共也只要付三便士。如果寄兩頁的信，當然費用就變成兩倍、三頁的信為三倍，以此類推。一六六一年起，每一封信都會被標上投遞日期，並放置於準備投遞的布袋中。除了星期六之外，郵差每天都會將郵件與包裹送往肯特郡，而送往不列顛群島其他地區的郵件，則會固定在週二、週四以及週六收件，再進行投遞。[28]

英格蘭郵政系統的複雜與精細程度令人咋舌。在郵政總局，總共有五十位職員專門將郵件分類，當中還不包括那些在窗口收件的人員。送信的男孩騎著馬，迅速在六條主要路線上日以繼夜來回穿梭，讓信件能在二十四小時內送至一百二十英里遠的地方。[29]各地區的送信員收到來自倫敦的信件後，再依照地址送往收件人住處。如果你在週一寫了一封信給國內遙遠地區的友人，搞不好週末就能拿到回信。此外，郵件與包裹的資費是全國統一，所以無論你身在何處，只要拿到郵政單位就能投遞。一六七六年，大不列顛島上總共有一百八十二間郵局，幾乎所有主要城鎮都設有郵政單位。光是在倫敦，就有五百個可供收件的建築或是店鋪，只要將信件或包裹拿到這些地方，店主就會替你把信轉交至郵政總局。這些代收信件的處所地址都會在報紙上公告。

一六八三年起，倫敦還提供一項額外的郵政服務，也就是由威廉·杜克瓦（William Dockwra）設計的一便士郵政制（Penny Post）。如果你手上有一封要寄到倫敦其他地區的信件或包裹，重量剛好不超過一磅的話，就能把信件拿到倫敦境內六個信件分類站的其中一處投遞，而且完全無需付費，只不過收件人需要支付一便士。每兩小時，郵政單位就會收集並投遞一便士郵政制的信件以及包裹，只有週日停止服務。透過這種制度，你每天也能寄兩次信到倫敦郊區。如果需要寄信至鄉間，距離與倫敦不超過十英里的話（可達一百四十八個城鎮與村莊），寄件人的每封信件需要付一便士，收件人也得付一便士。彌松先生對此感到讚嘆，還說為什麼其他大城市不效法這項制度。其他作家也同意英格

倫敦郵政服務

收件地區或投遞路徑	一封信的資費（每頁）	包裹資費（每盎司）	送件日
英格蘭與威爾斯	八十英里內兩便士；超過八十英里為三便士	八十英里內八便士；超過八十英里一先令	週二、週四、週六
蘇格蘭	四便士	一先令六便士	週二、週四、週六
愛爾蘭	六便士	兩先令	週二、週六
荷蘭與德國（經由漢堡〔Hamburg〕、法蘭克福〔Frankfurt〕與科隆〔Cologne〕）	八便士	兩先令	週一、週二、週五
法國與西班牙（經由波爾多、羅拉歇爾〔Rochelle〕、南特、巴約訥〔Bayonne〕、卡迪斯與馬德里〔Madrid〕）	九便士	兩先令	週一、週四
法國、義大利與地中海東部（經由勒格諾〔Leghorn〕、熱那亞、佛羅倫斯、里昂、馬賽、士麥納、阿勒坡以及君士坦丁堡）	一先令	三先令九便士	週一、週四
歐洲東部與斯堪地納維亞（經由但澤〔Danzig〕、萊比錫〔Leipzig〕、呂貝克〔Lübeck〕、斯德哥爾摩、哥本哈根、埃爾西諾〔Elsinore〕與柯尼斯堡）	一先令	四先令	週一、週五

蘭的郵政服務品質最好、價格最低廉，而且送件速度最快。他們還提到，過去很少人動筆寫信，不過現在幾乎天天都有人寫信、寄信。經濟學家威廉・佩諦（William Petty）在一六七六年時寫到，信件投遞的數量在過去四十年內已經成長為二十倍。[30] 井然有致的交通運輸系統跟男性高識字率，讓寄信風潮蓬勃發展。回想一六〇三年，伊莉莎白一世的死訊可是整整過了三天才從里奇蒙傳到愛丁堡，在這之間三百九十七英里的距離中，信件是由一位專門信使騎馬運送，途中定期更換馬匹。

經過計算，這封信平均每天跑了一百三十二英里。到了復辟時期，雖然速度沒那麼快，但所有人都能使用信件來溝通聯絡，而且這種服務也不僅限於讓政府傳遞重要國家大事。更重要的是，寄信的資費也相當低廉。

並不是國內的所有信件都以高速傳遞。你應該可以想像，比較重要的信件一天大概能傳遞三十英里。查理二世的弟弟格洛斯特公爵，在一六六〇年九月十三日死於天花，而在六十英里遠的厄爾斯柯恩，萊夫．喬思林在兩天後就在日記中寫下這件事。[31]雖然法軍在一六九〇年七月二十六日凌晨四點攻打廷茅斯（Teignmouth），但身在倫敦（兩百英里遠）的約翰．伊弗林則是過了一個禮拜後才注意到這則新聞。[32]因為距離的關係，國際新聞傳遞的時間總是比較長，但有時候外國消息傳回來的速度就跟國內新聞一樣迅速。英屬港口丹吉爾在一六六三年六月十四日遭到攻擊的消息，四十二天後便傳到了倫敦（新聞經由海路傳遞，每天前進四十英里）。[33]

身處二十一世紀的我們都以為自己活在通訊革命的時代，並且對此深信不疑，不過復辟時期的民眾也同樣經歷通訊方式的變革。訊息流通的速度不僅變得更快，傳遞資訊的成本也變得更低廉。更值得注意的，是民眾在文具店或咖啡屋都能購買、閱讀報紙。從一六四〇年至一六六三年，藏書家喬治．湯瑪森（George Thomason）就搜集了七千兩百種英文報紙以及單張報紙，還有一萬五千多份小冊子。英國內戰爆發之前，市面上幾乎看不到報紙，原因主要是當年政府對印刷出版產業進行控管。不過既然印刷風氣蓬勃發展，政府要回頭施壓就變得難上加難。雖然查理二世重新在一六六二年頒布《授權法》（Licensing Act of 1662）來控管媒體，但倫敦還是竄出一堆大大小小的報社，像是《政治快報》（*Mercurius Politicus*）、《公眾通訊報》（*The Public Intelligencer*）、《新教快報》（*The True

Protestant Mercury），這幾份報紙皆每週出刊。一六六〇年代，佩皮斯選讀的報紙為《王國通訊報》（*The Kingdom's Intelligencer*）。[34]一六六五年，由政府出版的《牛津公報》（*The Oxford Gazette*）正式發行，後來又在一六六六年更名為《倫敦公報》（*The London Gazette*）。蘇格蘭的政府報紙《愛丁堡公報》（*The Edinburgh Gazette*）於一六九九年出刊，其他國家也陸續推出官方公報，例如《法國公報》（*Gazette de France*）、《馬德里公報》（*Gazeta ordinaria de Madrid*）以及《里斯本公報》（*Lisbon Gazeta*）。另外，民營的英文新聞簡報也紛紛從異地送往倫敦，像《羅馬週報》（*The Weekly Pacquet of Advice from Rome*）便是一例，這些簡報會迅速流傳，如此一來，想知道這些重要事件的人都會收到消息。伊弗林跟他的太太在晚年時，特地將週三與週六夜晚訂為「講課夜」，互相替對方朗讀報紙。在「長霜」時期，因為所有英國港口都被冰雪封鎖，所以來自其他歐洲國家的船隻無法靠岸。港口再度開放時，累積了兩個月的歐洲各地報紙一股腦湧進倫敦，[35]伊弗林跟太太完全來不及吸收這些資訊。

談到媒體，真正的通訊革命其實發生在復辟時期尾聲。真正發生變革之前，《授權法》規定，整個英格蘭王國中，只有倫敦、牛津和劍橋大學才能使用印刷機。所有印刷品的內容都要受到「調查員」或監察專員的許可，才能印刷出來。一六六三年，羅傑·雷斯特（Roger l'Estrange）接下這個職位，他同時也是三份報紙的編輯。諷刺的是，他不鼓勵民眾閱讀這幾份報紙，「因為我覺得這些報紙會讓大眾太了解官員貴族在想什麼、做什麼。」[36]（選他當監察員真是個錯誤的決定。）一六六三年，民間出版一本替查理一世之死辯護的小冊子，而出版人約翰·溫恩（John Twyn）為此被判刑。雖然他不斷聲稱自己是清白的，但法院還是判他有罪，對他施以絞刑並分屍。他的頭被掛在魯德門（Ludgate）上，其他身體部位則被懸吊在其他城門口以示警誡。想當然，民眾都相當懼怕，但是過於嚴峻的出版法規也讓修改法案的聲音浮出檯面。一六九五年，議會不願延續出版法規，各間媒體也首度獲得出版自由。各種報章期刊如雨後春筍般浮現，像是《郵差刊》（*The Post Man*）、《郵僮刊》（*The Post Boy*）以及《飛行郵報》（*The Flying Post*），從刊物的名稱就可知他們主打出刊速度以及新聞的即時性。這些刊物每週出版一至兩次，每次印刷量也有三千至四千份，這跟《倫敦公報》的六千份也相去不遠。[37] 一六九五年，你可以坐在咖啡屋中享受從窗戶灑進的陽光，讀著擺在桌上的報紙，熱咖啡的蒸氣在日光中緩緩升騰，如此舒適的氛圍令人彷彿身處家中。

禮貌

彌松先生表示：「英格蘭人碰面時只會真誠地握手，紳士不會摘帽致敬，就像女士也不會把頭紗掀起來。」[38] 這句話說的不完全正確，紳士互相打招呼時，還是會摘帽致敬，尤其是碰到社會地位更高的人時更是如此。不過要特別注意的是握手的重要性。其他打招呼方式也沿用至二十一世紀，所以對你來說不會太陌生。如果你碰到佩皮斯，他大概會說：「你好嗎？」（how do you do?）以示歡迎。如果你晉見國王，他會伸出手讓你鞠躬親吻。女士碰到紳士時，也要抬頭讓紳士以親吻打招呼，但女士碰到國王時也要鞠躬親吻國王的手。碰到那些社會階級比自己高、但不屬於皇室的人時，摘帽鞠躬是標準禮儀。道別的時候只說「再見」（good-bye）就足夠了，復辟時期的民眾知道這樣就代表了「上帝祝福你」或「上帝與你同在」。[39]

碰到身分顯赫的大人物時，搬出二十一世紀那一套禮儀就很夠用了，因為那些形式沒有太多改變。碰到國王時，你要稱他為「陛下」或「殿下」（Your majesty），碰到公爵或總主教時要稱他為「大人」（Your Grace）。碰到地位中等的侯爵或主教與他們的妻子時，可簡單稱對方為「閣下」（Your lordship）以及「夫人」（Your ladyship）；對一般神職人員則稱之為「閣下」（Your reverence）。如果對方是騎士或準男爵，叫他「約翰爵士」（Sir John），也就是在他的名字後加個「爵士」（Sir）即可；對方的太太則為「夫人」（Your ladyship）、「愛麗絲女士」（Dame Alice）或是「史密斯夫人」（Lady Smith）。對紳士的敬稱為「先生」（Mister或Master，皆寫為「Mr」）。如果某位紳士具有紋章，也可用「鄉紳」來稱呼對方，但對於沒有配戴紋章的紳士就不能用此稱號。另外，你也不會稱呼某位工匠師傅或農夫為先生，畢竟在復辟時期民眾都直呼他們的名諱，不會加上任何敬稱。紳士的妻子、姐妹以及女兒都叫做「女士」（Mistress，寫為「Mrs」或「Mtress」），無論她們是否已婚，都應該直接在他們的姓氏前面加上女士一詞，就算對方年紀不到十歲也是如此。在一六六〇年代時，我不建議你稱未婚女子為「小姐」（Miss），因為這個詞是用來指稱貴族的情婦。[40]

復辟時期對於其他禮儀的標準，其實跟二十一世紀相去無幾。中世紀時，社會已經認定在公眾場合吐口水或擤鼻涕相當不禮貌（細節請見《漫遊中古英格蘭》）。不過隨著時代演進，某些禮俗也有所改變，戴帽子就是其中一例。除非正在工作，否則男性在室內不該戴帽子。所以工匠可以在自己的店舖中戴帽，但到別人家作客時就必須把帽子摘下來，如果主人的社會地位比自己高那就更不該戴帽。雖然在教堂內不允許戴帽，但某些新教的牧師卻會在教堂中頂著帽子，因為他們將講道視為工作。[41]到了一六八〇年，民眾開始在晚宴上戴帽子（避免著涼），但是在敬酒乾杯時還是會把帽子摘下。直到紳士開始有戴假髮的習慣之後，戴帽子就越來越不流行了。後來平民百姓也開始模仿上流社會，不僅在家中不戴帽子，用餐的時候也是如此。[42]

貴族的禮儀就是另一回事。看到貴族那些行之有年的繁文縟節——也包括家中僕人那些阿諛奉承——你一定會覺得很好笑。其中最有娛樂效果的，是兩位來自異國的高階貴族見面時的場景。因為不瞭解對方國家的習俗與禮節，加上關乎自己的國家是否會顏面掃地，雙方都覺得自己有必要端出超乎以往的禮數。科西莫三世在倫敦的家門前迎接國王的弟弟時，他所站的位置需要離大門多遠，就至關重要。他必須離宅邸夠遠，才足以表現出大方迎接的樣子，但是又不能太遠，畢竟科西莫是一國之主，詹姆斯只是一位皇室公爵。接著，科西莫一定要先讓詹姆斯踏進宅邸。但是當來自英格蘭的賓客要走上樓梯時，宅邸中的紳士與僕人一定要在前方帶頭，因為他們才是東道主。走上二樓之後，科西莫要轉身面對公爵，邀請他步入客廳。在詹姆斯穿越客廳時，廳裡聚集的義大利紳士會依序鞠躬，最後科西莫才總算能開始跟詹姆斯對談。[43]

復辟時期不僅有繁複的禮數，連羞辱別人的時候也相當費心。有一天，內德．沃德（Ned Ward）跟朋友在咖啡屋裡聚會，他們聽到一群來自比林斯門市場（Billingsgate Market）的女人在聊天嘻鬧。沃德的朋友低聲對他說：「走吧，我們去別家店，不然那些惡毒的蕩婦一定會用各種不入流的話來嘲笑我們。」很不幸地，他的耳語被某位女子聽見了，她立刻起身大罵：

你這個膽小的懦夫，你媽一定是流落弗利特街頭的妓女，大中午在魯德門和跟酒吧區附近的椅子上懷了你！你這個畜牲，你爸有天晚上喝得醉醺醺，硬著頭皮上了你媽，你媽被搞完還要叫他付錢給老鴇跟產婆，好讓她把你這個雜種生下來。像你這種人有資格叫我們婊子？[44]

還有一件事是在其他歷史書中找不到的：如果你在回家路上突然內急，該怎麼辦？多數城鎮的規模很小，要到路邊的草叢躲起來上廁所不算難事，但是在倫敦就另當別論。你可以在弗利特街附近（在倫敦大火發生前）跟倫敦塔橋上，找到所謂的「辦事之屋」（house of office）。另外，在泰晤士河河堤的樓梯下方，也有不少這種小型設施。當然囉，大多數的男性可以直接尿在河裡，但如果你是女生或者已經肚子不舒服的人，還是會想在這種公共設施中解決內急。如果你距離泰晤士河很遠，或是身邊正好沒有公共辦事之屋，只能走到附近的店鋪付費使用廁所。在一六六〇年，佩皮斯肚子突然一陣絞痛，只好花錢了事：「我跑到拉特利福（Ratliffe）盡頭處的小酒館，花了四便士買一碗麥酒，然後在酒館裡的廁所拉屎。」[45]

賽謬爾，謝謝你把這種事寫下來，讓我們後代子孫閱讀。

丈量單位

距離、面積、體積和重量的測量在全英格蘭已逐漸標準化，很多人都知道一英寸是多長，也曉得一英尺有十二英寸、一碼等於三英尺、一鏈（chain）等於二十二碼、一弗隆等於十鏈，而法律規定的標準一英里等於八弗隆。丈量特定物體的長度時，也會使用特定的單位。舉例來說，丈量馬的高度時，使用的單位為「手」（hand），一手約等於四英寸。丈量深度的時候，一英尋（fathom）等於六英尺。測量布料的時候，一厄爾（ell）等於四十五英寸。而丈量面積的標準單位為一桿（pole或rod），每一桿等於五點五碼。每「路得」（rood）等於一桿寬、一弗隆長的土地，而四路得就等於一公頃。不過我剛才說「很多人」，代表並不是所有人都瞭解、使用這些單位。在英格蘭的某些農村地區，有些民眾只知道英寸而已，而且在蘇格蘭甚至連英寸的定義都不一樣。

芬尼斯行至英格蘭北部時，想起過往旅途艱辛，感嘆地表示：「這裡的一英里真長，今天早上走了二十英里路彷彿三十英里一般。」不僅感覺起來比較長，當地的英里數值確實比較長。[46]雖然前面提到的一英里等於一千七百六十碼這個標準，早在一五九三年就已經制定了，但英格蘭北部的居民仍沿用舊制。在舊制底下，一英里等於一千五百步，一步等於五英尺，所以一英里就等於兩千五百碼。更讓你頭昏眼花的，是還有等於十一弗隆或二千四百二十碼的「舊英格蘭英里」，或是等於兩千四百二十八碼的「舊英國英里」。[47]根據羅伯．普拉特（Robert Plot）所撰的《牛津郡自然史》（*Natural History of Oxfordshire*，一六七七年出版），牛津郡民眾使用三種不同的英里，其中一種等於九又四分之一弗隆（兩千零三十五碼）。漢普郡的英里也比標準英里長一些，雖然在當地不同區域還是有所差別，但基本上漢普郡的英里等於十弗隆（兩千兩百碼）。無論身在英格蘭何處，唯一能確定的事，就是各地民眾都非常清楚自己使用的英里數定義為何。

丈量長度還不算複雜，土地面積就比較棘手了。因為民眾會將財貨帶到市場上交易，所以長度或其他衡量單位才能迅速統一，但地主無法將土地帶到攤販上兜售，所以面積的丈量方式各有不同。買主在購買土地的時候，一定要按照賣方當地的習俗與規範來走。雖然在多數地區一公頃都等於一百六十桿，但土地實際面積還是要依照一桿的實際大小來判定。每一桿的標準大小為十六點五英尺，但是在坎布里亞郡每一桿卻有可能是十八、二十或二十一英尺，[48]而且這種現象還是當地獨有。來到康瓦爾郡情況又完全不同。在康瓦爾郡每英尋等於五英尺，而非標準的六英尺。而當地的英里也比常規的英里來得長（而且甚至沒有人知道究竟長多少），民眾對公頃也沒有統一的定義，有時候一公頃等於古時使用的一海得（hide），有時候又是標準公頃面積的一百二十倍。

重量的測量甚至比土地還複雜，因為是視你要測量的物體而定。如果是測量麵包、穀物、金塊、珍珠、銀塊或是藥品，那麼測量的單位是金衡磅（troy pounds）。在這個系統底下，每一磅等於十二盎司，不過這裡提到的盎司比你所知的盎司來得重。基本上除了麵包以外，所有生活用品都是以常衡磅（avoirdupois）來測量，而每一磅包含十六盎司。不過常衡磅的盎司則是金衡磅盎司的八十分之七十三。所以坊間有一句話說：「一磅鐵比一磅的金子還重，但是一盎司的金子卻比一盎司的鐵重。」很莫名其妙對吧？到英格蘭西面走一走你就知道是怎麼一回事了。在康瓦爾郡還有德文郡，每一磅有十八盎司，而不是你剛才知道的十二或十六盎司。

測量體積又更加困難了。我猜你應該知道每一品脫有四吉爾（gill），八品脫等於一加侖，五十四加侖等於一拱桶（hogshead），而兩拱桶等於一桶（butt），兩桶就等於一大桶（tun）。這個系統不僅只適用於啤酒（beer），而且只存在於倫敦。如果你想測量麥酒（ale，釀造過程未使用啤酒花），那麼四十八加侖則等於一拱桶。除了倫敦以外的地區，一拱桶啤酒或麥酒為五十一加侖。不過要特別注意的，是「啤酒與麥酒」的加侖數為二八二立方英寸，而測量葡萄酒的加侖數則為二三一立方英寸，所以一拱桶葡萄酒就有六十三加侖。[49]有些同樣以拱桶來計算的進口葡萄酒，體積則各有不同，像是一拱桶紅酒為四十六加侖，而每拱桶白蘭地則等於五十七加侖。搞得這麼複雜，還是先乾杯吧。

要是我現在告訴你蘇格蘭人的度量衡制度跟英格蘭截然不同，你大概會崩潰。不過我還是提一下：每一馬奇金（mutchkin）等於四吉爾，兩馬奇金等於一喬品（chopin），兩喬品等於一蘇格蘭品脫，八品脫就是一蘇格蘭加侖。以此類推，雖然一蘇格蘭吉爾是英格蘭吉爾的四分之三，但實際容量卻是三倍之多。在蘇格蘭，一厄爾等於三十七英寸，每一蘇格蘭法爾（fall）是六厄爾，而每一蘇格蘭鏈是四法爾，每一蘇格蘭弗隆是十鏈，每一蘇格蘭英里等於八弗隆，所以蘇格蘭英里比英格蘭英里還多出六百四十英尺。但是在一六六一年英格蘭英寸正式標準化後，蘇格蘭的英寸則稍長於英格蘭英寸，所以蘇格蘭英里比英格蘭英里多出約莫六百五十英尺。[50]說真的，重量跟度量衡系統太過複雜，要你在短時間內搞清楚是不可能的。你只要注意當地民眾的做法，就會越來越熟悉個地區的丈量方式、慢慢累積經驗，就不會花冤枉錢了。這也是為什麼各地的傳統會持續保存的原因之一。如果你到倫敦以外的地區旅遊，也只能接受有些地方的英里就是比較長。

金錢

看看你錢包裡的硬幣，隨便拿起其中一枚。現在請你想像，這枚錢幣在進到你口袋之前，經歷過多少位主人以及多少雙手。倫敦市集上的商人為了累積好運，有可能一大早就在硬幣上吐口水，而這枚硬幣也有可能到過壯觀的倫敦交易所，在櫃台上被人來回推移。搞不好這枚錢幣到過王國各處，經過成千上萬隻手的碰觸。它也有可能在某座城市中不斷流轉，在民眾的口袋、錢包、錢盒或是掌中來回穿梭。這枚錢幣曾被帶到各種地方，也被用來購買各種事物，像是房租、麵包、葡萄酒、房子、性交易、時鐘、珠寶、書籍、槍枝，甚至是忠誠以及背叛。對小偷來說，半克朗（crown，二點五先令）可能算不了什麼，但是卻可能救了某位乞丐一命。錢幣就像個沒有記憶的鬼魂一樣在我們之間飄移流轉，其中又蘊含某部分難以定義的人性，其凝聚的力量大過自身價值。

硬幣除了具有承載這些奇特的意涵，實質形體也常隨著時間改變。十七世紀下半可說是金錢史上變動最大的一段時期。

先從硬幣談起。十七世紀初，貨幣種類簡直一團亂，不過硬幣的面額倒是跟前期與後期相同。在英格蘭與威爾斯，一英鎊有二十先令，而每一先令等於十二便士（英文寫成12d），每一便士則有四法尋（farthing，1/4d）。不過除了少數機器製造，或在伊莉莎白一世和查理一世時期碾壓而成的硬幣之外，皮夾裡的錢幣都是錘打製成的。換句話說，這些錢幣會被放在兩個鋼模當中，再由工匠手持鐵鎚用力捶打而成，因此硬幣的品質通常好不到哪裡去。這些錢幣很容易磨損，如果有人想搜集貴金屬、拿去兜售的話，也會把錢幣的邊緣敲得坑坑疤疤的。如果毀損錢幣，後果就是被判叛國罪，而且會被處以絞刑、遭到分屍，或是被活活燒死。但是坊間仍有人鋌而走險，持續毀損貨幣。面額較小的零錢也常供不應求，所以很多商人（特別是倫敦的民眾）會自己用銅、錫還有鉛鑄造二分之一便士或四分之一便士的錢幣。這種方法不僅可行，如果商店老闆有足夠的零錢時，也會用這些錢幣跟鑄造者換取銀塊。一六六〇年代之間，在詹姆斯一世時期鑄造的愛爾蘭先令，被當成九便士的貨幣來使用。[51] 顯然連這些非官方鑄造，或是年代久遠的貨幣，也難以填補龐大的需求。另外，查理二世也不希望民間流通的貨幣上鑄有克倫威爾的頭像。以上原因就促成了貨幣改革。

一六六二年，新式貨幣終於亮相，打頭陣的是精緻的銀色克朗硬幣（五先令）。這些硬幣是由高壓機器碾製而成，上頭的紋路與圖樣也較明顯，邊緣厚度也加厚，以免被人剪得殘破不堪。一六六三年，半克朗銀幣（二點五先令）、一先令銀幣以及一堅尼（Guinea）金幣也相繼問世。堅尼這款新登場的硬幣之所以得此名號，是因為英格蘭政府運用來自非洲幾內亞的黃金來鑄造此錢幣。一開始堅尼的幣值為二十先令，但後來隨著金條價格上漲，在一六九〇年代來到三十先令，最後在十七世紀末回到二十一先令六便士。而在接下來的十年內，精緻的五堅尼、兩堅尼以及零點五堅尼也都以金條打造而成，六便士（sixpences）、格羅特（groat，四便士）、三便士（threepences）、兩便士（tuppences）還有一便士的錢幣則以銀條製作。一六七二年開始，政府開始用上等的銅來製作零點五便士以及法尋（為了協助康沃爾郡的錫業，政府從一六八四年開始使用錫來製造法尋）。查理二世後來下達命令，要求在新的銅幣上刻大不列顛女戰士（Britannia）平定四海的模樣，造就象徵國家精神的肖像，而民眾自行鑄造的的硬幣也快速被淘汰。

跨越國界來到蘇格蘭，你一定會大吃一驚。所有物品的價格都比你想像中高出許多，因為蘇格蘭一英鎊的價值僅英格蘭一英鎊的十二分之一。假如某位蘇格蘭商人將每雙羊毛襪的價格訂在六十先令，你可能會以為要付三英鎊，不過在英格蘭這雙襪子只值五先令。其實你只要記得蘇格蘭的一先令等於英格蘭的一便士，就不會再把價格搞混了。雖然舊時的硬幣仍持續在市面上流通，但在查理二世統治時期，以下幣值的硬幣則以銀塊製成：一默克（Merk，在蘇格蘭價值十三先令四便士，在英格蘭則為十三又三分之一便士）、四默克、零點五默克以及四分之一默克。蘇格蘭的硬幣鑄造者也用銅來製造六便士以及兩便士（等同於英格蘭的零點五便士和六分之一便士）。在詹姆斯二世執政時期，只有十先令（等於英格蘭十便士）的硬幣是全新鑄造。在威廉與瑪麗掌政齊期間，蘇格蘭就陸續出現以銀塊製作的銅板，例如六十先令、四十先令、二十先令、十先令以及五先令，不過蘇格蘭人不用金塊來鑄造錢幣。當地人收取外地人的金幣時，則以金塊的價值來決定那枚錢幣的幣值，例如威尼斯的達克特（ducat）、法國的金路易（Louis d'or）當然還有英格蘭的堅尼。

雖然在一六六〇年代和一六七〇年代，政府極力改善貨幣制度以及錢幣的品質，但是到了一六九〇年代中期，貨幣系統又爆發危機。存心破壞硬幣的民眾幾乎將所有貨幣私吞。他們將錢幣剪得殘缺不堪，還把腦筋動到貨幣金屬的自身價值上。有些硬幣的厚度被削得只剩原本的一半。拿著銀幣走進店裡消費，收銀員有可能會用秤量這些錢幣的重量，[52]因為銀的價格早就比貨幣的面額來得高。金匠跟銀行行員可能會把這些硬幣收起來熔掉，賣出的價格甚至比金幣本身的面額還高。伊弗林在一六九六年五月十一日寫道：「在市場的每個角落，不管買什麼東西，大家都想用銅板硬幣交易。硬幣變得相當稀少，造成社會動盪。」[53]當月，在德比郡有一群礦工在用薪資買東西時，店主不接受他們拿出的那些歪七扭八的硬幣，差點引發暴動。[54]政府在跟法軍作戰時拿不出足夠資金，也讓貨幣系統的問題越來越嚴重：要是軍人拿不到酬勞，天曉得會產生什麼後果。這時政府召集一群顧問，當中包含身為數學教授的艾薩克．牛頓。牛頓建議政府重新鑄造貨幣，而這份工作自然也落到他身上。在接下來的兩年半內，皇家鑄幣廠在牛頓的監督之下，總共生產了價值六百八十萬英鎊的貨幣，跟前三十年生產的貨幣相比簡直是兩倍之多。[55]如果在一七〇〇年，你將手伸進口袋抓起一把硬幣，會發現各式各樣精美的銀幣與銅幣，而且這些錢幣跟二十世紀初的貨幣看起來相當雷同。倘若你在路上巧遇牛頓，也會發現他現在是個有錢人了。

硬幣的改革史固然令人印象深刻，但真正的革命卻不是發生在鑄造技術與實體貨幣上，而是在財務融資的彈性以及借款的態度。現在請回想我們在第三章提到的有錢人，那些身家價值超過十萬英鎊的大人物。基本上，他們的財富就是建立在借款上。攤販變成做生意的商人，而金匠則變成銀行家。倫敦、愛丁堡以及格拉斯哥這幾個大城市，也漸漸流行起專業的借款行業。民眾開始合資或是成立公司，提供企業家資金，支付顧客存款的利息，並開始經營政府債券。愛德華・巴克維爾（Edward Backwell）、法蘭西斯・查爾德（Francis Child）、約翰・福瑞麥（John Freame）、湯瑪斯・高德（Thomas Gould）以及理查・霍爾（Richard Hoare）都在倫敦的金匠公司（Goldsmiths' Company）擔任學徒，不過他們結業後卻沒有成為工匠，反倒變成銀行家。他們記下的分類帳中，全都是客戶借款與合約的細節。一六六四年，愛德華・巴克維爾就有幾千位客戶，存款總額總共有五十萬英鎊。[56]法蘭西斯・查爾德成立了查爾德銀行。理查・霍爾也用自己的名字創立銀行，並由子孫接續經營好幾世紀。福瑞麥以及高德的合夥公司，就是現今知名的巴克萊銀行（Barclays Bank）。一六九二年，約翰・坎貝爾（John Campbell）也創立了寇特斯銀行（Coutts Bank）。如果你想認識其他銀行家，可以看看《倫敦市內與週邊商行店主名冊》（*A Collection of the Names of the Merchants Living in and about the City of London*，一六七七年），當中列出四十四間合夥企業和公司。這本書是世上第一本工商名錄，當中記錄的都是「數著鈔票的金匠」。其中有兩位名叫羅伯特・克萊頓（Robert Clayton）和約翰・莫里斯（John Morris）的銀行家，他們開創新的營運形態，專門跟地主往來做生意。在一六六〇年代，他們的帳簿中總計有一百五十萬英鎊的存款。經過整個復辟時期，全世界的金錢融資也從個人借貸轉向動輒數百萬英鎊的銀行業務。

除了銀行紛紛成立之外，又有一種新型態的財務服務在這個時期出現。民眾開始開支票。開支票這個行為的源頭，可追溯至一六六〇年二月。第一張支票的格式其實跟我們現在使用的支票大同小異，上面會要求某間銀行（克萊頓與莫里斯）支付受款人一筆金額。而金額總數不僅會以阿拉伯數字表示，也會用英文寫下，旁邊再標註日期以及付款人的簽名。[57]而進行海外交易的商人與民眾，則持續使用匯票。紳士或是他們的兒子出門壯遊時，當然不會傻到在口袋裡裝滿金塊。他們會定期收到家裡寄來的匯票，通常為面額一百或兩百，然後就能到大城市的銀行換成現金。[58]我們在第一章提過，建築物的保險也在這時期逐漸成形。一六八〇年代，愛德華．洛伊德在倫敦開了一間咖啡屋，讓從事船運相關產業的保險業者聚會、洽談公事。一六九二年一月，他開始每週出版專業的單頁報紙，並將標題訂為《進出英格蘭港口的船隻》（*Ships Arrived at, and Departed from several Ports of England*），此週報即為《洛伊德船舶日報》（*Lloyd's List*）的前身。一六九八年，在皇家交易所附近的另一個咖啡廳，約翰．卡斯塔（John Castaing）開始出版一份雙週報，名為《匯率行情》（*The Course of the Exchange*），提供民眾各項交易物品的價格，這就是現代股市的前身。光是在一六九〇到一六九五這短短五年內，倫敦境內的合股公司數量就從十五間增加為一百四十間，突顯這些名冊的重要性。[59]

除了這些改變之外，政府對於交易和財物的態度也有了重大轉變。一六六〇年開始，殖民地委員會（Committee on the Plantations）和貿易委員會（Committee on Trade）開始提供政府貿易方面的建議。在接下來三十年內，這兩個委員會統計英國對外交易的財務利益相關資料。一六九六年，政府將這兩個委員會改組，將其命名為貿易委員會（Board of Trade）。同年，財務大臣也首度提出議會預算（Budget of Parliament）。[60]在這些改革落實不久前，英格蘭銀行也才剛在一六九四年正式落成。因為英國政府每年耗費約莫五百萬英鎊與法軍作戰，當務之急就是要穩定國家財務狀況。英格蘭銀行成功吸引各方投資客。政府想出的辦法，就是在特定進口貨物上額外徵收為期四年的稅款，再把這筆錢當作支付給銀行出資者的利息。從投資者身上募集的本金總共有一百二十萬英鎊，利率則是百分之八。

不過因為銀行將本金全都借貸出去，沒辦法讓那些希望回收資金的投資者拿到現金。這時銀行就開始開本票（promisory note），可要求指定銀行付款或轉款到他人的帳戶，這就是英格蘭鈔票（banknote）的起源。你可以在上頭看到很熟悉的字眼，像是：「本人承諾會支付……」不過這些票券的面額都很不尋常，像是「本人承諾會支付『受款人名稱』或本券持有人五百五十五英鎊。」這是因為早期的銀行券是直接寫下投資者當時放入或取出的金額。一六九五年，蘇格蘭銀行（Bank of Scotland）正式落成，也開始發放票卷。

私人銀行、鑄造硬幣、支票、銀行券、保險、債券、英格蘭銀行、洛伊德的船舶登記清單還有股市，這些名詞聽起來離一六六〇年代那些捶打出來的錢幣好遙遠。而且認真說起來的話，還有另外一個在現代非常常見的現象，也是發源於復辟時期。在查理的統治之下，英國政府在一六六〇年代不斷超支。帳簿上的欠款不斷累積，我們所謂的國債也就是從這個時期開始的。

稅金與彩券

有句俗話說，世界上除了死亡跟稅金之外，沒有其他事是恆久不變的，不過有錢人總認為這兩者中的其中一項仍有討論空間。[61]好消息是，在復辟時期，議會對民眾徵收的稅金不像二十一世紀這麼重。十七世紀並沒有所謂的加值稅，也沒有所得稅，更沒有遺產稅。有一些微不足道的稅款，還會依照家庭經濟狀況做調整。有些稅收的名目可能會讓你摸不著頭緒，甚至覺得有些愚蠢，但不管怎麼樣，還是要繳稅。

進出口貨物的海關稅以及針對特殊品項的稅收，對國王來說是一大收入。議會在一六六〇年列出所有需繳稅的特殊貨物，整張清單不僅詳盡，而且項目紛繁。就拿平底鍋為例。針對煎鍋還有滴油盆來說，每一百一十二磅要收取三英鎊的稅款；如果是暖床鍋的話，每一打則支付四英鎊。針對亞麻織物，政府總共列出四十四種不同的稅率；絲質布料有二十三種，蕾絲則有九種。各式各樣的刀具，總共對應到十種稅率。有的刀子以每十把為單位課稅，有的則以一打，有的則以一籮（十二打）為基準。高昂的稅收讓進口貨品變成奢侈的享受，只有少數富貴人家才能擁有。但是至於酒精，每個人多少都要繳一點稅。每一桶售價六先令左右的麥酒或啤酒，釀酒商都要付十五便士的稅金，每一加侖的烈酒則會被課一便士的稅。進口啤酒或葡萄酒的關稅就更重了。舉例來說，每一大桶（二百五十二加侖）從波爾多運往倫敦的酒，就要被收四英鎊十先令的稅金。[62]

額外稅收的傳統形式則為特別津貼：來自土地的收入，每一英鎊要撥出四先令；來自財貨交易的收入，每英鎊要提出兩先令八便士。因為這項規定的門檻頗高，所以只有富裕人家才會受到影響。不過倒是有不少人試著逃稅。國王就曾經意外地發現，年收入高達三千英鎊的民眾，竟然有辦法只繳十六英鎊的稅，而原因是他們在申報收入時說謊，這很令人震驚吧。有些布里斯托的居民在透露自己的所得時，只公布其中百分之一，所以一六六三年後這條稅款就形同虛設。[63]不過查理二世登基後便成立人頭稅，根據每個人的身分背景來課稅。對一般老百姓來說，超過十六歲的已婚民眾要繳六便士的稅，未婚則為十二便士。貴族則依照頭銜之別來繳稅，例如公爵要繳一百英鎊、伯爵六十英鎊、男爵四十英鎊、騎士二十英鎊。沒有紋章的紳士要繳五英鎊，有紋章的話則是十英鎊。一六六〇年到一六九七年間，政府總共徵收了七次人頭稅，不過後來就因為缺乏效率而遭廢止。在這段期間內，政府也徵收過其他稅金。其中最令人匪夷所思的就是「自由、自願給國王的禮物」。你可以隨性決定自己要給政府多少錢，如果不想繳納也無妨，但這筆金額的上限為兩百英鎊（貴族則為四百英鎊）。你可能會覺得這非常荒謬，有誰會想繳這筆錢？但當時累積的總稅款竟高達二十二萬九千英鎊。[64]

一六六二年至一六八九年間，英格蘭政府向民眾徵收壁爐稅。每戶人家每年要替家中的每座壁爐繳一先令，這筆稅款一年徵收兩次。因為有錢人家中的壁爐數量較多，繳交的稅金也會比較高，這就是設計這項稅收的初衷。理論上這是個不錯的概念，但問題是稽查員需要走進民眾的屋內計算壁爐數量。如果房子有煙囪的話，那這座壁爐算是在一樓的一座壁爐而已，還是連二樓的開口也算呢？如果要計算一棟房子有幾扇窗戶的話反而比較簡單，只要站在屋外就能一目瞭然。所以政府在一六九六年落實窗稅：家中的窗戶在十扇以下需支付兩先令，十扇以上則為十先令。而比窗稅更詭異的則是結婚稅，這項稅款從一六九五年開始徵收。市井小民如果要登記受洗，要支付兩先令的稅金，結婚的話則為兩先令六英鎊，下葬則是四先令。貴族跟有錢人的稅金更高：公爵或主教如果下葬，則要支付五十英鎊四先令；紳士如果替妻兒下葬，則須支付一英鎊四先令。一六九二年推出的新土地稅就比較好理解：地主從土地上每獲利一百英鎊，就要支付兩英鎊。簡單又合理。

政府不只透過徵稅把錢從民眾口袋中拿走，彩券也是另一種讓人民掏錢的方式。最成功的彩券發行企業是皇家橡樹（Royal Monopoly）公司，這個市場上唯一發行彩券的公司大受歡迎，一六八八年起他們甚至願意每年支付國王四千兩百英鎊，只為讓彩券順利發行。不過到一六九三年，這家公司就棋逢敵手。政府官員湯瑪斯・尼爾（Thomas Neale）在一六九四年成立「百萬冒險」（Million Adventure），他們的概念是販售每張十英鎊的彩券，賣出限量十萬張之後，就能募集一百萬英鎊的公共基金。在前十六年，每年的頭獎金額為一千英鎊，另外每年也會有九個人獲得五百英鎊；獎金最低則是十英鎊，每年有兩千五百名得獎人。而其中優點是就算你沒有中獎，憑著票券每年還是能獲得一英鎊的利息。這股風潮一下子蔚為流行。一六九〇年代中期，市面上出現數十間販售彩券的公司，而且各自命名為「致富好運」（Good Luck to the Fortunate）、「空前冒險」（Unparallel'd Adventure）、「女士的發明」（Ladies Invention）或是「誠實提案」（Honest Proposal）等。彩券變得更平價之後，社會大眾對它的接受度也越來越高。在一六九四年至一六九六年間，許多彩券的價格只要一英鎊。一六九六年至一六九七年，彩券的售價又往下跌到只剩幾便士而已。其中價格最低的彩券是一六九八年的「財富之輪」（Wheel of Fortune），每張只要一便士。這家彩券公司售出一百六十五萬張彩券，其中會有一個人獲得一千英鎊大獎。這家私人彩券發行公司，徹底擊敗政府推動的第二項彩券計畫。政府在一六九七年推出「麥芽彩券」（Malt Lottery），最後只賣出總價一萬七千英鎊的彩券，所以議會在一六九九年禁止私人彩券公司繼續營運，只有「皇家橡樹彩券」還有「參加慈善冒險，幫助格林威治醫院」（Charitable Adventure for the Benefit of Greenwich Hospital）這兩種彩券能繼續發行。[65]

不過在一六九九年後，還有另一種類似彩券的財務制度持續存在，那就是「唐提聯合養老保險制」（tontine）。透過這個養老制度，活得越久就能拿到越多錢。一六九三年開始，財務大臣就開始販售這種養老金制度，目標是籌措一百萬英鎊的基金。如果購買一百英鎊的養老制度，在一七〇〇年以前能拿到百分之十的利息，一七〇〇年後則能拿到其中百分之十四。不過如果其他出資者比你早死，他們的利息就會歸於你。所以這個制度本質上也是一種彩券，賭的是生命的長度。在所有投資這項養老計畫的民眾中，活得最久的人直到一七八三年才去世，當時他的年收入已經超過一千英鎊了。[66]

購物

在二十一世紀，你會出門購物，但是在復辟英國，商品常常會自己找上門來。唐卡斯特（Doncaster）最為人所知的，是質感精美的各色羊毛襪。當地婦女「會在手臂上掛滿羊毛襪，走進一間又一間酒吧和旅館，死命跟旅人推銷，直到對方掏錢為止。就算你堅持不買，甚至走回房間，她們也會跟在你身後，不會輕易被打發走。」[67]在其他城鎮，你也逃不過這些小型流動攤商的侵擾。他們會帶著小型家用品，像是抹布、墊子、籃子、掃帚、折疊刀、鵝毛筆、梳子、牛角製墨水瓶、鞋帶、紙牌、報紙還有海報，挨家挨戶兜售推銷。另外像是掃煙囪、修理椅子、修補茶壺、鍋具，還有磨菜刀與剪刀這些勞力服務也不例外。專門替人提水的工人會將水送到你家門前，而且只跟你收一便士。婦女會頂著巨大的籃子在街上走著，裡頭裝著魚貨、蔬菜、香草以及水果。

如果流動攤商說不動你的話，就得依照自己的需求到商店或市場消費。基本上你能在市場購得食物，高單價貨品就要去真正的商店才買得到，而其中唯一的例外是麵包。偶爾你也能在市場上買到長麵包，不過民眾還是習慣直接到烘焙坊購買。

市場通常位於鎮中央的開放空間，攤販會在廣場上搭起臨時木架。市場很早就開始營業，攤販會在太陽升起時就會把木架搭好，在夏天是凌晨三點，冬天則是五點。大部分小鎮只會有一個市場，但規模較大的城鎮則具有數個市場。約克郡就有兩個主要市場，分別是販售家禽、肉類、乳製品、燕麥、鹽、香草、野禽、兔子、蠟燭、麻還有粗布的「週四市場」（Thursday Market），還有販賣家禽、蔬菜、野禽、兔子、烤豬、雞蛋、穀物、漏斗、網子、木製家具、鞋子還有皮革製品的「步道市場」（Pavement Market）。另外還有專門販賣麥芽、奶油、乾草、羊毛、皮革、魚跟牲口的市場。[68]雖然諾里奇規模不小，但鎮上卻只有一個市場，而且什麼商品都賣，這算是比較少見的案例。在一六七〇年代與一六八〇年代，物價相對較穩定，偶爾會微幅下跌，不過到了一六九〇年代起就逐漸上漲。在物資不足的時期，糧食價格還有可能翻倍。[69]在復辟時期購物，要做好討價還價的準備。一大早剛開市的時候要殺價是不太可能的事，到了下午攤商就比較好說話，那些販賣易腐敗食物的商人尤其如此。購物時記得帶個籃子，因為在這個時期沒有所謂的包裝紙或提袋。多數家庭主婦會在籃子上蓋一塊布，遮擋蒼蠅、灰塵還有其他人群帶來的污物。民眾也會用手帕或類似的布包裹起司跟魚，味道就不會混到其他食物上。天氣較暖和的時候，買奶油最好帶一個陶壺。麥奶油的商人會將奶油用木桶承裝，再帶到市場上販售。他們會將奶油挖進你的陶壺裡，在你面前秤重。一旦付錢之後，不管發生什麼問題他都不負責。

復辟時期的商店跟二十一世紀的店鋪截然不同。這個時候大片平板玻璃還沒出現，也很少有商店會在窗戶上嵌入玻璃。很多商店會在外牆中央裝百葉窗，上下各有鉸鏈。上層百葉窗能往上拉，抵擋雨水，下層的百葉窗則能當作展示商品的平台。販售時鐘、樂器、科學儀器和珠寶這些高單價商品的店鋪，不會裝設這種開放式的窗台，他們的窗戶就跟一般住宅的窗戶一模一樣，不過他們會在店外掛個牌子，讓民眾知道這裡是商店。一走進店門，店員會在前廳櫃檯接待你。商店開門的時間通常比市場晚，通常在夏天是六點開門，冬天則是八點。某些商品就一定要去工坊才買得到，像家具這種需要訂做的東西就是其中一例。大型金屬物件需要特別請鐵匠製作，不過燭台或刀子這類體積較小的商品，在布行或市場上就買得到。

另外一個能購物的地方是所謂的博覽會（fair）。雖然在十七世紀已經很少舉辦博覽會，但某些城鎮的博覽會還是相當活躍。在博覽會上，有時你能買到市場沒賣的商品。博覽會就像個可移動的小型城鎮一樣，到某個地區駐紮之後停留兩到三天，而且一年只有一次。在復辟時期，博覽會則分成兩種形式。第一種是專門進行貨品批發的博覽會，像是批發羊毛、馬匹、牲口、綿羊或起司。另外一種博覽會的娛樂成分比較高，民眾去這種博覽會的主要目的是喝酒、跳舞、做愛或是找樂子。每個郡縣大約都有十到十二種不同的博覽會，而其舉辦時間則落在復活節到十一月初之間。

而這時期全國最知名的博覽會，就屬斯托布里奇博覽會（Stourbridge Fair，因為發音近似Stir-Bitch，所以又有「婊子博覽會」的暱稱）。這場博覽會在九月初舉辦，地點則在劍橋附近的康河（River Cam）河畔。有機會的話，一定要到這場博覽會走一走。丹尼爾・笛福就說：「這不只是全國最棒的博覽會，放眼全球無人能敵。」[70]倫敦出版人兼諷刺作家內德・華德（Ned Ward）在形容這場博覽會時，雖然用語頗為詩意，但又相當直白粗俗。他說：

> 各種傷風敗俗的行徑、商品還有娛樂消遣，吸引劍橋的年輕人、倫敦的商人、妓女還有各種信奉耶穌基督、遊手好閒的民眾，聚集在這個淫亂混雜的地方，從彼此身上尋找快樂，謀取利潤。有些人來這裡撒錢，有的人則來這裡賺錢……我看著博覽會上的木造棚架，看著那些士紳、學者、商人、妓女、攤商、小販，還有那些小偷，儼然是一幅眾生相。博覽會用有限的規模，呈現出世界的縮影。[71]

湯瑪斯・巴斯克維爾也對這個博覽會感到驚奇：

博覽會的草地上到處擺滿陶器，數量驚人……你會看到大型街道和店鋪中擺滿了各式各樣的器皿，所有的款式在倫敦也都有賣。會上的鐵器來自各地，數量之多也令人咋舌。在羊毛博覽會上，英格蘭各地所產的羊毛也在這裡集結，數量不輸陶器與金屬製品。另外，還能看到許多賣一整推車的生蠔還有成堆鹹魚的攤販。河岸也有商人正兜售著大堆大堆的煤炭。河上停滿了船隻，長達一英里，甚至更多，提供了形形色色的商品……[72]

四輪和兩輪出租馬車將連接劍橋和博覽會的街道擠得水泄不通，民眾只要付三便士就能搭上駛往博覽會的馬車。在博覽會中走著，會發現木造棚架跟帳篷排列的相當整齊，就像井然有序的街道。這一排攤販專賣生蠔，另一排則是大蒜，接著還有布販跟切達起司的攤商。而齊普賽街（Cheapside）上，則聚集了來自倫敦的零售商，當中有金匠、玩具製造工匠、黃銅工匠、馬車工、磨坊老闆、帽子商、布商、成衣商、白蠟製品工匠以及引進中國貨品的進口商。而在一排排的攤商之間，不時穿插幾個能讓人坐下來的咖啡屋、酒館和餐館。博覽會附近有一個名叫杜伯里（Duddery）的大型廣場，批發商會在那裡堆放貨品，神職人員也能在週日到廣場中的講台布道。在廣場附近能購得從約克郡、蘭開夏郡、薩莫塞特郡還有德文郡而來的羊毛製品。經過一整個禮拜，博覽會售出的布料總價通常會超過十萬英鎊。約克郡的毛線衫、曼徹斯特的粗斜紋布、基德明斯特（Kidderminster）的毛毯、諾里奇的胚布以及德文郡的嗶嘰布，都能在博覽會上找到。另外，一捆捆重達二十五英擔（兩千八百磅）、稱作「口袋」（pockets）的羊毛，也會被製造廠的老闆收購。在博覽會上，光是未經處理的羊毛，交易總價就超過五萬英鎊。啤酒花的市場也同樣可觀，全英格蘭有大部分的啤酒花交易都是在這個博覽會成交的。現場另一個規模不小的市場則是來自伯明罕的加工鐵器以及銅器、雪菲爾的銳器和刀具，還有產自諾丁罕與萊斯特的玻璃製品與襪子。牛頓也曾到這個博覽會上，尋找能證明光線會產生色散的稜鏡。[73]

對華德這種觀察力敏銳的人而言，真正的樂趣不在購物，而是觀察形形色色的群眾。他走在奇普賽街時，會碰到「亞麻布商、販賣絲綢的男子、五金商、皮革傷、菸草商等，他們會在自己的店內來回走動，看起來就跟其他心胸狹窄、尖酸刻薄的商人一樣。」而走到街道底端，他會向左轉、沿著康河步行。他說：

一股鹹味竄入鼻腔，彷彿我走在泰晤士河旁的魚乾店外一樣。走著走著，我來到販售醃漬鯡魚、鹹魚、生蠔、樹脂、焦油跟肥皂的荷蘭市集。在這攤市集隔壁，則是販售廉價木製工藝品的攤販，每個商品都擺得整整齊齊，就像櫥櫃裡的碗盤一樣。嗜酒的學生可能會買幾個酒碗，滿足豪飲的習慣；酒鬼會購買巨型酒壺，乞丐則依照自己的喜好挑選各式各樣的湯匙與用來吃燕麥粥的盤子。在這些攤位旁邊有數十間小吃店跟酒館，甚至還有妓院，只要看到招牌就一目瞭然。當地人心地善良，讓提供這種服務的業者在這裡駐紮，這些性工作者惡名昭彰，他們的茅屋是最下流齷齪的所在。劍橋學者為了不讓這種傳統茅屋消失，也常造訪茅屋中的妓女。他們在此享受樂趣後，會禁慾節食一兩個月，藉此消弭心中的罪惡感。神職人員也跟學者經歷同樣的心理煎熬，他們在教堂的告解室裡總會說透露：「雖然我口中訴說著上帝的話語，但雙腿間則夾著墮落的魔鬼。」[74]

世上本來就充滿形形色色的人，華德說的確實有道理，斯托布里奇博覽會真的就像世界的縮影。如果喜歡購物，那一定不能錯過倫敦。不管想買什麼，這裡絕對應有盡有。大型百貨商場不僅販賣琳瑯滿目的商品，而且每種商品還有各式各樣的款式設計可選。泰晤士街最著名的就是有各種蠟燭製造商的工作坊，嘉農街的亞麻布店最遠近馳名，奇普賽街則聚集了一流的金匠和成衣商。要找二手書，就要到名為「小英國」（Little Britain）的區域。想買新書就得到聖保羅教堂廣場。在弗利特街跟水巷（Water Lane）的交叉口，會看到湯皮恩的鐘錶、氣壓計專賣店。隨便走進一家藥局，會看到一排排色彩斑斕的罐子，湯匙則懸掛在牆上。店內的學徒忙著磨製藥劑，戴著帽子的藥師站在櫃檯後方準備滿足你的需求，而在他身旁則是寫有拉丁文藥名的櫥櫃。走進皮匠的店鋪，能看到一雙雙精美的皮靴懸吊在天花板上，皮匠則彎著腰在製作鞋楦，地上散落著皮革碎屑。烘焙坊的老闆也站在櫃檯前，後方的架上擺著一條條長麵包，櫃台上也放了少數幾條。空氣中香甜清新的麵包香，讓人不掏錢都難。

最奢華高級的店鋪，就屬四大交易所。皇家交易所位在倫敦市中心，並在大火後整修重建，在復辟時期仍屬商人交流買賣的最佳去處。中央廣場旁的四根巨型石柱上，貼滿各式各樣的廣告文宣。交易所內人聲鼎沸，跟別人做生意或聊天時，最好扯開嗓門、放大音量。根據內德・華德的觀察，戴著平頂帽、穿著華麗的有錢富商，說話時手勢與頭部動作特別多，粗鄙地吸著手上的鼻煙粉。而且當他們坐在交易所中的長凳上時，坐姿彷彿像在騎馬一樣昂然挺立。對於前來購物的民眾來說，觀察其他人的行為並不是他們的主要目的，他們在乎的是二樓小店裡精緻、高檔的成衣、中國瓷器、樂器、菸斗、鐘錶、槍、日本雕花櫥櫃、數學儀器、縫紉用品還有金銀製品。位於河岸街南邊的新交易所

（The New Exchange），這棟具有兩層樓的建築中，也同樣聚集各種高檔小型店鋪，在這裡經商的婦女，常將針織衣物或類似的奢侈品賣到皇家交易所。中央交易所（The Middle Exchange）也同樣位於河岸街，這裡從一六七一年營運至一六九六年，商品基本上是針織衣物、珠寶以及書本。第四間交易所名叫埃克塞特交易所（Exeter Exchange）。這間交易所在一六七六年開幕，賣的也通常是針織衣物或是高檔家用品，像是成衣、書本等商品。不過在埃克塞特交易所頂樓，則有一個拍賣會場。就算是在這種高級精緻的商店裡，也別忘記殺價。佩皮斯在一六六三年三月，到交易所找一款丈量木材的儀器，雖然他找到心儀的商品，卻覺得價格太高。而拍賣會通常則是由「一根蠟燭」定生死。工作人員會點燃長一英寸的蠟燭，在蠟燭熄滅前一刻最後出價的買家，就能將商品帶回家。[75]

你會發現許多商店裡的店員都是女性。而且隨著商品單價越高，女店員也會越漂亮。沿著奇普賽街那排高檔店鋪行走，會發現老闆的妻子都站在門口，面帶笑容地看著顧客。迷人的容貌、挑逗的肢體語言還有女性柔美的特質，這些都是商人的伎倆：用美色來刺激消費。這一招不僅在十七世紀就已出現，而且還特別管用。皇家交易所的商店裡，聚集全倫敦最迷人的年輕女子，有人甚至將這個交易所稱為「商人的後宮」。內德．華德造訪皇家交易所時，提到：

走到二樓，年輕女子坐在小小的店鋪內，用含情脈脈的眼神看著經過的顧客，楚楚可憐地要大家進門光顧，說話的語調也特別輕柔。我不禁覺得這些女子也是商品的一部分。左右兩邊不斷傳來：「先生，這裡有上等的亞麻。」或是「先生，這裡有手套或緞帶。」接下來的一個禮拜，這些語句在我腦中揮之不去，彷彿腦袋中出現許多裁縫店似的。[76]

對來自二十一世紀的你來說，倫敦最精華的購物地點就屬市場。倫敦市中心的市場多到數不盡。早上到市場的時候，還得用手把身旁的人撥開才有辦法靠近攤位購物。在倫敦爆發大火之前有兩個販售各種商品的市場，也就是奇普賽市場與恩典堂街（Gracechurch Street）市場，另外還有其他專賣不同商品的市場。像是亞德門街市場（Aldersgate Street：專賣水果和蔬菜）、比林斯門市場（魚與煤炭）、主教門市場（熟食）、布萊克威爾廳市場（Blackwell Hall：布料）、東齊普市場（Eastcheap：肉類）、魚街丘市場（Fish Street Hill：魚）、利登廳市場（Leadenhall：動物的毛與皮革、肉類）、新門街（Newgate Street：熟食）、舊魚街（Old Fish Street：魚）、昆西瑟市場（Queenhithe：熟食與麵粉）、聖尼古拉屠宰場市集（St Nicholas Shambles：肉類）、聖保羅教堂廣場市集（St Paul's Churchyard：水果與蔬菜）、史密斯菲爾市場（Smithfield：牲口、馬、羊以及乾草）以及斯托克市場（Stocks：肉類和魚類）。一六六六年後，其中六座市場就停止營業，[77]不過又出現一座新的市場，名叫熊鑰匙市場（Bear Key Market：專售穀物），另外還有三座販售一般食物的賣場：蜂蜜巷市場（Honey Lane）、霍爾博恩市場（Holborn Bars）以及屠夫街市場（Butcher Row）。另外，因為郊區的住戶數量遽增，市牆外也出現不少市場，都設立在大型廣場上或附近區域。[78]並不是上述所有市場都每天營運，只有新門市場、柯芬園市場、蜜蜂巷市場以及斯托克市場天天開放，其他市場每週只開市一到兩天而已。[79]利登廳市場在週一、週三以及週六賣肉，週二則販賣皮革，週四與週五則是動物的毛。每座賣場的開市時間不同，但通常在夏天是凌晨三點，冬天則是凌晨五點。基本上在零售商店開門前，市場也差不多要歇業了。一六七四年開始，市場也開始在週六營業到深夜，有些市集到晚上十點才打烊。[80]

在倫敦的市場當中，最戲劇化的就屬史密斯菲爾市場。你可能會覺得市場還能戲劇化到哪裡去，但是親自瞧一瞧他們的營運情況，大概就會懂我意思。史密斯菲爾市場有時最早半夜就開市了，整個市集的面積遼闊，光是販賣活的牲口的場地，就足足有五公頃大。在漆黑的夜裡，牛、馬與羊的嘈雜叫聲中透出牠們的不安。牛群不斷在柵欄裡低鳴，羊則是不斷高聲嘶喊，回應牛隻的叫聲。柵欄邊火盆的光線，讓人清楚看見牲口頭部的起伏，就連某幾頭羊或牛突然被屠夫抓起時也看得一清二楚。在火盆附近有一雙目光銳利的眼神，某位男子舉著火將更多羊隻趕進柵欄，那男子一邊咆哮，身旁的牧羊犬也在後方對牲口嚎叫，牛羊則顛簸地走著。其他狼狗也在後方嚎叫，讓嘈雜的聲響更不和諧。豬隻不悅地發出呼嚕聲，羊群也相當躁動。商人在一旁呼喊，要這些動物轉身，讓買家看看這些活禽野獸的品質如何。除了動物的叫聲外，鄰近酒館中的音樂聲也不時穿插其中。民眾喝著啤酒，站著聊天說笑。

最後我們來到柯芬園市場。雖然在一六六〇年，這裡仍是個優雅高級的住宅區，時不時會出現貴族用來載運貨物的馬車。過了約莫十年，不少商人開始在附近擺攤做生意，後來賣蔬菜水果的攤商也加入行列。雖然富裕的居民試著把這些攤販趕走，但貝德福伯爵在一六七〇年認為這個地區商機無限。因為這裡介於舊城與高級的西區之間，他看出這裡的市場會以驚人速度成長。果然過不了多久，這裡就變成倫敦最大的蔬果集散地。整個柯芬園南側的街道被攤販所佔據，在木造拱廊後方，男女攤商奮力叫賣，面前擺放的水果色彩光鮮繽紛，令其他市場望塵莫及。十七世紀末，走在伊尼戈・瓊斯打造的人行長廊底下，你會看到人群萬頭攢動，擠在炫目的擺設和來自異國的植栽與蔬菜前方。婦女最珍惜上市場的時光，因為她們能暫時擺脫繁忙的家務，跟朋友聊天、講八卦，再大肆採購一番。她們也有可能拿買薑餅或香草為藉口，趁機跟秘密情人約會。男人在咖啡屋跟辦公室之間來回走動，穿越市場中心，並利用時間談論公事，當然也有可能跟路上的年輕女子調情。彷彿全世界最難能可貴的花園、香草園、菜園還有來自異國的蘭花王國，都聚集在這個偌大的廣場，讓家庭主婦、廚師、講究物質享受的民眾還有植物學家投入其中。造訪伊甸園誠然是遙不可及的夢想，但在風和日麗時一睹「倫敦花園」的風采，也稱得上是無與倫比的享受了。

chapter

6 服飾

不管在什麼年代，民眾好像都有一種樹立特有時尚風格的渴望，彷彿想跟前後年代的民眾區隔開來。舉例來說，像是那些鞋頭尖到無法爬樓梯的鞋子，袖口長到走路時會絆倒的上衣，或是那些鑲有尖角的誇張頭飾。不僅如此，就連男裝褲子前方的綴布跟女生的裙子，也有可能寬到進門時需要側身，而誇張的環狀領片還有可能割傷頭部跟頸部。這個時候你就會想，這些瘋狂的服飾到底是怎麼流行起來的。復辟時期的民眾，那些跟克里斯多佛．雷恩、艾薩克．牛頓一起經歷科學大革命的人們，難道都對這些荒謬的服飾習以為常嗎？就在你百思不得其解的時候，才發現原來國王身邊的大臣和貴族，他們的穿著才真的是浮誇古怪。就是在復辟時期，男性菁英分子決定把頭髮剪掉，開始戴層疊垂墜式的假髮。

復辟時期的時尚人士確實開發出不少怪異的服裝。男性在穿覆蓋著緞帶的襯裙還有及膝的小裙子時，可能會覺得非常不方便。女性對於臉上的裝飾貼紙，可能也感到半推半就，後來出現的高聳蕾絲頭飾更是令她們感到困擾。在我們討論特定服裝單品前，如果你想融入這個社會，需要先了解幾個基本重點。

除非你身材嬌小，不然要「融入」其實會有些困難。復辟時期的男性平均身高為一百七十公分，女性為一百五十五公分。到了十九世紀，英格蘭人才長到二十一世紀的平均身高。[1]復辟時期的高個子，通常是來自環境較富裕、飲食均衡的家庭，像是貴族高官、有錢人以及中間階層。如果你是高個子，卻穿得像個勞動階層、鄉下人或窮人，走在路上就會更顯眼了。第二，《島嶼故事》（*Our Island Story*，一九〇五年出版）這本書中的英國史，其實有誤導之嫌。英格蘭的時尚風潮在十六世紀，是跟著法國與西班牙走，到了十七世紀則是模仿法國與荷蘭的流行。假髮風潮其實始於法國。絲織工業之所以會在英格蘭興起，部分原因是來自一六八五年被路易十四驅除出法國的胡格諾派民眾。只要國王開個口，整個宮廷就會發瘋似的尋找裁縫製作最時興的服裝，而新造型的靈感通常是來自海外的流行。

第三個重點是時尚造型的遞嬗，不只呈現在貴族與有錢人身上，窮人和勞動階級也會間接受到影響。有錢人會將過時的服裝送給僕人，來自中間階層的男男女女，他們意識到自己需要不斷變換造型，也開始模仿士紳階層的穿著打扮。他們不僅希望能穿上最時髦的服裝，也不想被誤認為是僕人。其實這種誤會常發生，就連家境富裕的佩皮斯也碰過這種糗事。一六六七年，他陪著太太上教堂，就被司事誤認為是家僕。因為上流族群將服裝傳給底下的傭人，所以一六八〇年代在宮廷中風行一時的打扮，才會在一六九〇年代於女僕之間流行起來。當然，女僕的服裝材質跟主人的服飾截然不同，但是只要認真研究有錢人的穿著打扮，就能同時掌握社會上其他族群的流行趨勢。

談到顏色，不要忘記你對各種顏色的認識，深受十九世紀發明的苯胺（aniline）染料影響。在復辟英國，民眾只能用天然的染料來染色，而且並不是所有人都買得起天然染劑。仔細觀察那些在公路上來回通勤的人，會發現他們的衣服不外乎是紅、藍、黑與白（天然亞麻的顏色），以及不同深淺的咖啡色與紅棕色。這些顏色的來源，基本上是茜草（madder root，紅）、菘藍（woad，藍）、櫟葉（oak galls，黑）、核桃（咖啡色）、木樨草（weld，黃色）以及蘭草地衣（orchil lichens，紫）。雖然民眾能用木樨草與菘藍染出綠色的衣服，但這時期很少人會身穿綠衣。其他發源於歐洲的天然染料，像是被搗碎的紅蚧蟲（kermes，鮮紅）與骨螺海蝸牛（murex sea-snail）的分泌物（深紫紅）數量稀少，而且價格高昂。好幾百年來，英格蘭從亞洲進口巴西木（Brazilwood，紅）與天然靛青色染料（indigo），但也同樣價格不菲，鮮少使用。隨著全球交易通商路徑的拓展，更多新的染料被帶進英國，民眾也渴望能在色彩上有些變化。佛提樹（Fustic，黃）、蘇木（logwood，灰紫）以及胭脂蟲（cochineal，紅）來自南美洲；紫膠（Lac，紅）、兒茶（cutch，黃）以及大量的靛青色染料也從印度湧入。英格蘭南方地區的民眾，開始在家裡製造硫酸亞鐵（copperas）這種黑色染料。[2]明礬跟其他由金屬轉化而成的染劑，也在此時變得越來越普遍。一六六四年，林肯地區的某間染房就備有大量的菘藍、佛堤樹、巴西木、蘇木、西草、蘭草地衣、靛青色染料、綠礬與明礬。[3]總之，雖然對你這位被當代鮮豔色彩慣壞的旅人來說，復辟時期的顏色可能沒什麼了不起，但是在從十七世紀開始，服裝的顏色開始變得更多彩鮮明，在揮霍無度的宮廷中更是如此。

男裝

• 內衣

與男人的心距離最近的——這裡說的是肉體上的心，而不是抽象的心——就是襯衣。穿在裡頭的襯衣，一定是由三厄爾的未染色亞麻製成。荷蘭麻布與麻紗的品質最佳，而質地較粗的歐森布里基亞麻以及棉毛混織物，則用來做成工人的工作服。全長襯衣的基本配備，就是長袖加上遮蓋到屁股的短褲，雖然正面沒有鈕扣或開口，側邊則具有開縫，有時開縫還會延伸到腰際。紳士襯衣的袖子，在手腕處綴有緞帶，要是該襯衣價格高昂，緞帶的份量也會越顯著。肩線以及袖口也綴有打褶設計。價格不菲的襯衣，通常會在領口處縫上布邊圖紋，內裡更會以刺繡點綴。[4]仔細觀察，你會發現襯衣上有精緻的絲質蕾絲刺繡。當然，這些高雅的點綴都是用錢換來的。三厄爾的頂級荷蘭麻布要價十八先令，但這還是布料本身的價格而已。加上裁縫、抓褶和布邊圖紋的工錢，每件襯衣的價格落在二十到三十先令之間。再加上蕾絲飾邊，整件襯衣的價格又會往上飆漲個幾英磅。而且，雖然有些荷蘭麻布非常便宜，每厄爾只要三先令，但極為精緻的荷蘭麻布也有可能賣到十二先令以上。以上價格不包含領子，縫製在領口邊緣的領片是與襯衣分開訂做、另外計價。在夏季，你可以選擇短版亞麻襯衣，不過在冬天，短版襯衣也會被當作第二件襯衣來做穿搭。依照天氣寒冷的程度，有的人會在長版襯衣底下多加一件短版襯衣。[5]

以上關於亞麻的價格，也適用在其他內著上。用來當睡衣穿的長襯衣長度及膝，如果材質為荷蘭麻布或麻紗則價格較高。基本上來說，你需要買一頂睡帽來搭配居家襯衣。紳士的晨禮服基本上是黑色的居家襯衣以及黑色睡帽。不過如果經濟狀況不允許，不買睡帽也無傷大雅。一般來說，紳士內褲剪裁簡潔，短版內褲的輪廓更是簡約，而正面則綁了緞帶。平均來說，新的內褲一件要兩先令六便士，二手價則為一先令六便士。[6]冬天時著用的內褲更長，腳底則有圓環或繫帶，以免活動時褲管捲到大腿。夏季天氣炎熱時，短版內褲的褲管則採三角形剪裁，內裡襯有寬版襯料，讓空氣得以流通。佩皮斯有一次就在日記裡寫到，他曾穿著涼快的荷蘭麻內褲，在家裡晃到下午五點。

•外衣

一六六八年可說是男裝設計的分水嶺。在那年之前，男裝的造型被有些人形容為「緊身上衣搭配裙裝」。有些男人穿著真正的裙子，有些則是看起來像裙子的「襯裙馬褲」，也有些人的穿著根本無法分辨——上頭都綴滿緞帶和流蘇，所以你也看不出來那到底是裙子還是褲子。多數男人都有一件像夾克的毛料或粗紋斜布（厚質棉布）緊身上衣，這種緊身上衣的腰部沒有做鈕扣設計，目的是為了露出底部的襯衣。對二十一世紀人來說，這種造型反而比較像女生的穿著。那些造型誇張講究的男士全身上下有可能掛滿流蘇，看起來像座活動瀑布。而且這些服飾還有可能讓你淪為笑柄，有些襯裙馬褲的膝蓋開口處太寬（開口圓周超過一碼長），沒有注意的話，很容易會把兩隻腳套進同一隻褲管中卻渾然不覺，笑掉街上行人的大牙。

一六六四年後，「緊身上衣搭配裙裝」的造型開始式微，緊身馬甲與背心則逐漸流行。其實在早期，男男女女都會將這種緊身背心當成保暖用的貼身衣物。到了復辟時期，這項單品成為舒適的無領短袖外衣，長度及腰，下擺短裙則及膝。男性會在緊身背心或馬甲外頭，套上一件束腰外衣。這件束腰外衣沒有任何鈕扣、版型寬鬆，長度比緊身背心短了六英寸，所以背心下擺的裙子會裸露在外。[7]後來在一六六八年，男士的套裝就多了全長外套還有及膝背心。在後續一百多年間，這個單品就是男裝的標準配備。一六六八年五月十七日星期天，佩皮斯穿著他「具有肩帶的時髦新套裝」，昂首闊步地上教堂。這裡指的肩帶是那種寬版飾帶，專門用來讓紳士佩劍。佩皮斯的造型相當新潮。而在十七世紀後半，長外套跟背心也經過幾番改良。有些款式的外套會在正面下擺縫上口袋，或是誇張地將袖口反摺。背心則加上了腰帶，或是在正面開口處挖一整排扣眼。不過就算加了不同的細節，整體看來還是大同小異。

以約克公爵詹姆斯的套裝為例，他在一六七三年結第二次婚時，身穿的服裝可拆解成三大要件：外套、背心以及馬褲。這三件單品都是由灰色毛料寬幅棉布製成，綴有大量以鍍銀線或銀線組成的花卉刺繡。外套長度延伸至大腿，正面綴有一整排鈕扣，不過通常男生會讓外套保持敞開。外套正面下方縫有兩個水平口袋，口袋開口則以鈕釦固定。外套後方有寬敞的抓褶設計，讓外套下擺能自在敞開。外套內裡是以橘紅色的羅紋絲布製成，寬鬆的馬褲在膝蓋下方收緊貼合小腿。外套的袖子大概是七分長，而向後反摺的誇張袖口則被稱為「獵犬的耳朵」，因為看起來就像獵犬鬆軟垂掛在頭上的雙耳。底下的貼身背心具有窄版的袖子，跟底下的襯衣完全貼合，而長度則超出外套的袖口，並在手腕處綴有鈕扣。[8]

在這個時期之後所設計的西裝基本上就是這個樣子。有些男士西裝的領口具有翻領，有些則具有直立式口袋與全長袖子。有些袖口綴有刺繡，有些袖口則以動物毛皮滾邊點綴。有些西裝外套會在側邊做抓摺設計，並在後方安排一個衩口。不過總歸一句，一六八〇年後長西裝外套、背心還有馬褲就是男裝基本單品。馬褲的下襬具有束口，意思就是從膝蓋下方開始貼合腿部，不像一六六〇年代的褲裙那樣寬鬆敞開。馬褲的材質通常為黑色絲絨，並以緞帶作為束口。一六八〇年後，馬褲的剪裁不像以前那麼鬆垮，反而更貼合腿部。一七〇〇年後，民眾就發明吊帶或是扣環，將褲子固定在一定的高度，不過這些配件當時還沒廣為流行。早期，絕大多數的馬褲都是跟緊身上衣固定在一起，或是用細繩綁在腰部，甚至是直接在臀部做緊身剪裁來讓褲子不致滑落。

領部的細節在復辟時期也同樣經歷一系列變革。最早在一六六〇年代，寬領是主要流行。這種寬領是由一片細緻的布料製成，並從高聳的頸帶垂降至領口，有時候正面會保持敞開，有時則以領繩繫起。一六六五年後，男士開始打領巾。通常領巾是由上等亞麻或紗製成，繫在頸部正面，蓋住整個喉嚨。有些誇張繁複的領巾在邊緣處綴有蕾絲，而且會垂落至胸前。在十七世紀末，領巾的繫法則稱為司蒂恩科克領巾（Steinkirk）。男士會將細長的領巾扭轉成鬆軟的細繩，綁起來之後再將尾部塞進背心中，或用胸針固定在外套的某一側上。跟領巾上的蕾絲相呼應的細節，則是袖口的褶襉飾邊。頂級的亞麻、紗布以及蕾絲裝飾，彰顯出穿戴者的身分地位。這些服飾配件都所費不貲。伯爵配戴的精緻的紗質領巾大概要七先令，而一對紗質袖口則要兩先令兩便士。蕾絲的價格則更高。詹姆斯二世在加冕典禮時選用的威尼斯蕾絲領巾，就要三十六英鎊十先令。[9]

接下來是褲襪。各位男士，我保證你們一定很快就會習慣復辟時期的褲襪。如果你們對中世紀和伊莉莎白時期的時尚有所了解，就會發現復辟時期的男襪一點都不可笑。在復辟時期，你不用將大腿以及臀部展露出來，就跟過去一樣。寬鬆的褲裙在一六六〇年代退流行後，也不用露出膝蓋了。唯一坦露在外的部位只有穿著褲襪的小腿。褲襪通常是以針織的絲質織物製成，這種材料不僅雅緻美觀，而且也相當流行，唯一的缺點是價格高昂。佩皮斯在一六六三年，花了十五先令買一雙絲質褲襪。[10]除了絲質褲襪之外，市面上也有以各種毛料製成的褲襪，像是克爾賽手織粗呢、精紡毛紗、平針織物、嗶嘰布料還有各種亞麻織品。一雙正常的毛襪要價大約一先令兩便士。[11]至於穿在褲襪外頭的短襪，通常是以亞麻製成。雖然這些短襪通常都不會露出來，但也可能花你不少錢。貝德福伯爵在一六八九年花一先令三便士買一雙訂做短襪，這筆數目差不多就是許多勞工的單日薪資。如果在褲裙相當流行的一六六〇年代造訪英格蘭，你的膝蓋上可能會套著用來點綴褲襪的裙狀物。這些小襪裙的功能是用來點綴西裝的下擺還有褲裙。這種單品既無用又累贅，所以一六六八年馬上就退流行。

雖然褲裙跟小襪裙對你我來說是很愚蠢的配件，甚至連當時的民眾都不一定能接受，但這些單品穿起來並不會不舒服。鞋子或靴子可就不是如此了。一六六二年九月，佩皮斯買了一雙以硬皮製成的長筒靴，兩週後他到劍橋時就穿上這雙靴。才走到韋爾（Ware），佩皮斯的腳就痛得受不了，只好花四先令跟酒館老闆買一雙舊鞋穿，才有辦法繼續趕路。雖然難穿，但那雙靴子可不便宜。佩皮斯花了一英鎊十先令才買到那雙靴。對一般工匠而言，要賺到一英鎊十先令可要工作三個禮拜才行。而且跟一雙九先令的普通靴子比起來，佩皮斯的硬皮長靴也算是天價，[12]後來只有軍人或騎馬的人會選用這種硬皮長靴。一六七〇年代中期開始，長靴變得輕盈許多。新款長靴以柔軟皮革製成，並在小腿處採用鈕扣、鞋帶或扣環開合，穿起來更貼腿舒適。所以長靴都是以黑色皮革製成，其他款式的男鞋也不例外（在比較正式的打扮中，還是有可能出現紅色跟或紅鞋底的男鞋）。[13]扣環大概是在一六六〇年問世，一開始的扣環成橢圓形、尺寸較小；一六八〇年後，扣環變得更大，而且採方形設計。鞋舌的長度在一六八〇年後往上延伸了幾英寸，一六九〇年後更可以反折露出紅色內裡。[14]

天氣寒冷，外出時一定會想加件大外套。長外套一開始叫做長袍（cassock），是一種又長又寬鬆、正面具有鈕扣的外套。長袍的領片往下折，長度通常垂落至大腿。一六七〇年後，長袍這個詞彙則用來指稱神職人員的外衣。另外一種保暖用的外套則是披風，披風可以圍在雙肩上抵擋寒風。一六七〇年後，民眾也只有在騎馬時會穿著披風。而從同一年開始，最流行的外層大衣則是「布蘭登堡」（Breendenburg，以普魯士帝國的地區為名）。布蘭登堡是一款寬大的羊毛長外套，長度大約落在小腿附近。除了長外套之外，還有另一種寬鬆的短版外套，這種外套的袖子也採全長設計，正面以鈕釦開合。

在這個時期，帽子也是必備單品。一六五〇年代流行的圓錐形帽子，看起來就像倒過來的花盆一樣。這種帽子頂部又高又平坦，帽緣非常寬闊，到一六六〇年代仍相當常見，但卻非常不實用，微風一吹就會立刻飛走。後來出現的帽款則是用以膠硬粗布、毛氈、海狸毛皮襯底的絲絨製成，雖然帽頂較低，但帽緣仍相當寬闊。戴這種帽子的時候最好往某一邊斜著戴，打造隨性不羈的風格。佩皮斯在一六六七年寫：「路上有個活蹦亂跳的小伙子，帽子戴地歪歪的，看起來像個傻瓜一樣，但這好像是時下的流行。」[15]男士的帽子上當然會用羽毛點綴，有時候一頂帽子上還有好幾束羽毛。一六九〇年代之後，以羊毛製成的帽子的形狀成三角，而邊緣則稍微隆起。十八世紀時的三角帽就是由此而來。如果你想戴這種帽子的話，記得要讓尖角處往前，不要戴錯了。

●頭髮

絕大多數的紳士不留鬍子，不過查理二世則是例外。查理二世登基之後，就又留了兩撮小鬍子，

一六八九年，鄉紳蒙塔古・德雷克的服裝[16]	
毛料服飾：七套西裝、兩件古怪的背心、一件猩紅色的披風、十雙褲襪、一個暖手筒以及一頂帽子。	總價十八英鎊
四雙靴子（兩雙硬皮靴，兩雙軟皮靴）、一雙騎馬時穿的褲襪、九雙nearsides①、一小包舊的褲襪。	總價三英鎊
亞麻衣物：三十四件荷蘭麻布襯衣、十一件粗荷蘭麻布襯衣、兩件大型短版荷蘭衫。	總價二十英鎊十先令
九頂假髮、兩頂睡帽、兩件麻紗背心（粗質棉布，織有橫紋裝飾）、兩件法蘭絨背心、四雙螺紋長襪、六雙棉質長襪、三條蕾絲領巾、三條寬版棉紗領巾、九對蕾絲袖套、四條手帕、四條翻領片、十七條棉紗長領片。	總價十英鎊
九雙褲襪與十雙手套、一個鞋鏟與小型錘子、一對金秤、七本書。	總價一英鎊十二先令
六支劍、兩個文件袋與一條皮帶。	總價四英鎊

直到一六七〇年代末期才剃掉。你不一定要跟上這股風潮，像他的弟弟詹姆士也從來不留鬍子，朝廷大臣也是如此。佩皮斯在一六六四年一月之前有留鬍子的習慣，後來臉上卻連一點鬍渣都沒有。大多數的男性在這個時期都是在家剃鬍子，一般來說民眾習慣男生臉上乾乾淨淨，所以大家每天剃鬍，臉上不留一絲鬍渣。如果到髮廊剪頭髮時，也有可能會順便請理髮師修剪鬍子。如果你有多餘的預算，也可以請理髮師到家裡來服務。佩皮斯每周日早上去教堂之前，都會請理髮師到家裡來幫他剃鬍子。而在其他日子，他則用浮石來修剪鬍子，這個習慣維持到一六六四年一月，後來他則換成剃刀（那種會被壞人拿來當割喉武器的剃刀）。[17]

查理二世在一六六〇年回到英格蘭時，頂上的頭髮是真髮。一六三〇年代，路易十三留了光頭，假髮開始在法國蔚為流行，成為時尚配件之一，不過當年這股風潮還沒吹進英格蘭。直到一六六三年，查理二世開始長出白髮後，他跟弟弟才開始戴起假髮。就在一夜之間，自然、濃密的長鬈

①譯註：現今已不可考此物的樣貌。

髮，就被假髮所取代。想當然，佩皮斯也立刻買了一頂來戴。一六六三年十月，他去了幾家假髮店，雖然他看到店裡有一頂油膩膩的老太婆假髮，整個人差點打退堂鼓，但他還是訂了兩頂假髮。其中一頂由他人的頭髮製成的頭髮要三英鎊，另外一頂雖然價值兩英鎊，但實際上他只花了二十一先令六便士，因為那是用他的頭髮做成的。[18]你或許會說，幹嘛特地把頭髮剃掉做成假髮？復辟時期的民眾也有他們的理由：假髮比較方便清理，不容易長頭蝨。不過當紳士開始配戴體積更大、造型更誇張、香水味更重的假髮時，這一切就開始變得越來越荒謬。照顧一頂假髮每年要花二十先令。[19]而且替佩皮斯做假髮的師傅還說，那頂假髮大概只能撐兩年，而且剃光頭之後佩皮斯還得一直修剪頭髮。所以這股男性時尚風潮，代表他們要負擔兩倍的開支，其中一筆是購買、保養假髮，另外一筆則是上理容院剪頭髮。而且，佩皮斯的假髮還算是最便宜的那種。貝德福伯爵在一六七二年買了四頂假髮，分別要價二十英鎊、十八英鎊、十英鎊以及六英鎊。一般來說，他每年花在買新假髮和保養假髮上的費用大約是十四或十五英鎊，這還不包括上理容院修剪頭髮的開銷。[20]

● 配件

注重服裝儀容的紳士，都知道除了需要因應場合穿最正確的服裝之外，配件也相當重要。在復辟時期，暖手筒跟雨傘都算是配件。你可能會覺得：「暖手筒也算配件？」不要懷疑，在一六八〇年代到一六九〇年代，紳士非常流行攜帶暖手筒。暖手筒是由動物毛皮、絲絨或是綢緞製成，並由一條緞帶固定在腰帶上。圍巾、梳子、鼻菸壺還有手帕，也是紳士出門必備的配件。另外一項男士的流行，就是他們會帶著日式手杖，手杖光滑的頂部是以銀打造而成。這種手杖外型優雅，相較之下比劍更受男士歡迎。在復辟時期，有錢人或貴族還是會在腰間佩劍，但後來這種配件逐漸變得只是一種炫耀行為。

你可能會覺得手套這種配件大同小異，仔細觀察後才發現種類各異。在復辟時期，有一雙八便士的羊皮手套，也有一雙一先令的狗皮手套，最貴的手套甚至要價幾英磅，而且還不是買來戴在手上的。高級的手套上頭覆蓋了一層銀以及絲質緞帶，這種手套只是讓人帶在身上展示用，不是真的要戴在手上保暖的。[21]另外，皮革的氣味也是手套的價值所在。貝德福伯爵就用「茉莉奶油」保養自己的手套，讓手套散發茉莉花香，而他還有飄散杏仁奶油香氣以及麝香的手套。[22]至於在一六八七年蔚為流行的雨傘，貝德福伯爵也沒有錯過。當年，他花十六先令六便士買了一支傘，這幾乎已是奢華的極致了。兩年後，他花四英鎊兩先令兩便士再多買兩支雨傘。[23]對很多工匠來說，這足足是兩個月的薪水。花這麼多錢買兩把傘！而且更荒謬的，是這兩把雨傘是用來遮陽，而不是用來抵擋雨水的。但是在白金漢郡出太陽的機會少，雨天反而比較常見。

●勞工、工匠、農民以及窮人

就算不說大家也知道，不是所有人都買得起前述的服飾配件。不過我在前面也提過，基本上除了實穿性跟價格的限制之外，貴族的服裝大大影響整個社會的流行。不過實穿性跟衣著的價值也扮演非常重要的角色。做生意的商人一定要打扮得相當氣派，顯示自己生意做得很好，鐵匠當然沒必要穿蕾絲製成的服飾。一六六〇年代，工匠以及商人的基本服飾包含緊身上衣以及短版無袖上衣，馬褲、襯衣、褲襪、鞋子、圓帽或無邊便帽。以上所說的完整一套服裝，要價大概十二到十五先令。工匠的襯衣最便宜大概是兩先令八便士，鞋子也是這個價錢；褲襪要十二便士、帽子兩先令、褲裙兩先令、緊身上衣三先令。對某個年收入只有十或十五英鎊的人來說，這可不是一筆小數目。所以二手衣市場的交易量相當驚人。某人過世時，親人並不會把他的衣物丟掉，反而會留給用得到的人。如果真的需要購置新衣，工匠或商人也會去買布請太太或裁縫量身打造新衣。市面上也有專賣成衣的商人。來自林肯的手套裁縫師湯瑪斯．費里斯，除了賣手套之外也在店裡擺了一些以皮革製成的現成褲裙。[24]而鎮上也有另一位寡婦善用自己的裁縫技巧，在男裝店中販售現成的服飾，像是長大衣、男用與女用寬鬆長袍、襯衣、襯裙與外套，還有各種常見的手套與襪類。[25]

● 蘇格蘭服飾

往北部邊境走去，你一定以為自己會碰到穿著蘇格蘭摺裙、揹著毛皮袋的蘇格蘭人，這不就是傳統蘇格蘭服飾嗎？其實不盡然。方格羊毛布料確實是傳統沒錯，但每個部族開始設計屬於自己的方格圖案，則是一七四五年之後的事。而且你所知的蘇格蘭摺裙，也是一七三〇年代後才出現，而且我敢說那還是英格蘭人的發明。[26]不過傳統蘇格蘭裙在這個時期就已存在，而且還是很常見的單品，而最傳統的款式則是繫有皮帶的花呢格紋裙。這種裙裝頗具份量，長度通常介於十二至十八寸尺之間，寬度則有五英尺。民眾會把這種裙裝裹在身體上，同時是裙子也是褲子，而其餘的布料則會披掛在肩上、覆蓋前胸，並以別針固定。裙子上的抓褶其實是以皮帶固定，而皮帶上端的布料會往前反折，方便放置個人物品。整套服裝穿起來，其實就像個被花格毛毯捲住的男人。

在格拉斯哥或愛丁堡的街上走，會發現大家身上都有格子花呢。一六九〇年代的夏季，跟著某位工匠或商人走在街上，會發現他身穿長大衣，裡頭有一件緊身背心，下半身穿著及膝的褲裙，露出底下的褲襪，而鞋子上則綴有方形銀釦。[27]他可能會在頭上戴帽子或假髮，跟英格蘭的男性沒什麼兩樣。這時身旁突然出現一群牽著牲口或騎在馬背上的農民，他們全都身穿格子花呢。如果是在冬天，同一位商人或工匠可能會穿著以格子花布製成的長大衣。毛料大衣上的格子圖樣，一看就知道自己置身國界北部。

高地與低地居民的花格圖樣迥然不同。某位旅人就表示：

低地的士紳服裝儀容整潔有氣質，但窮人幾乎衣不蔽體，只穿著破舊的長袍，或是將床單披掛在身上。高地民眾穿著短版的緊身背心，下半身通常不會穿褲裙，只用皮帶將格子花呢裹在腰間，再將其他布料披掛在肩上。他們下半身穿著短褲襪，部分膝蓋與大腿裸露在外。也有人會穿長度延伸至大腿的花格圖紋褲襪或褲裙。[28]

最後一句話提到的單品，就是所謂的緊身格子呢褲或長版的花格呢褲裙。有錢能養馬、騎馬的民眾，就會選擇這種單品。這些紳士通常還會搭配格紋夾克或是以格紋布料製成的上身服飾，頭上戴著藍色的平頂帽或無邊呢帽。平民百姓頭上不會有任何配件。上面那段文字中還提到，窮人會將床單披掛在身上，其實他們晚上睡覺時也蓋著同一條格紋床單。因為他們不常洗床單，所以你想到格紋布，可能會聯想到那股特殊氣味。

一六七八年威廉・克萊蘭（William Cleland）的詩作，就將蘇格蘭人的服飾描述得恰如其分。他在詩裡提到蘇格蘭人會在外套外搭一件格紋布或是覆蓋一層焦油的布料，抵擋寒風侵襲。

那些擔任指揮官的男人，
披裹著格紋布料，
擔任隊伍先鋒，在後方驅趕大家的步伐
穿著粗皮鞋、緊身格子花呢褲還有花格上衣，
頭上頂著英氣十足的圓帽，
帽子其中一側具有帽邊，
上頭掛了一支菸斗，
那個裝了滿滿洋蔥的袋子裡，
還有短劍以及鼻煙壺。
在路旁觀察他們的民眾表示，
他們無聲的號角裡裝滿威士忌，
格紋布底下藏了破爛的外衣，
木製盾牌、釘子以及獸皮，
一把細長的雙手劍，
這已是鄉間最出眾的穿著，
但穿著這身裝備要怎麼作戰？

在這種天氣，他們一同跨越山野丘陵，
在暴風之中大步前進，此舉令人激賞。
其中原因，
是因為他們身上披了格紋花呢布，
腳跟與頸部都不受冷風吹拂，
就像羊毛受身上的毛髮保護一樣……[29]

如果真的到了蘇格蘭高地，看到一群如此打扮的男子，身上配著雙手劍，腿上掛著匕首，不要誤以為他們沒事愛帶著劍跑來跑去。在這個年代，部族之間復仇的風氣還是相當興盛。這就是他們出戰的制服。

女性服飾

• 內衣

前面還在談蘇格蘭的高地花格毛料大衣，現在要突然回頭來講女性的內衣了。女性主要的內搭服飾，就是襯衣或是寬鬆直筒連衣裙。基本上女性襯衣跟男性襯衣有許多相似之處。兩種襯衣都是以未染色的亞麻布製成，讓民眾在夏天時能更感涼爽，而且這種布料的吸水性極強，能夠吸附身上的汗水。另外，這種襯衣觸感柔軟，能將皮膚與較粗糙、厚重的外衣區隔開來以免摩擦導致過敏或發炎。既然在這個年代還沒出現胸罩，女生就不能不穿亞麻襯衣。同樣的，最頂級的女性襯衣是由荷蘭麻布製成。如果加上緞帶、蕾絲飾邊或是綴有特殊刺繡，價格就會往上飆升。不過女性襯衣跟男性不同，女生襯衣的側邊縫有三角形布片，不像男性襯衣則是保持敞開。女性襯衣長度垂落至大腿，採打褶設計的袖口在上手臂處束口，袖口處稍低於胸部。襯衣幾乎都會灑上香水。[30] 襯衣的領口具有一條細繩，拉起繫繩就能將領子前方的布料收攏，在胸前產生抓褶的效果。有些女性會運用這種抓褶手法，讓胸前造型更迷人性感。

一般來說，女性襯衣不外露。就算妳的襯衣上面綴滿蕾絲，也只有女僕能夠欣賞。在復辟時期，女性露出上手臂有妨礙風化之嫌。展露赤裸的大腿更是煽情露骨。不過在某些情況下，這些部位很有可能會外露。全英格蘭上下有一項傳統比賽，就是女性只穿著襯衣，彼此爭先恐後地賽跑，贏家就可獲得大獎。觀賽群眾都希望襯衣上的繫繩脫落，而且對許多參賽者來說，如果想贏得比賽，跑到終點時衣服八成已經掉了。[31] 另外一個襯衣外露的原因則跟欠錢有關。民眾普遍認為如果女生結婚時只穿襯衣，那她之前欠下的債務就可一筆勾銷。這個說法的推論，是因為丈夫娶妻時，老婆身上什麼都沒穿，所以如果她先前有債務，老公也不用負擔。既然老公沒有背負債務，那做太太的當然不用還錢。更誇張的，是如果老公在外面欠錢，老婆的嫁妝也不用被債主追討。所以說對新娘而言，無論她自己有沒有欠錢，襯衣婚禮都對她有利。雖然這個觀念在法律上站不住腳，但還是有一些新娘秉持這個信念，願意只穿襯衣站在婚禮祭壇前方直打哆嗦，接受觀禮群眾盯著她赤裸的手臂與腿看。[32]

在歷史上，女性的內衣對男性來說一直是個不容易啟齒描述的物件，這點在復辟時期也不例外。

緊身胸衣、襯裙、襯裙的裡布、緊身背心還有讓裙子更立體的裙撐，這些單品對女性來說不可或缺。值得慶幸的是，女生不必一次把這些東西穿在身上。穿緊身胸衣的時候，要了解這個東西存在的目的不是舒適，單純是為了增加女生的虛榮心，以及讓男性對妳目不轉睛。緊身胸衣在一六六〇年代原本是穿在外頭的服飾，但是到一六八〇年代就變成與肌膚接觸的襯衣。胸衣裡上上下下有好幾支鯨骨，才能把整件襯衣的輪廓撐起來。如果讓緊身胸衣與肌膚緊密貼合，就能讓腰部更纖細，讓上圍更豐滿，將上半身多餘的肉都推擠到胸部。如果勒得太緊，有時穿起來更是苦不堪言。至於剛才提到的其他單品，女生的馬甲外型就像背心，是由亞麻布打造而成，並且從頭上往下套在襯衣外頭，讓穿著者更感溫暖。有時候女生穿長衫或禮服時，會選用那種可外露的馬甲，而這種馬甲也會用較華麗的材質來製作，例如薄絹（一種上等絲布）、塔夫綢（針織絲布）或是圖大塔夫綢（另一種針織絲布）。具有條紋樣式的馬甲頗受歡迎，若上頭有蕾絲或縫線點綴則更時髦流行，但前提是你負擔得起。襯裙與馬甲底下的副襯裙長度較短，一般來說不會外露。這種單品通常是以舒適的亞麻布縫製而成，較昂貴的版本則以絲來製作。裙撐則是一六八〇年代的發明，這是一種墊在裙子內部的支架，讓裙襬的輪廓更立體圓弧。對來自二十一世紀的我們而言，一定會想：「這個東西會不會讓屁股看起來太大？」不過復辟時期的婦女在照鏡子時，擔心的則是：「我的屁股看起來會不會太小？」

你有可能會聽到女生穿男生內褲的傳言，這種情況相當少見。[33]短版內褲是男性專屬，如果聽到有女生穿這種內褲，該怎麼解釋？簡單來說，那就是她想找人上床。佩皮斯懷疑太太跟舞蹈老師有一腿時，他躲在房內「偷看老婆今天有沒有跟之前一樣穿男用內褲。」[34]如果有人拿女用內褲給你看，從版型跟上頭的刺繡設計就能立刻發現，這是一種用來讓別人欣賞的單品。在十七世紀，若不是要傳達想做愛的渴望，沒有人會露出這麼大面積的腿部肌膚。在某些襯衣跑步比賽中，女生就只穿男用內褲參賽。不要以為這是女性運動服裝的原始版本，這只是讓觀賽群眾欣賞年輕女性的大腿罷了。有一首叫做〈處女賽跑〉（The Virgins' Race）的民謠，就是在描述約克郡婦女穿著短版襯衣跟男性內褲賽跑，獎品為一把銀湯匙。另外，你也會看到一些邀請年輕婦女參加比賽的廣告，獎品則是全新的荷蘭麻布。通常這種小比賽是為了拉攏更多群眾參加其他活動，例如曲棍球賽。有時這些比賽會公告參賽者只會穿內褲比賽。請不要懷疑，如果有人提到女生穿短版內褲，絕對不是在討論衣著的保暖性，也完全與運動服裝的機能無關。[35]

• 外衣

在很多描繪復辟時期婦女模樣的畫作裡，特別是在彼得·萊利的作品中，能看到女性穿著多采多姿、份量感十足的禮服，內裡則是一件寬鬆的襯衣。這些造型看起來帶著一種浪漫的放蕩感，其中一個原因是這些服飾屬於睡衣，一般來說不會穿出門。另外，這些圖片也有誤導民眾之嫌，因為復辟時期的婦女並不常做這種打扮，除非她們要到希臘的神廟裡當女神。現實生活中，女性的服飾更為保守。湯瑪斯·馬斯（Thomas Mace）在一六七六年提到，當時婦女的穿著仍相當拘謹：

> 女性的服裝線條死板僵硬，完全束縛著她們的行動。袖子緊到連伸手到腦後抓癢、把頭蝨拍掉都沒辦法。要她們舉起手臂拿東西吃非常困難，如果桌上擺了一盤肉，她們也只能彎腰往前傾，沒辦法用手端起盤子。[36]

女性時尚流行跟男性一樣變化迅速。一六六二年，佩皮斯跟太太散步去葛雷餐館，目的只為觀察最新的女裝款式，好讓太太做新衣服時有所依據。如果你想效法佩皮斯太太，絕對不要在復活節前到裁縫那裡做衣服，因為復活節一過，你才有辦法知道夏季流行什麼單品。[37]男性服裝的流行變化，基本上只在於細節上的微調與變動而已。湯瑪斯．羅格（Thomas Rugg）在一六六〇年七月時，在日記裡寫下「這個月女生開始流行穿起絲綢服飾、戴塔夫綢手套」。[38]如果要展示自己對時尚的敏銳度，就不能忽略這些配件與材質上的變化。經過整個復辟時期，女性跟男性的服裝造型都有極大的變動。

一六六〇年代與一六七〇年代，女生通常會穿緊身胸衣以及長裙。我所指的緊身胸衣，跟後來出現的緊身馬甲大同小異，也是一種內部裝有鯨骨的緊身束衣，能將女性上半身雕塑得更玲瓏有致。其中最主要的差異，就是在此時期緊身胸衣變成外穿的服飾，上頭的裝飾也更奢華誇張。不過早期的緊身胸衣穿起來更不舒服。當時有位男子描述：「這種衣服穿起來難受到令人不敢置信。」他還說：「用繩子把束衣勒緊，讓腰看起來纖細柔弱……年輕的女性就這樣讓自己的腰困在鯨骨監獄中。」[39]不過很多女性認為一穿上這種胸衣，整個人就變得更有魅力，而且單品本身也是一件藝術品。一件精緻的絲質胸衣裡鑲有許多纖細的鯨骨，並且在腰部收攏，尾端綴有緞帶。胸衣正面可能配有撐起胸部的鋼絲以及三角襯布，這塊布的目的就是讓兩側胸衣之間的缺口聚攏收緊。胸衣的領口通常挖得非常低，邊緣則以蕾絲收邊點綴。可拆卸式的袖套長度延伸至手肘，往後反摺之後在手腕前端綴以份量感十足的蕾絲。

一六八〇年開始，女性流行又有一番大轉折，此時胸衣與裙裝已不再時興，取而代之的是長禮服。禮服的裙擺前端通常會開岔，好展露內裡的襯裙。禮服下半身的輪廓寬鬆，像是法式長袍或睡衣那樣，而上半身則是緊貼肌膚。這種禮服前端領口呈現V字，並稍微露出胸衣上刺繡的部分。令人振奮的消息，是這些禮服的胸衣裡頭不含鯨骨。禮服的裙擺通常會往上抓摺，以露出內部的襯裙，但一六八〇年代起，婦女便在裙子內安裝裙撐。一六八〇年代初最流行的曼圖亞（mantua）禮服裙，是一種具有偌大裙擺的絲質禮服，走路時裙擺會在穿戴者後方優雅地款擺。另外一種稱為蘇屯（sultane）的禮服，上頭則綴有鈕扣以及圓環。

女性展露最多乳溝的時期是在一六六〇年代。那個時期社會上有許多行為放蕩的人開始熱衷一夜情，同時女性胸衣領口的剪裁也相當低。不過領口低不代表女生一定得露出乳溝，她們還是能運用智慧，搭配一些放在領口上的配件與墜飾。早期女性可能會在胸部上覆蓋一層輕薄的絲質圍巾，一六八〇年代後則被護領所取代。護領基本上是以蕾絲製成的披肩，而一六九〇年代開始女生又開始像男生一樣，戴起以蕾絲或薄麻布製成的印花布領巾，擋住令人臉紅的前胸肌膚。不用擔心這個打扮看起來會不會很古怪，羅伯特·赫里克（Robert Herrick）在一六四八年的詩作《赫斯珀里得斯》（*Hesperides*）描述得相當貼切：

禮服呈現誘人的凌亂感，
燃起心中淫邪的念頭，
肩上披掛的薄麻布，
讓人更心神不寧，
不合時宜的蕾絲，在禮服上隨處可見，

迷人的深紅色三角胸衣，
漫不經心的袖口，緞帶隨意擺動，
迷人的姿態、嫵媚的語氣，
令人魂不守舍的襯裙
從隨性綁起的鞋帶中，
我看出狂野的內在，
令我流連不已的，
是這處處皆藝術的服裝打扮。

如果有人嫌妳這樣穿著太鬆散邋遢，多半是那些不夠聰明，想不到可以這樣打扮的女人。

這時期女性的褲襪色彩繽紛，最受歡迎的材質則為針織毛料或絲布。女鞋通常是以皮革製成，鞋頭採尖頭設計，鞋跟也具有一定的高度。有些拖鞋或有高度的拖鞋，則是以天鵝絨或刺繡布料製成。金色或其他顏色的穗帶，常用來裝飾高檔皮鞋或麂皮鞋，而且鞋子也會灑上香水。如果想打扮得更吸睛，可以選用以紅色天鵝絨打造而成的低跟拖鞋，這種低跟拖鞋的方形鞋頭寬度為一英寸，鞋身以銀質絲線以及繁複的刺繡點綴，絕對是眾人目光的焦點。[40]

不過紅天鵝絨鞋並不適合走在滿是泥濘的街道上。如果怕鞋子被泥土弄髒，可以套一個鐵做的鞋套在鞋子下方，讓妳跟路面的糞便泥土保持一段距離。[41]不然也可以乾脆換一雙比較實穿的鞋。女生基本上不穿硬皮長靴（謝天謝地），她們穿的是一種以軟皮製成的短筒靴，專供戶外休閒或長距離騎馬使用。女用外出大衣跟男性的外套大同小異，或者也可選用長度到腰的短披肩，這種單品在一六八〇年代後才逐漸流行。不過有些短披肩只具觀賞功能，畢竟在冰天雪地裡穿著天鵝絨或毛皮飾邊的披肩太不實際。毛皮圍巾也是如此，這種用黑貂皮製成的披肩垂掛在肩上，中間兩條繫帶垂掛在胸部之間。目前為止最實用的還是大衣，女用大衣份量感十足，而且長度及腳踝，頸部則在喉嚨處綁帶收緊。芬尼斯某天在狂風中於荒原裡行走時，被大風吹得難以前進，但她仍不以為意，因為當時她穿著一件「防風大衣」。[42]

在一六七〇年代以後，女性才開始有戴帽子的習慣，當時流行的帽款邊緣寬大，頂部隆起程圓柱狀，跟男性的帽子或草帽大同小異。不過帽子很快也從潮流中退去，女性開始選用其他頭飾，其中最常見的還是頭巾。此時期的頭巾以素面亞麻布製成，並從兩側垂落、完全包覆頭部，繫帶則位於下巴處。有時頭巾會與窄版的額頭長巾搭配使用。這種長巾呈現三角形，一端固定在後腦的頭巾底下，其他部分則綁在下巴底下。其他帽款則有素色亞麻無邊便帽，還有綁在頭上的亞麻圍巾。

●頭髮

在復辟時期，專業美髮師這個職業才剛在倫敦萌芽，原因是此時女性開始在頭髮上大做文章。[44]一六六〇年，佩皮斯參見新任王后「布拉干薩的凱薩琳」，女王將整顆頭燙成鬈髮，佩皮斯感到相當新奇，不知這究竟是美還是醜。[45]一六六〇年代末，女性開始將頭髮往後梳，在後腦勺盤成一個橢圓形的髻，並用緞帶和假花來裝飾。另外，將編好的假髮捲在髻上再用別針固定，也是相當流行的作法。一六七〇年，路易絲·德·克魯阿爾被派來引誘英國國王時，又帶起另一股髮型的風潮。婦女會

一六七二年，布里斯托克萊斯托徹奇教區（Christchurch parish），單身女子沙拉．肯奇（Sarah Kitchen）的服飾[43]	
一件棉質長大衣、一件毛紗長大衣、一件白色斜紋嗶嘰布襯裙、一件印度粗斜條棉布襯裙、一件綴有金銀蕾絲的襯裙、一件素色平紋襯裙、一件暗色斜紋嗶嘰布襯裙以及同材質的禮服、一件精緻粗斜條棉布背心、一件黑色絲質曼圖亞禮服裙、一件黑色薄綢襯裙、一件粗斜條棉布披肩、一件絲質披肩、一件晨禮服、一套騎馬裝、一件荷蘭塔夫綢襯裙	總價十英鎊
十一對袖套、八頂無邊帽、五頂印花布頭罩、八條圍巾、十六個頭飾、十一條額頭長巾、六條領巾、六條手帕、六條口袋帕、九件圍裙、十一條頭巾、一件塔夫綢背心、四件其他材質背心、五件寬鬆直筒連衣裙、十條蕾絲領巾。	總價三英鎊三先令三便士

要求髮型師在頭頂燙出大捲，頭部後方的頭髮則燙成細長的小捲。一六七四年，「牛頭髮型」從法國流行到英國。這種髮型就是將額頭前方的頭髮捲成份量感十足的瀏海。一六八〇年，中分捲髮變成最受歡迎的髮型。而在一六九〇年最受青睞的則是高聳的頭飾配上鬈髮。

女性相當理性，並沒有立刻像男生那樣把頭髮剃光只戴假髮。她們也沒這個必要。女生唯一需要戴假髮的場合，是外出騎馬的時候，她們的假髮底下就是自己的真髮。不過後期流行的高聳蕾絲頭飾，也證明女性跟男性一樣膚淺、追求流行。要在頭上放上這種蕾絲頭飾，要先架上一個鐵絲做成的支架。鐵架上頭覆蓋著蕾絲以及亞麻布，形狀稍微往頭部前方傾斜，看起來像半開放式的風扇一樣。接著婦女再將頭髮集中到頭部前方，具有類似柵欄的效果，如此一來她們的頭髮才能直接捲在頭飾上，與頂部層疊的蕾絲相呼應。這種頭飾的高度大概有十英寸左右，每一側都以緞帶固定。這種髮型看起來實在驚人，不過我猜除了讓人看了目瞪口呆之外，頂這種頭的婦女應該什麼事都做不了吧。[46]

在復辟時期，紅色與白色的粉狀彩妝以及香水，是任何一位自重的婦女必須擁有的化妝品。當其他女人搧著扇子，雙眼仔細打量妳的時候，妳根本別無選擇。不過此時期女性使用的各式化妝品，可能會令人卻步。妳會想用幼犬水（puppy water）洗臉嗎？我知道幼犬這個字在英文裡跟佩皮斯的名字很接近，但是不要想歪。我第一次接觸這個字的時候，是讀到佩皮斯的阿姨用這種水來清潔自己不甚美觀的臉龐，讓佩皮斯的太太也動心去買了一瓶這種水。[47] 那個時候我以為這水指的是佩皮斯的尿。其實不是，幼犬水比佩皮斯的尿更噁心。其實這是把小狗拿去蒸餾之後汲取的油脂。這種幼犬水的做法有很多種，其中一種是出自尼古拉斯·庫爾柏珀（Nicholas Culpeper）的《倫敦藥典》（*Pharmacopoeia Londinensis*）：

> 取四磅橄欖油、兩隻剛出生不久的幼犬、一磅蚯蚓（以白酒洗淨）。將幼犬放到滾水中煮成肉塊之後加入蚯蚓，靜置片刻後濾出鍋中液體。加入三盎司的柏樹與松節油、一盎司乙醇，並依照不同用途來進行最後步驟。[48]

除了這個作法，還可以參考一六九〇年約翰·伊弗林的女兒瑪麗發明的方法。她先將出生九天後的幼犬拿去煙燻，讓骨頭脆化，然後以蝸牛取代蚯蚓。如此甜美的少女竟想得出這種辦法！另外，她還堅持要在液體中加入某種名叫金絲雀酒的白酒以及檸檬，並讓蒸餾出的液體滴在一大塊糖還有小片的金箔上。不管是哪一種作法，最後都要把這種油抹在臉上。

就算佩皮斯不贊同這種水的製造方法，但整個社會卻欣然接受。不過在臉上塗抹顏色，會被民眾視為不尋常的舉動。很多人認為只有妓女或女演員（通常會被認為是紳士的情婦）才會把顏色放到臉上。有些女性會運用色彩讓自己看起來更美，也有人認為臉型比顏色更重要，所以會隨身攜帶小型軟木塞填充物。瑪麗・伊弗林曾描述這種軟木塞填充物是「非常輕的小圓球，能放在口中讓臉頰更突出澎潤，在宮廷中的女伯爵之間非常流行。」[49] 如果你常出入宮廷的話，遲早會目睹這種小球不小心從某人嘴巴滾出的窘境。另外一個席捲復辟時期的女性美容風潮，是在臉上貼小片的黑色貼紙。這股流行始於一六五〇年代，當時女性開始用人工的痣或是圖樣妝點臉龐。一六六〇年，佩皮斯太太首度在臉上貼上貼紙時，佩皮斯頗不以為然。一六六一年，他在皇家交易所看到某位美女在臉上貼貼紙時，仍不改其態度，並表示：「她臉上都是黑色的貼紙。」[50] 一六九七年彌松先生造訪英格蘭時，這股風潮仍未退去。「不管老少，不論美醜，每個人都在臉上貼滿貼紙，直到貼不下為止。」他還說：「有時候在七十幾歲老婦滿臉皺紋的臉上，我還能數到十五張以上的貼紙。」[51]

另外，時尚的女性一定要有雙柔嫩潔白的手。威廉・薛林克斯就發現當時婦女保養雙手的辦法。一六六〇年八月某天，他跟款待他的貴族在肯特郡狩獵，狩獵宴上有男有女。有人用十字弓射中一頭鹿之後，在場的仕女一湧而上，將雙手沾滿鹿的鮮血，她們認為這樣就能讓手部肌膚嬌嫩透白。你一定覺得很噁心。沒錯，並不是每個人都接受這個作法。瑪麗又提供另一個點子：睡前將雞皮套在手上，當成手套戴著睡覺。[52]

●配件

男士佩劍、帶著暖手筒出門時，女性身上也綴有各式各樣的配件。女士跟男士一樣會帶暖手筒出門，只不過除了增加時尚感之外，女士也希望手不要受凍，不像男生只用緞帶將暖手筒掛在腰間展示。如果家境富裕，夫人或女伯爵也會撐傘遮陽，手戴散發茉莉奶油香的小羊皮手套。手套款式偏短，末端只延伸至手肘，邊緣則以蕾絲點綴。一六七〇年代開始，以高級皮革或絲製成的手套長度就延伸到手肘。連指手套也相當流行，材質通常是蕾絲或是絲質布料，而短版連指手套則將拇指與其他四指分開。想當然，手套還是非常受歡迎的配件，不過如果你聽到口袋帕這種單品，要注意口袋並不一定是服裝上的基本配備。亞麻口袋本身也是一種配件，需要另外縫製在服裝內側。而圍裙就跟扇子（通常色彩繽紛）還有珠寶（尤其是珍珠）一樣，是不可或缺的單品。鑽石綴飾耳環相當搶手，綴有綠松石、藍寶石、紅寶石以及綠寶石的黃金耳環一樣熱門。不過最讓你意想不到的配件大概會是面具。過去一百年來，有時婦女外出用面具將臉遮起來。從這個城鎮移動到另一個城鎮，不想讓臉上沾滿塵土時婦女會戴上面具；在倫敦的公園裡或劇院中看戲時，也會戴起面具避免其他人閒言閒語。面具分為兩類，其中一類是橢圓形的全罩式面具，另一種是只蓋住眼睛半罩式面具。如果戴著面具再加上連帽斗篷，外人根本認不出你是誰。唯一要特別注意的，是在復辟時期尾聲，面具被視為賣淫的象徵。

●勞工、工匠、農民以及窮人

社會上多數女性只能追著流行跑。屠夫的老婆想擁有一件絲質襯裙，或帶個貂毛暖手筒出門根本是天方夜譚。住在倫敦的優雅女伯爵在街上騎馬時，身上穿的是精緻的大衣與高級短筒靴；但西部鄉村的婦女，只能穿著斗篷與木鞋在寒風中步行。從工匠妻子的財產或遺產數目就能窺知她的服裝配件為何。一六七二年在艾塞克斯郡，寡婦普爾（Widow Poole）死後留下四十英鎊現金，其他物品的價值則為八英鎊八先令。這些物品中有價值一英鎊的四件襯裙與一件背心、三先令的帽子、五先令的黑圍巾與綠圍裙，最後還有五先令的舊襯裙和緊身胸衣、帽子以及背心。其他衣物加起來只有三十三先令，僅是遺產的冰山一角，可能其他較精美高級的服飾都已轉送出去了。[53]你大概會預設女性都非常在乎容貌，願意花錢購置美麗的服飾。事實上，對於嫁給工匠或農民的婦女來說，花大錢買衣服是她們一輩子都達不到的夢想。等到她們邁入中老年後，容貌與長相遠不及活著來得重要。在前面表格裡出現的沙拉·肯奇，她名下的財產總共有四百六十二英鎊，這是相當驚人的數目，而其中高達四百二十三英鎊都是地契、現金還有名貴的瓷器。這些東西才是生活的保障。很多寡婦都遵循這種理財模式：享有財務保障，比穿得漂亮還重要。

● 蘇格蘭服飾

蘇格蘭的婦女跟男性一樣會穿格子花呢衣裙。一六九八年，芬尼斯跨越蘇格蘭與英格蘭邊境後，立刻碰到穿著這種服飾的女人。據她描述：「雖然雙腿裸露在外，身上還是披著格子花呢布。那種服飾看起來像是毛料製成的毯子，再加上一頂騎馬時戴的斗篷帽，只不過她們在家也這樣穿。」[54]另一位英格蘭評論家也對蘇格蘭婦女的服裝進行描述：

比較貧困的婦女赤腳行走，頭上沒有帶任何帽飾，臉的兩側掛著兩條鬈髮。有些婦女身上的服飾單薄，只披了一塊床單，用別針在肩膀的位置將床單固定住。小孩身上也只披了一條小型毯子。買得起格子花呢布的婦女不會再花錢買別的服飾，因為這種能遮蓋身體的毯子就足夠了。家境非常富裕的女性會穿著時髦的絲質服飾，但因為天氣的緣故還是會在外披上格子花呢毯。[55]

在這個時期，除了窮到捉襟見肘的貧民之外，幾乎所有婦女都有一條格子花呢毯。復辟時期末，某位愛丁堡酒商的寡婦蘇菲亞・佩蒂克魯（Sophia Petticrew）就有兩件名叫格拉斯哥格紋的格子花呢布。她其他的服飾如下：

一件襯墊絎縫黑色齊里馬齊布（Killimankie）襯裙
一件條紋花卉齊里馬齊布襯裙
一件精緻黑色布料襯裙
一件藍紅嗶嘰布襯裙
一件黑色破舊襯裙
一件亮色絲質精紡毛紗禮服，內裡以檸檬黃波斯棉製成
一件破舊禮服，內裡以黑色嗶嘰布製成
一件黑色嗶嘰布圍裙
一件黑色齊里馬齊布圍裙

一件藍白圍裙
一件黑色短版百摺絲質圍裙
一對緊身馬甲與三角胸衣
一件破舊深色披風
一雙鞋
一頂睡帽
二十一塊蕾絲與素面粗紋棉布
兩塊綴有蕾絲的平紋細布
四頂蕾絲瑪琪帽（mutch）
兩頂斜紋布蕾絲帽
半條平紋細布蕾絲手帕
一條麻紗手帕[56]

如你所見，有些單品的名稱相當古怪。齊里馬齊布其實是以光滑毛料與綢緞織成的比利時毛呢，瑪琪帽則是以亞麻和紗製成的外出貼頭帽。斜紋布則是以亞麻織成、具有特殊紋理的布料，在日光照射下會閃耀光澤。除此之外，她的其他服飾配件跟英格蘭婦女的配備大同小異，不過她還是有可能比較嚮往英格蘭的流行。簡言之，蘇菲亞·佩蒂克魯絕對不是那種單披格子花呢被單的窮苦婦女。我想她看到貧民的這種打扮時，可能也會眉頭一皺吧。

清洗衣物

就算使用高等布料來製作服裝，如果不加以清洗，也顯現不出高雅的質感。為什麼亞麻布是最普遍的內衣材質呢？因為亞麻布能吸附身上的汗水、污垢以及體臭，清洗襯衣時水就會將這些髒汙和氣味帶走。從這點就能得知，對於時尚的高級布料和服裝而言，清潔是最重要的步驟。

有些布料洗起來很輕鬆，有些洗起來則是一番大工程。絲質布料、蕾絲、薄麻布、薄綢還有名叫蒂芙尼（tiffanies）的高級薄紗布，都是洗起來相當複雜的布料，你絕對不會隨便把這些服飾丟給洗衣女工，否則後果不堪設想。如果你買得起這種衣物的話，通常會自己手洗上漿（如果你是女性的話），或是把衣服交給太太、女傭來清理。[57]大衣或外套最好能交給女傭用刷子來整理，只有毛料或亞麻製品可以定期交給洗衣女工，或是拿到鎮上的洗衣婦工作坊處理。如果你的衣物是交由自家傭人清洗，在「大清洗」（great wash）那天，他們會用盡所有素材以及精力來洗衣。每戶人家洗衣的頻率不同，不過一六九五年，約翰·修頓（John Houghton）寫道：「我發現生活習慣良好的家庭，大概每個月清洗一次衣物。在家中洗衣時，民眾使用的肥皂量多到令人咋舌。」[58]

所以這個「大清洗」需要動用哪些材料，作業流程又是如何呢？首先是前置作業。如果不小心將墨水滴在襯衫上，需要先將污漬處泡在尿裡一個晚上，漢娜·伍利（Hannah Woolley）在《能幹的女傭》（*The Compleat Servant-Maid*，一六七七年出版）書中就是這麼寫的。如果污漬已被尿液中的阿摩尼亞分解，就可以開始準備洗衣。通常民眾一大早就開始動作了，冬天凌晨兩點開始洗衣服根本是家常便飯。[59]如果是貴族或伯爵所屬的大家庭需要清洗衣物，通常會另外聘請洗衣婦來幫忙。根據貝德福公爵給付的工資，婦女洗一天衣服能領到一先令六便士，完全反映出洗衣服是件苦差事。[60]有些人會焚燒木材來製作鹼水，再將衣物層層堆在洗衣桶中以鹼水浸泡，再用拍打或踩踏的方式清洗衣物。蘇格蘭婦女在洗衣服時，會將裙子掀起到大腿頂部，露出比平常更大面積的腿部肌膚，所以其中一位洗衣女工得負責在附近驅趕偷窺的變態。在其他地區，民眾使用各式各樣的肥皂，像是每磅零點五便士的黑肥皂、每磅一便士的灰肥皂還有價格最高、每磅三便士的橄欖油皂。黑皂是以鯨油製成，所以氣味強烈，而且有可能會讓亞麻布染色，所以只能在洗毛料服飾時使用，不要用在麻紗或荷蘭麻上。所有衣物都洗淨後，會平放在地面上接受日曬，或掛在繩索上晾乾。

那洗衣棍、洗衣桿、軋布機或是曬衣架呢？這些都是未來的發明。在復辟時期，民眾只會運用棍棒來敲打強韌的毛料織品，把衣服上的塵土打下來。此時最先進的發明則是熨燙衣物。以前如果想讓衣服保持平整，要不是用石頭輔助，不然就是昂貴的壓衣機。不過從一六七〇年代起，熨斗以及用來熨燙蕾絲布邊的「平滑熨斗」成為民眾談論的話題。這些器材並不便宜，平均二手價為一先令。[61]在一六八〇年代，有錢人開始請人替自己熨燙衣物，這就是我們現今使用的熨斗的起源。[62]

可惜的是，燙衣板要再等三十年才會出現。

chapter 7 旅行

長途旅行是我們進行從中世紀到現代的這趟文化探索中，相當重要的課題。遠行能體現人類是如何在各種條件下求生存，例如飢餓時該吃什麼、碰到危急情況時該怎麼呼告同伴，甚至如何跨國做生意，以及如何分享科學與科技新知。另外，民眾也需要遠行，才能處理法律相關事務以及參加選舉。在十七世紀長途跋涉確實是件令人挫折喪氣的事。路況、對陌生人的疑心還有住處的費用，都有可能讓你一個頭兩個大。古時的傳統習俗也令人不堪其擾。威廉・薛林克斯就曾動筆記下自己旅途中的不悅：「在整個英格蘭，民眾不能在安息日搭船、坐車、租馬車還是騎馬，通通都不准。」[1]只要在星期日出門遠行就會被罰十先令，除非你持有地方治安官的許可證明。雖然民眾越來越不重視法律規範，但外出時還是會被要求出示許可證。

陸路交通

英國道路的路況有待加強。很多道路早在羅馬帝國時期就已存在，這些道路凹凸不平，行人必須繞到路旁的泥巴地上。不須多時，路邊土壤就出現了大量踩踏而成的溝痕，也變得泥濘難行。而且旅人的數量增加，也讓路況越來越糟。幾世紀以來，只有行人、牲口、騎馬的民眾、馱馬、還有運貨馬車會使用這些道路，唯一會對繞路感到厭煩的也只有行人而已，馬匹一點感覺也沒有。但是在國際貿易越來越頻繁之後，不僅人跟動物會使用這些道路，路上還出現大量四輪載客馬車。這種現象讓問題惡化：馬車鑲鐵的輪胎讓泥地的凹痕越來越深，將礫石壓得粉碎四散，也把老舊的石板輾得支離破碎。

幾乎全英國的路況都是如此，芬尼斯對這些路就瞭若指掌。她發現在英國南部，有些身分尊貴的女士會搭著牛車上教堂，而「薩塞克斯的車伕跟拉車的牛，要抬腳前進時都得費力把腿從泥地中拔出來。」[2]通往布里德波特（Bridport）的道路不僅狹窄，而且石頭遍布，芬尼斯說自己可是費了一番力氣才抵達多塞特郡。來到德文郡之後，她發現「當地隨處可見的圈地式農地，讓其間的道路變得相當狹窄，有些區段甚至容不下馬車。當地人只好在馬背上擺放木架，將穀物以及貨物掛在馬的兩側，裝滿後再用粗繩綑綁固定。」[3]康瓦爾郡的狀況也類似。狹窄的道路經過大雨洗禮後，變成不良於行的泥巴路。某次芬尼斯騎馬外出時，她的馬不小心直直踏進水坑中。她知道，人跟馬沒有因此丟掉小命，是他們的運氣不錯。[4]

你八成想不到走在路上也會跌進水坑中溺死，但在復辟時期這可是千真萬確的事實。勞夫．瑟雷斯比在一六九五年五月被困在雨中，只好在韋爾（Ware）稍作停留，他寫道：「路面積水高到從倫敦來的旅客已經採游泳的方式前進，有個可憐的遊民還溺死了，我們被困在這裡好幾個小時不得動彈。」[5]一六九八年，勇往直前的芬尼斯在德文郡搭乘馬車時，路上的積水不斷上漲，最後淹到馬車窗戶了。從窗外望去，她發現田野中的牲口都在游泳。[6]這時候如果再碰到搖晃不穩的橋樑，那可真的是險象環生。湯瑪斯．巴斯克維爾在劍橋旅行時，穿過好幾座老舊的木橋。好幾次走在腐朽的木橋上，湯瑪斯都膽戰心驚。[7]碰到強烈的暴風雨，連石橋都有可能崩塌。一六六三年五月，北安普敦郡（Northamptonshire）有兩名男子渡河時，前後段的橋面突然被水沖走，所幸他們兩人只是被困在河中，沒有喪命。[8]

民眾在描述這些案例時總是喜歡誇大，而你要知道的，就是這些道路跟倫敦境內的路面一樣，有好就有壞，有新就有舊。狀況較好的路通常底下墊有石塊，上頭再以石板鋪平，路面高於兩側的氾濫平原。查理二世就曾表示諾福克郡的道路狀況極佳，其他城市也應該立刻跟進。[9]不過老實說，英格蘭的道路狀況還算及格，真正慘不忍睹的道路是在蘇格蘭。在國界北部的那些崎嶇、凹凸不平的路面，以及橋樑數量嚴重不足的窘境，對那些驅趕牲口橫越荒原以及田野的農民來說，實在是一大挑戰。在蘇格蘭與英格蘭，修整道路是民眾的義務，政府不會插手幫忙。在英格蘭與威爾斯，法規甚至嚴格強迫教區民眾每年要花六天時間整修道路，不然就要付公路局（Surveyor of Highways）罰金。蘇格蘭也有類似的規定，只是他們的規定是民眾必須在夏天和秋天各花三天整修道路。[10]但是如果你住在赫特福德郡（Hertfordshire）的拉德威爾（Radwell），在這個小教區中只有二十幾戶人家，卻要負責修整北部公路（Great North Road）其中長達兩英里的路段，這該怎麼辦？他們根本沒辦法應付這麼長的區段。假如有個富商的馬車車輪斷了，或車子陷入坑洞之中，就自求多福吧，或者付個六便士請當地居民幫忙，他們還可以藉機賺點外快。

雖然議會知道全國各地的路況普遍不佳，卻沒有以積極的態度來解決問題。一六六二年，議會通過一條法案，讓每個教區徵收為期三年的公路稅，再用這筆錢來整修道路，不過此法效益不高。隔年議會又推出新法，在北部公路設置三個收費站，繳交過路費後路障才會升起讓馬車通過，而這三座收費站分別位於赫特福德郡的魏德斯米爾（Wadesmill）、亨廷登郡（Huntingdonshire）的斯蒂爾頓（Stilton）以及劍橋郡的卡克斯頓（Caxton）。不過這項法案造成的後果，就是再也沒有人使用斯蒂爾頓的公路，加上卡克斯頓的收費站設計不周，民眾輕鬆就能繞道躲過，所以只有魏德斯米爾的收費站有穩定收入。以上措施失敗後，議會決定沿用舊制，繼續讓當地民眾整修、管理道路。一六七〇年，議會推出一項暫時法案，要求各教區的治安法官（Justices of the Peace，也稱作「太平紳士」）負責籌措經費，協助教區居民修整道路。一六九一年，某項新法讓公路局有權要求治安法官募集更多資金，藉此購置修補道路需要的物料。[11]不過這些辦法都思慮不周。一六九五年，馬車數量激增，議會只好重拾舊法，增收過路費來籌措修路資金。第二次與第三次推動的路障法案（Turnpike Acts），替艾塞克斯郡的申菲爾德至哈維奇（Harwich）的路段，以及諾福克郡的懷門德姆（Wymondham）與亞特伯洛（Attleborough）公路募集資金。一六九七年議會通過第四次路障法，在賴蓋特（Reigate）與克勞利（Crawley）公路增設路障。一六九八年推動的第五次路障法，則在博德利普（Birdlip）與格洛斯特（Gloucester）之間架設收費站。[12]從那時起，使用者付費的概念就在公路系統上沿用至今。

● 尋找方向

在人類文明發展的進程中，路標的地位舉足輕重。不過在一六九〇年代以前，英格蘭境內的路標少之又少。[13]一六六九年，奇平卡姆登（Chipping Campden）境內的某座路標，顯示通往格洛斯特、牛津、伍斯特以及華威等鄰近城鎮的方向，後方則以羅馬數字標註英里數。不過在找到下一個路標之前，你可得走上一段迢迢長路。一六九七年，英格蘭路標的數量大幅成長。議會在當年要求英格蘭與威爾斯的公路局在每個教區的交叉口設置「路標或指路石」。[14]隔年，芬尼斯行經蘭開夏時，讚賞地表示「所有交叉口都設有路標，告訴你每條路的名字與其連接的大城市或市場城鎮。」[15]並不是所有教區的手腳都這麼快。在德文郡的農村地區，大約要再等個十五年才會出現這些路標。[16]

如果沒有路標的話，要怎麼辨別方向？當然可以開口問，不過在某些鄉村地區，民眾也沒辦法告訴你三英里以外的城鎮要怎麼走。[17]如果你到人煙稀少的偏僻地區，我建議你還是請一位導遊，導遊不僅能指引方向，還能提醒你避開容易淹水或強盜經常出沒的路段。另外一個辦法則是購買地圖。幸運的是，第一本地圖早在一六七五年就出版了，那就是約翰．奧格比（John Ogilby）的《不列顛尼亞》（*Britannia*）。這本地圖輯用一百張帶狀地圖，勾勒出總長兩千五百一十九英里的道路。這種創新的製圖法在下個世紀仍非常盛行。約翰的地圖繪製手法相當全面仔細。他運用「里程計」（waywiser）或是測量滾輪，來測量道路的實際長度。而且他在標準化測量結果時，採用的並不是規格各異的長度單位，而是用一英里等於一七六〇碼這個標準規格來繪製地圖。他表示自己調查了總長兩萬三千英里的路段，在接下來的一世紀中，都沒有其他英格蘭地圖能超越約翰的創舉。

日落之後，找路就變成一項複雜艱難的任務。在遼闊的鄉間步行時，就算能藉著日光或手中的提燈辨識方位，還是有可能突然從主要幹道走偏到田野當中。在東盎格利亞（East Anglia），那裡的沼澤被道路兩旁深不可測的溝渠排乾了水，在月光黯淡的夜晚走在田野間，很可能一不小心就摔進溝中丟掉小命。一望無際的荒地跟田野也是問題所在。一六八二年十二月，湯瑪斯．巴斯克維爾跟六名友人走在格洛斯特某條歪七扭八的路上。因為碰上大霧，他們沒有在某個路口轉彎，還繼續往前行進了四到五英里。「我們發現自己置身一片黑暗當中，前方什麼都沒有，大概還要前進十英里才會碰到民房。」巴斯克維爾寫道。後來其中一位友人碰到一名男子，男子告訴他們最近的旅館要怎麼走，他們才終於享受到溫暖的爐火、順口的麥酒、美味的食物以及舒適的床鋪。[18]

如果來到倫敦，在夜裡找路就簡單許多，一六六二年後尤其是如此。一六六二年，議會推動一項法令，要求主要幹道旁的固定幾家房屋需要在門上掛提燈，晚上九點以後才准把提燈熄滅。一六八三年，安東尼．維納帝（Anthony Vernatty）獲得街道照明的專利許可，他發明一種以凸面厚玻璃圍成的路燈，能放大火光的亮度，讓路人行走時看得更清楚。[19]不過要特別留意的，是這些路燈雖然半夜之後才會被熄滅，但它們只有在米迦勒節（Muchaelmas）到聖母報喜日（Lady Day）之間（九月二十九日至隔年三月二十五日），並於滿月的第三天到新月後的第六天之間才會亮起。因為讓這種路燈持續點燃需要耗費不少資金，許多街道仍暗得伸手不見五指。[20]因為經費的關係，並不是所有城鎮都跟倫敦一樣。在街上沒有掛路燈的城裡，民眾只好自己攜帶提燈。其中最受歡迎的種類，就是前面提到的那種凸面提燈，這種燈不僅光線更耀眼，而且照亮的範圍也更廣闊。如果沒有提燈、加上天色昏暗，而且街上又沒有路燈，只能聘請所謂的「火把少年」（links）。只要付一到兩便士，這些舉著火把的少年就能領你回家。不過還是要保持警戒，如果你對城市的街道一無所知，這些少年有可能會把你帶進某個暗巷，將火把熄滅之後把你交給同黨「處理」。

•四輪馬車

大約一百年前，男士搭馬車是相當少見的，因為這種交通方式是女性專屬，男生通常會駕馬在馬車旁邊或後方同行。不過來到復辟時期，男性搭乘四輪或二輪馬車反而是稀鬆平常的事。佩皮斯表示「被人看到自己坐在出租馬車裡，感覺好丟臉」，並不是因為搭馬車有損男性氣概，而是這種行為太普羅大眾，他比較想擁有一輛自己專屬的馬車。[21]因為每個倫敦人都有這種想法，所以在一六六〇年代，倫敦境內大約有九千輛四輪馬車，從這個數字你就能想像交通品質有多差。[22]因為太多馬車擠在窄巷中，馬車三不五時就得停下來。如果車伕不小心把路旁攤販的商品撞掉了，也要停下來賠錢道歉；有時攤販跟車伕之間，或是車伕與車伕之間也會因為擦撞事故而口出惡言。嚴重的時候，他們會下車拉著對方的韁繩出言威脅，這時候整條路的交通就停擺了。[23]

路上可見形形色色的馬車。其中速度最慢、搭起來最不舒服的就是公共馬車或布篷馬車（caravan）。這種馬車是專門將人或是貨物從一個城鎮運往另一個城鎮。這種馬車有四個大輪子，頂部以布篷遮蓋，並由好幾匹馬排在前頭拉車，而且最多能夠容納二十人。[24]車伕通常會走在馬匹旁邊揮舞皮鞭，光想像這個畫面就知道這種馬車跑得有多慢。坐在這種馬車上，不禁讓人以為自己要前往美國西部。不過這種馬車對貧困的民眾來說不可或缺，他們能帶著個人物品來往不同城鎮。而且坐在這種馬車裡，也比較不會被公路強盜盯上，畢竟強盜對一群窮人一點興趣也沒有。一六八一年，在不同地區與倫敦之間，大約有三百輛這種馬車來往行駛。[25]

私人馬車的速度就比較快了。復辟時期初，私人馬車的外型方方正正，而且後輪較大、前輪較小。馬車底盤上以木頭搭出車廂輪廓，再以皮革包裹外圍。這種馬車坐起來搖搖晃晃，有時候會覺得自己像是暈船了。馬車車廂上寬下窄，比較高級的底盤上裝有彈簧。而在早期，馬車窗戶通常以皮革覆蓋以阻擋風吹雨淋，後來的馬車玻璃則改以上釉處理。[26]可供六人乘坐，並由四匹馬或六匹馬拖行的馬車（稱為四馬拉或六馬拉馬車），是專門用來將紳士從鄉間住處載往市中心的交通工具。有些馬車表面以鍍金裝飾，不過自從查理二世表示對這種奢豪馬車的不齒之後，這種馬車的外層就只塗上黑漆，並在門上飾以馬車主人的紋章。

在倫敦還能看到很多小型四輪馬車，這些馬車的車廂塗上黃色的漆，輪子則塗成紅色，並由兩匹馬拉行。這種馬車名叫哈克尼馬車（hackney），因為在古法語中哈克尼（hacquenee）指的就是馬。另外，你也會看到幾輛敞篷兩輪馬車，這種馬車是由車主自行駕駛。有些敞篷兩輪馬車的車廂以柳條編製而成，目的是為了增加馬車行駛的速度。基本上在市中心行駛的馬車，主要都以速度快、重量輕為設計原則。一六六五年，羅伯．虎克發明一種兩輪馬車的原型，這種馬車只能載運兩名乘客，並由一匹馬拉行，整體行駛速度更快。另外一種馬車叫做篷馬車（calash），這是一種頂部布篷可折疊收起的小型馬車。來到復辟時期尾聲，輕馬車（chaise）也誕生了，這是一種由一到兩匹馬拉行的輕量敞篷馬車。[27]你可以想見接下來的發展……佩皮斯搭著威廉．潘恩（William Pen）的兩馬拉輕馬車玩得不亦樂乎，他和威廉．巴頓（William Batten）的四馬拉馬車比賽，結果輕馬車贏了，只是佩皮斯的絲絨大衣上也覆上了一層厚厚的沙塵和泥污。[28]

回到實際面來看，如果你在倫敦需要一輛馬車，可以在路邊招攬哈克尼馬車。雖然議會在一六六〇年通過一項法令，禁止馬車隨意停靠載客、阻礙交通，不過看到路邊剛好有方便的停靠點，這些馬車還是會隨時停下來。一六六九年，馬加洛提就發現幾乎大街小巷中都有這種馬車的蹤影。另外一種選擇，是到設立在河岸街的五朔節花柱（Maypole）旁邊的驛站招攬馬車。每輛出租馬車最多可在倫敦內或郊區承載四位乘客。而這些馬車的數量上限為四百輛，所以天氣極差或是歌劇院表演剛結束的時候，要招到一輛馬車簡直難上加難。一六七〇之前，這些出租馬車多半沒有裝玻璃窗戶，所以乘客都是在黑暗中前進。一六六二年開始，車伕必須領有執照（手續費為五英鎊），馬車外頭也應該寫上駕駛的執照編號。承租馬車的標準收費為一小時十二便士，不過，根據彌松先生的說法，如果價錢有爭議，解決辦法通常是跟車伕大吵一架或是大打出手。就連國王的非婚生子格拉夫頓公爵，也常跟哈克尼馬車的車伕因為車資問題而爭執不休。[29]

如果你打算到更偏遠的鄉間，勢必需要一輛屬於自己的馬車。在馬車市場的底端，熟知行情的人通常會花十五到二十五英鎊買一輛車。如果你的目標是二手馬車，就可能用更低的價格購得。一六八〇年，林肯郡的亨利．柯伯特醫生（Dr Henry Corbet）就以十三英鎊十先令的價格買到一輛馬車以及所有馬具。[30]如果你只在城鎮中移動的話，買一輛敞篷輕馬車即可。一六八一年，史學家威廉．道格達爾（William Dugdale）花二十三英鎊十三先令買了一輛新的敞篷馬車，另外購入的馬具要四英鎊，而覆蓋馬車的篷布則要價一英鎊。[31]威廉．潘恩的輕馬車則價值三十二英鎊，具有玻璃窗的高檔馬車價格則更高。佩皮斯在一六六八年，就花了五十三英鎊買一輛裝有玻璃窗的馬車。而在金字塔的頂端，貝德福伯爵在一六八二年五月，花費一百二十七英鎊四先令買一輛全新輕便馬車。[32]除了馬車之外，還要飼育幾匹健壯的馬（每匹馬大約要二十五英鎊），公爵的車伕還要體面的制服，另外還得聘請幾位男僕，這些費用林林總總加起來就要三百英鎊。[33]馬車行進時也需要額外的開銷。亨利．柯伯特醫生有四匹各別價值七英鎊的馬，並需要承租至少四英畝的草地讓馬匹吃草。草地每英畝約十先令，這筆費用在冬季則包含乾草。[34]除此之外還有聘請獸醫、蹄鐵匠以及整修馬車的費用。舉最奢侈的例子來看，貝德福伯爵的六匹馬在倫敦休息時，光是飼料費用每週就要一英鎊十先令。而且身為伯爵不可能只擁有一輛馬車，像貝德福伯爵每年就要花一千英鎊來維護馬車、馬具與馬匹，有時一年的開銷還超過一千五百英鎊。[35]

拿六馬拉馬車跟四馬拉馬車相比，六匹馬的並不會快太多，畢竟前進的速度最快也就那樣。不過多了這兩匹馬，馬車就能以高速跑得更長更遠。一六六七年，佩皮斯搭著四馬拉馬車，趕了十八英里路來到埃普索姆（Epsom），速度大約為每小時六英里。其實這已經算快了，不過回程時這四匹馬卻多跑了一小時。[36]約翰．伊弗林在一六八八年旅行至奧爾索普（Althorpe）。在前三十二英里的路程中，四馬拉馬車以同樣每小時五到六英里的速度前進。吃過午餐後，在接下來的四十英里路程中，他換搭六馬拉馬車，速度就大幅提升到每小時八英里。[37]而六馬拉馬車比較受歡迎的另一個原因，是因為這種馬車看起來比較拉風。就算你沒有在趕路，只要坐上六馬拉馬車，一定能讓路人回頭多看幾眼。佩皮斯接到浩威勳爵（Lord Howe）的信，得知對方隔天早上會派六馬拉馬車來接他的時候，整個人欣喜若狂。[38]如果無法親自出席葬禮，不少男女貴族會派遣自己的馬車到現場，以車身兩旁的家族紋章代表出席。伊弗林就曾自豪地在日記裡寫下，一六八五年在他女兒瑪麗的葬禮上，總共有六輛六馬拉馬車出席。[39]

如果你財力不夠雄厚，買不起自己專屬的馬車，還有其他選擇嗎？當然囉，你可以選擇出租馬車，倫敦出租馬車的標準定價是第一個小時十八便士，之後每小時十二便士。[40]再不然你也可以選擇公共馬車，而且更沒道理的是，這些公共馬車還比較有效率：公共馬車的收費低廉，而且速度比大型私人馬車還快。當時其實也有不少人對公共馬車倍感興趣。艾德華·錢伯倫在一六七六年就表示：

最近有一種還不錯的公共交通方式。不管是男是女，只要經濟狀況還不錯，就能搭著這種交通工具來往倫敦與各大英格蘭城鎮，甚至還能到達大城市周邊的村莊。這種僅存在於英格蘭的交通工具，就是所謂的公共馬車，不管到哪都能搭這種馬車。你不需頂著烈日，不用忍受風吹雨淋，也不用走路走到腰痠背痛。這種馬車不只是車資低廉——每五英里只要付一先令——迅捷的程度也比國外的郵件系統一天內走的距離還遠。有一種名叫「飛行馬車」（Flying Coaches）的公共馬車，每天能跑至少四十到五十英里，像是從倫敦到劍橋或牛津，除了用餐時間之外，交通只需大概十二小時。出發時間不會太早，抵達時間也不會太晚。[41]

這聽起來也太美好了吧？現實真的是這樣嗎？

公共馬車網絡的原型早在一六六〇年就已出現。民眾能從倫敦往返幾座英格蘭主要城鎮，像是東南部的多佛、西南部的埃克塞特、西部的布里斯托、西北部的徹斯特以及北部的愛丁堡。公共馬車的出發時間相當規律，通往埃克塞特、徹斯特以及約克的車子每週一、三、五發車，不過這幾條路線的速度極慢，而且收費高昂。[42]就算是在夏季，這幾班車每天也跑不到三十英里。從倫敦經過坎特伯里到多佛的這七十英里路大約需要兩天，速度根本快不了多少，而且有時還會誤點。一六六一年十一月，某台公共馬車花了四小時才跑十七英里，從坎特伯里來到錫廷伯恩（Sittingbourne）。[43]所以一六六〇年代的公共馬車，還不像錢伯倫在一六七六年所說的那麼「神速」。另外，收費也不像他說的這麼平價。雖然從倫敦到埃克塞特、徹斯特與約克的車資確實是每五英里一先令，所以在夏天總共大約是兩英鎊，在冬天則是兩英鎊五先令。不過除了基本車費之外，你還要付車伕小費，而且車伕還不只一位，因為長途行程通常會由三到四位車伕負責。[44]在酒館裡喝酒休息時，乘客也要替車伕付酒錢。當然行程中的三餐費用也要你自己負責，所以馬車行進速度越慢，你就得花越多錢。

因此，一六九六年從倫敦通往牛津的飛行馬車開通後，交通效率就有重大突破。但事實上，這些馬車只在三月至九月之間「飛行」而已，在冬季這些馬車的交通時間仍需要兩天。就算在夏季，飛行馬車的時速也只有五英里，不過這種馬車確實在效率上有所突破。當時他們大肆宣傳馬車能在一天之內跑五十九英里到達牛津，對許多經商的生意人堪稱奇蹟。而飛行馬車的現身，也迫使其他出租馬車公司提升自家效率：來往倫敦與徹斯特的馬車行駛時間縮短到五天（每天四十六英里），而從倫敦到北漢普敦的六十五英里路也能在一天之內趕完。[45]交通時間大幅縮減不僅能替乘客節省荷包，也讓更多民眾選用這種交通方式。同時這也讓市場上增加更多競爭業者。一六八一年，民眾能搭乘公共馬車通往八十八個英國城鎮，而且交通路線還不斷擴增，到一七〇五年變成一百八十個城鎮。[46]

不過坐進公共馬車時，你可能會開始質疑自己的選擇。只要想像在一輛廉價的六人座馬車裡塞八個人是何種光景，就能理解我的意思了。內德・華德從倫敦前往斯托布里奇博覽會時，就跟五名女子、一個嬰兒還有一位老人共乘馬車。他表示車廂是由「髒兮兮的廢棄木材拼接而成」，車子駛過某條鵝卵石道路時，他寫道：

其他乘客的體型都不小，我只好窩在後座的某個小角落裡，位子就跟嬰兒的座位差不多大。我一直東塞西擠、左右挪動，像個胖子穿越窄巷那樣縮起身子。擠到最後我還是卡在車廂內牆跟某位身材粗壯的婦人之間……

每個人的手肘都緊挨著鄰座乘客的身體，我不小心移動身體的時候，撞到旁邊那位老先生的腰部。他立刻皺起眉頭、不悅地吭氣，就像小狗碰到另一隻狗要來搶骨頭時的那股氣勢一般，氣得像是要把我鼻子咬掉似的……過了一會兒馬車終於駛離鵝卵石路，我們剛才不斷咒罵鋪路工的技術；接下來的道路相當平坦舒適，就像格雷夫森德（Gravesend）的駁船在平靜的海面行駛那樣，只不過車廂內還是相當擁擠，我們就像被裝在布袋裡的一堆的紅鯡魚。[47]

馬車的另外一個缺點是危險性高。走在公路上的行人容易被搶匪盯上，坐在馬車裡就更顯眼，就算是在城鎮的街道上也有可能被打劫。最常見的伎倆是其中一位強盜會攔住車伕假裝問路，另一名共犯則透過窗戶，趁機搜刮車廂內乘客攜帶的貴重物品，財寶到手後強盜則從附近的小巷逃跑。[48]如果是在空曠開闊的道路，馬車中的旅人就更危險。馬車這時位在鳥不生蛋的曠野中，而且強盜數量多、裝備齊全，你只能無助地坐在緩慢移動的車廂裡。伊弗林與芬尼斯都曾在旅途中碰到公路強盜。雖然最有名的公路大盜只有幾位，但全國上下的強盜可是不勝枚舉。在查理二世擔任國王時期，在東盎格利亞活動、惡名昭彰的公路強盜就有十九位。其中一位名叫威廉・道辛（William Dowsing）的強盜，就是將薩福克郡的薛特利廳（Shotley Hall）租給議會議員亨利・費頓（Henry Felton）的紳士。另一位強盜本業是屠夫，還有一位是醫生。[49]下手最狠毒的都是那些第一次犯案、緊張兮兮的強盜。他們通常家境貧困，有妻兒需要撫養，所以才狠下心來搶馬車還債。經驗不足的他們，常常會把那些本來想棄車逃跑的乘客殺死或弄成重傷。

除了碰到搶匪之外，還有可能發生交通事故。雖然馬車時速不超過十五英里，但在狹窄的巷道中，行人還是有可能被馬蹄踢到，或是被左搖右晃的車廂撞到。車上乘客與車伕也同樣要小心，特別是在馬車轉彎時。伊弗林的馬車在一六六六年十月因為轉彎而翻車，碎玻璃還刺傷他兒子。[50]連皇室馬車也會發生這等事故。一六六九年三月八號清晨，皇室馬車在前往紐馬克特的路上在霍本翻車。因為馬車上固定的火把光線不夠強烈，車伕沒注意到路面的坑洞，馬車駛過時就翻車了。馬車裡坐著國王、約克公爵、蒙茅斯公爵以及魯珀特王子（國王的姪子）在車內撞成一團。[51]雖然沒有人受傷，但車伕的下場可是慘不忍睹。而其他慘況還有像是你想探頭出去跟朋友打招呼，結果硬生生撞到馬車的玻璃窗；也有人因為車門沒關好，在行進途中被甩出車外、被後輪輾過。也有人搭著馬車到豪華宅邸作客時，車伕喝了太多對方僕人提供的美酒而醉得無法駕車，這種事就發生在伊弗林跟霍華勳爵身上。[52]

• 馬匹

如果想在崎嶇不平的路面上行進，你需要一匹馬。如果想移動得快一些，或是想滿足虛榮心，馬也是不可或缺的交通工具，畢竟貴族或有錢人是不會徒步走在滿是塵土的路面上。不過話說回來，買馬可不是一件簡單的事。在全英國上下有數百個馬匹交易市集與博覽會，但沒人能保證你買到的馬是否值那個價錢。威廉・薛林克斯到史密斯菲爾德挑馬的時候，發現「這裡的馬商顯然都不太老實，這裡的馬沒什麼特別之處，但是價格卻高出一倍……一群可悲的野獸。」[53]內德・華德也如此描述這些馬商：

這些人堪稱史密斯菲爾德的老狐狸……他們每天早上都發誓自己絕對誠實可靠，不會耍什麼伎倆。但他們……技巧高超，有辦法把顧客騙得團團轉，讓對方願意掏錢消費。如果他們發現你判斷力不夠，就會極盡所能說謊詐騙。假如有匹馬是瞎的，他也會發誓保證那匹馬的視力良好。假如那匹馬已經二十歲了，不管怎麼樣他也會跟你強調牠只有七歲。[54]

顯然在十七世紀買馬，跟在二十一世紀買二手車一樣要小心謹慎。

買一頭健壯的駿馬大概要花多少錢？前面在討論馬車時，我們已經提過貴族擁有的駿馬價格大概是多少。舉例來說，貝德福伯爵就在一六七一年花五十英鎊買一頭棗紅色的閹馬當成座騎。同年，他也用三十八英鎊買一頭紫紅色的種馬。[55]不過一般老百姓負擔不起這種消費。某位白金漢郡紳士擁有的二十二匹馬，總價也不超過九英鎊。[56]另外一位住在林肯郡的紳士有三匹馬跟一匹小雄馬，總價約為三十英鎊，而他在農場另外飼養的六匹農耕用馬總共只花了十八英鎊，價格相差懸殊。[57]自耕農大概會花五英鎊買一匹馬，工匠可能只會出三英鎊。價格最低的馬匹，就是那些貨運商或貨運馬車伕用來拉車的可憐馬匹。一六八六年，某位布里斯托貨運商有十頭「一般、普通」的馬，每頭才兩英鎊三先令而已。一六八九年，在布里斯托有一名前夫是貨運商的寡婦，她擁有的馬匹價格之低無人能及：「被跳蚤咬得全身是疤的老馬」價值一英鎊十先令；「腳關節變形的棗紅色閹馬」價值一英鎊十五先令；「脊椎內彎的棕色老馬」價值一英鎊十五先令；「跛腳獨眼母馬」價值一英鎊。[58]不過瞎掉的馬不能用來騎乘，只能用來拉貨運車，協助其他馬匹。

除了買馬之外，你也能選擇租馬。在復辟時期，租馬產業可說是相當興盛，而且一六三〇年起就有人開始提供這個服務。[59]租馬價格因地區而異，有人向旅店租馬，有人則跟其他擁有馬的民眾租馬。在伯克郡的某些地區，標準租金是每英里一便士。不過在其他地區，每日租金則為十二便士。[60]另一種方式是付錢跟郵僮共騎馬匹，這種交通方式大概每十到十五英里就要停下來換乘另一匹馬。雖然這樣速度比較快，但成本也比較高：每英里三便士，另外每英里還要付郵僮四便士（他會幫你將馬還回總站）。薛林克斯在一六六三年四月，就用這種方式從南華克旅行到萊伊，前二十英里路他花了三個半小時（時速五又四分之三哩），不過途中他必須下馬，牽馬走下法恩伯朸（Farnborough）附近的陡坡。[61]一六六一年一月，佩皮斯也如此旅行。他在下午兩點離開倫敦，並於六點抵達羅徹斯特，在四小時內就走了二十九英里（時速七又四分之一英里）。六個月後，他又選擇這種交通方式，九小時就跑了五十五英里（時速六英里）。[62]一六七八年二月，年輕的勞夫．瑟雷斯比用同一方法從倫敦來到里茲，雖然在冬季白大比較短，而且路途泥濘，但他四天就趕了兩百零四英里的路。[63]

內陸水路

十七世紀的民眾將河道視為交通幹道，不僅能長距離運輸大量重物，而且成本低廉、效率極高。另外，對旅人來說，這種交通方式也更為安全。唯一的問題是並非所有城鎮都靠近主要河流，所以水路通常也需結合路面交通方式。另外因為許多河流受潮汐影響，所以船隻離港的時間沒有調整的空間。如果需要啟航時船上仍乘客不足的話，船長就會決定停駛，等下一次漲潮再出發。你很有可能搭著公共馬車，滿心期待登船出航，結果冒雨穿過泥巴路來到港口的時候，發現今天船隻停駛。

我們舉從坎特伯里到倫敦這五十七英里長的行程為例，就知道為什麼我說陸路跟水路需要互相配合，而非彼此取代。舉例來說，假如你在一六六一年十一月初上路，一定要在破曉前趕上早上七點出發的公共馬車。下午一點的時候，你就會抵達錫廷伯恩，車伕會在這裡停一小時讓你用餐。接著你們會經由羅徹斯特來到格雷夫森德，這時是傍晚六點半。在這裡，你有充足時間在國王頭酒館（King's Head）吃頓飯，同時幫自己訂一張沿著泰晤士河駛往倫敦的「長舟」（Long Ferry）船票。來接你的可能會是一艘大型布篷駁船，通常裡頭會有人負責划船，或是由坐另外一艘拉艇上的划手四位划船、拉著你前進。如果潮汐跟風向非常配合的話，只要四個小時就會在午夜抵達比林斯門。[64]你可能會覺得何必中途換成水路呢？可以一路坐馬車到倫敦就好了呀。因為馬車要到隔天才會再次啟程，而且第二天需要五小時才會抵達倫敦，所以你可能要多付十二到十八便士在羅徹斯特或格雷夫森德過夜，再加上五先令的馬車費用。所以一路搭馬車到倫敦，不僅要多花六先令六便士，還會晚十二小時才抵達。

來到倫敦之後，仔細觀察整條泰晤士河，你會發現河運對十七世紀的人來說是不可或缺的交通方式。河中有布篷船、潮汐小艇、駁船、渡船、大平底船與雙桅縱帆船。五花八門的船隻在河水中上下浮沉，退潮時則以歪七扭八的姿態躺在河岸的淺灘上。海軍艦隊的船隻跟來自全世界的商船混合在一起，擠在泰晤士河中。在昆西瑟碼頭中，有定期從上游城鎮而來的船隻，這些地區像是雷丁（Reading）、溫莎還有梅登黑德（Maidenhead）。因為太多船都等著在二十個位於北岸的合法停泊處卸貨，所以有些船甚至得用擺渡小船將貨品分批送到岸上。

除了這些非常實用的小船之外，還會看到其他顯眼特殊的船隻，鍍金的皇家駁船或市長與議員搭乘的華麗駁船就是其中一例。貴族通常也擁有自己的船隻，船上通常會有二十到三十位划手划船，船上還有裝了玻璃窗的餐廳，讓貴族跟賓客在內用餐。[65]一六六〇年，阿姆斯特丹市贈送一座長六十六英尺的瑪麗號（Mary）帆船給查理二世之後，帆船（yacht）這個字就正式進入英語世界。佩皮斯初見這艘帆船時，對它讚嘆不已，不過隔年他又看到肯特郡造船商彼得．佩特（Peter Pett）打造的帆船後，就覺得瑪麗號相形失色。[66]國王非常同意佩皮斯的看法，因此也委託這家造船商打造二十五艘帆船。其中幾艘船是由國王珍愛的另一種收藏品——也就是他的情婦——而命名，像是克里夫蘭號（Cleveland）、樸茨茅斯號（Portsmouth）以及傅伯斯號（Fubbs）。[67]

在泰晤士河中最常見的就屬擺渡小舟（wherry），這種船的數量大概有兩千艘左右。擺渡小舟的船身彎曲的弧度相當鮮明，長度大約二十二英尺左右，最多能容納大約五名乘客，完全就像河中的計程車。由一位船伕划船的稱為小舟（scullers），有兩名船伕的話則叫雙槳艇（oars）。[68]想當然爾，雙槳艇前進的速度比小舟快上許多，但費用也多出一倍。如果只是搭船到對岸是一便士（雙槳艇則為兩便士），往上游或下游航行至某個定點的話，船費則從兩便士起跳（雙槳艇為四便士）。搭雙槳艇從倫敦出發到格林威治的單程船費為八便士（若行進方向與潮汐流向相反則為十二便士）。當時因為只有一座橋，所以將乘客從河的這一側運到對岸是他們的主要業務項目。如果你身處聖殿區（Temple）或是倫敦塔，徒步過河可要走上很長一段時間。而「駿馬渡船」（Horseferry）是復辟時期唯一從蘭貝斯（Lambeth）行駛至西敏市的渡船。一個人配一匹馬的船資為兩便士，如果是兩匹馬配一輛馬車則為一先令六便士，四匹馬與一艘馬車為兩先令，六匹馬與一輛馬車則為兩先令六便士。雖然在一六六三年市長請國王建造另一艘渡船，不過國王斷然拒絕。隔年，市長又向國王建議將駿馬渡船撤掉，建造一座連接河的兩岸的石橋，但國王也漠視這項請願。就在王宮貴族的冷處理之下（也成為一種變相的保護），這艘渡船繼續不受影響地在泰晤士河的兩端移動載運馬匹與乘客。

在過去，太陽下山之後船隻就必須停駛。不過到了復辟時期，如果船伕跟乘客有一定的交情，知道這位熟客值得信賴的話就能載客。不過對薛林克斯來說，在黑夜中乘船渡河還是一件非常危險的舉動，因為「強盜也會乘船攻擊其他船隻，對乘客拳打腳踢要他們把錢拿出來。」[69]不過對此佩皮斯卻不怎麼擔心，他常常在夜裡搭船從格林威治回倫敦，或是等白廳的工作結束後，也會在夜幕中坐船回家。某天傍晚，佩皮斯乘船從西敏市回家時，船伕跟他分享之前在船上發生的風流趣事。船伕說有一次他在夜裡從普特尼（Putney）載一位女士回倫敦，那位女士竟然請船伕躺下、跟她做愛，而船伕也欣然答應。[70]根據我們對佩皮斯的了解，他沒有立刻跑去當夜間船伕還真是令人意外。

水路交通也同樣危機四伏。在退潮期間走下河岸搭船時，很容易在溼滑的木梯上滑倒。如果剛好有大浪打來，踩進小舟時也有可能摔得七葷八素，甚至跌出船外。一六六〇年四月，喬治・安瑟里將軍（Mayor George Ansely）就發生類似意外，最後因而喪命。身為旱鴨子的他，穿著厚重的靴子，外套口袋裡又裝了沉甸甸的銀塊，所以小舟沉船的時候他完全沒有逃生的希望。[71]一六六六年一月，倫敦被一場風災侵襲過後，佩皮斯往泰晤士河望去，完全找不到半艘完好如初的船隻，河面上只飄著破碎的木板。一六九八年二月，從格雷夫森德返航的「長舟」碰到大風雨，船上的六十名乘客最後只有七人得以生還。[72]

暈船也是個令人困擾的問題。一六六一年十二月的某天一早，薛林克斯從格雷夫森德返航回倫敦，在他乘坐的大型有帆划艇上還有另外十七名乘客。他寫道：

> 我們逆風前行，然而風勢強勁，行進途中前桅硬生生被吹斷。因為船緣不斷歪斜進水，我們只好把主帆固定住，然後將帆布收起。船上的女士不斷哀嚎，紳士一直咒罵、威脅船上的划手……因為河水的流向與風向相反，而且河流深不見底，划手根本沒辦法善用划槳。河水不斷從船舷流進船內，最後幾名乘客在清晨暈船嘔吐。他們慷慨無私地將各種英格蘭的高檔食物吐進河中讓魚兒享用，像是西班牙薩克葡萄酒、奶油烤鰻、高濃度白蘭地、啤酒、蛋糕、布丁還有其他美食。[73]

如果在泰晤士河中行駛時風向與行進方向相反，那麼在你到達目的地之前河水的流向有可能會改變，大幅拉長船隻行駛時間。

寒風侵襲，加上外套被河中濺起的水花噴濕，絕對會冷到令你受不了。倫敦被大霧籠罩後河道的能見度也降到零。濃霧跟人類製造的煙霧混合在一起就形成所謂的霾。如果空氣中飄著濃厚的霾，就需要有人站在泰晤士河北岸擊鼓，讓船員知道河岸的位置在哪裡。[74]不要忘記就連倫敦橋也是危機四伏。有句古老的俗諺說：「聰明人從橋上過，笨蛋則由橋下過。」倫敦橋的擋水木樁或橋墩之間的間隔相當窄，也就是說退潮時橋墩附近的河水相當湍急。在那十九座橋墩當中，只有其中四個橋拱適合船隻通行。在這四個橋拱當中，有其中一座橋拱具有大面積的磚石結構，但是在一四三七年開始從橋面剝落，所以「射門過橋」（從上游穿過橋拱往下游去）絕非明智之舉。如果太陽下山後，在退潮高峰期這麼做，很有可能會丟掉小命。

英國其他地區的河流就不像泰晤士河這麼交通繁忙。一般來說，每次你搭船通常就是花一到兩便士從河的這頭坐到另一端。但是穿越大型河流的河口也不是件輕鬆的事。一六九八年，芬尼斯如此描述她搭乘「克里麥爾渡船」（Cremyll Ferry）從普利茅斯到哈莫札（Hamoaze，塔馬河〔Tamar〕河口）的經驗：

> 這裡是三股潮汐的匯聚點，航行時相當危險。如果我事先知道這裡不利航行，就不會踏上這艘船了。雖然這不是一條大家常選擇的交通路徑，但卻可以省下數英里的路程。航程大約一小時，行經距離大約一英里，船上有五名男子划船，我也派自己的隨從協助。我敢說大概有十五分鐘船前進得相當辛苦、險象環生，但感謝上帝讓我們順利到達對岸。不過渡船濕搭搭的，河面氣溫相當低，加上寒風吹襲，每每都讓我患上感冒。[75]

河流是經商交易的主要幹道，有些可供航行的河流系統甚至能延伸至內陸長達七十英里。我們在第二章提過，一六七〇年英格蘭有二十六座城鎮的居民超過五千人，當中只有里茲、索爾斯伯里、曼徹斯特、考文垂以及伯明罕沒有可供船隻航行的河流。在其他二十一座城鎮中，有些河流或水道的規模也較小，像是坎特伯里的斯托爾河（Stour）、伯里聖埃德蒙茲的拉克河（Lark）還有劍橋的康河，不過連這些小型河流也能讓載運大型貨物的船通行。大型駁船會定期沿著塞文河（Severn），載運小麥、麥芽、布料、鐵器以及亞麻從伍斯特到布里斯托。幾天後，同一艘船又會從布里斯托出發返航，船上的貨物變成葡萄酒、菸草、生活雜貨、煤炭、鉛塊以及羊毛。如果船隻載運的是重量較輕的貨物，就能繼續往河流上游前進。塞文河與威河（Wye）中的輕量貨運船稱為特羅小艇（trow），這些小艇上的船桅可以拆下來，讓船從橋拱底下穿行。特羅小船能夠載著水果和其他食物，往河的上游行駛來到舒茲伯里。[76]

英格蘭的河流系統對整個國家來說是一大資產，但如果所有的河流都能夠讓船隻航行，而且能互通往來的話，那更是如虎添翼。在復辟時期有兩項河道工程，證明河道整治工程確實可行，而且也讓通商往來更方便迅速：威廉・珊帝（Willaim Sandy）針對埃文河畔斯特拉福（Stratford upon Avon）地區的埃文河，進行河道清理以及挖深工程，這項計劃於一六四〇年完工；理查・溫斯頓爵士（Sir Richard Weston）則在吉爾福德（Guilford）至韋布里奇（Weybridge）之間開鑿運河，並於一六五三年竣工，這項開創性的計劃展現出了工程學和商業優勢的潛力。這個主意開始擴散開來。一六七四年，卡路・雷內爾（Carew Reynel）指出：「如果能拓寬河流，讓所有河川可供航行，並且讓河流連接不同城鎮，就能讓國內原本商業活動死寂的地區繁華起來。」他建議在倫敦與布里斯托之間開挖一條運河，並且在英格蘭北部開挖另一條運河，讓船隻從愛爾蘭海（Irish Sea）通往北海。[77]

民眾開始發現原來改善河流並非不可能的任務。議會通過數條河流航行法案（River Navigation Acts），允許重達二十四到七十噸的駁船前進原先不能航行的新河道。政府也在一六六〇年代將斯托爾河的河床挖深，讓船隻運送煤炭至斯塔福德郡（Staffordshire）。薩爾瓦波河（Salwarpe）經過清理整頓後，也能讓載著鹽的商船通往德羅伊特威奇（Droitwich）。埃文河在一六八四之前，經過多次整頓工程，最後終於能讓大量駁船航行至索爾斯伯里。一六八九年，大烏茲河（Great Ouse）至貝德福區段經過河道整頓計畫後便可供航行。特倫特河（River Trent）的航行區段原本只到維登費里（Wilden Ferry），一六九九年後則能通往特倫河畔伯頓（Burton on Trent）。[78]商人湯瑪斯・派頓（Thomas Patten）將梅西河（Mersey）中的障礙物清除後，這條河就能連接沃靈頓（Warrington）與利物浦兩地。另外，他還建議改善梅西河與歐韋爾河（Irwell）的河道，這樣搞不好就能在曼徹斯特建造碼頭。一六九九年，政府同意整頓艾爾河（Aire）以及卡爾德河（Calder），讓駁船駛往里茲以及韋克菲爾德（Wakefield）。雖然英格蘭在下一個世紀才開始大張旗鼓開挖運河，但許多河道整頓工程早在復辟時期就已動工，甚至替後來大家所知的工業革命奠下重要基石。

航海

想到大不列顛的島嶼地形時，首先聯想到的是其軍事防禦優勢，但也不要忘記我們可藉由四面環海的特性連結全國工業。所有河流在大海匯聚，所以船隻能任意來往不同河流，無須跨越他國國界。對於多數國家來說，河流通常也會延伸到其他國家的領土，或是以法國和西班牙為例，其河流流入的不同海洋，相距有幾千海里之遠。因此，英國具有無人能敵的通商優勢，成千上萬艘船隻能載著你在不同港口之間移動，甚至遠航至異國。

英格蘭的船舶在復辟時期蓬勃發展，不僅船隻數量大增，連船身的規模也不斷擴張。回望一五八〇年代，船隻總重只有六萬七千噸，不過來到一六六〇年，也就是復辟時期初，總重就增加為三倍來到二十萬噸。[79]經由荷蘭戰爭、加勒比海通商、與北美地區的貿易活動、倫敦的煤炭需求、東印度公

一六七六年，皇家海軍戰艦等級[83]

等級	噸位	船員數量	大砲	船隻數量
第一級	1,300至1,500噸	750至850人	90至100座	6
第二級	730至1,230噸	410至640人	56至80座	8
第三級	629至1,055噸	340至400人	53至70座	20
第四級	305至646噸	170至280人	34至60座	33
第五級	158至337噸	110至170人	22至32座	16
第六級	28至287噸	25至80人	4至18座	18

司規模擴張以及從東歐進口穀物等活動，都讓英格蘭的船隻數量與規模快速成長。與此同時，造船的成本也持續下降，從原本每噸重八英鎊降至五英鎊。[80]在一六八六年，英格蘭船隻的總重來到三十四萬噸，完全是西班牙艦隊的五倍。[81]

另外在此時期，英國皇家海軍的規模也不容小覷。一六七二年，皇家海軍的船艦數量為兩百三十八艘，總共有兩萬九千一百五十四名水手，航行範圍遠至蘇格蘭與愛爾蘭。[82]除了水手之外，皇家海軍還有造船工人、木工、製帆工、製繩工、製錨工、槍砲製造工、行政官以及軍糧官。透過這些精細的分工，整個海軍機構才得以運作。皇家海軍的規模堪稱全國產業，我想這個說法一點都不誇張，而且海軍的戰艦也是英國驕傲的象徵。

從上述戰艦的規模列表來看，可知在佩皮斯的管理之下，皇家海軍是一個相當有組織的部門，這一點佩皮斯確實功不可沒。在伊莉莎白統治時期，海軍船長並非終身支薪職，他們不僅沒有制服，對紀律的態度更可說是相當任性。不過經由佩皮斯管理之後，皇家海軍蛻變成一個精良的戰鬥機器。舉例來說，如果軍官在等級較高的艦隊上服務，他的薪水也會比較高。各項職業與專長在復辟時期逐漸專業化的風氣，也同樣對皇家海軍的管理方式造成莫大影響。

踏在船艦的甲板上，腳下的最新科技所費不貲，成本大概連華麗的豪宅都比不上。第一級船艦的製造成本平均就要兩萬兩千英鎊，船上的各式裝備則要一萬兩千英鎊。全英格蘭最貴的船艦「皇家君權號」（Royal Sovereign）要價六萬五千英鎊。除了製造成本，營運成本也是一筆大數目。第一級船艦在海上航行六個月的補給品、薪水以及維修費等等，總共就要一萬三千英鎊。而第一級船艦最久也只能在海上連續航行半年，因為吃水較深，沒辦法抵抗冬季的嚴峻氣候。第二級船艦也是如此。所以能全年無休在海上運行的第三級和第四級船艦是海軍主力。第三級戰艦每半年的營運費用大約是七千三百英鎊。[84]

在戰亂期間搭乘戰艦出海可不是明智之舉。復辟時期的戰事分散在一六六五至一六六七年、一六七二至一六七四年以及一六八九至一六九七年。一六六六年六月，在單一戰役中就有十艘船沉入大海。隔年，荷蘭軍艦來到泰晤士河，將十二艘英格蘭軍艦擊沉，還佔領旗艦「皇家查理號」（Royal Charles）。所以如果你真的航向大海，最後一定會搭上軍艦。其實皇家海軍跟老百姓的連結比想像中來得緊密，有時候軍艦會擔任護航艦，保護那些載運價值連城貨物的商船。如果你在他國港口想搭船回英格蘭，也能付錢讓軍艦載你回家。那些簽訂登船合約的水手只會參與單趟出航，所以去程時船上載的是水手，回程就能讓在國外的商人登船，反之亦然。貨運船或是商船這些隸屬於一般市民的船隻，也常遭到他國船艦的突襲，因此也需要武裝自衛。這些船的船長都希望能招募曾在皇家海軍服役的水手。另外，貴族跟社會地位較高的紳士私下航海外出時，則使用自己的駁船或小艇。政府也會強制徵召民眾入海軍服役。要不要到戰艦上當水手，決定權不在你。如果政府準備找人來填補海軍隊伍中的空缺，剛好船長也覺得你的體能與經驗符合海軍資格，那你就會立刻成為水手。

在英國港口碰到的船隻規模通常都比海軍船艦來小。東印度公司擁有規模最大的商船，每艘負重大約四百到六百噸。其他私人商船的負重則在三百噸左右，當中最常見的則是六十至一百噸的沿岸貿易船。幾乎有四分之一的商船是用來將煤炭送至英國各港口以及歐洲各國。[85]全英格蘭的捕魚艇總重加起來大約有兩萬三千噸，約莫為煤炭運輸船總重的三分之一。體型更小的船艇則有單桅帆船、雙桅縱帆船、小型帶帆快速槳船、大平底船、帆船、小漁舟、快速平底船以及荷蘭雙桅漁船。威廉・佩諦在一六六三年打造雙體船（catamaran）的原型，不過我是絕對不會搭乘那艘船出海的，因為它一出海幾乎就要沉了。[86]

● 航海術

無論是在復辟時期還是在二十一世紀，想搭船到某個定點都要從最適當的碼頭出發。如果想從倫敦搭船出國，就要從指定的合法碼頭啟航。想跨越英吉利海峽到法國，就得從海關大樓碼頭（Custom House Quay）出航；如果要到蘇格蘭，就要到聖凱瑟琳港口（St Katharine Docks）附近艾米塔吉（Hermitage）這座小碼頭搭船。通往科徹斯特的船會從斯馬茲碼頭（Smarts Quay）出航，前往伊普斯維奇與金斯林的船則從戴斯碼頭（Dice Quay）啟程。從薩巴斯碼頭（Sabb's Dock）出發的船隻通往三文治以及多佛。如果想到普利茅斯、達特茅斯、普爾、韋茅斯或其他愛爾蘭港口的話，就得從徹斯特碼頭（Chester's Quay）出發。[87]

船隻離港後就得信任船長的技術了。英國的海洋事務局（Trinity House）於一五一四年設立於倫敦，專門管理英國所有航海事務。在復辟時期，船長都必須經過專業訓練，領有海務局的執照才能開船出航。就算是在民眾熟悉的海域航行，也有可能碰到各種阻礙或險境，所以強制船長受訓、領專業執照是不可或缺的制度。柯西莫三世在一六六九年搭著英格蘭的船艦航行至英格蘭，你八成會以為領航員對英吉利海峽瞭若指掌。不過就算領航員定時察看時間、速度、方向、水深以及海床的狀況，船還是不知不覺開到愛爾蘭。後來調查航線錯誤的主因，有可能是水深探測儀出錯、時鐘計時系統有問題、夜間舵手經驗不足，或船長跟領航員意見不合所致。[88]

另外一個隱含的障礙是無法測量航線的長度。航海員都曉得航行時必須準確計時，但彈簧驅動手錶不怎麼可靠，他們也沒辦法將擺鐘搬到船上。另外一個難處就是當時的航海地圖與航線表品質粗糙。很多復辟時期的航海員仍使用「瓦格納航線圖」（此圖由盧卡斯．揚松．瓦格納〔Lucas Janszoon Waghenaer〕繪製而成，故得此名）。這份航線圖於一五八八年問世，很多船長都知道圖中有不少錯誤。舉例來說，瓦格納把錫利群島（Isles of Scilly）的位置畫錯了，圖中的道傑岬海（Dogger Bank）也跟實際地理位置有二十四英里的誤差。[89]不過時勢造英雄，格林威爾．柯林斯船長（Captain Greenvile Collins）在一六八一年奉命率領梅林號探勘英國與蘇格蘭的沿岸地形，這次勘查計畫的深度與廣度都更勝以往。這份計畫就這樣持續了八年，他也在一六九三年出版航海圖《大不列顛海岸領航》（*Great Britain's Coasting Pilot*）。這份圖表的正確度極高，因此在下個世紀民眾仍持續沿用這份航海圖。[90]

全英國上下的燈塔都由海務局管理。一六六〇年代起，所有燈塔的規模與硬體設備都有不少改進，這實在是令人振奮的好消息。哈維奇、鄧傑內斯角（Dungeness）、洛斯托夫特（Lowestoft）以及北方沿海的老舊燈塔，原本都是以蠟燭來照明，後來政府將燈塔建築改建為高塔，並改以火盆裝煤炭燃燒來提供光線。一六六五年，舊亨斯頓（Old Hunstanton）出現幾座新燈塔；一六八〇年，聖安尼斯（St Agnes）與錫利群島的新燈塔也順利竣工，而一六八七年在溫特（Winterton）與諾福克的燈塔也完工。一六九六年，海務局開始在德文外海九英里處建造燈塔，這是世上第一座孤立於海中大石的燈塔。這座燈塔的建造工程相當了不起。燈塔本身高八十英尺，矗立在一座漲潮時會被水淹沒的巨石上。燈塔底座以花崗石、鐵以及黃銅打造而成，頂端的玻璃窗屋中具有提供照明光線的蠟燭。興建這座燈塔之際，九年戰爭仍未落幕，所以其設計師兼工程師亨利．溫斯坦利（Henry Winstanley）每天在島上施工時，都會有來自普利茅斯的軍艦在旁護衛。有天護衛船艦沒有出現，法國武裝民兵就破壞燈塔、把溫斯坦利抓到巴黎。路易十四知道這件事之後，立刻令命那些民兵釋放溫斯坦利，他還說了一句後來廣為流傳的話：「法國對抗的是英格蘭，而非人性。」

● 海上生活

在大海上討生活不容易，而且離陸地越遠，就會碰到更多困難與障礙。就算出發時一路順風，還是會擔心回程會碰到險境。勞夫．瑟雷斯比在一六七八年時從胡爾（Hull）來到鹿特丹，去程途中相當順利、沒有碰到任何阻礙，四十八小時就跑了兩百五十英里，他也完全沒有暈船。不過船隻在回程碰到暴風雨，不幸在北海被海浪推到沙灘上。可憐的瑟雷斯比只能躺在沙灘上任海浪拍打，苦等十六小時過後暴風雨終於停歇，他才得以重新出航。[91]出海時可能碰到的疾病也不容小覷。一六九九年，不列顛尼亞號抵達費城時，一百名乘客中有半數喪生。[92]艾德華．巴洛之所以會開始寫航海日記，一部分原因也是希望「讓民眾了解水手所處的險境，以及在海上可能碰到的各種困難。」[93]

如果你想搭船出海旅遊，以下幾點要特別留意。船上的床鋪相當陽春，睡起來也不太舒服。身為一般船員的巴洛，他專屬的客艙「就跟紳士家裡的狗屋一樣大。」爬進客艙睡覺時，他還得彎起手腳才擠得進去。不過這種情況相當普遍，其他文獻對客艙的描述也大同小異，例如：「客艙就是個簡陋的小空間，不僅讓人窩出病來，跟他船起衝突時也很危險。」[94]但是過幾年後船上就沒有所謂的客艙，你必須睡在吊床上，不過懸掛吊床的空間只有十四英寸寬。另外，你還得自己準備床墊、枕頭跟棉被。相較之下，船長的客艙空間寬敞，而且配備奢華。就算是在第四級船艦上，船長客艙也幾乎佔了整個船尾的空間，整整有二十四英尺長。在體型較大的船艦上，船長客艙中掛有油畫還有雕刻品。薛林克斯描述第三級船艦亨利瑞塔號（Henrietta）的船長房間時，表示：「這間房間耀眼奪目、空間寬敞，裝潢相當豪奢。」來到海軍上尉的房間時，薛林克斯與友人則「暢飲紅酒、麥酒以及可口的啤酒」，顯然要在這邊辦派對不是難事。接著來到下士的房間，薛林克斯跟朋友又喝了一輪。[95]在接下來的幾年內，這些低階軍官的房間大小則明顯縮減，長與寬僅六英尺與五英尺，而且隔間也從木板換成帆布。[96]不過船長的房間仍維持原先寬敞的格局。

只有在特殊情況才會在船上看到女性。首先是那些前往北美地區或殖民地展開第二人生的女子，其中有些是到異地擔任契約傭人。不過東印度公司可不同意男人帶老婆或女兒到印度或遠東地區。就算丈夫要長駐異地，太太也不能跟著出發（不過有些人還是有辦法溜上船）。在皇家海軍的規定中，水手第一次參與遠航的時候，太太或女友能夠上船陪伴，不過機會也僅此一次。男女同在一艘船上會出現各種荒淫的場面。有時夜裡在甲板上，你會看到「一男一女溜進客艙的吊床上，女子的兩隻腳伸出吊床兩側。」[97]就連高階軍官也不能帶妻子或情婦出海。威廉．詹尼斯（Sir William Jennens）上校在一六七〇年到地中海出任務時帶老婆上船，因此被革職，甚至入獄服刑。[98]在一六九〇年的比奇角海戰（Battle of Beachy Head）當中，年僅二十歲的安妮・錢伯倫（Anne Chamberlyne）登上由他哥哥率領的船艦參與這場戰亂，雖然她並未在戰爭中受傷或喪命，但隔年在船上生產時還是不幸往生。

談到食物，一般船員的伙食跟軍官的餐食也有天壤之別。皇家海軍的水手每天配有一加侖的啤酒（以酒桶承裝，並以長勺取用）以及一磅麵包。每週也會有四磅的牛肉、兩磅豬肉、八分之三條魚、一夸脫青豆、六盎司奶油以及十二盎司的起司。[99] 照字面看來，這些食物的熱量對一位幹體力活的人來說相當足夠。不過船上的事務長在分派食物時常有短缺。有時候啤酒桶有裂縫，酒的份量就會減少，或是事務長會攙水稀釋。奶油有時會腐臭、麵包也會被蟲子啃咬。酒桶與酒瓶的軟木塞也會被老鼠咬壞。在地中海海域，海軍可能會用米來代替魚、用橄欖油代替奶油、用葡萄乾替代牛肉。對於英格蘭水手來說，這些替代品相當不受歡迎。而且船上的烹飪設備簡陋，常常拿不出像樣或足量的伙食。可想而知，在木製的船上裝設火爐是一件相當危險的事。船上的火爐由六百到兩千五百塊磚塊組成，最大不能超過這個尺寸，而所需磚塊數量則依船隻體積大小而定。另外，爐火的重量也限制其擺放的位置。在大型船艦上，廚房通常是設在貨倉或是砲台甲板，這兩處通常都光線不足、煙霧瀰漫，所以煮起飯來相當不容易，要準備一百多人份的食物那可就是難上加難。很多士兵吃的食物都只是在大鍋子裡用水燙熟而已。不過海軍軍官可能就會有烤肉或是米布丁等像樣的食物。一六七五年七月十日，軍艦才剛從駛過里斯本，船長就邀請海軍牧師亨利・泰戈（Henry Teonge）到客艙中與其他軍官用餐。當晚的餐點有：

總共有四種肉，當中有四份上等雞肉、一塊水煮豬肉、一隻羊腿佐蕪菁甘藍、調味恰當的火烤八根肋骨牛肉，還有幾塊非常油嫩鮮美的鵝肉以及來自柴郡的起司。這麼豪華的盛宴，就算是在陸地上也很少見。而且餐桌上的酒水也毫不遜色，像是西班牙白酒、雪利酒、萊茵酒、各種紅白酒以及蘋果酒。這些酒都是上等好酒，另外飲用水也是源源不絕。[100]

不過在復辟時期搭船出海，腦中印象最深刻的部分就是那揮之不去的惡臭。船上的氣味比船艙的尺寸或食物更令人難以忍受。唯一逃離下層船艙、遠離惡臭的辦法是往上移動到砲台甲板。不過就算海面平靜，你也不能隨便跑到砲台甲板，更遑論海況不佳的時候了。惡臭通常都是從船底竄出。在船底漆黑、泡在鹽水中的各式物體表面，會發現恣意生長的藻類、蕈類還有各種細菌。有時候船員需要把船底的石頭或老舊的鐵器搬到岸邊，讓海水沖刷洗淨，船底表面則需用醋來清潔。[101]另外，貨倉中食物的腐臭味、廚房的煙霧、烹調時的油煙、嘔吐物、散落在船底的排泄物，都讓臭味更張狂。有時候船上的僕人懶得走到甲板上清理尿壺，就直接把軍官的尿倒在船底。

在衛生方面，船長有自己的戶外廁所，也就是一個中間有洞的木椅，從那個洞往下看直接就是海面。這個木椅的位子就在船尾，船長只要走出專屬客艙，繞到後方的狹窄平台就能上廁所。至於一般的水手則要到甲板上的小便斗上廁所，這些小便斗則與船頭的鉛管相連結。[102]在復辟時期，這些小便斗不僅之間隔有木板柵欄，也有座位讓水手上廁所。上廁所時水手必須面對面蹲坐，背後是船頭的木板柵欄。這種水手用廁所其實有其優點：船頭隨海水起落時，噴起的水花或水氣能將廁所地板沖洗乾淨，只不過缺點是你不太可能有時間邊看書邊蹲廁所。

躺在吊床上隨著船身左搖右擺，船底惡臭竄進鼻孔之際，你可能會想起自己已經登船好一段時間，距離上次躺在倫敦的羽毛床已經是很久之前的事。在倫敦的臥室裡一片寂靜，耳邊只船來擺鐘以及女傭上樓的聲響，入睡前還在期待明天會碰到什麼新鮮事。不過現在，你只聽得見船上木板的嘎吱聲、遠方海浪拍打的聲響以及下方老鼠的細碎噪音。遁入夢鄉前，你可能也會擔心明天會不會碰到突發狀況。在這片一望無際的海面上，偶爾會出現你曾聽說過的海盜，像是征服巴拿馬的亨利・摩根爵士（Sir Henry Morgan），以及懸賞獎金最高、但從沒被捕獲的亨利・艾弗利（Henry Every）。另外還有令人畏懼的巴巴里海盜（Barbary conrsairs），他們出沒的海域不僅地中海、大西洋，甚至還入侵到英吉利海峽。他們的首要目的是尋找像約瑟夫・皮特這種少年，把他們賣到北非的奴隸市場賺錢。搞不好他們已經鎖定你搭的這艘船，準備在破曉時分發動攻擊。

而在船上隨著浪潮起起伏伏，在悶熱、飄散惡臭的房間裡躺在吊床上時，你也會想到在這個時期與你一樣搭船探險的民眾。環遊世界在此時已不是白日夢，艾德華・巴洛就在海上度過大半輩子，親眼見證許多奇異的動植物、接觸過異國文化。威廉・丹皮爾也乘船環繞地球三圈，對於各地動植物與花卉進行詳盡的描述。換句話說，來到一七〇〇年，我們對這個世界已有更開闊的了解與認知。不過當你躺在船裡思索這一切時，下一場旅行革命卻是發生在英格蘭的陸地上，很諷刺吧！

沿著泰恩河（River Tyne）航行，到新堡時換搭小舟繼續往上游前進，會在河岸邊看到木製軌道。你有可能會看到馬匹來來往往，拖著一串馬車走在軌道上。馬車上裝滿了四至五查爾特隆（chaldron，約十點五到十三噸重）重的煤炭。看到一匹馬能拉動這麼重的列車，你一定會很吃驚。顯然煤炭商人已經發現將軌道搭配滾輪，就能輸送大量重物。

民眾已經開始意識到自己有改變世界的能力了，這實在是個美好繽紛的時代。

chapter

8

棲身之處

出外旅行時尋找住宿地點會碰到的情況，在每個時期都迥然不同。在復辟時期，旅行時找旅館碰到的最大難題就是龐大的旅客人數。啟程時你可能已經盤算好要在心愛的旅館住一晚，抵達後卻發現旅館外停了來自倫敦的公共馬車，旅館中的上等房間已被別人訂走了。另外一個困擾則是給小費。在二十一世紀，我們將小費視為對特定服務的小額獎賞。不過在十七世紀，小費跟顧客的身分地位有緊密關係，反而跟服務員提供的服務沒什麼關聯。如果希望別人把你當成紳士對待，碰到服務員時都要給個六便士到一先令的小費。到別人家做客時，也要給對方家僕小費。在公路上行進時，如果有人替你指路，或是有洗衣婦來幫你洗衣時，也都要給小費；就連路上碰到的窮人或乞丐也免不了要掏錢。給小費時的態度非常重要，民眾能從這點看出你是個小氣還是慷慨的人。在許多地區，這份態度還有可能決定你會在哪裡落腳過夜。

旅館

就算旅館（inns）已經都住滿了，也還是有方法為自己弄到最好的客房。如果某天你在半夜走進某間旅館，透過行為舉止展現出自己是一位家財萬貫的紳士，那麼旅館主人也會想辦法弄出一間房間給你，就算要在半夜把其他客人叫醒、趕出旅館也在所不惜。一六六八年六月，佩皮斯夫婦跟兩位僕人才參觀完巨石陣（Stonehenge），接著來到威爾特郡（Wiltshire）郊區找旅館。他們在晚上十點走進某間旅館，而旅館中最頂級的客房住了一位流動商人。但是那位小販很快就被趕出門。佩皮斯夫婦住進溫暖舒適的客房，而威爾以及貝蒂兩位僕人也睡在同一間房間中的輪式矮床上。如果你看一看帳單，就知道為何旅館老闆會這麼做了。佩皮斯總共花了九先令六便士當作住宿費、使用馬廄的費用以及飼料費。而那名小販最多也只付得出其中四分之一而已。[1]

你很快就會發現旅館外頭都掛了相當明顯的招牌。法律規定旅館跟酒館外必須掛上清晰可見的標誌。[2]而多數旅館招牌是長這樣的：建築物正面懸著一根金屬桿子，上頭掛了以顏料著色的木板，其實就跟現在的旅館招牌道理相同，每當刮起大風時這塊招牌就會劈啪作響。只要仔細觀察，就會發現這塊木牌子會隨著時代演進而有些變化。大約在 百年前，這些牌子上只傳達了簡單的意象，像是國王頭、紅獅（Red Lion）、白雄鹿（White Hart）、王冠（Crown）、主教法冠（Mitre）以及格羅斯威納勳章（Grosvenor Arms）等。而由複合字所組成的旅館名稱，通常都具有宗教或紋章意涵，像是老鷹與聖童（Eagle and Child）、熊與權杖（Bear and Ragged Staff）或是玫瑰與王冠（Rose and Crown）。如今，新旅館的名字似乎都是由兩個名詞所構成：王冠與錨（Crown and Anchor）或是狐狸與獵犬

（Fox and Hounds）。另外還有一些旅館流行取怪名字，像是剃刀與母雞（Razor and Hen）、喜鵲與王冠（Magpie and Crown）、大腿與七顆星星（Leg and Seven Stars）、鯨魚與烏鴉（Whale and Crow）或鏟子與船（Shovel and Boat）之類的名字。[3]旅館命名會有這項轉變，主要是出於行銷考量。旅館主人都希望能取一個讓車伕或顧客印象深刻的名字。而且旅館的名字越新潮、越跟得上時代，客戶可能就會覺得旅館的設備更摩登、新穎（像是房間裡的夜壺）。

另外一個吸引旅客的手法就是打造搶眼華麗的旅館招牌。諾福克郡斯科勒（Scole）的白雄鹿旅館就是最佳實例，那間旅店的招牌大概是全英格蘭最華麗的招牌。這間旅店是在一六五五年由諾里奇的商人詹姆斯·佩克（James Peck）所建造。這座旅館規模浩大，幾乎佔滿整條公路，其中的雕刻裝飾數量之多也令人歎為觀止。旅館中的雕刻有些是源自於聖經故事，像是約拿（Jonah）從鯨魚嘴裡現身的場面。另外還有古典神話故事中的天使、牧羊人以及各種人物，像是刻耳柏洛斯（Cerberus）、巴克斯（Bacchus），以及四德（cardinal virtues）中的智德（Prudence）、義德（Fortitude）與時間老人（Old Father Time）的形象，還有許多被期望能大駕光臨的高貴客人的家族紋章。而旅館本身的設備和服務也相當一流。旅館外觀堂皇華美，具有嶄新的紅色磚頭以及時髦的荷蘭山牆，客房住起來也相當舒適。一六八一年，湯瑪斯·巴斯克維爾就對旅館的麥酒和啤酒讚嘆不已。[4]基於以上特點，白雄鹿幾乎是全國最知名的旅店。另外一種吸引尊榮旅客的方式是提供各項娛樂活動，像是鬥雞、草地木球，或是以皇室成員曾經入住為宣傳號召手法。如果搭馬車到基福爾（Guildford），絕對會想下榻紅獅旅店，甚至願意多付點錢住進查理二世曾經待過的客房。來到馬基特哈伯勒（Market Harborough）的天鵝旅館（Swan），你也有機會睡在查理一世躺過的床上。[5]

有些城鎮中的旅店可不小，像基爾福的紅獅旅館就有五十間客房。幾間位於倫敦的旅館規模甚至還更大。像是在倫敦大火後座落在市中心的新旅館還有城門外的馬車驛站都能容納大量旅客。最大的旅館位於林肯郡，這間名叫天使（Angel）的旅店具有二十間可供出租的套房。這二十間套房並不是以數字編號，而是以紋章圖案來命名，像是天使、王冠、雄鹿、大鐘等圖形。這樣一來，不識字的旅客就能靠圖案來辨別自己的房間。天使旅館中的房間都附有家具，不過各個房間的等級落差懸殊。內部裝潢配備最簡便的是格林房（Green Room），其中只有一張四帷柱床，上頭掛了布帘以及帷幔，床上擺了羽毛床墊以及長型靠枕。最奢華的就屬小十字房（Little Cross Room），這間房中備有高級四帷柱床，除了上頭的布幔以及尋常的裝飾之外，還有一組藤椅、一張桌子跟一面鏡子。入住的時候，旅館會準備一個盆子以及一壺水讓你洗臉洗手。旅館中有些房間是用來讓客人休憩，有些則是會議室，像是大十字房（Great Cross）中就擺了四張桌子，周邊圍了總共二十二張土耳其風座椅（以刺繡布料包裹裝飾的椅子）。[6]

旅館中多數房間裡都會擺上好幾張床。布里斯托某間大旅館裡的頂級房間裡就放了七張床，其中有兩塊羽毛床墊跟兩張床架、一塊短絨床墊與一張床架、兩張內容物未知的床鋪與兩張床架，最後則是僕人專屬的腳輪床。房間裡還有六張土耳其風座椅還有七張毛絨座椅（以具有柔軟長絨的絲布或棉布包裹的頂級座椅）、兩面鏡子、柏木櫥櫃、側邊櫥櫃還有鋪上桌巾的桌子。[7]從這些配備來看，就知道這間房間是讓身分尊貴的旅客入住，而不是什麼多人宿舍。顯然這種房間時常由兩三組旅客共用，就算他們不認識對方也必須如此，這也是你必須習慣的地方。搞不好在同一間房裡還混雜了男女旅客。一六六〇年，佩皮斯在某間旅館休息時，發現隔壁床躺了一位美女。像佩皮斯這樣的好色之徒，自然想跟那名女子發生親密關係，他甚至還踰矩親了對方的手，只不過他並沒有進一步行動。[8]在英格蘭旅行的外國紳士到旅館房間睡覺時，常會發現房內有個女人正在脫衣服。[9]並不是所有人都能接受這種狀況，像芬尼斯就很不習慣女人必須跟男人共用客房。你可能會問為什麼是「必須」，難道不能拒絕嗎？在某些旅館中，旅客不用支付床鋪的費用，只要付餐時以及馬廄的使用費即可。換句話說，如果房間裡的其他床鋪上躺了別的旅客，你也沒辦法抱怨，畢竟你沒有付錢包下整個房間。這樣一來，旅館老闆就能在房間裡塞更多人，依照人頭數來收費，這樣反而比以房間為計價單位還賺得多。[10]

除了共享房間，可能還要共用床鋪。到赫特福德郡的韋爾地區住進英格蘭冠軍（English Champion）旅店時，就能睡在鎮上那張赫赫有名的「大床」（Great Bed）上。那張床高一百〇五英寸、寬一百二十八英寸而且有一百三十三英寸深，總共可以容納十二人（常常睡在最中間的那個人晚上會起來上廁所）。佩皮斯與克拉克醫生（Dr Clerke）在一六六二年四月到這間旅館入住，聽到要共用床鋪時他們豪不以為意。[11]有時候僕人也會跟主人或女主人同床。佩皮斯另外一項為人所知的經歷，就是有一次他自己睡在腳輪矮床上，讓太太跟女僕睡在主要的大床（佩皮斯太太當然不會讓老公跟女傭同床共眠）。

外國旅客對英格蘭旅館的品質與服務讚譽有加，不過通常會這麼說的都是住在頂級旅館中的有錢人。這些尊貴的旅客通常會帶著僕人一同遠行，所以他們不用跟陌生人共享房間，而且他們也不會碰到一般旅客可能會遇到的困擾。跟其他人睡在同一張床上時，在清晨被吵醒可是一件很累人的事。睡在你隔壁的人有可能大打呼，或是在半夜起床用尿壺。另外，使用別人用過的尿壺也是一件很不舒服的事，如果前一個用尿壺的人沒有對準那就夠慘了。而最悲慘的狀況，就是你半夜起來的時候一腳踩在尿壺上、把尿壺打翻。我想把尿壺打翻肯定比被跳蚤咬來的淒慘吧。旅館的床上到處都是跳蚤，有些人看到旅伴被跳蚤咬得時候還會顯得樂不可支。跟克拉克醫生共睡一張床的佩皮斯早上醒來後，發現跳蚤只咬了克拉克醫生，他整個人開心得不得了。[12]

富麗堂皇的宅第與鄉村別墅

英國的有錢人住在各式各樣的房屋中，像是中世紀的城堡、都鐸時期的大宅或是新建的豪華別墅。即便來到十七世紀末，古老建築的數量還是大幅多過一六六〇年後興建的新屋。古舊大宅或古堡的主人也很樂衷於整修、翻新老屋，而非住進全新房舍中。說到這裡，我想你們對新型態的建築都很感興趣。如果真的是如此，那你就來對地方了，因為在復辟時期建造的頂級別墅可說是全英國數一數二的代表。

就算你說的出有哪幾間別墅或大宅是在復辟時期所建，也不太可能知道建築師是誰。復辟時期最有名的建築師就屬克里斯多佛・雷恩，不過他只設計了一兩間私人住宅，其他時間都投注在教堂、紀念碑、聖保羅大教堂上。另外，像是在倫敦、牛津、劍橋的公共建築也是他的作品，而肯辛頓宮與漢普頓宮（Hampton Court）這兩座皇家宅邸的華美側翼，也是由他一手打造。雷恩的助手羅伯・虎克名氣也不小，不過他最為人所知的則是在皇家學院研究期間的科學貢獻。雖然虎克也設計了幾座華美的私人宅邸，像是華威郡的利格拉廳（Ragley Hall）、威爾特郡（Wiltshire）的藍斯伯里莊園（Ramsbury

Manor）還有倫敦的蒙塔古府（Montagu House），不過他的創作仍然以公共建築為主。另外有兩位知名英格蘭巴洛克風格建築師，分別是約翰・凡布魯（John Vanbrugh）以及尼古拉斯・霍克斯穆爾（Nicholas Hawksmoor），他們都是到復辟時期末才開始設計房屋。如果你從來沒聽過休伊・梅（Hugh May）、羅傑・普拉特（Roger Pratt）與威廉・塔爾曼（William Talman）的大名，接下來可有機會好好認識這幾位建築師了。

一六六三年至一六六四年間建造的埃爾特姆大宅（Eltham Lodge）是由休伊・梅所設計。這間宅邸採「雙排結構」（double-pile），這個結構是在十七世紀初由伊尼戈・瓊斯發明。這棟兩層樓高的房屋外觀為簡單的矩形，一樓跟二樓中間有貫穿整個樓面的走道，房間排列在走道兩側。因為房屋的前側有一排房間，另一側也有一整排房間，所以才稱為「雙排結構」。埃爾特姆大宅跟伊尼戈位於科芬園的宅邸一樣，都採用磚頭與半露方柱打造而成。從大宅正面看去，每層樓只挖了七扇窗戶，不會顯得太鋪張。埃爾特姆大宅典雅華美，很多人都希望以它為基準參考，設計出更堂皇、令人讚嘆的住宅。克拉倫登伯爵就委託梅在牛津郡的康恩伯里（Cornbury）設計一棟房屋，不過正面每層樓要有十一扇窗戶寬。除了這次委託案，梅還設計了柏克萊府（Berkeley House），這棟房屋在皮卡迪利北面的豪華建築群中座落在最西側。在這棟房屋的主建築與街道邊的側翼以柱廊連結，所以整個四邊形莊園看起來令人歎為觀止。一六六六年後，梅備受歡迎的程度讓他在倫敦大火後成為政府指派的三位建築重建專員之一（另外兩位則為羅傑・普拉特與克里斯多佛・雷恩）。另外在一六七〇年代，他也接受私人委託設計了赫特福德郡的凱修伯里公園（Cassiobury Park）以及溫莎城堡。

與梅同樣身為建築重建專員的羅傑・普拉特，完全是誤打誤撞才會走上建築設計師一途。一開始，他的表親喬治・普拉特請他在科爾斯希爾（Coleshill）設計別墅。雖然經驗不足、沒受過專業訓練，羅傑還是憑著謹慎的態度與熱情接下委託，另外他也多次向伊尼戈・瓊斯討教。普拉特跟梅一樣設計出「雙排結構」的別墅。來到科爾斯希爾、走進別墅中，會看到雙層挑高的華美大廳，兩側各有一排偌大的樓梯，房間則從此為起點往兩側開展，僕人的臥室則位於頂樓或地下室。光是這樣描述還不足以形容這間房屋有多驚人，親眼看過這座別墅的人都被其規模與外觀震懾。初試啼聲就獲得廣大好評，普拉特接著又設計三棟豪宅，分別為多塞特郡的優雅建築金斯頓・雷希（Kingston Lacy）、位於劍橋郡的宏偉霍斯希爾莊園（Horseheath Hall），還有座落在皮卡迪利、與柏克萊府比鄰而立的氣派克拉倫登府（Clarendon House）。約翰・伊弗林形容克拉倫登府為：「就算你說這棟豪宅是全英格蘭設計得最完善、最實用、最優雅、最富麗堂皇的房屋也不為過。」[13]只可惜這也是所有豪宅別墅中壽命最短的建築。這棟豪宅後來被阿爾巴默爾公爵買下之後，在一六八三年為了取得其建材而遭到拆除。不過克拉倫登府也啟發了各式各樣不同規模與外型的華美建築。林肯郡的貝爾頓府（Belton House），位於肯特郡、低調平實的葛倫布里齊居（Groombridge Place），還有位於萊斯特郡、精緻得像個珠寶的齊伯沃斯・哈科特老宅（Old House in Kibworth Harcourt），都帶有克拉倫登府的影子。

如果在一六八〇與一六九〇年代造訪英格蘭鄉間，會發現許多別墅都採用梅與普拉特的設計理念。住在鄰近村莊的民眾，很快就習慣這些以磚牆、帕拉第奧式楣樑與壁柱打造而成的房舍一棟接著一棟立起。對你來說這就是英國房屋的典型，不過對復辟時期的農村居民而言，這種房屋可是異國風濃厚。這種嶄新的建築美學也蔓延到了蘇格蘭。一六八六年，威廉・布魯斯爵士（Sir William Bruce）就以帕拉第奧式建築為發想，設計金路斯府（Kinross House），部分靈感也是來自克拉倫登府。不過復辟時期最重要的私人建築作品，其成就不僅大幅超越梅和普拉特的設計，更揭開十八世紀英格蘭巴洛克風潮的序幕。那棟建築的設計師就是威廉・塔爾曼，他脾氣暴躁、小氣、粗魯、而且極度高傲。他不僅常跟客戶撕破臉，還試圖把克里斯多佛・雷恩的案子搶過來，而且成品還不怎麼樣。雖然如此，他在德比郡建造的查茨沃斯莊園（Chatsworth）外觀宏偉壯麗，全國上下無不讚嘆著迷，因而成為全英國最受歡迎的莊園豪宅。一六八六年，住在這裡的德文郡伯爵請他翻修原為伊莉莎白時期建築的南面。塔爾曼用石頭打造新的牆面，並且將壁柱由建築中央移到邊角，將欄杆的位置調動到將屋頂給遮住，使這座建築氣勢宏偉、比例恰到好處又怡人。伯爵對於成品相當激賞，就請他順便改造東側建築，塔爾曼也在一六九六年完成這項任務。一年後，芬尼斯到此地遊玩，該莊園的西面建築正在動工。她描述這棟建築的篇幅之長，大大超越以往對其他莊園的形容。一般來說牆面上的窗戶大小有限，但這座莊園卻能裝上大面積的玻璃窗，這點讓芬尼斯相當讚嘆。有人告訴她查茨沃斯莊園的玻璃每片要十先令。[14]

塔爾曼在設計這座莊園時，基本理念就是想將建築與土地兩相結合。仔細觀察莊園正面的玻璃窗配置就能略知一二，所有玻璃擺放的位置都經過精密計算，以左右對稱的型態呈現。莊園的花園也展現出對稱、整齊的畫面。花園中的所有線條都是正方形，而且大正方形當中又找得到小正方形，造景池的輪廓也是四邊形，池中的水則以弧線從邱比特雕像中噴出。庭園中的草地都是正方形，而且你要想，只用長柄大鐮刀、大剪刀還有草皮滾軸來修整這一大片草地是多費工費力的事。能夠設計出這樣的莊園並加以維持，實在需要莫大決心。連停放馬車的區塊也以直線劃分，而一排排筆直的綠樹從莊園向外延伸到地平線的那端，直至視線所不能及之處。芬尼斯在科爾斯希爾時表示：

每條通往莊園的步道兩側都種了綠樹。宅邸下方即為廣袤斜坡，視線所及之處皆是莊園的花園，其中佈滿各種步道、石板路，其間種滿高度較矮的灌木，還有果樹、杏桃樹還有各種花卉。園中栽滿各式各樣美觀與實用價值兼具的植物。15

芬尼斯發現威爾頓莊園（Wilton）的庭院結構與查茨沃斯莊園一樣，「具有石板步道以及方正的綠地」。不過她更欣賞的是威爾頓莊園的水池造景。賽謬爾．莫蘭爵士在溫莎堡的成功之後，抽水機與輸水系統這種機械設備就廣為流行。芬尼斯看到查茨沃斯莊園的噴泉時整個人又驚又喜：

這座莊園有個非常大的庭院，還有幾個精緻的小花園。這些花園中都有石板步道以及方正的草地以及形形色色的石像，每座花園中央立有姿態萬千的噴泉，像是海神、海豚以及海馬。這些噴泉由管線連接，湧出的水則落在水池中。這樣的噴泉在庭園裡處處皆是……其中有座花園中的水池規模非常龐大，水池中的主雕像旁有數個淺水閘道，水池中也有數條管線，大大小小加起來大概有三十條。有些水流從池中向上竄升，水花看起來就像白雪一樣……花園中有條宜人的步道，盡頭中央有座柳樹雕像噴泉，雕像的枝葉與樹皮顏色看起來相當自然……如果將輸水管到打開，清水就會從枝幹以及葉片中流出，像是灑落的陣陣細雨一般。雖然雕像是用黃銅與管線打造而成，但其枝葉的儀態就像真正的柳樹。16

另外，芬尼斯也對此莊園引進的溫室、橘子樹、檸檬樹、鳥舍、雕像還有人工石室相當讚賞。

許多大莊園至少都有一座鹿苑，很多甚至有兩座（其中一座專屬紅鹿，另一座為黇鹿）。伊弗林造訪伯克郡的史瓦洛菲爾莊園（Swallowfield，這座莊園也是由塔爾曼設計）時，對莊園內的樹木量歎為觀止。他說：「庭園中有一千株黃澄澄的果樹以及用來做蘋果酒的蘋果樹。其中還有像是榆樹、萊姆樹、橡樹以及其他樹木，還有兩座可觀的橘園……」[17]他之所以能估算出樹木的數量，也是因為這些樹木是以直線排列。

深入了解後會發現，除了這些奢華鋪張的園藝設計、講求規律和華麗的水池造景，復辟時期的莊園設計還有更深遠的意涵。如同之前我們提過的商人，他們為了讓駁船駛往大型城鎮而改善河道，而科學家也努力了解這個世界運作的機制——在這裡，莊園的設計師和屋主也試圖掌控大自然。只要瀏覽莊園屋主的藏書，就會發現關於土壤灌溉、修剪果樹，以及如何在寒冷的季節裡種植橘樹的書籍。這些鑽研園藝的莊園屋主大多都是皇家學會成員，他們將對自然的掌控視為人類進步的象徵。從他們在正式的庭院中種植的花卉，也可看出掌控大自然的渴望，像是玫瑰、水仙、鬱金香、紫羅蘭、百合、向日葵、蜀葵、魯賓花、石竹、萬壽菊、芍藥、罌粟花、銀蓮花、風信子、康乃馨以及報春花。[18]而其他不屬於上述花卉的植物，則被當成雜草立刻剷除。如此一來，整個莊園的設計都是出自精心安排，也呼應了當時人們對神聖和諧的看法——萬物都是事先規劃好的，毫無意外發生的可能。英格蘭景觀設計之父威廉·肯特（William Kent）一六八五年才出生，所以等到他提出更「自然」的園藝設計概念時，又經過好幾十年。此時期替各大莊園設計、提供苗圃的是一間名叫伯倫頓公園苗圃（Brompton Park Nursery）的公司，其經營者為喬治·倫敦（George London）以及亨利·懷斯（Henry Wise）。查茨沃斯莊園以及漢普頓宮的造景就是由他們所設計，漢普頓宮中的迷宮也是由他們所打造。另外像帕特舒爾公園（Patshull Park）跟其他庭園也率先嘗試修剪灌木叢。簡單來說，有錢人的庭院或鄉間別墅可是在設計上大費心思。

回到別墅的內部裝潢。有些復辟時期的房屋內部裝潢之奢華，簡直前無古人後無來者。

你或許對安東尼奧・維利歐（Antonio Verrio）有些陌生，不過談到作品戲劇張力十足的畫家，芬尼斯認為他可是「英格蘭第一好手」[19]。不僅芬尼斯這麼認為，伊弗林到溫莎的聖喬治大廳（St George's Hall）參觀時也這麼覺得。這座由休伊・梅設計的建築固然典雅堂皇，但真正令伊弗林大力讚嘆的卻是「大廳中令人目不轉睛的畫作」。[20]天花板上的壁畫，不管是從規模還是繪畫技巧來看都令人懾服。當然，畫作中裸露的軀體對感官也是一場震撼，我想就連查理二世這輩子也沒看過這麼多裸體。早年維利歐在家鄉義大利和法國繪製畫作，後來在一六七二年接到蒙塔古公爵的邀請，替蒙塔古府的樓梯間以及客廳、臥室進行彩繪。後來他的知名度在英格蘭大開，接下阿靈頓宮以及漢姆府（Ham House）的室內彩繪委託。一六七四年起，他花十二年替溫莎城堡彩繪二十片屋頂、三個樓梯間，還有聖喬治大廳以及國王禮拜堂的牆面繪畫。在詹姆斯二世掌政時期，他也在白廳的禮拜堂內作畫，並協助設計該禮拜堂的庭園。一六八八年光榮革命後，他結束皇室的委託，接下伯利莊園（Burghley）和查茨沃斯莊園的繪畫委託。他最傑出的作品無疑是伯利莊園的天堂廳（Heaven Room），該空間中的壁畫視覺效果之震撼，是大不列顛島上其他私人住宅所無可比擬。站在該廳正中央、環顧四周，絕對令你讚歎不已。在畫作中，諸天神與女神在掛著花圈的古典石柱間飛躍舞動；披著斗篷的武士駕馬從天堂降臨凡間；赤裸著身體的仙子輕盈自在地在空中飛越，令底下的男子望得目瞪口呆。這幅壁畫帶來的視覺效果，讓你彷彿置身愛之神殿中，欣賞在空中上演的精彩表演。觀者彷佛覺得自己也能騰空飛舞，在天神與女神的邀請下參與盛宴。

除此之外，英國的城堡與莊園中還是收藏了許多我們熟悉、出自古典大師之手的畫作。隨時間演進，收藏畫作的風潮也有所轉變，只是我們無法在當下立刻察覺。我們已經習慣從現代的角度觀看文藝復興時期的畫作，自然就忘記將畫作裱框掛在屋內當裝飾其實是相對晚期才產生的流行。事實上，這股風潮是到復辟時期才逐漸興起。伊莉莎白時期，貴族家中通常會有條長型畫廊，讓他展示皇室成員或歷史人物的肖像，並與賓客談論這些畫中人物，而屋中家族的成員肖像則是用來展示其家世背景之顯赫。不過就算是那些相當富裕的莊園主人，也很少會在其他房間掛畫。來到十七世紀之後，在屋內擺放大量畫作則蔚為風潮。一六八六年，約翰・布朗洛（John Brownlow）在貝爾頓（Belton）的宅邸中掛了一百五十三幅畫；一六八二年，約翰・蘭薩爾在貝斯爾斯利莊園（Besselsleigh Manor）裡布置了一百四十五幅畫；一七〇〇年，貝德福公爵在沃本修道院（Woburn Abbey）也擺了一百零三幅肖像畫。雖然大多數士紳家族擁有的畫作數量比較少，但在一六八〇年代他們平均還是擁有五十幅畫以上。牛津郡亞頓莊園（Yarnton Manor）的主人湯瑪斯・史賓賽爵士（Sir Thomas Spencer）就有擁有五十幅畫。在莊園的兩個客廳和隔壁的接待室中，他就懸掛好幾幅家族成員的肖像。他的長畫廊中則根據傳統，充滿了國王、皇后還有知名大臣的肖像。而在偌大的樓梯間中，他則布置了十五幅描繪柯芬園、鸚鵡、荷蘭男女肖像、喜鵲、驢、馬、羅、詹姆斯二世、擠羊奶的婦人還有風景的相關畫作。市場上突然出現大量購買古典大師畫作的風潮，也導致這些作品價格飆漲，因為皇室成員或其他收藏家都願意出高價購買藝術作品。肯特郡迪恩（Dene）的詹姆斯・奧瑟登爵士（Sir James Oxenden）收藏的畫作總價就高達兩千英鎊，其中有一幅戰爭畫要價三百一十英鎊，另一幅「耶穌基督與律師爭執」

的畫作則花了他兩百五十英鎊。[21]高額的售價並沒有把貴族嚇跑；反之，畫作的價格越高，收藏家就更喜愛、更渴望擁有。

提到裝飾藝術，就不能漏掉一位大人物，他就是格爾林．吉本斯（Grinling Gibbons）。吉本斯是復辟時期，甚至是英國歷史上最受人追捧的木工雕刻家。吉本斯的父母是英格蘭人，他則在鹿特丹出生。在低地國家接受專業訓練後，他在一六六七年回到英格蘭。三年後，在一個冰雪交加的冬日裡，伊弗林走在德普特福德（Deptford）的某個小鎮上，他突然注意到一旁簡陋的小茅草屋。出於好奇心，他探頭從窗戶往屋內看，裡頭住了年輕的格爾林．吉本斯。當時二十二歲的他，正在以丁托列托（Tintoretto）的著名作品「受難像」（Crucifixion）為範本，雕刻一模一樣的木雕。這幅畫不只是中央有一座十字架，周遭還有了一百多個姿態各異的人。伊弗林看到吉本斯的作品感到驚為天人。吉本斯的天份跟宗教故事無關，而在於他對裝飾藝術以及高凸浮雕的手藝與品味。他能將水果與葉形裝飾刻得栩栩如生，其昂然聳立的角度彷彿真實葉片。一六七二年，吉本斯還住在倫敦的旅館中時，他用木頭雕刻了一盆花，而那盆花「作工之精美細緻，就連馬車經過時，木頭葉片都會微微顫動。」[22]修伊．梅請他跟維利歐一起合作，替凱修伯里公園和溫莎城堡的內部做裝飾。後來吉本斯替數十座莊園雕刻生動的木雕，雕塑的主題例如獵鳥與水果從牆面上滾落的模樣，貝爾頓莊園與查茨沃斯莊園中就可見他的作品。在薩塞克斯的佩特沃斯府（Petworth House），吉本斯以椴木刻出樂器、花瓶、皇室標誌甚至還有普賽爾的樂譜，從這些作品就可看出吉本斯的工藝更勝以往。

你可能已經推斷出，這些奢華炫目的裝飾藝術是受異國風潮所左右。我們之前已提過，復辟時期的服裝流行受到他國穿著打扮的影響。我們在本章提到的各種莊園建築與裝飾手法，當然也是從別國引進的概念。雖然推動帕拉第奧式建築的功臣是伊尼戈．瓊斯，但別忘了這種建築手法是源於十六世紀義大利的安卓．帕拉底歐（Andrea Palladio）。另外，維利歐也是義大利人，而吉本斯的訓練則是來自低地國家。設計園藝時講求規律與秩序，這可是來自法國的概念。在其他裝飾藝術中，我們也可以看到這種擁抱異國概念的開放心態。法國人尚．堤儒（Jean Tijou）是當時首屈一指的鐵製品大師。此時期最重要的建築雕刻師凱斯．加貝爾．賽伯（Caius Gabriel Cibber）則是來自什勒斯維希－霍爾斯坦（Schleswig-Holstein）。查理二世與詹姆斯二世常年放逐於法國，所以除了天主教，兩人也培養出對法式風格的喜愛。威廉三世也受到荷蘭文化影響甚多。這些新式的異國流行逐漸滲入英格蘭上流社會階層，紳士也展開雙臂迎接這些改變。復辟時期興建的莊園別墅，在設計、格局安排以及裝潢上所顯露的這種國際化性格，是前所未有的。

室內改裝並不便宜。伊弗林曾耳聞倫敦的柏克萊府在改裝上就花了三萬英鎊。[23]藍斯伯里莊園也讓威廉．瓊斯與計畫執行者掏了一萬七千兩百五十七英鎊。[24]貝爾頓莊園建造時花了一萬英鎊，內部裝潢則要五千英鎊。查理二世請維利歐替溫莎城堡的屋頂與樓梯間作畫，也支出七千多英鎊。[25]一般紳士在重新裝潢時就沒有那麼貴，但平均也要三千到四千英鎊左右。雖然這筆數目聽起來也不少，但還是能從中看出富貴人家與其他族群之間的差別。

如果有幸能在這些豪華莊園住一晚，會是怎麼樣的經驗呢？裡頭看起來像是冰冷的建築博物館？還是住起來溫暖又舒適？莊園內會有什麼樣日常設備，又有哪些家具？在裡頭生活是否方便愉快？

住進最頂級奢華的莊園，你的「房間」可能跟你在二十一世紀擁有的公寓臥室有很大的出入。莊園內的房間有接待室、前廳、主臥室、更衣間還有辦公用小房間，這是在一六六〇年後由法國傳進英國的居住空間規劃。[26]就算房間的規模較小也還是有主臥室、衣帽間，以及用來辦公、閱讀、躺在沙發床上寫信的「小房間」（closet）。僕人替你開門的時候，會發現這時候的門已經不像以前是用鐵門上鎖，而是鑲上以黃銅製成的把手。莊園內部牆面則覆蓋著色彩鮮豔的毛料或絲織品，這種掛毯能避免冷空氣竄進屋內，比用彩繪石灰牆面打造的房間更溫暖。不用懷疑，這些掛毯也多半是從法蘭德斯或法國進口而來，不過在英格蘭的摩特雷克（Mortlake）也有專門生產這種織品的工作坊。這些掛毯下方或有一小塊裸露在外的牆面，這種像踢腳板的牆面通常會有奢華的圖樣或雕刻。復辟時期初，莊園內部多半是鋪上以燈芯草織成的地毯，不過這種地毯漸漸退流行，被毛皮地毯或毯子所取代（更早之前，民眾只會將毯子鋪在箱櫃或桌面上）。莊園內每個房間都有大理石壁爐，並以鍍金燭台上的蠟燭照明。如果想在夜裡持續點燃蠟燭，就將燭火擺在石缽中。僕人離開房間後，就能站在偌大的鏡子前凝視自己的身影，坐在以絲織品覆蓋的扶手椅上，這種椅子的椅背高聳，座位高度較低。臥室中的床是鋪了頂級羽毛床墊的四柱床，柱子上掛的帷幕則是以絲緞、襯芯絲織品以及相應的短幔搭配而成。來到十七世紀末，掛滿帷幕的四柱床逐漸退流行，取而代之的是帷幕只蓋住床頭的雙柱床。這種床鋪的被單則是由荷蘭麻布製成，而帷幕的材質則以印花棉布為大宗。這種布料是以手工繪製、染色的鮮豔棉布，來源地是印度；到了十七世紀末，英格蘭則從中國進口大量印花棉布。另外，莊園的窗簾也幾乎是由類似的染色印花棉布製成。房間內會有幾座櫥櫃或抽屜櫃讓你放置重要個人物品。到十七世紀末，民眾會把桌子擺在鏡子前方，當作換穿衣物時的輔助桌。房內也會有一壺清水和臉盆讓你洗臉、洗手。來到衣帽間內，就能找到專屬於你的馬桶——一個大型木箱，將頂部掀起之後會看到絨布鋪成的坐墊，中央有一個圓孔，底部有可抽出的托盤。上完廁所後能用衛生紙清理，或是使用莊園提供的拋棄式呢絨布擦拭。

靜坐在臥室內，你可能會想其實復辟時期的房間跟二十一世紀大同小異。確實如此，雖然復辟時期的民眾仍是以蠟燭作為照明設備，牆上的帷帳也顯現出時代特色，不過基本上整體感覺就像回到二十一世紀的家一樣。舉例來說，床鋪或各種布料的舒適度與柔軟度，沒有因為時代不同而有所差別。莊園內的其他家具或擺設也是如此。復辟時期的莊園或住宅，基本上都能在舒適與奢華之間取得平衡。走進飯廳、環顧四周，能看到結構對稱的模造石灰天花板，以及精美雕刻的牆壁鑲板。大理石壁爐中可見薪架、鑄鐵背壁或是火籃。十七世紀最流行、最常見的地板材質是大型方正黑白大理石，房間角落則放了一座大型擺鐘。蓋著白色亞麻布的長桌上有可能會擺著枝形大燭台、暖盤器、銀盤、瓷盤或是錫盤，另外還有酒杯、白色亞麻餐巾、銀製鹽罐、湯匙以及刀叉等。牆上或許會掛著樂器：佩皮斯習慣在用餐的房間彈奏魯特琴以及拉小提琴，而牆上裝飾著綠色布料和鍍金皮革。[27]走進起居室，會看到房間中央擺了幾座扶手椅、單人沙發或長型沙發，這就是舒適的象徵。除了舒服的沙發，也有藤椅、上了黑色亮光漆的家具、抽屜櫃、屏幕、桌面傾斜的寫字檯與來自遠東地區的裝飾用瓷器。

在少數幾座莊園中，主人還特地規劃讓賓客使用的空間，像是禮拜堂、圖書館、珍奇櫃（cabinet of curiosities）、檔案室（muniment room）、撞球室、音樂室，有時候還包含廁所以及抽菸用的房間。[28]薩里郡的貝丁頓莊園（Beddington）中有沖水馬桶，不過這種設備實在太稀有，我建議你不要直到找到這種設備才肯上廁所。[29]不過有也很多老房子在過去兩百年內完全沒有翻新改裝。很多房屋的大廳仍然保有古舊的中世紀風格。在一六六〇年代來到施洛普郡（Shropshire）的歐克莊園（Oakley

Park），能發現主人馬修．賀伯特（Mathew Herbert）的大廳中擺了一張長桌，兩邊各別擺了長凳，桌頭放了一張主座椅，兩旁還有兩張側桌、一張畫像以及一座燭台，而這種擺設被形容為「過時古舊」。[30]另外，在很多紳士的住宅內，也能看到長槍、戟、劍、矛、盾、頭盔，還有軍裝配備。莊園內之所以會有這些兵器，是因為以前紳士會將莊園提供給當地民兵團使用。在伊莉莎白時期，莊園內還會有空間極為寬敞的畫廊，裡頭擺放園主收藏或繪製的畫像。如此一來，豪華的鄉村莊園不僅是睡覺、吃飯的住家，更是博物館、兵工廠、演奏廳、室內遊樂室、圖書館還有進行禮拜的宗教場所。有些莊園內甚至有舞台可供戲劇演出。[31]只要找到最適合自己喜好的莊園，你可能會發現根本不需要再踏出莊園一步。

城鎮別墅

有些貴族的城鎮別墅（town house）其實就是位於城市裡的莊園。這些別墅的規模與鄉村莊園大同小異，裡頭也有奢華的會客室、高級的套房、正統的花園以及馬廄。不過除了這些相似之處，城鎮別墅跟莊園在其他面向上則有所差別。這些別墅的內部空間比較狹窄，沒辦法容納各式家具以及不同功能的房間；話說回來，城鎮別墅也不需要這麼多設備。在城市生活，要取得新鮮的食物或飲品並不難；承租馬車或是馬匹也相當方便，花園、劇場或是休閒活動中心也近在咫尺，甚至徒步就能到達。不過生活在市區也要忍受各種噪音以及空間狹小的房間。在城鎮別墅的生活可是跟在新穎的農村莊園南轅北轍。

我們假設你要去拜訪外科亨利．柯伯特醫生好了（他的馬車曾出現在前面章節中）。柯伯特醫生住在林肯郡的某棟老別墅中。別墅中的大廳一度是整座建築裡最重要的空間，不過現在主人已經鮮少使用，裡頭只擺了一張桌子、一張板凳還有六張皮椅。而現在最主要的會客場所則是起居室（parlours）。起居室內部牆面具有鑲板裝飾，而在柯伯特醫生家中最高級的起居室備有兩張桌子和十四張椅子，另外還有舒適的沙發、窗簾跟壁爐。走進第二起居室能看到一張圓桌，旁邊有四張椅子與一座櫥櫃。房子的地下室中堆滿木桶與酒瓶，乳品櫃裡也擺滿啤酒瓶，另外還有一個專門用來釀酒的空間。在用餐的房間內，桌面上鋪了皮「毯」，牆面上也掛滿燙金皮革帷幕，帷幕頂部掛了些畫像。在屋內最高級的臥室裡，柯伯特醫生擺了抽屜櫃、更衣箱、椅子、畫像跟其他家具。臥室中的床上也掛了布幔。臥室這些擺設林林總總加起來大約要六十二英鎊，跟鎮上其他裝潢奢華的旅館客房相去無幾。除了這間臥室，加上其他五個房間（當中包含圖書館）還有廚房，所有可移動家具的總價值約為三百英鎊。[32]

雖然柯伯特醫生的別墅已歷史悠久，還是能從中看出許多英國內戰後才逐漸風行的奢華擺設與裝潢，最明顯的例子像是火爐、沙發、畫像以及窗簾。而那些專為「有能力的人」建造的新房屋，則具有較現代化的室內擺設、設計還有家具。一六七〇年代後直拉窗開始流行。羅伯．虎克替利格拉廳、藍斯伯里莊園還有蒙塔古府裝上直拉窗；克里斯多佛．雷恩也替漢普頓宮設計上下拉動的直拉窗，威廉．溫德（William Winde）設計貝爾頓莊園時也採用這種窗戶。十七世紀末，倫敦已是一般城鎮別墅使用的直拉窗的主要製造地。[33]窗戶本身是則是由長方形的玻璃片組成，寬度大約五英寸長，這跟早期那種以鉛框固定的方形小窗格有極大差別。以前住宅的樑柱總是裸露在外，不過復辟時期的建築則以精緻的模造灰泥天花板將樑柱隱藏起來。有些房屋不用傳統的布幔來懸掛在牆面上，取而代之的是上了塗料的織品。這能避免室溫迅速流失，讓屋內更溫暖。樓梯上架了欄杆以及旋轉扶手，如果空間夠大的話也會採用開放式樓梯間設計。接待室裡的牆面鑲板也比過去更精緻優雅，打開門，則會看見門框跟門口上方的山形牆都有著精美的雕刻。門本身也不像以往只是將直立的木板釘在一起，而是以鑲板連結固定，並鑲上把手，有些民眾還會在前門上懸掛嶄新的敲門環。[34]

在所有現代化室內裝潢中，最受歡迎、醒目的改變就是暖氣設備。十六世紀開始，英格蘭就出現柴薪短缺的狀況，到復辟時期民眾用來生火的主要原料則為煤炭。鐵製的火網、「爐柵」（grates）或「火爐支架」（cradles）也陸續問世，讓民眾能在別墅的火爐中用木炭與煤塊生火。[35]此時的民眾開始使用封閉式鐵爐，以確保可以維持一整天的溫暖，有些甚至能用來烹煮食物。在都鐸時期，石頭搭建而成的煙囪穿過房屋、直立於房屋上方，導致木塊容易燃燒不完全，一旦火燒得不夠旺，氣流就會往下竄，使煙霧流進屋內。現在，住在城鎮中的居民則用磚塊來改建煙囪，在孔隙較小的狀況下，燃料能夠燃燒得更完全，煤塊產生的有毒煙霧也不容易飄散至屋內。[36]壁爐聳立於牆面，周圍鑲有精美的雕刻大理石以及華麗的檯面，也可當作放置物品的壁架，兼具實用性。雖然皇室成員仍只使用柴薪來生火，貴族也只在某些特定場合使用煤炭，例如他們離家時會請僕人點火讓室內保持乾燥。造訪大型城鎮時，會發現燃燒煤炭最能令人溫暖，在倫敦尤其是如此。到了一七〇〇年，倫敦市民每年進口三十三萬五千查爾特隆（約四十四萬四千噸）的煤炭來生火用。[37]在蘇格蘭，民眾使用燃燒速度較快的蘇格蘭煤炭，再搭配泥炭或泥煤一起燃燒，甚至在繁榮的亞伯丁市仍是如此。[38]

柯伯特醫生家中另一個現代化的象徵就是畫作的數量。「中間階層」的人通常會在家中擺放大量的藝術作品，特別是在樓梯間、飯廳或其他訪客看得到的空間。富裕的林肯郡居民伊莉莎白・曼比在樓梯間掛了十五幅畫、用餐的房間裡有三幅，在奢華的寬敞臥室中則有一幅裱框的大型風景畫。就這個程度而言，你不用付出購買大師作品所需的龐大金額，就能收藏不少畫作。在一六六〇年，一幅肖像油畫加上裱框只要三英鎊十先令。[39]一六七五年，布里斯托畫家約翰・羅斯沃姆（John Roseworme）的畫室中，堆了十八幅每張只要一英鎊的畫作。另外，他另一幅畫了「哺育父親的三名羅馬女子」的油畫作品，也只賣三英鎊；另外八幅風景畫各賣七先令六便士；兩幅戰爭畫各為五先令；其他較普通的作品，還有高品質的知名人物肖像畫售價則在六先令至八先令之間。[40]除了直接向畫家購買，也能到仲介商的店鋪挑選掛在牆上的畫作。就算家境相對較清寒的民眾也會收藏少數幾幅畫。一六六八年，布里斯托大教堂的管風琴樂手湯瑪斯・艾迪恩（Thomas Adeane）就擁有六幅畫，每幅只花了他一先令。[41]風景畫以及知名畫作的印刷品也非常便宜，只要到文具店就能購得。林肯郡大教堂的合唱團指揮威廉・諾禮斯（William Norris）就有二十三幅不同大小的印刷複製畫，他將這些總價只要一先令的畫全掛在大廳中。[42]義大利和法國風景畫，還有教堂與古文物的畫像都是最受歡迎的主題。到了一七〇〇年，畫像可說是豪華別墅中最不可或缺的裝飾品。

不是所有人都有經濟能力用畫作或像樣的家具來裝飾自己的家。像是林肯郡工人理查・哈查提恩（Richard Hazeltine）的家就相當狹小，只有一個大廳跟兩間臥室，裡頭家具總值兩英鎊、布料值十先令、一個黃銅臉盆值五先令、壞掉的白鑞酒壺值五先令，擺在壁爐周圍的家具則為三先令。另外他還有一頭價值一英鎊的牛、一頭十先令的母豬，還養了一群蜜蜂，價值約十六先令。[43]像這樣子的住宅是沒辦法接待客人的，而住在埃克塞特的理查（Richard）與查莉堤・格雷芬（Charity Griffin）也是，他們頂多只能讓你睡在腳輪矮床上。理查跟查莉堤兩個人的共有資產，除了腳輪矮床跟他們自己的床之外，還有烹飪器具、櫥櫃、床單還有少許黃銅製品。他們的可移動資產總價值為三英鎊十七先令六便士，但他們還不是鎮上最窮的人。[44]有些人的財產甚至根本沒有估價的價值。

談到居家清潔衛生問題，有錢人跟窮人碰到的問題是一樣的。一六六〇年十月二十號，佩皮斯就碰到這種困擾。那天他走到地下室想看看新的窗戶能架在什麼位置的時候，一腳踩到「一大坨大便」。他發現鄰居的糞坑已經滿出來，糞便流到他家地下室。[45]無論家裡有多少個夜壺，或是馬桶上頭的絨布坐墊有多鬆軟，裡頭的糞便都要找個地方清掉。一六六三年五月，佩皮斯太太跟女傭不小心在樓上把「一盆尿跟糞便」打翻。[46]幸好大家對這件事都一笑置之，不過如果你親眼看到某人在白廳宮某個漆黑的角落上廁所，大概就笑不出來了。根據安東尼．伍德（Anthony Wood）的說法，「廷臣都習慣在各個角落留下排泄物，像是煙囪旁、書房、煤炭房還有地下室」。[47]有錢人跟中間階層必須定期請人來清空糞坑，並找人將這些排泄物送到郊區的垃圾堆丟棄。這種工作只能在晚上進行。一六六三年七月，清運糞便的工人忙了一整晚，直到隔天早上六點才將佩皮斯的「辦事之屋」（就是這麼稱呼的）裡的糞便清乾淨。雖然工作時間聽起來很長，不過在搬運糞便的過程中，必定會穿越室內大廳，所以還是慢慢來比較好。[48]

農村住宅與農舍

誠如我們先前所知，全英格蘭大約有四分之三的人口住在農村地區，所以你拜訪貴族或士紳的機會不大，反而比較有可能住進辛苦工作或生活左支右絀的平民家庭。我建議你不要拜訪那些笛福口中那些餐風露宿的悲慘階層，他們連自己都餵不飽了，更不可能招待你。

講到房屋時，一般民眾的優先順序可是截然不同。對富裕人家而言，他們會改建鄉村莊園來彰顯自己的文化涵養，都會區的專業人士們也會花錢購置畫作、藝術品、地毯或其他奢華家飾來妝點住家。不過生活較辛苦的民眾，他們想到的則是如何捱過下一個農作物欠收的季節。跟上流行絕對不是他們改建房屋的首要考量。其實如果沒什麼大問題，一般人根本不會改建裝修自己的住宅。另外，除非是現有住宅老舊、不安全，或是農夫想在圈地制農地中建造新的農舍來管理田地，才會動工興建新的房屋，換了新房子之後，他們就會將原本在村裡的舊屋清空，當作農舍使用，增加農作物的庫存。

雖然如此，農村房屋的結構與外觀仍會隨時代演進而改變。十六世紀中期開始，民眾就開始改裝自家房屋，像是裝設火爐、煙囪、玻璃窗、樓梯間以及擴建等工程。很多改建工程在十七世紀初期就陸續完成。除了英格蘭和威爾斯的偏遠地區及蘇格蘭，基本上你已經看不到那種架設在大廳中央、把屋內搞得煙霧瀰漫的火爐。[49]另外，蘇格蘭南方的少數幾棟農舍完全沒有架設玻璃窗。不過在英格蘭與蘇格蘭，有些老舊農舍的大廳中，還看得到屋頂的椽條仍裸露在外，或是幾乎沒有什麼私人空間，抑或在舊大廳旁另外增建接待室。許多農民和工匠變得比較富裕之後，就需要擴增住宅空間，容納變多的家人和僕人，畢竟沒有人想再每晚都睡在大廳的火爐邊——這也是十七世紀後期最常見的擴建原因。

看看離柯芬園不遠的奈瑟．佛萊契斯蒂廳（Nether Fletchamstead Hall）就可見一斑。這棟屋子從一六六〇年代起為自耕農威廉．密伊（William Meigh）所有。從這棟房子的高聳煙囪以及兩層樓面的豎框窗戶來看，在十七世紀初絕對是有地位的人才住得起，但其實是經過了現任屋主（綽有餘裕的農夫）的現代化翻修。威廉過世的時候，他的所有物與動產價值總價超過五百二十英鎊。[50]不過在他過世的一六九五年，大廳還沒完成整修，裡頭只擺了一張傳統的長桌與板凳，火爐旁有另一張小桌以及器具，像是鐵鏟、鉗子、柴架還有新購入的爐格。過去，大廳是整棟房屋的主要中心，但現在已不是如此，如今大廳上頭擴增了一間新臥室。整間房子的重點成了大廳隔壁的接待室。威廉在接待室裡擺了一張抽屜桌、一張圓桌、櫥櫃、五斗櫃、扶手椅、兩張以俄羅斯皮革裹覆的靠背椅，以及另外一個燒煤炭的火爐，附有鉗子以及爐柵。另一個大廳則是空蕩蕩地，只有一架老舊的塔鐘還有壁爐。一樓的其他房間還有酒貯藏室、廚房、磨坊（裡頭有一座磨麥機）還有放置乳製品與起司的空間。所有房間都具有實用功能。來到二樓的臥室，會發現每間房間睡起來都挺舒服的。最頂級的臥室中有掛了簾幕的羽毛床、裡頭還有窗簾以及各種高級的床單、寢具和毛毯，另外還有幾張椅子跟凳子。不過在這間屋子裡，你找不到畫像、地毯、屏風、上漆的家具、鏡子還有坐墊。屋子裡沒有半本書也沒有夜壺。除了俄羅斯皮革椅之外，屋內其他最值得被稱為現代化奢華設備的，是某樣相當實用的工具，那就是在酒貯藏室後方臥室中的熨斗。威廉．密伊的農地裡種了黑麥、小麥、燕麥、大麥、野豌豆還有豆子。光是玉米就佔地四十公頃，另外還有了九十二頭羊、九匹馬、六隻豬、五十八頭乳牛、公牛以及小牛，甚至還有好幾英擔的起司。你可能會覺得威廉不是個奢侈的有錢人，不過事實並不然，他還是在家具上花了不少錢。來到十七世紀末，改善的重點在於日常器物的品質。長長的板凳被單人座椅或矮凳取代，有些座椅也裝有靠背和扶手。放置物品的開放式層架越來越少見，取而代之的是裝有門板的櫥櫃。在這個時期，很多家具都是由專業的木匠打造而成。再者，身為農夫的他其實絕大多數的財產都在田地上，屋內也不會擺放太多不實用的家飾。

窮人家中沒什麼奢侈家飾，這點就算不說你也猜得到。德文郡敦斯佛（Dunsford）的湯瑪斯・傑弗瑞（Thomas Jeffery）過世時，他那幢農村小屋的租約價值十英鎊——比他所有財產一半的總價值還多。臥室中有三張老舊的床鋪，放了兩個保險箱，此外完全沒有任何裝飾性的家具。門廊中除了擺放物品的櫥櫃之外，也只剩一張桌子、長板凳、一張長椅還有烹飪的鍋具。除了新式玻璃窗外，這棟房子從他祖父那一輩開始就沒什麼變動。換句話說，時代演進在居家擺設上帶來的變化，只會發生在有錢人的宅邸中。[51]

你可能會盡量避免拜訪像湯瑪斯・傑弗瑞這類窮困的民眾，畢竟在這些古舊的房屋中無法享受舒適的招待。不過我要再次強調，社會上絕大多數人都過著這種生活（百分之六十二），像是勞工、農民、窮人這些拉緊褲帶生活的人。他們沒有辦法選擇是要燒煤炭還是柴薪來取暖，因為兩種都買不起。全英國上下的窮人都是用泥煤（peat）來生火。不管是在康瓦爾郡地區還是蘇格蘭都是如此，不過也是有些地區的民眾買不到泥煤。芬尼斯發現在彭贊斯（Penzance）地區，民眾買不到任何燃料，當地人只能燒「金雀花、荊豆以及蕨類植物」。而在多塞特郡的斯旺納奇（Swanage），窮人只能到「海岸邊撿拾沾了油的石塊來生火，火光如此明亮，也被當成照明的蠟燭使用，不過這種石頭燒起來有股惡臭。」來到彼得伯勒（Peterborough），她也注意到「在平民百姓的住家牆壁上，黏了好幾坨牛糞正等著風乾。這裡的居民用乾燥的糞便當作燃料，這種東西燒起來氣味令人難以接受，不過當地人好像也沒有其他選擇。」[52]來到威爾特郡，湯瑪斯・巴斯克維爾發現窮困的海沃斯（Highworth）居民也把糞便當作燃料。他們會在夏天把牛糞黏在農舍的牆壁上，風乾之後保存到冬天使用。[53]而蘇格蘭人會將海草風乾，跟牛糞或馬糞一起燃燒。[54]別忘了，這些糞便燃料不僅用來生火取暖，他們還會拿來當作烹飪食物的火源或是用來照明。如果連飯都吃不飽了，就更不可能買蠟燭來點。如果你覺得倫敦市中心飄散的各種糞便與泥濘臭氣令人厭惡，挪到農村的窮困地區旅遊時也不要掉以輕心，因為你在這裡也會聞到強烈的糞便味。不過來到農村，你不用擔心鄰居的排泄物滿出來溢散到你家。住在鄉下的一大優點，就是空間足夠、能挖出更大的糞坑。

chapter

9 食物、飲料、菸

如果你以為來到復辟英國可以體驗健康的生活型態、體驗天然均衡的飲食方式，那可就大錯特錯。撇開大口抽菸、大口喝酒的習慣不說，就連復辟時期民眾對健康飲食的看法也與你不同。在二十一世紀，我們攝取少許種類的肉品，兼具美味與營養均衡的需求。但是在復辟時期，民眾覺得上帝創造動物的目的就是讓人類拿來吃的，他們彷彿把諾亞方舟當成一本食譜。艾德華·錢伯倫曾列出英格蘭豐富的食物：

> 綿羊、公牛、黇鹿、家兔、野兔……紅鹿、山羊還有歐洲狍，都是肉類的主要來源。還有各種母雞、鴨子、鵝、火雞、鴿子、小型禽類。鷓鴣、野雞、千鳥、短頸野鴨、歌鶇、山鳥、畫眉鳥、黑鶇、斑鶇、野鴨、野鵝、天鵝、孔雀、鵐、沙錐鳥、鵪鶉、山鷸、烏頭麥雞，這些都是英格蘭人的食用的肉類。英格蘭不乏麻鷸、小嘴鴴、獐鹿、紅點鮭、紅嘴山鴉、濱鷸、海岸千鳥、小辮鴴、赤足鷸、秧雞、麥鷂、蒼鷺、鶴、鸕鶿、鴇、善知鳥、黑尾鷸、荒雞、畫眉還有歌鶇。海鮮的話我們有鮭魚、鱒魚、七鰓鰻、白楊魚、鯉魚、丁鱥、八目鰻、狗魚、河鱸、鰻魚、歐扁、鰷魚、淡水螯蝦、比

目魚、歐鰈、美洲西鯡、鯡魚。另外我們也有大量的青魚、牙鱈、馬鮫魚、鰈魚、胡瓜魚、沙丁魚、鯡屬小海魚、牡蠣、龍蝦、螃蟹、蝦子、鮪魚、明蝦、淡菜、鳥蛤、康吉鰻、大口鰜、鱈魚、魟魚還有扇貝等。水果方面有蘋果、梨子、李子、還有櫻桃。我們也有豐富的小麥、大麥、黑麥、豆類還有燕麥。另外，英格蘭的起司和奶油也是品質保證。可食用根莖類和草本植物也種類繁多。[1]

照這樣看來，復辟時期民眾的飲食並不是非常均衡。首先，他們攝取過多肉類。錢伯倫列出了幾項水果，但除了「可食用的根萃類與草本植物」之外並沒有其他蔬菜。吃素的人在復辟時期會活得非常辛苦，因為大家都以為人類就是愛吃肉。另外一個失衡的狀況就是動物的數量。民眾食用太多野禽、野鳥，導致許多鳥類迅速面臨絕種危機。另外一個飲食不均衡的現象就是他們使用過多的油脂。在彌松先生的觀察之下，他發現英格蘭人在吃牛肉的時候，「盤裡有五六堆的甘藍菜、紅蘿蔔、蕪菁、還有其他香草與根莖類。這些蔬菜以鹽調味，並在一坨奶油中滑動。」[2]他們使用奶油和蛋的時候可不手軟。以下是某種香料雞蛋布丁的食譜：

將十五個蛋黃與六顆蛋白攪拌均勻，加入些許糖和西班牙薩克葡萄酒還有一品脫的奶油，接著再放入艾菊、菠菜以及櫻草葉或類似食材，將這些草本葉片切得越細越好。攪拌均勻之後將之放入小燒鍋中，持續攪拌至半凝固狀為止。再來將半凝固的布丁放入平底鍋中，用奶油持續加熱煎熟，可搭配以奶油、糖和玫瑰水調製而成的醬料。[3]

這種大量攝取肉類以及奶油、乳脂製品的飲食方式，絕對會令人體重直線上升，不過這種東西也只有有錢人吃得起。如果你家境貧寒，根本就碰不到錢伯倫那份清單中的食物。一隻雞至少要一先令，大約是資深木工師傅週薪的八分之一。如果雞肉的價格跟著木匠的薪資持續上漲，那麼把當時雞的售價換算成二〇一六年的薪資水準，約莫等於六十六點四九英鎊。[4]這還只是最保守的計算。至於水果，一顆梨子在復辟時期要一便士，大概是資深工匠週薪的九十六分之一，換算為二〇一六年的薪資水準與幣值，也要五點五四英鎊。

這樣你大概就知道食物在復辟英格蘭有多珍貴了。不過不要忘了，上面舉出的價格是平均值，在復辟時期食物的價格每年都有比現代還劇烈的漲跌起伏，小冰河時期（Little Ice Age）——發生於十七世紀的全球寒冷化——就是主要因素。英格蘭老一輩的民眾都還記得一六二三年，發生在坎伯蘭與威斯摩蘭的饑荒。就算你晚一點出生，也有機會經歷一六四〇年代的食物短缺還有英國內戰對食物供給造成的影響。戰爭時期很多人只能吃貓、狗還有老鼠。[5]但不管你來自什麼社會階層，都無法逃脫饑荒的威脅。食物的價格無上限飆漲，導致社會動盪不安、犯罪率增加，間接影響到有錢人和都市居民的生活。這也是為什麼佩皮斯或伊弗林這些紳士會特別留意天氣狀況。一六六一年六月，倫敦居民非常害怕過於潮濕的天氣會毀損穀物，導致糧食短缺。[6]當年度，全英格蘭的穀物價格確實高到快要打破紀錄。如果不想餓肚子，就不要在一六六〇年、一六六一年、一六七三年、一六七四年、一六九六年或一六九七年造訪英格蘭。在這些年份，食物售價比長期平均價格還多出百分之一百二十五。而在一六八五年、一六八七年、一六八八年、一六八九年、一六九〇年和一六九四年，食物售價則比平常低了百分之二十五。[7]

復辟時期饑荒最嚴重的地區和年代，則是一六九三年至一七〇〇年的蘇格蘭。大家都稱這幾年為「不祥的年代」（ill years），因為蘇格蘭總人口數在這期間減少百分之十，饑荒最嚴重的高原地區甚至有五分之一的人喪命。[8]怎麼會這麼慘烈？為什麼蘇格蘭的災情比英格蘭慘重？這是個非常好的問題，因為一六九六年至一六九七年的饑荒是全歐洲皆然的現象。造成饑荒的原因有以下幾點，其中最主要的原因是蘇格蘭自耕自給的農耕方式。民眾會食用自己種植的農作物，如果有剩餘的食物則會儲存起來，或與其他農民以物易物。如果當年度收成不佳，幸運有部分農作物可收割的農民就會趕緊把食物儲存起來，其他人只得吃掉當作種子的穀物過活，這也代表他們隔年沒有種子可以播種。如果連續好幾季都耕種失敗，那餓肚子的風險就更大。接連不斷的歉收會讓健全的食物交易市場崩盤，一五九四年至一五九七年的英格蘭饑荒期就碰過這種厄運。但蘇格蘭高原地區並沒有所謂的市場經濟，發生饑荒時，食物也不會在市場上流通，而在一六九〇年代蘇格蘭就經歷七次嚴重的歉收。顯然窮人只能靠教區教會的救濟度日，不過如果所在地區沒有救濟制度，或是你住得離城鎮太遠，甚至是當地沒有市集讓人購買穀物，救濟制度就根本毫無作用。營養不良導致婦女不易受孕，剛生產的婦女也沒有足夠的奶水哺乳，導致新生兒紛紛夭折。男人紛紛離鄉找工作，導致農耕人力短缺。而英格蘭與威爾斯之所以沒有發生這麼嚴重的飢荒，除了天氣狀況較佳之外，也是因為就算發生歉收的狀況，損失也不像蘇格蘭這麼嚴重。更重要的是，英國與威爾斯境內有六百八十個市場城鎮，可以讓多餘的食物分配到不同地方，讓教會的救濟制度能有效運作。

在大不列顛島上移動的時候，會發現不同地區有其專屬的飲食限制。從海鮮、羊肉到新鮮水果，食物的品項都理所當然受到季節與氣候的影響。英格蘭人都知道要吃生蠔，必須在字母有「r」的月份裡才吃得到。[9]而在一年當中，價格的落差也相當驚人。新鮮雞蛋在夏天的數量較充足，所以雞蛋價格在冬天相對較高（日照量與雞隻下蛋頻率成正比）。就算是在設備齊全的別墅中，烹飪過程也有可能出問題。伊弗林有一天晚上在葡萄牙大使住處用餐，盤中的雞肉烤的焦黑到像一塊「煤炭」。[10]如果用烤肉叉烤肉都會出問題，那麼在烘焙的時候看不到食物烘烤狀況時挑戰就更大。如果不太會用烤箱，要怎麼知道如何拿捏烘烤時間？烤箱沒有裝窗戶也沒有控溫功能，如果把烤箱打開，裡頭的熱能又會迅速流失。一六六〇年十一月，佩皮斯太太跟老公搬進新家，而新家中的烤箱裝在廚房火爐旁，有一次她就不小心把蛋糕跟餡餅燒掉了。[11]兩個月後，他們夫妻到皮爾斯（Pierce）夫婦家用餐，結果端上桌的是一盤「生到無法下嚥的烤牛頭」。佩皮斯還表示皮爾斯太太「太隨便，端出的食物相當不討喜。」這裡說的隨便指的當然不是她的道德操守，而是她雜亂無章的料理方式。[12]

如果你有興趣，我還可以告訴你除了沒煮熟的肉類造成的健康問題之外，還有少數人因為食物中毒致死。統計學家約翰·葛蘭特（John Graunt）研究了倫敦的「死亡統計表」（Bills of Mortality），他發現因食物中毒而死的人在二十二萬九千兩百五十例中只佔十四例，等於每一萬六千三百七十五名死者中，只有一人是死於食物中毒。[13]所以請你們放心，你把自己割傷然後失血過多身亡的可能性，遠比吃到有毒食物而死還高出許多。

區域特產

從蘇格蘭的「不祥的年代」來看，就能發現大不列顛島上的飲食狀況與食物種類無法一概而論，而每個地區所產的食物也各有不同。如果愛吃燕麥，到國界北部的蘇格蘭就有福了。在蘇格蘭地區，幾乎每餐都吃得到燕麥。事實上，燕麥在蘇格蘭男女老幼的熱量攝取中，足足佔了四分之三的比重。[14]蘇格蘭人通常會將燕麥加到麵包裡一起烤，或是做成濃湯（或粥），甚至是烘烤成燕麥餅乾。就算你是個愛國的道地蘇格蘭人，恐怕也會吃膩這麼一成不變的燕麥製品。

產量豐富的區域作物要不是變成令人厭倦的食物，或是在沒有替代品的情況下成為飲食不均衡的主因，不然就是成為知名的區域特產。對某些康瓦爾郡人來說，沙丁魚的數量實在是太多了，不過數量豐富的沙丁魚也替當地經濟奠下基礎。如果愛吃沙丁魚，到康瓦爾郡絕對能滿足你的胃口。薩塞克斯盛產紅鯔魚，東盎格利亞沿岸則是鯡魚。芬尼斯繞著英格蘭旅行時，發現要找到好吃、新鮮的食物相當不容易，不過她對白浪島（Brownsea Island）和波白克島（Isle of Purbeck）的螃蟹與龍蝦讚譽有加；賽文河（River Severn）沿岸的鮭魚也相當美味，她還花了不少篇幅細細詳述溫德米爾湖的紅點鮭。到了薩莫塞特郡，芬尼斯盡情享受當地品質極佳的蘋果和梨子，也暢飲當地釀造的蘋果酒，而在德文郡則有蘋果塔佐當地出名的濃郁鮮奶油。[15]

另一位懂得享受區域特產的作家就屬湯瑪斯．巴斯克維爾。來到格洛斯特郡時，他發現市集中有大量的鼠尾草乾酪；在格洛斯特他發現當地一種用鰻魚做成的蛋糕。在龐特佛雷特（Pontefract），他注意到當地最豐富的農作物是甘草。行至大雅茅斯時，他發現當地居民會將漁船捕捉到的鯡魚曬乾、煙燻。[16]熟悉這些地區特產之後，他開始思考有多少食物是以產地而命名。他腦中立刻浮現切達起司、瓦芙列特（Warfleet）牡蠣、赫里福德郡（Herefordshire）蘋果酒、班伯里（Banbury）蛋糕、蒂克斯伯里（Tewkesbury）芥末醬、蘇格蘭肉片、威爾特郡斯塔德利（Studley）蘿蔔、泰晤士河鯡魚、貝賽爾萊斯（Besselsleigh）蕪菁、巴瑟洛謬市集（Bartholomew Fair）烤全豬、南華克市集烤豬肉，還有來自賽芙倫瓦登（Saffron Walden）的番紅花。他還用食物的名字寫了有趣的詩句：「漢普夏郡蜂蜜成了大家的現金；多塞特郡母羊生下小羔羊/華威郡的公羊肉質最出名；薩克葡萄酒跟布里斯托雪利酒/讓傷心人喝了就能快樂無邊。」另外，他還舉出其他來自異國、如今已享譽國際的特產，像是西發利亞（Westphalia）的火腿、南特的白蘭地酒、加勒比地區的蘭姆酒、土耳其的咖啡、波斯的雪酪、東印度的米、西印度的玉米、巴西的糖、百慕達地區的橘子、法國的紅酒、俄羅斯的鱘魚還有牙買加的香料。[17] 對復辟英格蘭人來說，世界就像座豐富的食品儲藏櫃。

禁食

在中世紀，虔誠的天主教徒不能在週五、週六、週三、大齋節（Lent）和待臨節（Advent）期間吃肉。在英格蘭，這項傳統持續了整個宗教改革期間，直到一五九〇年代才開始漸漸式微。現在除了天主教徒，幾乎已經沒人在特定日期禁吃肉類，無論是在家吃飯或出外用餐皆是如此。就算你在禮拜五到倫敦的某間酒館吃羊肩肉，也沒有人會對此皺眉頭或投以異樣的眼光。

不過禁食的觀念還沒有完全消失。在大齋節期間，社會氛圍還是會對民眾施壓，要大家禁吃肉或雞蛋、把注意力放在精神層面上。一六六一年，國王還特地下令要大家遵守大齋節的規範。像貝德福公爵這種人當然也就乖乖遵從皇室的指令，避免在禁食期間碰觸肉類。不過其他人只把這道指令當耳邊風，佩皮斯就覺得這道命令不切實際，因為肉類的替代品是魚肉，但窮人通常都買不起魚。不過他最大的問題是缺乏自制力。一六六一年二月二十七日當天，佩皮斯下定決心進行為期四十天的禁食，但是第二天他又開始吃肉。在三月十日，他的「寒酸的大齋節晚餐為甘藍菜佐培根」。大概是佩皮斯覺得培根不算是完整的一塊肉吧？又過了一週，佩皮斯跟太太吃了一塊帶骨牛肉。三月二十六日，佩皮斯在吃晚餐的時候興奮地跟透納（Turner）太太還有其他友人表示，大家在大齋節應該都沒吃半塊肉才對，但他自己卻「吃了不少好肉」。一六六三年的大齋節期間，佩皮斯只有一天沒碰肉。[18]儘管如此，到了十七世紀末，仍然有不少人認為禁食是一種崇高、美好的行為。一六八二年，漢娜・沃萊列出一串適合在大齋節期間享用的餐點清單，而其中的烤馬鈴薯對當時的英格蘭人來說是道前所未見的菜色。[19]

民眾禁食還有其他原因。查理二世曾要求人民在一月三十日禁食，以紀念他的父親，因為那天正好是查理一世被處刑的日子。對佩皮斯來說，只禁食一天比禁吃肉四十天來得容易許多。民眾也普遍相信只要虔誠地遵守禁食的規範，就能驅趕惡劣的氣候。政府就在一六六一年六月十二日星期三下令禁食，因為那陣子倫敦大雨不停，恐怕會造成傳染病蔓延。隔年一月十五日，政府也欽定當天為禁食日，目的是要民眾祈禱天氣好轉，藉以降低鼠疫的威脅。[20]由此可知，一六六〇年與一六六一年穀物的價格之所以會往上飆漲，跟禁食有一定的關係；一六六五年肆虐英格蘭的鼠疫也讓大家禁食了好一陣子。在疫情最嚴重的那幾天，民眾三餐都不碰肉，嚴守禁食的規範。到了十七世紀末，因為一六八〇年代的宗教危機，英國國教徒開始將禁食視為一種無謂的舉動。整個社會對自然科學的理解，也讓民眾慢慢破除禁食的迷思，所以威廉三世提出以禁食象徵犧牲這項理念時，配合的人就變少了。

用餐時間和方法

人類並不是打從開天闢地以來就一天吃三餐。十六世紀中期以前，幾乎沒有英國人會吃早餐。對旅人、收割農作物的工人，還有那些工時較長的勞動階層而言，早餐確實不可或缺，但對其他人來說一天吃兩餐就夠了，而這兩餐分別是在上午接近中午的早餐（也是每天最主要的一餐），還有在下午接近傍晚的晚餐。後來自行開業的人數減少，大家開始替別人工作，成為今天所謂的上班族，就必須配合老闆規定的上班時間，沒辦法在中午之前吃早餐，也沒辦法在下午用晚餐。很多地區開始有了中餐休息時間，也會等到下班後才吃晚餐。甚至連農村居民也開始調整用餐時間。所以多數人在復辟時期會在中午吃一頓大餐，晚餐時間則不固定，但早餐的定位仍然很模糊。到底早餐算不算正餐？

復辟時期最常見的早餐就是啤酒。早期，旅人習慣在早上出發趕路前喝一到兩品脫的啤酒，不過在十七世紀中期到末期，仍有許多紳士維持這種習慣，湯瑪斯．巴斯克維爾就是其中一例。許多都市居民也會在早上來一杯「晨間啤酒」。對農村居民來說，麵包跟奶油就算豐盛的早餐了；巴斯克維爾並不是每天早上都堅持只喝啤酒，他有時也會來塊麵包配起司與冷牛舌。[21]而佩皮斯的早餐選擇之多令人出乎意料。有時候他會在早上來杯麥酒配蛋糕，有時他會到酒館吃「火雞派和鵝肉」，或是「美酒配鯷魚與醃牡蠣」。他還有一種早餐搭配是「肉餡餅、豬肉凍與葡萄酒」，[22]不過他還是常常省去早餐，一天只吃兩餐。

一天當中最主要的中餐會依場合的正式程度而有變化。如果只是到酒館快速吃頓中餐，那這餐通常就只會有一道菜。來到貴族家中享用正式的中餐時，整頓飯吃下來就會有三道菜，其中兩道是以肉類為主食的主餐，另外再搭配一道甜點。而每一道菜都有好幾盤不同的菜色可供選擇。請注意，在這種較正式的中餐場合，你不用把擺在眼前的所有菜餚都吃光。你只要像在現代吃自助餐那樣，夾取想吃的料理即可，至少這樣才合乎禮節。有些人會試圖把桌上擺的食物全部吃光。彌松先生表示：「英格蘭人中餐吃得可不少。用完第一道菜之後他們會休息一下再繼續吃，直到肚子塞不下任何食物為止。不過晚餐的份量就比較合理。簡單來說，英格蘭人中餐吃得放縱，晚餐吃得節制。」[23]通常在貴族家中，晚餐只會有一道菜，但儘管彌松先生說英格蘭人的晚餐比較節制，有時餐桌上也會擺上好幾盤不同的料理。此外，接近深夜的時候他們也有可能會享用冷肉或是一杯熱薩克酒（Sack posset）。薩克是一種源自西班牙、不帶甜味的葡萄酒；而熱薩克酒則是將這種葡萄酒加上肉桂、肉豆蔻、糖、蛋黃、奶油並加熱烹煮。喝一杯熱薩克酒，能讓你在回家路上時身子更暖，或是讓你直接喝掛，就感受不到臥室冷颼颼的溫度了。[24]

談到用餐禮儀，你需要先做好心理準備，面對所有可能發生的狀況。一六六〇年代，當你在餐桌旁坐下時，你可能不會看到任何刀叉擺在你面前。在這個時期，用餐時你應該要自備餐刀，所以吃完飯後你會用餐巾把刀子擦乾淨、帶回家。至於叉子，因為這是義大利人的發明，所以在英國還不甚流行。只有在貴族家吃以糖漿釀成的水果點心時才會動用叉子。在相當正式的用餐場合，桌上擺的則是刀子與餐巾，而非刀子與叉子。跟身分地位崇高的人共進午餐時也是如此，如果到市政廳跟倫敦市長一前吃頓飯，桌上不會擺放刀叉，只看得見刀子和餐巾。[25]餐巾之所以不可或缺，是因為拿刀切肉時，另一隻手要負責將肉固定，切下肉塊後，則會用手指抓肉，將肉送進口中。這兩個動作都會讓手上沾滿醬汁與肉汁，這時餐巾就派上用場了。羅倫佐·馬加洛堤在一六六九年來到英格蘭時，發現當地人沒有用叉子的習慣，因此感到相當驚慌。他遇上這種狀況的幾次經驗裡，其中一次居然還是跟國王共進午餐。[26]但到了一六九〇年代，你到農村莊園用餐的時候，就可以在桌上看到刀叉與湯匙了。[27]從這時開始，英格蘭人的用餐方式基本上已經完全轉換成我們現代人熟知的模樣，至少對生活富裕的民眾來說是如此。

仔細觀察復辟時期的餐具，就能了解為何會有如此變革。復辟時期初，民眾隨身攜帶的餐刀頂端相當尖銳，刀鋒也極為銳利。刀子頂端之所以會採尖銳設計，是讓你從大餐盤中將肉刺到自己的盤子裡。後來叉子問世之後，民眾就不需要用刀子來刺肉，這項工作交給叉子來負責就好。叉子也用來在切肉的時候固定肉塊，所以一開始叉子只有兩叉設計。後來，民眾發現既然他們能用叉子將肉刺到盤子裡，乾脆就用叉子將肉送進口中，這樣也不用弄髒手指，因此市面上就出現三叉與四叉的餐叉。四叉比較受歡迎，因為叉子不小心刺到嘴唇時，四叉造成的傷害比較小。復辟時期民眾開始將刀叉放在盒子中隨身攜帶，就跟他們以前將餐刀固定在皮帶上那樣。又過了一陣子，貴族開始在宴客時提供賓客餐具，所以也越來越少人自行攜帶刀叉。

從使用手指吃肉到使用叉子的變革，也同樣受到紳士家中使用的餐盤所影響。只有家境富裕的人才買得起銀製食器。一六七〇年，一盎司的銀器要價五先令八便士，所以一個十八盎司重的銀盤就要五英鎊以上，一套正式用餐會使用到的餐具，加起來可能總價三百英鎊以上。民眾較常使用白蠟製成的餐盤，因為這種餐盤主要由錫製成，不僅價格低廉（一盎司一便士），打磨之後看起來就跟銀器一樣閃亮。[28]不過在白蠟餐盤上用刀子切割食物，會毀損盤子表面，而且人們越來越常用叉子固定住肉，所以切割的動作也越趨果斷，讓盤面損傷得更厲害。因此，白蠟餐盤逐漸被瓷器所取代。瓷器耐得住刀叉的切割與碰撞，而產自斯塔德福（Staffordshire）的瓷器則成為民眾趨之若鶩擁有的時髦餐具。在這些施釉陶器上可見皇家成員肖像，或是復辟時期貴族勳章的裝飾。

平民百姓使用的餐具沒什麼太大變化，只有收入優渥的人才有心思去想該用什麼餐具吃飯，一般人光是煩惱三餐要吃什麼就已經一個頭兩個大了。到了一七〇〇年，還是有很多工匠與農民家中仍然沒有叉子。對他們來說，白鑞餐盤就已經很高檔，根本不會想到要換新興的瓷器。多數農村居民或工人在家都是使用木盤，此時期的木盤已經採圓形、中央向下凹陷的設計，跟舊式的方形木盤有所不同。尋常百姓喝麥酒與啤酒時也是使用陶器，喝葡萄酒時才會使用玻璃杯。不論貧富，在英格蘭人民的用餐器具上，改變最大時期的莫過於一六九〇年代。

富裕之家的餐食

前面我們已經提過，復辟時期食物的價格是二十一世紀的十四倍，這表示富人享用的食物必定與窮人吃的截然不同。不過我們在前面段落中用來比較價差的品項是雞跟梨子，這兩個東西是相當普遍。如果將更高檔、精緻的食物列入考量，有很多東西就連有錢人都不一定買得起。舉例來說，一條鯉魚就要二十先令，這是資深工匠週薪的二點五倍。[29]想到自己一週能夠賺多少薪水，你會想花這麼多錢去買一條鯉魚嗎？

正因如此，甚至貴族也會節省花在食物上的開銷。坐擁大片田地的伯爵或公爵通常會請人照顧自家用的莊園農場，一方面飼育家禽家畜，一方面種植蔬果、香草、穀物甚至是製作乳製品，藉以提供主人一家的日常飲食。另外，他們也會在莊園農地上飼養狩獵用的動物，鹿就是其中一例。跟一般家畜不同，就算在冬天，鹿也能把自己照顧得很好，所以主人不用另外花錢買飼料或架設農舍。莊園領主也會在農地中興建池塘或牽引河流，這樣就有免費的魚可享用。雖然能透過這些方法節省食物開銷，但要把家中幾十個人餵飽仍是一筆龐大支出。貝德福伯爵居住的沃本修道院農場只有鹿苑、花園還有池塘，所以在廚房裡工作的僕人必須從雜貨店、私人食物供應商或是市集添購大量食材。

以下這份開支表並沒有真實反應出修道院的飲食開銷。這份表單的紀錄日期恰好在三月底，適逢大齋節，就算沒有禁食也不會天天吃大餐。表單中紀錄的水果與魚類品項不多。在一六九〇年代，貝德福伯爵通常會購買每條十到十五先令的梭子魚，這是他最愛的食物。下二頁還有另一份廚房開支表，那張表單的記錄時間是七月底的某一週。不要忘記，修道院的莊園裡已經有種蘋果、梨子、榅桲果還有其他水果，但他們還是需要另外採購其他品項。從表格裡就能發現，就連長在樹上的水果也所費不貲。

沃本修道院每週食品類雜貨開銷

肉類	
二十七石（一石等於十四磅）兩磅重的牛肉，每一石要價一先令八便士	兩英鎊五先令五便士
一塊幼牛的前胸肉	一先令十便士
羊頸與羊胸肉	十先令四便士
十二石豬肉	十八先令六便士
十六又四分之三磅培根	十六先令九便士
牛胃	一先令八便士
綿羊腿	六便士
牛舌	十便士
	總共四英鎊十五先令十便士

禽鳥類	
五隻馴養的鴿子	四先令七便士
十八隻野鴿：其中六隻單價六便士、六隻單價五便士、六隻單價四便士	七先令六便士
三隻小母雞	四先令八便士
七隻公雞：五隻單價一先令兩便士、兩隻一先令	七先令十便士
四隻母雞	四先令六便士
兩隻閹雞	四先令兩便士
燉湯用公雞	一先令兩便士
	總共一英鎊十四先令五便士
乳製品	
二十四磅奶油：其中一磅單價九便士、五磅單價八便士、十八磅單價六便上	十三先令一便士
一磅燕麥餅專用奶油	五便士
牛奶	兩先令七便士
雞蛋	二先令一便士
新鮮雞蛋	七便士
	總共十九先令九便士
魚類、海鮮	
三條龍蝦	兩先令
兩條鹽漬用魚，一條製作配菜用魚	四先令十便士
六條鰈魚	一先令八便士
	總共八先令六便士
蔬果類	
六顆橘子與三顆檸檬	六便士
蘆筍	四先令
洋蔥	兩先令
草本植物	一先令八便士
	總共六先令四便士
麵包與麵粉	
三蒲式耳粗麵粉	八先令
放置於食品櫃中可直接食用的麵包	兩先令四便士
烹飪用麵包	一先令
	總共十一先令四便士
	總計：八英鎊十六先令兩便士

沃本修道院一週水果帳單	
五籃紅覆盆莓	五先令十便士
三籃草莓	四先令六便士
八打半梨子	八先令六便士
十打白李	十先令
六打紅李	六先令
四打摩洛哥李子	八先令
十打紐因頓蜜桃	一英鎊
四打大杏桃	一英鎊四先令
四磅淡紅色櫻桃	八先令
檸檬與橘子	五先令六便士
六磅櫻桃	一先令九便士
梨子	一先令三便士
紅醋栗	十便士
尖頭蘋果與鵝梅	一先令十便士
李子	兩先令三便士
	總共五英鎊八先令三便士

這幾份帳單還沒列入廚房使用的香料。在廚房工作的傭人會到鎮上的雜貨店一次購入大量香料，儲放在廚房的櫥櫃，用罄後再進行下一次大採購。香料也不便宜：一磅重的丁香要八先令；一磅重的薑要一先令九便士；一磅重的米要四便士。一般的糖每磅大概六便士到八點二五便士，質地更細緻的糖每一磅要一先令四便士，品質最佳的精糖每磅要一先令三便士到兩先令。[30]整體來看，紳士一家每週大概要花十到十五英鎊在食物上，這是一位資深工匠週薪的三十到四十五倍，這樣比喻就能體會這筆開銷有多龐大。一六六三年與一六六四年，貝德福伯爵宅邸的廚房開支分別為七百三十五英鎊與七百五十八英鎊。[31]

食物完成烹調、端上餐桌時長什麼樣子呢？菜餚的外觀其實跟食材保存方式有極大關係。在沒有冰箱的年代，要保持魚類和肉品新鮮確實是一件不容易的事。數百年來，在廚房工作的傭人與廚師想出各種保存食物的方式，不過這些儲藏方式也間接限制了烹飪的手法。其中一種最常見的辦法就是醃漬。像是鮭魚、鱘魚、鰻魚還有狗魚這些價值較高的魚，都會採用醃漬的手法來處理。新保鮭魚用濃度較高的啤酒煮熟後，用鹽進行醃漬，就可保存長達一年。[32]另外，燙熟的牛肉用醋或鹽水浸泡後，再用火烘乾就可長久保存。廚師將豬頭與前段部位的豬肉切成碎肉塊之後，再浸泡於豬血當中，也可以存放一段時間。民眾將野兔肉切碎、捶打，與骨髓和板油混合後就可將肉團放進麵團酥皮裡，最後用奶油覆蓋頂部，只不過有時候你會看到兔子耳朵凸出麵團表面。儲存龍蝦的方式則是將龍蝦燙熟後，裝進泡過鹽水、裝了海砂的袋子，這樣也可以保存三個月。鰻魚和八目鰻則常「被塞進罐子裡」：這種作法就是先將鰻魚的肉用奶油烘烤，將多餘的油滴乾之後再將肉塊放進奶油罐中（約莫三指深），有時候可以放上好幾個月。鮭魚、胡瓜魚、青花魚、龍蝦還有蝦子也可以套用這種奶油醃漬法。將魚類海鮮儲存於奶油罐中，變成一種相當受歡迎的保鮮手法，很多有錢人或貴族不再食用冰冷的魚肉派，改吃這種以奶油醃漬的海鮮。肉品也能如法炮製，特別是牛肉、火腿、野兔肉還有牛舌。將這些肉切碎、跟奶油一起攪成糊狀之後，放進罐中押實，把多餘的空氣擠出去，再蓋上更多奶油即可。[33]

如果要處理新鮮肉品，通常會用烤肉鐵叉將肉放在火前面烘烤。有可能是用手轉動烤肉叉，或是讓受過訓練的小狗藉由輪子的協助轉動烤肉叉，又或者靠重力讓烤肉叉旋轉（這種方式需要吊起一個重物，在重物緩慢下降時牽動烤肉叉，使之旋轉）。通常在烤肉前，民眾會在肉裡塞入其他食材。新鮮海產也會使用火烤的方式。用來烤牡蠣的烤叉是以木頭製成，再接到烤肉叉上。烤鱘魚之前民眾會將魚肉切成小塊，狗魚則是整隻拿去烤，而鰻魚則是叉成S形烘烤。肉品跟體型較小的魚類，也有可能被放在烤架上炙烤，而民眾則將用這種方式烤熟的牛排稱為「燒肉」（carbonadoes）。很多肉品都是以油炸或包在麵皮中烘烤的方式烹煮。不管怎麼樣，各種烹調方式都需要一定的技巧，不可輕看。因此，謹慎的廚師會盡量遵照食譜的指示，用燉煮、燙熟或燉湯等方式來烹調各種肉類。

英格蘭人的服裝品味在復辟時期越來越國際化，連料理也不例外。源自法國的烹飪手法逐漸傳入英國，像是燉菜、油燜原汁肉塊（將肉切成塊狀，用奶油、白酒、鹽以及薑煎炒）還有雜燴肉湯（將切成片狀的肉類放進用草本植物、香料以及葡萄酒熬成的濃湯裡燉煮，完成後連肉帶湯上桌，搭配麵包或吐司享用）。[34]西班牙什錦菜（olios）也一樣出現在英格蘭有錢人家的餐桌上，這種什錦菜的作法是將煮熟的肉塊、禽肉及胰臟堆疊在碗中，再將燉煮這些肉品的湯汁淋在上頭。在英格蘭人的正餐中，義大利麵也是相當常見的一道菜，其中以通心粉或細麵條最為普遍。連蘇格蘭的薄肉片也是英格蘭人的家常菜：先將羔羊肉或牛肉切成圓型薄片，再用波爾多葡萄酒、醋、洋蔥、肉豆蔻、檸檬皮、鯷魚、辣根還有牡蠣一起放入鍋中煎炒。[35]不過，有些人對上述食譜敬謝不敏。伊弗林就表示葡萄牙的什錦菜「不合英格蘭人胃口，我們愛吃的是完整的肉塊」。[36]確實如此，英格蘭人非常享受咀嚼完整肉塊、大吃烤雞或烤魚的滋味。英格蘭人習慣將烹調好的完整魚肉，跟泡在湯汁中的麵包一起享用，他們通常會將奶油放在魚肉上讓它慢慢融化，或是搭配莓果類沾醬享用。鵝梅醬汁適合搭配青花魚，伏牛花漿果則與梭子魚是絕配。肉質呈現白色的魚種也非常適合搭配荷蘭芹（將荷蘭芹剁碎後與融化的奶油攪拌，再加入麵粉勾芡）。也有人會用麵包屑包裹魚肉進行烘烤，再照傳統方式在魚肉上放一塊奶油讓它慢慢融化。[37]

一六六三年一月，跟佩皮斯一起在豪華的飯廳裡，坐在他新買的餐桌（售價高達兩英鎊十先令）前用餐。雖然桌上可能還看不到叉子，不過第一道菜就會有三種料理，分別是「牡蠣、兔肉與羔羊肉泥，還有牛脊肉」。第二道菜有「一大盤烤禽肉，成本三十先令，還有一塊水果餡餅」。最後一道菜則是水果與起司。光是這些食物就能讓佩皮斯夫妻倆跟六名賓客飽餐一頓，但份量也不致於多到讓他們幾個小時後吃不下晚餐。這兩頓飯的成本大概要五英鎊。[38]佩皮斯最豪華的宴客菜餚都出現在每年四月四日，這天是他切除膀胱結石的紀念日。一六六三年，他請了八名賓客跟他們夫妻倆一起慶祝，當晚大家吃了「一盤燉兔肉與雞肉丁、一根煮羊腿、三條鯉魚、羔羊側邊肉、一盤烤鴿子、四條龍蝦、三盤水果餡餅、一塊烤鰻魚派、一盤鯷魚以及數種的高檔葡萄酒」。[39]注意，一六六三年四月四日正好是大齋節期間，顯然佩皮斯一家人並沒有要認真禁食。

不過，有錢人不一定都吃得奢侈。有時他們準備的菜餚反而令人倒胃口，像是幼牛的頭可能會讓來自二十一世紀的我們卻步。蝸牛粥、燉蝸牛、炒蝸牛還有蝸牛泥這些來自法國的料理，也都是復辟英格蘭民眾的家常菜。某天晚上佩皮斯邀請他太太的裁縫——一位昂山先生（Mr Unthank）——一起用餐，這頓飯「除了一盤綿羊腳之外，什麼都沒有」。[40]另外，大家也都知道佩皮斯常邀請朋友一起享用「美味的羊乳房」，還有在宴客時端出一大盤他最喜歡的動物內臟，例如「依照私房食譜燉煮的美味牛胃，上頭蓋滿芥末醬」。[41]知道他家宴客的菜餚有哪些後，下次接到他邀請時，你可能會再三考慮吧。

小酒館、飯館以及旅店

內德・沃德搭乘的馬車某晚停在赫特福德郡韋爾的英格蘭冠軍旅館時，他跟友人詢問老闆當天有哪些料理。老闆只答：「鰻魚。」他們才發現原來除了鰻魚之外沒有其他選擇。幸運的是，鰻魚恰好是內德跟他朋友喜歡的食物。此外，餐館還能用燙、炒、烤、燉、炙燒、烘、細火慢煮、水煮半熟還有醃漬等方式來烹調，全看顧客喜好。但是收到帳單的時候他們都嚇一跳，因為不管用什麼方式烹煮，每個人的餐費都高達兩先令六便士。[42]

在小酒館通常沒辦法拿菜單點菜，只能看老闆那天有什麼食材而定。不過也有人會從市集買好食材，到酒館裡請老闆或廚師烹調。威廉・薛林克斯有天突然想吃鵝肉，就花十六便士買了一隻肥美的鵝，請酒館的廚師替他將鵝烤熟。[43]就算你不是下榻在酒館的旅客，也能自行攜帶食材請廚師幫你料理。對於龍蝦情有獨鍾的佩皮斯，有天到當地麥酒館用餐時就帶了龍蝦，請廚房幫他烹煮龍蝦大餐。[44]雖然在旅館用餐的費用差異不大，但在某些情況下價格也會有高低之別。在某些設於路旁的酒館中，老闆會提著葡萄酒、啤酒或食物到店門外，讓等馬車的客人快速用餐。在某些城鎮的酒館中，紳士可以小歇片刻、處理公事，順便請酒館侍役到外頭的飯館（cookshop）買些食物回來。

不同地方的食物品質當然有極大差異。在市場上或街道旁叫賣熱騰騰餡餅或派的攤販，提供的食物價格最低廉，但裡頭摻雜了動物軟骨，周圍還有蒼蠅飛舞。品質往上一階則是大型城鎮與都市中的小飯館。一般來說，這些飯館中會同時烤好幾種肉類。設備最齊全的飯館一次會動用四根烤肉叉，同時烘烤牛肉、羊肉、幼牛肉、豬肉或是羔羊。你可以直接跟烤肉的師父點菜，還可以指定要肥一點、瘦一點，要烤到全熟或是半熟。點完肉之後還會拿到一盤麵包，也可以在櫃台加鹽或芥末醬等自己喜歡的調味料。有些小飯館也會提供餡餅或禽肉料理。[45]但是對於衛生狀況不要抱持太大的期待。內德・沃德就發現巴瑟洛謬市集的飯館老闆不太愛乾淨。他寫道：

那個搖搖晃晃的胖男人，站在爐火旁一旁顧著烤肉，讓豬肉不要燒焦。他穿著襯衣站在烤肉叉旁邊，用同一塊濕布擦耳朵、胸口、脖子、腋下還有準備烘烤的豬肉……更噁心的，是門外有一大群蒼蠅準備飛進飯館沾取烤肉醬。我們打算先餓著肚子，找到一家更乾淨的飯館再用餐。[46]

比小飯館等級再高一階的則是標準的餐廳（ordinaries）。在標準餐廳裡用餐包含了兩道菜，總共一先令，每道菜只有一盤料理（通常這兩道菜其中會有一道是牛肉）。[47] 繼續往上看則是大都市中的酒館。在這些酒館中，每日菜色通常為羔羊或牛犢的肋排，搭配麵包、起司、啤酒，總共是一先令。[48] 特別注意，一先令是底標價格。在裝潢新穎時髦的餐館裡，用餐的費用就更高。到查令十字的國王頭酒館用餐，每個人就要花兩先令六便士。在倫敦頂級的法國餐廳（此時期民眾還未使用restaurant一字，而是「eating house」）內吃一餐就得花更多錢。在一六六〇年代到柯芬園的沙特蘭（Chatelin）餐廳吃頓飯就要花八先令六英鎊；而在一六九〇年代到艾伯徹奇巷（Abchurch Lane）的波塔克頭（Pontac's Head）大快朵頤一番，每個人也要花一英鎊一先令以上。[49] 不過費用最高的餐廳則是那些專門服務貴族的旅館。韋爾的英格蘭冠軍旅館除了鰻魚料理之外沒有其他選擇，不過劍橋的紅獅旅館就應有盡有。只要你付得起，他們什麼菜都變得出來。下一頁的列表，是一六八九年貝德福伯爵在紅獅旅館吃一餐的費用。

這頓飯只是一頓平常的晚餐，在價錢方面只比伯爵一家前天在另一間餐館的消費（十五英鎊三先令六便士）高一些。其中最值得注意的是這家餐館的菜色之豐富。如果到復辟英格蘭旅遊、錢帶得夠多，又剛好下榻在對的旅館，想吃什麼廚房都能變得出來。

一六八九年十月十六日，貝德福伯爵於劍橋紅獅酒館的餐費[50]

第一道	
兩條鯉魚燉河鱸肉（擺放在鯉魚周圍）	一英鎊九先令
羊脊肉與大塊牛犢脊肉	一英鎊
麵皮製作費	十三先令
一盤牛舌、牛乳房、牛骨髓佐波菜與花椰菜	十一先令六便士
幾頭鵝	八先令
小牛頭碎肉泥佐胰臟	十一先令六便士
一盤火雞肉	十二先令
一盤豬豬肉（collared pig）	招待
一盤燉牡蠣	六先令
幾頭小母雞燉牡蠣	六先令
一大盤沙拉	一先令
	總共五英鎊十八先令
第二道	
一盤野禽肉	一英鎊四先令
鱘魚頰肉	招待
一盤肥雞肉與肥兔肉	八先令
一把醃漬菜佐牡蠣、鯷魚與牛舌	四先令
一盤沙錐鳥與雲雀肉	六先令六便士
一大片西發利亞火腿佐牛舌	一英鎊五先令
請酒館侍役到外頭買餡餅	三先令
一盤山鶉肉	四先令六便士
一盤蓬鬆乳酒凍	七先令六便士
一盤朝鮮薊	三先令六便士
冷菜拼盤（salmagundi）	兩先令
一盤水果	三先令六便士
檸檬與精緻白糖	三先令六便士
油與醋	兩先令六便士
奶油	四便士
僕人食用的起司	一先令
麵包與啤酒	六英鎊十九先令八便士
	小計：十一英鎊十八先令六便士
	總計：十七英鎊十六先令六便士

平民百姓的餐食

世上有一項恆久不變的經濟法則：只要收入越少，食物的開銷佔總收入比例就越高。貝德福家中的廚房開支還不到他總收入的百分之十。收入約為貝德福伯爵二十分之一的紳士，家中花在食物上的比例更高；如果是某位年收入五十英鎊的富裕自耕農，餵飽一家大小的糧食開支比例又會比紳士高。根據第三章的統計表格，全英格蘭有三分之二的家庭年收入在三十二英鎊以下，而蘇格蘭的平均收入又更低。勞工階層要花遠超過一半的收入在食物和飲料上。就算排除花一先令到小飯館或酒館吃飯的開銷，每天三餐只花總共六便士來計算，一年也要花九英鎊在飲食上。艾德華·巴洛的父親，就是靠這九英鎊養活自己跟太太還有六個孩子，這還不包含房租、柴薪、衣服跟教區的稅金。如果把收入以家中人口數平均，每人還不能分到每天一便士的話，那就表示賺來的錢幾乎都要花在食物上。

復辟時期的佃農跟農村工人幾乎買不起新鮮食材，這就是為何他們吃的食物會跟貴族與紳士有極大的差別。另一個原因則是他們負擔不起廚具，像是長柄有腳小燒鍋、三腳火爐架、煎鍋以及平底深鍋。最後一點是因為平民百姓沒錢買燃料。芬尼斯來到康瓦爾郡時，她發現下榻處屋主家中的柴薪嚴重不足，沒辦法用火烤肉，他們只能燒荊豆，用大釜把肉煮熟。芬尼斯對此感到吃驚。[51]另外法律規範也影響平民百姓的飲食方式。一般來說，民眾無法直接從河中捕魚，因為不同河段隸屬於不同地主。此外，議會也在一六七一年通過一項法案，禁止老百姓狩獵或者架設捕獸陷阱，就算在自己的農地上也不准。這項法案並沒有像下個世紀的法律那麼極端——獵場看守人能當場射殺盜獵者——但還是讓窮人的處境更加艱難。

那麼窮人是怎麼餵飽自己的呢？簡單來說就是節省。動物身上能用的部位基本上他們都不會浪費，像是骨頭、腸、脂肪、腦、舌頭、心、腎、肝還有蹄。窮苦人家的小孩不會因為「不愛吃」這種理由而不吃某些食物，所以動物的每個部位都可入口。如果幸運擁有幾頭母雞的話，也會讓雞不斷下蛋，直到牠產不出蛋再宰來吃。不過節儉也能激發創意，試圖從有限的資產中獲取最多利益。如果剛好有一片花園的話，他們不會在園裡種花，反而會將空間拿來種植各種香草、洋蔥、豌豆、豆類、甘藍菜、芥蘭、防風草、蕪菁、紅甜菜根等植物。在蔬菜價格高漲的季節中，這些自栽蔬菜可能是決定生死存亡的關鍵。如果保存得宜的話，蘋果甚至能放上一年，其他水果也能曬乾或經過其他種長久保存的處理。如果家裡養牛，民眾也不會把牛殺來吃，而是利用其血液、牛奶或是吃牛犢。民眾會割開牛的腿部，取用適量的鮮血，跟草本植物和燕麥混合做成血腸。另外，你也能試著種一些新式的作物。英格蘭西北部的農民在復辟時期，就開始種植馬鈴薯作為主食。農民發現馬鈴薯不僅能鬆動土壤、不容易發生栽種失敗的狀況，而且每公頃的單位營養價值還比小麥高。[52]

除了栽種與養殖各種牲口、植物，為彌補燃料與廚具的不足，民眾也開發各種創意十足的料理方式。雖然芬尼斯對於柴薪不足感到驚訝，但全國的平民百姓早就習以為常，以這種生活方式過了數十年。對民眾來說最有效率的方式是大釜烹調法。只要將食材丟進黃銅或鐵製的大釜裡，就能同時將好幾樣食材煮熟。將肉類跟香草還有鹽一起放進陶壺中（因此有陶壺燉兔肉這道菜），放進大釜裡跟裝進網子的蔬菜一起用滾水烹煮，烹煮食材的湯汁也能作為濃湯使用。布丁也能用這種方法製作，而且你想在布丁中放各種材料都行。如果家裡只有煤炭或木炭，大釜烹飪法就是最實用的料理方式。雖然燃燒煤炭與木炭的黑煙導致炙烤食物不可行，但煙霧卻不會對大釜裡的食物造成影響。民眾不僅發明鐵製火網來燃燒其他燃料，也能用烘焙的方式來免去沒有柴薪的困擾，因為只要燃燒乾燥的雜草就能讓烤箱加熱。所以一般民眾不會在家用火烤肉，而是將肉放在麵皮中烤成肉派，節省烹飪成本。

對於住在沿岸的尋常百姓與貧民來說，魚是餐桌上不可或缺的主食。住在海邊的民眾無論貧富都會食用牡蠣，只不過牡蠣可能是窮人餐桌上唯一的食物。在離海岸有一段距離的內陸地區，民眾仍負擔得起醃漬黍鯡、鯡魚以及鹽漬鱈魚。要是繼續往內陸移動，這些海鮮的運輸成本隨之提高，民眾就買不起這些食品。在蘇格蘭，漁夫的妻子會在海岸邊燃燒海草，將黑線鱈、牙鱈煙燻烘乾。但是，對於多數英國人來說，肉品是不可多得的奢侈品，他們的主食通常是麵包（或燕麥餅）和起司。對於住在內陸的民眾而言，用全脂牛奶製作的軟乳酪價格高昂，不過用脫脂牛奶做成的硬乳酪就比較平價，保存期限也比較長。麵包方面，從烘焙坊買來的小麥麵包價格較高；如果自己用大麥、黑麥、燕麥或雜糧（maslin，混合小麥與黑麥的麵粉）做麵包就能大幅降低成本。製作麵包時混入一些豆類、碗豆、燕麥或大麥，就能再省更多錢，所以有個自己的烤爐非常重要。很多農村小屋在此時期重建屋內的壁爐，就是基於這個原因。準備好乾燥的荊豆或蕨類植物當作燃料，不斷將這些乾草加進爐火中，直到火勢旺盛得燒熱壁爐的磚塊或石塊，等到溫度夠高，再將火滅掉，掃出灰燼之後，用長柄木鏟把生麵團放進爐子裡，最後用石塊或橡木製成的門片將爐口蓋住，用泥土或黏土將縫隙封起。麵包烤好後如果烤箱還有餘溫，就可以接著烤餡餅、派這些不需高溫烘烤的食物。[53]

飲料

一六七六年，錢伯倫列出英格蘭常見的飲品，像是「來自西班牙、法國、義大利、德國、希臘的葡萄酒……還有白蘭地、咖啡、巧克力、茶、香草飲料、馬姆酒、蘋果酒、梨酒、啤酒還有各種麥酒。」[54]他未提及的還有沉寂了一陣子又重新受到士紳歡迎的蜂蜜酒（早上如果不喝葡萄酒就會改喝蜂蜜酒），而另一種草本版的蜂蜜酒馬瑟格林（metheglin）則風靡威爾斯地區。在錢伯倫的著作中他也沒提到水。他之所以沒有寫到飲用水，不是因為水太過普遍，而是因為幾乎沒什麼人喝水。從醫學的角度來看，醫生認為水「冰冷」的特性不適合飲用，就算煮沸過也是一樣。倫敦、諾里奇、埃克塞特、愛丁堡、萊斯特還有舒茲伯利與其他許多城市，在復辟時期就已有管線從河流通往有錢人家的院子。不過這些水是用來清潔與烹飪用，不是拿來喝的。倫敦的抽水系統在一六五六年完工，可將水抽到離地面九十三英尺高，而人工建造或拓寬的「新河流」也能將水引到伊斯林頓儲水庫，再將水從分派到倫敦北部的住家中。這種輸水設備相當昂貴，但負擔得起這筆開銷的人也不會把水拿來喝。[55]

●麥酒、啤酒、馬姆酒與蘋果酒

麥酒是用含有麥芽的大麥與水釀造而成，除了蘇格蘭高地之外，麥酒是數百年來英國各地的傳統飲料。在民眾大量飲用麥酒的同時，麥酒也發展出各種類別。麥酒唯一的問題，是發酵完成只能保存短短幾天。啤酒因為含有酒花的關係所以能保存更久，也因此成為英格蘭最普遍的飲品。另一種麥酒則為馬姆酒（mum），這是一種用小麥釀成的烈酒，以香草植物調味後，再放上好幾年靜待發酵。不過這種概括性分類會讓你錯過很多區域特色麥酒。在英格蘭北部最受歡迎的是草本麥酒。在柴郡、蘭開夏郡、德比郡、德文郡還有康瓦爾郡，民眾用帶有麥芽的燕麥或是大麥來釀造麥酒，肯特郡則有人同時用這兩種素材來釀酒。[56]威爾斯麥酒（cwrw）或是當地特產的啤酒，是由烘乾大麥製成，能讓酒散發一種煙燻風味。總而言之，不管你到哪裡，當地釀造的麥酒都帶有與眾不同的特殊風味。

另外還有專供某些用途飲用的麥酒與啤酒。公雞麥酒（Cock ale）之所以為人所知，是因為這種酒據說能治療肺結核。這種酒的基底一樣是用含有麥芽的大麥釀成，特殊之處是在於民眾會將公雞煮到半熟之後，泡在薩克葡萄酒中，接著再放入麥酒裡跟葡萄乾、棗椰跟香料一起浸泡。販賣這種麥酒的酒館通常會以此命名，像是「公雞麥酒酒館」（Cock-ale Tavern）。老法老（Old Pharaoh）是另一種非常有特色的麥酒，而其名則來自研發出這款賣酒的酒館。這座酒館位在赫特福德郡的巴利（Barley）地區。內德・沃德曾說這種麥酒「相當濃烈、品質極佳」。[57]在北唐區（Northdown）相當知名的馬加特（Margate）麥酒，是佩皮斯喜愛的烈酒，他喜歡讓那些不疑有他的人喝這種酒，看他們喝茫的模樣。科羅辛（Coloquintida）是一種以苦瓜調味的淡啤酒。[58]除了這些特殊的品項，還有其他基本款麥酒酒譜。奶油麥酒的作法是將麥酒與奶油、糖還有肉豆蔻一起煮滾，再以攪拌均勻的蛋液增稠。亞伯里（Aleberry）麥酒也是同樣的做法，唯一差別只在用來增稠的材料是燕麥，只有蘇格蘭人會飲用亞伯里。酒湯麥酒（caudled ale）則是將蜂蜜或糖與蛋黃混合的飲品，民眾認為這種酒湯可讓病人恢復元氣。羊毛麥酒（Lambswool）則是以雞蛋、香料、糖還有烤蘋果泥混合製作而成，這是萬聖節、聖誕節以及主顯節（Twelfth Night）期間的特色飲品。

一般人不會用玻璃杯喝啤酒。除了在高檔餐廳裡用白蠟器皿喝啤酒之外，幾乎大家都是用木製大啤酒杯飲用啤酒。由於啤酒與麥酒的多元種類和易受貯存環境影響的特性，所以復辟時期的旅人打照面時不像我們是聊天氣，他們會以啤酒和麥酒為話題。薛林克斯表示多佛城堡的地穴貯藏著「非常好的啤酒」，而在三文治地區的海豚旅館（Dolphin Inn）中，他嚐到「絕佳的啤酒」。[59]在諾丁漢，民眾都將麥酒和啤酒存放在陰涼的地窖，地窖上方就是城鎮道路的石板。[60]一般來說，啤酒的零售價格為每兩品脫兩便士或三便士。麥酒的價格就稍便宜一些。淡啤酒的酒精濃度較低，是專門讓孩童飲用，售價自然也較低廉。約克郡的麥酒非常濃烈，因此單價也比較高，芬尼斯就說當地的麥酒一杯就要四便士。[61]自從罐裝啤酒從伊莉莎白時期出現之後，品質就有大幅改善（以前的啤酒罐常爆炸），而且在小鎮或大城市中都買得到。雖然大部分的酒是民眾在自家釀造，不過因為長途運送啤酒是件艱難的任務，所以日後才會陸續出現大型釀酒廠。

雖然赫里福德郡、薩莫塞特郡以及德文郡出產的蘋果酒最知名，不過其他地區也嚐得到蘋果酒。來到倫敦，能購得來自法國的蘋果酒。蘋果酒通常以製作該酒的蘋果命名。在赫里福德郡，最頂級的蘋果酒是由司庫達摩爾（Scudamore）蘋果製成。紅紋（Redstreak）蘋果酒因為相當濃烈所以價格也不低。一般來說，蘋果酒的單價都比麥酒來得高。湯瑪斯·巴斯克維爾在一六七三年到赫里福德郡買蘋果酒，兩品脫就花了他六便士。一六九三年，每罐蘋果酒的零售價為六便士。[62]

● 葡萄酒

如果你是葡萄酒行家，來復辟時期準沒錯，因為這是葡萄酒製造史上最令人興奮的一段時間，而英格蘭人在這段歷史中也佔有舉足輕重的地位。不過英格蘭會在此歷史上佔有一席之地，並不是因為英格蘭的製酒技術有什麼發展。雖然英格蘭境內確實有少數幾座葡萄園（在艾塞克斯郡沃爾瑟姆斯托〔Walthamstow〕的巴騰夫人〔Lady Batten〕的地產上），英格蘭人釀製的酒通常不提供販售。[63]真正的原因是在於，倫敦數量與日俱增的中產階級開始將葡萄酒視為身分地位的象徵，創造出大量需求，從而刺激波爾多地區的酒莊提升釀酒技術，也讓勃根地的釀酒廠發明出新的釀酒法。

要了解葡萄酒在此時期的重大轉折，首先要來談談民眾是如何購買、保存葡萄酒。首先，議會在一六三六年立法禁止酒商用罐子承裝葡萄酒出售，但是用罐子裝酒不僅方便貯藏，從地下室拿到餐桌上或宴會廳時也比較容易。[64]所以紳士跟酒商買完一整桶酒後，會拿回家自己用罐子分裝。他們會跟製造玻璃瓶的工廠下訂單，請他們製作深色的玻璃酒瓶，並另外在瓶子上的玻璃圓盤刻上他們的姓名開頭字母、紋飾或是紋章圖樣，以及日期。這種特別訂製的酒瓶所費不貲，每一打瓶子就要價約四先令五便士，所以絕對不會拿這些罐子來裝廉價的劣酒。[65]玻璃酒瓶越來越流行的同時，民眾也開始捨棄以前油膩膩的大麻纖維瓶栓或玻璃瓶栓，開始採用軟木塞。[66]不過此時民眾還不曉得將酒瓶躺著擺，讓木塞保持濕潤，能讓酒的風味更美好，所以他們這時喝的多半還是新釀、味道清爽、酸度高的酒。不過走進一間酒館的時候，你大概不會看到這種釀酒學革命的跡象。地窖裡擺滿一排排酒桶，桶子上標註了酒的來源產地。上酒的時候，會用酒壺或酒罐承裝葡萄酒，再倒進玻璃杯中飲用。用玻璃罐分裝以及紀錄釀造年份，完全是有錢人獨有的興趣。

先從香檳談起。大家一定聽過唐・培里儂（Dom Pérignon）①的故事，他是奧特維萊爾

①譯註：也就是著名的法國香檳品牌「香檳王」。

（Hautvillers）修道院的傳奇釀酒葡萄栽種者，據傳氣泡酒就是他發明的。可惜，事實與傳言恰好相反。培里儂確實是奧特維萊爾修道院（從一六六八年起）的葡萄酒庫管理人，不過他給自己的任務是讓酒裡的氣泡減少，而非增加。[67]香檳（Champagne）地區位於氣溫較低的法國北部，低溫通常會讓酒桶中的發酵過程停滯不動，所以溫度上升時酒會進行二次發酵。這種現象讓當地的紅、白酒中充滿氣泡，民眾覺得喝起來不怎麼討喜。所以如果你來到奧特維萊爾地區，會看到培里儂在修剪葡萄枝、隔出距離，並將葡萄酒保存在適當的環境條件中，藉此讓發酵過程更完全、充分，不要產生氣泡。同時，從法國流亡的聖・艾雷蒙侯爵（Marquis Saint-Évremond），同時也是奧特維萊爾地區的地主，正好人在倫敦享樂。既然是地主，他自然會獲得源源不絕的自家釀酒。他跟同為紳士的友人一起把酒裝進玻璃瓶後，碰巧英格蘭的瓶子比法國的還強韌，所以酒在瓶中進行二次發酵時，許多瓶子都沒有爆破。後來我們俗稱的香檳，就是這樣默默發源於英格蘭某個陰暗的地窖中。這種新式的葡萄酒很快就在倫敦的有錢人之間傳開：一六七六年，劇作家喬治・埃瑞格（George Etherege）就在《摩登男人》（*The Man of Mode*）這齣喜劇中展現自己對氣泡香檳的品味。[68]香檳供不應求，香檳地區的栽種者都因為大量訂單而樂不可支。雖然培里儂對這種現象可能會倍感驚訝，但香檳歷史接下來的發展，我想各位都已經很清楚了。

此時期另一項重大進展，就是英格蘭人開始從波爾多進口葡萄酒。一六五〇年代中期，葡萄園的管理者開始思考如何用更科學的方式來生產葡萄酒。例如每公頃土地該種多少葡萄，以及該怎麼修剪葡萄枝等問題。身為侯伯王（Haut-Brion）酒莊的擁有人，亞諾・德波塔克（Arnaud de Pontac）釀造出的紅酒品質令人讚不絕口。查理二世在法國流亡過，因此肯定對這家酒莊的酒相當熟悉。成為國王後，他也不手軟地大批購入產自這個酒莊的葡萄酒，[69]許多倫敦人也紛紛效法國王收購葡萄酒。佩皮斯無法抗拒對這股風潮的好奇，就在一六六三年四月十日，親自跑到朗伯德街的皇家橡樹酒館（Royal Oak Tavern）一探究竟。一嚐之下，他表示侯伯王酒莊的酒「是我喝過品質最佳、風味最明確的美酒。」[70]德波塔克發現酒莊接到大批來自倫敦的訂單後，從中看出商機。一六六六年，他派兒子方思華・奧古斯特（François-Auguste）到倫敦開設葡萄酒館，推廣自家釀造的酒。這家名為「波塔克頭」（或簡稱「波塔克」〔Pontac's〕）的酒館，用高檔餐點搭配酒莊的葡萄酒，很快就成為倫敦最具盛名的餐廳。約翰・德萊頓、約翰・伊弗林、丹尼爾・笛福以及強納森・史威夫特（Jonathan Swift）都曾在此用餐。哲學家約翰・洛克對酒館裡提供的酒感到相當驚豔，甚至在一六七七年親自造訪其葡萄園。如果連文人雅士都為它傾倒，那這家酒莊的酒絕對能夠聞名四方。波塔克家族因為在英格蘭聲名遠播，讓他們的名字成為上等紅酒的同義詞，就算其他優秀的「新紅酒」也紛紛出現——例如瑪歌（Margaux）、拉菲（Lafite）以及拉圖爾（Latour）——其地位還是屹立不搖。[71]

來到倫敦，沒有什麼酒是買不到的。在其他規模稍小、專事葡萄酒進口的城市（布里斯托），進口商將酒引進英格蘭後，再把商品配送到全國各地。葡萄酒種類應有盡有，從英文字母A（西班牙阿利坎特〔Alicante〕的酒）到Z（希臘札金索斯州〔Zante〕的酒）都說得出來。最常見的葡萄酒，就是從波爾多進口、品質中等的紅酒。如果想喝白酒，最方便取得的是產自萊茵河畔的萊茵白葡萄酒（Rhenish）。馬姆齊甜酒（Malmsey）來自希臘，加納利葡萄酒（Canary）則來自加納利群島，坎蒂酒（Candy）來自克里特島，維納西卡（Vernage）產自托斯卡尼，里貝拉酒（La Ribera）則源於西班牙。義大利的基安蒂（Chianti）被引進英格蘭市場時，就同時進口了紅酒與白酒。[72]羅姆尼（Rummey）雖然是以希臘釀酒法製成的甜酒，但產地其實是西班牙。具有布朗私生子（Brown Bastard）這個俏皮稱號的酒，是來自葡萄牙的甜混釀酒。而我們之前就提過的薩克葡萄酒，其名是源自seco這個字。在西班牙文中，seco的意思是「乾燥」。能夠存放一段長時間後再飲用的酒款不多，薩克葡萄酒就是其中一樣。一六六三年，佩皮斯嚐了一款三十年的馬拉加薩克葡萄酒後，表示「風味絕佳，但喝起來像烈酒。」[73]此時期另一項重大進展，就是來自伊比利半島的酒正式進入英國市場。大量雪莉酒從赫雷斯（Jerez）引進英格蘭，只是當時這些酒的濃度還相當低。波特酒也同樣以酒精濃度較低的版本來到英格蘭：一六九二年，喬伯．比爾斯利（Job Bearsley）開始進行進口酒生意。他將酒精濃度較高的紅酒從斗羅河（Douro valley）運到波爾圖（Oporto）港口後，再將酒運到倫敦（這家公司在二十一世紀仍持續運作，只是改名為「泰勒」〔Taylor's〕）。

接下來要探討葡萄酒的價格時，你就能體會為何葡萄酒是身分地位的象徵。一六六〇年，議會立法限定葡萄酒的零售價上限：產自西班牙的葡萄酒與甜酒每夸脫最高只能賣一先令六便士；法國酒不得超過八便士；萊茵白酒每夸脫不能超過十二便士。要是哪個酒商違反這項法令，就得繳五英鎊的罰金。自從波塔克到倫敦開設專供貴族、有錢人用餐品酒的酒館後，這項法令就發揮極大的功效。在他們開設的餐館裡，一瓶侯伯王酒莊的葡萄酒要七先令，品質次等的酒則為兩先令。一六七〇年代在其他餐館，品質中等的紅酒一瓶要一先令，一夸脫雪莉酒大概是一先令八便士，加納利白酒則為兩先令。[74]如果到倫敦的上等酒館，一夸脫薩克葡萄酒大概要兩先令六便士。[75]許多手頭闊綽的紳士買酒時，都是以木桶（cask）、拱桶或大桶為單位。貝德福伯爵在一六六四年，就花了十英鎊跟倫敦知名酒商詹姆斯．霍布隆（James Houblon）購買兩拱桶波特酒。[76]一六七八年，政府禁止商人從法國進口各種貨品包含葡萄酒，酒商便從西班牙或葡萄牙進口酒來補足供應缺口。一六八五年這項禁令放寬後，法國酒的數量逐漸回升，不過其關稅增加到每一大桶八英鎊，其他葡萄酒則增加為十二英鎊，使法國葡萄酒的售價變得相對低廉。一六八九年，政府又對法國葡萄酒下了另一道禁令，直到一六九六年才撤銷。不過這次關稅大幅提升到每一大桶二十五英鎊，讓法國酒的售價急遽飆升，也間接促使商人開始非法走私法國酒。[77]一六九六年後，就連侯伯王酒莊的愛好者在看到售價時，都會露出驚訝的神情。不過，就算價格持續飆升、新紅酒仍相當搶手，葡萄酒行家也不會對品質做出妥協。

• 烈酒

雖然蒸餾法是歷史悠久的釀酒藝術，不過這種手法是直到中世紀末期才傳入英國。即便如此，早期英國人使用蒸餾法並非用於消遣性飲料，而是拿來製作藥品。藥師會將燉煮草本植物的液體拿去蒸餾取其「精華」。有時候，藥師也會用這種手法提煉近乎純酒精的「烈水」（strong water，也就是生命之水〔aquavitae〕）。英格蘭人之所以會接觸到消遣用烈酒，全拜荷蘭人所賜。十六世紀末，大家（包含位於低地國家的英格蘭士兵）開始愛喝從杜松子果汁蒸餾後製成的琴酒。到了復辟時期，因為民眾懂得用蒸餾法提煉烈酒，而且自己在家製作烈酒也不用支付額外的稅金，飲用烈酒的習慣就變得非常普遍。此後，民眾開始嘗試將各種食材拿來提煉，像是麥、糖蜜、水果、蝸牛還有雞。你沒看錯，前面我們提到公雞麥酒，現在還有提煉出來的「公雞水」，這東西乍聽之下像是尿液，但搞不好尿還比公雞水容易下嚥。製作這種東西的背後邏輯是這樣的：如果公雞麥酒對身體那麼好，那公雞的「精華」應該會更棒才對。用蝸牛和薩克葡萄酒及草本植物一起蒸餾而成的蝸牛水，也是基於同樣道理。

如果你還有一點品味，一定不會選這些怪異的蒸餾液體，而會挑選陳年的頂級白蘭地。一六七〇年，艾德華·德林爵士（Sir Edward Dering）表示「肯特郡突然捲起一股白蘭地炫風，在每個村莊都買得到，而酒商蔑視地方治安官的權威，將白蘭地當成與麥酒、啤酒截然不同的飲料，無視法律規範、大肆出售。」[78]顯然手頭寬裕的民眾對自家提煉的烈酒不甚滿意，希望購得品質最高檔的法國白蘭地。如果一次購入大量白蘭地，每加侖大約為三先令八便士，或者每瓶一先令。[79]

就在白蘭地席捲英格蘭的同時，蘇格蘭人也開始流行用穀物來提煉飲料，結果當地民眾捨棄了水、牛奶、酪漿還有乳清，開始天天喝起威士忌。但是，蘇格蘭將釀造威士忌視為家庭事務，因此這股風氣並沒有跨越國界、傳入南方的英格蘭。因此，先吸引英格蘭人注意的反而是來自愛爾蘭的威士忌。另外一款從國外進口的烈酒則是蘭姆酒（rum，「rumbullion」的縮寫），也有人稱之為「致命水」（kill-water），從這個別稱大概就能知道其酒精濃度有多高。在復辟時期你也會接觸到賓治酒（punch），通常這種酒是以碗承裝，酒中還泡了一片吐司（所以在英文中，敬酒詞裡才會有「toast」一字）。這種酒是以白蘭地、蘋果酒、果汁、水、香料還有糖調製而成。[80]

●咖啡、巧克力與茶

一六五〇年，全英格蘭的第一間咖啡屋正式於牛津開業；一六五二年，倫敦也出現英格蘭第二間咖啡屋。一六六〇年後，咖啡在民間相當受歡迎，政府也開始對咖啡課稅，但民眾對咖啡的熱情依然未減。雖然有人認為喝咖啡會導致不孕，但咖啡屋仍一家接著一家開。一六六三年五月，倫敦至少就有八十二間咖啡屋，到了一七〇〇年至少暴增到了一千家左右。[81]在布里斯托、約克、埃克塞特、巴斯、諾里奇、大雅茅斯、徹斯特、普雷斯頓（Preston）、華威、愛丁堡、格拉斯哥還有其他大城市都有不少咖啡屋。這些咖啡屋只服務男客，所以裡頭除了女服務生清一色都是男性（這或許解釋為何熱衷於咖啡的男性都沒有小孩）。只要你是男性，不管身分或階級都能到咖啡屋消費，當然前提是你要負擔得起。倫敦的洛伊德咖啡屋（Lloyd's）與加拉威咖啡屋（Garraway's）主要是服務商人。聖詹姆斯咖啡屋（St James's Coffee House）與可可樹咖啡屋（Cocoa Tree）是政治人物聚集的場所——如果你是惠格黨黨員，就去聖詹姆斯咖啡屋，托利黨成員則是去後者。如果你想討論宗教信仰，最好到聖保羅教堂附近的咖啡屋，因為在其他咖啡屋內不能討論這些議題。如果你熱愛文學，那麼柯芬園的威爾咖啡屋（Will's Coffee House）便是首選，因為約翰・德萊頓常在那裡發表他對最新書籍或劇作的見解，成為眾人的焦點。[82]

一般的咖啡屋只會有一個房間，裡頭擺幾張桌椅讓客人使用。有些咖啡屋的室內空間則較寬敞。來到布里斯托，走進約翰・金伯（John Kimber）經營的大南方咖啡室（Great Lower Coffee Room），能看到三張桌子，周圍擺放了座椅、長椅、板凳，屋內有時鐘，櫃台上有一疊咖啡杯盤和玻璃杯，室內還有一座火爐，地板是由原木板鋪排而成，空氣中飄著咖啡以及菸草的氣味。第二間咖啡室位於二樓，內部擺設與一樓大同小異，只不過裡頭還有沙發、鏡子跟窗簾等奢華的家飾。[83]就跟某些酒館一樣，有些咖啡屋老闆也用歷史文物來吸引顧客，其中有些例子令人捧腹大笑。像是在倫敦的某間咖啡屋，就以具有「本丟・彼拉多（Pontius Pilate）②太太的侍女的姐姐的帽子」為噱頭來招攬客戶。[84]只

②譯註：羅馬帝國猶太行省的第五任總督，判處耶穌釘十字架之人。

要付一便士的入場費，想在裡頭待多久就能待多久，還能喝著用一個個大甕煮出的熱騰騰黑咖啡，一邊抽著咖啡屋提供的裝了黑菸草的煙斗。[85]喝咖啡的同時，你還能閱覽店家挑選的週報跟通訊報，或是跟「俱樂部」（club）的夥伴聊天、談論彼此關心的大事。在這個時期，「俱樂部」的意思是一群會定期聚會的朋友，以非正式約定的形式彼此平均分攤喝咖啡的費用。

想自己買咖啡在家泡也行。一六八九年以前咖啡每磅三先令，後來政府提高消費稅後，價格就隨之上漲。到了一六九〇年代，每磅單價來到六先令。如果要在家喝咖啡，需要購入咖啡壺以及瓷杯。咖啡壺平均價格約為六便士，不過進口自中國的瓷杯每個則要一先令六便士。[86]但是咖啡相對來說還是一種只會出現在公共場合的社交性飲料，如果在十七世紀有人躲在家中喝咖啡，那可是相當古怪的行徑。自己在家喝酒很合理，喝咖啡就不行。但是不管你在哪喝咖啡，就是有人對咖啡充滿意見。《抗拒咖啡》（*A Satyr against Coffee*）一書作者就提到，「把老舊、破碎的皮革拿去燃燒、搗碎成粉末，製造出來的氣味就是咖啡的味道：聞起來就像舊鞋……就像馬匹清洗池的氣味，就像女巫從死人骨頭中提煉出來的汁液……來自異國的屁味。」[87]

一六五〇年代末，皇家交易所附近的咖啡屋開始販賣中國茶。這款飲料很快就受到民眾歡迎，只不過價格相當高昂。第一批引進茶葉的商人將價格訂為每磅十英鎊。一六六〇年，咖啡屋老闆湯瑪斯．加威（Thomas Garway）希望拓展茶葉生意，將價格降到每磅十六先令，並且廣為宣傳。這種行銷策略果然奏效。佩皮斯在一六六〇年九月二十五號喝下生平第一口中國茶。[88]當年底，政府也開始對茶葉課稅。一六六四年後，東印度公司開始將茶葉運進英格蘭後，茶葉價格就趨於穩定：最頂級的茶葉每磅三英鎊，最便宜的每磅一英鎊。[89]來到復辟英格蘭，你一定會對茶葉的普及程度感到驚訝，只不過此時的茶種跟你的想像有所出入。此時期流通於市面上的主要有三種茶葉，而它們全來自中國（印度茶葉要到十九世紀才會引入英國）。寶希茶（Boehea）的茶葉呈現黑色，放入水中煮滾後的液體呈現褐紅色。第二種茶葉名叫辛格羅（Singlo），這種茶葉呈現藍綠色，其香氣之濃烈能重複回沖三到四次不成問題。第三種茶則稱為賓茶（Bing）或帝國茶（Imperial），這款綠茶也是單價最高的茶葉。以我們現代人的角度來看，復辟時期民眾泡出來的茶都不夠濃厚，而且他們也不會在茶裡加牛奶，很多人會在茶中加糖或蛋黃。

雖然品茶也是社交活動，不過茶跟咖啡的不同之處，是民眾喜歡約在朋友家裡喝茶。若要招待身分尊貴的賓客喝這種高級的飲料，就得準備等級相當的器具：茶壺、瓷杯、瓷盤、糖碗還有銀托盤。杯盤組和茶壺理應使用來自中國的瓷器，而東印度公司當然也樂得提供這些商品——每個瓷盤售價四先令，茶壺十先令。除了瓷壺也有英格蘭製造的銀製茶壺。一六七〇年起，倫敦的銀匠開始用銀製作喝茶器具。富裕人家都希望擁有一套專屬茶具，藉以展現身分地位，也間接讓喝茶成為一種在家進行的活動。不僅如此，在保有隱私的家中，女性能跟朋友在家泡茶、喝茶，也是對男性專屬的咖啡屋文化的一種反動。從沃本修道院的支出帳單來看，就能發現貝德福伯爵跟伯爵夫人從一六八五年就開始品茶，而且他們喝的茶還比咖啡多，甚至投資了幾組茶具和茶桌。[90]

熱巧克力是以來自拉丁美洲樹林的可可豆製成，是一款更神秘、更具異國情調的飲料。過去幾十年來，西班牙人和葡萄牙人偶爾會進口巧克力蛋糕到自己國家，不過這些蛋糕的製作方式一直都被嚴加保密。一六五五年，英格蘭佔領牙買加島之後，發現西班牙人在島上種植的可可樹。兩年後，某位倫敦企業家開始宣傳一款「來自西印度、名為巧克力的頂級飲品」。這個飲料立刻蔚為風潮，一六六〇年後，巧克力就跟茶與咖啡一樣立刻變成被政府課稅的商品。巧克力之所以擄獲民眾的心，是因為大家認為熱巧克力適合當早餐喝，他們相信巧克力能舒緩腸胃不適。如果佩皮斯前一天晚上喝得太多，隔天早上就有可能來杯熱巧克力。[91]製作巧克力蛋糕的方法，是準備一磅可可粉，加入六盎司的糖、二分之一盎司肉桂、一顆磨碎的肉豆蔻還有一根香草莢。經過適當加溫，將所有材料攪拌均勻後，趁還有溫度的時候，立刻放入模具中即可。如果想將巧克力蛋糕作成飲料，只要把一小塊蛋糕搗碎，跟紅酒、蛋黃一起煮滾，最後加入糖即可。除了這份食譜也有人會用牛奶、水、白蘭地或單用波特酒或雪利酒來製作熱巧克力。[92]一大早就喝烈酒調成的巧克力想必後勁十足。

菸

最後一項要介紹的消費性商品是菸草。你們應該都曉得，菸草在伊莉莎白掌政時期，大約在一五六〇年代的時候正式進入英格蘭港口，不過詹姆斯一世也曾對菸草下禁令，他宣稱「燃燒菸草的煙霧讓眼睛很不舒服……聞起來也很討厭。」每位造訪英格蘭的外地人，都注意到當地人大肆抽菸的習慣。馬加洛堤表示：

社會階層較低的民眾幾乎都有抽菸的習慣，不過那些貴族雅士也習慣在吃完中餐或在酒館談論公事的時候抽菸。不管手上的工作有多急，這裡的工匠每天還是要到酒館（這裡的酒館數量龐大）跟朋友一起抽菸，暫時將工作擺在一邊。[93]

威廉・薛林克斯某天早上在康瓦爾郡時，發現「很多農村居民聚集在廣場市集上抽菸，男女老幼都是如此。年輕人跟小孩早上不吃早餐，但一定要來根菸，對他們來說麵包根本比不上菸草。」[94]彌松先生跟芬尼斯也曾指出在英格蘭西部鄉間，女性跟孩童也消耗大量菸草。巴斯克維爾某天凌晨四點騎馬經過格洛斯特郡的溫什科姆（Winchcombe）時，看到鎮上的老太太都坐在門廊中一邊抽菸一邊打毛線。[95]

你大概會很好奇，在生活這麼窮困的時期，為什麼大家菸還是抽得這麼兇，窮人消耗的菸草量甚至比有錢人多。其中一個原因是政府鼓勵民眾抽菸。菸草從維吉尼亞進口到英格蘭時會被課稅，所以菸草供應量越多，政府收取的稅金也就越豐厚。彌松先生還提出另一項觀點，他認為抽菸能讓人更冷靜明達。他覺得全英格蘭最會抽菸的一群人就屬神職人員，而英格蘭的神學研究之發達，菸草肯定有極大貢獻。[96]不過最主要的原因還是民眾非常享受抽菸的感覺。他們在沉浸在抽菸的樂趣時，完全不擔心抽菸會對身體造成損害。事實上，他們還認為抽菸對健康有益。民眾相信抽菸能預防瘟疫。因此，伊頓公學的男孩如果不抽菸，還會被老師打。大家還認為抽菸者聲音較清亮、口氣清新，而且能增進視力、聽力以及嗅覺，更能治療憂鬱。[97]知道當時民眾對抽菸的看法後，就能理解為什麼他們提供孩子源源不絕的菸草、自己也大口抽菸了。在德文郡以及康瓦爾郡，有些男孩會帶菸斗到學校，在指定時間跟著老師一起學習如何手持菸斗、如何吸吐那些對身體有益的煙霧。[98]

我提到復辟時期民眾抽「大量」的菸草，究竟多少算是大量呢？答案就是超級多。貝德福伯爵每年消耗三十磅的菸草，差不多每天就抽掉一點二五盎司，大家還不覺得這有什麼大不了。而且民眾使用的菸斗還沒有濾嘴，畢竟他們認為燃燒菸草所得的煙霧有益健康。他們會用拋棄式的陶土菸管來吸入那些煙霧（香菸要到十九世紀才會現身）。陶土菸管最多能用三到四次，而且價格也不高：品質中等的菸管每九根一便士，來自維吉尼亞的菸草每磅三先令四便士、來自西班牙的則為十先令。[99]對了，貝德福伯爵活到八十七歲。

chapter 10 健康與衛生

「生病該怎麼辦？」這是每個文化都會面臨的問題，也是定義這個文化——乃至整個文明——的問題。無論答案是醫學觀察、理性分析、偏方、宗教信仰，或是以上的總和，人類生病時就是希望能得到一個具有說服力的解釋。大家心裡都曉得，疾病有可能隨時找上門，讓身體承受程度不等的痛苦，甚至死亡。大家都不希望在受病痛折磨時，被告知沒有任何方法可以減輕痛苦。孩子生病時，也沒有人想聽到無藥可救這四個字。就算注定會死、醫生也無計可施，我們還是需要專業的建議，就算是知道自己能苟延殘喘多久也無所謂，這樣至少還有時間寫遺囑、和上帝和解。所以如果我們在綜觀整個復辟時期的社會時，只探討那些身體健康的人、彷彿健康才是正常的，那我們就會錯失整個社會的很大一部分。如果把某些感染帶來的羞恥感、對死亡的恐懼、醫藥的經濟市場還有疾病本身對社會的影響考慮進去，就會發現其實病痛大幅影響整個文明社會的運作。

在復辟時期的英國遊歷時，你一定會發現不管有錢人還是窮人，在疾病面前都是平起平坐。我們在上個章節談論飲食的時候，能看出富裕人家和窮苦民眾之間的懸殊差距；不過疾病不分貴賤，身分地位再高的人還是會受到病痛的折磨。查理二世在一六六〇年駕馬行經倫敦準備登基時，他的兩個弟弟詹姆斯（約克公爵）跟亨利（格洛斯特公爵）都還活得好好的。幾個月後，亨利在九月十三日死於天花。又過了三個月，國王的妹妹瑪麗．亨利埃塔（Mary Henrietta）也死於天花。一六八五年，伊弗林的兩個女兒接連在半年內死於同一種疾病，令他痛苦不已。一六九四年，威廉三世的太太瑪麗皇后也染上天花而死。雖然有錢人的飲食較營養、精緻，也請得起醫術較高明的醫生，但平均壽命卻沒有比老百姓還長。生命同樣脆弱。

如果看看有多少孩子死去，就更能體會這種感覺。從皇室家族來看，查理一世的九個孩子平均壽命只有二十四歲，其中只有查理二世和詹姆斯二世活過三十歲。詹姆斯二世與第一任妻子生下的八個孩子當中，只有兩位順利長大成人；他跟第二任妻子所生的十個孩子裡（兩名不幸流產的嬰兒不算），只有一人順利長大。而安妮公主大概是全皇室最不幸的成員。安妮總共流產七次、死產五次、兩個孩子出生後幾小時內便夭折、另外兩個則在兩歲與一歲時因天花而死，活得最久的一個孩子也年僅得年十一歲。總共懷孕十七次的安妮，過世時仍然膝下無子。統計之後，在一六六〇年至一七〇〇年間，三十五名皇室婚生子女中，只有三個人平安長大。

醫學觀念

如果想了解復辟時期的醫療觀念，得先知道當時的民眾如何看待疾病。當時的人對細菌和病毒一點概念也沒有，他們使用的顯微鏡還不夠先進，沒辦法觀察肉眼所不能見的病菌。儘管如此，他們仍然有一套屬於自己對於疾病來源的見解。一千多年以來，人們相信身體健康是由四種體液來維持：

血、黏液、黃膽汁和黑膽汁，道理就跟亞里斯多德學派認為地球是由土、水、空氣還有火所組成一樣。黏液過多令人易怒，血液過多令人過於熱情興奮，而四種體液的不平衡則會導致疾病。體液的起伏波動，受到不同物質的影響。吃到腐敗的肉品，或聞到死水的氣味都有可能導致體液不平衡，甚至連行星連成不祥的一線，也有可能造成體液失衡。要是體液失調、造成身體病痛，也有可能連帶造成別人體內的體液不均衡。既然體液的波動會互相影響，人們也因此認為，原先罹患的疾病也會蛻變成另一種症狀，所以食物中毒會導致發燒，最後還有可能變成麻疹。[1]

皇家學會和其科學家在復辟時期進行大量科學實驗，因此整個社會對疾病與身體的認知自然也開始轉變。其他領域的哲學也開始有新的變化，像是地球並不是由四元素所構成，而是由細小的分子或原子所組成。威廉．哈維（William Harvey）在一六二八年發表了動物體內的血液循環現象後，就破除了一項傳統迷思：以前大家以為人體內有兩種血液，一種是由肝臟製造的靜脈血，另一種是從心臟出發的動脈血，這兩種血在體內流動、起伏互補。意識到古典時期學者的錯誤與迷思之後，醫生開始對各種人體現象提出大膽假設，挑戰過去的學說。受到帕拉塞爾蘇斯（Paracelsus）所倡導的「化學醫學」（iatrochemical，iatro在希臘文中即「醫療」）的影響，醫生開始用以鹽、硫與汞為基底製成的藥物來治療病人。像湯瑪斯．威利斯（Thomas Willis）以及羅伯．波以耳等相信「微粒子」（corpuscular）說法的科學家，則支持揚．巴普蒂斯塔．范．海爾蒙特（Jan Baptista van Helmont）的理論，強調人體內酸與鹼對生理過程的重要性。偏好「物理醫學」（iatrophysical）的醫生，則用物理定律來解釋我們呼吸和類似身體器官運作的過程，並且也暗示了器官退化的原因。

醫學思維另外一個會讓你一頭霧水的部分，是宗教信仰牽涉在醫療中的程度有多高。在第四章裡，我們談到民眾會以宗教信仰來對他人進行價值判斷，所以病人都不信任與自己信仰不同的醫生。之所以會如此，是因為醫生是將上帝的醫治之力引導到人間的通道。如果醫生讓上帝不開心，那麼治療就無法發揮效用，就算醫生的醫術再高明也行不通。這就是為什麼醫生跟主教申請執照時，不僅醫學知識需要受到檢視，連私生活也會被列入考察項目。不過，這才只不過是宗教與醫學互跨領域的開端而已。對很多人而言，禱告是完全痊癒必不可少的一環，只靠藥品是不夠的。但是，這就引出了一個問題：為何慈愛的上帝會讓疾病降臨人間。根據其中一種解釋，人們認為上帝讓疾病降臨人間是有其目的。很多虔誠基督徒相信，上帝讓罪行較輕的罪人患病、承受肉體的折磨，讓他們在人間就能得到部分或徹底贖罪的機會，如此一來，這些罪人死後還是能順利上天堂。這就是為什麼死時「平和安詳」對他們來說這麼重要：身體出現病痛時，必須心懷感激。就連孩童被病痛折磨得死去活來時，也得展現出堅忍不搖的情操。另一方面，民眾也認為疾病是來自上帝的懲罰，鼠疫就是最佳例證。無論貧富都會因鼠疫而死，其中所隱含的「一視同仁」的特性，讓人們聯想起上帝的審判。如你所見，復辟時期這種無所不包的宗教觀點，使人民不斷與信仰對話，探索為何人會患病、為何人要受苦，以及人要如何從這痛苦中紓解。

十七世紀，另一個以信仰角度來解讀疾病的方式，是民眾認為上帝在創世時，不只創造出所有的疾病，同時也發明了所有的解藥：只要人們找得夠仔細，一定會在世界上的某個角落發現它們。那些藥用草本植物的存在，似乎證實了這項說法。有這麼多能夠舒緩疼痛的植物，也證明上帝是一位慈悲仁愛的造物主：丁香能舒緩牙痛、「colchicum」（一種番紅花）能紓解痛風，而「guaiacum」（一種樹脂）可治療梅毒和其他病痛。金雞納樹皮（Jesuit's bark或cinchona）也同樣是來自上帝的恩賜，此樹的樹皮中含有奎寧，是一種能緩解瘧疾症狀的天然藥方。英格蘭醫生羅伯・塔伯（Robert Talbor）在一六七〇年代聲名大噪，因為他用金雞納樹皮治癒罹患瘧疾，民眾都認為這是神蹟。他們對於神造萬物具有療效的這份信念，讓大家更積極探索世界上的各種植物，讓第四章提到的「科學運動」更蓬勃活絡。

並不是所有病痛都是由體液不均衡或上帝的制裁所造成，民眾深知他們吃下、喝下的食物與飲料也會影響健康。而且他們對於這項認知比我們還更加確信。亞里斯多德認為六項「非自然元素」影響人體的運作與健康：飲食、排泄、運動、空氣、睡眠以及熱情。這項理論讓民眾認為如果自己覺得不適，一定是疏於關照身體所致。除了上述六項之外還可以納入第七項：暴露於低溫中。民眾認為接觸冷空氣也有可能導致身體異常。一六六二年十一月，佩皮斯認為自己小便時感覺刺痛是因為「那天早上在處理小麥的外殼時，雙腿赤裸裸地暴露在冰冷的空氣中太久。」一六六五年九月，佩皮斯離家外出時，非常後悔穿得不夠保暖、在外頭受凍了：

> 所以我上床後一直覺得腸胃怪怪的，想拉肚子（我從今晚穿上的亞麻衣料上的新鮮污漬推測的），我伸手找便壺，但怎麼找都找不到……只好在這間陌生房子的壁爐中上了兩次廁所。[2]

這就是為什麼到別人家作客的時候，在你上床前，他們會派女傭先用暖被的爐子將床鋪弄得暖呼呼的。

服用泉水

民眾不僅認為喝進或吃進肚子裡的食物會影響身體健康，就連不小心從皮膚毛孔或身體孔洞進入身體的任何東西，都會產生影響。但是，如果危險物質可以用這種方式進入人體，那有益物質也行。基於此概念，民眾認為浸泡在富含礦物質的水中對人體有所助益。而既然目的是盡快讓礦物質進入身體裡，那幹嘛不乾脆用喝的呢？因為這股風氣，溫泉城鎮在此時期變得相當受歡迎。很多貴族成員或中產階級每年至少會去「服用泉水」一次，甚至連生活較困頓的民眾也是如此。水手愛德華・巴洛在柴郡的巴克斯頓（Buxton）泡溫泉浴時，就指出「泡在這美好的泉水中，能預防各種疾病。」[3] 不過，絕對不會有人到海中泡澡。不管是什麼季節到海邊泡水，就算是全年最熱的日子也一樣，一定會搞得滿身沙子。民眾要等到十八世紀，才會發現海水中的某些物質其實跟溫泉水類似。

英國最首要的溫泉鄉當然就是巴斯，這裡的熱硫磺泉已存在好幾世紀。民眾將天然湧泉導入三個主要浴場（國王浴場〔King's Bath〕、熱水浴場〔Hot Bath〕以及十字浴場〔Cross Bath〕），另外還有兩個規模較小的浴場（皇后浴場〔Queen's Bath〕以及痲瘋患者浴場〔Leper's Bath〕）。佔地最廣的是長方形的國王浴場，中央有十字形天棚，棚子四周的杜廊邊有石頭座椅。坐在這些椅子上泡澡時，水位大概滿到你的脖子左右。根據《天然浴池與礦物泉水論集》（*A discourse of Naturall Bathes and Mineral Waters*）的作者愛德華・喬頓（Edward Jorden）所言，溫泉水能對身體帶來以下益處：

溫泉水能讓身子暖呼呼，平撫四種體液，讓毛細孔張開、排出汗水以及尿液，清潔子宮以及女性分泌物，讓不自然的體液排出體外，讓虛弱身體部位重回強韌，舒緩緊繃的神經，讓整個人自然放鬆。泡在泉水裡也能清潔肌膚，讓帶有鹽分的體液排出體外，令受阻擋的毛細孔暢通，紓解關節、神經和肌肉的疼痛，並緩解、驅散硬化的體液等等。[4]

這些溫泉水的特性能治療「癱瘓、痙攣、感冒、冷性腫塊、皮膚疾病以及疼痛等症狀……」，而且喬頓還提到泡溫泉能改善「愚蠢」的現象。[5]

最適合泡溫泉的時候是清晨，太陽升起後的一到兩個小時。高貴的女士泡溫泉時，會身穿極具份量感的硬挺黃色帆布浴袍，這種布料泡進水中會慢慢鼓起，藉此遮掩身體曲線，讓她們能不失莊重；紳士則穿著同樣材質的內褲和背心。窮人泡澡時，就只能穿著他們原有的衣服：女性只能穿著亞麻襯衣、襯裙，男性也只會套上一件亞麻內褲，泡到水中時身體線條原形畢露。[6]喬頓也建議民眾泡在池中時，頭上最好蓋上一塊布，以免冷空氣對頭部造成不良影響。他還說能泡在水裡越久越好，至少一到兩個小時；如果財力雄厚的話，最好持續這麼做越久越好——理想天數是連續二十到三十天，每天都到浴場泡澡。如果你身上有某個部位不舒服，醫生建議你泡溫泉浴的話，可以請浴場的服務人員引導泉水、讓水直接澆淋在患部。薛林克斯在一六六二年造訪巴斯，他發現許多男男女女，直接讓溫泉水澆洗頭部以及背部一千多次。而池中也有侍從手上拿著刀子，替你切除腳上的雞眼、疣還有剪指甲，賺取微薄的小費。幸好他們都會在早上泡澡時段後讓水流光，隔天再注入新鮮的泉水。[7]

約克郡的哈羅蓋特（Harrogate）也是相當知名的溫泉鎮，不過這裡的泡澡方式與巴斯大有不同。雖然叫做溫泉鎮，不過哈羅蓋特鎮上並沒有任何浴場，只有幾處天然湧泉。這些礦物湧泉分為兩種：

硫磺泉以及含鐵礦泉水。芬尼斯造訪當地時，她表示含鐵礦泉水「舒適愉快，氣味芬芳」，而硫磺泉則：

> 硫磺泉（或稱作臭泉）實在很難聞。這個名字取的真好，硫磺泉的味道刺鼻、強烈，連我的馬都不敢靠近。有兩個天然硫磺湧泉，湧出的泉水會匯聚到中央的水池，池面飄著白色浮渣。如果在杯中裝入硫磺泉水，不久後表面也會浮出一層白渣……泉水聞起來、嚐起來就跟硫磺沒什麼差別，只不過泉水還多了一股腐肉或廁所的異味。[8]

這就是你要喝下肚的硫磺泉水。這種水中富含了對身體有益的礦物質，同時還能讓腸道暢通，讓不乾淨的穢物排出體內。芬尼斯表示：「我連續兩天早上喝了兩品脫，如果你能屏住呼吸把這碗水喝下肚的話，對身體是一種很好的淨化。」

透過這種方式清腸胃後，你就得一路翻越山丘，來到七英里遠外的聖蒙哥泉（St Mungo's Well）泡澡。這裡的泉水也同樣是富含礦物質的湧泉，不過跟巴斯的泉水卻截然不同。你不會花上兩個小時泡在暖和的熱湯裡——因為聖蒙哥泉是冷泉。芬尼斯非常鍾意這種冷泉，她說：「我通常會在泉水湧出的地方泡澡，因為靠近出口的水溫最低。」[9]恰好在這個時期，湯瑪斯．西登漢（Thomas Sydenham）也開始提倡泡冷泉、呼吸新鮮空氣能治療發燒的理論，因此泡冷泉的風氣逐漸興盛。

勞夫．瑟雷斯比會定期造訪哈羅蓋特。通常在他抵達後的隔天早上，將第一杯溫泉水喝下肚後，一整天都會因為身體不舒服而什麼都做不了。在 六八〇年，這就會讓他去不成教堂做禮拜——溫泉水不僅讓他的腸胃不適，也讓他的良心不適。不過，之後他還是挺享受這樣的日子：喝硫磺泉水、跟幾個新認識的朋友一起散步、活動筋骨，再一起騎馬到聖蒙哥泉，在冷水中肩並肩簌簌發抖，等到一整天的磨難結束後，再一起吃頓晚餐作結。[10]但不是所有人都能接受這種冷泉，湯瑪斯・巴斯克維爾就表示：

一到冷泉浴場，你就會碰到令人棘手的迎接儀式。當地浴場的女侍就跟倫敦的浴場服務生一樣，強硬推銷各種服務。你到浴場的時候她們會立刻將水放滿，等你回到住處休息時，她們也不管你的意願，就把硫磺泉裝到你的房間。這種熱情的服務我們實在不敢恭維，因為我們並不想喝那些硫磺泉水。她們晚上也會來敲門，隔天早上甚至在我們還沒起床前就闖進房內，提著一壺硫磺泉水大喊：「我是美女貝蒂，讓我來替您服務。」另一位則說：「我們是凱特跟柯朵，讓我們替您服務。」不過老實說，她們的長相根本稱不上漂亮。這些女服務生的皮膚閃著如培根似的油光，她們清純的膚質也長期因為硫磺泉的影響，跟巴斯浴池男侍從的屁股一樣粗糙。[11]

你的朋友或醫生會鼓勵你盡量嘗試其他種類的泉水。唐橋井（Tunbridge Wells）的泉水就很受有錢人與貴族歡迎。在唐橋井鎮上，能看到無數台來自倫敦的馬車，通往浴場的路旁也有好幾間咖啡屋跟飾品雜物店。[12]如果沒辦法親自到當地體驗，也能請人將泉水裝在玻璃瓶中，用軟木塞封起後再送到你的住處，不管住在哪個地區都能享有這種服務。埃普索姆（Epsom）地區的礦物泉水也能以石製水壺盛裝，再送到你住的地方。不管在哪裡飲用這些泉水，其實療效都大同小異。一六六二年，薛林克斯發現埃普索姆當地的民眾，喝完幾品脫的礦物泉水後會經由不同道路返家，然後在「灌木樹叢裡稍作停留」。薛林克斯的描述實在是相當委婉。[13]

如果你認為體液理論聽起來很古怪，那麼花錢「服用泉水」、泡在冰冷的泉水中，還有在漂著別人的腳指甲、腳皮還有雞眼的浴池中泡澡，以及每天早上在公開場合用激烈的方式讓腸胃代謝，對你來說一定更為詭異。

衛生習慣

讀到這裡，你可能已經察覺十七世紀民眾的衛生觀念跟你有所出入，但這並不是因為復辟時期的人們不在乎衛生。佩皮斯就相當重視清潔。他在一六六八年六月到巴斯泡澡時，就跟我們一樣充滿疑惑：這麼多帶有病痛的身體泡在同一池水裡，難道不會導致感染擴散、反而起不了治療的作用嗎？[14]十七世紀跟我們重視的衛生細節有所差異，基本上是因為需求不同所致。在二十一世紀，我們吃飯前都不一定會洗手了，更遑論飯後洗手。不過在十七世紀，飯前飯後不洗手的話，可能會讓當時的民眾退避三舍，因為如果你是用手指吃飯的話，那麼手部清潔就非常重要。跟陌生人泡在同一個浴池裡，他們也會在意感染的風險，不過他們總覺得為了泉水的醫療效果，這點小風險算不了什麼，而這種觀念也可套用在民俗療法上。在奧克尼以及昔德蘭（Shetland），如果你流鼻血的話，就會用豬糞堵住你的鼻孔，瘀青的話用牛糞塗抹患部，黃疸則用人類的尿液處理，天花則用與牛奶混合煮過的羊糞來對付。[15]一般而言，民眾並不會隨便把豬糞塞進鼻孔，或者把羊屎跟牛奶丟在一起煮，不過身體病痛之難受，讓他們不得不做出這些荒謬之舉。理解民眾的出發點後，你或許會對古時候某些骯髒的舉止改觀：這些髒亂的行為並不是因為他們不修邊幅，而是出於生存需求。

社會對於「乾淨」的定義與概念也隨時間不斷改變。每天早上，老百姓會用冷水清洗手、手腕、臉還有頸部這些裸露在外的部位。通常他們不會為了清潔而洗澡，因為用不乾淨的水洗澡反而會有感染的風險。如果有需要，他們會用亞麻粗布或毛巾用力搓揉身體或頭髮，藉此去除老廢角質以及身上的塵土。穿著乾淨的亞麻襯衣、襯裙以及內褲，布料會吸附身上的汗水，而且用水與肥皂就能清洗乾淨。因此，身體的髒污實際上是被亞麻衣物吸附，接著再用水和肥皂洗去這些衣物上的污垢。另外一種洗澡方式則是用臉盆裝水，洗完一個部位再換下一個區塊繼續擦拭。為了安全起見，用來擦澡的水會先煮滾、放涼後再使用。

除了造訪巴斯那一次，佩皮斯有整整十年沒在日記中提到把自己浸在水裡這件事。不過在復辟時期，這也沒什麼好驚訝的，很多人都是如此。不過，還是有些人會洗澡的，其中一個理由是出自醫療因素。染上某些疾病時，醫生可能會建議你用混入藥劑或藥草的熱水洗個澡，或是主張定期洗冷水澡。早在一六九三年，有錢人就開始聽從湯瑪斯・席登漢的建議泡冷水澡，因為這樣有益健康。[16] 一六九七年，約翰・佛洛耶（John Floyer）出版開創性的著作《英格蘭熱水澡、冷水澡與溫水澡的益處與注意事項》（*An Enquiry into the Right Use and Abuse of Hot, Cold and Temperate Baths in England*），給予了席登漢的論點有力的支持。這本書認為，泡冷水澡能堵住毛孔，並讓人更有精神、體力倍增。而洗澡越來越受人歡迎的另一個原因，是因為有幾位有頭有臉的大人物也是洗澡的愛好者，像約翰・聖巴貝爵士（Sir John St Barbe）就在罕布夏郡的伯德蘭（Broadlands）蓋了一座私人澡堂，而倫敦商人湯瑪斯．波維（Thomas Povey）也在他的城鎮別墅頂樓蓋了一個洗澡間。[17]

英格蘭人開始為了清潔理由而洗澡，主要是受到中東地區的影響。到摩洛哥或土耳其旅遊的英國外交人員，發現當地的穆斯林會定期洗澡，而且對他人也抱持同等衛生標準。回到英國後，這些外交官對於清潔的標準就算沒有一百八十度大轉變，也跟以往不一樣了。那些被困在北非的英國奴隸，在順利逃脫或重獲自由後，也帶著穆斯林的清潔習慣回到英格蘭。約瑟夫．皮特對穆斯林清潔身體的描述就相當有趣：

當地有不少土耳其浴場（hammams）和澡堂，民眾會近乎全裸地走進浴池中……他們將衣服脫在浴池外的房間，只穿著一雙木屐或木套鞋，跟著浴場侍從走進熱水浴池。在裡頭泡一陣子之後，他們全身冒著大汗；再泡一會兒後，侍從會替他們刮除腋下的毛髮，接著他們再走進另一間更隱密的房間，讓侍從替他們刮去陰部的體毛。他們總覺得身上若是毛髮濃密，看起來就像動物一樣。除完毛後，民眾會躺在柔軟的走道上，服務員戴起以粗糙的物質或鴕鳥布製成的無指手套，手掌中再塞一些可供清潔的物品，用力搓揉洗澡客的全身肌膚，去除身上的髒污。這些服務員的手勁以及手勢相當熟練靈巧，他們能將身上的髒污搓成一條條黑色物質，看起來就像蟲子一樣（能夠長達兩英寸）。泡澡客能從手臂上搓出的污垢，看出自己的皮膚確實有被搓洗乾淨……全身經過搓洗、再用肥皂清洗之後，客人可以自己用由兩個出水口流出的清水沖洗全身，一個是熱水，另一個則是冷水。這些水全部流進一個陶製大盆或大理石製臉盆，這樣洗澡客便能任意調整水溫。[18]

現在民眾也可以在倫敦享受這種「土耳其浴」。伊莉莎白・佩皮斯在一六六〇年造訪女王前就洗了一次土耳其浴。[19]她可能沒有將下體的毛髮全部除去，如果有的話佩皮斯一定會寫進日記裡。總而言之，看來中東人替這些倫敦人好好上了一課，教他們維持清潔的正確方法。佩皮斯夫人在出席重要場合之前先慎重地洗了個澡，從這件事我們就能看出，民眾對清潔抱持相當積極的態度，儘管大家的生活習慣並沒有因此產生太大的改變。

皮特在書中提到的另一項進展，是英格蘭人開始用肥皂洗手、洗身體。絕大多數用來清洗衣物的液態肥皂氣味刺鼻，而且還會讓皮膚乾癢。不過現在塊狀的卡斯蒂爾（Castile）肥皂價格低廉，大家都負擔得起（每磅三便士），用來洗手再適合不過。醫生艾德華・喬登（Edward Jorden）提到，在巴斯的十字浴池洗手「會讓手指末端皮膚變得皺巴巴的，好像用肥皂洗過手那樣。」[20]如果不想被蝨子騷擾（像佩皮斯這種龜毛的紳士就是如此），一定要記得定期換穿乾淨的衣服、每天用肥皂洗手洗身體。如果你保持以上良好衛生習慣，除了到旅館過夜時有可能被床單上的跳蚤攻擊，基本上身體就不會受到不適的刺激。喔不對，還有牙痛。[21]

疾病與療法

疾病是一個廣袤無邊的領域。有時疾病的變化之迅速像白堊斷崖被大潮侵蝕一般，地貌隨時都在改變；有時疾病又像高聳的山峰那樣長年不為所動。不管在哪個特定時期，永遠無法預估哪些疾病會突然竄出，哪些傳染病又會瞬間退去。十七世紀的民眾對疾病的認知比你還少。舉例來說，他們不曉得一六六五年到一六六六年的鼠疫已是英格蘭的最後一波大型疫情，他們在往後的好幾十年內，還活在鼠疫隨時爆發的恐懼中。不過他們當時常見的幾種疾病，二十一世紀的醫學根本一無所知。你也會發現，要查明為什麼現代的我們會感染某些疾病，但復辟時期的人卻不會，是更加困難的事。簡單來說，疾病就像故事一樣，在不知不覺中降臨人間，在世界上徘徊一段時間後，經由不同文化的民眾、以不同的描述方式，留在文明之中長達數十、數百、數千年，最後卻消失得無影無蹤。故事徹底被遺忘後，大家再也說不出其源頭、過程以及尾聲。

如果把死因結果統計拿出來比對，倒是可以看出十七世紀與二十一世紀之間的明顯差異。在我們所處的世界，英國前八大死因為心臟病、肺癌、肺氣腫／支氣管炎、中風、失智症、肺炎／流行性感冒、大腸癌以及男性的前列腺癌或女性的乳癌。以下這張倫敦死亡表的統計，列出了成人的主要死因。

這些死因或許能被歸類在二十一世紀主要死因的幾個項目中，例如在十七世紀被歸類為因年紀過大而死的民眾，到了二十一世紀可能會被診斷為是心臟病或失智症。不過，十七世紀的主要死因還是與二十一世紀有很大差別。現代已經沒有所謂的天花，英國也少見肺結

倫敦主要死因表

疾病	1663-4 年	1673-4 年	1683-4 年	1693-4 年	平均
結核病	20.58%	18.41%	16.19%	16.15%	17.83%
抽搐	6.52%	10.35%	15.99%	20.50%	13.34%
寒顫與發燒	13.03%	10.26%	11.58%	18.12%	13.24%
腸絞痛	5.95%	11.69%	12.35%	7.46%	9.36%
天花與痲疹	4.85%	10.27%	8.56%	6.27%	7.49%
牙齒疾病	6.01%	6.21%	5.19%	6.26%	5.92%
衰老	6.97%	4.91%	5.77%	5.60%	5.81%
水腫	5.99%	4.72%	3.17%	3.07%	4.24%

核的案例，痲疹和水腫也絕對不是死亡主因。復辟時期，絕大多數的「抽搐」都是發生在孩子身上，但在現代則非常罕見。從復辟時期民眾的角度來看，癌症並不是他們的困擾，牙痛反而還比較令人擔心。有沒有搞錯？牙痛會致命嗎？我們都知道到十七世紀來一場時光之旅，風險就是蛀牙找上門，還得面對嚇人的手術器材，但早期牙科療法會有多痛，只能隨我們想像。活在二十一世紀的我們，從來不用擔心牙齒相關病症有可能致死。不過從這點就能看出，疾病的樣貌確實是隨時都在改變。

● 鼠疫

鼠疫算是間歇性的傳染病，所以未列入前面的主要死因表。一六六〇至一六六四的這五年間，於倫敦下葬的八萬五千零九十六人中，只有六十人是因鼠疫而死（百分之零點零七）。從這個規模來看，鼠疫根本不值得一提。根據一六六〇至一七〇〇年間的所有死亡統計表來看，鼠疫也只排行第五而已。[22]不過以民眾的觀感來看，鼠疫是最令人懼怕的疾病。一六六五年，根據記錄，倫敦有六萬八千五百九十六人死於鼠疫，不過這項數據並不準確，比實際上的數字還少。民眾會賄賂前來搜查的人員，要他們不要通報自家有人染上鼠疫，反而用斑點熱或瘧疾等藉口來掩蓋事實，只為了不要整間屋子被釘上木板封條，把整家人都關在裡面。一六六五年鼠疫爆發的前五年間，根據統計，倫敦每年平均死亡人數為一萬七千零十九人。所以在一六六五年，死於鼠疫的人數更有可能是八萬人左右，將近是全倫敦人口的五分之一。

你可能知道，鼠疫是由某種細菌所導致。鼠疫桿菌（*Yersinia pestis*）存在於跳蚤的腸道中，而跳蚤又與肆虐英國大小城鎮的黑色大老鼠密不可分。人類被跳蚤咬的時候，就會染上鼠疫。如果被咬的人身上已有其他跳蚤，那這些跳蚤再咬他的時候也會被感染。這些跳蚤會將再將疾病傳染給下一個穿上這些衣服的人。當時的人不知道這個疾病是由老鼠與跳蚤傳播，他們還以為元兇是小狗。

染上鼠疫後，體溫會升高至攝氏四十度，還有可能會嘔吐、頭痛、發燒，還可能因此神智不清、胡言亂語。被跳蚤咬的患部會出現黑青色的癰，而脖子、腋下和鼠蹊部的淋巴結，也會越來越黑、越腫越大。接下來身上就會出現鼠疫的「經典標誌」：一大塊一大塊的皮下斑點，有可能是橘色、紫色，甚至是藍色或黑色。診斷死者是否罹患鼠疫這項工作，是由「搜查員」來進行。每個教區有兩名女性擔任這個角色，她們會到死者住家訪查，手上拿著白色的棍棒，跟死者家屬收四便士的驗屍費用，再判斷死者的死因，並將調查結果通報政府。

一六六五年的倫敦大瘟疫（Great Plague），絕對不是第一場橫掃英國的傳染病。過去一百年來，倫敦就已出現過幾場規模較小的鼠疫，其中最為嚴重的分別是一五六三年、一六〇三年以及一六二五年的鼠疫疫情。這三場鼠疫都各自奪走五分之一倫敦人口的性命。每一次爆發疫情，民眾都會稱之為「大瘟疫」，因為在當下經歷苦難時，感覺起來都比過去還嚴重，雖然以致命規模的比例來看，一六六五年的鼠疫其實沒有前述三場來得慘烈。[23]人都是健忘的。把過去的教訓拋在腦後，也難怪一六六五年的鼠疫災情會如此慘烈。根據鼠疫發生的經驗，地方政府有發展出一套應對流程，只要傳出鼠疫災情就立刻啟動。官員每三週會面一次，並且與搜查員討論災情，也會獵殺小狗、徵收照顧患者的地方稅。如果搜查員發現某戶人家的成員染上鼠疫，那一家人就會被封鎖在屋內，大門畫上紅色的十字，外頭還會站著守衛確保沒有人進出。如果屋內的人擅自跑到屋外，可是犯下了重罪：不管有沒有染上鼠疫，只要跑出被查封的屋子外，都會被施以絞刑。這種措施的主要目的是阻止疫情擴散，不過在一一六六五年，有些人完全忘記要是鼠疫真的爆發開來，死亡規模會有多慘烈。部分民眾認為將死者家屬監禁在屋內，是非常殘忍、不人道的作法。當年四月，第一批爆發疫情的其中一間住宅坐落於原野聖吉爾教堂（St Giles-in-the-Fields）的教區內。治安官請人將該房屋查封，但周圍的住戶站出來反對這種違背基督徒精神的作為。他們將門上的紅字塗掉、把大鎖撤下，釋放屋內的民眾，彷彿他們是遭受不公不義制裁的受害者。[24]這種心情不難理解，但他們也就此鑄下大錯。遭到感染的家人跟解救他們的鄰居有所接觸後，鼠疫就在教區中傳開來了。該區最後總共有三千多人死於鼠疫。

如果在一六六五年的下半年造訪倫敦，一定會留下永生難忘的回憶。放眼望去，到處都是畫上紅字的大門，有時一整條街的住宅全被封死了門戶，街上站了一整排守衛，這種景象令人極度緊繃不安。不僅小巷弄裡的老舊木造房屋被封，連柯芬園周圍的高級別墅門上也出現紅色記號。倫敦沒有一個角落逃過鼠疫侵襲。街上空無一人，許多商店大門緊閉。教堂的大鐘響個不停，特別是死者的遺體在夜晚送至教堂下葬時，鐘聲更是不絕於耳。街道巷弄中都堆著裝了遺體的棺材。有的人在家中斷氣，也有人死在街上，碼頭的階梯與河面上都可見一具具屍體。民眾走在街上時會用布遮臉，甚至避免與手持白色棍棒的搜查員四目相交。街上燃起一堆堆火，目的是要淨化空氣。家境較好的民眾都紛紛搬離倫敦，不得已必須在倫敦做生意的人，則把家人送到鄉間。他們每天聚集到咖啡屋翻看死亡統計表，希望聽到疫情獲得控制的好消息，但只看到死亡規模不斷擴大的結果。當年八月，有幾週的死亡人數超過六千人；而在疫情高峰的九月期間，每個禮拜都有超過八千人喪命。到了這時，已經不可能把所有感染者都關起來了。民眾發現那些在街上擦肩而過的人都有可能染病時，整個社會被恐懼籠罩。九月七日，伊弗林穿越整座城市，來到聖詹姆斯，表示：「看到街上擺了這麼多棺材，實在是令人膽戰心驚。現在人口數量銳減，商店都大門深鎖，悄然無聲的城市籠罩著一股哀淒的氛圍，大家都不知道誰會是下一個染病而死的人。」[25]街道石板間開始長出雜草，船隻與木筏也都停靠在河岸邊無人使用；有些船伕早已喪命，還活著的則害怕會載到染病的乘客，紛紛丟下生財工具逃難去了。當年十月，佩皮斯寫道：

> 天啊，街道空空如也，淒慘無比。許多可憐的患者倒在小巷弄中，被痛苦折磨。走著走著，我側耳聽到民眾口中訴說的悲慘遭遇：要不是這個社區的誰死了，就是住在另一個地區的誰也出現鼠疫症狀。他們告訴我西敏地區的醫生全死於鼠疫，只剩下一位藥師還活著。[26]

全英格蘭在一六六五年下葬的人數，比過去五年中的年平均死亡人數，還多了八萬六千八百五十九人。絕大多數的死者都是來自首都倫敦和其周圍地區，但住在其他地區的民眾並沒有幸免於難。鄉下城鎮的人發現逃離倫敦的民眾有可能也帶著疾病時，全陷入恐懼之中。政府禁止民眾集會或舉辦市集，旅館都暫停營業，北漢普敦和其他城鎮的旅館招牌甚至被撤下，以免旅人在鎮上逗留。[27]埃克塞特更不准來自倫敦的商人或旅客進入城鎮範圍。[28]城鎮間的公路上倒著無數死屍，有些地方的農民因為不敢碰觸死者，就讓屍體自然腐爛。某位大老遠從倫敦走到多爾切斯特的男人，被擋在城門外不得進入，最後病死在某座農場的茅舍中。當地居民發現遺體後，在茅舍旁挖了一個大坑洞，把茅舍跟那名男子一起推進坑中埋了起來。在戒備森嚴的南漢普敦城門外，有一個三口之家死在山腰上。那戶人家的妻子過世之前，還在徒手挖土，想要埋葬已經斷氣的丈夫；但她沒撐到把洞挖完，丈夫的遺體還有一半裸露在外。[29]

一六六五至一六六六年間，鼠疫攻破許多城鎮的防線。伊普斯威奇的八千人口中，總共有一千多人死於鼠疫；科徹斯特更失去了四千八百一十七人，已是當地半數人口。[30]不過最令人難忘的，大概是德比郡的伊姆（Eyam）村莊。一六六五年九月，名叫喬治・維卡司（George Viccars）的侍從將一包來自倫敦的布料打開。他發現這包布濕氣頗重，就把整塊布料攤開，掛在火堆旁。三天後，喬治身上出現感染鼠疫的症狀，九月六日他就撒手人寰。九月結束之前，又有五個人死於鼠疫。到了十月，則有二十二人染病身亡。在這寒冷的冬季，疫情並沒有擴散得太過嚴重，每週只有少數幾人染病而死。不過民眾都曉得，一到炎熱的五六月，死亡人數就會大幅增加。有人建議大家搬到其他城鎮，但教區長威廉・蒙貝松（William Mompesson）卻警告大家，這麼做會讓成千上萬的人暴露在感染的風險中。他說服居民，讓整個村莊與世隔絕。民眾在教區周圍用石頭圍出界線，外人不得踏進伊姆，當地人也不許離開。在固定的時間點，會有人從外頭送來糧食與補給品，居民則會將錢放在石頭水槽裡，用不斷流動的淨水清洗錢幣。可怕、漫長的等待開始了。一六六六年六月，十九人死於鼠疫，七月的死亡人數暴增為五十六人。伊姆的民眾孤立無援，只能在自己畫下的界線中彼此互相照應。某位名叫伊莉莎白・漢考克（Elizabeth Hancock）的女子，在一六六六年八月的一週內，同時失去丈夫跟六名子女，她親手將他們葬在房子附近。八月底，威廉・蒙貝松失去了愛妻凱薩琳（Catherine）。他寫信給授與自己神職權的喬治・薩維爾爵士（Sir George Savile），表示：

這是我寫過最哀傷的一封信。毀滅天使已降臨我的居住地。我的摯愛已到天堂永遠安息，她頭上頂著正直的花冠，生命終於有圓滿的結束。假如她愛自己如同愛我一樣多，或許就能跟我們乖巧可愛的孩子一樣逃過一劫，活得更長一些。但是如今她就像殉道者一樣，替我獻出生命。

伊姆最後一位因鼠疫而死的民眾，是在一六六六年十月十一日入土。蒙貝松在為這整場大災難作結的段落提到：「伊姆成了髑髏地各各他。①民眾悲慟的哭喊聲我永生難忘，整座城鎮飄散著令人難受的氣味，眼前的景象是我此生未見。」伊姆總共有兩百六十七個人死於鼠疫，相當於當地人口的百分之三十八，大約是倫敦死亡比例的兩倍。[31]

●其他疾病與病痛

在十七世紀，致死率最高的疾病其實是我們今天所知的肺結核。在倫敦，至少每六人就有一人死於肺結核，不列顛島上大部分大城鎮和郊區的疫情也同樣慘烈。民眾不知道肺結核具傳染性：某戶人家集體染上肺結核時，民眾都以為是因為他們有先天缺陷。約翰．伊弗林在《防煙》（*Fumifugium*）一書中提到，倫敦上空那「濃厚、污濁的灰黑色髒空氣」是民眾罹患肺病的部分原因。「這種髒空氣讓居民對疾病失去抵抗力，不僅污染人體肺部，更讓生理機能失調。因此倫敦民眾鼻子發炎、咳嗽以及具有肺病的比例比其他地區高。」不過，真正的致病原因其實是細菌。結核病菌會從受感染的牛奶傳

①譯註：Golgotha，意思即為「髑髏之地」。據聖經記載，耶穌基督被釘上十字架的地點，就位於各各他山，因此成為耶穌受難的象徵。

入人體，或是透過咳嗽與擤鼻涕等行為在人類之間傳染，所以在人口密集的地區特別容易中標。教區教堂也是促使結核病擴散的處所。伊弗林提到：「在人世間，沒有地方的教堂像倫敦這樣咳嗽聲與擤鼻涕聲四起……民眾甚至不斷吐口水、咳痰。」[32]肺結核的症狀五花八門。淋巴結腫大是「國王的病」的典型症狀，也是結核病的一種表現。不過，肺結核最傳統的病徵是咳血、四肢無力、體重減輕、夜間盜汗以及發燒。根據尼古拉斯．庫爾柏珀在《倫敦藥典》中的說法，吃綠色核桃或羊的胃結石能治療此病；另外，將錦葵花搗碎與蜂蜜一起煮滾，再跟甘草根一起服用，也是另一種療法。[33]但是，醫生約翰．辛姆考特（John Symcotts）在病歷中提到：

> 這些病人長時間乾咳，外貌如臘一般蒼白，而且身形單薄。他們體溫時高時低，用餐後特別是如此；另外，他們的脈搏也時快時慢，而且都渴望坐在火堆旁取暖，但體內又感到相當燥熱。不過只要一離開火爐，他們的手和臉又會冰冷無血色。這些病患聲音沙啞，症狀不見好轉。[34]

如果你在復辟時期染上肺結核，就算將羊腸胃道中的結石吞下肚，也難逃一劫了。

「寒顫與發燒」在泰晤士河畔地區是致死率第三高的疾病，但是，在艾塞克斯郡、肯特郡、薩塞克斯的沿岸沼澤，以及林肯郡與諾福克郡沼澤區、蘭開夏郡里布林河谷（Ribble），以及約克郡的霍德尼斯（Holderness）還有薩莫塞特平原區（Somerset Levels），「寒顫和發燒」比其他疾病更普遍，原因在於，瘧疾（malaria）屬於其中一類起因，同時也是人類歷史上造成最多死亡的疾病。你們應該都聽過，瘧疾是由帶著瘧原蟲（Plasmodium）這種寄生蟲的蚊子所傳播。住在上述地區的居民，將這種疾病稱為「沼澤熱」、「間日熱」（每兩天就會發燒一次）或是「四日熱」（每三天才燒一次）。這種發熱現象，正是因患者染病後體內紅血球不斷遭到破壞、數量銳減所致。患者的症狀有顫抖、體溫升高、不斷冒汗、頭痛、嘔吐以及腹瀉。唯一有用的療法是服用奎寧，我們在前面已提過金雞納樹中就含有這種物質。市面上當然還有很多醫生以及藥師開立的藥方或藥丸，但是都不具實質療效。

你可能沒那麼熟悉「腸絞痛」這種疾病。這是復辟時期的慣用說法，現在我們都將這種疾病稱為腹瀉或痢疾的一種病徵，當時的死亡統計表上也有另外註記「出血性瀉肚子」，也屬於腹瀉的一種，不過這種死因在復辟時期的倫敦比較少見。這種疾病主要是由排泄物中的細菌引起，例如沒洗手就用手吃飯，或是洗手的水不乾淨，都有可能引發腹瀉甚至致死。一旦開始出血性瀉肚子，就會知道你已經染上痢疾了。庫爾柏珀提出許多解方，例如服用葡萄葉、石榴花還有酸模種籽（Sorrel seeds）。[35]另一位藥師理查·湯林森（Richard Tomlinson）也在《醫藥處方》（*Medicinal Dispensatory*）提出許多藥方，從紫草、洋莓到野生桑椹，都可以拿來治療腹瀉。不過，從倫敦有這麼多人死於腹瀉的現象，就能看出這些配方沒什麼用。同樣缺乏有效療法的病症是水腫。這種身體部位腫脹的病症，其實是由其他疾病所引起，所以起因有百百種。跟藥師說自己身體水腫時，他可能會給你「泡過醋的大戟橄欖」、矮接骨木種籽、銀邊翠樹根還有傘菌。[36]這裡說的傘箘，指的是長在義大利落葉松樹上的白色菌類植物。吃下這種菌菇，就跟喝下哈羅蓋特和埃普索姆的溫泉水一樣，能將腸胃清得一乾二淨。除此之外，倒是沒什麼療效。

在一六八七年至一七〇〇年的死亡統計表中，大花與麻疹被歸在同一類。這兩種疾病之所以會被擺在一起，可能是因為染病族群皆以孩童或青少年為主，而且這兩種疾病的特徵都是皮膚上會出現不規則斑點。天花以及麻疹都是病毒感染所致，不過這點十七世紀民眾當然不曉得，因此他們常在發病前期將這兩種病搞混。不過天花與麻疹大不相同，兩種疾病的致死率也相差懸殊。一六八七年以前，倫敦民眾死於天花的數量可是麻疹的十倍：天花平均每年奪走一千一百九十九條人命，麻疹則是一百零九。這兩種疾病每幾年就會來一次大流行，所以染病機率相當高。一六七四年，倫敦就有至少七百九十五人死於麻疹（但隔年死亡案例只有一人）。一六八一年，天花奪走兩千九百八十二條人命，但在一六六一年只有三十八人死於天花。虎克的僕人湯姆．吉爾斯（Tom Giles）在一六七七年，由迪奧黛堤醫生（Dr Diodati）診斷出罹患麻疹，不過當他身上的紅斑演變成醒目的膿包之後，才發現他罹患的其實是天花。湯姆開始出現血尿的時候，迪奧黛堤醫生建議他從鼻子與口腔放血。最後兩名外科醫生從他的手臂和舌下放出七盎司的鮮血。但湯姆還是持續咳血，當醫生再次進行診斷時，表示他活不久了，果然湯姆沒多久後就過世。[37]虎克鍾愛的姪女兼管家葛蕾絲也在同年染上麻疹，順利痊癒後又在一六七九年得到天花。醫生開立一種名叫「加斯科因粉末」（Gascoyne powder）的藥品，這種在當時相當流行的新療法讓葛蕾絲全身冒汗，最後她病癒了。就算逃過一死，臉上還是會留下無數個膿包的疤痕。不過好消息是，假如得過一次天花而且順利生還，往後就對這種疾病免疫。伊弗林的兩位愛女先後在一六八五年死於天花，他曾說自己看過一位女子，鼓勵自己的小孩跟染上天花的孩童玩耍，希望能趁孩子年紀小時得病、獲得抵抗力。[38]

最後一種在死亡表上的疾病為「牙痛」。為避免牙齒出狀況、奪走自己的性命，你可以選用一種潔牙粉。倫敦的商人羅伯．透納（Robert Turner）就有在販售這種粉末，這種商品照理說能「替牙齒拋光、去除髒污，呈現如象牙般的潔白色澤……這種牙粉能讓牙齒牢固，讓口氣保持清新，讓牙齦與口腔不會發炎、膿腫。」[39]膿腫就是牙齦潰瘍或是長出膿瘡，這也是牙病奪走許多性命的主因。假如口腔清潔沒做好，牙齒內部或牙根處就會化膿發炎（顯然早上用一塊布來擦拭牙齒，還是沒辦法讓口腔保持乾淨）。如果牙齦化膿的現象引發敗血症，或是腫脹程度過於嚴重、堵塞呼吸道，就有可能致死。如果牙痛難耐，有以下幾種解決辦法。首先你可以冒著引發牙齦潰傷的風險，假裝沒有牙痛這回事。你也可以去找鐵匠，請他用鉗子替你把出問題的牙齒拔起來。或者，你可以去找拔牙師、醫師或是像彼得．德拉羅歇（Peter de la Roche）這樣的「牙齒專家」（此時期有兩位皇室牙醫，他就是其中一位）。你可以請這些專科人員用特殊儀器將壞牙摘除。[40]這種儀器的外型看起來像鵜鶘鳥的喙，前端為金屬爪子，後方是一根長長的金屬柄，連接到方便施力的支撐裝置。手術過程是先將金屬爪固定在牙齒周圍，再將支撐裝置抵住下巴，醫生則用雙膝緊緊固定患者的頭部，最後施力將牙齒拔除。另一種器具則是「鑰匙」：在一把像鑰匙的長柄上，會有從兩側向外伸出的鉤子。同時接連使用左手用及右手用的鑰匙器具，讓拔牙時的精確度比鵜鶘喙器具還高。想當然爾，這些拔牙法令人痛苦難耐。不過接受這種手術的主要目的並不是遏止牙痛，而是避免自己喪命。如果想紓解疼痛的話可以用以鴉片為主成分的麻醉劑（如果付得起這筆費用），或使用大量的酒精。藥局也有販售大量能讓牙齒更牢固的藥品，或是能在拔牙前使用、讓牙齒鬆動，或是讓你整口牙齒都掉光的產品。根據庫爾柏珀的著述，拔牙時可以在患部塗抹磨成粉末的蚯蚓。萊夫．喬思林的太太珍（Jane）的牙齒疼痛不已時，並沒有塗抹蚯蚓粉末，她反而想到另一種治百病的老辦法：抽菸。[41]

除了牙痛，其他疾病也值得一提。佝僂病是孩童骨骼發育不良的一種疾病，這種症狀從一六三〇年突然出現，之後患有這種病的孩童也越來越多。現在我們都知道這種症狀是因為沒有接受充足日曬，體內缺乏維生素D所致。佝僂病的案例之所以逐漸增加，是因為倫敦的都市化程度越來越高的緣故。雖然這是個不難預防的疾病，每年還是有三百到五百名孩童因此而死。而梅毒這種性傳染病，在當時也被俗稱為「法國水痘」。梅毒在倫敦最常見，這點也不令人意外。一六五〇年代，每年大約只有六人死於梅毒。不過在民眾性生活越來越活躍的一六六〇年代，也就是快活王的統治時期，每年死於梅毒的人數是彼時的十倍。

精神疾病最讓人沮喪的不是其致死率，而是應付精神病患時的重重障礙與挫敗。這些精神病患外表看起來與常人無異，但行為舉止卻沒辦法表現得像個正常人。古典醫學表示瘋狂分為四類：狂怒、躁動、憂鬱以及愚笨，都是由不同種體液的不均衡所致。而雷曼（Layman）還加了第五、第六項：精神失常（他們認為這是受月相變化的影響）還有「注意力分散」。庫爾柏珀認為黑藜蘆可幫助那些被憂鬱的情緒逼出精神病的民眾，而迷迭香花則能讓大腦更強健，飲用乳漿則能「改善」憂鬱與瘋狂的現象，不過這些藥方沒什麼實質功效。[42]在沒有解藥的情況下，民眾只能把發瘋的親人關在家中地下室或穀倉中，不要讓其他人看見這些精神病患。[43]一六五〇年代起，倫敦的報章雜誌上開始出現私人精神病院刊登的廣告，這些精神病院的收費相當高昂。其中最知名的是位於主教門附近的貝德蘭倫敦醫院（Bedlam），不過其原名為「伯利恆醫院」（Bethlehem）。如果你有興趣的話，可自由進出醫院、參觀裡頭的病患。這間醫院對滿懷好奇心的外人敞開大門，就像怪胎秀一樣，並希望參觀民眾能捐款。一六七六年，這座醫院在倫敦市牆北部的摩菲爾德（Moorfields），依照羅伯特·虎克的設計興建大型新院所的時候，還特地打造數條長廊，讓參觀民眾能仔細欣賞住院病患。這些患者在毫不知情的狀況下，盡情做出各種娛樂觀者的舉止，滿足民眾的窺探慾望，而且一輩子都無法踏出院所一步，令人不勝唏噓。

最後一項不可不提的是女性分娩時的困境。在英格蘭，每一千名嬰兒誕生，就有十七位母親因難產而死，也就是說每次懷孕，死亡機率就是百分之一點七。如果有三個孩子，母親死亡機率為二十分之一，產下六個孩子的話，就有十分之一的機率會喪命。整體來看，總共有百分之四的女性人口死於難產。[44]這個時期住在倫敦有一項好處，就是錢伯倫醫師家族也在這個城市。以彼得・錢伯倫（Dr Peter Chamberlen）為首的醫生世家，在復辟時期就開始執業。他們有一項秘密的技能，能讓分娩過程艱辛的婦女順利生產。一般來說，如果嬰兒無法順利通過產道離開母體，產婆會找來外科醫師，請他們用鉤子和繩索將嬰兒拉出來，但這種助產方式也只會把嬰兒殺死。在某些較極端的案例中，醫師還會將仍在子宮中的嬰兒剪成肉塊，方便從母體中取出。顯然尖銳的刀片對母親本身也是一種威脅。其實有些婦女之所以在分娩過程中喪命，是那些為了搶救母親的瘋狂手段所致。錢伯倫的秘密器具，向來是用一個體積龐大、雕刻精緻的木箱承裝運送。不過箱子的尺寸會讓人誤以為裡頭裝著大型器具，其實錢伯倫使用的是一把產科專用的小巧鉗子。經過多年研究後，錢伯倫一家改良鉗子的形狀，讓前端的鋼製刀片彎曲、貼合嬰兒的頭型。在全歐洲，只有錢伯倫一家有辦法提供這種醫療服務。他們替婦女接生的時候，除了產婦本人之外，閒雜人等不許在房內逗留。這項秘密讓錢伯倫一家賺進大把鈔票，而且大家都相當忌妒。也因此錢伯倫和身為助產士的兒子修（Hugn）、保羅（Paul）、約翰（John）以及孫子修，都與倫敦內科醫師學院（College of Physicians）的關係緊張。直到一七二八年，該家族的最後一名成員逝世、再也沒有人能接手這項傳統，他們的秘密才終於曝光。此後，不管是醫生、助產士還有焦慮緊張的產婦，全都受益於這項發明。[45]

醫療從業人員

在復辟時期的英格蘭碰到健康問題時，第一個求助對象就是自己。這種現象在當時比在二十一世紀更顯著，畢竟現在要找鄰近的家醫科醫師並非難事。不過在當時，向內科或外科醫生求診可要支付一筆可觀的金額。就算醫生就住在附近，你也不想因為一場小感冒就跑去求助。此外，多數人住在農村，而大部分醫療從業人員都住在城鎮。如果請醫師到家裡看診，還要額外支付他的交通費。首先，你得派一位傳話的人到診所請醫師來看診，並事先支付旅費，就算是住在偏遠地區的小醫生，每英里也會收取兩先令六便士的費用。[46]萊夫．喬思林常在日記中描述自己和家人的病痛，不過他幾乎沒請過醫生到家裡，因為他住在厄爾斯科恩，離他最近兩位醫生住在九英里遠的布侖特里（Braintree）和十英里遠的科徹斯特。所以如果能自己想辦法，絕不會大老遠把醫生請來家裡。

市面上有一大堆出版品，能協助你自我診斷病症，以及找出相對應的藥物，例如約翰．譚納（John Tanner）的《醫學瑰寶大揭密》（*The Hidden Treasures of the Art of Physick Fully Discovered*），還有一系列針對女性讀者的熱門居家醫學手冊，像是已故的肯特郡伯爵夫人撰寫的《外科醫學與一般醫學：指導手冊與秘密大公開》（*A Choice Manual or Rare Secrets in Physick and Chirurgery*）。在文具店裡也買得到平價的藥典，像是庫爾柏珀的《倫敦藥典》的英譯版。在這本藥典中，庫爾柏珀介紹各種便宜，而且能在田野、樹林還有灌木叢中找到的草本植物（所以這本書後來也被稱為《庫爾柏珀的草藥書》〔*Culpeper's Herbal*〕）。[47]另外還有《知名已故化學家露斯動爵親自搜集、實踐之公開藥典》（*The Ladies Cabinet Enlarged and Opened: Collected and Practised by the Late Right Honourable and*

Learnt Chymist, the Lord Ruthven），這本書裡搜集兩百七十道醫藥配方的調製手法，其中種類包羅萬象，像是有如何製作泡澡水、如何用丁香油與鴉片治療牙痛（聽起來很有效），還有怎麼用「蛇與小青蛇的油脂增強聽力」（聽起來就很不可靠）。如果想進一步了解，最後一個藥方的製作方式如下：「取一條肥美的蛇或歐洲小青蛇（六月或七月是最佳時節），把蛇頭砍掉、將蛇皮撕下、去除內臟，將剩餘的部位放進葫蘆型玻璃容器中……」另一個治療足部痛風的妙方更奇特，「趁著五月底或六月初的時候，取得一頭剛被宰殺的公牛，將牛的胃部取出、開兩個洞，再將腳伸進還帶有殘餘體溫的牛胃中……」[48]小心一點，搞不好你的痛風會更嚴重。一六九八年，伍斯特主教飽受痛風所苦時，倫敦的會吏長寫了一份據說絕對可靠的藥單：每天早上喝一品脫新鮮的牛尿，然後再禁食。」[49]身為痛風患者的我還是比較信任經過幾番試驗的老方法，那就是以秋水仙屬番紅花為主原料製成的藥劑，完全不會嘗試新奇的牛胃或牛尿療法。

很多人在自我診斷、服藥前，一定會跟其他人討論自己的症狀。除非家中有現成的醫生，不然生病時一定會諮詢鄰近婦女的意見。老婦人或護士通常不是值得信賴的醫療從業人員，大家都覺得她們漫不經心、粗心大意，不過她們的經驗卻非常可靠，對病症的判斷更是準確。只要有人生重病，民眾就會付錢請教區中家境貧困的老婦人來照顧病患。因此，經過長年經驗累積，她們對疾病的各個階段相當熟悉，也知道哪些藥物或有益的湯有效、哪些不要浪費時間嘗試。此外，從一六五〇年代起，我們所知的「護士」這個身分與定義也一夕之間為人所知。在此之前，這個詞只是用來指稱那些哺育母乳的奶媽，到了復辟時期，那些具備專業技能、經驗，能夠照顧病人，而且以此為半正式職位的女性，就被稱為「護士」。照顧天花或瘟疫這些傳染性疾病的護士薪水可不低：一般來說週薪為八先令，高於八先令的也大有人在。照顧精神病患的護士收入也同樣在這個水平。[50]雖然護士不能診斷或開藥方，不過聽聽她們的建議還是好處多多。如果護士從當地藥局買來療效極佳的新藥給患者，大家也會毫不遲疑地服用。

如果你不知道身上的症狀代表什麼疾病，親朋好友也束手無策，就連鎮上的老婦人看了也只搖搖頭，就只能請求醫生的協助。不過，此時期的「醫生」是什麼樣子？要去哪裡找醫生呢？

一六六〇年代以前，英文的「doctor」只用來指稱那些具有博士學位的男性，所以大家喊某個人為「doctor」的時候，對方可能是神學博士而不是醫生。不過這個詞後來逐漸進入醫療領域，病患開始以「doctor」稱呼有執照的外科或內科醫師。湯瑪斯．席登漢早在取得博士學位前，就稱自己為「席登漢醫生」，而有些藥師也會套用醫生的頭銜。你需要進一步了解的，則是這些醫療從業人員理論上該做些什麼，他們實際上又是如何執業。

● 內科醫生

內科醫生的主治範圍為身體內部的器官與運作，他們負責診斷，並執行相對應的療法。其中資格最正統的內科醫生，是那些曾在大學就讀，而且取得醫療相關學位（例如醫學系學士或博士）的人。而人脈寬廣、備受尊敬的醫生，同時會是皇家內科醫學院（Royal College of Physicians）或是蘇格蘭皇家內科醫學院（一六八一年成立於愛丁堡）中的研究人員。有這些身分背景的醫生收取的診療費相當高昂。請這些醫生替自己看診，每次大約要花兩英鎊；如果是更棘手的疾病，收費可達十倍之高。[51]如果你家財萬貫，也能請這些醫生到家裡看診。不過如果醫生手邊有身家背景更雄厚的患者，那他們也沒時間替你看病了，而且這種狀況還相當頻繁。這些具有高規格頭銜的醫師通常都聚集在倫敦或愛丁堡。根據約翰·修頓（John Houghton）在一六九三年印出的內科醫生名單，除了首都之外，只有舒茲伯里、巴斯、埃克塞特、坎特伯里、北漢普敦、格洛斯特以及彼謝普斯託福（Bishop's Stortford）有內科醫生的蹤影。[52]

如果請不起這些從醫學院畢業的頂尖外科醫師，第二選項則是去找那些領有執照的外科醫師。醫師執照有很多種，有的是皇家學院頒發，有的是大法官核發，有的則是由大學或英格蘭主教所發放。領取皇家學院的醫師證照前，需通過三個與解剖學、生理學、病理學以及用藥相關的考試。想當然爾，想通過這些考試一定得具備充足相關知識。另外一種最常見、也是較為容易領取的證書，則是由英格蘭主教核發的醫師執照。申請者需接受合格內科醫師的評估，再由醫師向主教報告該申請者是否可領取執照。有時申請者的患者也會提交請願書，向主教證實該申請者的療法確實有效，而且他的信仰與品德也符合標準。請有執照的內科醫師看診至少要兩先令六便士，這還不包含醫師的交通費，藥物則另外計價。在支付看診費上，通常有錢人付的錢是窮人的兩倍，這並不是因為窮人看病有折扣，而是因為醫師會開出在患者負擔範圍內的最佳藥品。

等級最低的內科醫生則是那些沒有執照，單靠自學替人診斷、開藥的民眾。有些貴婦人覺得自己有義務替佃農和其家人看病，神職人員跟他們的太太也會替那些被上帝懲罰的教區居民看診。藥局的藥師有時候也會主動幫客人評估哪些藥最適合他們（不過藥師並未受過專業診斷訓練）。除了上述類別，市面上還有那些四處幫人看病的流動醫師、江湖術士還有冒牌庸醫。要從一大堆騙子中找到好醫師實在不容易。這些沒有正式醫師資格的人，是不該向病患收費的；假如他們向你獅子大開口，那可要小心謹慎。話說回來，雖然神職人員是本著好心替你看病，完全不向你收半毛錢，但他很有可能因為沒受過專業訓練讓你小命不保。如果在市場上看到叫賣靈丹妙藥或藥膏的陌生人，那可得特別警覺，尤其是看到塔丘市集上那位名叫「亞歷山大．本多」的男子（Alexander Bendo；其實他是那位浪蕩子羅徹斯特伯爵假扮的）的時候。如果有人上門推銷能治百病的萬靈丹，也千萬不要落入陷阱。其實這是個普世皆然的真理：如果某個東西聽起來好得令人不可置信，那它真的就不可信。

這些內科醫生真的有辦法治療疾病嗎？這得要看你的症狀多嚴重，還有他們的經驗有多豐富。連皇家學院中最優秀的合格醫師，都不一定能將家財萬貫的病患從鬼門關前救回來。大家一定要記得，具有皇家內科醫學院博士學位頭銜的內科醫師艾德蒙．金恩爵士（Sir Edmund King）搶救查理二世的經典案例。一六八五年二月，艾德蒙．金恩在國王中風時緊急抽血，保住國王的性命。國王為了表達感激之情，賞了艾德蒙一千英鎊，但隨後突然就死了。

真的要介紹一位醫術高明的醫師，那絕對是湯瑪斯．席登漢。一六五〇年代，湯瑪斯在牛津進修、獲得醫學院的學士學位，接著他搬到倫敦，並在一六六三年通過皇家學院的內科醫生考試，此後便開始執業。他從未受邀成為皇家學院的會員，而且是到晚年才取得博士學位。他之所以會如此成功、具有廣大影響力，是因為他的療法具原創性，而且他堅持自己的理念，不被從三世紀就形成的醫療規範所綑綁。他不認為疾病是由體液不均衡所致，也不相信某種疾病會因為特定體液的起伏變成另一種病症。他認為人體之所以會有病痛，一定是由致病物質的粒子所造成。他相信各種病徵都是人體抵抗致病因子的自然反應，所以他主張內科醫師應該要順應自然，而不是跟自然反應作對。他非常不贊同放血療法，也主張每個病患都是不同的個體。約翰．洛克在描述湯瑪斯．席登漢時指出：「席登漢對人體的每一個變化都觀察的相當仔細入微，他不被早期的體液學說所影響，也不用鹽巴、硫磺、水銀、強鹼或強酸這些流行的方法來治療病症。但他的療法卻能讓病患慢慢痊癒。」如果某位男性患者逐漸消瘦，他開的藥方就是一頭烤雞；如果有名婦女得了天花，他不會把她綑起來，讓她汗流得更多，也不會抽她的血，讓她變得更虛弱，而是鼓勵她到外頭走動、呼吸新鮮空氣。另外，他也是全英格蘭第一位提倡用金雞納樹來治療肺結核的內科醫生。因為開立金雞納樹為藥方治療肺結核，因而聲名大噪的羅伯．塔伯，其實也是取經自席登漢的著作。一六七八年（席登漢在這年被查理二世封為爵士），席登漢曾對約翰．洛克說：「這個藥方從沒替我賺進半毛錢，連十英鎊都沒有；但塔伯卻因此賺了五千英鎊。」[53]不過，時間會讓席登漢獲得他應有的名聲。大家逐漸遺忘塔伯，但席登漢的聲譽則持續流傳，他的原創療法與高明醫術為人稱道，大家都稱他為「英格蘭的希波克拉底」。②

● 藥劑師

內科醫師負責開立處方，藥師的工作則是製作、販賣各種藥劑，因此藥劑師的工作與醫學的進步程度關係緊密。回想一六〇〇年，民眾生重病、性命垂危的時，只有百分之五的人會尋求專業醫療協助，就連在生活條件較佳的英格蘭東南部也是如此。很多病人要不是呆呆地等死，不然就是向非專業人士求助，例如神職人員的妻子等。不過來到一六六〇至一六八九年代，在英格蘭東南部，大概有三

②譯註：Hippocrates，古希臘名醫。

分之一罹患重病的民眾，在面臨死亡危機時會尋求專業醫療人員的協助；一六九〇年後，會主動看醫生的人更高達一半以上。英格蘭其他地區的醫療觀念也有大幅進展。社會對醫學的觀念會有這麼大的轉變，主因就是市面上出現更多新式藥品。在一七〇〇年進口到英格蘭的藥物總價值，粗估約為一六〇〇年的五十倍。[54]

藥物與藥劑的需求量大幅提升，不僅證明英格蘭社會對醫學的看法有所轉變，也解釋為何此時會出現各種專業醫療從業人員，以及為何整個產業迅速變化、成長。在坎特伯里，身為自由市民的專業藥劑師數量在十七世紀成長一倍：一六一〇年只有十三位，一七〇〇年則有二十七位。在埃克塞特，藥師數量也成長為四倍，來到二十五位。[55]此外，藥房提供的藥物數量與種類，也比早期多出許多。一六八五年，大約有一公噸的金雞納樹皮進口到倫敦，另外還有半公噸的牛黃石、十公噸番瀉樹葉的還有一公噸的鴉片。這些原料抵達倫敦後，就直接送往已提前下訂單的藥局；藥丸和藥劑製作完成後，民眾可直接到藥房購買。不過，這時內科醫師與藥師之間也開始出現摩擦。醫生發現藥師有時候會擅自給病人建議，但他們認為診斷、開藥的權利應該只屬醫師所有，這些藥師是在跟自己搶生意。不過如果有位婦女走進藥局買加斯科因粉末，難道藥師不該賣她嗎？藥物有沒有療效，這才是重點吧？到了一七〇〇年，城鎮中藥房林立，每位藥師都會給上門的顧客一點建議。

隨便走進一家藥局，你可能都會看得目瞪口呆。藥局的牆壁從地板到天花板都釘了一排排的架子，上頭擺藍色與白色的陶瓷藥罐，裡頭全是藥劑師調製的藥品。藥罐上貼滿異國風十足的藥名：傘菌、蘆薈、龍涎香、茴芹、牛黃石、龍血樹、黃蓍膠、金雞納樹、生命之樹、鴉片、大黃、菝葜、北美檫樹、番瀉葉、硫磺以及青蒿等五花八門的藥材。此外，架上還擺了一些裝滿蒸餾液體的瓶罐，像是酒精或是草本植物與研磨香料（例如肉桂、茴香、豆蔻、胡椒等）的浸泡液體。另外，藥局也有販售高檔的消耗品，例如巧克力、茶葉還有咖啡。藥局中央可能會有一張長桌，讓藥師在上頭用研缽和研杵將植物的根磨成粉，並用磅秤丈量重量，再將這些粉末裝進瓶罐中賣給客人。你還可以特別留意一下掛在牆上，那一排用來調製藥劑的刮刀跟勺子，還有工作桌上的藥品訂購記錄本。天花板上吊著許多奇特的戰利品，像是鯊魚的骨架或是塞了填充物的鱷魚。工作台上還擺了製作藥丸用的模具，藥錠一旦成型就會放在抽屜中方便取出販售。除了藥品之外，店裡還會擺放其他令人退避三舍的物品：節肢動物經過處理後磨成粉末，溶進烈酒中（用來促進人體排尿）；以油煮熟的木虱（能將此液體滴進耳朵）；蛇肉（治療眼部疾病）；火烤後磨成粉的螃蟹（如果被患有狂犬病的狗咬，可用此粉末塗抹傷口）；麻雀腦（提振性慾）；黑貓頭部的骨灰（可加強視力）。[56]其實用動物身體部位製成的藥劑只佔整間店的百分之十，但百分之十也已經夠嚇人了。畢竟在現代醫學中，我們不會用將動物器官磨成粉或泡在烈酒與油裡，再拿來治療疾病。不過他們的行徑讓我們想起復辟時期民眾對食物的態度：神造萬物一定是為了讓人類所用。

不過店裡最令人反感的物品，大概是人類的身體部位。很多藥師會在店裡存放用埃及木乃伊的身體部位磨成的粉末。一六六八年五月，佩皮斯造訪某個藥商的倉庫，只為參觀還沒被磨成粉末的木乃伊，他注意到木乃伊的身體又黑又硬。那名商人甚至把木乃伊手臂送佩皮斯做紀念。木乃伊磨成的粉末到底具有什麼療效？專家會建議你把這種粉抹在身上，讓膚色更均勻。另外，將木乃伊粉溶解在酒精裡、喝下肚後，就能治療內出血。既然古埃及木乃伊都能入藥，何不嘗試其他人體部位呢？一位稱職的藥劑師，店裡一定有從剛過世的男子身上取得的脂肪；他們會建議民眾將這種脂肪抹在不舒服的關節上，還可以用來治療天花留下來的疤痕。查理二世曾喝過混了人頭骨粉末的酒，而且這還是專業醫療團隊提供的藥方。具有兩個醫學學位、身為皇家內科醫學院以及皇家學會會員的知名醫師湯瑪斯・威利斯，在治療中風的藥單裡，列了頭骨粉末、龍涎香、麝香以及巧克力。偉大的科學家羅伯・波以耳也建議有抽搐症狀的民眾，可服用磨成粉的頭骨來治病。[57] 湯瑪斯・布魯吉斯（Thomas Brugis）在治療癲癇的藥單中，寫下：

> 取一個死亡時間約莫一年的人類頭骨，將其埋在火堆灰燼中燒到表面潔白、能輕易用手指搵碎為止。取用整顆頭骨的上半部，將骨頭搗碎，顆粒越小越好。在頭蓋骨粉末中加入磨碎的肉豆蔻，再放入乾燥狗血磨成的粉末，攪拌均勻後讓患者服用……癲癇症發作時可以飲用，沒有症狀時也可服用，每次加入半杯白酒中引用。[58]

這聽起來就像巫婆的湯藥一樣。坦白說，抽菸對身體有益的說法好像越來越能讓人接受了。

●外科醫生

內科醫生負責診斷身體內部的疾病，外科醫生則負責治療身體外部病症，像皮膚病、傷口、腫塊、骨折等狀況。因為診斷的部位不同，外科醫生的治療手法就不像內科醫師那麼理論化：他們比較不在乎早期體液說這種無稽之談，比較重視實際觀察結果。確實，很多外科醫生的療法能對症下藥，畢竟在這麼暴力的年代，他們有很多患者、病例可供練習。人們常常讓自己滿身是傷，也常常打架。

而多數外科醫生都在軍隊或海軍中服務，他們都曉得如何在戰爭中燒灼士兵的傷口避免感染，或是幫受重傷的軍人截肢。就連在倫敦聖巴托羅繆（St Bartholomew）和聖湯瑪斯（St Thomas）這兩間醫院服務的外科醫生，也會碰到因交通事故或工地事故而四肢骨折的患者。另外，他們也要治療因雙人對決而被劍刺傷的男性、被人試圖用槍謀殺的民眾，還有喝醉鬧事被刀子砍傷的醉漢。除了這些外傷，他們每天還要應付皮膚病、腫瘤、瘡疤、腫塊、潰瘍、淋巴腺腫、動脈瘤、疝氣、瘺管、息肉、皮脂囊腫還有紅疹等疾病。由此看來，每年薪水只有二十英鎊的外科醫生工作量可不小。

雖然前面說外科醫生的治療方式較不重視理論，不過有些療法也會讓你摸不著頭緒，放血就是其中一項。替病患放血這個觀念維持了好長一段時間，甚至在讓放血療法興起的體液學說沒落後，還持續存在。歷史上確實也有人讓醫生替自己放血，像是在一六七七年，羅伯．虎克的僕人湯姆．吉爾斯就因染上天花接受放血治療；查理二世也在一六八五年因治療中風被放血。除了這些被記錄下來的例子，其實多數復辟時期民眾都經歷過放血療法。一六六二年，佩皮斯單純為了預防疾病，就從手臂放了十六盎司的血，但隔天放血的傷口遭到嚴重感染，讓他整天都沒辦法出門。[59]那次放血療法還花了他五先令，[60]真是不值得。放血療法不僅導致身體虛弱，更可能引發敗血症，實在是得不償失。聖巴托羅繆的約瑟夫．比恩斯（Joseph Binns）醫生就常碰到因放血導致組織壞死的患者。[61]

另外，外科醫師依賴瀉藥的程度也會讓你大吃一驚。約瑟夫．比恩斯碰到新病例的時候一定立刻先開栓劑、灌腸劑等瀉藥，清空患者的腸胃。頭痛怎麼辦？先吃瀉藥再說。被馬車撞斷腿了，也先用瀉劑。槍傷呢？一樣是瀉藥。先吃瀉藥，醫生才會把子彈取出來。帕特諾斯特洛爾（Paternoster Row）城堡酒館（Castle Tavern）的釀酒師傅被大啤酒杯打到頭，到比恩斯那裡看診時，比恩斯也是先開立栓劑然後再放血。做完這兩件事之後，他才幫釀酒師傅取出碎裂的骨頭，然後包紮傷口，敷上會發熱的藥劑，最後再用繃帶綁住頭部。釀酒師回家前，比恩斯還開了一張藥單，上面寫著每天要服用一份瀉藥。釀酒師最後康復了，其他比恩斯的病人也都沒什麼大礙。你一定會想，等到哪天他的病人聚在一起討論之後，才會發現每個人都因為醫生開的藥而拉個不停。比恩斯甚至還讓某位腹瀉不止的患者吃瀉藥。[62]

如果需要動手術，外科醫師就必須親眼見到病人，不像內科醫師有時可以用信件或靠居中傳話的人來診斷開藥。因此全英格蘭各地都找得到外科醫生，甚至在規模非常小的城鎮中也有外科醫生的蹤影。外科醫生與所在社區居民關係緊密，所以他們通常都能透過已痊癒和正在治療中的患者提出請願書，讓他們獲得執照。另外，因為他們可能是鎮上唯一的醫療從業人員，也漸漸需要擔起內科醫生的責任，治療身體內部的病痛、負責開藥。所以就算這些醫生沒有醫學系學位，民眾也稱他們為「博士」。有些外科醫生不僅有資格動手術，也獲得了開藥的執照。如今我們所知的家醫科醫師（General Practitioner）就是從這個傳統而來。

話是這麼說，不過他們的主要業務還是開刀，而麻醉藥則要等到一世紀後才會問世。這就代表在復辟時期接受開刀，痛苦程度可是令人無法想像。瞧一瞧外科醫生的手術箱，一定會令人心驚膽顫：他們會將你的神經切斷，血有可能像醉漢把酒桶敲開那樣亂噴；運氣不好的話，骨頭也有可能遭殃。閃亮亮的金屬擴張器，有可能把你嚇得渾身發抖：不管是用來診治口腔問題時，讓嘴巴保持敞開的使用的寬版擴張器，還是較為窄小、能夠深入狹小的開口，用來拔除病灶的齒狀擴張器，看起來都很嚇人。看到裡頭的解剖刀、刀具、顱骨鋸、骨鋸、鉗子、十八英寸長的鑷子、剃刀、具有特定曲度的截肢刀、環鋸手術使用的鑽子、用來夾取碎骨的鉗子、用來開瘺管手術的刀具，還有專用於乳房切除手術的大型尖銳耙子。親眼目睹這些手術器具實在讓人嚇得魂飛魄散。

所有手術中最令人恐懼的莫過於截肢，排名第二的則是「結石移除手術」。如果膀胱中出現結石，不僅會導致劇烈疼痛，更可能產生尿血的現象，還會嘔吐、發冷。膀胱結石可不容小覷，每年倫敦就有四十到六十人死於這個病症。不過結石移除手術也非同小可。患者會先被綁在手術台上，外科醫生再從陰囊到肛門之間開一個長七點五公分的開口，讓整個陰部跟膀胱坦露在外。將膀胱割開之後，醫生會將手指伸進內部翻找裡頭的結石。佩皮斯接受結石移除手術時，外科醫師湯瑪斯・霍里爾（Thomas Holier）拉出一顆跟撞球一樣大的結石。[63]這場手術值得冒險，也大獲成功。他不僅在手術滿週年那天宴請親朋好友，更大方跟有相同困擾的民眾分享自己的經驗。一六六九年，伊弗林請佩皮斯把結石拿給弟弟理查看，因為理查對結石移除手術感到不安。雖然佩皮斯成功說服理查，理查立刻跟醫生訂好手術日期，但他還是在最後一刻退縮。一六七〇年五月，理查死於膀胱結石。死後，醫生發現他的結石不過才跟肉豆蔻一樣大而已。[64]

從手術本身來看，切除結石確實是該世紀醫療史上的一大進展，畢竟死於病痛的患者數量，是因手術而死的案例的二十倍。如果你以前覺得十七世紀的醫療知識和技術不怎麼樣，現在可以改觀了。十七世紀的醫生真的能把你從鬼門關前救回來。

chapter

11 法律與秩序

愛麗絲．利斯爾（Alice Lisle）並非典型革命鬥士。一開始，她只是位良家貴婦人。那時她七十幾歲，聽力早已退化，而且信仰虔誠，鮮少離開美麗的宅邸。住在漢普夏郡莫爾斯庭（Moyles Court）的她，已經擺脫政治有二十多年時間。她的丈夫約翰．利斯爾（John Lisle）身為議會議員，他簽署查理一世的處死令之後，在流亡至瑞士的期間被兩名愛爾蘭激進分子刺殺。此後，愛麗絲．利斯爾可說是與政治毫無瓜葛。不過在一六八五年七月六號，蒙茅斯公爵在塞奇高沼之戰（Battle of Sedgemoor）中敗給詹姆二世的軍隊後，就引發一連串大家都意想不到的事件。七月二十五日，非英國國教神職人員約翰．海克斯（John Hickes）在戰役後與友人躲躲藏藏，他寫了一封字條給愛麗絲，問她是否能讓自己跟友人借住在莫爾斯庭的宅邸。搞不清楚到底發生什麼事的愛麗絲立刻答應，還邀請他們一起共進晚餐。當地某位勞工發現這件事後，立刻通報地方政府軍的潘魯多克上校（Colonel Penruddock），指出愛麗絲窩藏逃亡中的犯人。潘魯多克隔天立刻上門搜索，發現海克斯跟同夥躲在宅邸的麥芽作坊中。他立刻將這群人還有女主人愛麗絲逮捕，將他們帶到溫徹斯特受審。在等待皇座法庭抵達的那一個月中，愛麗絲被囚禁在牢獄中。在法庭上，她被控窩藏叛國賊。不管怎麼說，這都是相當嚴重的罪

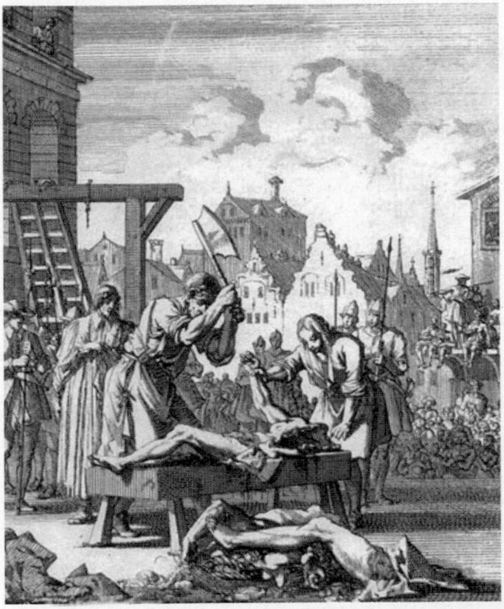

◀ 叛國罪犯的死法因性別而異，男性囚犯會被拖往刑場，吊上絞刑架，在斷氣前被放下來、肢解，接著被砍頭、身體被切成塊狀，就如這張畫所展示。女性死刑犯則僅以火刑處置。

▼ 提圖斯．奧茲在一六七八年至一六八一年間散播謠言，讓社會對天主教徒產生恐慌，三十五位無辜民眾因此被死刑。後來他因散播謠言被定罪，處分除了罰款、終生監禁與鞭刑外，每年還要站在頸手枷上公開示眾。圖為一六八七年，民眾在西敏宮外圍觀站在頸手枷上的奧茲。

此圖為珍·希伯列茲（Jan Siberechts）於一六九六年所繪。此新建農村莊園位於密德薩斯（Middlesex）的貝爾薩斯（Belsize），下方馬車跟莊園同樣優雅。

一六五五年，諾福克郡斯科勒的白雄鹿旅館外的招牌。上頭掛了紋章，有聖經場景、天使、牧羊人還有古典神話中的人物裝飾。民眾習慣搭馬車出遊後，各旅館也開始發展行銷策略。

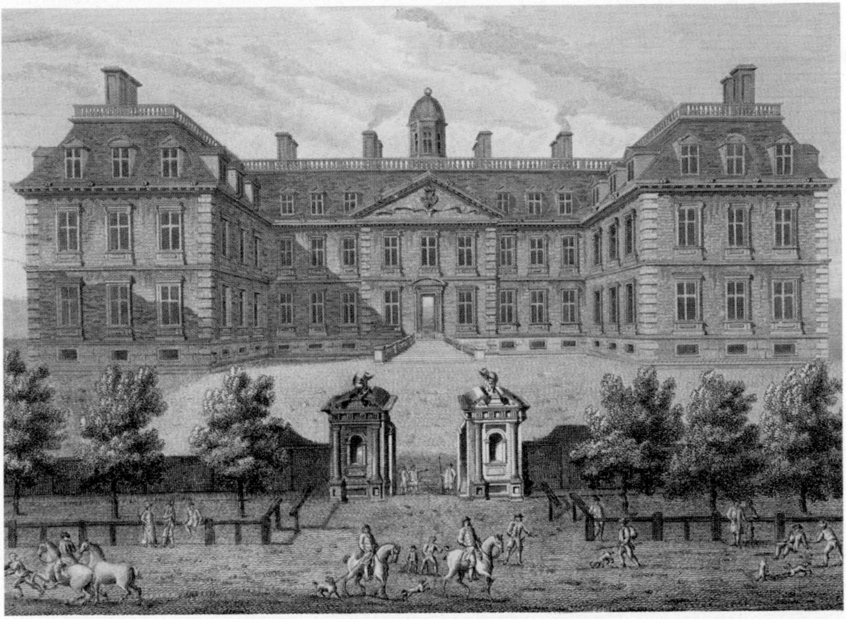

羅傑・普拉特爵士設計的克拉倫登府位於倫敦西部皮卡迪利。雖然此建築被伊弗林譽為「全英格蘭最精雕細琢，最實用、優雅壯觀的建築」，還是在竣工後十六年於一六八三年遭拆除。

一六八六年，德文郡公爵重新整修位於德文郡的查茨沃斯莊園，房屋的建築結構大獲好評，花園與噴泉也讓訪客嘆為觀止。

◀ 格爾林．吉本斯的木雕技術之高超，無人能出其右。圖中的木雕作品位於薩塞克斯的佩特沃斯府中，充分展現其風格。

▼ 這款桌上時鐘造型經典，一看就知道是出自湯瑪斯．湯皮恩的工坊。一六六〇年代前，這種時鐘尚未問世，而且早期的時鐘也只有一根指針。此時鐘在整點、十五分、三十分以及四十五分皆會報時。

▼ 這種以人工繪製或著色的鮮豔印花棉布，開始在十七世紀從印度傳入英格蘭。有錢人喜歡將這種棉布用作家具裝飾、床單或是帳幔。

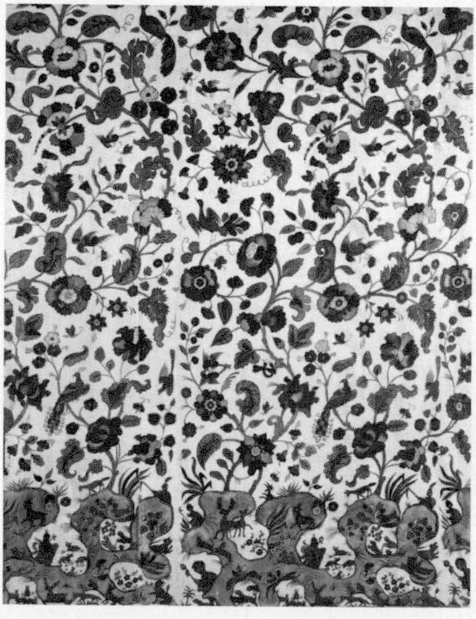

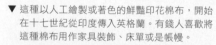

安東尼奧．維利歐被譽為「英格蘭第一畫家」。圖中伯利莊園天堂廳裡的壁畫令人歎為觀止。這幅畫佈滿整間房，令觀者讚歎地說不出話。

很多我們認為難以下嚥的動物器官，對當時的有錢人來說可是佳餚。葡萄酒可能比較對你的胃口。一六六〇年代起，法國人開始生產上好的紅酒，並大量銷入英格蘭。

◀艾德華・巴洛家境貧寒，十三歲開始討海生活，而且自己學會閱讀、寫字和繪畫，令人刮目相看。他將一生記錄在航海日記中，圖中為他的船山普森號在一六九四年碰到颶風的情況。

▼威廉・丹皮爾是第三位航海環繞地球的英格蘭人，他甚至三次環航。好奇心十足的他同時是探險家、作家、收藏家、商人，有時候也當起海盜。

▼中國學者沈福宗於一六八七年造訪英格蘭時，戈弗雷・內勒替他繪製肖像。在他的協助下，法國人柏應理在同年將孔子思想引入西方世界。

瑪麗·畢爾（**上圖左**）可說是全英國第一位專業女性藝術家，而艾芙拉·班恩（**上圖右**）則是第一位專職女性作家。這幅班恩的肖像就是由畢爾所繪。

羅徹斯特伯爵大膽機智，他靈感源源不絕，脾氣卻相當暴躁。在這個浪子輩出的復辟時期，他的放蕩不羈可說無人能及。其行徑跟詩作惹惱不少人，但這不僅是自由主義的展現，更希望將清教徒過去的壓迫一掃而空。

兩位偉大的日記作家：戈弗雷．內勒所繪之賽謬爾．佩皮斯（**上圖左**）和約翰．伊弗林（**上圖右**）。在所有文類中，最能展現自我意識的日記在此時期蔚為流行，這兩位作家就是此文體的代表人物。

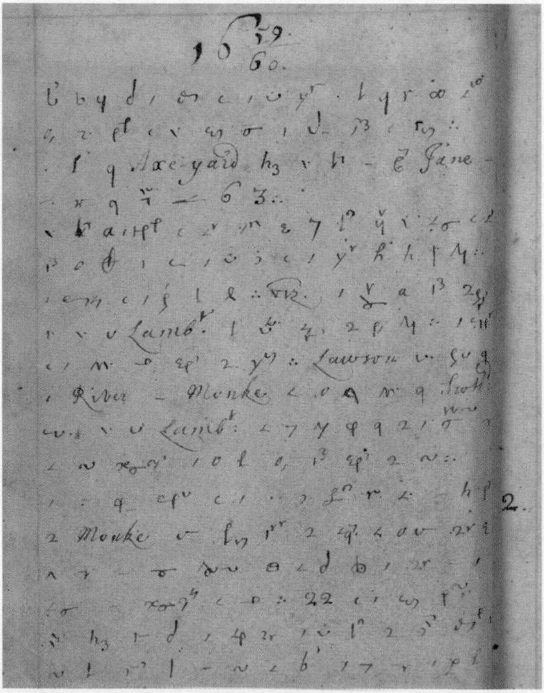

這張紙上書寫的就是復辟時期最具代表性的文類：日記體。其作者賽謬爾．佩皮斯用他獨有的速記體書寫，避免日記中驚人的事實被妻子和僕人發現。

行。不過愛麗絲的處境更為嚴峻，原因有二：首先，在兩千多起審判蒙茅斯公爵支持者的案件中，愛麗絲是第一起，所以法庭希望能殺雞儆猴；第二，當時主掌審理的是英格蘭史上最惡名昭彰的法官喬治・傑佛瑞斯（George Jeffreys），他不留情面地駁回那些勇敢替愛麗絲辯駁的陳情。在長達六小時的審判庭之後——這種情況在當時也不多見——愛麗絲被陪審團宣判有罪，傑佛瑞斯法官以叛國罪的名義判她火刑。大受打擊的愛麗絲請求詹姆斯二世赦免她的罪，但詹姆斯二世也同意應該要從重量刑。他只將火刑改為砍頭。一六八五年九月二日，愛麗絲在某間旅館度過最後一夜，並在斷頭台上發表最後一席話。她表示自己願意原諒那些與她為敵的人，但她堅稱自己除了收留一位神職人員之外，沒有做任何犯法的事。最後她雙膝跪地，頭被斧頭砍下。[1]

不過更悲慘的案例還在後頭。幾週後，伊莉莎白・岡特（Elizabeth Gaunt）也因替朋友詹姆斯・伯頓（James Burton）安排住處，在倫敦遭到起訴。詹姆斯・伯頓同樣是在塞奇高沼之戰後逃亡的政治犯。伯頓被逮補後，供出所有證據，背叛了伊莉莎白。一六八五年十月十九日，伊莉莎白在「老貝利」（Old Bailey）——也就是中央刑事法院——因叛國罪被判刑。雖然她沒有做出任何明確背叛詹姆斯二世的舉動，但因為她幫助伯頓逃亡，最後還是被處以火刑。儘管伊莉莎白請求赦免，詹姆斯二世卻置之不理，甚至不肯恩准她先被絞死，再送上火刑台。十月二十三日，伊莉莎白被帶到泰伯恩。在行刑高台上，她手持聖經，清楚表示自己只是「遵照聖經旨意」替伯頓一家尋找棲身之所。語畢，她將腳邊的柴堆擺放整齊後，就在極大痛苦中帶著尊嚴死去。她的死狀「令所有圍觀者不忍拭淚。」[2]而真正背叛詹姆斯二世的伯頓，卻因供出伊莉莎白而獲得赦免。

以上這兩則案例雖然較不尋常，卻能體現出復辟時期對於律法的普遍態度。基本上如果你被控有罪，對你來說最重要的是得到一場公平的審判。不過在十七世紀，司法系統有其他更重要的考量，例如維護王權、穩定社會狀態，還要維繫英國國教的神聖地位。很多法官寧願誤判，也不讓有叛國傾向的嫌疑人士逃出法網。另一項法官執法的準則，就是盡可能判處最嚴峻的刑責，伊莉莎白因為她的善舉而被活生生燒死，就是最佳例證。諷刺的是，也是如此殘忍的刑罰讓伊莉莎白面對死亡時如此泰然——她讓大家知道，這個懲罰並沒有恐怖到讓她後悔自己做的事。在二十一世紀，我們已經不需要像砍掉老婦人的頭或活生生燒死一個女人這類殘忍的刑法來遏止民眾觸法。只要犯罪，幾乎一定會被逮到，再加上長時間的牢獄之災，就已經具有一定程度的嚇阻效力。不過在追查犯人相當困難的年代，國家與法律機構沒有別的辦法遏止犯罪，只能用殘酷嚴峻的刑求來壓低犯罪率。

法官坐在法院審理案件時，心中另一項首要目的是維繫社會階級，所以保護土地或財產，甚至比維護民眾的性命更重要。殺人或把僕人打死並不會被判重罪，但偷個價值幾先令的物品反而會被判絞刑。而且這股趨勢還有增無減：一六九〇年代起，法令全書中每年都多出一條因毀損、偷竊財物而應被判處死刑的法令。[3] 如果你覺得生命比財物更重要，那接下來的內容可能會令你難以理解。如果女性犯下某些罪行，刑責可能比男性更慘重，因為這些行徑被視為違反自然法則。舉例來說，如果男人把妻子殺死，犯下謀殺罪，最重會被判處絞刑；要是女人將丈夫殺死，則會以輕微叛國罪的名義被判火刑。在某些案例中，法官還會以有罪推定的方式來審理女性犯人。一六二四年的《殺嬰法案》（Infanticide Act），就假定如果未婚婦女所生的嬰兒死亡，責任全在媽媽身上，除非她能證明自己已婚，或是孩子是因疾病而死。如果不能提出這些證據，法院就會判定是媽媽將孩子勒死，並將那名女子以謀殺罪之名義判處絞刑。

復辟時期的社會道德風氣，讓某些罪行的刑罰變得特別嚴峻。以重婚罪為例：你覺得一個娶了兩個太太的男人，或嫁給兩名男子的女人，應該被判何種刑呢？你可能會覺得反正此時民眾沒辦法離婚，重婚罪的案例也不少，應該不是什麼太嚴重的罪（如果這真是一種罪的話），頂多繳納罰金就好。不過復辟時期的法官常以死刑來處理重婚罪的犯人。一六七四年至一七〇〇年間，總共有六十一人被控犯下重婚罪，其中有三十人被判有罪，其中六人被處以絞刑。舉例來說，詹姆斯・凱瑞（James Cary）在一六八一年娶了安・克莉兒（Ann Clear），後來又在一六九四年跟瑪莉・賽吉恩（Mary Sergeant）結婚。法院調出一六八一年的教區結婚登記後，確認詹姆斯有罪，並以絞刑將他處死。一六九三年，瑪麗・史托克斯（Mary Stokes）被控曾與四名男子結婚。法院最後也判她絞刑，並表示「她是不務正業的淫婦，跟男人相好、把錢騙到手之後就立刻尋覓新目標。」[4]某位具有大學學位的男子，據說曾與全英格蘭至少十七位家財萬貫的老婦成婚。他在一六七六年被帶到中央刑事法院，並在審理過程中承認其中四項罪行。他料想自己會被派送到西印度的殖民地，打算到殖民地後勾引守寡的地主太太。法官看出他的計謀後只搖搖頭，把他送上斷頭台。[5]

其他罪行也因為違反自然法則而被判處重刑，其中最嚴重的是非法性行為，例如強姦、男性間的性行為還有人獸交。婚姻關係中的強姦不是罪，因為丈夫本來就能對妻子為所欲為，而強暴女僕也並不違背社會秩序。不過除此之外，一旦出了家門，性犯罪就是重罪。男人強迫十歲以下的女孩跟自己性交，會被用以重刑，因為法律認為未滿十歲的少女還無法表達自己的意願。不過令人沮喪的是，這種案例層出不窮。法院在一六八〇年審判一位名叫威廉・哈丁（William Harding）的男子。他用一顆蘋果吸引八歲大的莎拉・蘇西到地下室並強暴她，還把她的嘴巴摀住、不讓她叫出聲。這起獸行之所以曝光，是因為威廉把性病傳染給莎拉。至於男性之間的性行為，就算是在雙方合意之下還是重罪一條（第四章已提過）。如果有其中一方不同意，這對法官來說就更嚴重了。穆斯塔法．波邱瓦切（Mustapha Pochowachett）這名土耳其人，平常跟十四歲大的荷蘭籍男僕安東尼．巴薩（Anthony Bassa）同床。一六九四年，他不僅強暴安東尼，還用枕頭把他的臉壓住，不讓其哭聲被人聽見。法官毫不猶豫地判他雞姦罪，並將他處以死刑。[6]

某些民眾舉報的違法性行為案件內容實在過於令人反感，常讓法官失去公正判斷的能力，也無法用應有的標準審視證據。一六七七年的某起案件就是最佳例證，我一定要完整引用這段文字：

> 有位已婚婦女最近住在克理波門（Cripplegate）郊區，外表看起來三十或四十幾歲。她被控無視上帝的存在，無視自然法則，在六月二十三日做出侮辱人類的舉止：跟雜種狗性交。她以邪惡、不潔，違反自然倫常的肢體動作，跟那條狗發生親密肢體接觸。犯人是一名齷齪淫蕩的女子，她居住的臥室牆面上有幾個孔洞，能讓人從外向內窺探。舉報者常從這些小洞目睹她跟齷齪的男人發生性關係。某天，某位目擊者（年輕女性）窺見她在跟狗交媾，而其細節令人反感，在此不詳加描述。震驚之下，那名目擊者找來一名男子與一名女子前來圍觀。這些人全都目睹她數次與那頭雜種狗交媾的獸行，並一五一十將過程於法庭上描述。庭上，那條狗被擺在犯人面前，中間隔著一道柵欄。那條狗不斷對被告搖尾巴，甚至擺出要親吻的姿態，足可證實那名女子確實與該狗發生親密關係。對於所有控告，那女除了否認之外並未多做解釋，只說這全屬惡意控告。該女子的丈夫也指出這是惡意抹黑，但無法對此說法提出相關證據。法官在考量各方說法後，判該名女子有罪。[7]

你或許會認為這個審判過程很公正，畢竟在二十一世紀，三名目擊者的供詞已具有足夠的公信力。不過我們再研究一下整個審理過程：目擊者是透過牆上的小孔洞來窺探那名女子，如果那名女子沒有發現自己被人偷窺，就代表孔洞一定又小又隱密。幾位目擊者彼此相識，而且他們在女子與狗交媾當天都在現場，代表應該都是被告女子的鄰居。目擊者也在庭上表示他們常窺探、監視那名女子的舉動。他們在描述那名女子的性伴侶時用了「齷齪」這個詞，代表他們對那名女子的印象也很差。所以早在六月二十三日前，他們對該女已存有偏見。然後就到了他們辯稱她與狗交媾的那天。或許他們真的被目睹的一切嚇壞了，也有可能他們只是厭惡這名「不檢點」的鄰居，想盡早擺脫她罷了。又或者是因為他們怕瘟疫會透過狗在社區中傳播開來，因為那名女子會讓狗進入臥室。我們不知道那三名目擊者的真正動機。不過你有沒有發現，在他們三人反覆觀賞那名女子的惡行時，都沒有找治安官或具有公權力的人士來作證。他們聯手控告那名女子，只希望她能早日從世界上消失。我們能如此肯定，是因為犯下這種罪的結局只有死路一條。法官並沒有反覆檢視那些供詞的漏洞，也沒有懷疑為何第一位女子要偷窺鄰居的生活，他甚至沒有質問為何牆上會出現孔洞，也沒有確認那些洞到底存不存在。法官只從那隻狗把被告女子當成主人的行為，認定該女確實曾與狗交媾。所以這起案件的真相，可能是只是三個討厭鄰居的人逮到她的弱點，把她送上行刑台。如果負責審理的法官沒有站在中立的角度來判斷，被告也沒有翻身的機會。

如果不小心落入這種險境，也可以靠賄賂來脫身。一六九四年，航海經驗豐富的水手愛德華．巴洛用棍棒痛打不願意遵從指示的水手。十天後，船上有四名水手過世，那位被痛打的水手也是其中一位。很多人可能會推定他們是因疾病而死（因為四人同時死亡），不過那位被打的男子在死前發誓，他是被打到重傷而性命垂危，向其他水手指控愛德華・巴洛是殺人兇手。回到英格蘭後，這群水手告訴死者的妻子真相。那位寡婦在巴洛下一回返家時出現，揚言要控告他謀殺、將他繩之以法。雖然巴洛自己不怎麼擔心，但他的友人建議他賠給那位寡婦五十英鎊，以免真的被送進法院。[8]

有時家境富裕或位高權重的人士也不將法律放在眼裡，這對來自二十一世紀的我們來說根本是不公不義的現象。很多議會議員其實是靠著令人難以苟同的手段而當選：要不是賄賂選區選民，就是承諾會給大地主好處，讓地主要求底下的佃農投給那名競選者。伊弗林的哥哥喬治為鞏固自己在議會的席位，花了兩千英鎊發放食物與飲料，他甚至覺得花這麼多錢是件很不公平的事。[9]或許更該受指責的，是把國家經費放入自己口袋的行徑。詹姆斯一世統治期間，帳單抄錄官（Writer of Tallies）的年薪是九十一英鎊。不過到了十七世紀末，很多官員都把年薪提升到將近三百英鎊。更值得一提的，是那些政府在職官員已經領有六千英鎊年薪了，但他們每年還是能拿到一千五百英鎊的津貼，這些錢全是從一般士兵的薪水中扣來的。[10]

雖然之前我已提過，但還是要再次重申：不管在哪個年代，公平正義只是一種相對概念。如果想從司法體制中找到所謂的「公平公正」，那你可能要回溯到那個認為生命比財產更重要、現實比信仰更重要、科學比迷信更重要，還有公平公正比權力更重要的年代。至於要找到這麼理想的年代，我想是比登天還難。

維繫治安

在復辟時期，「警察」（police）這個詞還沒從法國遠渡英吉利海峽傳入英格蘭，不過當時已有類似的官員以及機構。每個郡都有一名郡治安官（sheriff）、一位郡長（Lord Lieutenant）以及一到兩位副郡長（deputy lieutenant）。這些官員連同治安法官需要共同維護所在社區的秩序、落實法律。整體來看，郡長的主要任務是抵禦外來威脅與危險，而郡治安官主要負責鎮上的秩序、打擊犯罪。基本上每座城鎮都有自己的郡司法官（bailiff）和法庭差役（beadle），每個郡也有自己的民兵部隊。社區中出現非法集會或暴亂時，這些兼職、受過些許訓練的民兵便會集合起來出任務。每個教區也至少會有一名專屬治安官（constable），此職位則是由當地治安法官或教區居民選定。治安官的職責是逮捕嫌疑犯、令他們不准再妨礙治安，也有資格質詢這些嫌疑犯。而這些專屬治安官本身可能有其他正職，所以你可能會被一位烘焙師傅、屠夫或是燭台工匠給逮捕。倫敦的二十六個行政區中都有專屬治安官，他們不僅能排解糾紛，還能在較嚴重的案件中，將被告或罪犯逮捕到頸手枷處或監獄。在夜裡，則有巡夜的敲鐘人負責巡視是否有人敲破窗戶闖入民宅。[11]被選中的市民也會負責巡邏各自行政區的街道，身上都配有戟這個武器。這些男性民眾就是城鎮的警備勢力，在全國大多數城鎮中，都可以看到這樣的配置。

考慮到你有可能落入犯法的處境，最好先了解這些郡治安官和專屬治安官的權限。郡治安官的責任是維護王權的效力，執行皇室發布的命令。他們能召集法官來審判被告、依其他國王的法官指示處以絞刑或其他刑罰、收取罰款，並在法庭上審理小型案件的抗辯內容。郡治安官跟底下官員不用出示逮捕令，就能把你抓起來。不管白天或黑夜，甚至是在星期天（雖然司法單位在星期天都休息，所有不利於你的筆錄或文件，也不能在這天畫押日期），他們都有權力扣留你。在出現重罪的情況下，郡治安官能闖入民宅逮捕人犯、搜索相關物品。專屬治安官也具有同樣權限，不過除非是在深夜，否則他們將犯人逮捕後必須立刻送到郡監獄，不能擅自把人關在私人建築物或教區的頸手枷上。除非有逮捕令，否則他們不能犯人犯案後將其逮捕。不過他們能將疑似犯了重罪的民眾抓起來，特別是在夜裡到處遊蕩的人，他們也可以搜索疑似妓院的地方，抓捕淫蕩的女人。如果有人在大白天睡覺，專屬治安官也能把他捉起來，因為他們推斷你一定是在夜裡幹壞事，才需要在白天睡覺。但如果你只是因為想睡個午覺而被逮捕，實在也是有點太過分了。[12]

司法單位

做出違法的舉動之後，專屬治安官呼喚整個的社區民眾，把你圍捕起來，將你送進該郡監獄。你在冰冷潮濕的幽暗牢房裡，身邊圍繞數十名男男女女，他們上下打量你，想看看你身上有沒有值錢的東西可偷，或是用別種方法從你這裡撈點好處。現在該怎麼辦，接下來會發生什麼事？這當然得依你的罪行嚴重程度而定。你只是品行不端？還是犯下謀殺、闖入民宅、強姦，或是偷了價值超過十二便士物品等重罪呢？無論是哪種罪行，少說都要在牢裡等個幾週，才會輪到你上法庭。

十七世紀的司法機關分為不同層級。國內最高等的法院為皇座法庭（King’s Bench）、財稅法庭（Exchequer）以及皇家民事法庭（Common Pleas），不過你不太可能會被送進這些高等法院。雖然皇座法庭有權將低等法院的案件拿來審理，不過皇座法庭不處理重罪，他們只會接受民眾的上訴陳情，或是處理集會暴動等擾亂社會治安的小案件。[13]不過，隸屬這三個高等法院的律師，會固定到全國各地進行巡迴審判。在巡迴審判中，他們會經手情況較嚴重的案件，通常那些犯人的罪行都重到需要被判死刑。罪刑較輕微，單純只是品行不端的犯人，則交由當地的地方法官來審理。雖然地方法官已不會用絞刑來對付這些品行不佳的惡棍，但他們權力廣大，不僅能判處罰款、鞭刑，也掌管發放執照等事宜。偶爾他們也要處理地方上的小問題，像是私生子的糾紛或造橋修路等瑣事。等級更低的則為莊園民事法庭（manorial courts），這些法庭負責處理民事侵權等「小事」，假如你家的糞坑滿到公共道路上，或你的牲口把別人的農作物踩死，莊園民事法庭就會罰你錢。

教會法庭的階層也跟政府的法庭一樣有高低之分。其中等級最高的為大主教法庭（archbishop's courts），專門掌管坎特伯里以及約克地區；接下來則是長老法庭（consistory courts），負責仲裁主教轄區的案件。層級最低的屬於副主教法庭（archdeaconry courts）。這些教會法庭專門處理遺囑認證或是與宗教建築物相關的糾紛，同時也負責經手抵觸社會道德規範的案件。如果你跟別人通姦，案件會交由宗教法庭來審理。如果你是酒鬼、花花公子，或者是做出褻瀆耶穌的舉動，常惡意誹謗他人，甚至不遵守每週日上教堂的規定，那麼副主教的首席執法官就會來找你，揚言要施以恐怖的處罰，除非你能找到宣誓助訟人（男性為compurgators，女性為compurgatrices）到法庭上發誓證明你的清白。這些教會法庭跟莊園民事法庭的功能相同，目的是為維護所在社區的秩序。你一定要謹記這些法庭的存在，否則很容易做出觸犯他們道德高標準的行為。

接受審理時會碰到幾個法律觀念上的困境。首先，在他們的認知中，並沒有「無罪推定」這個概念。雖然歐洲大陸上的法學專家已開始討論這項概念，但這個思維還沒傳入英格蘭。[14]下一個會碰到的問題，是被告在庭上沒有保持緘默的權利。如果被問了問題，你不能不答。沉默地站著是不被允許的。另外，你也沒有辯護律師，基本上，整個案件流程就是被告人和提告人在法官與陪審團面前正面交鋒。直到一六九六年之前，被告都無法聘請律師；一六九六年後，也只有在被控以叛國罪或品行不端的輕罪時，被告才可以聘請律師，犯下重罪的被告還是要自我辯護。[15]他們當時的想法是：如果被告是清白的，法官會查明事實，並指引陪審團做出無罪的判決，所以不需動用律師。聽到這裡，你心中一定覺得這個觀念錯得離譜。一六九〇年代起，律師開始出現在法庭中，特別是那些叛國罪、散布煽動性言論以及誹謗的案件。如果沒有律師協助辯護，情況肯定對被告相當不利。而且此時期審理案件的速度出乎意料之快，審訊時間通常都不過半小時，有些甚至不到十分鐘就結束了。

審訊開始時會有人誦讀起訴書，鉅細靡遺地描述你的罪行。接著大陪審團會決定你的案件是否現有證據足以進入審判階段。原告可以在這個階段作證，不過被告不能做任何抗辯。如果大陪審團認為證據不足、無需審理此案的話，你就能離開法院。不過平白無故被關在冰冷牢獄中的那幾個禮拜呢？算了吧，這個時期沒有什麼錯誤逮捕或非法拘留的補償機制。如果大陪審團認為案件成立，提告書就會被標記為「受理狀」，接著案件就會繼續由較小的陪審團審理。首先，被告會被正式起訴，然後再請被告舉手承認自己是被告當事人，並提出答辯。如果被告認罪，法官會接著決定如何判刑。如果你表示自己無罪，那麼審判就正式開始。切記，這個時候一定要表態，如果拒絕發言，接下來可會慘遭痛苦的折磨（以下詳述）。

如果被告表示自己無罪，會有一位傳喚員將他帶進法庭，站在法庭中的柵欄前，面對柵欄後身穿紅絲絨長袍的法官與助理。接著法官會呼喚二十四名男子擔任陪審團，並從其中挑選十二人，詢問被告是否同意讓這些人參與審訊。如果被告被控犯下重罪，他總共可拒絕最多二十名陪審員，犯下叛國罪則可拒絕三十五位。只要他每拒絕一人，法官就會再替換一名新的陪審員。等到十二名經過被告同意的陪審員都到齊後，會有人誦讀受理起訴狀以及被告的宣示作證。目擊證人會在宣誓之後提供證據。被告也能質詢這些目擊證人，而且他必須這麼做，因為被告沒辦法請律師，所以洗清罪狀的責任在自己身上。各方發言完畢後，法官會稍做總結，然後請陪審團到外頭討論判決。討論判決結果時，陪審團不得飲食或使用暖氣。法律規定陪審團需要在短時間內達成共識、作出決定。一六六〇年代，如果陪審團的判決結果讓法官不開心，他們就會遭到扣押，原因是藐視庭上。這種情況到了一六七〇年有所改變：陪審團不認為兩名桂格教派成員的集會違法，法官就把陪審團關起來，也不提供食物，表示除非他們改變判決結果才能獲釋。陪審團拒絕時，法官還罰他們每人二十六英鎊十三先令四便士的罰款。陪審團主席艾德華·布薛爾（Edward Bushel）拒絕付款，所以又被關回監獄。但後來他獲得一份人身保護令，不僅重獲自由，更改寫了法律史。自從法官約翰·范恩爵士（Sir John Vaughan）頒發這項人身保護令之後，陪審團就能夠做出與法官看法相左之判決。艾德華·布薛爾事件代表英格蘭社會又朝文明邁進了一小步。

蘇格蘭與英格蘭法律都是承接自封建法，因此有許多相似之處，不過在某些特點上還是有所差異。蘇格蘭的法律機構有屬於他們自己的位階分層，位於最底層的是地方與自治市法庭，再來是郡法官法庭，頂層則是最高民事法院（Court of Session）和一六七二年成立的司法高等法院（High Court of the Justiciary）。謀殺、強暴、叛國、信仰異教、施展巫術還有偽造貨幣文書等重罪，都是由司法高等法院審理。蘇格蘭法律中有許多準則是借鏡於羅馬法，因此審理過程與英格蘭法庭有所差異。在蘇格蘭，陪審團還是有可能會被法官關起來；法庭得已對被告施以酷刑（在英格蘭不允許），女性通常也不能出庭作證。另外，處刑方式也有所不同。在蘇格蘭，施展巫術算是信仰異教的一種罪行，一般來說會被判處火刑，然而，在被施以火刑前，犯人會先被送上絞刑台。蘇格蘭也沒有所謂的人身保護令，所以你沒辦法要求自己被釋放或審理拘押之合法性。不過最令人傻眼的差別，大概是高原地區和蘇格蘭島嶼上的執法機構經常無視國王發布的令狀。會有這種現象其實也不意外，畢竟這裡是大不列顛島上唯一存有族仇衝突和中世紀傳統的強盜男爵的國度。雖然蘇格蘭政府要求每個家族領袖每年要到愛丁堡做擔保，承諾家族成員會安分守己不鬧事，不過很多人經常缺席。就算他們出席，也不會乖乖配合法令。一六七一年，阿辛特的麥克里歐（Macleod of Assynt）對所有航進洛辛弗（Loch Inver）水域的船隻課稅。他甚至綁架鄰居，跟他的家人要求贖金。郡治安官準備將他繩之以法時，他還找來四百名男子抵抗法院派來的士兵。一六七四年，政府宣布用火攻和刀劍進攻他的住家時，賽佛斯大人（Lord Seaforth）跟洛瓦特大人（Lord Lovat）率領八百人部隊，用破門錘攻破他的城堡。他們將麥克里歐逮捕後捉到市政廳待審，不過陪審團中有一人怕被秋後算賬，所以表態此案無須開庭審理。麥克里歐就大搖大擺地回到阿辛特，繼續跟以前一樣作威作福。16

刑罰

你大概已注意到，犯人通常是在光天化日之下受刑，原因除了是要讓犯人蒙羞，也希望能發揮嚇阻他人犯罪的功效。對某些案件來說，讓犯人公開受辱很重要。一六六〇年，有幾名男子因參與查理一世的審理案而被逮補，儘管他們都沒有簽署查理一世的處死同意書。這幾人的土地、頭銜以及勳章都遭到拔除，而且必須終生待在牢獄中。除此之外，每年他們還會被帶到行刑台，脖子上綁著繩索，彷彿要接受絞刑般，讓民眾圍觀。就算你沒有參與國王的處刑審判，也有可能蒙受這種羞辱。只要在頸手枷上站過一段時間的人都知道，頸手枷本身沒什麼好丟臉的，最讓人受不了的其實是民眾的反應。絞刑通常在有群眾圍觀的廣場上執行，政府還會發布大字報或出版品大肆宣傳，像是《新門監獄之處刑、懺悔與死前聲明紀錄》（*The Ordinary of Newgate's Account of the Behaviour, Confession and Dying Words*）就是其中一例，目的就是要告訴人眾：犯罪的唯一下場是死，而且死法還是最羞辱人、最痛苦的那種。

- 叛國罪之刑罰

在所有於公開場所執行的刑求中，最令人畏懼的絕對是火刑。不過幸運的是，復辟時期的男性囚犯不會被判處火刑。不過嚴格來說，信奉異端邪說的男子還是有可能被處以火刑。自一六一二年起，這項法條就再也沒有被執行過，到了一六七一年即遭到撤除。不過犯下叛國罪或信奉異端邪說的女子，都會遭火刑處置。所以倫敦的行刑場與史密斯菲爾德一帶，有好一陣子空氣中都飄著燃燒柴火與人肉燒焦的氣味。好幾十位女子都因嚴重程度不等的叛國罪葬身火堆中。

除了冒犯國王會被判叛國罪，毀損國幣也是叛國罪的一種。很多人為了增加收入，都用鉗子把錢幣的邊緣剪得凹凸不平，把剪下來的金屬碎屑收集起來，然後再把錢幣邊緣磨平。民眾會把取得的金屬碎屑用高溫熔化後，再拿到市場上兜售。根據中世紀的叛國罪處刑方式，被發現毀損國幣的婦女會立刻被處火刑。愛德華．柯耶斯（Edward Conyers）跟他的太太珍（Jane）就屬這種會毀損國幣的民眾。一六八三年上半年的某一天，珍叫女兒拿著兩個邊緣剛經過打磨處理的先令去買麵包雜貨。其中一位攤商覺得錢幣的樣貌很可疑，就向專屬治安官通報此事。少女禁不住專屬治安官的猛力質詢，最後坦承父親的罪行，還承認家裡確實有銼刀、鉗子以及熔爐等工具。專屬治安官拿到逮捕令後，到少女家搜刮出這些工具，也將她的父母親逮捕。被判處極重的叛國最後，愛德華夫婦都被判死刑。他倆的死刑被安排在同一天，愛德華被絞死，珍則是被火活活燒死。

較輕微的叛國罪分為四種：僕人謀殺主人、孩子謀殺父母、神職人員謀殺主教或是妻子殺死丈夫。第一跟第四種是此時期最常見的類別。我們先從女性的角度來談第四種類別。一般來說，婦女沒辦法自己決定要嫁給誰。很多父親都希望把女兒嫁掉，社會地位高的人希望能透過嫁娶促成家族聯姻，底層民眾也希望女兒能趕快成婚，減少家中人口負擔。所以雖然女生還是能夠在聖壇前說「不」，但是她卻背負龐大的壓力，不得不說「我願意」，就算未婚夫渾身惡臭、是個酒鬼、睡覺打呼、隨意吐痰、沉迷賭博、愛口出惡言、甚至沉迷女色或具有暴力傾向也一樣。假設這位女子說了「我願意」，結果在婚後越來越厭惡丈夫，搞不好夫妻間還常爭吵，然後妻子被老公毆打。想像一下，某天這對怨偶又在大吵，妻子隨手從身邊抓了一個東西想保護自己。一六六二年在倫敦就發生一起實例：某個年輕女子用菸斗猛戳丈夫，但菸嘴應聲斷裂，尖銳的碎片刺進丈夫體內，最後他流血致死。[17]在法庭中審理時，不論她是不是故意的，那名女子明顯是出自於憤怒而把丈夫殺死。最後她被判犯下了輕微叛國罪，只有一種刑罰最適合作為她的下場。

那名女子從監獄搭著車到行刑場。刑車後方跟了數千人，大家不斷對她咆哮，彷彿要宣洩心中對她的不滿以及不齒，而死者的親屬更是激動萬分，還有人對她投擲壞掉的雞蛋等物品。到了行刑場，她被粗暴地從刑車拉上大型橡木行刑台，並且被壓在木板上。行刑者將底部挖空的焦油桶從她頭上往下套，她身上的鐵鍊緊扣後方的木頭柱子，套在頸部的細繩則穿過木頭柱子中的孔洞。神職人員口中誦讀著她即將面臨的厄運，幫助她與全能的上帝和解，要求那名女子向大眾懺悔自己的罪過。那名神職人員與她一起禱告。神職人員退開後，行刑者將乾草塞入焦油桶中，多餘的乾草還散落在她身旁，接著他們再將柴堆擺在乾草堆上以及桶子中。法庭差役在行刑台旁圍成一排，在民眾暴動、向前衝時，用手中的長木仗推開他們。這時街道上的攤販紛紛湧入人群中，叫賣派餅、啤酒，還有先前被處以絞刑和火刑相關案件印刷品。很多家庭為了找到好視角，等了好幾個小時，他們的小孩在人群中來回奔跑，因為行刑時間一再推遲而顯得無聊萬分。現在，終於等到這一刻了。行刑者將火把點燃時，大家都看得目瞪口呆。

火焰向上竄升時，乾草和木柴的灰燼不斷往上飄揚。行刑者可以拉緊連接到女子脖子上的那條細繩，將她勒死。她死前與人群中的朋友道別時，雙臂則向外延伸。我們之前就有提過，事先絞死受刑者在蘇格蘭是火刑的合法必要手段，在英格蘭則不一定。除非是像伊莉莎白・岡特被國王禁止事先被絞死，不然就全看行刑者是否能大發慈悲了。如果她犯了令人憎惡的罪，民眾特別想聽她厲聲尖叫的話，行刑者就會連繩子都省了。這邊這位用菸斗殺死丈夫的女子就慘遭此下場。有時候風勢太強，火勢延燒範圍太廣，迫使行刑者必須往後退，就算他想發發慈悲，也只能放掉手中的繩子。這時你會聽到犯人淒厲的叫聲，群眾也會倒抽一口氣。這時你會感受到一股相當原始的感官衝擊：空氣中飄著惡臭以及恐怖的聲響，你所造訪的這個社會將一個人類燒融成一堆肉塊與脂肪，讓她在極度的痛苦中死去，直到化為灰燼以及碎骨。

如果是犯下輕微叛國罪的男子，例如謀殺了雇主，則會被判「拉掛」之刑，而犯下嚴重叛國罪的則會被判「拉掛分」之刑。「拉」的意思是將犯人綁在木板上，在眾目睽睽之下，將他拖行到刑場，讓他蒙受羞辱。犯下嚴重的叛國罪時，法官會在庭上宣布：

> 將犯人綁在木板或木架上拖行至刑場，從頸部用繩子吊起，再立即切斷繩子，接著開始閹割及開腸剖肚，在犯人眼前將這些內臟丟入火堆，最後將頭砍下、把身體肢解為四個部分，並依國王旨意，將這些部位送到不同地區。[18]

犯人的頭被砍下時，行刑者會把頭舉在空中，高聲呼喊「上帝拯救國王！」有些犯人被處死時可以在頭上套以亞麻布製成的頭套，但劊子手會先把他們的心臟挖出來，以心臟代替頭顱，讓民眾鼓噪喝采。[19]將犯人的身體切為四塊時，劊子手會使用特製的寬刃斧頭先從中線切對半，再從兩半驅幹的腹部處對切。處置罪行與政治相關的叛國罪犯時，這四塊各別連接一隻手臂或一條腿的驅幹，會被懸掛在犯人最為人所知的城鎮城門上。頭顱則會被插在倫敦橋、市牆的城門和聖殿門（Temple Bar）上。這種懲處罪犯的手段可能會令你倒盡胃口，在這個能喝著香檳、巧克力，聽牛頓授課、享受普賽爾歌劇的年代，竟然會在主幹道城門上撞見血淋淋的頭顱跟身體軀幹。

•重罪之刑罰

數百年來，被判罪的犯人通常都是以絞刑處置，復辟時期也不例外。最常見的絞刑台只有一根柱子，倫敦的絞刑台木架則有三邊結構，能同時絞死數十人。很多犯人在死刑當天會特地打扮，像是戴上帽子、袖口裝飾或是花束，有的人甚至會把自己打扮得像是要去結婚那樣。無論打扮多亮麗，犯人還是要從監獄搭木車，與其他犯人一起跟神職人員前往刑場。抵達現場前最好做足心理準備，行刑現場一定會有大批民眾圍觀。如果是像克勞德·杜瓦（Claude Duval）這樣英俊瀟灑、風流倜儻的犯人，就會有身穿白衣白裙的少女前來圍觀，手上提著花籃，在行刑現場撒花。克勞德這位知名的公路強盜搶完紳士的財物後，會跟受害者的老婆或女兒共舞。[20]在通往刑場的路上，你會拿到此生最後一夸特麥酒。抵達行刑台時你可以簡單講幾句話、發表一小段演說，不過如果你試圖解釋自己是清白的話，演說可能很快就會被打斷。眼睛被蒙上、脖子也套上絞索後，行刑者會揮動鞭子，馬車這時會迅速駛離，你的身體則懸在半空中、左右擺動，同時跟其他犯人的身體相互碰撞。你的朋友可能會想辦法跳到你身上，把你脖子扯斷，讓你死個痛快。如果他們失敗的話，你的身體會出於本能地開始痙攣，他們都稱這是「繩子末端的舞蹈」。

以上這種進行絞刑的模式還有兩種特殊版本，專門用來處置被判特殊罪行的犯人。被海事法庭判刑的海盜，一般來說都會被關在南華克的王室內務法庭監獄（Marshalsea Prison），接著再由囚車經倫敦橋穿過市中心，在群眾簇擁下來到沃平（Wapping），跟被送往泰伯恩刑場的犯人一樣。這些海盜同樣能喝杯麥酒、在行刑台上發表最後一次演說。不過他們的死刑總是趁退潮的時候在岸邊執行，民眾則站在河堤上，或搭船從河中觀看行刑過程。等犯人的身體痙攣結束後，劊子手不會立刻把屍體取下，而是等漲潮的時候讓河水沖刷過犯人的頭顱至少三次，有些罪大惡極的犯人在死後甚至不允許下葬——他們的遺體會被裹上焦油，然後被吊在金屬製的高台牢籠中長達數年，作為嚇阻大眾之用。搭著船往上游前進時，看到河岸旁遺體凹陷的頭顱還有空洞的眼窩，身旁傳來河水拍打與海鷗的叫聲，令人不寒而慄。

其他重罪的行刑現場則在犯案現場附近，這種情況最常發生在公路強盜身上。對整個英格蘭社會來說，公路強盜是令人頭痛的大問題。每次趕路時還要擔心是否會被打劫，這種狀況令人恐懼不已。想想一六九九年七月十一日，羅伯·里佛（Robert Leaver）悲慘的遭遇。我們都知道，像這種經常往返經商的人一定會做足防護措施。雖然那時已經晚上十點、十一點，坐在馬背上的他身邊跟著一位僕人，身上還配了劍跟手槍。儘管如此，在行經芬治利公路（Finchley Common）時，他被一群以艾德蒙·托爾（Edmond Tooll）為首的公路強盜包圍。那群強盜不僅搜刮了所有財物，還把兩匹馬也一併帶走。托爾把兩名受害者帶到路邊，其他強盜負責把他們綁起來。里佛拒絕臉朝下臥地時，那群強盜在黑暗中猛踩他的臉和腹部。里佛求饒的時候，有名強盜發現里佛的僕人在鬆綁繩索。托爾在黑暗中開槍，擊中里佛的背部。經過整整一夜又一天，里佛因失血過多而死，不過幸好在斷氣前他有告訴別人誰是兇手。幾個月後，托爾被帶到中央刑事法院受審時，他還表示當時自己應該往里佛的胸口刺一刀。最後他也理所當然地被叛處絞刑，行刑地點就在該公路旁。[21]托爾的遺體被覆上焦油，裝在金屬籠子裡，懸掛在公路旁的高台上。有時那些焦黑的強盜遺體甚至就被擺在那裡二、三十年，佩皮斯說那些遺體「最後只剩骨頭」。[22]公路旁的每一尊遺體都成為特定路標，當地人都曉得路邊有「公路強盜」的骨骸不分晝夜地在風中擺動。這些骨骸以怪異的姿態望著過路人，跟他們生前一模一樣。

如果犯下的是過失殺人而非蓄意謀殺罪，就不會遭到絞刑處分，法院會判你接受大拇指烙印的酷刑（如果你是在上議院佔有席位的貴族，就不用接受這種羞辱）。在大拇指上烙印的處分，也會用在主張「神職人員特權」（Benefit of the Clergy）的人身上。這是一個從中世紀延續下來的傳統，當時的民眾認為識字的人多半都是神職人員，所以不能以重罪犯身分處刑，而需交由教會主教處分。到了復辟時期，因為識字率大幅提升，初次犯罪的犯人都會主張神職人員特權，請求案件交由宗教法庭審理。不過這時他們不會經過主教的審判，而是直接被釋放，他們手上的烙印就是一種紀錄，如果他們下次再犯就不能申請交由宗教法院審理。如果你偷了東西，手指上會被印上「T」，如果你犯下的是殺人罪，則為「M」，其他重罪則以「F」來代替。識字絕對是必要條件，如果你主張神職人員特權，卻不識字的話，就會被處以絞刑。女性罪犯也能主張此特權，只不過有所限制，只有偷竊的財貨價值少於十先令的女性罪犯才能提出此項申請。一六九一年，這項法律有所變動：女性主張的神職人員特權跟男性相等了。但是不管你是男是女，都不要因為這個好消息就立刻跑去犯罪。一六九九年起，小偷的烙印會落在左臉頰靠近鼻樑處。不過往好處想，這項赦免能保你一命。往壞處想，如果身上被烙印，這輩子就很難找工作了，就連談感情、找另一半也是不可能的。

絞刑的另一個替代方案則是被送到殖民地。一六六〇年代起，某些被判死刑的特定階級人士可以申請皇室赦免，條件是必須到西印度或美國擔任一段時期的契約傭人（雖然自一六七〇年起，馬里蘭跟維吉尼亞拒收重刑犯）。如同我們在前面章節中提到，國王之所以會推出這項方案，是因為海外殖民地長期缺乏勞工。不過英格蘭法官卻認為這項方案具有實用的法律效力：遣送殖民地比大拇指烙印更嚴苛，但又不比死刑殘酷。一六八三年四月，菲利浦・強森（Philip Johnson）謀殺年僅六個月的嬰兒約翰・希爾（John Hill），他的判決如下：

約翰・希爾的母親在聖馬丁（St Martins）教區開了一間酒館。上個月初的某週日傍晚，強森進門點了白蘭地，喝了一杯後又接著再點一杯，並想要和他聲稱是妻子的女人進去私人房間喝酒。她拒絕之後，強森氣憤地揚言會在下週日到來前報復。接著在週三晚上八點左右，強森粗魯地闖進酒館，打破窗戶，不斷動手動腳，還稱自己的復仇還沒結束。約翰・希爾的母親衝上前去抵抗強森，手中抱著約翰。約翰被強森的棍棒擊中，七個小時後身亡。不過陪審團認為強森本來無意傷害嬰兒，嬰兒之所以會被擊中是因為被媽媽抱在懷裡。強森最後被判過失殺人。[23]

法官顯然認為只判大拇指烙印太輕縱強森了，所以最後把他送到牙買加當至少七年的契約傭人。如果碰到本該判死刑，但案件又比較特殊的時候，遣送殖民地就是個不錯的替代方案。一六八二年二月，伊莉莎白・布朗（Elizabeth Brown）偷了一只鑽石戒指，還把戒指賣給金匠。戒指價值超過十二便士，顯然已達重罪標準，可以直接送到刑場絞死。不過犯案當時伊莉莎白還未滿十二歲，所以法院希望再給她一次機會，只把她遣送到殖民地，所以伊莉莎白接下來的七年都要在異地當契約傭人。[24]

●其他刑罰

如果開庭的時候你不表態自己是否有罪，就會受「壓刑」處置。這是一種能讓犯人感受劇烈疼痛的刑求，完整刑罰的描述如下：

> 囚犯被送進監獄之後，會被安置在一個沒有光線、地面沒有鋪乾草與紙板的房間。犯人全身赤裸地躺在地上，只用一小塊布蓋住重點部位以及頭部，其手臂與腿則由粗繩固定在牢房兩側。固定完畢後，獄卒會在囚犯能忍受範圍內，在他身上放至鐵塊或石塊，並且慢慢增加份量。第一天過後，囚犯只能吃三塊大麥麵包，不能喝任何飲料。第二天，囚犯能在牢房旁邊喝三次水，每次要喝多少就喝多少。但從這天起到囚犯死亡的那一刻，都不會再提供其他食物……[25]

一六七三年，大衛．皮爾斯（David Pearce）跟威廉．斯托克（William Stoaks）在中央刑事法庭接受審理時，拒絕舉手接受法院裁決。他們認為自己是在故鄉犯罪，應該在當地接受審理、受當地陪審團審判才對。法官給他們一天考慮，是要在倫敦受審，還是接受壓刑致死。過了一天他們兩人回到法庭，都雙雙舉手同意受審。一六七六年，詹姆斯．帕克（James Parker）也同樣拒絕表態，結果他就被壓在好幾英擔重的石塊下，最後他受不了痛苦，只好同意受審。他的下場是遭絞刑處置。一六七二年，亨利．詹姆斯（Henry James）拒絕受審，他認為自己的罪「已罪大惡極到人神共憤的程度」，所以不用浪費時間審理。他總共被壓在石頭下兩天才斷氣。[26]

刑罰的目的不僅是讓犯人受折磨，更希望能讓大眾看到他受折磨的樣子，所以法院很少只把犯人關起來。如果你把犯人丟進牢房，民眾很快就會忘記那起案件，也無法發揮威嚇作用。雖然全英格蘭上下有不少監獄，不過都是用來關等待受審的嫌疑犯。

儘管如此，法官偶爾還是會以監禁作為刑罰，不過通常還會搭配其他處分。策劃天主教陰謀的提圖斯．奧茲不僅被判高額罰款、終身監禁，還要遭到鞭刑，每年都要上頸手枷示眾。如果被判監禁，下場跟被判死刑差不了多少。很多監獄裡頭都塞了大量的囚犯，不僅環境髒亂，而且傳染病叢生。斑疹傷寒會被稱為「監獄熱」，確實有其道理。中央刑事法院就特別注重空氣流通，避免來自新門監獄的犯人將傳染病帶到法庭。格洛斯特監獄是以老舊的城堡搭建而成，根據湯瑪斯．巴斯克維爾的說法，這裡是全英格蘭最通風、最綠意盎然，有一座「整潔的花園」的監獄。一六八三年，他寫道：「如果我哪天被送進了監獄，可以選擇的話，我一定選格洛斯特監獄。」[27]話雖如此，但是犯人可沒辦法選擇自己要進哪座監獄。一六六一年，薛林克斯騎馬經過科徹斯特時，看見一位曾偷了一頭豬的老先生，被鐵鍊綁在軍營旁，他的脖子跟腳踝上都套了鐵環，雙腳上的鎖鏈還牽引到脖子。那位老先生看起來又餓又渴，不斷跟過路人乞求食物跟茶水。[28]看來科徹斯特當地的治安官已經想出新的囚禁方式，讓犯人暴露在光天化日之下嚇阻他人犯罪。

欠債也是不少人被關入監獄的主因。身上背負債務的民眾會被關在倫敦的弗利特監獄，直到償還債務才能重獲自由。不過這種形式的監禁跟你所想像的可能有些出入。以這種名義進監獄的犯人，不僅要支付過夜費用，白天還可以在獄卒的陪同下外出。也有人在裡頭一待就是好幾年，不僅沒把債還清，還欠了一大堆住宿費。一六七〇年，債務相關法規有所鬆綁：窮困的債務人可以發誓自己所有財產不超過十英鎊，如果債主堅持要將債務人送進監獄的話，必須補貼債務人的生活費以及住宿費。不過新版法規卻幫不了莫塞斯・皮特（Moses Pitt）。皮特是一名書商，他原本打算要出版全十二冊的學術級世界地圖集。出到第四冊他就已債台高築，一六八九年他就被送進弗利特監獄。他出版的下一本書道盡了他在獄中兩年後的心得，該書名為《受迫害者之哭喊：多數英格蘭監獄中，窮苦債務者受獄卒及其他壓迫者之暴虐壓迫的悲慘紀實，因近來法規對債務者大發慈悲，讓那些可憐、身心受創的債務人得以解脫，真相才得以揭露。有些囚犯不只被鐵烙，與下流胚子、重罪犯和各式罪人同住牢房，骨頭還慘遭打斷；其他囚犯被毒死或餓死獄中；有些囚犯也被褫奪基本生理需求，例如飲水或供休憩的稻草。有些犯人的妻女也遭到侵犯；更有其他數不盡的野蠻酷刑，不堪之程度史無前例，他國亦所不及：此書中之陳述罪證確鑿。內含書商本人之案件》（*The Cry of the Oppressed: Being a True and Tragical Account of the Unparallel'd Sufferings of Multitudes of Poor Imprisoned Debtors, in Most of the Gaols in England, Under the Tyranny of the Gaolers, and Other Oppressors, Lately Discovered Upon the Occasion of this Present Act of Grace, For the Release of Poor Prisoners for Debt, Or Damages; Some of Them Being Not Only Iron'd, and Lodg'd with Hogs, Felons, and Condemn'd Persons, But Have Had Their Bones Broke; Others Poisoned and Starved to Death; Others Denied the Common Blessings of Nature, as Water to Drink Or Straw to Lodg On; Others Their Wives and Daughters Attempted to be Ravish'd; with Other Barbarous Cruelties, Not to be Parallel'd in Any History, Or Nation: All which is Made Out by Undeniable Evidence. Together with the Case of the Publisher*）。為了清償債務，他在監獄裡待了七年，當今的出版業者看到他的經歷可能也不敢叫苦了吧。

在復辟時期，體罰仍是備受法官喜愛的懲處。在倫敦受審的犯人，最常被判鞭刑或站上頸手枷。一六九〇年，少年菲利浦·克拉克（Philip Clarke）因為偷了一雙手套被判鞭刑。他必須搭車從新門監獄到阿爾德門（Aldgate），雙手被綁在車後，一路遭受鞭打。這項懲處也不好受，其最終目的是要犯人身上佈滿血跡。犯罪的婦女跟孩童會被送到布萊威（Bridewell）的「行為矯正所」，在那裡接受鞭刑。一六八九年，湯瑪辛恩·伯頓（Thomasine Burton）偷了價值三英鎊、總長六十碼的綢布。因為湯瑪辛恩是在犯案時被逮，照理說應該被判處絞刑。不過陪審團跟法官都網開一面，他們認為那些布料的真正價值只有十便士，所以只讓他到布萊威的矯正監獄接受鞭刑，不用遊街示眾。

頸手枷大概是最令人抬不起頭的處分了。你的頭跟手臂會被固定在上鎖的木板中動彈不得，臉部則朝著社會大眾。站一小時也還好吧？你可能會覺得一個小時不算長，而且看著別人那樣站在哪裡也挺逗趣的，不是嗎？絕對不是這樣。站上頸手枷，你肯定笑不出來。光這一小時就足以改變你的人生。有時站在頸手枷上還可能有生命危險，站上去說不定就下不來了。被固定在頸手枷上的你，必須接受民眾的指指點點與各種舉動，他們能任意宣洩對你以及罪行的情緒。一般來說，針對犯下肛交、謀殺、褻瀆上帝、散布謠言、詐欺或作偽證等犯人，群眾很少有機會公開表達自己對他們想法。所以民眾會用嚴厲的態度來審視這些犯人。人群中的男孩與少年會比賽誰羞辱犯人的手段比較惡劣。他們可能會朝犯人投擲壞掉的雞蛋或蔬菜，也有可能把尿和糞便往你頭上倒。他們搞不好還會朝你丟石頭、碎磚塊、破木板甚至是死貓。有時候犯人就意外被這些東西砸死。就算能僥倖保住小命，也早就名聲掃地，未來在鎮上根本抬不起頭。

我們在先前說到，英格蘭和蘇格蘭的教會法庭也同樣會審理案件，負責判處道德罪行的刑罰，像是披著白布站在人來人往的廣場上，昭告天下自己犯了通姦罪。再次強調，這些處分的目的是要讓犯人倍感羞辱。如果某位女子跟有婦之夫通姦，就得在所有親朋好友、丈夫和夫家全體面前承認犯行，這簡直令人抬不起頭。被逐出教會也是處分之一，通常苦修過程不及格或做出對神不敬之舉動的人就會被趕出教會。在復辟時期的英格蘭，被判處這些刑罰已經不算是罪大惡極的事了。不過在蘇格蘭可就非同小可，通姦、亂倫、肛交、人獸交還有強暴等罪行都會由世俗法庭審理。在邊境之北的這個國度，通姦屬於嚴重的罪行，通姦者不僅會被判高額罰款，累犯者還會被逐出國內，有時候甚至會被判絞刑。[29]

希望通姦與亂倫者被處以極刑的極端人士，這時開始想辦法自行處理這些問題。一六八八年，信奉天主教、道德敗壞的查理二世和詹姆斯二世退位，這些極端分子的手段變得更兇殘。執法積極的治安官只要在街上抓到妓女，就會當眾逮捕、施以鞭刑。社會上也出現許多行為改革團體。一六九九年，倫敦、考文垂、徹斯特、格洛斯特、赫爾、萊斯頓、利物浦、新堡、諾丁漢以及舒茲伯利都有這些組織的存在，另外還有其他十二個組織四散在英國各城鎮。[30]他們會募資聘請律師來控告妓院所有人跟男客。倫敦的塔漢姆雷組織（The Tower Hamlets）就列了一串黑名單，記錄他們揪出的品行不良、荒淫敗壞的民眾。每年在倫敦，有超過一千位因為性生活不檢點而被治安官揪出、送到法院審判的犯人。這些犯人會被送去做苦工，或者一邊遊街示眾一邊接受鞭刑，妓院老闆或老闆娘則要付高額罰金。簡單來說，到了一七〇〇年，這些組織機構就是民眾的性生活警察。[31]

除了這些假道學之外，還有歷史更悠久的「粗暴正義」，也就是所謂的「輿論法庭」。走在街上，你可能會看到某些住家的門上掛著鹿角，而其原因是該戶人家的妻子紅杏出牆。民眾有時候會在妻子不忠的人家門前列隊，帶領整串隊伍的男子用長竿頂著鹿角，向整個村莊宣告該女子出軌的消息。有時候排隊的民眾還會大肆吹奏樂器，他們會聚集在該房屋前，手舉熊熊燃燒的火把，一邊敲打大鼓或是鍋碗瓢盆，就這樣連續喧鬧三個晚上，接著還有第二輪、第三輪，總共九個夜晚。最後，他們會將不忠的妻子和被戴綠帽的先生的雕像燒毀。在某些地區，這種喧鬧的儀式則是由駕馬、戴著白帽的男子所領軍。男子頭上也頂著鹿角，臉上貼著假鬍子，馬的肚子下方掛著鏗鏘作響的鍋子，後方跟了數百名哼哼唱唱、敲打大鼓的民眾。抵達目標房屋後，他們會一個個上門去作勢要掃地。基本上他們不能隨意進入屋內，不過有時狀況失去控制，被戴綠帽的先生會被抓到馬背上，以背對房屋的姿勢坐著，不忠的妻子則會被丟進池塘或被綁在浸刑椅上。通常浸刑椅是莊園法庭的法官才會採用的處分，用來讓太過聒噪、愛潑婦罵街的婦女安靜一點。這確實是個殘酷的處罰——這份恥辱遠比冰冷的水更令人難受。

逃避法律制裁

讀到這裡，你可能會覺得復辟英格蘭的犯罪率不斷提升，政府也更常施展各種酷刑。確實如此，民眾普遍認為社會治安敗壞。但是大家不都覺得自己所處時代的治安不好嗎？我們都忘記早期社會的犯罪率更高，大家只聽聞最近發生的案件，沒有仔細回想孩提時期那些社會事件，才會有治安每況愈下的感觸。事實上，復辟英國的治安有越來越好的趨勢。雖然觸犯法律的行為有千百種，但犯案人數確實逐年下降。除了專門針對偷竊和毀損財物而訂的新法之外，被判死刑的人越來越少。在中世紀，每三名重刑犯就有一人被絞死。在伊莉莎白時期，每四個到每五名重刑犯就有一人被判絞刑，到了一七〇〇年只剩每十名重刑犯中有一人。[32]

被判絞刑的人數之所以會降低，其中一個原因是社會的包容力漸增。復辟時期前，民眾大力支持英國國教教會，抵制非英國國教徒，不過現在大家對於異教的反抗已不再那麼強烈。除了對宗教信仰的包容，社會大眾對於犯下輕罪的犯人也不再那麼鄙視唾棄。陪審團逐漸認為給犯人改過的機會也是一項美德，不再像過去那樣，非得要以重刑處置不可。此外，在個人主義意識逐漸抬頭的年代，陪審團成員也更能設身處地替犯人著想，更願意原諒、包容他人的罪過，他們在進行審判的時候也會以罪犯的立場來思考。被控偷竊的女性罪犯可能會碰到陪審員替自己辯護，主張失竊財物價值不超過十先令，所以無須判處絞刑。很多殺了人的男了也只被判過失殺人，因為案件嚴重程度不足以讓他們死於絞刑台上。簡單來說，英格蘭人對於罪犯的態度已不像過往那麼激進，這跟我們在第四章中所見，英格蘭人越來越有人性、越來越不殘暴的趨勢大同小異。

如果是犯了重罪的女子，有兩條傳統的法律途徑能讓妳免於絞刑。第一個辦法就是太太能辯稱自己是出於丈夫的脅迫才犯罪。我們之前就提過，妻子在任何情況下都要聽從丈夫的指示，如果老公要求老婆犯法，責任就落在男方身上。這個解方對女性相當有利。一六七七年在倫敦，某位被控毀損國幣的女子就利用這個說法：

其實真正毀損國幣的可能是該女子的丈夫，她只是負責籌措錢幣而已。事實證明該女子常以各種方式，將以受損的錢幣換出去。該女在換錢時常挑選面積較大的錢幣，因此令人起疑，讓她遭到逮捕。她的丈夫在機警之下立刻逃亡，無人知其下落。治安官在該女住處發現許多鑄造、壓刻錢幣的工具以及熔爐，將這些物品當作呈堂供證。不過關於此案，法官與陪審團網開一面，基於女子與丈夫的婚姻關係，他們認為該女的行為是受到丈夫唆使，因此該女免於被判叛國罪。[33]

該女子逃過一劫，不用受火刑之苦。

在復辟時期，另一個常被女性囚犯用來擋災的藉口則是懷孕，因為法官不能判懷有身孕的女子絞刑。如果被判死刑，妳可以表示自己已有身孕，這時法院會找來一群「已婚女子陪審團」，要她們觀察妳的子宮是否有胎動，如果她們確實察覺到任何動靜，法官就會將死刑撤銷。妳只需在獄中待到胎兒出生那一刻。理論上，在孩子出生後，法院還是能判妳死刑，不過很多婦女都未遭處分。一六八五年，總共有二十九名婦女被中央刑事法庭判處死刑，不過有八人（百分之二十七）因懷孕而免刑。隔年，十四名女被告中就有六人有胎動（百分之死十三）。考量到當時倫敦只有百分之五的婦女能成功受孕，而且在懷孕第五個月或孕期的任何一個時間點胎兒都有可能停止心跳的情況下，這個比例實在是高得驚人。[34]這種情形只有兩種解釋：要不是婦女一懷孕後，心中就冒出想要犯下重罪的衝動，不然就是那些婦女陪審團對被告懷有憐憫之心，無論被告是否懷孕，都做出有胎動的判決。在諸多不利於女性的法律規範中，出現這麼一群心懷慈悲、願意撒謊救人一命的陪審團，讓這個不平等環境顯得不那麼惡劣冰冷。

chapter 12

休閒娛樂

我們常聽人說如果想評判一個社會，可以從其對待窮困人家的方式著手。而我認為若想了解一個時代的精神，則可由民眾從事的娛樂活動來理解。當然囉，「娛樂」這個詞包山包海，而且也反映出參與者的興趣、品味、時代文化背景以及收入水準。復辟時期，許多住在城鎮裡的居民都認為人生最大的享受是跟好友一起享用美食、聊天品酒。身為時間旅人的你想必也很好奇除了餐桌之外，這個時期還有哪些休閒活動，例如國王從事哪些運動？當年有哪些八卦報刊？

市集的樂趣

我們在第五章介紹了幾個還保有重要地位的大型市集，這些市集除了供民眾買賣財貨，有的也提供酒水、還能讓人賭博或從事其他活動。有些市集甚至已失去買賣商品的原始功能，變成純粹的娛樂活動場所，只不過這些娛樂活動並不那麼「純粹」。其中最值得一提的是倫敦西史密斯菲爾德的巴托羅繆市集。在復辟時期，巴托羅繆市集每次為期兩週，開幕時間約莫在八月二十四日（St

Bartholomew's，聖巴托羅繆大屠殺）前夕。不過在一六九一年，政府當局規定該市集只能舉辦三天。這座市集大得像迷宮，裡頭有提供休閒娛樂、滿足民眾好奇心的攤位，有些攤販提供的服務則墮落低俗、遊走在道德與法紀邊緣。絕大多數倫敦人都抵不住好奇心，每年都要到這座市集看一看。

巴托羅繆市集到底好玩在哪裡？這一定要親眼瞧瞧才行。搭馬車到市集時，記得請車夫在聖巴托羅繆醫院前讓你下車；假如再往前一小段路，就會被攤位、帳篷、舞台邊的人群團團包圍。正式踏入市集前來杯啤酒是個不錯的點子。喝點酒暖身壯膽，待會聞到沒洗澡的民眾身上飄出的惡臭、烤豬肉還有菸味也不會太過反感，或許還能幫你抵擋群眾喧鬧聲以及鑼鼓、街頭藝人彈奏的嘈雜樂聲。在這裡，可以觀察那些手持銀頭拐杖、打扮講究的紳士，以及那些「自視甚高」，眼神掃視身邊愛慕者的上流女士。觀察來來往往的民眾本身就是一大樂趣，這也是巴托羅繆市集的有趣之處。市集中聚集了演員、雜耍演員、吞劍人、吞火人、魔術師、賭徒、摔角手、長了鬍子的女人、特技演員、穿著時髦的公子哥、扒手、以紙牌詐賭的攤販、發明家還有外型姣好俊俏的男男女女。瞧一瞧立在市集周圍的廊道，可見一群業餘演員在搬演特洛伊木馬屠城記，或是朱迪斯（Judith）砍下何樂弗尼（Holofernes）的頭的橋段。另外，側耳聽聽小巷那頭的叫賣聲，有人在兜售怪胎秀的入場券。在這裡，每場表演都曇花一現，每項商品的壽命也相當短暫。從市集上買來的紀念品或禮物可能馬上就不見或壞掉了，例如詩詞譜或裡頭懸浮著裝飾品的玻璃球。[1]

你絕不想錯過的表演是走鋼索。只要付六便士的入場費，就能走進帳篷欣賞各式各樣的特技表演。有條鋼索位在高處、拉得緊緊地，其他鋼索則垂在低處擺盪，另外還有空中飛人使用的高空鞦韆。一六九八年，內德·沃德看到各式各樣的人拿著長竿走在高空繩索上，例如「一群臀部渾圓的少女」，她們只在襯裙下穿了半截內褲，走在群眾頭頂上時還把襯裙給脫了。另外還有一位高大的愛爾蘭婦女，「她的大腿壯碩到可比一大塊牛肉」，她走在繩索上時，「模樣像頭跨過穀倉門檻的鵝」；還有一位「鄉下大老粗醫生」，肥肥胖胖的他躺在鬆弛的繩子上，彷彿就要入睡似的。不過整場表演的亮點是「德國女僕」。內德對那位女士的演出只有欣賞與讚嘆，他說：「她在繩子上姿態嬌媚萬千，四肢比例完美，容貌也令人賞心悅目，我用盡全力克制自己，不要產生想跟她共度春宵的念頭。」[2]

在一六六〇和一六七〇年代，頂尖特技演員都是義大利人，不過當中最知名的莫過於英格蘭人雅各・霍爾（Jacob Hall）。佩皮斯就欣賞過好幾次他的演出，每次都讚嘆不已。他的著名絕活包括後滾翻、在繩索上翻筋斗，還有「飛越三十把雙刃劍」以及「穿越鐵環」。霍爾相當受女性喜愛，她們都認為他身上流有一半海格力士、一半美少年阿多尼斯的血液。霍爾的魅力之強大，連國王的前任情婦凱瑟麥茵夫人也在一六六七年為他傾倒、跟他交往，還支付生活費作為報酬。[3]

高空繩索上除了人也有動物。約翰・伊弗林在一六六〇年九月就到倫敦某大型市集欣賞表演，他寫道：

> 我在南華克的瑪格瑞特市集（St Margaret's Fair）看到猴子、猩猩在高空繩索上表演雜耍。這些動物身上的服裝相當新潮，牠們一出場就立刻站上繩索，還脫帽向觀眾致敬。這些動物打招呼的模樣得體得宜，彷彿有舞蹈專員在前方指揮似的。牠們將腳後跟抬到比頭還高，腳上頂著的那籃雞蛋也完好如初，手上與頭頂的蠟燭持續燃燒，更厲害的是手上的水壺也沒濺出半點水花。[4]

幸運的話，在一六六〇年還能欣賞到某位鋼索演員的搏命演出。這位特技演員的藝名叫「土耳其人」，他能矇住雙眼走高空繩索，腳上甚至綁了一名十二歲大的少年，垂掛在他下方二十英尺處擺盪。[5]他也曾在桅杆上倒立，接著再頭朝下、張開雙臂，用胸口頂著繩索往下滑，聽起來就覺得很痛！一七〇〇年，你還會在市集上看到一個來自義大利的特技家庭。爸爸會在高空繩索上騎獨輪車，身上抱著兩個孩子跟寵物小狗，頭頂還放了一隻鴨子。鴨子不時呱呱叫，逗得觀眾哈哈大笑。[6]

更險象環生的則是「吞火人理查森」的演出。一六七二年，伊弗林欣賞完他的表演後寫下：

> 他將剛從熾熱煤炭堆中取出的硫磺石放進口中，咀嚼後吞下肚。還將啤酒瓶融化之後一飲而盡，然後再把滾燙的煤炭放在舌根上，接著將生牡蠣擺在煤炭上。他持續用風箱讓煤炭保持在燃燒狀態，直到口中竄出火焰以及火花，那顆生牡蠣就這樣在他口中由生轉熟。他還將混合瀝青與硫磺的蠟融化，趁火花還沒滅掉時把這些東西吞下肚。我看到火焰在他口中停留了好一陣子。[7]

你大概會忍不住想，一定還有更輕鬆的賺錢方式吧？

雖然這些吞劍、吞火跟走鋼索的表演非常引人入勝，但其他節目則會令你倒盡胃口。此時期民眾的好奇心之強烈，催生了一些相當不討喜的怪胎秀。如果只是展示畸形的動物那還沒什麼問題，像是馬的頭上長出類似公羊的角，或四角鴨以及三腳公雞等，這些動物展示秀在一六六三年的巴托羅繆市集上就看得到。不過如果民眾觀賞的是人類的話，對觀眾的衝擊可就非同小可。在這種情境下就能體會「觀察他人」的黑暗面。如果你想看看那個高十尺六寸、手掌長十五英寸的愛爾蘭男人，巴托羅繆市集就是你該去的地方。另外，市集上還有全身覆蓋毛髮的女人。她不僅長了大鬍子，耳朵跟鼻孔都竄出一叢叢的毛髮。[8]快來看！快來看！那裡還有一位四十六歲的侏儒，他身高只有一尺九寸，但張開手臂卻有六尺五寸長。他能用雙手走路，甚至能用手臂攀上三英尺高的桌子。一六八一年，市集上出現所謂「世界第八大奇觀」的演出：一名天生沒有手的男子能用腳梳頭、刮鬍子，還能用腳趾摘帽跟觀眾致敬。他甚至能用腳拿刀叉、穿針引線、寫字或是將葡萄酒倒進杯中，逗得觀眾目瞪口呆。不過最令人沮喪的表演大概是某對連體嬰的實境秀。一六九九年，市集上出現一對供人觀賞的連體雙胞胎「雙頭童」，一六八二年也有另一對連體姊妹。這對姊妹的頭頂相連，呈現上下對稱的模樣，所以她們到死前都無法同時坐下或一起移動，只能側身滾動。[9]

另外，很多人都是在市集上初次接觸所謂的義大利即興喜劇（commedia dell'arte）。即興喜劇的表演形式有時是木偶劇，有時候則是戴著半罩面具的演員，或是由高空繩索演員演出。即興喜劇中的要角我想大家都不陌生，有穿著鮮豔的僕人哈爾利奎小丑（Harlequin）、愛自誇又膽小的薩拉穆歇（Scaramouche）、悲傷的小丑皮耶洛（Pierrot）還有他的愛人科倫拜（Columbine）、老丑角潘塔隆（Pantaloon），還有帶著鷹鉤鼻、額頭上長疣、下巴突出、駝背大肚子的邪惡小丑潘趣（Punch）。一六六二年，這些脾氣暴躁、四處揮舞棍棒、陰險自私的滑稽劇演員開始出現在英格蘭的市集中。他們口中吹著錫哨以及簧片，男女老幼都被他們逗得樂不可支。大家到市集不僅想對長相畸形的人指指點點、品頭論足，也想看一看人類共有的缺陷與邪惡。所以觀眾看著演員反映出民眾內心巨大醜陋的黑暗面，對表演哈哈大笑的同時也在嘲笑自己。

想像一下，若將市集移到冰上會是何種光景？

在復辟時期，泰晤士河曾數度結冰，一六八三年至一六八四年的長霜期間河面上更出現所謂的「長霜市集」。一六八四年一月二日，民眾認為河面結冰的厚度足以支撐市集重量。一月六日，幾名遊手好閒的男子向某位紳士打賭，看他敢不敢駕著六馬馬車行經湖面，結果發現結凍的河面能夠撐住他們所有人。在接下來三天內，泰晤士河面就出現攤位帳篷、臨時餐廳、小吃店、酒館、玩偶秀以及高空繩索的舞台，馬車也在上頭來回穿梭。民眾租了溜冰鞋，試著在河面上溜冰，還將公牛跟熊帶到市集上玩誘餌遊戲，二月二日更有人在冰上烤了一整頭閹牛。[10]該市集可說是此時期的奇觀，很多畫家將市集畫面畫下來，倫敦作家也在書中提到這場市集。有些紳士和貴族夫人還花六便士，讓一台立在河面上的特殊印刷機將他們的名字印在冰上。他們好死不死這輩子碰到了史上最冷的寒冬，讓名字留在河面上或許能稍作補償吧。

鬥獸遊戲

我們在第四章提過鬥獸遊戲曾遭清教徒禁止，不過這項娛樂現在又捲土重來。熊的數量不多，但只要在有宰殺牲口的城鎮中，就會看到縱狗咬牛的鬥獸遊戲。民眾將牛領進鬥牛場，雖說是鬥牛場，但充其量只是民眾為了玩遊戲特地空出的一個空間罷了。民眾將十五英尺長的繩子綁在公牛的角上，另一頭綁在深深插在土裡的木棍上。群眾圍在鬥牛場旁，屠夫抓著不斷吠叫的小狗的耳朵，準備放小狗衝進鬥牛場內。接下來的經過就讓彌松先生解釋吧：

小狗衝向公牛，但公牛無法大幅度移動，只能用鄙視的眼神盯著小狗，同時將頭上的角對著小狗，以免狗往自己靠近。不過小狗也沒被唬住，試著衝向公牛的腹部，準備攻擊其內側較柔嫩的部位或是性器官──配種繁衍後代的重要工具。這時公牛採防備姿勢，四隻腳緊緊閉攏、奮力跺地。公牛的頭部緊靠地面，牠並沒有要用頭上的角刺穿狗的肚子，而是想用角將狗頂起來讓牠凌空高飛，墜地後扭斷脖子。這種情況很常發生。小狗總覺得自己已做足攻擊準備，但公牛的角卻在看似不經意的擺動下把牠往上頂起，飛至三十英尺高的空中，落地時大概已摔得粉身碎骨。如果圍觀的群眾如果在狗落地的位置準備用背承接牠，或撐起一根長竿，讓小狗能藉著竿子的斜度往下滑、減緩衝擊力，或許就不會有致命危險……第二次被拋到空中後，小狗就無法再故技重施，不過有時小狗能再度成功衝到公牛身上，用上尖牙緊緊咬住公牛的身體，像蝨子一樣固定在牛身上。有些狗就算斷了氣，牙齒仍扣在牛身上。這時公牛會發出低吼，用力搖晃身體試圖把狗甩掉。從公牛甩動的姿態來看，小狗的重量看似微不足道，卻造成公牛極大的痛苦。最後只有兩種結果，第一要不是小狗被甩掉，但公牛身上的肉也連帶被扯下來，不然就是怎麼樣都分不開，只好靠民眾將小狗的嘴扳開……如果發生第二種狀況，會有一批民眾壓住公牛，另一群人用蠻力將狗的嘴拉開。唯有如此才能將牠們分開。[11]

鬥雞則是另一種能吸引大量圍觀群眾的血腥遊戲。沉迷於各種競技遊戲的查理・科頓（Charles Cotton）在他一六七四年出版的作品《遊戲大全》（*The Complete Gamester*）中提到：「鬥雞遊戲帶來的歡樂與喜悅，是過去其他競賽遊戲所不能及的。」[12]鬥雞遊戲之受歡迎，你還有可能看到民眾在街上或農場裡，將家裡豢養的鳥類擺在一起打鬥。不過賽況最刺激的莫過於城鎮中的鬥雞場的活動。

鬥雞場中央有圓形舞台，假如直接以地面當作舞台的話，上頭就會覆蓋鋸木屑；如果是像摔角台那樣底下架有平板，上頭就會蓋一張草蓆。舞台周圍擺了幾張板凳，這樣後方的觀眾才能清楚欣賞賽況。圍觀群眾來自社會不同階層，有公務人員、紳士，也有學徒、板車車伕、烘焙師傅、屠夫以及窮人，大家都對比賽結果下賭注。很多人下注金額之高甚至超過自己能力範圍，所以空氣中瀰漫著緊張期待的氣氛。鬥雞從木籠被帶到舞台中央時，可以看到他們的雞冠和脖子的肉髯都被剪掉。上場比賽前，鬥雞場老闆會餵雞吃胡椒、丁香還有蛋黃等食物，讓他們在場上活力十足。在正式比賽前，鬥雞腳上也會被綁上銀或鋼製成的靴刺。走進鬥雞場，迎接你的是一股濃厚的氣味和嘈雜聲。空氣中飄著濃烈的雞屎味、汗味、菸草與啤酒味，某隻鬥雞發動攻勢時群眾也會賣力嘶吼。羅倫佐．馬加洛堤觀賞某場鬥雞賽時表示：

> 鬥雞一被放進場中就會殺氣十足地繞著場子走，隨時都在尋找攻擊對手的好時機。被攻擊的那一方會採防備姿勢，牠先展開雙翼，然後壓低姿態，現在換牠出手。在雙方彼此攻擊的過程中，眼神和氣勢中的怒火逐漸累積。沒看過鬥雞比賽的人這時真的是能大開眼界，兩隻鬥雞被彼此激得怒不可遏，不僅用喙啄對方的頭，還用腳上的靴刺撕扯對方的羽毛。直到有一方覺得自己佔上風、有機會得勝，就會跳到對手背上猛攻直到對方死亡為止，然後就展露勝利者的天性，在群眾掌聲歡呼之下啼叫。[13]

在比賽中落敗的一方會被賣給屠夫或餐廳廚師。如果有其中一隻雞在比賽中試圖逃跑，會直接被勒頸而死，下場也是落到餐廳或餐桌上。

運動與遊戲

在《英格蘭社會》一書中，艾德華·錢伯倫寫道：

提到運動與休閒娛樂的多樣性，絕對沒有其他國家能超越英格蘭。國王有屬於自己的林地、獵場、公園，能舉辦各式各樣的競技遊戲，能獵捕黇鹿以及歐洲馬鹿、狐狸、水獺以及老鷹，另外還有專屬的馬廄以及賽馬場。室內運動則有網球、桌球、幽默短劇、球賽、芭蕾、面具舞會等活動。貴族與士紳也有專屬公園、養兔場、獵鳥場、馴馬場、賽馬場、獵場、可供騎馬的草場，有釣魚、獵捕野禽、放鷹行獵、放狗打獵、雜耍秀、與獵犬玩耍、獵鴨、鬥雞、練習獵鳥涉及、以陷阱獵鳥、獵蝙蝠、釣魚、以網捕魚、打保齡球、撞球、桌球、西洋棋、西洋跳棋、打牌、擲骰子、接球遊戲、猜謎、舞台劇、面具舞會、舞會、跳舞唱歌、練習各種樂器等活動。一般市民與農民則有手球、足球、九柱球、棒球、高爾夫球、棍球、縱狗咬熊、縱狗咬牛、射箭、對雞拋擲物品、雞毛球、保齡球、套環遊戲、跳格子遊戲、摔角，還有只存在於英格蘭的響鈴遊戲。[14]

這串名單看起來已經很詳盡了，卻還沒涵蓋英格蘭所有休閒活動。錢伯倫忘記提到一種來自英格蘭西部地區的板棍球（hurling），這種球賽類似現在的英式橄欖球（rugby），只不過暴力程度遠大過於英式橄欖球。另外，雖然射箭這項活動在復辟時期已成為休閒娛樂，不像中世紀那麼嚴肅認真，不過在倫敦北部的芬斯貝里場，還是固定會有三百五十名左右的射箭手在場練習，每年在約克郡和蘇格蘭也有射箭手爭相競爭的銀箭大獎。[15]偶爾民眾也會突發奇想，到聖詹姆斯公園的運河或結冰的泰晤士河上溜冰，或是到湖上悠閒地划船。小孩子的休閒娛樂則有「替野馬釘馬蹄鐵」跟猜硬幣等小遊戲。另外上面列表中漏掉的成人球類運動，還有板球跟曲棍球，而其中的雞毛球就是我們後來所知的羽毛球。簡單來說，如果你財力雄厚，能將社會上的不公不義、疾病與苦痛拋在腦後，應該能在復辟時期過得很愉快。有這麼多娛樂活動，可能會不知道該怎麼選擇才好，下面就來簡單介紹幾個英國最受歡迎的遊戲或運動。

●垂釣

愛好垂釣的人來到十七世紀英格蘭一定會興奮不已，第一當然是因為這個活動本身，再來是許多垂釣界的大人物都出現在此時期。湯瑪斯·貝克（Thomas Barker）的《貝克的樂趣或垂釣之藝術》（*Barker's Delight or the Art of Angling*）先是於一六五一年出版，兩年後艾薩克·華爾頓（Izaak Walton）的知名著作《垂釣大全》（*The Compleat Angler*）也接著問世。比較這幾本垂釣著作的內容與先後版本、追溯此運動的起源，是一件相當有趣的事。舉例來說，在早期版本中，所有作者都未提及使用捲軸釣魚，但在一六六〇年代修訂的新版中都提到了這項工具。我們在二十一世紀使用的釣魚鉤，是在復辟時期由查理·科比（Charles Kirby）所研發，他也在倫敦開了一家釣魚用具專賣店。釣魚線在此時期也有所改進，在一六六〇年代，民眾開始使用上了清漆的羊腸線。湯瑪斯·巴克在一六六七年改版的書中，首度提到用來釣大魚的魚叉。基於各種釣魚工具的革新，民眾也開始發展出所謂的「飛蠅釣」（fly-fishing），在一六七六年出版的第五版《垂釣大全》中，可見查理・科頓對這種釣魚方式的大篇幅描述。飛蠅釣很快就蔚為潮流。馬加洛堤在一六六九年見到英格蘭漁民釣魚時就非常驚訝，他寫：

> 他們的垂釣方式跟一般手法有很大差異。以前漁民只會把魚鉤固定在同一個位置，但英格蘭漁民釣魚時像揮鞭子那樣不斷四處攪動，有時他們會先收繩，再將魚鉤重新甩出去，重複這幾個動作直到魚上鉤為止。[16]

● 撞球

撞球的歷史可能比你想像的更悠久。撞球可以追溯至一六〇〇年之前。雖然，當年莎士比亞為埃及豔后克麗奧佩托拉這個角色寫的台詞中，出現了「我們去打撞球吧」這樣的話（這句話其實在暗示法老們晚上召妓去了），但撞球並沒有久遠到在古埃及時代就出現。不過在早期，撞球尚未發展成我們所知的型態，反而比較像是桌上高爾夫球。早期民眾將用來打撞球的棍棒描述為「短粗的木棍或短杖」，[17]他們用這根短棍推球，讓球在桌上移動，這就是撞球最初的形式。一六六〇年代，撞球玩家把短棍反過來拿，用短棍尾端來推球。民眾之所以將棍子反著拿，是因為撞球桌旁架有扶手，所以用較粗的那一端推球很不方便。一六七四年，查理・科頓出版第一版《遊戲大全》時，撞球桌旁具有塞了亞麻纖維或棉花的襯墊，桌面跟現代一樣有六個洞，大家都稱之為「接球袋」。有些撞球檯除了具有傳統的樣貌之外，比較像我們現在所知的落袋檯球遊戲（pool），還可能會加裝鐵環或玩九柱球用的柱子。撞球桌售價不低，一六六四年，貝德福伯爵花了二十五英鎊三先令三便士買了一座標準撞球檯，上頭鋪了綠色桌布，並將這座球桌安裝在沃本修道院。[18]不過價格並沒有讓玩家卻步，一六八〇年後，很多城鎮和鄉村中的住家都有撞球桌。約翰．伊弗林、賽謬爾．佩皮斯、約翰．洛克、西莉亞．芬尼斯還有彌松先生只要有空，就會找人打一場撞球。

● 保齡球

查理．科頓在書中提到：「在保齡球草地或球道上拋擲的除了保齡球外，還有時間、金錢跟滿口髒話。」[19]話雖如此，在英格蘭還是隨處可見保齡球專用場地，而且在令你最意想不到的地方也找得到保齡球道。某蘇格蘭人甚至在泰晤士河的大型駁船上架設保齡球場。[20]簡言之，整個英格蘭對保齡球為之瘋狂。薛林克斯還發現在弗利特監獄中也找得到保齡球道，格洛斯特監獄也不例外。[21]幾乎所有貴族與紳士的宅邸中也有打保齡球的草坪。而湯瑪斯．巴斯克維爾在英格蘭旅遊時，也特別紀錄幾間設有完善保齡球草坪的酒館，像貝德福的天鵝酒館、伯里聖埃德蒙茲的公牛酒館、沃頓的喬治酒館還有斯賓漢蘭姆的熊酒館等等。[22]

保齡球為何會如此受人歡迎？首要原因當然是可供民眾賭博。民眾觀賞保齡球賽時，也會跟欣賞其他競技活動一樣賭博下注，也讓這項活動格外刺激。另外一個原因，是因為保齡球是少數男女可共同參與的遊戲，所以夫妻可以自行組隊參加。一六六一年，佩皮斯跟太太就組隊跟另一對夫婦比賽。[23]跟其他運動相比，保齡球還多了社交以及和異性相處的意義。如果你想在保齡球賽中找到真愛，可要先提高警覺，情況跟你想的可能天差地別。根據科頓的說法，打保齡球時最能看出其他參賽者是否心胸開闊、具有幽默感，輸家在這種遊戲場合中更容易顯露真性情，有的人一臉不耐，也有人愁眉苦臉、不斷碎嘴，甚至口出惡言，看一切都不順眼；也有的玩家能性格寬厚，能對比賽結果一笑置之。[24]

●紙牌遊戲

不管何種身分地位，無論有錢或貧困，只要是人一定都會玩牌，但富人和窮人當然不會玩在一起。科頓在《遊戲大全》列了二十多種以上，像是三人玩的牌戲（ombre）、普里美洛（primero）、巴塞特紙牌（basset）、皮克牌（picquet）、盧牌戲（lanterloo）、英式勒弗牌戲（English ruff）、勳章牌（honours）、惠斯特（Whist）、法式勒弗牌戲（French ruff）、勃萊格紙牌戲（brag）、克里比奇紙牌（cribbage）、高牌（high game）、吉里克紙牌（gleek）、全四牌（all-fours）、梭哈撲克（five cards）、彩色牌（costly colours）、百家樂（bone-ace）、鬥智推理牌戲（wit and reason）、記憶牌戲（the art of memory）、簡明牌戲（plain-dealing）、拿撒勒皇后牌戲（queen nazareen）、佩尼徹牌戲（penneech）、翻牌配對牌戲（post and pair）、班加斯列牌戲（bankasalet）以及野獸牌（beast）。如果想了解這些牌戲的規則與玩法，《遊戲大全》就是最佳參考指南。

民眾輸在牌戲上的賭金不容小覷。科頓曾在書裡提到，有些每年靠農地賺入兩千到三千英鎊的莊園園主，就因為沉迷牌戲而傾家蕩產。[25]政府看不下去這種沉迷玩牌而喪盡家產的敗壞風氣，在一六六四年推動《博弈法案》（*Gaming Act*），規定輸家輸超過一百英鎊時，最多只要賠一百英鎊即可。不過紳士跟貴族仕女還是沉迷於牌戲，而且一百英鎊也不是小數目。再者，如果他們到處打牌，還是得不斷從口袋掏出一百英鎊來。

- 西洋棋

想必大家都對西洋棋不陌生，西洋棋在十七世紀又有「皇家遊戲」的稱號，不過當時的西洋棋玩法跟現在有所差異。當你的兵到達對方底線準備升變時要特別注意：你只能將兵變成已被對方吃掉的棋子，也就是說如果你的場上還有皇后，這隻兵就不能升變為皇后。開始下棋之前最好先把規則釐清，畢竟大家對西洋棋賽下的賭注也不小。舉例來說，除了「將死」以及「逼和」之外，還有所謂的「盲和」。盲和就是在敵方已經到可以「叫將」的時候，卻沒有喊出「將死」，因為他還沒搞清楚他其實就要贏了。不過有些人還是會告訴你比賽勝負已揭曉。如果沒有喊出叫將，這場比賽就不算，賭金也要沒收，或是贏家仍算贏，但賭金沒收。

- 板球

西洋棋並沒有隨著時代演進有太大改變，不過板球可就不一樣了。在《遊戲大全》中，科頓完全沒提到板球，直到一七四四年才有正式的紙本版球遊戲規則出現。不過在英格蘭旅遊時，時常能在鄉間看到農村居民在打板球賽。板球的雛形凳子球（stool-ball）發源於英格蘭東南部，來到復辟時期就成為風靡全國上下的運動。板球之所以如此受歡迎，首要原因當然也是因為貴族會在板球賽下賭注。大人和貴族都豪擲鉅額賭金，賭自己的隊伍會獲勝。另外，民眾對所屬農村的信心與歸屬感也不容小覷。對參賽者來說，最重要的與其說是參與感，不如說是能將其他農村隊伍最棒的投手投的球打得老遠，讓他們得跑回自己的村中撿球。

如果想在復辟時期加入板球賽，需要注意幾項規則差異。一般來說，場上只會有一座三柱門跟一名擊球手。球板略呈現弧形，像末端拉長的曲棍球棒那樣。投球手採低手投球，目標是將外頭包了一層皮的球拋進三柱門中，三柱門則是由兩根直柱跟一根橫木所搭成。球可能會貼地飛行或彈地而起，不過三柱門的位置也靠近地面，所以投球位置本來就不高。如果你就打擊位置，必須跑到投手的界線再跑回自己的三柱門，觸碰到裁判手中的杖子才算得分。球場上參賽者的數目不定，當時並沒有十一名選手的限制，而且場上也沒有壘包、手套、棒球帽或既定服裝。而且也沒有確切的隊伍編制：你只要到達現場，等隊長叫你上場即可。女性通常不會參與高額賭注的板球運動，她們反而會玩類似板球的凳子球。通常只有板球隊長的女兒會發脾氣要求父親讓自己上場參賽。[26]

● 擊劍

擊劍在復辟時期仍是年輕紳士教育中重要的一環。在單挑風氣盛行的年代，擊劍就已成為相當熱門的活動。男人會到擊劍學校學習劍術，並在空曠的場地上以棍棒代替劍練習。不過最常在公開場合見到的單挑鬥劍通常不是發生在兩名紳士之間，而是兩名為了獎金或獎盃而戰的勞工。擊劍比賽會在劇院或酒館裡舉行，一旁會有紳士下注看哪一個人會贏。薛林克斯在一六六二年五月到紅牛劇院（Red Bull Playhouse），欣賞一場屠夫與搬運工之間的鬥劍大賽。兩名參賽者家裡因為沒有鬥劍用的武器，只好跟在場的紳士借劍。薛林克斯表示：「場面很嚇人。」[27]在一六六三年，來到林肯律師學院廣場附近的新劇場，也會看到劍士為了逗圍觀群眾開心，揮劍往對手身上刺去。當年六月一日，佩皮斯到場看了一場比賽，並表示：

佔上風的劍士叫馬修，他的劍術相當高明，另一位名叫威斯威克的男子頭上跟腿上都是傷，滿身是血。兩人投入比賽，一來一往、一攻一防，直到威斯威克被逼到困境為止。他們總共用了八把劍，而且每一把劍都輪了三次。這場比賽實在值得一看。我以前總以為這是騙賭金的把戲，今天才發現這是一場因私人紛爭而起的競技。我摸了摸其中一把劍，發現它非常輕，劍鋒比普通的劍還鈍。每一場比賽開始前，雙方的舞台上都會堆滿觀眾丟上去的錢，令人大開眼界。不過現場那些粗野的暴民和嘈雜的喧鬧聲讓我當晚頭痛劇烈。[28]

• 足球

大衛．韋德伯恩（David Wedderburn）在亞伯丁擔任教師，他在一六三三年寫了一本《詞彙》（*Vocabula*），目的是讓學生學習如何在日常生活中用拉丁文溝通。寫拉丁文詞彙書並非新鮮事，數十年來已經有好幾位校長寫過這類著作。不過韋德伯恩的創新之處在於，他在書中加入了足球單元，教授與足球相關的拉丁文用語。一開始該書銷量低迷，畢竟在共和時期踢足球被政府禁止，不過來到復辟時期足球不僅成為熱門運動，該書銷售量也大幅攀升。搞不好二十一世紀的老師也可以採用這種方法，不僅能讓大家重新對拉丁文感興趣，搞不好還能推廣足球？我衷心期待有一天經過足球場的時候，能聽到球員大喊「Praeripe illi pilam si possis agree」（把那個傢伙攔截下來），或是「cavesiam occupabit metam」（你再不小心他又要射門了）。

來到一六六〇年左右，足球這項運動已風行多年，而且也發展出許多未成文的規定。相抗衡的兩隊必須在劃定界線的場地中競賽，場地兩端的球門就是射門目標。兩隊必須具有相等人數，如果有人將球踢出場外導致比賽中斷，就必須從球落地位置將球踢（不是用手拋擲）進場內。球員的目標是踢球，而不是攻擊彼此的脛骨。如果在球落地之前就先用腳接到球，就可以用腳跟在地上做記號，再從這個記號處踢球，別人就不能攔截你了。[29]

不過在復辟時期還是有些地區禁止民眾踢足球。雖然溫徹斯特的少年可以踢足球，但牛津和劍橋大學卻禁止學生踢球。自從共和政府垮台後，許多村莊到星期天就會有人開開心心的跟鄰居踢球。有些清教徒仍認為踢足球是違反安息日規定的行徑，不過思想較前衛的人發現，其實年輕人踢球並沒有比到酒館中買醉還邪惡。彌松先生發現倫敦的街道上有不少年輕人在踢球，表示「這是一種非常迷人的運動」。[30]不過其他外國人卻不這麼認為。有位來自瑞士的旅客發現，許多倫敦年輕人會不小心把球踢到馬車和房屋的玻璃窗上，將窗戶砸個粉碎，而且他們聽到住戶抱怨時竟然還哄堂大笑，這點令他震驚不已。[31]

● 高爾夫球

高爾夫是相當奢華的運動。復辟時期的高爾夫球外層以皮革打造而成，內裡塞滿羽毛。這種球只要被球竿重重一揮，通常就會變形或裂成兩半。所以每名球員每打一洞差不多就要換一顆新球。每顆球要價四便士，所以一場十八洞大概就要付六先令買球。另外，高爾夫球竿也很容易斷，每根球竿大概只能撐十洞，而且前端以鐵製成的球竿每根大約兩先令。[32]當然囉，玩高爾夫球的成本還不只這些。約克公爵詹姆斯在一六七九年造訪蘇格蘭，在那裡打了一場高爾夫。為了符合公爵的身分，愛丁堡的約翰．道格拉斯（John Douglas）提供詹姆斯每顆五便士的球，當天總共花了三英鎊在球上；另外，他也準備數量充足的球竿給場上四位球員，總價為三英鎊九先令兩便士。[33]

據說那場球賽是英格蘭與蘇格蘭人之間正式交鋒的第一場國際高爾夫球賽，詹姆斯也跟在場的英格蘭貴族爭論，究竟高爾夫球是源自英格蘭還是蘇格蘭。在場的英格蘭貴族提出相當有根據的說法：錢伯倫在英格蘭競技遊戲中確實列出了高爾夫球，而且與高爾夫相似的斯托球（Stow-ball）已在英格蘭流行了數百年。不過具有蘇格蘭血統的詹姆斯卻堅持高爾夫球是蘇格蘭人發明。而且個性使然，詹姆斯也沒有把這個問題拋給專業的歷史學者，只說乾脆來比一場，看是蘇格蘭人比較厲害還是英格蘭人比較行。所以他找來一位名叫約翰．派特森（John Patterson）的鞋匠當搭檔，據說他是當地高爾夫球冠軍。所以蘇格蘭的榮耀就由約克公爵與一位鞋匠負責扛起，他們將自視甚高的英格蘭貴族擊敗，歷史懸案迎刃而解。如果所有歷史謎團都這麼好解決就好了。

• 賽馬

賽馬這種休閒活動沒有錢可是負擔不起，從買馬、自行配種，到馬匹訓練費、馬廄設備與獸醫費用，還有馬鞍與馬勒的開銷，以及到外地參賽的旅行成本。查理二世每年就得花一萬英鎊在馬廄設備上。如果你真的是國王，這種「國王運動」的開銷還不只如此。在賽馬活動中，國王必須讓貴賓與貴族賓至如歸，他需要提供頂級的食物與茶水，還要安排娛樂活動。而且在一六六〇年，紐馬克特的皇家養馬場被清教徒毀壞，他們甚至試圖將那些特別育種的賽馬斬草除根。查理二世後來只能幾乎從零開始重建這個活動。

紐馬克特的養馬場花了六年時間重建，後來再度成為舉辦大型社交活動的場所。一六六三年，賽馬活動重出江湖，查理二世更在三年後規劃環迴主跑道（Round Course），供每年十月的比賽使用。為了新規劃的賽道，他還特地寫下二十幾條比賽新規則：賽馬騎師的重量不能超過十二英石，而且他們不能彼此攻擊或將對方拉下馬。另外，馬伕或僕人不能擔任騎士。獲得第二名的騎士不需繳交入場費，他的入場費須由最後一名支付，以此類推。雖然這些規定聽起來沒有什麼特別之處，但特地寫下來卻是史上頭一遭。很多競技活動都是經年累月才終於有確切的比賽規則，而且有些甚至未成文。舉例來說，政府不會管你到底要怎麼玩西洋棋、足球、高爾夫或者是板球。很多運動是直到十八世紀才有正式的紙本規定。

國王的諸多舉動頗受貴族青睞。國王每年在紐馬克特舉辦兩次賽馬集會的習慣，很快就傳到埃普索姆地區。倫敦人也會特地跑到薩里郡的班斯蒂唐斯（Banstead Downs）欣賞賽馬。彌松先生在一六九七年造訪英格蘭時，種馬群培育出來的賽馬已經能在十六分鐘內完成傳統的四英里賽道（二十一世紀的賽馬可在八分鐘內完成）。他還目睹一匹馬在五十五分鐘內跑了二十英里。約翰・奧布里還聲稱自己知道有一頭叫孔雀的馬，曾在索爾斯伯里的賽事以五分多鐘的紀錄完成四英里賽道。[34]雖然這項聲明可信度不高，但我們可以確定就算清教徒想盡辦法要趕盡殺絕，還是可以找到奔馳如電的馬匹。貴族也將高額賭金全部押注在賽馬盛會上，有時他們甚至會在單一賽事中投注兩千英鎊。[35]

• 打獵與放鷹行獵

對很多人來說打獵的輝煌歲月已經過去。樹林中的野豬因為長期被獵捕已瀕臨絕種，民眾開始圍墾土地，從事農業活動，導致獵鹿的這個活動逐漸沒落，放鷹行獵更是迅速退流行。貝德福伯爵還是飼養許多猛禽：一六七一年他總共花了五十一英鎊十四先令在這些猛禽上，其中一頭南非隼要十五英鎊，另一頭蒼鷹則要八英鎊。[36] 雖然國王偶爾也會利用猛禽來行獵，不過馴鷹術卻越來越不受歡迎。

放鷹打獵之所以會逐漸沒落，其中一項原因是越來越多人用狐狸來行獵。只有少數有錢人能養猛禽打獵，但駕馬跟在狐狸後方追逐獵物才是大家都負擔得起、能從中獲得刺激快感的活動。每次跟著狐狸出外打獵必定是一大群人，所以這種活動也具社交意義。復辟時期有不少經過正式規劃的打獵活動，像一六六八年在約克郡的比爾斯戴爾打獵集會（Bilsdale Hunt）。放鷹行獵越來越不流行的另一個原因，是因為更多有錢人開始配槍。一六七一年的《獵物法案》（Game Act）規定，只有每年收入超過一百英鎊的人才能拿槍打獵，所以配槍間接成為身分象徵。另外，買槍比照顧猛禽來得輕鬆；自己用槍瞄準打獵的成就感，也比把手上訓練有素的老鷹放出去來得大。

• 槌球

槌球在復辟時期稱為派爾莫爾（拼法為「Pell-Mell」或「Pall-Mall」），而這種遊戲是在查理一世統治期間傳入英格蘭，並受到貴族雅士的喜愛。這些貴族通常會到倫敦聖詹姆斯廣場南端的派爾莫爾球場打球。槌球在共和時期遭禁，一六六〇年又重獲昔日光輝。槌球場地通常較為狹長，兩端有拱門狀的鐵環。玩家輪流撞擊以黃楊木製成的球，直到球穿過兩邊的鐵環為止。第一位將球打進雙邊鐵環的即為贏家。槌球跟其他復辟時期的運動一樣，會有圍觀群眾押錢下注，畢竟少了賭博的刺激感，很多運動就變得平淡無味。

●賽跑

賽跑可說是歷史最悠久的運動之一。古典文本中常出現賽跑的情節，例如《伊利亞德》（*Iliad*）中的飛毛腿奧德賽，最早的奧林匹克競賽中也有跑步這個項目。雖然如此，民眾始終不認為跑步是一項運動，到復辟時期大家才承認跑步是運動項目，原因我想你們也都猜到了，沒錯，跑步變成民眾賭錢下注的活動之一。就跟賽馬一樣，紳士與貴族會押錢在自己看好的跑手身上。一六六〇年八月，佩皮斯來到海德公園欣賞一場「足部競賽」，參賽者是一名愛爾蘭人和一位名叫克洛（Crow）的英格蘭人。克洛曾任克雷波爾勳爵（Lord Claypole）的男僕，工作是跟在主人的馬車旁小跑步，隨時待命。兩位參賽者總共繞著公園跑了三圈，總長度約為十二英里，而克洛領先足足有兩英里。顯然擔任馬車隨從已將他訓練為跑步好手。三年後，國王來到薩里郡班斯蒂唐斯欣賞一場著名的跑步競賽。兩位參賽者分別是里奇蒙公爵的隨從，名叫李（Lee），另一位則是名為泰勒（Tyler）的知名賽跑高手。大家都把賭金押在泰勒身上，不過這次又是隨從獲勝。[37]

英格蘭的賽跑風氣全是由賭博所帶起，這個說法也不完全正確。我們之前就提過當時的婦女早就穿著襯衣，為了獲得新衣服或銀湯匙而奮力賽跑。在某些城鎮中，也還保有有歷史悠久的團體賽跑。薛林克斯在一六六一年夏天來到肯特郡，碰巧遇上一場「跑步」活動：由二十名男子組成的隊伍聚集在一塊平地的兩個角落，接著就在數百位觀眾而前玩起複雜、混亂的抓人遊戲。[38]不過這些在地的遊戲都沒有成文比賽規定，大家也不以追求卓越為前提。說來諷刺，竟然是因為賭博的緣故，這種活動才變成講求光明磊落、正當正直的運動競賽。

• 凳子球

凳子球跟斯托球不同（下段介紹斯托球），這是一種跟板球相當類似的遊戲。在凳子球當中，凳子的功能就跟板球中的三柱門相同。通常凳子球賽的參賽者全是女性，不過在某些地區可看到男女混合組隊的凳子球賽，獲勝隊伍的獎品則是我們在第九章提過的艾菊雞蛋布丁。不過觀眾通常不會在凳子球賽中下高額賭注，因此這種球賽並未成為熱門運動。這項遊戲的主要功能，大概是讓男孩子跟他們心儀的酪農婦一起玩耍，或是讓他們有機會一嚐可口的雞蛋布丁。

• 斯托球

斯托球也有停球（Stop-ball）之別稱，這種運動就像高爾夫一樣，球員必須用球竿或「棍子」推打以羽毛填充而成的硬球。約翰·奧布里認為只有北威爾特郡、北格洛斯特郡以及薩莫塞特郡部分地區的民眾會從事這項活動，不過斯托球其實頗為常見。約翰·洛克就曾在西敏的托特丘區（Tothill Fields）見過這種比賽。[39]斯托球與高爾夫的差異在於，打高爾夫時選手會將球打進不同的洞中；打斯托球時，球員則會先從一個定點擊球，再走到另一個遙遠的定點，依序用擺在那裡的球竿打擊鄰近的球，最後再走回起點。玩斯托球的時候根本沒辦法聊天，如果有人球技高超，球就會落在幾百碼以外，把對手甩在後方。而高爾夫是一項較為內斂優雅的運動，其用意不單只是靠蠻力擊球，所以參賽者通常不會距離彼此太遠，能在打球的同時一邊聊天。更重要的是，高爾夫球有十八洞，所以可以有十八次下注的機會。

• 桌戲

其實桌戲（table）並非此活動的正式名稱，桌戲指的單純是用來玩雙陸棋（backgammon）的木板，上頭擺有一組骰子。在復辟時期，除了雙陸棋之外還有很多遊戲會用到這塊木板。查理·科頓在《遊戲大全》就列出維克爾（verquere）、大十五子棋（grand trick-track）、愛爾蘭棋（Irish）、雙陸棋、十五子棋（trick-track）、雙對棋（doublets）、六一點牌（sice-ace）和一種稱為「ketch-dolt」的遊戲，都要用到這種板桌。不過他介紹「ketch-dolt」的遊戲規則時，可能會讓人摸不著頭緒，請見下方規則解釋：

> 第一個出牌的先在桌外圍出牌，他有可能會丟出數字顯示為六二的骰子。如果其他人出的點數有二或六，而未從對手的桌面上將同樣的點數拿過來，反而是將一點擺在桌上，他就輸了。如果他碰了桌面上某名男子的身體，把自己出的骰子收回來，也算輸了比賽。

你有看懂嗎？我根本看不懂。還是玩雙陸棋就好了。

• 網球

把草皮跟小黃瓜三明治忘掉吧，復辟時期的網球只在室內進行，也就是我們所稱的「真實網球」（real tennis）或「皇室網球」（royal tennis）。室內球場的左側有一整排棚舍，發球時必須將球發到棚舍的屋頂上，比賽進行時球也可碰觸棚舍屋頂或是右側牆面。球場上有數個箱子，如果球落在箱子裡，就算直接得分。當時的網球規則相當複雜。如果發球方讓網球在發球側彈地兩次也不一定會失分，反而會促成「追分」的局面。發球方在「追分」後，如果讓球第二次彈地時，落在球場較末端的區塊，即可得分。你看懂了嗎？相較之下，科頓解釋「ketch-dolt」的描述還比較直接明瞭。反正，你們只要知道當時的有錢人對真實網球相當著迷就可以了。

• 摔角

此時期的摔角需稍加解釋。你通常能在市集上或其他開放場地中見到摔角賽。在倫敦，如果來到市牆外的摩爾菲爾德或是班克賽德（Bankside）老舊的熊花園都有可能看到激烈的摔角賽。摔角裁判會將兩條皮帶丟進場中，參賽者會將衣服脫到只剩褲子或內褲，把皮帶繫在腰部上方。參賽者不得攻擊對手皮帶以下的部位，但將對手的腳踢開則符合比賽規則。[40]在摔角賽中，你要知道的規定就是這些了。

摔角比賽之所以讓人興奮，其中一個原因是地區之間的敵對意識：例如德文郡和康沃爾人，或是北部跟西部的民眾之間，都存在著長久對立的關係；另外，摔角也是少數賭金能與賽馬匹敵的競技運動。一六六七年二月十九日來到倫敦的聖詹姆斯公園，會看到兩支分別由來自西部和北部的農民組成的隊伍，為了一千英鎊的高額獎金比賽摔角。國王也親臨這場比賽，裁判則由北部的傑哈德勳爵（Lord Gerard）與普利茅斯議會代表威廉．莫里斯爵士（Sir William Morice）擔任。許多觀眾都在這場比賽押了高額賭金。圍觀群眾中有許多來自勞動階層的男男女女，他們奮力嘶吼，彷彿自己也曾參加摔角賽。像伊弗林這樣的紳士則站在周圍的小團體中，看著選手繃緊肌肉、緊抓對方不放，最後摔在地上。某位選手先是將敵方摺倒在硬邦邦的場地上，接著再發動下一波攻勢。獎金與賭注總額之高，大家都入迷地盯著激烈的賽況。[41]

最後我要開心地宣布，這場比賽由來自西部的隊伍獲勝。

觀光

純粹為娛樂和放鬆心情而旅行其實是相當近代的觀念。就連在十六世紀中期這所謂的「探索年代」旅行也是很稀奇的行為。民眾會長途跋涉，一定是有不得不這麼做的理由，多數人都覺得待在家既安全又省錢。不過在復辟時期這個好奇心爆發的年代，民眾因為單純想看看外頭的世界而開始旅行觀光，而且旅遊的風氣更是一發不可收拾，英格蘭也出現許多來自異國的旅客。

許多外國觀光客到英國最想造訪以下四座城鎮：溫莎（因為溫莎城堡）、牛津、劍橋（因為大學）還有倫敦（當然囉）。倫敦裡外最受歡迎的景點則是白廳宮（尤其是伊尼戈．瓊斯設計的宴會廳）、皇家交易所、西敏寺的皇家墓園、無雙宮（凱瑟麥茵夫人在一六八二年下令拆除此建築，並將建材出售）、聖保羅大教堂（在被倫敦大火吞噬前）、漢普敦宮、摩特雷克的皇家繡帷工坊以及倫敦塔。有些地方會收入場費，例如皇家墓園的入場費為三便士，倫敦塔則為十二便士。雖然十二便士不便宜，但這筆錢絕對值得。倫敦塔裡不僅有末日審判書（Domesday Book），還可翻閱威廉一世以降的英格蘭政府檔案，更可參觀皇家動物園、皇家軍械庫（包含亨利八世的盔甲）以及皇家王權之物（Crown Jewels）。一六七一年，湯瑪斯·布魯德（Colonel Blood）試圖在武裝襲擊時偷走王權之物，但最後未果。

最受國內外旅客歡迎的不外乎是巨石陣，大家提到巨石陣時都說這是英國的奇觀之一。芬尼斯、奧伯里、佩皮斯都曾造訪巨石陣，伊弗林親眼目睹巨石陣時還表示：「真是了不起的傑作」。[42] 彌松也指出「為了見巨石陣，千里跋涉也算不了什麼」，他還接著說道：

> 不管這些石頭是本來就在此地還是被人搬運而來，或是這些石頭的作用與功能是什麼，都令人猜不透。歷來已有許多人試著研究、解釋關於巨石陣的一切，但至今仍未有斬獲。[43]

彌松先生最後一句話說得沒錯。有些人認為這些石頭是在古時候被巨人搬到此地建造，有些則認為是薩克遜民族的傑作。有些民眾認為這些石頭跟丹麥人或維京人相關，而伊尼戈·瓊斯覺得那是羅馬人的創作。薛林克斯也親自造訪巨石陣，並提出他曾耳聞的說法：這些石頭當時由梅林從愛爾蘭搬運到英國，並由與薩克遜民族作戰的羅馬將軍安布羅斯（Ambrosius Aurelianus）樹立而起，作為勝利紀念碑。一六六九年，柯希莫三世也與馬加洛堤下車欣賞巨石陣。他們跟其他旅客一樣看得入迷，都很好奇究竟是何等工程奇蹟，能將巨大的石塊堆疊而起。伊弗林試圖拿鑿子從巨石陣上敲下小石塊時，發現石頭比他想像還硬。考古學有潛力揭示我們的過去，像約翰・奥伯里與約翰・柯尼爾斯這種知識分子已經開始意識到這一點，而巨石陣便象徵了那段無紀錄歷史的成熟與神秘。[44]

除了巨石陣，大教堂和華麗的豪宅建築也讓品味獨具的旅人著迷不已。如果你的社會地位夠高，便能暢行無阻地欣賞這些建築的內外細節。畢竟查茨沃斯莊園的家僕不可能帶著勞工和農民參觀華麗的廳堂和偌大的花園。敲敲公爵家的大門，表示自己想參觀豪宅內部，這其實不是什麼很唐突的舉止。有頭有臉的大人物通常不會拒絕高貴旅人的要求。如果莊園裡的花園裡種了橘子樹，芬尼斯登門造訪、表示自己想欣賞橘子樹，主人一定會招待她進門參觀，藉機向她炫耀。如果屋主的宅邸是一棟精緻的都鐸風格建築，裡頭擺放許多剛從法國進口的華麗家具，也必然會歡迎賓客光臨。搞不好這些客人離開後會跟朋友分享屋主的家族背景，以及內部家飾擺設有多豪華，進而增加、鞏固屋主的社會地位。

博物館

你會在紳士貴族的宅邸中找到最令人目不暇給的收藏品。他們有雄厚的財力購買最好的珍品或藝術品，有可靠的管道與賣家聯絡，有足夠的教育水平和藝術鑑賞力，家中更有寬敞的空間擺放這些物件。更重要的是，他們有強烈的慾望讓其他人欣賞自己的收藏。因此在十六世紀末期，學養豐富的紳士總是以自家的「珍奇櫃」為傲。所謂的珍奇櫃就是他們用來擺放新奇物件的房間，裡頭的收藏要不是歷史悠久，就是異國風味濃厚，總是能讓觀者讚歎，開闊對世界的認知。

提到這種博物館的由來，就不得不提「查德斯肯特方舟」（Tradescant's Ark）。這些收藏皆由約翰．查德斯肯特（John Tradescant）和他的兒子約翰．查德斯肯特二世收集而成。約翰．查德斯肯特環遊世界，蒐集珍稀植物標本還有來自俄羅斯與北非地區的文物。他的兒子也曾三度造訪美國，蒐集新品種花卉、樹木、礦物以及貝類。這對父子的人脈相當廣闊，能請人從海外運回珍稀標本，他們也與不少貴族交好，能讓這些大人物透過代理人將新奇的物品送到家中。所以到了一六三八年，查德斯肯特父子的收藏已成為英格蘭博物館之冠。除了常設收藏品外，當年他們的展示品還包含：

> 兩根鯨魚肋骨……蠑螈；變色龍；鵜鶘；鮣魚；某種來自非洲的爬蟲動物；白鵜鶘……飛鼠；一頭長得像魚的松鼠；來自印度的各種鮮豔鳥類；許多化作石頭的物質，其中包含一塊附著在人骨上的人肉……各種貝類；美人魚的手掌；木乃伊手掌……各式寶石；錢幣；一幅以羽毛製成的畫；來自耶穌基督十字架的木塊……兩根犀牛角製成的杯子；西印度群島行刑者使用的印度弓箭（如果有人被判死刑，劊子手就會用銳利的箭頭將犯人的背部劃開，使其流血至死）……維吉尼亞國王的長袍；幾個瑪瑙高腳杯；幾條土耳其人在耶路撒冷配戴的腰帶；一塊精密地刻了耶穌受難記的紫紅色石頭；一大塊磁石……一條據說查理五世用來鞭打自己的鞭子；一條蛇骨……[45]

不知道你們會不會好奇，到底什麼是維吉尼亞國王的長袍？其實那是一件以鹿皮製成的大袍子，上頭綴有數千萬顆白色貝殼，而其所有人則是維吉尼亞印地安人的酋長包哈坦（Powhatan），也就是寶嘉康蒂的父親。但是光看這一小段描述，絕對無法了解該博物館的收藏有多豐富。一六五六年，長達一百八十三頁、專門介紹該博物館的目錄正式問世，此目錄也是全英國第一本博物館刊物，名為《查德斯肯特博物館，又稱倫敦南蘭貝斯的珍奇收藏》（*Musaeum Tradescantianum, or a Collection of Rarities preserved at South Lambeth, near London*）。查德斯肯特郡二世在一六六二年過世後，將此珍奇櫃託付給埃利亞斯·阿什莫萊（Elias Ashmole）。阿什莫萊將查德斯肯特父子的收藏與自己擁有的藏品結合，在一六八三年將所有珍品捐贈給牛津大學，放在為此新建的阿什莫萊博物館（Ashmolean Museum）中展出。

此博物館的特別之處在於參觀的入場費相當低廉，所有人都負擔得起，而且不管何種身分都能入內參觀。很多紳士對此感到不以為然，因為他們不想跟「一般老百姓」一起欣賞這些珍品。如果你也是這樣想的話，我會說這觀點真是蠻橫。曼徹斯特的切薩姆醫院博物館（Chetham's Hospital）也同樣開放讓社會大眾參觀。如果想參觀東印度公司的收藏，特別是在印度之屋（India House）展出的天堂鳥，就必須靠關係才能入場。雖然托馬斯·布朗爵士（Sir Thomas Browne）在倫敦家中雖然沒有特別設置珍奇櫃，但他整個家基本上就是一個珍奇櫃了：他有遠近馳名的蛋類收藏，還有各種獎章、書籍、植物等物件。勞夫·瑟雷斯比不僅造訪過全英格蘭的博物館，更在里茲打造自己家族的博物館，其中最令人嘖嘖稱奇的是一系列的錢幣收藏。來到復辟時期末，全倫敦最受歡迎的博物館即是威廉·查爾頓（William Charlton）家中的珍奇收藏，據說收藏品總價值高達五萬英鎊。另外還有皇家學會在格雷沙姆學院（Gresham College）的收藏，以及財力雄厚的內科醫師漢斯·斯隆爵士的私人珍藏。十七世紀末，漢斯才四十歲，他還有超過五十年的時間可以繼續收購各式文物。漢斯爵士過世時，他的收藏規模已無人可敵。他不僅接收查爾頓的收藏（遺贈），更將探險家威廉·丹皮爾與其他知名英格蘭收藏家等人的文物納入自己的博物館中。而且他受到阿什莫萊的啟發，將自己的收藏全數捐給國家，讓所有人都有機會參觀欣賞。大英博物館中的常設展品絕大部分就是來自漢斯·斯隆。[46]

藝術

在復辟時期，英格蘭的畫廊主要是由皇室宮殿和莊園豪宅所構成。一六九〇年代，英格蘭有大概一萬六千名貴族紳士，假設平均每個人擁有十五幅畫的話（有的人擁有的畫作數量甚至是十倍之多），大概就有二十四萬幅畫了。如果高階神職人員、行政官員還有商人與律師（總共有兩萬四千人）每個人平均有五幅畫，那麼總共就有十二萬幅畫作。另外，加上皇室宮殿、市政廳、同業公會、船長船艙，還有博德利圖書館畫廊裡的畫作，全英格蘭就有超過四十萬幅畫，這還不包含蘇格蘭與威爾斯。當然，還有數以萬計的印刷畫作。復辟時期的「藝術風氣」，在一百年前根本還不存在。如果你是個藝術迷，來到復辟時期就可以花上好幾個月到各地欣賞貴族紳士收藏的畫作。

約翰·伊弗林就是如此，早期他曾到義大利欣賞達文西和其他大師的親筆畫作。現居倫敦的他，已無須為了欣賞畫作而長途跋涉，每次到白廳時他都能順便到宴會廳，抬頭欣賞魯本斯（Rubens）的壁畫。到白廳的其他房間，他也能找到拉斐爾、霍爾拜因（Holbein）以及提香（Titian）的畫作。藝術家薛林克斯就曾說白廳「滿載許多義大利、荷蘭跟其他大師的絕美畫作」。伊弗林在一六七六年與錢伯倫勳爵共進晚餐時，順道欣賞了一幅拉斐爾、一幅達文西和兩幅范戴克的畫作。三年後他到白金漢宮用餐時，也近距離欣賞提香的〈維納斯和阿多尼斯〉（*Venus and Adonis*），還有其他提香、巴薩諾（Bassano）和范戴克的作品。伊弗林對於藝術有極高鑒賞力，因此常受朋友邀約一起參加畫作拍賣會。一六九三年，梅爾福德勳爵（Lord Melford）因經濟因素需出售收藏畫作時，伊弗林就陪著朋友一起參加拍賣會，親睹一幅牟利羅（Murillo）的畫作以八十四英鎊成交（伊弗林認為這個價格很「不錯」），另外還有一幅魯本斯的肖像畫以二十英鎊售出（聽到魯本斯的畫只要二十英磅，你們一定也迫不及待想造訪復辟英國）。隔年，他又在另一場拍賣會上親眼見證馬爾格雷夫勳爵（Lord Mulgrave）以兩百五十英鎊買下科雷吉歐（Correggio）的〈維納斯〉（*Venus*），他表示：「這是我這輩子見過最棒的畫作。」如果你偏好古典大師的作品，來到復辟時期，就算沒有所謂開放給群眾的「國家藝廊」，也不會澆熄你的熱情。[47]

在復辟時期評估畫作時，民眾常用「主題等級」（hierarchy of genres）這個術語。這個說法是在一六六七年由法國作家安德烈·費利比安（André Félibien）提出，並迅速在歐洲流傳開來。在費利比安的理論中，位於最高等次的畫作主題一定與歷史事件或宗教故事相關，其中最受推崇的是寓言作品。接著第二級是肖像畫，然後再往下是描繪日常生活的畫作，例如女傭在門前打掃或主婦清洗魚的內臟等畫像。第四級為風景畫，第五級為活體動物肖像。金字塔最底層則是死亡動物的肖像以及靜物畫。這種分級方式是以畫作傳達的旨意為依據，跟繪畫技巧無關。人像畫所傳達的道德觀念，顯然比動物或靜物畫來得有深度。從這個角度來看，描繪羅馬衰亡的畫作，比池塘中那頭鵝或花瓶中插了一朵花的畫更有意義。這就是十七世紀民眾解讀畫作的方式：將畫作分為藝術與純粹的圖片兩種極端。

不管是在哪位貴族或大人的宅邸中，只要看看屋主收藏的畫作，都能看見安東尼·范戴克爵士

（Anthony van Dyck）的風格所留下的長遠影響。范戴克在一五九九年於比利時安特衛普出生，他跟魯本斯一起進修、旅行至義大利各地，時不時旅居倫敦，最後在一六四一年逝世。范戴克的畫風替英格蘭肖像畫揭開新的一頁。隨便找一幅英格蘭的畫作，你都能從其中的自然主義、畫中人物的姿態與表情，判斷這幅畫是范戴克成名前還是成名後的作品。另外，他也曾協助查理一世購入其他歐洲收藏家的畫作，例如義大利曼切華（Mantua）公爵世家貢札加（Gonzaga）的收藏品。所以就算他已逝世二十多年，還是能在復辟時期的藝術場合聽見他的名號。范戴克之於英國藝術，就如同伊尼戈·瓊斯之於英國建築，他們都是創造出偉大傑作的已故大師。

范戴克時期後，出現不少優秀的畫家，許多來自歐洲大陸的優秀藝術家都在復辟時期現身。首先必須介紹的是彼得·萊利爵士（Sir Peter Lely），他取代范戴克在英國內戰前佔領已久的大師地位。一六一八年生於西伐利亞的萊利在范戴克過世後來到倫敦，替一群貴族客戶作畫。查理二世在一六六〇年回歸英國時，萊利的經驗與才氣也讓他足以獲得夢想已久的要職，成為皇室首席畫家。他不僅替國王、皇后、國王的情婦、約克公爵夫婦和其他貴族繪製肖像，更創作幾幅宗教畫作。另外，他還繪製好幾個肖像系列，像是〈溫莎美人〉（*The Windsor Beauties*，他以宮廷中最美艷動人的十二名女子為題，繪製一系列四分之三身長的肖像畫），以及替史賓賽勳爵（Lord Spencer）在奧爾索普（Althorp）的宅邸繪製類似的美人系列肖像畫。另一個他替約克公爵創作的系列稱為〈旗手〉（*The Flaggmen*），幅畫中的主角為曾參與二次荷蘭大戰的資深海軍官員（這幾位頭髮灰白的官員就不能用「美麗」來形容了）。如果想請他替自己畫肖像，要跟他提前預約來到他位在柯芬園廣場北面的住家後，先是坐在他面前一個小時，讓他畫出粗略的姿勢及臉部和手部，剩下細節則交由底下許多助手的其中一位完成，然後跟你索取最高價的費用。一六七〇年起，繪製頭部肖像畫要二十英磅、半身則要三十英鎊，全身肖像則為六十英鎊。還記得我們在第八章節提過的布里斯托畫家約翰·羅斯沃姆嗎？請他繪製一般尺寸的肖像只要七先令，大幅肖像畫則為十五先令。所以，萊利能迅速累積財富也不令人意外，不過他沒有將財產拿去購置房產，而是將錢花在更多畫作上。他在一六八〇年過世時，已是全歐洲收藏最多畫作的收藏家之一。在他收藏的五百七十五幅畫中，有魯本斯、丁托列托、巴薩諾，以及二十四幅以上的范戴克畫作，印刷畫的數量還高達一萬幅以上。[48]

萊利過世後，他身為首要貴族肖像畫家的地位，迅速由兩名外國畫家接下，他們是生於荷蘭的威廉·維辛（Willem Wissing）以及來自呂北克（Lübeck）的戈弗雷·內勒爵士（Sir Godfrey Kneller）。這幾年間英國藝壇的國際化程度，從這些知名畫家的多元背景就可見一斑。一六八五年十月，伊弗林特地請「有名的內勒」替自己繪製肖像。一六八九年，他再次委託內勒替自己畫一幅要送給賽謬爾·佩皮斯的肖像，這次伊弗林手中拿著自己的知名著作《希瓦》（*Sylva*）。「內勒展現的繪畫技巧從未如此高超」，[49]伊弗林如此描述那幅畫。對於當時另一位肖像畫家約翰·麥可·萊特（John Michael Wright），伊弗林和佩皮斯就沒有這麼推崇。佩皮斯在一六六二年六月的某天同時造訪萊利和萊特的工作室後，表示他倆的畫作等級有天壤之別。一六七三年，伊弗林在市政廳中細細審視萊特替法官繪製的肖像時，表示：「我不覺得萊特是什麼了不起的畫家。」[50]不過接下這系列肖像畫委託案時，萊特可是收了一千多英鎊的費用。雖然萊特獲得的評價不高，但復辟時期最具代表性的肖像畫卻是出自他之手。在一幅全身肖像畫中，查理二世坐在寶座上，頭上戴著皇冠，手中握著王權寶球以及權杖。他視線筆直地看著你，讓觀畫人感覺自己彷彿犯了叛國罪，正在受審似的。這幅作品的畫面一點都不曖昧，只能用強而有力來形容。如果身為一位優秀畫家的條件，是能讓觀畫者在視線離開畫布後，影像仍在腦海中徘徊不去，那不管伊弗林怎麼想，萊特無疑是一位傑出的藝術家。

在英國的鄉間豪宅欣賞出自諸多畫家之手的畫作時，你一定能找到自己屬意的作品。不過，十七世紀結束後，許多優秀藝術家的名字逐漸被淡忘，所以我想在此多提幾位。首先，你會發現許多知名畫家要不是來自異國，就是曾在國外接受繪畫訓練。例如最優秀的幾位肖像畫家就是如此，有約翰·克洛斯特曼（John Closterman，生於德國奧斯納布魯克〔Osnabrück〕）、雅各·惠斯曼（Jacob Huysmans，生於安特衛普）、傑哈德·索伊斯特（Gerard Soest，生於西伐利亞）還有約翰·麥地納（John Baptist Medina，西班牙裔，生於布魯塞爾）。提到風景畫家，就有亞丹·德科羅納（Adam de Colonia，生於荷蘭鹿特丹）、艾德里安·凡迪斯特（Adriaen van Diest，生於荷蘭海牙）以及揚·希伯勒斯特（Jan Siberechts，生於安特衛普）。知名的歷史畫家則有麥可·達爾（Michael Dahl，生於瑞典斯德哥爾摩）；歷史壁畫家除了維利歐之外，還有來自法國凡爾賽的路易·拉格爾（Laguerre）。想到當代最優秀的海軍畫家，就必須首推威廉·凡·德韋德（Willem van de Welde，來自荷蘭萊頓〔Leiden〕）。就在英國向外拓展版圖，與遠東地區國家經商貿易，到西印度群島和北美地區設立殖民種植園時，其他歐洲國家的文化也流入英國，讓英國文化更加多采多姿。

提了這麼多外國畫家，你可能會以為英國本地沒有半個優秀的藝術家。絕對不是如此。在復辟時期，英國也出現不少值得一提的畫家，不管是在業餘還是專業領域都是如此。伊弗林和佩皮斯的太太都將繪畫當作興趣，勞夫·瑟雷斯比也在一六七七年以兩先令六便士買了一組六十色的蠟筆，準備回家臨摹新教創立人的肖像。[51]在專業領域也有許多值得一提的名家，像是萊利的學徒約翰·格倫希爾（John Greenhill），有些人說他的技巧已可與師父相提並論。雖然約翰已婚，但跟劇作家艾芙拉・班恩仍有一段私情。住在柯芬園的他生活放蕩不羈，三十五歲就因飲酒過量而死。另外還有一位名叫艾薩克・富勒（Isaac Fuller）的畫家，同樣酗酒成性的他曾替牛津大學教堂的天花板與幾間倫敦酒館的牆壁繪製裸身仙女畫。富勒曾替許多作家繪製肖像，也創作過幾幅描繪查理二世從伍斯特戰役逃脫的歷史畫，那幾幅畫雖然看似怪異，風格卻相當鮮明。富勒的學徒約翰・雷利（John Riley）不僅在繪畫風格上比師父更保守，私生活也更檢點。威廉與瑪麗登基後，約翰・雷利變成為宮廷畫家。他打破傳統，替宮廷中的皇室僕人繪製一系列全身肖像畫，其中包含替國王清理夜壺的女僕布莉姬・赫姆斯（Bridget Holmes）。除了這些打破常規的特殊畫家外，也有許多走在正統繪畫道路上、講求完美精湛的藝術家，像復辟時期初最優秀的微圖畫家賽謬爾・庫柏（Samuel Cooper），以及十七世紀末的湯瑪斯・弗萊特曼（Thomas Flatman）。他們畫作中的人物栩栩如生，總令觀畫人以為畫中人物是活生生的人，而自己才是被畫中人觀察的對象。蘇格蘭最知名的肖像畫家則為約翰・斯庫蓋爾（John Scougal）。羅伯・羅賓森（Robert Robinson）則試圖推翻、消弭繪畫等級論中的界線，創作出涵蓋上至歷史寓言畫、下至風景靜物及不同主題的畫作。另外，更才華洋溢的還有羅伯・斯特利特（Robert Streater）。他繪製的風景畫極具開創性，完全可與荷蘭風景畫家相比。不僅如此，他還替牛津的謝爾登劇院（Sheldonian Theatre）天花板繪製壁畫。一六六九年，佩皮斯、建築師克里斯多佛・雷恩跟友人到劇院欣賞畫作，就有人表示這幅畫跟魯本的作品不相上下。[52] 雖然民眾對動物和靜物畫的評價不高，不過法蘭西斯・巴洛（Francis Barlow）卻窮盡一生心力，繪製精湛細緻的鳥類、動物畫像，後來還成為首位英國專業蝕刻師（etcher），彌補他「低下」的藝術等級。[53] 另外不能遺漏的還有馬爾麥杜克・克雷達克（Marmaduke Craddock），他繪製的小鳥畫像色彩之鮮豔和栩栩如生，另人一見就不禁開心地揚起笑容。因為他繪製的對象都是鴨子，所以沒有人會把他跟魯本斯相提並論，不過他還是在繪畫藝術界佔有一席之地。如果你看到他繪製的鴨子，就會明白我的意思。

最後，讓我們歡迎首批專業繪畫界中的女性畫家。復辟時期初，威廉・山德森（William Sanderson）點出四位優秀的英格蘭女性畫家，分別為喬安・卡里爾（Joan Carlile）、瑪麗・畢爾（Mary Beale）、莎拉・布魯曼（Sarah Brooman）以及魏敏斯（Weimes）。[54]後兩位女畫家相當低調，前兩位的風格則大膽突破，開創新風格。山德斯將此時期最重要女畫家的頭銜頒給卡里爾。她常將女性顧客描繪成身穿精緻白色緞面洋裝的女子，並以至福樂土（Elysium）的樹林作為肖像畫背景。一六七九年卡里爾過世後，或者在她過世的前幾年，瑪麗・畢爾便竄出頭，成為英格蘭繪畫界女王。她的丈夫查理・畢爾是某專利辦公室的副書記員，他陷入職涯困境時瑪麗便扛起家務，成為專業藝術家，請丈夫跟兒子擔任助理。瑪麗繪製全身肖像畫的收費僅十英鎊，半身畫則為五英鎊，她很快就吸引不少來自上流社會的客戶。彼得・萊利拜訪她的工作室時感到相當佩服，也邀請她到自己的畫室參觀。一六七一年，她的年收入為一百一十八英鎊，一六七七年增為四百二十九英鎊。年收入來到這個水平後，瑪麗總是將其中百分之十撥給需要幫助的窮人，而且繪畫風格變得更自由、更忠於自我。她的小兒子查理・畢爾承襲母親的專業，在她一六九九年逝世後，成為名聲響亮的肖像畫家。

圖書館與文學

雖然超過半數以上的男性識字，但真正擁有書的人卻不多，很多識字的民眾甚至連聖經都沒有。每十個英格蘭人中大概只有一人擁有聖經，其中多數人家裡也只有一本聖經，而沒有其他書籍。[55]如果想找書、看書，教會圖書館和莊園中的藏書間就是當地重要的書籍資源。很多城鎮的教會圖書館裡都有五十到一百本書，主要都是神學相關書籍，大教堂的藏書規模則更大。莊園主人碰到有頭有臉的社會賢達想造訪自己的藏書間，也同樣不會拒人於千里之外，就像他們樂於向別人炫耀自己的莊園那樣。舉例來說，萊夫．喬思林就曾造訪曼德維爾勳爵（Lord Mandeville）在金伯爾頓城堡（Kimbolton Castle）中的圖書館，詩人安德魯．馬維爾（Andrew Marvell）也曾造訪安格爾西（Anglesey）伯爵倫敦家中的私人館藏。[56]如果住在肯特郡的諾思弗利特（Northfleet），離你最近、規模最大的圖書館就是內科醫生兼旅行家愛德華．布朗（Edward Browne）的私人圖書館，裡頭大概有兩千五百本書。諾福克郡的愛什維爾霍普莊園（Ashwellthorpe Hall）的圖書館中，有超過一千四百本書；歷史學者彼得．萊斯特爵士家中有一千三百三十二本書，德文郡的艾希府（Ashe House）中則有三百四十本。[57]

此時期英國規模最大的私人圖書館是安格爾西伯爵亞瑟．安尼斯利（Arthur Annesley）的私人館藏，他總共擁有三萬本書，其中多數都存放在德魯里巷的宅邸中。可惜的是這系列藏書在他一六八六年過世後就被打散、拍賣。伊弗林於一六八九年親自造訪的伍斯特主教愛德華．司迪林費里特（Edward Stillingfleet）於特威克納姆（Twickenham）住宅中的圖書館，他認為這座有六千本書的藏書間是當時倫敦第二大的私人圖書館。伊弗林自己也有五千本印刷書籍與五百本手稿，數量不容小覷。

不過在安格爾西伯爵的藏書被拆散之後，他一直很憂心倫敦已經沒有值得造訪的私人圖書館，而且很多重要的手稿收藏都只在學者之間流傳。羅伯·科頓爵士（Sir Robert Cotton）家中圖書館的八百份中世紀手稿，基本上不開放外人參觀翻閱。身為溫莎大教堂教士的艾薩克·沃斯博士（Dr Isaac Vossius）也有一間收藏七百六十二份手稿的圖書館，安東尼·伍德（Anthony Wood）曾說這是「世上最棒的私人圖書館」。不過這些手稿與書籍也同樣不向外界開放，並在沃斯博士於一六八九年死後紛紛拍賣一空。「舊皇家圖書館」（Old Royal Library）從愛德華四世掌政時期開始收藏的兩千多份手稿，也全被鎖在聖詹姆士宮中。[58]這些手稿在復辟時期始終沒有被善加利用，實在可惜，要等到下一個世紀才終於重見天日。

此時期最像公共圖書館的大概就是曼徹斯特的切塔姆圖書館（Chetham's Library）。當地富商韓佛瑞·切塔姆（Humphrey Chetham）逝世前，在遺囑中表明要成立這座圖書館，讓「學者和其他知識分子充分運用」，而這座圖書館也在一六五五年對外開放。雖然該館規模不大，但藏書量穩定增加。一六八五年，切塔姆圖書館收了兩千四百五十五本書，所有書都用鐵鍊綁在書架上以免遭竊。[59]另一座規模更大的研究型圖書館則是牛津的博德利圖書館（Bodleian）。一六一〇年，創辦人湯瑪斯·博德利（Thomas Bodley）跟英國文具商同業公會訂了契約，將每一本在英格蘭出版的書收入圖書館中。另外，私人捐贈也讓博德利圖書館每年的館藏成長率大增，像是在一六五四年，律師約翰·瑟登（John Selden）就捐了八千本書。許多牛津的學院也有品質不錯的圖書館，伊弗林就非常讚賞莫德林學院（Magdalen College）、基督堂學院（Christ Church）、大學學院（University College）和貝利奧爾學院（Balliol College）的圖書館。[60]所以如果你想認真進行學術研究，就要來牛津。如果來到劍橋，三一學院圖書館（Trinity College Library）則是最佳選擇。

要是你想要建立自己的書籍收藏的話，新書的售價跟製作成本成正比，所以書越大本價格就越高。對開本聖經是尺寸最大、印刷字體最大以及排版最佳的書本類型，一本要價大概十先令，而四開本則要七先令，八開本則為四先令（相當於現在常見精裝書的尺寸）、十二開本則為三先令六便士（尺寸大約與現在平裝書相同，印刷字體最小）。[61]根據《一六六六年可怖倫敦大火後英格蘭印刷出版書籍目錄》（*A Catalogue of all the Books Printed in England since the Dreadful Fire of London, 1666*，一六七三年）記載，一本全新、分上下兩冊，由約翰・奧格比（John Ogilby）印製，並附有插畫的對開《伊索寓言》（*Aesop's Fables*）售價為三英鎊；約翰・彌爾頓的初版四開本《失樂園》（*Paradise Lost*，一六六七年）要價三先令，而彌爾頓的《復樂園》（*Paradise Regained*，一六七一年）的初版八開本，定價則是較低的兩先令六便士。[62]珍本書的售價就更高。一六八八年二月，在一場倫敦的書本拍賣會上，要花超過九英鎊十五先令才能買到約翰・傑勒德（John Gerard）的《草本植物或植物基本簡史》（*The Herball or Generall Historie of Plants*，一六三三年出版第三版），尚・布勞（Jean Blaeu）的《偉大地圖輯》（*Le Grand Atlas, ou Cosmographie blaviane*，全十二冊，一六六三年於阿姆斯特丹出版）的成交價更超過四十英鎊。[63]雖然這些書本的售價在當時已相當高，不過跟二十一世紀的古籍售價相比還算不了什麼，所以當時的貴族富豪仍有辦法收購這些價

英國新書出版數量，一六一〇至一六九九[64]

	1610 年代	1620 年代	1630 年代	1640 年代	1650 年代	1660 年代	1670 年代	1680 年代	1690 年代
英格蘭	4,290	5,029	5,578	18,455	12,658	11,344	11,975	18,538	17,116
蘇格蘭	134	147	214	403	285	356	393	895	1289

值不菲的書本。順道一提，兩本第四版對開本、於一六八五年出版的莎士比亞劇作，才在同一場拍賣會上各以十五先令售出。

如果在復辟時期末造訪英格蘭，當你在挑選要讀哪一本書的時候，在這時期你就會有最多的選擇。在十七世紀，新書出版的比例（包含小手冊）每十年都會增加三倍。在蘇格蘭，新書增加的比例更高達八倍，請見下表。

從中世紀到一七〇〇年，全英格蘭總共有超過十二萬本書印刷出版，蘇格蘭則有四千四百多本。不列顛群島在復辟時期的四十年間印製出版的書本數量，跟前兩百年內的出書量一模一樣。此外，上表並未列入在其他國家出版的英文書籍，像是在一六一〇年至一六九九年間，就有七百四十六本英文書在低地國家出版，法國有七百零二本、德國二十五本、瑞士八本、義大利八本，美國則有九百二十五本。

●散文

至於書籍內容，大部分十七世紀民眾偏好神學相關著作。在前面提到的《一六六六可怖倫敦大火後英格蘭印刷出版書籍目錄》當中，記錄了從一六六六年十月到一六七二年十二月的出版品，整整七十九頁中，就有二十二頁介紹的出版品是神學相關著作。第二大類是佔了十頁的歷史類書籍，再來是九頁半的法律與政府法案書籍，醫學類書籍佔了六頁，詩與劇本也有六頁，建築、音樂、園藝、科學和食譜則各有不到一頁的篇幅。小說這個類別尚未出現。很多復辟時期的民眾的生活習慣跟二十一世紀民眾大同小異，閱讀習慣卻剛好相反。在十七世紀，民眾閱讀的書籍類別中，超過四分之一為神學著作，但在二十一世紀卻是以小說為大宗。復辟時期的人不讀小說，而二十一世紀讀神學書籍的人則少之又少。[65]

不過小說在十七世紀開始竄出頭。一六七八年，約翰．班揚出版《天路歷程》（*The Pilgrim's Progress from this world to that which is to come, delivered under the similitude of a Dream*）；十年後，艾芙拉．班恩也推出《奧魯諾可》，描述了一名虛構的王子在西班牙美洲殖民地對抗奴隸制度的故事。這兩本書無疑是小說，而且其中帶有強烈道德教化意味。如果想追溯英格蘭小說的源頭，這兩本是不錯的起點。不過你要知道，「小說」（novel）這個詞在當時指的是短篇羅曼史，所以把班揚和班恩的作品歸類為小說，他們可能會不太開心。如果是從愛情故事的角度來看，有幾本著作可被歸類為最早的英文小說，像是同時於一六七七年出版的《威爾斯王子都鐸：一本歷史小說》（*Tudor, a Prince of Wales: an historical novel*）以及《卡貝羅與碧安卡：小說》（*Capello and Bianca: a novel*）。若將時間軸往前推，則有以冒險故事為主，以「放逐」為題的虛構作品，讀起來就像二十一世紀的科幻故事。其中一本冒險小說是亨利．內維爾（Henry Neville）的《松樹島》（*The Isle of Pines*，一六六八年）。該書男主角被放逐到一座熱帶荒島，島上有豐富的食物和四名年輕貌美的女子。後來他與這四名女子繁衍後代，建構出四大部族。再早期還有一本瑪格麗特．卡文迪什（Margaret Cavendish）寫的《燃燒的世界》（*The Blazing World*，一六六六年）。在這本奇異的小說裡，主角是一位在航向北極途中發生船難，因而來到一個「燃燒的世界」的女子。她嫁給當地君王，發現他臣民的皆具有熊、狐、鵝、蟲、魚、蒼蠅、喜鵲還有螞蟻等形體。該女子返鄉後，便協助丈夫征服現實世界。如果加上從法文譯成英文的小說，就有更多選擇了。一六六〇年十二月，佩皮斯坐在床上跟老婆一起讀書，他讀著湯瑪斯・富勒（Thomas Fuller）的《英國教會史》（*Church History of Britain*），老婆則翻著法國作家瑪德琳・史居禮（Madeleine de Scudéry）於一六五〇年代出版的小說《艾達曼》（*Artamène, or the Grand Cyrus*）。你或許會猜佩皮斯太太讀的書一定是很薄、讀起來輕鬆，不過《艾達曼》總共有十冊，總字數約有兩百萬字。不管你怎麼界定「小說」這個類別，《艾達曼》絕對是史上篇幅最長的小說作品。[66]

佩皮斯在一六六〇年十二月選讀《英國教會史》，顯示出當時民眾對歷史書籍的偏好。如果你對早期偉大歷史鉅著稍有了解，一定會對這些書籍的數量感到懾服。吉爾伯特・柏爾內（Gilbert Burnet）的《英格蘭改革史》（*History of the Reformation in England*）的前兩冊分別在一六七九年和一六八一年出版。克蘭頓伯爵在這幾年的時間撰寫《英格蘭社會運動與內戰史》（*The History of the Rebellion and Civil Wars in England*），但這套書到一七〇二至一七〇四年才正式出版。其中最重要的作品，應屬威廉・杜格戴爾爵士（Sir William Dugdale）的歷史鉅著《基督教聖公會修道院》（*Monasticon Anglicanum*，全三冊，一六五五年至一六七三年出版）以及《英格蘭男爵》（*The Baronage of England*，全三冊，一六七五年至一六七六年出版）這兩套書也在復辟時期問世。這幾部作品替歷史書寫開創了新局面——在書中更為重視歷史細節、錄入參考資料來源，也詳加描述了英格蘭史上重要的貴族和大家族。其他歷史學者參考杜格戴爾的書籍，撰寫出更多聚焦於全國和在地歷史的高品質研究著作。我個人特別受喬舒亞・巴恩斯（Joshua Barnes）的權威著作啟發：《史上最成功的君主愛德華三世》（*History of that Most Victorious Monarch Edward III*，一六八八年）。這本超過九百頁的對開本君主傳記，在二十一世紀前一向被視為描述愛德華三世最出色的作品。而佩皮斯的睡前讀物《英國教會史》的作者湯瑪斯・富勒，也在一六六二年出版《英格蘭知名人物史》（*The History of the Worthies of*

England），他在書中介紹各郡縣鼎鼎大名的紳士。後來該書成為最早的傳記字典，成為後世許多作品的參考來源。雖然復辟時期最為知名的發展是科學革命，但我們常常忘記，歷史書寫在這一時期也經歷了巨大的進展。

一六五一年，湯瑪斯．霍布斯出版了《利維坦》（*Leviathan*），就此掀起哲學書籍熱潮。一六六六年，英格蘭議會抨擊這本書，認為社會上的無神論和褻瀆上帝等風氣都是由該書帶起，更表示當時的瘟疫和倫敦大火也是該書招來的惡果。幾位上議院的主教都指出應該將年已七十八歲的霍布斯以散播異端思想為由判處火刑。一六八三年，也就是霍布斯死後的第四年，《利維坦》跟他的其他著作都在公眾場合被丟進火中焚燒。

為什麼《利維坦》會造成如此反彈？因為霍布斯在書中首度讓知識分子接觸所謂「社會契約」的概念，也就是支撐所有政治生活（political life）的每個社會成員之間的協議。霍布斯回到基本的原理，討論為何會有社會的存在。他想像人類的「原始狀態」是「孤單、貧窮、粗鄙、野蠻而且短視」。他認為在這種原始狀態下每個人都享有多種權利，其中包含殺人的權利，但他們可以捨棄部分權利，和平地生活在一起。例如，一群人必須協議保護對方，才能共組強健的社群、抵禦外敵。這就是社會契約的基礎，也是政府的根基。另外，霍布斯認為統治只有三種型態，也就是君主制、貴族制以及民主制，並指出君主制是最理想的狀態。不過他也強調君主的權力是來自社會契約，而非由上帝賦予，所以宗教對政治不具影響力。因為這項主張，他挑戰早期君權神授的概念，讓自己陷入水深火熱之中，更讓自己的書被拋進火堆。這也是為何在欽定版聖經出版的一六一一年到《自然哲學的數學原理》的一六八七之間，《利維坦》被視為英格蘭最重要的出版品。

後來有許多哲學家承接霍布斯的主張，其中最著名的則為約翰．洛克和阿爾格農．西德尼（Algernon Sidney）。洛克從社會契約為君主權力之基礎的觀點出發，在《政府論》（*Two Treatises of Government*，一六八九年）中指出，國王的職權在於維護人民的生命與自由，所以他的權力並非至高無上、不可撼動。如果君主的權責不符，施政沒有符合全體人民的利益，其權力就該被拔除。不用說，這項政治理念在當時可能掀起一場政治動盪，奇怪的是，民眾並沒有把這個理論當一回事。或許這也是一件好事吧。阿爾格農．西德尼在一六八三年出版的《政府論》（*Discourses Concerning Government*）中也提出類似的論述，認為君主並不具有至高無上的權力，也反對君權神授。他的觀點跟霍布斯雷同，指出統治的正當性來自人民；如果人民不同意，君主就無權施政。這本書的觀點犀利不含糊，結果完全踩中國王的底線。查理二世下令以叛國罪將他逮捕，法官喬治．傑佛瑞斯濫用職權，直接判西德尼有罪。一六八三年十二月七日，他被當眾砍頭。在斷頭台上，希德尼對眾人說道：「我們這個世代總是將真相視為叛亂」，並宣告他堅信自己寫下的理念。他著實是一位因自由殉難的烈士。

• 詩

在復辟時期，「文學」通常指的是詩。彌松先生表示：

> 英格蘭人對詩極為重視。雖然全世界幾乎只有不列顛群島的人說英文，但他們總認為英語是世上最美的語言，談到詩作他們更是自豪不已。英格蘭人朗讀詩句時，總帶著獨特的抑揚頓挫腔調。一個

人朗讀散文跟唸詩時的音調相差十萬八千里。讀詩時，他們的語調輕柔和煦，他們為詩著迷、為詩癡狂。[67]

彌松先生所言甚是。不過是哪些作家有辦法軟化英格蘭人的心，讓他們陶醉其中呢？

不管在哪個年代，市場上售出的詩作中，好像四分之三都是已故詩人的作品；在當代詩人的作品中，大概有四分之三的銷量都是那兩、三位知名詩人的創作；而其他賣出的詩集裡，有四分之三都是由詩人的家人或朋友購買。馬加洛堤在為義大利讀者列出主要的英格蘭詩人時，提到喬叟（Chaucer）、史賓賽（Spenser）、德雷頓（Drayton）以及莎士比亞（Shakespeare）——都是已故詩人。[68]從《一六六六可怖倫敦大火後英格蘭印刷出版書籍目錄》中列出的書目來看，更能確定已故詩人的影響力不容小覷。舉例來說，裡頭就舉出一六六六年至一六七二年間出版的伊索（Aesop）、維吉爾（Virgil）、賀拉斯（Horace）、奧維德（Ovid）和其他十位已故英格蘭詩人的詩集。扣掉那些作者不具名的詩集，只有九位當代詩人在這六年間出版新作品，分別為：亞伯拉罕・考利（Abraham Cowley）、約翰・鄧罕姆爵士（Sir John Denham）、亨利・金恩（Henry King）、瑪格麗特・卡文迪什（Margaret Cavendish）、約翰・彌爾頓、約翰・德萊頓、愛德華・霍華（Edward Howard）、艾德蒙・沃勒（Edmond Waller）以及羅伯・瓦爾德（Robert Wild）。當代民眾認為瑪格麗特・卡文迪什是史上最差勁的詩人，伊弗林的老婆甚至覺得她根本不該被允許外出，更別說出版詩集了。

談到要讀哪些詩，你的選擇可能會受查理二世的影響。一六六八年，查理二世破天荒欽定桂冠詩人，這是英國第一次正式授與這個頭銜。首位被指派為桂冠詩人的約翰・德萊頓不僅寫詩，也能創作劇本。不過他傻傻地跟著查理二世皈依羅馬天主教，所以一六八九年威廉與瑪麗登基，後就必須卸下桂冠詩人的頭銜。他的繼位者是信奉基督新教的詩人對手湯瑪斯・夏德威爾（Thomas Shadwell），德萊頓常批評他的作品空洞、沒深度。一六九二年，夏德威爾逝世，那姆・塔特（Nahum Tate）接下桂冠詩人的頭銜。如果有人要列「死前必讀的復辟時期出版品」，一定不會猶豫是否該納入塔特的作品。不過，得到桂冠詩人的頭銜，並不代表其作品一定是一六九〇年代的最佳詩作——我並不是刻意要對塔特不敬，畢竟他曾嘗試翻譯吉羅拉莫・弗拉卡斯托羅（Girolamo Fracastoro）一首以英雄雙韻體（heroic couplet）寫成，關於梅毒的拉丁文詩。那首詩長達一千四百行，光是此舉就值得我們脫帽致敬。

所以，到底該讀哪個詩人的作品呢？

長年來，詩選的出版從未間斷，所以你腦中大概已經有了十大詩人排行榜，分別為約翰・彌爾頓、約翰・德萊頓、塞繆爾・巴特勒（Samuel Butler）、安德魯・馬維爾（Andrew Marvell）、亞伯拉罕・考利（Abraham Cowley）、亨利・禾根（Henry Vaughan）、湯瑪斯・特拉納（Thomas Traherne）、第二代羅徹斯特伯爵約翰・威爾默特（John Wilmct）、埃德蒙・沃勒（Edmund Waller）以及約翰・奧爾沙姆（John Oldham）。其中有幾位詩人在我們所處的二十一世紀被列為玄學派詩人（metaphysical poets），例如特拉納、禾根以及馬維爾，不過在當時並沒有這個流派，他們自己也不這麼認為。另外，馬維爾在復辟時期的名聲也不比他死後來響亮，他的作品〈致羞怯的情人〉（To His Coy Mistress）和〈愛的定義〉（The Definition of Love）都是在現代才備受推崇的創作。馬維爾的抒情詩作在他生前並未付梓出版，直到他過世後三年，他的妻子才在一六八一年替他出版《雜詩》（*Miscellaneous*

Poems）。塞繆爾・巴特勒的名氣全是靠《胡迪布拉斯》（*Hudibras*）而來，雖然他後來也創作不少風格類似的作品，但都無法企及《胡迪布拉斯》在初期的成功。羅徹斯特伯爵在世時從未出版任何詩作，他的作品只以手稿的方式在朋友同好之間流傳，讓大家或欣賞或厭惡。他的生命就像燦爛的火光一樣閃爍耀眼，但也稍縱即逝。亞伯拉罕・考利的作品在一六六〇年前就已出版，亨利・禾根與埃德蒙・沃勒也是如此。不過沃勒最著名的作品〈書中最後一節詩〉（Of the lase verses in the book）出現在他的第五版《詩集》（*Poems*），這一版直到他死前一年，也就是在一六八七年才出版。

風暴止息，大海一片平靜；
激情消退，我們異常安靜。
曾癡迷的追逐是多麼徒勞，
閃瞬即逝的事物終將流失。
稚嫩雙眼中情愛的雲翳遮蔽視線，
空洞與虛無隨著歲月慢慢浮現。
靈魂是黑暗的小屋，腐朽破敗，
新生的光芒隨時間催化灑進屋裡。
智者邁向永恆的途中，
因脆弱而顯得更強壯。
睜開雙眼，他們站在新世界的入口，

殘破與老舊被留在身後。

接著我要回來談復辟時期最知名的詩人約翰．德萊頓。一六五八年十一月二十三日，德萊頓跟彌爾頓還有馬維爾一起參加奧立佛．克倫威爾（Oliver Cromwell）的葬禮。這三位詩人都是共和政府的忠實支持者，也寫了許多頌文向共和政府的領導人致敬。你一定覺得這三個人在查理二世統治的英格蘭會活得很辛苦。不過年紀最輕的德萊頓幾乎是在一夜之間，就轉而擁護復辟王權。他寫了〈正義回歸〉（Astraea Redux）來歡迎重拾政權的斯圖亞特王朝，並將共和時期貶為「無政府時期」。查理二世讓曾被清教徒禁止的劇場重新開幕時，德萊頓也開始動筆創作劇本。他顯然是個識時務的聰明人。我們很快就會談談他的劇本。儘管戲劇讓他名利雙收，他也沒有把詩拋在一邊。直到一七〇〇死前，他持續不綴地寫詩、翻譯詩和創作劇本。德萊頓的詩作有時無趣、浮誇，但有時也機智慧黠。以下是一段來自喜劇《時髦婚姻》（*Marriage à la Mode*，一六七三年）的文字：

為何一樁愚蠢的婚姻也要立下誓言？
如今熱情已去，
多年前立下的誓攘綑綁我倆。
愛意尚存時，
我們悠遊其中，盡情揮霍，直到消耗殆盡。
但當喜悅流失，我倆的婚姻已死。

然喜悅是最初讓我們立下婚誓的原因。
倘若哪天我也將情意轉移到他人身上，
而後演變為愛戀，
那麼對前一段關係已無感情的他、
已無法繼續付出愛意的他難道有錯嗎？
難道我也該阻止他追尋快樂？
兩人都阻擋彼此時，只會帶給對方痛苦。

德萊頓的詩作多為長詩，其中包含諷喻詩、宗教詩，這兩種主題他都相當拿手。仔細探究他的作品，包含那些穿插在劇本中的詩詞，會發現不少逗趣聰慧的文字。「為建立共和王朝、把國王拉下王位，絕對少不了陰謀算計」、「愛是心靈最高貴的弱點」、「我的妻子靜靜躺在墓地裡，就讓她躺著吧！讓她好好休息，也讓我能重獲安寧。」下面這段絕妙文字則來自劇作《奧倫・澤比》（*Aureng-Zebe*）：

人生對我來說就是場騙局，
大家歡心擁抱這場騙局，被所謂的希望耍得團團轉。
信念堅定，認為明天會更好。
但未來卻不比當下甜美。

謊言變得更殘酷，我們以為生命會獲得回饋，
卻不知失去的比得到的更多。
詭異的騙局！逝去的時光已無法返回，
大家卻歡欣地對一切懷抱期望，
以為能從痛苦與醜惡中獲得喜悅，
最後只有一場空。
我已受夠這場生命的騙局，
這場騙局讓人們年輕時殷殷期盼，年老時一無所有。

此時期最具天賦的作家無疑是約翰．彌爾頓。身為共和政權擁護者的他，在一六五二年失明後開始動筆創作《失樂園》。彌爾頓透過這部史詩鉅著，描繪一六五八年克倫威爾死後，人類從天堂墮入凡世的過程，並紀念他那位於同年死亡的第二任妻子卡瑟琳與早夭的女兒。身為克倫威爾政權的擁戴者，他時常創作長篇散文來歌頌克倫威爾的政策。反對王權復辟的彌爾頓曉得自己即將身涉險境，所以查理二世繼位後他就躲起來，其著作和文集則在倫敦廣場上遭焚燒。一六六〇年八月的赦免名單並未將彌爾頓納入其中，所以他再次現身時立刻遭到逮捕，被關在倫敦塔中。他失去絕大多數財產家當，只能貧困過日，並請抄寫員將他口述的內容抄寫下來，藉此完成詩詞創作。雖然彌爾頓辛苦將幾個女兒養大，但她們卻以相當批判、冷酷的態度對待父親。五十四歲時，彌爾頓娶了小自己三十歲的第三任妻子伊莉莎白．旻舒爾（Elizabeth Minsull）。女兒瑪麗聽到父親的婚事時只說：「他的婚訊已

不是天大的消息，我對他的死訊比較感興趣。」[69]

恐懼、牢獄之災、貧困、悲痛、家族紛爭以及失明——《失樂園》就是在這惡劣的環境下創作而成。雖然現實條件艱辛，但九年之後，彌爾頓完成了這部作品，並準備出版。一六六七年四月，彌爾頓與出版社簽下合約，收了五英鎊的稿酬，第一版預計印刷一千三百份。藉由書中一萬行詩詞，他希望能「向世人昭示上帝的公正」，雖然這個主題對你們來說可能沒什麼吸引力，但在當時卻引起不小的騷動。讀這篇作品時，彷彿乘坐著文學雲霄飛車一樣，一下子穿越陰暗的幽谷，一會兒又沐浴在天堂的光亮中。惡魔撒旦是故事主角，而劇情的轉捩點為亞當和夏娃被逐出樂園的那一刻。彌爾頓的文字強而有力，彷彿惡魔就在你耳邊低語。撒旦剛被放逐到地獄時，以這段話描述對此地的第一印象：

墮落的大天使發語：
「這就是我們失去天堂換來的疆域？」
那天上光明燦爛如許，
怎麼換來這樣幽冥悽楚？
也罷，就這樣吧，
如今他是天堂領主，
欲有所為，無不由他部署，
故不若離他遠處；
縱然他理性與你我無殊，

力量卻超然突出。
永別了，幸福的樂土，歡愉永居之處！
來吧，恐怖！來吧，冥府！
還有你深沉的地獄，
且歡迎你的新主——
如今他帶著一顆不因時間地點改變的心，
心自為其境，
在此間，天堂可化地獄，
地獄也成天堂。
我得以保有原始的模樣，
就算身處異地又何妨？
縱然僅次於他，居於他掌持雷電的力量之下，
我的力量不曾改變。
你我如今居於此地，
至少過得逍遙自由，
那萬能的造物主，
至少不致於忌妒到將我們再次驅逐，
你我在此掌主權，

在此建功立業，
縱然在地獄，這主權也值得我們霸據，
與其在天庭受人指使，
不如在地府掌握權力。

而在地獄與烈火、煙霧與幽暗之中（反映出失明的彌爾頓所處的永恆黑暗），也穿插著優美的描述，例如某個在伊甸園的傍晚：

夕晚悄來臨，
暮色蒼蒼，用她那嚴肅的號衣包覆萬物，
沉默同時伴行；
野獸向草茵，鳥向巢中潛隱，
單只剩夜鶯獨清醒。
她徹夜吟詠戀歌，
博得寂靜歡心，
時則蒼穹上，呈現出清蒼碧玉亦如生，
金星率領群星，光輝獨勝，
直至月亮壯麗，蒙暈而昇；

她那無敵的光輝灑落，
成為天空中獨尊的女皇，
將銀質大衣拋灑在冥暗之境。

某些同代作家讀完此詩，立刻就看出這部作品的非凡之處。一六六七年十月底，詩人兼建築師約翰．鄧罕姆爵士拿著熱騰騰、才剛離開印刷廠的《失樂園》衝進下議院，向大家宣告：「無論跟哪個時代或其他語言的作品相比，此詩都是史上最偉大的創作。」[70]一般民眾要再過一陣子，等到此書在一六八八年出第四版時，才開始重視這部史詩鉅著。後來，《失樂園》成為英格蘭的國家級史詩，能跟荷馬、維吉爾還有但丁的作品相提並論。不過到了那個時候，彌爾頓早已過世——這也符合我前面所下的定論：市場上賣出的詩作有四分之三是出自已故詩人之手。

音樂

夏日傍晚走在倫敦生活水平較高的街區，耳邊會傳來各式各樣的聲響。馬蹄踏著鵝卵石路面發出的喀噠聲，以及馬車鐵輪在石板路上滾動的聲響；主人呼喊僕人的叫喚聲，媽媽或家庭女教師責備搗蛋的小孩，還有關起窗戶遮板時發出的砰砰聲。除了這些日常生活的雜音之外，還有魯特琴的樂音，以及直笛的低吟——貴婦和紳士正演奏著舞曲，作為夜晚的消遣。街邊的另一頭，某位紳士正在家中舉辦獨唱音樂會，歌聲傳出屋外。在另一棟建築物一樓，則有以魯特琴、大鍵琴、六弦提琴和小提琴交織而成的四重奏。某棟房舍的後院，有位少女一邊收著在外頭晾乾的衣物，一邊哼唱。再往下走幾個街區，酒館中有此起彼落的歡鬧聲，醉客跟著獨唱歌手的旋律豪邁地歌唱。某間華美的宅邸中，少女在以她為榮的雙親和晚宴賓客面前表演維金納琴，樂音從敞開的窗戶中傳出。走過教區教堂，可能會聽見管風琴、短號及唱詩班歌手替明早表演排練的樂聲。經過席斯巷時，可能會聽見佩皮斯在房內一邊彈奏魯特琴、一邊跟著琴聲歌唱，他大概剛跟老婆吵完一架吧。在復辟時期，不管男女老少，無論貧富貴賤，每間房屋內都飄揚著樂音。

聽著樂器以及民眾歌唱的樂聲，大家可能都忘了，在復辟時期以前，樂聲是多麼稀有。清教徒禁止教堂演奏樂器，唱詩班被迫解散。教堂中的管風琴遭到毀損，固定在儀式中演奏的樂手都頓時失業。在戲劇中場用來娛樂觀眾，或是開場前跟落幕後的音樂表演也遭禁止。皇家教堂中的唱詩班和樂隊更是遭到解散。查理一世時期的面具舞會和奢華的舞會全都告一段落。各地治安官則以高標準審視酒館和旅店中的歌謠。雖然音樂沒有消聲匿跡，但民眾能自在唱歌跳舞的機會卻少之又少，許多音樂也不能公開演奏。回到復辟時期，劇場重新開張，教堂裡重新擺入管風琴，唱詩班也開始排練演唱，彷彿英國的民眾全都將窗戶敞開、迎接新世紀的朝陽，樂聲從每一個孔洞中竄出，空氣中洋溢的輕快的節奏。

皇室的音樂在一六四〇年代被迫中斷後，在復辟時期則需要一點時間振作。很多彈奏樂器的技巧已然失傳，很多音樂上的傳統也已消逝，不過查理二世卻接受挑戰，試圖重振過往多元活躍的音樂風氣。他效法法王路易十四的樂隊「國王的二十四把小提琴」（Les vingt-quatre violons du Roi），親自組織由二十四名小提琴手構成的樂隊。[71] 資深國王樂師尼可拉斯．拉尼爾（Nicholas Lanier）也被復職，負責領導國王從其他歐洲國家找來的樂手。所以在一六六〇與一六七〇年代，英格蘭不僅有許多來自低地國家的畫家，更有來自各國的樂手在此落地生根。想當然爾，搜尋樂手時，國王第一個想到的就是法國，並將從法國找來的樂手組成一支固定樂隊，稱為「國王的法國樂隊」（King's French Music）。一六六六年，查理二世厭倦這支樂隊的曲風後，就將他們解散，決定重組一支義大利樂隊。當年，維新佐・阿爾貝齊（Vicenzo Albrici）跟弟弟巴托羅密歐（Bartolomeo）就被帶到宮廷中主掌義大利樂隊，其中包含兩名義大利女歌手、兩位義大利去勢男高音、一位男高音和一名男低音。[72]尼可拉斯・拉尼爾在一六六六年去世後，便由一位生於加泰隆尼亞、於法國受訓的音樂家路易・格拉布（Louis Grabu）擔任國王樂師。這些從歐洲各國到英格蘭宮廷演奏的樂手，也會在倫敦的私人宅邸中表演。一六七九年，伊弗林參加一場私人演奏會，演出的四名樂手都是來自歐洲。[73]宮廷音樂再次復甦，代表國家之間的隔閡逐漸消失，英格蘭也漸漸在歐陸音樂世界中佔有一席之地。

此時期音樂界發展中最重要的里程碑就屬管弦樂團。一六七三年，四名來自法國的管樂手來到英格蘭宮廷，很快就加入樂隊跟小提琴隊一同演出。一六八〇年代，吹奏小號與喇叭的樂手也加入陣容。一六八五年的宮廷樂師尼可拉斯・史塔金（Nicholas Staggins）替詹姆斯二世的加冕典禮譜了一曲，運用了小提琴、中提琴、低音提琴、小號以及雙簧管。後來的管弦樂隊就是依照這個編制延伸而成。這種皇室成員任命宮廷樂手的風氣，代表英格蘭在十七世紀的後二十年中，跟上了其他國家指派宮廷樂隊的風潮，例如義大利、德國以及法國。[74]

不要以為這些來自異國的影響破壞了英格蘭的音樂傳統。既然現在共和政體的限制已解除，不管在宮廷還是民間，古老的歌曲與舞蹈都重獲新生。約翰・普萊福德（John Playford）出版的《鄉村舞蹈指導》（*The Dancing Master, or Directions for Dancing Country Dances*），在舞蹈的復甦上扮演舉足輕重的角色。這本書起先是在克倫威爾掌政時出版，後來迅速在復辟時期成為暢銷書，到一七〇〇年也已多次再版。一六九八年出了第十版，裡頭提到許多知名英格蘭曲調，像是〈戴綠帽站一排〉（Cuckolds all a-row）、〈牙買加〉（Jamaica）還有〈勒理布利羅〉（Lillibullero），更附上搭配這些歌曲的舞蹈教學。另外，許多新歌曲也紛紛出現，有些是由「嚴肅」的作曲家所編寫、收錄在他們新歌本中的作品；有些曲目則是由匿名作曲家寫下樂譜、貼在酒館牆上，還會特地標明該用什麼調來演唱這些曲子。有些曲調則是印成單面樂譜，由街頭小販邊走邊哼唱地兜售。除了業餘作曲家，也有像湯瑪斯．德烏佛瑞（Thomas d'Urfey）這種專業作曲家，他總共在復辟時期出版數百首曲子，其中絕大多數都收錄在全六冊的《機智與歡樂：趕走憂鬱的解藥》（*Wit and Mirth: Pills to Purge Melancholy*）當中。

另一個在此時期形成的音樂活動是公開演奏會。一六六〇年代，音樂表演是私人活動。舉例來說，紳士可能會找來幾名樂手，請他們到家中演奏給自己和受邀賓客聽。這些樂手中也有支薪的專業演奏家，但他們只會在私人表演中演奏。一六七二年十二月三十日，小提琴家約翰．班尼斯特（John Banister）在倫敦聖殿區的喬治酒館鄰近的房間公開演出。這場演奏會可說是英格蘭第一場公開音樂會，意義非同小可。該演奏會入場費為每人一先令。場面十分具有戲劇效果。表演開始前，舞台的布幕緩緩升起，露出台上的樂手。這些樂手都是一流演奏家，他們演奏由班尼斯特挑選或編制的曲目，必要時還能即興演出，讓觀眾非常高興。直到一六七九年死前，班尼斯特會定期舉辦公開音樂會。而在一六七九年後，湯瑪斯．布里頓（Thomas Britton）也在克勒肯維爾（Clerkenwell）舉辦類似的正式音樂會，在接下來的三十六年中，音樂會每週都會舉行。在每年的聖徒日（十一月二十二日），倫敦的音樂家會舉辦公開演奏會，以新編制的曲目向音樂主保聖賽西莉亞（St Cecilia）致敬。在一六九〇年代晚期，這場公開音樂會變成一場競賽，編曲家為奪得大獎而爭相參賽。一七〇〇年，公開音樂會正式成為倫敦的娛樂活動之一。[75]

認識鄉村民謠、鍵琴獨奏會還有聖歌之後，你一定很好奇誰是最優秀的編曲家。我們腦海中跟復辟時期緊密連結的巴洛克曲風，是怎麼出現的？此時期有位編曲家不可不提，不過在介紹他之前我們先來認識其他當代作曲家。馬修・洛克（Matthew Locke）和亨利・勞維斯（Henry Lawes）是一六六〇年代英格蘭最著名的兩位編曲家。洛克是國王小提琴樂隊的編曲家，勞維斯則著有三本抒情調（air）輯，同時也是皇家教堂的成員。一六七〇年代，有一群年輕的編曲家紛紛竄出頭，像是佩勒姆・韓佛瑞（Pelham Humfrey）、威廉・透納（William Turner）還有約翰・布洛（John Blow）。韓佛瑞在二十七歲時就英年早逝，不過曾在法國宮廷受訓的他，對英格蘭作曲家卻有深遠的影響。透納替皇室撰寫許多聖歌，也在皇家教堂中演唱，更在倫敦各大劇院演出自己編寫的曲目。布洛是西敏寺的管風琴演奏家，他譜出數十首宮廷聖歌，並在一六八三年譜出第一支英格蘭歌劇《維納斯和阿多尼斯》（*Venus and Adonis*）。這就是頂尖作曲家的工作模式：為皇家教堂編寫聖樂，替重要的國家慶典譜曲，然後幫歌劇表演編寫配樂。

接下來，我們終於要介紹亨利・普賽爾。

一六五九年出生的普賽爾五歲時父親就過世，母親只好帶著六名子女搬到較便宜的住宅。不過音樂天賦極佳的普賽爾長大後在皇家教堂謀得一職，接受亨利・寇克（Henry Cooke）與佩勒姆・韓佛瑞的指導。一六八二年他獲得皇家教堂管風琴手這個神聖的頭銜，而且到他三十六歲早逝這段期間都堅守職位。創作量頗豐的他總共寫了六十多首頌歌、四十八首讚美詩，也替皇家教堂編寫了幾十首曲目，另外還有五十首由多名演唱者輪唱的曲目，以及二十四首頌詩、兩百多首流行歌曲、四十多齣音樂劇的配樂，五部歌劇配樂（《戴克里先》〔*Dioclesian*〕、《亞瑟王》〔*King Arthur*〕、《仙后》〔*The Fairy Queen*〕、《雅典的泰門》〔*Timon of Athens*〕、《印度女王》〔*The Indian Queen*〕）、一部歌劇全創作《狄朵與埃涅阿斯》（*Dido and Aeneas*，一六八九年），最後還有一百多首演奏曲，例如小奏鳴曲、小步舞曲、吉格舞、前奏曲、抒情調、號笛舞曲、孔雀舞曲、組曲、風琴獨奏、前奏曲以及進行曲。他在《印度女王》中的前奏曲和小號旋律、《狄朵與埃涅阿斯》中的〈哀歌〉（Dido's Lament）、歌劇《摩爾的復仇》（*Abdelazer*）中的迴旋曲配樂、《仙后》第四幕的交響樂，還有他震懾人心的〈瑪麗皇后之死葬禮音樂〉（Music on the Death of Queen Mary），這些經典曲目全都跳脫當代框架，至今仍備受推崇。普賽爾流傳到後世的不僅是他的名號，其作品更是永垂不朽。

劇場

如果音樂在共和時期遭到打壓，那麼劇場表演則是徹底被抹除。一六四二年九月二日，劇院被迫關閉、改做其他用途。戲劇只能關起門來在私人住宅中演出。每次克勒肯維爾紅獅劇院（Red Lion Theatre）的老闆試圖公開舉辦戲劇表演時，政府官員就會上門找碴。環球劇場遭到拆除後，政府直接在原地蓋起民宅。到了一六六〇年，雖然莎士比亞的名聲越來越響亮，但他過去與同輩演員一起搬演戲劇的場所，現在變成水管工人的住家，裡頭住著嚎哭不停的嬰兒、大吵大鬧的小學生和孱弱的老人。

在清教徒施壓的十八年中，唯一可稱作是一道曙光的大概是歌劇《圍困羅德島》（*The Siege of Rhodes*）。一六五六年，威廉・達維南特爵士（Sir William Davenant）想出一個絕妙的點子。他發現如果將自己描繪一五二二年鄂圖曼帝國佔領羅德島的劇作配上音樂，就能對外宣稱這是演奏會，試圖鑽法律漏洞。另外，他還想到自己可以運用舞台布景。布景過去從未出現在英格蘭劇場中。他指派五位頂尖編曲家替自己的劇作配樂（包含馬修・洛克、亨利・勞維斯以及亨利・寇克），並說服約翰・韋伯（John Webb）設計布景。一六五六年，《圍困羅德島》順利登台演出。俗話說需求為發明之母，而在這個案例中，審查制度就是劇場之父。達維南特突發奇想，將歌曲、舞蹈以及樂器演奏等橋段注入戲劇之中，還加入奢華的布景，讓倫敦的歌劇表演型態正式成形。所以復辟時期的戲劇發展，多半是仰賴他的功勞，特別是布景與音樂的組合。

就跟復辟時期的其他文化活動一樣，皇室在戲劇上也扮演相當重要的角色。一六六〇年六月六日，查理二世的兄弟都到克勒肯維爾紅獅劇院欣賞班・強森（Ben Jonson）的《沉默的女人》（*Epicene*）。[76] 一個月後，國王特地授權湯瑪斯・凱利格爾（Thomas Killigrew）和威廉・達維南特，讓他們能夠在倫敦製作、編導戲劇演出。凱利格爾的劇團直接獲得皇室贊助，因此更名為國王劇團（King's Company）；達維南特獲得的是公爵贊助，因此名為公爵劇團（Duke's Company）。這兩支劇團成立後，主導了倫敦劇場發展長達一百五十年。

凱利格爾帶領的國王劇團駐紮於韋爾街（Vere Street）的吉本斯網球場（Gibbon's Tennis Court），

此劇團的優勢比公爵劇團還大。凱利格爾的劇團有權搬演前一代國王劇團（King's Men）的劇碼，像莎士比亞和同期劇作家的作品。凱利格爾後來又計劃在布里奇街成立新的皇家劇場（Theatre Royal）。此劇場於一六六三年成立，總共耗費凱利格爾和劇場夥伴超過兩千五百多英鎊。很多人都對此劇場讚嘆不已，尤其是其中奢華的舞台背景。

一六六九年，凱利格爾以三百三十五英鎊的高價，聘請畫家艾薩克．富勒替德萊頓的《專制的愛》（*Tyrannic Love*）繪製布景。該劇連續搬演十四天，每天都有一百英鎊的營收。不過，在一六七二年一月二十五日，厄運突然降臨，劇場後方的台階底下竄出火苗。隔天一早，整座劇場變成飄著濃煙的廢墟，所有布景和道具服裝全都化作灰燼。雖然他們花了四千英鎊重建劇場，但國王劇團再也沒有從大火中振作起來，觀眾數量銳減，票房收入也一落千丈。後來他們甚至還安排一位駐紮在劇場中的妓女，從這點就可看出他們管理手法的古怪之處。一六八二年十一月十六日，國王劇團正式停止獨立運作，並與公爵劇團結合，由他們全權接管。這兩間劇團後來合稱為「聯合劇團」（United Company）。[77]

談到做生意，達維南特爵士可是比凱利格爾更在行。他先是將公爵劇團帶到索爾斯伯里宮廷劇院（Salisbury Court Theatre），一邊等待里爾網球場變成他的。他面臨的問題是沒有劇可演，基本上所有可供表演的劇碼都在凱利格爾的劇團手上。到了一六六〇年十二月，達維南特好不容易獲得演出十一部經典劇作的權利，其中包含九部莎士比亞的創作。不過他贏過凱利格爾的一點，是當時最頂尖的男演員湯瑪斯．貝特頓（Thomas Betterton）隸屬於公爵劇團。一六六一年，達維南特搬到林肯律師學院廣場的新公爵劇場，重新演出他的劇作《圍困羅德島》。這次表演相當成功，整整搬演了連續十二天

（通常一齣戲只會連續演三天）。兩個月後，他推出《哈姆雷特》（*Hamlet*），並由貝特頓擔任王子的角色。知名演員與誇張華麗的背景，造就了票房佳績。此後，公爵劇團就一步步往上爬，直到達維南特突然在一六六八年過世為止。不過在他逝世後，劇團還是由貝特頓和亨利．哈里斯（Henry Harris）經營得有聲有色。[78] 一六七一年十一月，公爵劇團搬到多塞特花園劇場（Dorset Garden Theatre），那裡裝潢華麗，還有價值九千英鎊、出自格爾林．吉本斯之手的雕刻。因為場地能容納更誇張的布景以及更完善的樂隊，劇團也開始推出更華麗炫目的表演與歌劇。

一六八二年四月接管國王劇團後，新成立的聯合劇團在多塞特花園劇場演出華麗的歌舞秀，並在皇家劇場搬演一般戲劇。劇場營運得相當順利，但是到一六九五年，劇團管理者克里斯多福．李奇（Christopher Rich）和湯瑪斯．貝特頓與其他女演員意見不合，幾乎所有演員都從劇團出走。這些演員另外成立一個劇團，回到舊時公爵劇團演出的林肯律師學院廣場，此後倫敦又回到兩個劇團的時代。

如果想看戲，有幾件事要特別注意。首先，劇場在大齋節期間休息，而在一六六五年的瘟疫期間也並未開放。有些人還是認為劇場應該被封殺：勞夫．瑟雷斯比在一六八〇年還是不敢走近劇場，深怕別人會對他進行嚴厲的道德批判。[79] 不過有些人可是一天看兩齣戲以上。只是一天看這麼多場戲，荷包可能很快就會扁掉。整個劇場最便宜的座位是樂隊池前方的板凳區和頂層座位，售價為十二便士。板凳區中最好的座位要兩先令六便士。最貴的位子則是包廂區。包廂區的票價因劇院而異，最貴的票大約為四先令。所以坐在哪裡看戲非常重要，如果你在劇場撞見同事，發現他坐在兩先令六便士的包廂中，自己卻跟其他人一起擠在一先令六便士的板凳區裡，禮拜一上工時就會發現大家都知道你是個窮酸的人。[80] 劇場裡充滿形形色色的人，最頂層的觀眾全是僕人，中層座位區則為帶著妻小的一般市民、服務業人員、工人以及學徒。板凳區中則坐滿各式各樣的專業人士，還有少數幾名「花花公子、皮條客跟妓女」，包廂裡則是出身高貴的紳士和夫人。[81]

要看哪一齣戲？

你很快就會發現當時的觀眾幾乎不挑戲，沉迷戲劇的人幾乎什麼戲都看。他們會以自己看某齣戲的次數，以及他們說服了幾位朋友一起看戲，來判定戲的品質好不好。一六六〇年，佩皮斯就看了好幾場菲利普·馬辛格（Philip Massinger）的《奴隸》（*The Bondman*）和班·強森的《沉默的女人》。一六六一年十月，他欣賞了達維南特製作的《愛與榮耀》（*Love and Honour*），德萊頓的《馬丁爵士》（*Sir Martin Mar-all*）他也看了不下七次。一六六八年一月到八月，他總共到過劇場七十三次，而在他橫跨十年的日記記錄中，他欣賞了一百四十多齣不同的戲。

另外一個可能會令你驚訝的事實，是復辟時期的劇團非常喜歡搬演舊時劇作。時髦的倫敦人喜歡聽五十多年前的語言，實在是令人出乎意料。其實舊時劇作受歡迎的理由不言自明，這完全不是凱利格爾和達維南特刻意引導的風氣。簡單來說，如果劇團有權演出莎士比亞的作品，誰會想搬演新手劇作家的戲劇呢？所以在一六六〇年代來到倫敦，就能欣賞一五九〇至一六二〇年間的精彩劇作，像是莎士比亞的《哈姆雷特》、《奧賽羅》（*Othello*）、《第十二夜》（*Twelfth Night*）、《仲夏夜之夢》（*A Midsummer Night's Dream*）、《羅密歐與茱麗葉》（*Romeo and Juliet*）、《溫莎的風流婦人》（*The Merry Wives of Windsor*）以及《亨利四世第一部》（*Henry IV, Part One*）。另外，還有班·強森的《沉默的女人》和《鍊金術師》（*The Alchemist*）；克里斯多福·馬羅（Christopher Marlowe）的《浮士德博士的悲劇》（*Dr Faustus*）；約翰·韋伯斯特（John Webster）的《瑪爾菲公爵夫人》（*The Duchess of Malfi*）

和《白色魔鬼》（*The White Devil*）；弗朗西斯・博蒙特（Francis Beaumont）的《燃燒的斧頭騎士》（*The Knight of the Burning Pestle*）；還有約翰・弗萊切（John Fletcher）獨立創作或與他人合寫的劇本。有這麼棒的機會能欣賞古典戲劇，不代表當時的民眾就懂得鑑賞。佩皮斯曾說韋伯斯特的《白色魔鬼》是他「這輩子看過最無趣的戲」，而《第十二夜》「相當愚蠢」，《仲夏夜之夢》則「我此生見過最蠢、最平淡的戲。」[82]

新推出的劇作呢？在復辟時期初，幾乎沒有人創作劇本。如果你知道自己寫的東西不太可能會被演出，幹嘛還要費力創作？不過在一六六〇年後，新銳作家開始動手創作、填補前期的空缺。如果莎士比亞或馬羅不存在，或許我們會將復辟時期定義為英格蘭戲劇的黃金年代。接著就來介紹幾位在這段戲劇創作空窗期竄出頭的劇作家。

約翰・德萊頓是本時期最成功的劇作家，也是這一列新銳劇作家中最資深的。一六六五年國王劇團在皇家劇場搬演德萊頓的第二部作品《印度皇帝》（*The Indian Emperor*），年紀未滿三十的他靠這部戲打響名號。一六六七年，他接受達維南特的邀請，共同替公爵劇團製作莎士比亞的《暴風雨》（*The Tempest*），知名度更上一層樓。同年，他也替公爵劇團寫了《馬丁爵士》這齣戲。一六七〇年，他創作出生平第一部英雄劇《征服格拉納達》（*The Conquest of Granada*），並由國王劇團製作演出。他總共寫了十五部戲，其中三部由公爵劇團演出，另外十二部則由國王劇團負責。一六九〇年代初，亨利・普賽爾替德萊頓的劇作配樂，所以這些作品又再度掀起風潮。德萊頓大概是第一位真的靠創作養活自己的作家，而他的主要收入來源則是戲劇創作。不過他在一六九七年翻譯維吉爾的作品，也賺了高達一千四百英鎊。

喬治・埃瑞格只比德萊頓小幾歲，但個性卻截然不同。他是柏克霍斯特勳爵、放蕩的準男爵查理・賽德利和羅徹斯特伯爵的好友。說直白一點，他就是個自我感覺良好的紈褲子弟，但也算半個天才。如果他不要那麼懶惰的話，搞不好就能有非凡成就。他的第一部戲《詼諧的復仇》（*The Comical Revenge or Love in a Tub*）於一六六四年推出，而且頗受好評，但在接下來的四年內他便停止創作。他的第三部戲、也是最後一部戲於一六七六年問世，名叫《摩登男人》（*The Man of Mode*），此作一推出也是叫好又叫座。這部戲的主角是一位名叫多瑞蒙特（Dorimant）的花花公子，他企圖勾引一位樣貌姣好，剛到城裡定居的女繼承人。從這部戲輕佻、淫蕩的機智對白來看，就能理解為何勞夫・瑟雷斯比在一六八〇年還是不太敢踏進戲院。

查理・賽德利爵士的第一部戲《桑樹園》（*The Mulberry Garden*，一六六八年）平淡無奇，佩皮斯認為該戲的內容和配樂都不值得一提。他的第二部作品《安東尼與克麗奧佩托拉》（*Antony and Cleopatra*，一六七七年）也讓佩皮斯提不起勁進戲院看第二次。不過他的第三齣戲《貝拉米拉》（*Bellamira*，一六七七年）由聯合劇團演出後便大受好評。縱情玩樂的公子哥已經變得更成熟，但筆調仍帶有銳利的智慧，風格也維持一貫的冷冽批判：美麗與瑕疵並存，金錢與貪慾相應而生，如果不加以約束心裡的慾望，可能會釀成強暴的悲劇，這就是放蕩主義者的邏輯推演。曾經嘗過這種生活、也有充分體驗的賽德利已厭倦花天酒地，寫下這部作品哀悼過去的日子。

艾芙拉・班恩從一六七〇年開始創作劇本，在接下來的十七年內，除了小說、短篇故事和詩作，她也推出了十五部戲。由此看來，她可是全英國第一位靠創作謀生的女子。她最知名的劇作為《流浪者》（*The Rover*），裡頭描寫一群來到那不勒斯和馬德里的英格蘭流浪者，其中以浪子威爾摩爾

（Willmore）為主角。威爾摩爾這個角色的原型，可能就是她的朋友羅徹斯特伯爵約翰・威爾默特。班恩在道德規範與叛逆創新之間拿捏得恰到好處，既不對英國國教造成威脅，但又能在小說《奧魯諾可》中展現對黑奴的同理心，實在是一位極具原創性的女作家。她跟許多劇作家交好，也是下一代女作家的靈感與典範。她的作品也同樣因為普賽爾的配樂，在一六九〇年代重新受到矚目。一六九五年，普賽爾為了替《摩爾的復仇》（一六七五年）配樂，特地編寫一首後來相當知名的迴旋曲，而這部戲也是班恩最的著名劇作。

威廉・瓦雪利（William Wycherley）在法國受教育，原本準備投入法律界服務，後來卻受到劇場的誘惑。靠著第一部戲《林中之愛》（*Love in a Wood*）的票房佳績，讓他在一六七一年被國王的前任情婦凱瑟麥茵夫人看上。以機智詼諧著稱的瓦雪利，在國王劇團於一六七五年演出他的第三部戲《鄉下女人》（*The County Wife*）後，知名度大開。該戲主角是一位名叫霍諾先生（Mr Horner）的浪子，進城後他假裝自己是名有頭有臉的紳士，讓其他身分地位尊貴的男子放心介紹自己的妻子給他認識。霍諾勾引了好幾位有夫之婦，其中包含一位天真年輕的「鄉下女人」。這名女子的老公品齊懷夫先生（Mr Pinchwife），當初會娶她就是看上她的單純，以為她不會紅杏出牆。不過經過霍諾先生的調教後，她的情慾獲得啟發。在這部戲的尾聲，劇中的貴族夫人都發現其他人也跟霍諾先生有一腿，但大家一致同意不對外張揚。雖然品齊懷大懷疑霍諾跟妻子有一腿（他的懷疑是對的），但最後他同意自己還是假裝什麼都不知道，對大家都好。這齣戲中還有一幕，是兩名女士假借要欣賞瓷器，實際上是偷偷跟霍諾發生關係。這個橋段引發軒然大波，民眾認為這個段落有辱女性的道德操守。但是這部戲叫好又叫座，這對劇作家還有劇團來說才是最重要的。瓦雪利的朋友（包含白金漢公爵、羅徹斯特伯爵和柏克霍斯特勳爵）都認為這劇本相當了不起。知名度大開之後，他又接著推出《坦白之人》（*The Plain Dealer*，一六七六年），劇中大膽揭露了道德觀念的弊病，讓觀眾大開眼界。兩年後，他在皇家唐橋井一帶的書店中，聽到有位年輕貌美的女子詢問店員是否有賣《坦白之人》的劇本。這名女子是德羅赫達（Drogheda）伯爵之妻。瓦雪利上前自我介紹，稱讚她是一位能夠接受「直白坦率作風」的女子。而她回道：「我喜歡做人坦率，如果別人能直接告訴我我的缺點，那再好不過。」後來這兩人擦出火花，德羅赫達伯爵過世後，她立刻嫁給瓦雪利。[83]

湯瑪斯·夏德威爾是德萊頓的敵手，也是後來接下桂冠詩人頭銜的作家。他總共創作十八部戲，其中最知名的是他在即將邁入五十歲時寫下的喜劇，包括《阿爾薩提亞的鄉紳》（*The Squire of Alsatia*，一六八八年）和《埋葬集會》（*Bury Fair*，一六八九年）。不過最讓他名聲遠播的作品，則是一六七六年在公爵劇場演出的《大師》（*Virtuoso*）。劇中主角是名叫尼可拉斯·吉姆克拉克爵士（Sir Nicholas Gimcrack）的科學家，他經常從事一些無謂的科學實驗，夏德威爾以這個角色來諷刺羅伯·虎克。有人說這部戲單純是用來諷刺皇家學會，不過其用意可不僅如此。夏德威爾其實是希望藉由此作，批評那些聰明有才智的科學家總是漫無目的追求無用的知識，卻不進行一些真正對人類有益的研究。劇中主角尼可拉斯爵士宣稱自己能跟魚一樣游泳時，兩位追求他的姪女的男生布魯斯和隆維爾就笑說：

隆維爾：你有真的試過在水裡游泳嗎？

吉姆克拉克：沒有，不過我能很優雅地在陸地上游。

布魯斯：你有想過到水中練習嗎？

吉姆克拉克：從來沒有。我討厭水，我沒有想過要到水裡游泳。

隆維爾：那游泳這項技能就派不上用場了。

吉姆克拉克：我還是喜歡欣賞游泳時的體態。實不實用對我來說不重要，我很少開發實用的技能。知識對我來說就是最終目標。

布魯詩：也有道理。知識就跟美德一樣，都能讓人自我感覺良好。

劇末，尼可拉斯因為無止境的進行科學研究與實驗，最後散盡家產，抵押自己的財物。尼可拉斯破產，但夏德威爾卻靠這部戲賺進大把金錢。不幸的是，後來夏德威爾患有痛風，並以鴉片止痛，但在一六九二年因用藥過量而死。

湯瑪斯・奧韋（Thomas Otway）專門寫悲劇，他也跟自己筆下的人物一樣悲慘，一六八五年過世時，他年僅三十三歲。他跟其他才華洋溢，但生活拮据的典型文人一樣在倫敦塔丘討麵包吃。有人給他錢讓他去買麵包，他卻因吃太快噎死。過世之前他寫了不少悲劇，其中最著名的是《不愉快的婚姻》（*The Orphan or the Unhappy Marriage*，一六八〇年）和《保存威尼斯》（*Venice Preserv'd*，一六八二年）。

約翰・凡布魯常令人想起的是他建築師的身分，而非劇作家，畢竟他曾在一六九九年設計霍華城堡（Castle Howard），也在十八世紀設計不少偉人的巴洛克式建築，例如布倫海姆宮（Blenheim Palace）。不過他也寫出了兩部傑出、知名的喜劇：《再次墮落》（*The Relapse*，一六九六年）和《激進之妻》（*The Provoked Wife*，一六九七年），分別探討婚姻和性等議題。

威廉．康格里夫是這列名單中最年輕，也大概是最優秀的劇作家了。他的第一齣戲《老光棍》（*The Old Bachelor*）就獲得德萊頓的協助，也由一群頂尖演員搬演，更有普賽爾的配樂加分。一六九三年聯合劇團演出這部戲時，想當然立刻成為賣座劇碼。雖然他的第二部戲《雙面人》（*The Double Dealer*，一六九四年）評價普普，但第三部戲《為愛而愛》（*Love for Love*）則在一六九五年由那群離開聯合劇團的明星演員製作、演出，該版本令觀眾拍手叫好。該戲連續上演十三天，甚至還讓康格里夫獲得部分劇團的所有權。他接著又寫出另一部更受歡迎的悲劇，名叫《哀悼新娘》（*The Mourning Bride*，一六九七年）。你一定很熟第一句台詞：「音樂能撫慰狂暴粗野的胸懷。」而第三幕的最後一句話也相當耳熟能詳：「由愛生恨，比天堂之怒更危險；女人遭怠慢，比地獄的復仇更可怕。」來到一七〇〇年，你能欣賞到他的第五部、也是最後一部戲《人之常情》（*The Way of the World*）。寫完這部戲後，康格里夫就過世了，逝世時年紀還未滿三十。不過他筆下的台詞，還留在大家的記憶中，搞不好你自己也很常引用這幾句話：

「你就是這麼迷人。」（《老光棍》）

「求婚之於婚姻，就像幽默序曲之於沉悶的戲劇。」（《老光棍》）

「她就是個愛誇大事實的女子。」（《雙面人》）

「愛情跟謀殺案一樣，都是藏不住的秘密。」（《雙面人》）

「誠實就是被難被識破的謊言，正如裸著身子就是最好的掩飾。」（《雙面人》）

「女人就像華麗炫目的表演技法一樣，只能欣賞、無法理解。」（《為愛而愛》）

「大膽講出內心話，畢竟被拋棄總比沒被愛過還好。」（《人之常情》）

當然，並不是所有觀眾都是為了劇場或劇本而買票看戲，有的人單純是因為男演員俊俏貌美，或因女主角美豔迷人而進劇場。談到外型姣好的演員，絕對不能不提此時期最受歡迎的湯瑪斯·貝特頓。劇場重新開張的時候，佩皮斯認為麥可·蒙洪（Michael Mohun）是「全世界最優秀的演員」。不過在一六六一年，欣賞過貝特頓演出的《奴隸》之後，他就改變看法了。[84]貝特頓在一六六三年演出哈姆雷特後，佩皮斯就表示「他的演出在我腦海中揮之不去」，[85]而且過了三十年後，貝特頓的演技仍然不同凡響。威廉·康格里夫的第一部劇作在一六九三年演出時之所以會大受好評，其中一個理由是因為當時由貝特頓擔綱主角，並與另外兩位當時也相當知名的女主角合演。除了他以外，還有幾位相當優秀的男演員，像是麥可·蒙洪、威廉·溫特沙爾（William Wintershall）、查理·哈特（Charles Hart）還有愛德華·凱納斯頓（Edward Kynaston）。這幾人都相當優秀，只不過貝特頓的光芒還是更耀眼。

那女演員呢？

女演員其實是復辟英國的新產物。在一六六〇年，女性角色仍然是由男演員或少年負責演出。愛德華·凱納斯頓剛出道的時候，其實是一位俊俏的少男演員，專門飾演女性角色。佩皮斯曾說他「是我這輩子見過最漂亮的女子，只不過聲調不是那麼悅耳」。[86]一六六一年一月三日，在《乞丐荒地》這齣戲中，佩皮斯首度在舞台上見到真正的女性演員，他對此感到相當雀躍。當年底，他在日記中寫道：「有位女演員穿著男性服飾上台，她的腿簡直無懈可擊，令人看得賞心悅目」，[87]這也是他首度見到所謂的「褲裝角色」。劇場經理發現，女演員穿上男人的貼身長襪和馬褲時，更可突顯女人的身材曲線，比起累贅繁複的長裙或洋裝更能讓刺激觀眾的感官。穿上男裝後，女演員就能更有自信地展露性感，擺出魅惑的體態，甚至還能跟其他女性角色談情說愛。這些扮男裝的女演員所展現的性感張力，讓富豪和有頭有臉的貴族如癡如醉，把她們納為情婦。一六六六年，伊弗林寫道：「最近那些下流、不檢點的女人也能上台演戲了，她們將年輕的貴族紳士迷得暈頭轉向，不僅變成他們的情婦，有些甚至成為名門正娶的太太。」[88]如果伊弗林希望女演員從舞台上消失的話，那他可要大失所望，因為「褲裝角色」的熱度在十七世紀有增無減。

伊莉莎白・貝瑞（Elizabeth Barry）是此時期最知名的女演員。十五歲時她就進入公爵劇團擔任配角。真是沒救了。不過，她是一位極具個人特色的演員，她的聲音悅耳、表情十足，而且還很受羅徹斯特伯爵的青睞。羅徹斯特伯爵認為他可以讓貝瑞在六個月內爬到女主角的位子，便讓她到英國各地巡迴演出，一遍遍出演艾芙拉・班恩的戲劇。一六七六年三月，她回到倫敦主演喬治・埃瑞格的《摩登男人》，藉此知名度大開。隔年，她便替羅徹斯特公爵產下一女，但在懷孕過程她還是繼續演戲，而且表現完全不受影響。一六七八年，羅徹斯特公爵拋棄她，指稱她跟其他男人談情說愛（真是五十步笑百步！）貝瑞後來也跟柏克霍斯特勳爵、喬治・埃瑞格和亨利・聖約翰爵士（Sir Henry St John）等人各有一段情。年僅十八歲的她，感情世界之複雜已是人盡皆知，但她還得進入劇中人物的個性、講出純情青澀的台詞，實在是衝突感十足，觀眾也在台下看得笑不攏嘴。但是貝瑞並沒有被這些羞辱給擊倒，反而靠演技擄獲觀眾的心。劇作家湯瑪斯・奧托威就曾發表自己對貝瑞至死不渝的愛。雖然貝瑞沒有接受奧托威的情意，但她在奧托威的悲劇《不愉快的婚姻》和《保存威尼斯》中擔任主角。她在這兩部戲中的表演層次和戲劇張力之豐富，觀眾都看得出神入迷。後來大家稱她為「著名的貝瑞夫人」，只要是她表演的場次，買票進場的隊伍必定大排長龍。

一六九〇年代，貝瑞夫人終於出現勁敵，也就是安妮·布拉斯吉德爾（Anne Bracegirdle）。幸運的安妮從小在湯瑪斯·貝特頓家中長大，年僅六歲就開始登台演出，在湯瑪斯·奧托威的《不愉快的婚姻》中擔任小聽差。演過幾個配角後，她在一六八九年十八歲時首度演出「褲裝角色」。安妮不僅身材姣好，更將反串角色詮釋得相當到位。演員經紀人柯利·西伯（Colley Cibber）後來發表評論，指出：

> 雖然她的容貌在所有美豔動人的金髮美女中不算出眾，但她年輕的氣質和生動的演出，卻迸發出耀眼、振奮人心的光芒。凝望著在舞台上的安妮，觀眾都難掩內心對她的渴望。

除了演技之外，她的歌聲也是一流。船長理查·希爾忍不住對安妮的慾望，在一六九二年跟年輕的友人蒙洪勳爵試圖綁架她。與安妮合作的男演員威廉·蒙福特（William Mountfort）試圖阻止希爾的惡行。他們在安妮住家外纏鬥時，希爾用劍刺穿蒙福特，他便不幸身亡。這種慘劇讓許多女演員不敢再出演褲裝角色，但安妮卻沒有被嚇跑。她的演出獲得更多觀眾好評，不僅演活許多悲劇角色，對喜劇角色的掌握也更為出色。一六九五年，聯合劇團之所以會分家，其中很大一部分原因是因為安妮、貝瑞夫人和湯瑪斯·貝特頓達成共識，不想再聽從劇團管理者克里斯多福·李奇的指示。他們知道自己走到哪，觀眾就會跟到哪。一六九五年四月三十日，他們在林肯律師廣場劇院首度搬演康格里夫的《為愛而愛》。那次演出不僅集結復辟時期最優秀的男女演員，劇本也是該時期的頂尖創作之一。康格里夫接下來的兩部戲中也由原班人馬擔綱演出，這大概是繼伯比奇（Burbage）演出莎劇後，英格蘭戲劇界最成功的演出。89

來到復辟倫敦，你一定也想目睹另一位女演員的風采，畢竟她可是歷史上最為知名的那一個。妮爾·琺恩一出道就懂得運用自己的女性魅力。先前因竊盜被關進新門監獄的她，一出獄就立刻屢獲演員查理·哈特的心。妮爾·琺恩十五歲就登台演出，證明自己有演喜劇的能力。查理·哈特後來為了跟凱瑟麥茵夫人在一起，把妮爾·琺恩踢到一旁，她就開始跟柏克霍斯特勳爵交往。一六六八年，她變成國王的情婦，放棄演員的職業，她跟國王的第一個孩子也在一六七〇年五月出生。當年底，她回到舞台上演出德萊頓的《征服格拉納達》，這也是她演出的最後一部戲。雖然離開戲劇界，但她卻開始飾演另一個難度更高的角色，也就是國王的情婦。這個身分沒有劇本，無法事先排練，每天都要在不同的「觀眾」面前接受嚴厲的審視和批判。她粗俗、輕率的言行舉止、宗教信仰、低落的道德觀與卑微的出身，都是大家厭惡她的原因。但她之所以會成為眾矢之的，是因為所有人都嫉妒她。妮爾·琺恩沒有被這些批判擊垮，甚至最終還贏得這些人的喜愛，她甚至擔任國王的情婦好長一段時間，比其他女人都來得持久。查理二世躺在床上性命垂危時，柏爾內主教（Bishop Burnett）聽到她對國王說：「不要讓可憐的妮爾餓肚子。」看在國王的面子上，後來繼位的詹姆斯二世遵照這份訊息，讓妮爾在人生的最後兩年內不用擔心生活。她在一六八七年十一月死於帕摩爾的家中。令人動容的是，她在遺囑中指名將遺產留給新門監獄裡的囚徒。90

好，現在戲已落幕，劇場中的掌聲漸漸退去。身旁觀眾從座位起身，朝長廊盡頭和正廳後方的出口湧去，人影在燭光中搖曳。在劇場工作的少年和接待員在散場時一邊將燭火吹熄，一邊微笑面對離場的群眾。劇場外夜風冷冽，插著蠟燭的提燈光線耀眼，馬車後方的鏡面吊燈更是刺眼。馬車在夜色中排成一列，等著載觀眾回家，放眼望去是一盞一盞燭燈。找差事做的男孩在人群中來回穿梭。好吧，今天也夠累了，就花個六便士讓他們提著燈領我們回家吧。

現在讓我們仔細回想這趟復辟英格蘭之旅見識到了什麼，倫敦又經過什麼蛻變。這座城市如何被瘟疫、大火摧殘，如何走上重建之路，又是如何看著形形色色的群眾來來去去。經過這趟旅程我們學到什麼？我們今晚看的那場戲或許下流、甚至粗鄙，但在私下高尚的虛偽面具時，劇作家讓觀眾看見真實人生的樣貌。在克倫威爾掌政、沒有劇場的時期，一切都是照著理想中典型的生活運作，以及在上帝恩寵的世界中萬物有多美好。但是面對如此神聖的理想時，許多民眾卻是心口不一，只是表面上配合罷了。有些表面理想抱負十足的大人物，其實骨子裡敗壞到了極點。到復辟時期，大家才終於用真面目示人。民眾拋開束縛談論心中的想法，也能幽默地開自己玩笑。抬頭仰望星空，比起過去，我們現在已對對遙遠的星星已有更多認識，但我們有更了解自己嗎？

回到家中，你關上大門，脫下外套，壁爐中還有零星火花，侍女已經上床就寢。樓梯間的提燈照亮漆黑的屋子。上床睡覺前，你可能會從玻璃瓶中倒杯葡萄酒小酌。手上提著燭燈的你，心裡默數長廊中落地鐘的報時聲。再過幾秒，幾個街區外的教區教堂也會傳來整點的鐘響。

回房坐定，四周一片寂靜。放下手上的燭燈，低頭看著火光映照在木製地板上。脫下外出的服飾，走到鋪了亞麻桌巾的桌旁，用桌上的臉盤洗手洗臉。臉盆邊有一面鏡子，隔天早上醒來時你會用這面鏡子整理儀容，侍女也會替你梳頭、打理今天出門的造型。這時你大概會想：今天會發生什麼事呢？

有好多好多事，好多可能。

後記

噢永恆！永恆！永恆！
我們對永恆所知甚少！

——夏普先生（Mr Sharp），勞夫．瑟雷斯比於《日記》（*Diary*）中引用，頁238

我的直系祖先總共有一千五百六十位活在復辟時期初，其中甚至不包含遠房叔叔、阿姨或表親。[1]根據你的年齡，你大概也能在此時找到數量相近的家族祖先。相較之下，活在二十一世紀的我，五等親以內的親人只有三十四位，其中已納入叔叔、阿姨、姪子、姪女、堂表兄弟姐妹還有他們的子女。換句話說，從一六六〇年代來到二十一世紀，我的家族成員規模整整縮減為五百分之一。雖然我不認識活在復辟時期的親戚，你大概也不可能知道當時所有家族成員的背景來歷，但這不是重點。重要的是如果往回看，會發現其實整個國家的歷史跟家族歷史息息相關。回到十一世紀，每個當時活在你所屬國家的人，只要他們的後代現在還活著，那他們就是我們的祖先。[2]換句話說，時代越早，每個人的距離就越近。有時這個結論聽起來挺嚇人的，因為仔細想一想，搞不好英格蘭國王約翰（King

John）都是我們的祖先。不過如果你想知道自己跟其他國人原來究竟是什麼樣子、過著什麼樣的生活，就得回到一千年前的世界。

近距離觀察我們的祖先，心中不免會升起一些非常有趣的疑問，不僅是對自己的疑惑，對他們也充滿問號。你受得了在各種氣候之下在海上生活好幾個月嗎？你能跟艾德華．巴洛一樣，接受大半時間都暴露在冰冷潮濕的海面上嗎？就算不用上戰艦作戰，我們也沒辦法冷靜理性地接受這種討海生活。就算一輩子都平平安安地在陸地上生活、住在溫馨華美的倫敦民宅中，也不一定能完全適應十七世紀的社會。你能接受民眾對待動物時殘暴的態度，還有不斷毆打小孩的行為嗎？你能忍受復辟時期社會對女性的壓迫與偏見嗎？如果身為大法官，必須判處同胞絞刑、分屍、開腸剖肚等酷刑時，你心裡作何感想？又或者，如果你今天是劊子手，必須將年輕女子活活燒死，因為她刺死了有暴力傾向的丈夫，你的心情又是如何？身為社會一分子的我們，真的能姑息這種不人道的舉止嗎？我們有辦法找到正當的理由，替這種極端不公平的社會結構辯護嗎？想到這些議題，你可能會覺得渾身不自在，因為對復辟時期社會已稍有了解的你，對這些問題的答案也心知肚明：沒錯，我們確實有辦法容忍這些不人道、不公平的現象，因為我們的祖先也是這樣活過來的。來自二十一世紀的我們，或許會認為這些現象殘暴、不人道。不過正如我在前面提過的，一千年前的人類性格較原始粗獷，不像現在這麼修飾內斂。如果我們的處境跟祖先一樣，必須面臨同樣的社會壓力與傳統習俗，再加上知識不足以及無知，我們的一舉一動肯定跟他們相去無幾。

接著再把當時的生活環境納入考量。仔細想想，當時的天氣酷寒無比，蘇格蘭面臨好幾年的饑荒，農作物收成量起伏不定，還要與荷蘭打那幾場血腥的海戰，以及跟法軍和詹姆斯黨的戰役，最後還有駭人的疾病。在木板搭成的屋子裡看著孩子因天花或瘟疫受苦受難時，你會做何反應？該怎麼面對接下來的生活？你會不會乾脆在屋樑上掛一條繩子上吊自殺算了？

顯然當時祖先承受的磨難是現代人所無法體會的，他們也不像我們過得自由自在、舒適愉快。雖然生活艱辛，但當時的自殺率卻只是二十一世紀的一半。更精確來說，一七〇〇年英格蘭每一百萬人中只有五十六人自殺，到了一九〇五年來到高峰，每一百萬人有三百零三人自殺（恰好落在照理說很繁榮興盛的愛德華王朝），並在二次世界大戰期間降至每百萬人有一百到一百二十人自殺，並在近五十年來維持在這個數字。[3]

這裡又出現一個有趣的問題：如果我們在書中探討的時期跟二十一世紀比起來這麼艱辛，為什麼當時的自殺率比現在低？

或許人口組成是原因之一。跟二十一世紀相比，十七世紀的社會有絕大部分人口是十五歲以下的青少年與孩童，這群人的自殺傾向比大人低。但這不是正解，因為在自殺高峰的愛德華時期，未滿十五歲的人口比例比復辟時期更高（百分之三十四對比百分之三十）。而且來到一九六〇年代，未滿十五歲的人口也只微幅下降至百分之二十五，自殺率卻停滯在一百萬分之一百。有些歷史問題不能單靠歷史研究來解釋。基於這個原因，有些人認為特意去探究這些問題沒什麼意義。但是為什麼民眾在困頓的環境中願意繼續生存，在生活水平較高的二十一世紀卻更常尋死，這絕對是個不容小覷的議題。面對這種疑惑，歷史證據幫不上什麼忙，必須親身走一遭才能理解。

在這本書的開頭我丟了另一個問題：「從伊莉莎白政權進入安妮女王政權時，英格蘭社會有經歷劇烈的變動嗎？」這句話引自彼得・拉斯萊特（Peter Laslett）極具影響力的知名著作《我們失去的世界》(*The World We Have Lost*,一九六六年)。拉斯萊特是一位歷史人口學研究者,他從事的多半為量性研究,例如:每戶人家有幾個人?社會上有多少非婚生子女?男女多半在幾歲結婚?一對夫妻通常育有幾名子女?可惜的是,有些更深層的議題無法用數字來衡量解答。舉例來說,十七世紀的人類對世界的認知有劇烈改變,他們原本相當迷信,相信宗教和魔術,後來轉為仰賴科學,並具有理性思考能力。這個現象完全沒辦法用每戶人家有多少人或人口成長率來解釋。在該時期,越來越少人因施展巫術被判絞刑,這個例子能解釋在該時期不僅知識分子對世界的認知有所轉變,平名百姓也是如此。另外一個案例是政府不再對異端分子和非英格蘭國教徒施以絞刑,甚至讓後者建立自己的教會與信仰。另外,有受過教育的英格蘭人也越來越人道,開始斥責「殘酷、不合常理的刑求」。民眾認為瘟疫的疫情已不像早期那麼嚴重,也不像過去那麼理想主義,不再追尋來自上天的獎賞,反而願意享受民間的樂趣,例如到新春花園或紐馬克特走一走、喝杯香檳,到其他城鎮旅遊,見識巨石陣或是湖區風貌。更重要的是,他們開始體認到每個人都是獨立的個體,而非宗教或社會群集中的小螺絲釘,所以此時開始寫日記的人越來越多。

在《我們失去的世界》出版至今五十年內,社會歷史學家透過其他研究方式分析更多社會現象與議題。研究結果顯示,英格蘭社會確實在十七世紀經歷重大的變革。在第十章中,我們提到在一六〇三年只有不到百分之五的患者會求醫,但是到了一七〇二年,幾乎所有身體出問題的人都會去看醫生。這個現象顯示民眾已不像以往那樣仰賴神蹟,開始尋求具有專業知識、受過教育的專家的協助。這種放下對耶穌基督的執念,轉而相信專業人士的態度,如果還稱不上是劇烈的變化,那我不知道還有什麼變革更值得一提。同樣的,到一七〇〇年後,民眾發現數學家是社會上不可或缺的棟樑,他們不僅能做出生命表，還能用數字回答科學、經濟現象，例如空氣的重量、與他國貿易的淨出口值，或是人口的財富狀況等。他們不用像以前一樣只能仰賴模糊的哲學理論。這些現象都勾勒出知識水平的提升對日常生活有哪些影響和改變。你沒辦法從神學理論的角度，以上帝處罰壞人的機率，來計算火災保險津貼的數目。但是只要找一位數學家，就能馬上得到風險比率。

談了這麼多過往，也該回到二十一世紀。我們不僅該跟復辟時期的社會變革道別，也該跟當時的重要人物說再見。寫完這本書，我也對許多歷史人物有更深刻的認識，希望讀者也有機會欣賞他們的特長與美德。我捨不得跟勇敢的西莉亞．芬尼斯和菸癮很大的貝德福伯爵道別；有話直說的艾德華．巴洛、不循規蹈矩的羅徹斯特大人，還有枯燥乏味的勞夫．瑟雷斯比，這些人都有其特殊、令人回味的性格。另外，我也很想念愛用難字的內德．華德、愛交際應酬的威廉．薛林克斯、有教養的義大利人馬加洛堤，以及親英派的彌松先生。不過最讓我難以忘懷的，是不斷在本書出現的偉大日記作家：日記體創始人賽謬爾．佩皮斯，還有他的友人，也就是博學多聞、具同理心的約翰．伊弗林。跟他們說再見很不容易。此書來到尾聲，我也在撰寫過程中更了解他們的看法、他們的笑話、洞見。但關上通往復辟時期的大門時，他們的回憶也劃下句點，被悠長的沉默取代。所以在我真正與復辟時期道別時，也想聽聽這幾位大人物最後還有沒有什麼話要說。仔細聽，我發現耳邊傳一個人聲。令人意外的是，跟我說話的並非上頭提到的大人物，也不是查理二世對情婦的甜言蜜語，更不是瞎子彌爾頓的呼喊聲，也非劇院觀眾對貝瑞夫人表演的讚嘆聲。對我說話的是來自埃克塞特的平民約瑟夫．皮特。一六七八年，年僅十四歲的他在英吉利海峽被巴巴里海盜狹持，轉而被賣到阿爾及爾的奴隸市場。如果你還記得的話，經過十五年奴隸生涯，他跟著雇主來到麥加，又過一年成功回到英格蘭。回到祖國時，約瑟夫正好三十歲，跟當時的英格蘭國王同年。不過你不曉得的，是他回到家鄉時發現母親已經過世，親朋好友也已放棄尋找他的下落。不過他備受愛戴的父親還活著。以下就讓約瑟夫自己說，讓大家聽聽他生動的描述：

我覺得突然回家見父親不是明智之舉，有可能會讓他一時無法接受。所以我跑到父親住家附近的酒館，邀幾個出海前就認識的朋友。他們說我年輕時常跟我玩在一起的班雅明．查博爾（Benjamin Chapel）就住附近，我請人把他找來酒館，向他表明我的身分，拜託他去告訴我父親，循序漸進讓父親知道我返鄉的消息。班雅明欣然接下這份請託，我知道他是傳遞這份訊息的最佳人選。酒館很快就擠滿鄰里中的住戶，大家都特地跑來看我。酒館中的氣氛之歡樂愉快難以用文字形容，這我就留待讀者自己體會。父親對我說的第一句話是：「你真的是我的兒子約瑟夫嗎？」此時他眼眶中已滿是淚水。我說：「爸，我是。」他立刻帶我回家，許多鄰居也跟在我們身後。回到家後，父親立刻關上大門，雙膝跪地，誠心向上帝道謝，感謝祂終於讓我重獲自由。後來父親才把門打開，讓民眾進門同慶。

仔細聆聽過往的跫音，除了那些日常生死的聲響，你聽得最清楚的，莫過於那怎麼樣都不願停止的強韌心跳聲。

Rugg	William L. Sachse (ed.), *The Diurnal of Thomas Rugg, 1659–1661*, Camden Third Series, 91 (1961)
Schellinks	Maurice Exwood, H. L. Lehmann (ed.), *The Journal of William Schellinks' Travels in England 1661–1663*, Camden Fifth Series, 1 (1993)
SED	Joan Thirsk and J. P. Cooper (eds), *Seventeenth-century Economic Documents* (Oxford, 1972)
SSW	The Survey of Scottish Witchcraft: http://www.shca.ed.ac.uk/Research/witches/
Sufferers	Lucinda McCray Beier, *Sufferers and Healers* (1987)
Thoresby	Joseph Hunter (ed.), *The Diary of Ralph Thoresby* (2 vols, 1830)
ToH	Peter Brears, 'Seventeenth-century Britain', *A Taste of History* (1993)
Travel in England	Joan Parkes, *Travel in England in the Seventeenth Century* (Oxford, 1925)
TTGEE	Ian Mortimer, *The Time Traveller's Guide to Elizabethan England* (2012)
TTGME	Ian Mortimer, *The Time Traveller's Guide to Medieval England* (2008)
Urban growth	E. A. Wrigley, 'Urban growth and agricultural change: England and the Continent in the Early Modern Period', *The Journal of Interdisciplinary History*, 15, 4 (1985), pp. 683–728
WCH	J. T. Cliffe, *The World of the County House in Seventeenth-century England* (1999)
WWHL	Peter Laslett, *The World We Have Lost* (2nd edn, 1971)

	Ireland (1719)
Noble	Gladys Scott Thomson, *Life in a Noble Household, 1641–1700* (1937)
OCSH	Michael Lynch, *The Oxford Companion to Scottish History* (Oxford, 2001)
OCW	Jancis Robinson, *The Oxford Companion to Wine* (3rd edn, Oxford, 2006)
ODNB	*Oxford Dictionary of National Biography*: http://www.odnb.com/
OED	*The Oxford English Dictionary*: http://www.oed.com/
Ogg, Charles II	*David Ogg, England in the reign of Charles II* (2 vols, Oxford, 1934; 2nd edn, 1956)
Ogg, J. & W.	*David Ogg, England in the Reigns of James II and William III* (Oxford, 1963)
Old Bailey	Old Bailey Online: https://www.oldbaileyonline.org/
Pepys	Robert Latham and William Matthews, *The Diary of Samuel Pepys: a New and Complete Transcription* (11 vols, 1970–83)
Pepys Companion	Robert Latham and William Matthews, *The Diary of Samuel Pepys: a New and Complete Transcription: Companion* (1983) [vol. x in the above series]
PFR	Margarette Lincoln (ed.), *Samuel Pepys: Plague, Fire, Revolution* (2015)
Pharmacopoeia	Nicholas Culpeper, *Pharmacopoeia Londinensis or the London Dispensatory* (4th edn, 1654)
PHE	E. A. Wrigley and R. S. Schofield, *The Population History of England 1541–1871: a reconstruction* (1980)
PL	Stephen Porter, *Pepys's London* (2011)
PN	J. D. Davies, *Pepys's Navy: Ships, Men & Warfare 1649–1689* (2008)

Global Crisis	Geoffrey Parker, *The Global Crisis: War, Climate Change and Catastrophe in the Seventeenth Century* (2013)
HECSC	C. Willett and Phillis Cunnington, *Handbook of English Costume in the Seventeenth Century* (3rd edn, 1972)
HELS	Elizabeth Foyster and Christopher A. Whatley, *A History of Everyday Life in Scotland, 1600 to 1800* (Edinburgh, 2010)
Hooke	Richard Nichols, *The Diaries of Robert Hooke, the Leonardo of London, 1635–1703* (Lewes, 1994)
Josselin	E. Hockliffe, *The Diary of Ralph Josselin*, Camden Third Series, 15 (1908)
King's Highway	Sidney Webb and Beatrice Webb, *English Local Government: the Story of the King's Highway* (1913)
Later Stuarts	Sir George Clark, *The Later Stuarts 1660–1714* (2nd edn, Oxford, 1955)
Lincoln	J. A. Johnston, *Probate Inventories of Lincoln Citizens 1661–1714*, Lincoln Record Society (1991)
London Spy	Kenneth Fenwick (ed.), *The London Spy by New Ward* (Folio Society edn, 1955)
LSCCS	David Brandon, *Life in a Seventeenth-Century Coffee Shop* (Stroud, 2007)
Magna Britannia	Daniel Lysons and Samuel Lysons, *Magna Britannia being a concise topographical account of the several counties of Great Britain* (6 vols, 1806–22)
Markets	Colin Stephen Smith 'The Market Place and the Market's Place in London, c. 1660–1840' (UCL PhD thesis, 1999)
Misson	M. *Misson's memoirs and observations in his travels over England. With some account of Scotland and*

Cosmo	Lorenzo Magalotti, *Travels of Cosmo the Third* (1821)
Crisis	Peter Clark and Paul Slack (eds), *Crisis and order in English towns 1500–1700* (1972)
CUHB	Peter Clark, *The Cambridge Urban History of Britain, vol. 2 (1540–1840)* (Cambridge, 2000)
D&D	Ian Mortimer, *The Dying and the Doctors: the Medical Revolution in Seventeenth-Century England* (2009)
DEEH	H.E.S.FisherandA.R.J.Jurˇica(eds), *Documentsin English Economic History: England from 1000 to 1760* (paperback edn, 1984)
Enclosure	J. R. Wordie, 'The chronology of English enclosure, 1500–1914', *The Economic History Review*, 36, 4 (1983), pp. 483–505
EoaW	A. F. Scott, *Everyone a Witness: the Stuart Age* (1974)
Essex	Francis Steer (ed.), *Farm and Cottage Inventories of Mid-Essex 1635–1749* (Colchester, 1950)
Evelyn	William Bray (ed.), *The Diary of John Evelyn* (2 vols, 1966)
Fashion	Avril Hart and Susan North, *Seventeenth- and Eighteenth- Century Fashion in Detail* (2009)
FDB	C. Anne Wilson, *Food and Drink in Britain* (paperback edn, 1991)
Fiennes	Christopher Morris (ed.), *The Illustrated Journeys of Celia Fiennes* (1982)
Gamester	Charles Cotton, *The Complete Gamester* (5th edn, 1725)
GFS	Hannah Woolley, *Guide to the Female Sex* (3rd edn, 1682)

註解中的縮寫

AHEW	Joan Thirsk (ed.), *The Agricultural History of England and Wales*, vol. v: 1640–1750 (Cambridge, 2 vols, 1984–5)
Anglia Notitia	Edward Chamberlayne, *Anglia Notitia* (9th edn, 2 vols, 1676)
AR	Mark Overton, *The Agricultural Revolution* (1996)
Barlow's Journal	Basic Lubbock (ed.), *Barlow's Journal of his Life at Sea in King's Ships, East & West Indiamen & other Merchantmen from 1659 to 1703* (2 vols, 1934)
Baskerville	'Thomas Baskerville's Travels in England, temp. Car. II', in *The Manuscripts of his Grace the Duke of Portland preserved at Welbeck Abbey*, Historical Manuscripts Commission 13th report, part 2 (1893), pp. 263–314
BEG	Stephen Broadberry, Bruce M. S. Campbell, Alexander Klein, Mark Overton and Bas van Leeuwen, *British Economic Growth 1270–1870* (2015)
Bristol	Edwin and Stella George (eds), *Bristol Probate Inventories 1657–1689*, Bristol Record Society, vol. 57 (2005)
Buckinghamshire	Michael Reed (ed.), *Buckinghamshire Probate Inventories 1661–1714*, Buckinghamshire Record Soc., no. 24 (1988)

約莫一百三十人，總共有兩百六十人。如果他們每個人在往回推算的一百年內都有六位在世的親戚的話（以我一百年前和兩百年前的祖先數量相除，七十二除以十二，成長倍率為六；一百五十年前有四十位祖先，兩百五十年前有兩百六十位祖先，倍率也約為六），那麼我在一六六六年就有一千五百六十名祖先。｜**2.** 請見Ian Mortimer所撰，*The Perfect King*（2006出版），附錄八第四百二十八條（美國物理聯合會1999）。在我的認知中，唯一不適用這個推論的族群大概是歐洲皇室，因為他們的血脈相當封閉。以現在的英國女王和她的兒女來看，他們的祖宗血統的規模與平民相比來得較小，原因除了本身基因組成外也受限於婚姻模式。不過這個情況到威廉與哈利王子這一代就會消失。｜**3.** 2013年和2014年的數字分別為每百萬人中有一百二十人和一百零八人自殺。請見Ogg所撰*J. & W.*，頁35；Kyla Thomas與David Gunnell所撰，Suicide in England and Wales 1861-2007: a time-trends analysis，收錄於*International Journal of Epidemiology*, 39（2010出版），頁1464至1475，本文引用處位於頁1465。http://www.ons.gov.uk/peoplepopulationandcommunity/birthsdeathsandmarriages/deaths/bulletins/suicidesintheunitedkingdom/2014registrations，下載於2016年10月29日。

根據尼爾森提供的資料，當年英國出版市場有27%的銷售額來自小說。| **66.** *Pepys*，第一輯，頁312與附註。| **67.** *Misson*，頁210至211。| **68.** Agostino Lombardo所撰，Shakespeare in Italy，收錄於*Proceedings of the American Philosophical Society*, 141, 4（1997出版），頁454至462，本文引用處位於頁454。| **69.** Gordon Campbell所撰，Milton, John（1608－1674），收錄於*ODNB*。| **70.** Gordon Campbell所撰，Milton, John，收錄於*ODNB*。| **71.** John Spitzer與Neal Zaslaw所撰，*The Birth of the Orchestra: History of an Institution 1650-1815*（2004出版），頁268。| **72.** *Pepys Companion*，頁266至267。| **73.** *Evelyn*，第二輯，頁141。| **74.** John Spitzer與Neal Zaslaw所撰，*The Birth of the Orchestra: History of an Institution 1650-1815*（2004出版），頁274。| **75.** Peter Walls所撰，Banister, John (1624/5-1679) ，收錄於ODNB；Richard Crewdson所撰，*Apollo' s Swan and Lyre: Five Hundred Years of the Musicians' Company*（2000於伍德布里奇出版），頁117至120。| **76.** *Pepys*，第一輯，頁171。| **77.** *Pepys Companion*，頁434至438。| **78.** *Pepys Companion*，頁438至441。| **79.** *Thoresby*，第一輯，頁148。| **80.** *Pepys*，第二輯，頁18（票價）；第四輯，頁8（最便宜的座位）。在三十歲生日當天，佩皮斯進了兩次劇場；*Pepys*，第四輯，頁55至57。| **81.** *Pepys Companion*，頁444。| **82.** *Pepys*，第二輯，頁190至191；第三輯，頁208；第四輯，頁6。| 83 . Kate Bennett所撰，Wycherley, William (*bap.* 1641, *d.* 1716)，收錄於*ODNB*。| **84.** *Pepys*，第一輯，頁297；第二輯，頁47。| **85.** *Pepys*，第四輯，頁162。| **86.** *Pepys*，第一輯，頁224。| **87.** *Pepys*，第二輯，頁5、35與203。| **88.** *Evelyn*，第一輯，頁366；第二輯，頁19。| **89.** J. Milling所撰，Bracegirdle, Anne (*bap.* 1671, *d.*1748)，收錄於*ODNB*。| **90.** S. M. Wynne所撰，Gwyn, Eleanor (1651?-1687)，收錄於*ODNB*。

後記

1. 一百年前，我有十二位祖先在世；一百五十年前，我父親那邊有二十人位親戚在世，所以總共約有四十人。兩百年前父親那邊有三十六位祖先在世，所以總共大概有七十二位。來到一七六六年，雖然不清楚所有祖先的姓名跟生卒年，但我估計父親那邊總共有一百三十人，所以母親那邊也有版），頁171。一六七五年，貝德福伯爵花三十一英鎊請萊利替自己繪製半身肖像，另外又付了三英鎊買畫框。隔年，全身肖像畫則要六十英鎊，畫框要九英鎊，運送到沃本修道院使用的盒子則要一英鎊五先令，參考自*Noble*，頁294至295。｜**49.** *Evelyn*，第二輯，頁243與301。｜**50.** *Evelyn*，第三輯，頁113；第二輯，頁89。｜**51.** *Thoresby*，第一輯，頁9。｜**52.** *Pepys*，第九輯，頁434。｜**53.** Waterhouse所撰，*Dictionary*，頁18。｜**54.** William Sanderson所撰，*Graphice*（1658出版），頁20。｜**55.** 此為參考*Essex*中提到的聖經數量來大略估計。｜**56.** *Josselin*，頁7；M. Perceval-Maxwell所撰，Annesley, Arthur, first earl of Anglesey (1614-1686)，收錄於*ODNB*。｜**57.** Kees van Strien所撰，Browne, Edward (1644-1708)，收錄於*ODNB*；*WCH*，頁163至164。貝德福伯爵的沃本修道院中有一百五十二本書，倫敦宅邸中則有兩百四十七本，引自*Noble*，頁262。｜**58.** William Bray所編，*Memoirs of John Evelyn…comprising his diary, from 1641-1705/6, and a selection of his familiar letters*（全五輯，1827出版），第四輯，頁316。｜**59.** A. C. Snape所撰，Seventeenth-century book purchasing in Chetham' s Library, Manchester，收錄於*Bulletin of the John Rylands University Library of Manchester*, 67（1985出版），頁783至796，本文引用處於頁790。｜**60.** William Bray所編，*Memoirs of John Evelyn…comprising his diary, from 1641-1705/6, and a selection of his familiar letters*（全五輯，1827出版），第四輯，頁315。｜**61.** *Lincoln*，頁36；*Essex*，頁99（「大本聖經售價十先令」）。｜**62.** Robert Clavel所撰，*A Catalogue of all the books Printed in England since the Dreadful Fire of London, 1666. To the end of Michaelmas Term 1672*（1673出版）。｜**63.** Richard Landon所撰，The Antuquarian Book Trade in Britain 1695-1830: The Use of Auction and Booksellers' Catalogues，收錄於*The Papers of the Bibliographical Society of America*, 89, 4（1995出版），頁409至417，本文引用處於頁410。｜**64.** 此數據來自大英圖書館的資料庫English Short Title Catalogue: http://estc.bl.uk/（2016年10月17日下載）。此資料涵蓋範圍為在英格蘭和蘇格蘭出版之各語種書籍。｜**65.** 根據出版公會（Publishers Association）的*UK Book Industry in 2015*，當年英國國家書目總共有139,394筆，其中有35,918為「文學」。

的畫作。該畫作是在一七四三年由法蘭西斯・海頓（Francis Haydon）所繪製。在畫作中，板球的下方有陰影，代表球並未貼地，而球棒則呈圓弧狀。所以民眾以及書籍對板球雛形的描述，可從這幅圖中應證為真。至於女性參與板球比賽的案例，1745年發行的《解讀水星》（*Reading Mercury*）中記錄一場由十一位布拉利姆（Bramley）和十一位罕布敦（Hambleton）女僕之間的比賽（這場比賽舉辦時板球的比賽規則尚未正式紀錄成文字），這也是第一份提及女性板球比賽的文獻。｜**27.** *Schellinks*，頁83。｜**28.** *Pepys*，第四輯，頁167。｜**29.** Christopher Rowley所撰，*The Shared Origins of Football, Rugby and Soccer*（2015出版），頁86。｜**30.** *Schellinks*，頁307。｜**31.** Morris Marples所撰，*A History of Football*（1954出版），頁83。｜**32.** 球具價格參考蘇格蘭國家圖書館（National Library of Scotland）MS. 1400, f.253：http://digital.nls.uk/golf-in-scotland/assets/images/content/st-andrews/morice-accounts.jpg。2016年10月20日下載。｜**33.** 蘇格蘭國家圖書館（National Library of Scotland）Acc. 13144：http://digital.nls.uk/golf-in-scotland/international/werden-pocket-book.html。2016年10月20日下載。｜**34.** John Aubrey所撰，*Natural History of Wiltshire*（1847出版），頁117。｜**35.** *Misson*，頁231。｜**36.** *Noble*，頁229。｜**37.** *Pepys*，第一輯，頁218；第四輯，頁255。｜**38.** *Schellinks*，頁36至37。｜**39.** John Aubrey所撰，*Natural History of Wiltshire*（1847出版），頁117；Locke於Lord King中之文章*The Life and Letters of John Locke*（1830出版），第一輯，頁248。｜**40.** *Schellinks*，頁51。｜**41.** *Evelyn*，第二輯，頁23。｜**42.** *Evelyn*，第二輯，頁297。｜**43.** *Misson*，頁282。｜**44.** *Schellinks*，頁134；*Cosmo*，頁149。｜**45.** http://www.ashmolean.org/ash/amulets/tradescant/tradescant**03.**html。於2016年10月21日下載。｜**46.** *Cosmo*，頁326；*Evelyn*，第二輯，頁69；*Fiennes*，頁184；*Thoresby*，第一輯，頁245與298；*Misson*，頁27、280至281；Marjorie Swann所撰，*Curiosities and Texts: The Culture of Collecting in Early Modern England*（2001於費城出版），頁196。｜**47.** *Evelyn*，第二輯，頁113、132、152、327至328；*Schellinks*，頁60至61。｜**48.** Diana Dethloff所撰，Lely, Sir Peter (1618-1680)，收錄於*ODNB*；Ellis Waterhouse所撰，*The Dictionary of 16th and 17th Century British Painters*（1988出

隔年有一萬四千六百九十四場。如果只有百分之五的死產比例，那麼每年至少要有一萬五千五百人懷孕。當時總人口數約為五十二萬人，大概有其中一半的人口落在十五到四十五歲，假設其中有一半是女性，那大概只有不到百分之十二適逢生育年齡的女性有順利懷孕。不過懷孕前四個月並不會出現胎動，所以要懷孕五個月以上才能判斷出來。所以女性被告被判有胎動的機率算法如下：十二分之五成以一萬五千五百人，接著再除以十三萬人，這機率根本不到百分之五。

第十二章　休閒娛樂

1. *London Spy*，頁181；*Pepys*，第二輯，頁166。｜**2.** *London Spy*，頁182。｜**3.** Philip H. Highfill、Kalman A. Burnim與Edward A. Langhans所撰，*A Biographical Dictionaryof Actors, Actresses, Musicians, Dancers, Managers and Other Stage Personnel in London, 1660-1800*（1982年Carbondale and Edwardsville出版），第七輯，頁23至25。｜**4.** *Evelyn*，第一輯，頁345。｜**5.** *Evelyn*，第一輯，頁325。｜**6.** *EoaW*，頁134。｜**7.** *Evelyn*，第二輯，頁83。｜**8.** *Evelyn*，第一輯，頁325（全身被毛髮覆蓋的女人）。｜**9.** Henry Morley所撰，*Bartholomew Fair*（1859出版），頁315至332。｜**10.** *Evelyn*，第二輯，頁196至197；*Travel in England*，頁105；*PL*，頁27；*Misson*，頁318至319。｜**11.** *Misson*，頁25至27。｜**12.** *Gamester*，頁196。｜**13.** *Cosmo*，頁313。｜**14.** *Anglia Notitia*，第一輯，頁52至53。｜**15.** 關於350人的資料是來自一六七五年芬斯伯里的紀錄（http://www.bowyers.com/bowyery_finsburyMarks.php；二〇一六年十月十九日下載）。在蘇荷蘭，皇家弓箭手協會在一六七六年成立。馬瑟爾堡銀箭盃這個全世界最早的運動競技比賽，從一六〇三年起就每年定期舉行。在英格蘭，斯格登銀箭盃則是從一六七三年起每年於約克郡舉辦。｜**16.** *Cosmo*，頁145至146。｜**17.** Randle Cotgrave所撰，*A Dictionarie of the French and English Tongues*（1611出版），類別「撞球」（billiard）。｜**18.** *Noble*，頁238。｜**19.** *Gamester*，頁223。｜**20.** *Schellinks*，頁60。｜**21.** *Schellinks*，頁71。｜**22.** *Baskerville*，頁263、265、271與285。｜**23.** *Pepys*，第二輯，頁90。｜**24.** *Gamester*，頁224。｜**25.** *Gamester*，頁17。｜**26.** 文中描述的特點，是參考一幅最早以板球為主題

於*ODNB*。｜**3.** J. M. Beattie所撰，The Pattern of Crime in England 1660-1800，收錄於*Past and Present*, 62（1974出版），頁47至95，本文引用處位於頁48。｜**4.** *Old Bailey*, ref: t16931206-14。｜**5.** *Old Bailey*, ref: t16760510-1。｜**6.** *Old Bailey*, ref: t16940524-20。｜**7.** *Old Bailey*, ref: t16770711-1。｜**8.** *Barlow' s Journal*，第二輯，頁451至453。｜**9.** *Evelyn*，第二輯，頁133；http://www.historyofParliamentonline.org/volume/1660-1690/member/evelyn-george-i-1617-99，於2016年9月13日下載。｜**10.** Ogg所撰之*J. & W.* 頁64。｜**11.** Luttrell Collection of Broadsides, 1683-4，收錄於*EoaW*，頁24至25。｜**12.** John Brydall所撰，*Camera Regis*（1676出版），頁43至58、73至75。｜**13.** J. A. Sharpe所撰，*Crime in Early Modern England*（1984出版），頁22。｜**14.** Kenneth Pennington所撰，Innocent until proven guilty: the origins of a legal exam，收錄於*The Jurist*, 63（2003出版），頁106至124。｜**15.** 同前註，頁119。｜**16.** Ogg所撰，*Charles II*，第一輯，頁408。｜**17.** *Schellinks*，頁86。｜**18.** *Misson*，頁324至325；*Old Bailey*, ref: s16901015-1。｜**19.** *Schellinks*，頁82至83。｜**20.** *Misson*，頁124。｜**21.** *Old Bailey*, ref: s17000115-19；s17000115-1。｜**22.** *Pepys*，第二輯，頁71。｜**23.** *Old Bailey*, ref: t16830418-7;s16830418-1。｜**24.** *Old Bailey*, ref: t16820224-15。｜**25.** Andrea McKenzie所撰，"This Death Some Strong and Stout Hearted Man Doth Choose"：The Practice of Peine Forte et Dure in Seventeehth- and Eighteenth-Century England，收錄於*Law and History Review*, 23, 2（2005夏季刊），頁279至313，本文引用處位於頁280。｜**26.** 同前註，頁302。｜**27.** *Baskerville*，頁295；N. M. Herbert所編，*A History of the County of Gloucester: Volume 4, the City of Gloucester*（1988出版），頁245至247。｜**28.** *Schellinks*，頁34。｜**29.** Levack所撰，Sexual Crimes in Early Eighteenth-century Scotland，頁174至176。｜**30.** Faramerz Dabhoiwala所撰，*The Origins of Sex*（2012出版），頁55至56。｜**31.** 同前註，頁58至60。｜**32.** Timothy Curtis與J. A. Sharpe所撰，Crime in Tudor and Stuart England，收錄於*History Today*, 38, 2（1988年2月出版）。｜**33.** *Old Bailey*, ref: t16771010-6。｜**34.** 這項陳述是立基於受洗儀式的次數。一六八五年倫敦共有一萬四千三百七十場受洗儀式，

於*ODNB*。｜**50.** *D&D*，頁154至155。｜**51.** *D&D*，頁78、112至115。*Noble*，頁40（完整的天花療程費用為二十英磅）。｜**52.** Jonathan Barry所撰，John Houghton and Medical Practice in William Rose's London: The Medical World of Early Modern England, Wales and Ireland, 1500-1715: Working Paper Two（2015年4月出版），http://practitioners.exeter.ac.uk/wp-content/uploads/2014/11/EMP_WP2_Barry_Houghton.pdf，2016年9月6日下載。

53. Harold J. Cook所撰，Sydenham, Thomas (*bap.* 1624, *d.* 1689)，收錄於ODNB。｜**54.** *PFR*，頁39。Patrick Wallis所撰，Exotic Drugs and English Medicine: England's Drug Trade c. 1550-1800，收錄於LSE Working Papers 143/10（2010出版），表一與圖二。｜**55.** *D&D*，頁58至59（坎特伯里）。埃克塞特數據：在伊莉莎白掌政的四十五年間，當地總共有八名自由民藥師，平均職涯為二十六年。所以在這段期間，當地每年平均有四點六名藥師執業。在一六六〇至一七〇〇年間，藥師總數為三十九人，因此每年平均有二十四點十名藥師執業。另外，埃克塞特的藥師的職涯長度跟坎特伯里的藥師不相上下。｜**56.** *Pharmacopoeia*，頁64至65。｜**57.** Richard Sugg所撰，*Mummies, Cannibals and Vampires: The History of Corpse Medicine from the Renaissance to the Victorians*（2011出版），頁58至59。｜**58.** Thomas Brugis所撰，*The Marrow of Physick*（1669出版），頁65（引用於P. Kenneth Himmelman所撰之The medical body: an analysis of medical cannibalism in Europe, 1300-1700，收錄於*Dialectical Anthropology*, 22, 2（1997出版），頁183至203，本文引用範圍於頁197）。至於這個主題的相關資訊，可參考前註中的書目。｜**59.** *Pepys*，第三輯，頁77。｜**60.** *D&D*，頁86。在肯特郡，某些放血療法只要六便士，最常見的收費為兩先令六便士，在伯克郡以及薩賽克斯郡有四先令的紀錄。｜**61.** *Sufferers*，頁63。｜**62.** *Sufferers*，頁61與74。｜**63.** *PFR*，頁38。｜**64.** *Evelyn*，第二輯，頁42、48與98。

第十一章　法律與秩序

1. Michael J. Galgano所撰，Lisle, Lady Alice (*c.* 1614-1685)，收錄於*ODNB*。｜**2.** Melinda Zook所撰，Gaunt, Elizabeth (*d.* 1685)，收錄

690；Paul Slack所撰，*The Impact of Plague in Tudor and Stuart England*（1985出版），頁16（科徹斯特）、頁138（諾里奇）。｜**31.** Walter George Bell所撰，*The Great Plague of London*（1924出版），頁296。各方資料指出當時伊姆地區的人口數為三百六十人。伊姆博物館網站的資料則顯示當時總人口有七百人，其中四百三十三人逃過鼠疫的侵害。請見http://www.eyam-museum.org.uk/assets/files/eyam-population-1664-1667.pdf，於2016年9月4日下載。｜**32.** 此段伊弗林的評論是來自Vanessa Harding所撰，Housing and Health in Early Modern London，收錄於V. Berridge與M. Gorsky所編，*Environment, Health and History*（2012出版），頁23至44，本文引用處於頁38。｜**33.** *Pharmacopoeia*，頁24、70與92。｜**34.** F. N. L. Poynter所撰，*A Seventeehth-Century Doctor and his Patients: John Symcotts, 1592?-1662*，收錄於Bedfordshire Historical Record Society, xxxi（1951出版），頁49。｜**35.** *Pharmacopoeia*，頁56、58與61。｜**36.** Richard Tomlinson所撰，*A Medical Dispensatory*（1657出版），頁589。｜**37.** *Hooke*，頁26至27。｜**38.** *Evelyn*，第二輯，頁236。｜**39.** *Mercurius Politicus*（1660年12月20日出版），引用於*EoaW*，頁140。｜**40.** *Pepys*，第二輯，頁53。｜**41.** *Pharmacopoeia*，頁64；*Sufferers*，頁141。｜**42.** *Pharmacopoeia*，頁10、30與67。｜**43.** Roy Porter所撰，Madness and its institutions，收錄於Andrews Wear所編之*Medicine in Society: Historical Essays*（1992於劍橋出版），頁279與285。｜**44.** *PHE*，頁256（1.7%）；*Global Crisis*，頁93（4%）。｜**45.** 錢伯倫家族的鉗子的設計，以及一八一三年在伍罕姆．莫提瑪大廳被發現（Woodham Mortimer Hall）的經過，請見Peter M. Dunn所撰，The Chamberlen family (1560-1728) and obstetric forceps，收錄於*Archives of Diseas in Childhood Fetal & Neonatal Edition*，81（1991出版），F232至235。｜**46.** Eriç Jameson所撰，*A Natural History of Quackery*（1961出版），頁29。｜**47.** Andrew Wear所撰，Making sense of health and the environment in early modern England，收錄Wear所編*Medicine in Society*，頁127。｜**48.** Lord Ruthven所撰，*The Ladies Cabinet Enlarged and Opened*（第四版於1667出版），頁63至65（泡澡水）；70至71（牙痛）；86（蛇）；127（痛風）。｜**49.** Henry Till所撰，Stillingfleet, Edward (1635-1699)，收錄

出版），頁92。｜**16.** Virginia Smith所撰，*Clean: A History of Personal hygiene and Purity*（2007於牛津出版），頁220。｜**17.** *WCH*，頁39；*Pepys Companion*，頁103。｜**18.** Joseph Pitt所撰，*Faithful Account of the Religion and Manners of the Mahometans*（第四版於1738出版），頁69至70。｜**19.** *Pepys*，第一輯，頁298。｜**20.** Jorden所撰，*Naturall Bathes*，頁134。特別注意，喬登在書中描述的並不是洗衣婦，而是受過教育、經濟條件佳的族群。這代表他認為社會階級較高的民眾知道肥皂對手部肌膚有什麼影響。｜**21.** 關於佩皮斯與蝨子之間的糾葛，請見*Pepys*，第四輯，頁38。｜**22.** 根據一六六〇年至一七〇〇年的死亡表，這段期間的死亡總數為八十九萬零三百六十一人，死於瘟疫的總數為七萬零七百三十五人（百分之七點九四），光是一六六五年就有六萬八千五百九十六人死於鼠疫。一六六〇至一六六四年間的平均死亡人數為一萬七千零十九人，而在一六六五年下葬的總共有九萬七千三百零六人，因此實際死於鼠疫的總數最高可達八萬零兩百八十七人（百分之九點零二）。加上在其他年度死於鼠疫的人數，總共有八萬兩千四百二十六人死亡（百分之九點二六）。而在這整段期間內，登記因肺結核而死的總共有十四萬一千九百八十二人（百分之十五點九）、因抽搐而死的有十一萬九千四百九十六人（百分之十三點四）、因瘧疾與發燒而死的有十一萬一千四百九十九人（百分之十二點五），而因腸絞痛而死的則有八萬五千九百八十四人（百分之九點六六）。｜**23.** Paul Slack所撰，*The Impact of Plague in Tudor and Stuart England*（1985出版），頁151。一六六五年的倫敦大鼠疫奪走較多人命，但以死亡人數佔總人口數的比例來看，前三場規模較大。｜**24.** Walter George Bell所撰，*The Great Plague of London*（1924出版），頁23至24。｜**25.** *Evelyn*，第一輯，頁404。｜**26.** *Pepys*，第六輯，頁268。｜**27.** Walter George Bell所撰，*The Great Plague of London*（1924出版），頁143。｜**28.** Paul Slack所撰，*The Impact of Plague in Tudor and Stuart England*（1985出版），頁317。｜**29.** Walter George Bell所撰，*The Great Plague of London*（1924出版），頁140。｜**30.** A. G. E. Jones所撰，The Great Plague in Ipswich，收錄於*Proceedings of the Suffolk Institute for Archaeology and History*, xxviii, 1（1958出版），頁78至89，本文引用處於頁88；Charles Creighton所撰，*History of Epidemics in Britain*（1894出版），第二輯，頁687至

滿香檳，氣泡的嘈雜聲不絕於耳，令人不悅。」**69.** Charles Ludington所撰，The Politics of Wine in 18th-Century England，收錄於*History Today,* 63, 7（2013年7月出版）http://www.historytoday.com/charles-ludington/politics-wine-18th-century-england，於2016年9月1號下載。｜**70.** *Pepys*，第四輯，頁100。｜**71.** 在詩作〈追尋紅酒〉（The Search after Claret，1691年發表）中，理查．埃姆斯（Richard Ames）將侯伯王酒莊形容為「生氣蓬勃的波塔克先生」。｜**72.** *FDB*，頁391。｜**73.** *Pepys*，第四輯，頁235。｜**74.** *Baskerville*，頁295。這是伍斯特地區的售價。｜**75.** *Baskerville*，頁308。｜**76.** *Noble*，頁197。｜**77.** Tim Unwin所撰，*Wine and the Vine*（1991出版），頁243。｜**78.** *SED*，頁86。｜**79.** *Noble*，頁200。｜**80.** *FDB*，頁400與403。｜**81.** *LSCCS*，頁19（不孕）；Clarken所撰，*Later Stuarts*，頁358。｜**82.** *LSCCS*，頁50至51。｜83. *Bristol*，頁118至119。｜**84.** *LSCCS*，頁23。｜**85.** *Misson*，頁39至40。｜**86.** *Noble*，頁168。｜**87.** *LSCCS*，頁24。｜**88.** *Pepys*，第一輯，頁253。｜**89.** *FDB*，頁411至412。｜**90.** *Noble*，頁170。｜**91.** *Pepys*，第二輯，頁88（加冕儀式後隔天清晨）；第三輯，頁227；第四輯，頁5。｜**92.** *FDB*，頁408至410。｜**93.** *Cosmo*，頁398。｜**94.** *Schellinks*，頁121。｜**95.** *Misson*，頁311至313；*Fiennes*，頁204；*Baskerville*，頁303。｜**96.** *Misson*，頁313。｜**97.** *HELS*，頁224。｜**98.** Jorevin de Rocheford提出，引用於*Fiennes*，頁204，編號13。｜**99.** *Noble*，頁345至346。

第十章　健康與衛生

1. 請見愛麗絲．桑頓（Alice Thornton）的自傳。引用於*Sufferers*，頁227。｜**2.** *Sufferers*，頁164。｜**3.** *Barlow's Journal*，第一輯，頁178。｜**4.** Edward Jordan所撰，*A discourse of Naturall Bathes and Mineral Waters*（第三版，1683出版），頁132、134。｜**5.** 同前註，頁138。｜**6.** *Fiennes*，頁45。｜**7.** *Schellinks*，頁106；*Fiennes*，頁46。｜**8.** *Fiennes*，頁93。｜**9.** *Fiennes*，頁94。｜**10.** *Thoresby*，第一輯，頁54、86與234。｜**11.** *Baskerville*，頁314。｜**12.** *Fiennes*，頁125至127。｜**13.** *Schellinks*，頁87至88。｜**14.** *Pepys*，第九輯，頁233。｜**15.** *HELS*，頁224，引用E. W. Marwick所撰，*The Folklore of Orkney and Shetland*（1975

至45、52、55與60。｜**19.** *GFS*，頁218至219。｜**20.** *Pepys*，第二輯，頁119；第三輯，頁10。｜**21.** *Baskerville*，頁263（啤酒）與297。｜**22.** *Pepys*，第一輯，頁9；第二輯，頁208與228。｜**23.** *Misson*，頁313。｜**24.** *ToH*，頁201。｜**25.** *Pepys*，第四輯，頁354。｜**26.** *Cosmo*，頁377至378。｜**27.** 芬尼斯在布雷比（Bretby）用餐時就是如此。請見*Fiennes*，頁155。｜**28.** *ToH*，頁196。｜**29.** *EoaW*，頁43。｜**30.** *Noble*，頁165至166。｜**31.** *Noble*，頁144。｜**32.** *FDB*，頁58。｜**33.** *FDB*，頁105與111。｜**34.** *FDB*，頁101；*ToH*，頁184。｜**35.** *ToH*，頁204。｜**36.** *Evelyn*，第二輯，頁143。｜**37.** *FDB*，頁56。｜**38.** *Pepys*，第四輯，頁14。｜**39.** *Pepys*，第四輯，頁95。｜**40.** *Pepys*，第一輯，頁223。｜**41.** *Pepys*，第一輯，頁263；第三輯，頁234。｜**43.** *Schellinks*，頁91。｜**44.** *Pepys*，第四輯，頁192。｜**45.** *Missons*，頁146至147。｜**46.** *London Spy*，頁187。｜**47.** *Pepys Companion*，頁417至418。｜**48.** *Pepys*，第四輯，頁301。｜**49.** *Pepys Companion*，頁417；*Missons*，頁147。｜**50.** *Noble*，頁218至220。｜**51.** *Fiennes*，頁207。｜**52.** 雖然馬鈴薯改善民眾生計，但在一八〇一馬鈴薯的種植面積還不到所有農地的百分之二。請見*AR*，頁102。｜**53.** *ToH*，頁193。｜**54.** *Anglia Notitia*，第一輯，頁51。｜**55.** *PL*，頁13；*Fiennes*，頁136（諾里奇）、頁146（萊斯特）、頁186（舒茲伯利）與頁198（埃克塞特）。｜**56.** *FDB*，頁385。｜**57.** Edward Ward所撰，*Step to Stir-Bitch-Fair with remarks upon the University of Cambridge*（1700出版），頁8。｜**58.** *Pepys*，第一輯，頁283（北唐區）；*London Spy*，頁179（柯羅辛）。｜**59.** *Schellinks*，頁38與40。｜**60.** *Baskerville*，頁308。｜**61.** *Fiennes*，頁182；*Pepys Companion*，頁105。｜**62.** *Baskerville*，頁292（司庫達摩爾蘋果）、293（紅紋蘋果）、295（價格）；*Fiennes*，頁41；*Pepys*，第四輯，頁254；*Noble*，頁181（瓶裝蘋果酒）。｜**63.** *Pepys*，第一輯，頁317。｜**64.** 一六六三年十月二十三日，佩皮斯買了半打用來存放葡萄酒的玻璃瓶，上頭綴有他的紋章。請見*Pepys*，第四輯，頁346。｜**65.** *Noble*，頁189。｜**66.** *OCW*，頁97。｜**67.** *OCW*，頁511。｜**68.** *Noble*，頁192至193；*OCW*，頁151。在同一年（一六七六年），湯瑪斯．沙德威爾（Thomas Shadwell）在他的《大師》（*Virtuoso*，第一幕第二場）中，寫到斯巴克斯（Sparkes）進入劇場後，發現裡頭「放

47. 引用於Liza Picard所撰，*Restoration London*（1997出版），頁14。｜**48.** *Pepys*，第四輯，頁252至253。｜**49.** James Ayres所撰，*The Shell Book of the Home in Britain*（1981出版），頁34。｜**50.** 這棟房子最早的財產紀錄在一六三四年，一五九七年的紀錄中沒有這間房子的相關資訊，因此我估計這棟房子的竣工日期在這兩個年份間，所以應該具有豎框窗戶。請見N. W. Alcock所撰，*Living in a Warwickshire Village 1500-1800*（1993於切斯特出版），頁88（財產、資產清單）與頁215（日期）。｜**51.** Cash所編，*Devon Inventories*，頁162。｜**52.** *Fiennes*，頁40與144；Ayres所撰，*The Home in Britain*，頁31。｜**53.** *Baskerville*，頁298。｜**54.** *HELS*，頁11；Ayres所撰，*The Home in Britain*，頁34。

第九章　食物、飲料、菸

1. *Anglia Notitia*，第一輯，頁6。｜**2.** *Misson*，頁314。｜**3.** 引用於*Pepys Companion*，頁148。｜**4.** 我是以淨收入兩萬五英鎊的專業木工師傅為例，其中還包含有支薪的五週假期（每週五百三十二英鎊）。將木匠週薪跟雞肉與梨子的實質價格相比，復辟時期的比值是二十一世紀的十四倍。｜**5.** *Schellinks*，頁33。｜**6.** *Pepys*，第二輯，頁112至113。｜**7.** 這些年份是參考埃克塞特穀物市場的價格。請見Mitchell所撰，*British historical Statistics*，頁754。｜**8.** *OCSH*，頁286；Stana Nenadic所撰，Necessities: food and clothing in the long 18th century，收錄於*HELS*，頁137至163，本文引用處為頁137。｜**9.** Henry Buttes所撰，*Dyet' s Dry Dinner consisting of eight seuerall courses*（1599出版），第四部（歸類於牡蠣的單元中）。｜**10.** *Evelyn*，第二輯，頁143。｜**11.** *Pepys*，第一輯，頁291。｜**12.** *Pepys*，第二輯，頁3。｜**13.** Charles R. Geisst所撰，*British historical StatisticsBeggar Thy Neighbour: A History of Usury and Debt*（2013出版），頁102。跟在二十一世紀的英格蘭與威爾斯相比，復辟時期因食物中毒而身亡的比例為六到七倍。｜**14.** *HELS*，頁138。｜**15.** *Fiennes*，頁39至40（螃蟹與龍蝦）、頁61（蘋果酒）、頁64（鮭魚）、頁166（紅點鮭）、頁204（奶油）。｜**16.** *Baskerville*，頁268（鯡魚）、頁294（鰻魚）、頁299（鼠尾草乾酪）、頁310（甘草）。｜**17.** *Baskerville*，頁274至276。｜**18.** *Noble*，頁141（貝德福伯爵）；*Pepys*，第二輯，頁44

輯，頁150。｜**9.** Lawrence Wright所撰，*Warm and Snug*（1962出版），頁125。｜**10.** Lawrence Wright所撰，*Warm and Snug*（1962出版），頁128。｜**11.** *Pepys*，第三輯，頁70。｜**12.** *Pepys*，第三輯，頁70。｜**13.** John Summerson所撰，*Architecture in Britain 1530-1830*（第九版，1993出版），頁141。｜**14.** *Fiennes*，頁106。｜**15.** *Fiennes*，頁47。｜**16.** *Fiennes*，頁105。｜**17.** *Evelyn*，第二輯，頁243。｜**18.** *WCH*，頁59。｜**19.** *Fiennes*，頁171。｜**20.** *Evelyn*，第二輯，頁235。｜**21.** *Noble*，頁280至301（沃本修道院）；*WCH*，頁43與45。｜**22.** Katherine Gibson所撰，Gibbons, Grinling，收錄於*ODNB*，其中也引用Vertue所撰之*Notebooks*，**4. 11.**　**23.** *Evelyn*，第二輯，頁82。｜**24.** *WCH*，頁19。｜**25.** Kathryn Barron所撰，Verrio, Antonio，收錄於*ODNB*。｜**26.** Peter Thornton所撰，*Seventeehth-Century Interior Decoration in England, France and Holland*（1978出版），頁56。｜**27.** *Pepys*，第一輯，頁269（裝飾）與298。｜**28.** *WCH*，頁30與39；*Buckinghamshire*，頁269（夏德洛斯莊園〔Shardelocs〕的抽菸室）；*Evelyn*，第二輯，頁117。｜**29.** *WCH*，頁38。｜**30.** *WCH*，頁24。｜**31.** *WCH*，頁161。｜**32.** *Lincoln*，頁73至75。我之所以推斷這是具有老式設計的房屋，是因為裡頭有一個大廳，大廳上方沒有其他房間（這種全中空大廳的設計相對較老舊）。另外因為屋內似乎沒有掛簾或布幔，所以牆壁應該是以牆板貼起。｜**33.** Hentie Louw與Robert Crazford所撰，A constructional historz of the sash-window c. 1670-1725，收錄於*Architectural History*，第41輯（1998出版），頁82至130。｜**34.** 佩皮斯在一六六二年十一月買了一個新式敲門環。請見*Pepys*，第三輯，頁263。｜**35.** 舉例來說，佩皮斯就寫道：「我出門想找個火爐支架放在辦公室的壁爐裡，突然想到在新門市場就有這麼一個攤位。」*Pepys*，第四輯，頁409。｜**36.** *Misson*，頁37與38。裡頭寫到如何點燃炭火以及好煙囪的重要性。｜**37.** B. R. Mitchell所撰*British Historical Statistics*（1988出版），頁244。｜**38.** *HELS*，頁11。｜**39.** *Pepys*，第一輯，頁302。｜**40.** *Bristol*，頁78。｜**41.** *Bristol*，頁35。｜**42.** *Lincoln*，頁120。｜**43.** *Lincoln*，頁32至33。｜**44.** Margaret Cash所編，*Devon Inventories*，Devon & Cornwell Record Society，NS 11（1966於托基出版），頁174至175。｜**45.** *Pepys*，第一輯，頁269。｜**46.** *Pepys*，第四輯，頁155。｜

第二輯，頁12。欲知此船規格請見國家航海博物館（National Maritime Museum）模型http://collections.rmg.co.uk/collections/objects/66330.html，2016年6月9日下載。｜**67.** *PN*，頁63。｜**68.** *Misson*，頁21。｜**69.** *Schellinks*，頁70。｜**70.** *Pepys*，第一輯，頁311。｜**71.** *Rugg*，頁72。｜**72.** *Travel in England*，頁102至103。｜**73.** *Schellinks*，頁69。｜**74.** 紀錄於一六九九年十一月。*Evelyn*，第二輯，頁357。｜**75.** *Fiennes*，頁203。｜**76.** *SED*，頁370（特羅小艇）、420。｜**77.** Carew Reynel所撰，*The True English Interest*（1674出版），頁42至43，引用於*SED*，頁386至387。｜**78.** T. S. Willan所撰，The River Navigation and Trade of the Severn Valley, 1600-1750，收錄於*Economic History Review*, 8（1937出版），頁68至79；同作者所撰，Yorkshire River Navigation 1600-1750，收錄於*Geography*, 22（1937出版），頁189至199;*PN*，頁116（貝德福）。｜**79.** Mitchell所編，*British Historical Statistics*，頁534;*PN*，頁114。｜**80.** Ogg所撰*J. & W.*，頁294至295。｜**81.** *PN*，頁114。｜**82.** *PN*，頁33。｜83 . *Anglia Notitia*，第二輯，頁155至157。｜**84.** *PN*，頁38。｜**85.** *PN*，頁115。｜**86.** *Pepys*，第四輯，頁256至257。｜**87.** *SED*，頁352。｜**88.** *Cosmo*，頁95至97。｜**89.** *PN*，頁146。｜**90.** Elizabeth Baigent所撰，Collins, Greenvile (*d.* 1694)，收錄於*ODNB*。｜**91.** *Thoresby*，第一輯，頁17、25至27。｜**92.** *SED*，頁582。｜**93.** *Barlow' s Journal*，第一輯，頁228。｜**94.** *PN*，頁154。｜**95.** *Schellinks*，頁41。｜**96.** *PN*，頁76。｜**97.** *PN*，頁156。｜**98.** *PN*，頁156。｜**99.** *PN*，頁152。｜**100.** Henry Teonge所撰，*Diary*（1825出版），頁27至28。｜**101.** Joe J. Simmons所撰，*Those Vulgar Tubes*（第二版，1997出版），頁7。｜**102.** Joe J. Simmons所撰，*Those Vulgar Tubes*（第二版，1997出版），頁43與52。

第八章　棲身之處

1. *Pepys*，第九輯，頁231。｜**2.** 一三九三年起便是如此。請見Jacob Larwood與John Camden Hotten所撰，*English Inn Signs*，頁11。｜**3.** Jacob Larwood與John Camden Hotten所撰，*English Inn Signs*，頁11。｜**4.** *Baskerville*，頁265。｜**5.** *Pepys Companion*，頁452；*Baskerville*，頁307。｜**6.** *Lincoln*，頁105。｜**7.** *Bristol*，頁82。｜**8.** *Pepys*，第一

皮斯太太在一六六三年一月被搶走一件背心。｜**49.** *SED*，頁388至389。｜**50.** *Evelyn*，第二輯，頁20。｜**51.** *Pepys*，第九輯，頁474；*Josselin*，頁159。｜**52.** *Travel in England*，頁70；*Evelyn*，第二輯，頁41與274。｜**53.** *Schellinks*，頁93。｜**54.** *London Spy*，頁87。｜**55.** *Noble*，頁206。｜**56.** *Buckinghamshire*，頁181。｜**57.** *Lincoln*，頁88。｜**58.** *Bristol*，頁151與175。｜**59.** 很多資料文獻都是如此顯示，尤其是伯克郡的某份遺囑，請見Ian Mortimer所編，*Berkshire Probate Accounts 1573-1712*，Berks Record Society（1999於雷丁出版）。在此書收錄的一百六十二份遺囑中，有八十四份可追溯至1630年，其中只有一份遺囑提到租馬這個行業。那份一六〇八年的文件的主筆人住在倫敦，當時可能也是在那裡承租馬匹。在其他七十八份文件中，有十六份提到租馬，年代落在一六二一至一六五一、一六六三至一七一二間。一六三一年至一六五一年的文獻提及租馬的比例跟復辟時期後的文獻差異不大。早期在大城市中，租馬的民眾多是會計人員。另外一點值得注意的，則是哈克尼馬車早在一六二〇年代就已發跡。｜**60.** 每英里一先令的資料出自Ian Mortimer所編，*Berkshire Probate Accounts*，頁159、199與215。租馬從潘本（Pangbourne）到沃爾漢普敦（Woolhampton）的路途大約九英里，租馬費用為一先令六便士（一六八一年）；從提爾赫斯特（Tilehurst）到倫敦的路途為八十四英里，費用為七先令；從提爾赫斯特到牛津的路程為二十五英里，費用四先令。從潘本到沃爾漢普敦三趟的話只需三先令，所以單程租金為一先令。一六八〇年，有文獻直接提到在費爾福德（Frilford）「一日租馬」的費用為一先令（*Berkshire Probate Accounts*，頁214）。｜**61.** *Schellinks*，頁178。｜**62.** *Pepys*，第二輯，頁15與133。｜**63.** *Thoresby*，第一輯，頁12至13。他的行程為第一天抵達洛伊斯頓（Royston，四十一英里），第二天到史坦福德（Stamford，五十八英里），第三天到塔克斯福德（Tuxford，四十八英里）最後一天來到里茲（五十七英里）。一六八〇年七月，他又踏上同樣的旅程，只不過這次第一天來到劍橋（四十八英里），第二天到卡斯特頓跟鹿特蘭（Casterton、Rutland，四十八英里），第三天到巴恩比摩爾（Barnby Moor，五十八英里）最後一天到達里茲（四十三英里），引自*Thoresby*，第一輯，頁49。｜**64.** *Schellinks*，頁65；*Baskerville*，頁276。｜**65.** *Misson*，頁11至12。｜**66.** *Schellinks*，頁58；*Pepys*，第一輯，頁287；

估計在一六七〇年大約有九千五百輛馬車。｜**23.** 一六六二年十二月十五日，佩皮斯的馬車不小心在新門街市集的肉攤撞掉兩塊牛肉。屠夫將馬車攔下，要求他們支付一先令的賠償金，請見*Pepys*，第三輯，頁283。一六六〇年十一月二十七日，他在國王街碰到馬車大塞車，起因是一名馬伕與一名車伕起衝突，請見*Pepys*，第一輯，頁303。｜**24.** *Travel in England*，頁79；*SED*，頁381。｜**25.** *Travel in England*，頁80；*Pepys Companion*，頁451。｜**26.** *Travel in England*，頁71至72。｜**27.** 史料中首度提及輕便馬車是在*OED*某份一七〇一年的資料裡。｜**28.** *Pepys*，第二輯，頁110。裡頭提到這場比賽的相關資訊。｜**29.** *Pepys*，第一輯，頁286；*Pepys Companion*，頁453；*Misson*，頁306。｜**30.** *Lincoln*，第七十三輯，頁75。｜**31.** Markland所撰，Some remarks on the early use of carriages in England，頁463。｜**32.** *Noble*，頁208。雖然這裡說是輕便馬車，但因為上頭裝有玻璃窗而且價格不菲，實際上應該是台高規格馬車。車廂與車床要價五十三英鎊十先令，車廂內裡的絲絨要二十四英鎊，玻璃窗成本為十英鎊十四先令，其他裝飾總共為十四英鎊十先令，最後請油漆工替車廂外層上漆則付了二十五英鎊。｜**33.** 貝德福伯爵在一六四一年付了二十五英鎊買一匹馬（請見*Noble*，頁54）。一六八〇年桑德蘭伯爵夫人花一百英鎊買兩匹專門用來拉車的馬，請見*Travel in England*，頁76。｜**34.** *Lincoln*，頁75。古格里．金估計在一六八八年，牧場與草地的租金為每英畝九先令。｜**35.** *Noble*，頁203、206至207。｜**36.** *Pepys Companion*，頁453。｜**37.** *Evelyn*，第二輯，頁280。｜**38.** *Pepys*，第四輯，頁430。｜**39.** *Evelyn*，第二輯，頁280。｜**40.** *Misson*，頁39。｜**41.** *Anglia Notitia*，第二輯，頁219。｜**42.** 喬治旅店的出租馬車也通往維克菲爾德、里茲與哈里法克斯（週五出發，每人兩英鎊）；通往杜倫與新堡（每週一出發，每人三英鎊）；通往巴斯與布里斯托（每週一、四出發，每人一英鎊）。通往愛丁堡的馬車每三個週發一次車，票價為四英鎊十先令。請見*EoaW*，頁202，引自*Mercurius Politicus*（1658出版）；Markland所撰，Some remarks on the early use of carriages in England，頁474；*SED*，頁384至385。｜**43.** *Schellinks*，頁65。｜**44.** *SED*，頁383至385。｜**45.** *Travel in England*，頁86。｜**46.** *PL*，頁164；*Pepys Companion*，頁451。｜**47.** Ward所撰，*Step to Stir-Bitch-Fair*，頁3至4。｜**48.** 根據*Pepys*，第四輯，頁28。佩

頁43；Iris Brooke所撰，*English Costume of Seventeeth Century*（第二版，1950出版），頁68。｜**53.** *Essex*，頁125。｜**54.** *Fiennes*，頁173。｜**55.** *EoaW*，頁49。引自*A Trip to Barbarous Scotland by an English Gentleman*（1709出版）。｜**56.** *HELS*，頁158。｜**57.** Hannah Wolley所撰，*The Gentlewoman' s Companion*（第三版，1682出版），頁294與303。｜**58.** *Pepys*，第一輯，頁19。｜**59.** *Pepys*，第一輯，頁296。｜**60.** *Noble*，頁214。｜**61.** 一六八九年，兩把平滑熨斗在布里斯托賣兩先令。請見*Bristol*，頁179。｜**62.** *OED*，請見分頁iron與ironing。

第七章 旅行

1. *Schellinks*，頁46與48。｜**2.** *Fiennes*，頁22。｜**3.** *Fiennes*，頁40至41。｜**4.** *Fiennes*，頁203。｜**5.** *Thoresby*，第一輯，頁295。｜**6.** *Fiennes*，頁214。｜**7.** *Baskerville*，頁271至272。｜**8.** *Pepys*，第四輯，頁139。｜**9.** *Travel in England*，頁14。｜**10.** *Travel in England*，頁8至11；*HLLS*，頁253。｜**11.** *Travel in England*，頁27；*King' s Highway*，頁22與23。｜**12.** *King' s Highway*，頁147。｜**13.** 關於伊莉莎白時期肯特郡的路標，請見*King' s Highway*，頁156。｜**14.** *King' s Highway*，頁157。｜**15.** *Fiennes*，頁164。｜**16.** *Travel in England*，頁27。｜**17.** *DEEH*，頁65；*Fiennes*，頁135。｜**18.** *Baskerville*，頁296。｜**19.** *Cosmo*，頁402；*Misson*，頁172；Lettie S. Multhauf所撰，The Light of Lamp-Lanterns: Street Lighting in 17th-Century Amsterdam，收錄於*Technology and Culture*, 26, 2（1985出版），頁236至252，本文引用處為頁251與252。可參考E. S. de Beer所撰，The early history of London street-lighting，收錄於*History*, new series, 25, 100（1941年三月出版），頁311至324。｜**20.** 在二十戶民宅前點起這種燈需花費一英鎊十五先令。請見Ogg所撰*J. & W.*，頁133。｜**21.** *Pepys*，第八輯，頁174。｜**22.** 在一六三六年，倫敦境內有六千輛馬車。威廉．佩諦先生估計在一六七六年，馬車數量大幅增加。請見J. H. Marklandn所撰，Some remarks on the early use of carriages in England，收錄於*Archaeologia*, xx（1824出版），頁443至476，本文引用處為頁468。假如人口在一六三六年至一六七〇年從三十萬成長到四十七萬五千人，間接促使馬車數量成長的話，可

襯衣婚禮的資料，但更早以及往後的年代都有襯衣婚禮的紀錄。一五四七年，瑪奇文洛克的湯瑪斯．曼斯洛跟愛麗絲．妮可結婚，愛麗絲當天只穿襯衣，頭上什麼都沒戴（Cunnington與Cunnington所撰*Underclothes*，頁47）。一七一四年在其爾騰爾聖（Chiltern All Saints），約翰．貝德摩與安．席爾伍德結婚，安也沒有穿任何禮服或頭紗（William Andres所撰*Old Church Lore*（1891出版），頁47）。*Old Church Lore*中也提到在一七二三、一七三八、一七七六、一七七一、一七九七、一八〇八還有一八三八與一八四四年間都有襯衣婚禮的存在。Amy Louise Erickson所撰*Women and Property in Early Modern England*（2002出版），在146頁提到原本在十七世紀初，襯衣婚禮的理念是象徵老公不從妻子那裡拿取任何財產。約翰．維里爾斯發誓自己跟愛德華．科克的女兒法蘭西斯結婚時，會將只穿襯衣的未婚妻娶進門，代表自己愛的是法蘭西斯而不是她繼承的財產。｜**33.** *Pepys Companion*，頁102中的論點與我背道而馳。在John Ashton所編的*A Century of Ballads illustrative of the life, manners, and habits of the English nation during the Seventeenth Century*（1887出版）指出女性穿著男用長內褲目的是追求性快感。｜**34.** *Pepys*，第四輯，頁172。基於前後文女生拿男生內褲來穿的俏皮感來看，佩皮斯在這裡應該是這個意思。他可能是想知道老婆那天有沒有穿長內褲，有沒有維持婦女應有的操守。一六六八年五月，他發現剛結婚的路瑟夫人在她父親家穿長內褲。佩皮斯替她換鞋時順手摸了她大腿，發現因為內褲太長沒辦法繼續往上摸。請見*Pepys*，第九輯，頁194。｜**35.** Ashton所編，*Ballads*，頁277至279；Allen所撰，*Swimming with Dr Johnson and Mrs Thrale*，頁164。｜**36.** Thomas Mace所撰，*Musick' s Monument*（1676），頁232。｜**37.** *Pepys*，第三輯，頁77；*Pepys Companion*，頁101。｜**38.** *Rugg*，頁105。｜**39.** John Bulwer所撰，*Artificial Changeling*（1653出版），引自*HECSC*，頁170。｜**40.** *Fashion*，頁212與213（穗帶、香水鞋）；頁214與215（刺繡天鵝絨拖鞋）。｜**41.** *Misson*，頁214。｜**42.** *Fiennes*，頁207。｜**43.** *Bristol*，頁54。｜**44.** *Pepys Companion*，頁102。｜**45.** *Pepys*，第一輯，頁299。｜**46.** *HECSC*，頁181至183。｜**47.** *Pepys*，第五輯，頁78。｜**48.** *Pharmacopoeia*，頁146。｜**49.** 引自*HECSC*，頁187。｜**50.** *Pepys*，第三輯，頁239。｜**51.** *Misson*，頁214；*HECSC*，頁187。｜**52.** *Schellinks*，

第六章　服飾

1. Christopher Dyer所撰，*Standards of Living in the Later Middle Ages*（1998於劍橋出版之修訂版），頁316至317。蘇格蘭的男性與女性平均身高也是如此：男生為165至170公分，女生則是155至160公分。參考*OCSH*，頁285。｜**2.** Tim Allen所撰，The Forgotten Chemical Revolution，收錄於*British Archaeology*, 66（2002出版）http://www.archaeologyuk.org/ba/ba66/feat**2.**shtml，於2016年5月22日下載。｜**3.** *Lincoln*，頁8。｜**4.** 實例請見*Fashion*，頁194。｜**5.** C. Willett Cunnington與Phillis Cunningtonn所撰，*The History of Underclothes*（1951出版），頁56至60。｜**6.** 在1680年，十三件新的內褲要一英鎊兩先令六便士。一六八五年，單件二手內褲要價一先令六便士。請見*Bristol*，頁112與139。｜**7.** *HECSC*，頁133與134。｜**8.** *Fashion*，頁80與96。｜**9.** *Noble*，頁339（紗織品）；*HECSC*，頁147（威尼斯蕾絲）。｜**10.** *Pepys*，第四輯，頁80。｜**11.** 例如在*Bristol*，頁102，「三打男性毛料褲襪賣兩英鎊兩先令。」**12.** *Pepys*，第三輯，頁204、217、224；靴子的價格，請見*Bristol*，頁67。｜**13.** *HECSC*，頁154（紅鞋跟）。｜**14.** *Pepys*，第一輯，頁26；*HECSC*，頁156。｜**15.** *Pepys*，第八輯，頁249。｜**16.** *Buckinghamshire*，頁258至259。｜**17.** *Pepys Companion*，頁101。｜**18.** *Pepys*，第四輯，頁343、350、357、358與380。｜**19.** *Pepys*，第九輯，217。｜**20.** *Noble*，頁341與342。｜**21.** *PFR*，頁125。狗皮手套請見*Lincoln*，頁110。｜**22.** *Noble*，頁341。｜**23.** *Noble*，頁343與344。｜**24.** *Lincoln*，頁110。｜**25.** *Lincoln*，頁48。｜**26.** 一七八五年三月，《愛丁堡雜誌》（*The Edinburgh Magazine*）刊出一封二十年前的信件，指出褶裙是英格蘭工程師湯瑪斯．羅林森於一七三〇年代所發明。該信作者與羅林森是舊識。市面上還有其他關於褶裙來源的說法，至於前面那封信也有人提出不同版本，但這是現有最主要的第一手資料。｜**27.** *HELS*，頁141與156。｜**28.** *EoaW*，頁48。引用*A Trip to Barbarous Scotland by an English Gentleman*（1709出版）。｜**29.** William Cleland所撰，*A Collection of Several Poems and Verses*（1697出版），頁12與13。｜**30.** *Fashion*，頁190。｜**31.** Julia Allen所撰，*Swimming with Dr Johnson and Mrs Thrale: Sport and Exercise in Eighteenth-century England*（2012出版），頁163與164。｜**32.** 我沒有找到任何當年度關於

｜**64.** 關於「自由、自願禮物」的細節請見National Archives網站http://www.nationalarchives.gov.uk/e179/notes.asp?slctgrantid=188&action=3。於2016年3月13日下載。｜**65.** Anne L. Murphy所撰，Lotteries in the 1690s: Investment or Gamble? ，收錄於*Financial History Review*, 12, 2（2005出版），頁227至246；10 & 11 William III, c. 17。｜**66.** 根據Ogg所撰*J. & W.*，頁414。｜**67.** Baskerville，頁310。｜**68.** Guilds, Markets and Fairs，收錄於P. M. Tillot所編之*A History of the County of York: The City of York*（1691出版），頁481至491，http://www.british-history.ac.uk/vch/yorks/city-of-york/pp481-491。2016年3月9日瀏覽。｜**69.** Mitchell所編*British Historical Statistics*，頁719與754。｜**70.** Daniel Defoe所撰，*A Tour thro' the Whole Island of Great Britain*（全三輯，1724至1727年出版），第一輯，第一封信，第三部分　**71.** Edward Ward所撰，*Step to Stir-Bitch-Fair with remarks upon the University of Cambridge*（1700出版），頁3與14。｜**72.** *Baskerville*，頁272至273。｜**73.** 細節多引自笛福所撰之*Tour*。關於牛頓的資訊來自http://www.cam.ac.uk/research/features/stirbitch-mapping-the-unmappable，於2016年3月15日下載。｜**74.** Edward Ward所撰，*Step to Stir-Bitch-Fair with remarks upon the University of Cambridge*（1700出版），頁15。｜**75.** *Pepys*，第四輯，頁84（討價還價）；第一輯，頁284（蠟燭）。｜**76.** *London Spy*，頁57。｜**77.** 這六間分別為主教門市場、東齊普市場、魚街丘市場、舊魚街市場、聖尼古拉屠宰場市場以及聖保羅教堂廣場市場。｜**78.** 一七〇〇年，倫敦東部的沙德威爾（Shadwell）和沃平（Wapping）、東北部的斯皮塔福德（Spitalfields）以及南方的南華克（Southwark）也有幾座販賣日常食物的賣場。在倫敦西半部則有布倫斯伯里（Bloomsbury）市場、布魯克市場（Brooke' s Market靠近格林律師學院路）、克萊爾市場（Clare Market）、柯芬園廣場市場、亨格福市場（Hungerford Market；靠近查令十字路）、紐波特市場（Newport Market）、聖詹姆斯市場（St James' s Market）以及西敏市場。另外在乾草市場（Haymarket）、白教堂（White Chapel）、南華克（Southwark）以及教堂街（Chapel Street，位於西敏市）等地都有專賣乾草的市場。在塔丘（Tower Hill）則有專賣二手衣物的市場，請見*Markets*，頁216。｜**79.** *Market*，頁27。｜**80.** *Market*，頁28與102。

與86。一六六六年，伊弗林對其他侯爵的情婦作出嚴厲的批評，他提到那群女子登台演出，並稱她們為「小姐」。*Eveyln*，第二輯，頁19與67（他們都稱這些不幸的女子「小姐」）。｜**41.** *Pepys*，第二輯，頁199與215；第三輯，頁207。｜**42.** *Pepys Companion*，頁100與103。｜**43.** *Cosmo*，頁193。｜**44.** *London Spy*，頁31。｜**45.** *Pepys*，第一輯，頁287。｜**46.** *Fiennes*，頁64、65與175。｜**47.** J. P. B. Karslake所撰，Further notes on the Old English Mile，收錄於*The Geographical Journal*, 77, 4（1931出版），頁358至360。｜**48.** *AHEW*，第一輯，頁8。｜**49.** Thomas Keith所撰，*The Complete Practical Arithmetician*（1824出版），頁23。｜**50.** 蘇格蘭的英寸是標準英寸的**1.**0016倍。請見Scottish Archive Network網頁http://www.scan.org.uk/measures/distance.asp，於2016二月十四日下載。｜**51.** *Pepys*，第三輯，頁226。｜**52.** *PL*，頁165至166。｜**53.** *Eveyln*，第二輯，頁345。｜**54.** *SED*，頁707。｜**55.** Richard S. Westfall所撰，Newton, Sir Isaac [1642-1727]，收錄於*ODNB*。｜**56.** *Pepys Companion*，頁132。｜**57.** 此案例引自Royal Bank of Scotland Heritage Archives，請見網站上的第九十一個物件http://heritagearchives.rbs.com/rbs-history-in-100-objects/going-the-extra-mile/cheque-1659-**60.**html。於2016年3月16號下載。｜**58.** *Noble*，頁104。｜**59.** *PL*，頁170。｜**60.** 根據Ogg所撰*J. & W.*，頁412，這筆預算的定義為：「一個專為特定款項設立的帳目，當中列出已支付與未支付之資金。」**61.** 個人認為就算這句話在十七世紀時不通用，在十八世紀也很流行。雖然講到這句俗諺大家首先會想到班傑明．富蘭克林（Benjamin Franklin），不過這句話最早是出現在克里斯多福．布洛克（Christopher Bullock）的《普勒斯頓的鞋匠》（*The Cobbler of Preston*，1716）。裡頭說：「除了死亡跟稅金，其他事都說不準。」這句話也在富蘭克林引述前出現在其他文本中。像是艾德華．華德（Edward Ward）的《魔鬼群舞》（*Dancing Devils*，1724）第43頁、丹尼爾．笛福（Daniel Defoe）的《魔鬼的歷史》（*The History of the Devil*，1728）第302頁。這句話還有另一個版本：「誰能躲得過死亡跟稅收呢？」這句話收錄在《紳士雜誌》（*The Gentleman' s Magazine*，1733）第152頁。｜**62.** Owen Ruffhead所編，*Statutes at Large*，第三輯（1786出版），頁147至162與172。｜**63.** Ogg所撰，*Charles II*，第二輯，頁435。

兩個例子都是遠行前的日記。｜**17.** *Thoresby*，第一輯，頁72。｜**18.** John Aubrey所撰，*Brief Lives: A Modern English Version Edited by Richard Barber*（Woodbridge1982於Woodbridge出版），頁204。｜**19.** *Pepys*，第一輯，頁186。｜**20.** 交叉比對結果顯示，84%的新約聖經與76%的欽定版聖經源自廷代爾譯本。請見Jon Nielson與Royal Skousen所撰，How Much of the King James Bible is William Tyndale' s? An Estimation based on Sampling，收錄於*Reformation*, 3（1988出版），頁49至74。另外，語言學家大衛．克里斯托（David Crystal）讀欽定版聖經時，觀察其中257個日常使用的諺語，發現只有18個是編纂人員新創的諺語，剩下的全出自廷代爾之手。請見David Crystal所撰，King James Bible: How are the Mighty Fallen?，收錄於*History Today*, 61, 1（2011年1月出版）。｜**21.** Mark Stoyle所撰，West Britons: Cornish Identities and the Early Modern British State（2002於Exeter出版），頁15；*Later Stuarts*，頁409至410。｜**22.** *Fiennes*，頁186。｜**23.** *Later Stuarts*，頁410；*HELS*，頁165。｜**24.** *Pepys*，第一輯，頁260至261。｜**25.** *Evelyn*，第一輯，頁357；*Cosmo*，頁222與224。｜**26.** 紙張價格參考*Bristol*，頁60至61中1674年的報表。｜**27.** *Pepys*，第四輯，頁263至264。｜**28.** *Anglia Notitia*，第二輯，頁218至219；*SED*，頁367至369。｜**29.** *Anglia Notitia*，第二輯，頁219。｜**30.** Misson，頁222；第二輯，頁218至219；Joan Day所撰，'Dockwra, William（*bap.*1635?, *d.* 1716）'，*ODNB*；Sir William Petty所撰，*Several Essays in Political Arithmetick*（初版於1690出版；第四版於1755出版），頁171。｜**31.** Josselin，頁136。｜**32.** *Evelyn*，第二輯，頁311。｜**33.** *Evelyn*，第二輯，頁278（西西里島）；*Pepys*，第四輯，頁240（丹吉爾）。｜**34.** *Pepys*，第二輯，頁56；第三輯，頁35至36。｜**35.** D. J. H. Clifford所編，*The Diaries of Lady Anne Clifford*（1990於斯特勞德出版），頁222；*Evelyn*，第二輯，頁198（新聞湧入倫敦）。｜**36.** Asa Briggs與Peter Burke所撰，*A Social History of the Media: From Gutenberg to the Internet*（2002於劍橋出版），頁76。｜**37.** 同前註，頁76。｜**38.** *Misson*，頁283。｜**39.** *Pepys*，第一輯，頁281至282；第三輯，頁163與221；*Eveyln*，第二輯，頁2與90。｜**40.** *Eveyln*，第一輯，頁366。佩皮斯也曾在日記中提過牛津伯爵的「小姐」，還指名她為伯爵「所有」，引自*Pepys*，第三輯，頁32、58

Portrait Gallery官網 http://www.npg.org.uk/collections/search/portrait/mw01903/Catherine-Sedley-Countess-of-Dorchester。｜**111.** *Evelyn*，第二輯，頁251。｜**112.** *Evelyn*，第二輯，頁100。

第五章 日常生活

1. *Thoresby*，第一輯，頁10。｜**2.** *Pepys*，第三輯，頁32與35。｜**3.** *Evelyn*，第二輯，頁304。｜**4.** Gordon Manley所撰，Central England temperatures: monthly means 1659 to 1973，收錄於*Quarterly Journal of the Royal Meteorological Society*, 100（1974出版），頁389至405頁，本文引用段落位於393頁。一六七四年三月的平均溫度為攝氏一點二度（在現代平均溫度為攝氏五點四度）。一六九四年九月平均溫度為攝氏十點五度（在現代平均溫度為攝氏十二點七度）。一六九五年七月平均溫度為攝氏十三點四度（現代平均溫度為攝氏十五點一度）。一六九八年五月平均溫度為攝氏八點六度（在現代平均溫度為攝氏十點四度）。唯一長時間維持高溫的白天時段為一六六六年七月和八月、一六六七年七月、一六六九年七月、一六七七年七月、一六七九年八月和一六九九年七月（月均溫約十七度左右）。｜**5.** *Baskerville*，頁299（賽倫賽斯特）；*Pepys*，第二輯，頁239（祝酒杯）。｜**6.** Ronald Hutton所撰，*The Rise and Fall of Merry England: The Ritual Year 1400-1700*（1994於牛津出版），頁242。｜**7.** *Misson*，頁34與35。｜**8.** Chris Durston所撰，The Puritan War on Christmas，收錄於*History Today, 35, 12*（1985出版）。｜**9.** Chris Durston所撰，The Puritan War on Christmas，引用Edward Fisher所撰*A Christmas Caveat to the Old and New Sabbatarians*（1649出版）。｜**10.** *Pepys*，第二輯，頁44、192；*Pepys Companion*，頁377至378；*Schellinks*，頁73；*Misson*，頁330至331。｜**11.** *Pepys Companion*，頁164。｜**12.** *Bristol*，頁66。｜**13.** *Misson*，頁36至37。｜**14.** *Pepys*，第一輯，頁19。｜**15.** 佩皮斯在一六六二年九月三日寫：「現在白天越來越短，之前我四點就起床，但是現在太陽要到五點現身，所以五點起床就好。」引自*Pepys*，第三輯，頁185。在一六六三年一月七日，他說：「今天挺早起的，早上七點，反正七點前太陽還沒出來。」引自*Pepys*，第四輯，頁7。｜**16.** *Cosmo*，頁210；三點起床趕路，請見*Pepys*，第一輯，頁125；第二輯，頁135與149。後面舉出的

本段落多數細節來自Jeremy Lancelotte Evans所撰，Tompion, Thomas (*bap*. 1639, *d*.1713)，收錄於*ODNB*。| **89.** *Pepys*，第一輯，頁264。| **90.** *Fiennes*，頁205；*Baskerville*，頁291；*Evelyn*，第二輯，頁28與180；Alan Marshall所撰，Morland, Sir Samuel, first baronet (1625-1695)，收錄於*ODNB*。| **91.** *Hooke*，頁65。空氣密度通常為每立方米1.29公斤。| **92.** Paul Pettitt與Mark White所撰，*The British Palaeolithic: Hominin Societies at the Edge of the Pleistocene World*（2012出版），頁145。J. S. Cockburn、H. P. F. King與K. G. T. Mcdonnell所編，*A History of the County of Middlesex: volume one*（1969於倫敦出版），頁11至21。*British History Online*, http://www.british-history.ac.uk/vch/middx/vol1/pp11-21。| **93.** William Petty所撰，*Political Arithmetick*，引用於*DEEH*，頁61。| **94.** *Evelyn*，頁134至135。| **95.** *Noble*，頁93至94。| **96.** R. A. Houston所撰，The Development of Literacy: Northern England, 1640-1750，收錄於*The Economic History Review*, New Series, 35, 2（1982出版），範圍199至216頁，本文引用頁206與208。Houston所撰，The Literacy Myth? Illiteracy in Scotland 1630-1760，收錄於*Past & Present*, 96（1982出版），範圍81至102頁，本文引用頁92、95與97。| **97.** *GFS*，頁2至3。| **98.** Houston所撰，The Development of Literacy，範圍199至216頁，本文引用頁204；Houston所撰，The Literacy Myth? ，範圍81至102頁，本文引用頁90。| **99.** *Evelyn*，第二輯，頁267。| **100.** *Anglia Notitia*，第一輯，頁320至320。| **101.** Dewey D. Wallace, jun.所撰，Morton, Charles (*bap*. 1627, *d*. 1698) ，收錄於*ODNB*。| **102.** Macfarlane所撰，*Family Life of Ralph Josselin*，頁165至166。| **103.** *Evelyn*，第二輯，頁217至221，尤其是頁219。| **104.** *Pepys*，第一輯，頁167；第二輯，頁43、71、73、164、169。| **105.** Ward，*London Spy*，頁33。| **106.** George de Forest Lord所編，*Poems on Affairs of State: Augustan Satirical Verse, 1660-1714*（全七輯，1963-75），第一輯，頁146。| **107.** George de Forest Lord所編，*Poems on Affairs of State: Augustan Satirical Verse, 1660-1714*（全七輯，1963-75），第一輯，頁424。| **108.** *Pepys*，第七輯，頁371。| **109.** 引用於Keith Brown所撰，Gentlemen and Thugs in 17th century Britain，收錄於*History Today*，第四十冊（1990出版）。| **110.** 引用於National

67. Peltonen所撰，*The Duel in Early Modern England*，頁206至208。｜**68.** 用劍對決的致死率是用槍的三倍。有百分之二十的單挑者都是死於利劍之下，而只有百分之六點五的人是中彈身亡。只要扣下板機就是相當光榮的舉動（無論子彈有沒有擊中對方），但用劍的話一定要讓對方淌血才算數。請見Robert B. Shoemaker所撰，The taming of the Duel，收錄於*The Historical Journal*，第45期第三冊（2002出版）範圍第525至545頁，本文引用頁528。｜**69.** *Misson*，頁216。｜**70.** *Schellinks*，頁62。這項政策在克倫威爾掌政時就已存在。｜**71.** John Cordy Jeaffreson所編，Middlesex Sessions Rolls, 1670，收錄於*Middlesex County Records*，第四輯1667-1688年（1892出版），頁17至24。｜**72.** John Cordy Jeaffreson所編，Middlesex Sessions Rolls, 1657，收錄於*Middlesex County Records*，第三輯1625-1667年（1888出版），頁256至268。｜**73.** *Pepys*，第四輯，頁150；第三輯，頁116。｜**74.** *Pepys*，第三輯，頁66（地下室）；第四輯，頁8（巴貝多）。｜**75.** *Schellinks*，頁73。｜**76.** *Pepys*，第二輯，頁214。｜**77.** E. S. de Beer所編，The Diary of John Evelyn（1959於牛津出版），頁540。引用於*PL*，頁59。｜**78.** *Anglia Notitia*，第一輯，頁52至53。｜**79.** *Pepys*，第二輯，頁17（猴子）；第二輯，頁23（金絲雀）；第四輯，頁150至152（烏鶇）。｜**80.** *Fiennes*，頁32。｜**81.** D. B. Horn所撰，*British Diplomatic Representatives 1689-1789*，收錄於Camden Third Series xlvi（1932出版），資料散見於書中。｜**82.** *Anglia Notitia*，第二輯，頁284至285。｜83．此時已經買得到地球儀。佩皮斯在一六六三年九月花三英鎊十先令買了一顆地球儀。請見*Pepys*，第四輯，頁302。｜**84.** *Pepys*，第二輯，頁33至34（阿爾及爾奴隸）；*Evelyn*，第二輯，頁149與195（中國與日本）；*Pepys*，第四輯，一六六三年十一月十一日（柯尼斯堡）。｜**85.** *Pepys*，第三輯，頁172與298；第四輯，頁189、315與350。佩皮斯本人就有中文以及俄羅斯書籍。請見*PFR*，頁34。｜**86.** 佩皮斯在一六六三年六月二十五日談到阿梅西亞爾的新聞，這個消息也刊登在六月二十九日的*The Kingdom's Intelligencer*當中，請見*Pepys*，第四輯，頁198與202至203。關於利馬的新聞，請見*Evelyn*，第二輯，頁278。｜**87.** Michael Hunter所撰，Boyle, Robert (1627-1691)，收錄於ODNB當中。其中引用Hunter所撰，*Boyle by Himself*（1994出版），第四十二輯。｜**88.**

自*A Trip to Barbarous Scotland by an English Gentleman*（1709出版）。｜**48.** *Schellinks*，頁75。｜**49.** 這種情況在德文郡相當顯著。欲知十八世紀初的案例，請見民兵針對Bere Ferrers與Egg Buckland兩個地區的統計資料：http://www.foda.org.uk/militia/documentindex.htm。｜**50.** Ogg所撰，*Charles II*，第二輯，頁492。｜**51.** *Misson*，頁81至82。｜**52.** *Misson*，頁81至82、232至233；*Schellinks*，頁61至62。*PL*，頁208。｜**53.** Susan Dwyer Amussen所撰，Caribbean Exchanges: Slavery and the Transformation of English Society 1640-1700（2007出版），頁221。｜**54.** *Anglia Notitia*，第一輯，頁229。｜**55.** 根據Miranda Kaufmann，大法官針對Chamberlain與Harvey（1696）、Smith、Cooper與Brown（1701）與Smith與Gould（1706）的審訊發表意見。請見http://www.mirandakaufmann.com/common-law.html。｜**56.** Susan Dwyer Amussen所撰，Caribbean Exchanges: Slavery and the Transformation of English Society 1640-1700（2007出版），頁219至220。｜**57.** Devon Heritage Center: Bishopsteignton parish register, 3/4/1708。｜**58.** W. J. Hardy所編，*Middlesex County Records: Calendar of Sessions Books 1689-1709*（1905出版），頁41。｜**59.** *Pepys*，第三輯，頁95。｜**60.** *Pepys*，第六輯，頁215。｜**61.** Manuel Eisner所撰，Long-Term Historical Trends in Violent Crime，收錄於*Crime and Justice*，第三十期（2003出版）範圍第83至142頁，本文引用頁數為85與99。｜**62.** 同前註，頁99。古怪的是，至今比利時的數據仍是英國的兩倍。在我寫作的當下比利時每十萬人有一點八人死於謀殺，英國則為零點九。｜**63.** *Misson*，頁305至306。｜**64.** Keith M. Brown所撰，Gentlemen & Thugs in 17th-Century Britain，收錄於History Today第40期（1990年10月出版）。｜**65.** 接下來談到關於雙人對決的論述，幾乎是來自Markku Peltonen所撰，*The duel in Early Modern England: Civility, Politeness and Honour*（2003於劍橋出版）。這裡提到復辟時期是雙人對決的黃金時代，請見頁202。｜**66.** *Pepys*，第一輯，頁20（切斯特非爾德）；*ODNB*（譚克維爾）；*Evelyn*，第二輯，頁230（塔伯特）；*Pepys*，第二輯，頁32至33（白金漢）；*Evelyn*，第二輯，頁355（賽摩爾）；J. Kent Clark所撰，*Whig' s Progress: Tom Wharton Between Revolutions*（2004出版），頁218（華頓）；*Pepys*，第八輯，頁363。｜

living in the county of Cornwall, who was fed for six months by a small sort of airy people called Fairies（1696出版）中就有相關描述。｜**21.** *Schellinks*，頁123。｜**22.** *Baskerville*，頁268。｜**23.** *Anglia Notitia*，第一輯，頁34。｜**24.** *Cosmo*，頁426至462。｜**25.** *Later Stuarts*第27頁指出約有十五萬名至二十五萬名的新教徒。Ogg所撰之*J. & W.* 頁93，指出在一六七六年，所有不動產所有人中有2,477,156名英國國教徒、108,676名新教徒以及13,856名羅馬天主教徒。不過作者也表示天主教徒與新教徒的比例在北部省份較高（上述數字是來自坎特伯里省）。一六七六年，英格蘭總共有5,003,488人（根據*PHE*，頁528），所以依比例推算，新教徒總數約有二十萬人。｜**26.** 在一六七九年的天主教陰謀發生後民眾都戒慎恐懼，害怕自己被誤認為是天主教徒。請見John Cordy Jeaffreson所編，Middlesex Sessions Rolls: 1679，收錄於*Middlesex County Records*，第四輯：1667年至1688年（1892出版），頁113至142。｜**27.** *Pepys*，第三輯，頁266至267。｜**28.** R. H.所撰，*The Clownish Hypocrite Anatomized*（1671出版）。｜**29.** *Later Stuarts*，頁27（三萬名貴格會信徒在英格蘭）；*Schellinks*，頁40（獄中的貴格會信徒）；*Pepys*，第四輯，頁271（百人被捕）；*PL*，頁144（罰款）。｜**30.** *Cosmo*，頁428。｜**31.** Robert Beddard，所撰Anti-popery and the London Mob, 1688，收錄於*History Today*，38-7（1988出版）。｜**32.** *PL*，頁16。一六九七年，彌松認為倫敦內有六十至七十戶猶太教家庭，請見*Misson*，頁144。｜**33.** Famarez Dabhoiwala所撰，*The Origins of Sex*（2012出版），頁53。｜**34.** Brian P. Levack所撰，The Prosecution of Sexual Crimes in Early Eighteenth-century Scotland，收錄於*Scottish Historical Review*，89-288（2010出版），頁175。｜**35.** *Barlow' s Journal*，第一輯，頁286。｜**36.** *Misson*，頁311；*Thoresby*，第一輯，頁286。｜**37.** *Pepys*，第三輯，頁26（週日彈奏樂器）；第一輯，頁220與239。｜**38.** *Misson*，頁60。｜**39.** *Pepys*，第八輯，1667年七月29日。｜**40.** *Pepys*，第四輯，頁1與30。｜**41.** *Pepys*，第二輯，頁209。｜**42.** *Misson*，頁287。｜**43.** *Cosmo*，頁397。為讓法文原文更清楚易懂，我稍微調換原文的語序。｜**44.** *Pepys*，第三極，頁268。｜**45.** *Evelyn*，第二輯，頁351。那位僕人說的也有道理，因為那棟宅邸後來真的變了樣。｜**46.** *Evelyn*，第一輯，頁378。｜**47.** *EoaW*，頁49。引

a vincula matrimonii（指結婚時沒有簽字、訂契約）第二種是*a mensa et thoro*（其中一方與他人通姦）。若是以第二種形式離婚，那離婚後則不得再婚。只有在一七〇〇年時，諾福克公爵以第二種形式與妻子離婚，國會法令特別准許他再婚。請見Ogg所撰*J. & W.*，頁78。關於贍養費，請見*WCH*，頁77。｜**66.** *Misson*，頁129。｜**67.** *WCH*，頁71。｜**68.** Edward Albert Parry所撰，*Letters from Dorothy Osborne to Sir William Temple (1652-54)*（1888出版），第19封信。

第四章　性格

1. *Barlow' s Journal*，第一輯，頁261。｜**2.** *Misson*，頁358（毛髮）、頁130（錢幣）。｜**3.** Alan Macfarlane所撰，*The Family Life of Ralph Josselin: An Essay in Historical Anthropology*（1970於劍橋出版），頁190至191。｜**4.** *HELS*，頁220。｜**5.** John Aubrey所撰，*Miscellanies*（1696出版）。｜**6.** *EoaW*，頁224至225，引用Rev' d John Glanville所撰的*Saducismus Triumphatus*。｜**7.** *Evelyn*，第二輯，頁282。｜**8.** 關於年鑑可參考*Pepys*，第一輯，頁289。關於占星可參考*Evelyn*，第二輯，頁92。關於手相與吉普賽算命師可參考*Pepys*，第四輯，頁234、286與296。｜**9.** *Pepys*，第四輯，頁339。｜**10.** *Pepys*，第一輯，頁281。｜**11.** *Evelyn*，第二輯，頁199。｜**12.** Harold J. Cook所撰，Sydenham, Thomas (*bap.* 1624, *d.* 1689)，收錄於ODNB。Michael Hunter所撰，Boyle, Robert (1627-1691)，收錄於ODNB。｜**13.** 根據James Sharpe所撰，*Instruments of Darkness: Witchcraft in Early Modern England*（1997於費城出版），頁23。一六〇〇年前後，女巫與巫師審判的案例大幅上升。｜**14.** Paula Hughes所撰，Witch-hunting in Scotland 1649-50，收錄於Julian Goodare所編，*Scottish Witches and Witch-hunters*（2003出版），頁86。｜**15.** Owen Davies所撰，Witches in the dock: 10 of Britain' s most infamous witch trials，收錄於*BBC History Magazine*（2012年12月）。｜**16.** *SSW*，2016年1月25日下載。｜**17.** Robert Pitcarin所撰，*Ancient Criminal Trials in Scotland*（共三輯，1833出版），第三輯，第二部分，頁602至616。｜**18.** *SSW*，2016年1月25日下載。｜**19.** *Misson*，頁129至130。｜**20.** 舉例來說，在Moses Pitt著作*An account of one Ann Jeffries now*

38. *Pepys*，第四輯，頁95。｜**39.** *Evelyn*，第二輯，頁116。｜**40.** *DEEH*，頁526。此頁引用丹尼爾．笛福所撰*Giving alms no charity and employing the poor a grievance to the Nation*（1704出版），頁25至28。｜**41.** Paul Slack所撰*The English Poor Law 1531-1782*（1990出版），頁26至27、頁30隻圖表。｜**42.** 舉例來說，這些措施在一六七六年落實於亨廷登郡。請見*DEEH*，頁448至451。｜**43.** Ian Mortimer所撰Baskerville, Hannibal (1597-1668), antiquarian dilettante，收錄於*ODNB*; http://www.odnb.com/。｜**44.** 這段文字來自一六九七議會行為的前言，其中允許埃克塞特興建新的濟貧工廠。｜**45.** Ogg所撰，*Charles II*，第一輯，頁124。｜**46.** 很多人指出這個故事跟歷史記載的日期不符，但這不是重點，因為一六六〇年代的民眾對此事深信不疑，佩皮斯本人當然也是如此。*Pepys*，第二輯，頁114至115。｜**47.** *Pepys*，第一輯，頁269。｜**48.** *Evelyn*，第二輯，頁104。｜**49.** *Evelyn*，第二輯，頁253。｜**50.** *Pepys*，第三輯，頁232至233。｜**51.** *Mission*，頁32。｜**52.** John Miller所撰，*James II*（第三版，2000出版），頁38。｜**53.** *Pepys*，第四輯，頁133（拆解大體）、頁156（馬糞）。｜**54.** The marquess of Halifax所撰，*Advice to a daughter*。引自Ogg所撰*J. & W.*，頁78至79。｜**55.** David Norbrook所撰，Hutchinson, Lucy (1620-1681)，收錄在ODNB中。｜**56.** *Anglia Notitia*，第一輯，頁291至296。｜**57.** William Gouge所撰，*Of Domesticall Duties*（1622出版），頁337。引自Elspeth Graham、Hilary Hinds、Elaine Hobby與Helen Wilcox所編，*Her Own Life: Autobiographical Writings by Seventeenth-Century Englishwomen*（1989出版），頁8。｜**58.** *Pepys*，第四輯，頁9至10。｜**59.** *Anglia Notitia*，第一輯，頁293與299。｜**60.** *Cosmo*，頁399至400。倫敦婦女在夜晚也有外出的自由，請見頁314至315。｜**61.** 舉例來說，一六六一年四月四日佩皮斯將太太留在某聚會中自己提前返家。請見*Pepys*，第二輯，頁66。他企圖勾搭女僕的段落請見*Pepys*，第三輯，頁152。後來他在157頁也寫到，他自知這種行為非常可恥。｜**62.** *Pepys*，第九輯，頁337。｜**63.** 此例與後續對女性有利的法律實例都來自*Anglia Notitia*，第一輯，頁293。｜**64.** Dafoe所撰，*Giving alms no charity*，引自*DEEH*，頁526。｜**65.** 離婚的可能性極低，只有極為富裕的貴族有辦法訴請離婚。在復辟英格蘭，若想離婚有兩種可能，第一是

級分類適用於一六九〇年代。｜**18.** Thomas Blount所撰*Glossographia*（又名*a Dictionary interpreting all such Hard Words of Whatsoever Language now used in our refined English Tongue*；第二版於1661出版），此字被分類在“classe”底下。關於“class”這個術語在近代世界的演變請見Keith Wrightson所撰Estates, Degrees, and Sorts in Tudor and Stuart England，收錄於*History Today*，第三十七期第一冊（1987出版）。｜**19.** Daniel Defoe所撰*The Review*（17096月25日出版）。｜**20.** *Anglia Notitia*，第一輯，頁263至267。特別注意，這裡提供的數據是後期的狀況。一六〇三年全英格蘭沒有半個公爵，只有一位侯爵、十九位伯爵、三位子爵以及四十位勳爵，總共只有六十三位非宗教的爵士。｜**21.** 欲知他早年的經濟狀況，請見*Noble*，頁366。欲知他過世前的經濟狀況，請見*ODNB*網址http://www.odnb.com/。資料分類在貝德福（Bedford）條目底下，引用Thomson所撰*Russells in Bloomsbury*，頁101。｜**22.** *Noble*，頁23至25、124與203。｜**23.** *Pepys*，第五輯，頁22。｜**24.** *Evelyn*，第二輯，頁111；D. C. Coleman所撰Banks, Sir John, baronet (*bap*. 1627, *d*. 1699)，收錄於*Oxford Dictionary of National Biography*: http://www.odnb.com/。｜**25.** *Evelyn*，第二輯，頁152與177；Michael J. Braddick所撰Fox, Sir Stephen (1627-1719)，收錄於*Oxford Dictionary of National Biography*；Richard Grassby所撰Child, Sir Josiah, first baronet (*bap*. 1631, *d*. 1699)，收錄於*ODNB*。｜**26.** Sir Henry Craik所撰*The Life of Edward, Earl of Clarendon, Lord High Chancellor of England*（1911出版），頁222。｜**27.** 來自B. R. Mitchell所撰*British Historical Statistics*（1988出版），頁166至169。我在自己撰寫的*Centuries of Change*（2014出版）頁312中分析該書提供的數據。可參考*BEG*，頁60。｜**28.** *DEEH*，頁207（特羅布里奇的事件）、頁523（木匠的薪資）。｜**29.** 來自Devon Heritage Centre: Z1/21/2/1 10 March 1693。合約副本指出合約期限為九十九年，或等到合約中載明的三個人過世為止。｜**30.** *Essex*，頁170至171。｜**31.** *Barlow' s Journa*，第一輯，頁251。｜**32.** 這些案例來自*Pepys*，第一輯，頁307；第二輯，頁207；第三輯，頁37至38；第四輯，頁109。｜**33.** *SED*，頁769。｜**34.** *WCH*，頁101；*DEEH*，頁524。｜**35.** *Hooke*，頁23至24。｜**36.** *Josselin*，頁136。｜**37.** *Pepys*，第三輯，頁53；第四輯，頁86。｜

慎地指出自己是在十一月一號星期四，生於德羅伊特威奇（Droitwich）。十一月一號是禮拜四的年份只有一五七一、一五七五、一五八二、一五九三。不過普爾夫人並沒有解釋為何她最後選擇一五八二年，她還指出喬治媽媽的父親叫修．吉斯（Hugh Guise），母親叫布莉姬．瓦金斯。當時在哈德佐這個離德羅伊特威奇一英里遠的鎮上，確實有位名叫修．吉斯（Hugh Gise，拼法略有不同）的男子，但他是和一位叫艾利斯的女子成婚。修．與艾利斯生了以下幾個小孩：法蘭斯（一五六五年七月受洗）、喬安納（一五六八年十二月受洗）以及克里斯多佛（一五七五年一月受洗）。在這些孩子受洗的年代之間，剛好有個可能是愛麗絲出生的年份（一五七一年），所以喬治媽媽有可能是修跟艾利斯的女兒，只是剛好在別處受洗。另外也有其他詳實的證據指出，有名婦女生下了名叫愛麗絲．吉斯的女嬰。不過要小心的是，當時在鄰近地區有另一位叫做修．吉斯的男子，其子約翰在一五九八年二月於德羅伊特威奇的聖安德魯教堂受洗。另外，在一五七〇和一五八〇年代間，名叫約翰．吉斯的嬰兒誕生於哈德佐，名叫威廉．吉斯的男子誕生於德羅伊特威奇的聖安德魯斯，理查．吉斯誕生於德羅伊特威奇的聖彼得，湯瑪斯．吉斯也誕生於同一個教區。以上這些人都姓吉斯，但沒有一個嬰兒叫做愛麗絲或瑪麗（在一六九一年的肖像中也出現瑪麗這個名字）。至於愛麗絲的兒女，約翰．洛克指出其子約翰．喬治在一六八一年三月時年紀是七十七歲。雖然沒有他的確切受洗資料，但有三個名叫喬治的嬰兒在一六一〇至一六一六年間在聖吉爾斯（St. Giles）受洗，當中還有一人名叫布里奇．喬治。所以愛麗絲很可能是在一六一〇年前與理查．喬治成婚。總之，德羅伊特威奇的修．吉斯在一五六五年至一五七五年間生下幾名子女，間接證實愛麗絲確實有可能誕生於一五七〇年代初。牛津記錄的三名嬰兒的受洗日期，也證實她應該早在一六一〇年前就已結婚，但仍無法確認她的真實年齡。如果她真的生於十一月一號星期四，那麼洛克和她碰面時她就不可能是一百零八歲，要不是一百零五歲就是一百零九歲。另外，我們也無法確認她究竟有幾名子女。假設她後來真的多活十年，那也無疑是相當長壽的實例。｜**16.** *Schellinks*，頁72。｜**17.** 根據*SED*，頁780至781。金並沒有依照階級替不同的身分地位分類，文中述及階級的部分都是我自己的詮釋，不過他在分類中仍使用「大」（greater sort）、「一般」（middle sort）和「小型」（lesser sort）等詞，顯然代表階章），不過倫敦滅火公司是私人企業，不像蘇格蘭的部隊那樣屬於市民服務。根據Arthur E. Cote、P. E.以及Percy Bugbee合撰的*Principles of Fire Protection*（1988年出版）頁4，全世界第一支有給薪的城鎮救火隊，是一六七九年波士頓發生某場火災後所成立。該部隊除了隊長還有十二名消防員，他們運用來自英國的發動機輸送水源。Reid認為英國第一支隸屬於市政府的救火部隊是在愛丁堡於一八二四年成立。他之所以認為那是第一個市府救火隊，是因為那些救火隊員有領薪水而非自願的義工（1703年的愛丁堡救火隊是義工性質）。在James Braidwood所撰的*On the Construction of Fire Engines and Apparatus*（第一版：1830年於愛丁堡出版；第二版：2004年於愛丁堡出版）中，Brian Allaway替第二版寫了一篇前言，並在文中支持Reid的説法。目前我找不到對於更早期消防隊的文獻，或許是因為在十八世紀無人推動這項理念，也可能是早期消防隊的規模比不上一八二四年的那支市府消防隊，因此未受關注。

第三章　民眾

1. *SED*，頁775。｜**2.** *PHE*，頁528至529。｜**3.** *OCSH*，頁488。關於移民至波蘭的詳細描述，請見*Global Crisis*，頁100。｜**4.** 此數據是引自一六八〇年代早期的統計資料。請見Wrigley 等人所撰*English Population History from Family Reconstitution*，頁267；*WWHL*，頁132至133。｜**5.** *Global Crisis*，頁93。｜**6.** 一六九五年關於英格蘭和威爾斯的數據，引自*WWHL*第頁108頁中古格里．金的統計資料。我特地將這份資料稍作調整，區分出六十歲以上的人口數。二〇一一年的統計範圍是整個大英帝國，來源為當年年人口普查http://www.ons.gov.uk/ons/dcp171778_270**487.**pdf。｜**7.** *Evelyn*，第二輯，頁140；*Pepys*，第三輯，頁297；第四輯，頁107。｜**8.** *WWHL*，頁116。｜**9.** *WCH*，頁66。｜**10.** *Josselin*，頁169。｜**11.** *Evelyn*，第二輯，頁153。｜**12.** *Evelyn*，第二輯，頁159與174。｜**13.** *Josselin*，頁160。｜**14.** *Fiennes*，頁146。｜**15.** *WWHL*，頁115至6。愛麗絲的娘家姓吉斯，大家通常都稱她喬治媽媽。在普爾夫人（Reginald Lane Poole）的瓦德和學院（Wadham College）繪畫目錄中（*Catalogue of Portraits in the Possession of the University, College, City and County of Oxford*，第三輯下冊頁218），表示愛麗絲生於一五八二年。喬治媽媽謹

55. *HELS*，頁37。｜**56.** *CUHB*，頁419。｜**57.** Ogg所撰，*Charles II*，第一輯，頁400至402。｜**58.** *HELS*，頁5。文中指出有百分之五點三的蘇格蘭人民住在規模一萬人以上的城鎮中，例如格拉斯哥與愛丁堡。另外在Robert Allen Houston所撰的*Population History of Britain 1500-1750*的第20頁中（引自Ian D. Whyte所撰Urbanisation in early modern Scotland: a preliminary analysis，收錄於Scottish Economic History Society, 9, 1〔1989出版〕，頁21至37之第22頁），作者也提出相同數據。該作者指出共有五萬三千人住在人口規模一萬以上的城鎮，因此蘇格蘭總人口數約為一百萬人。不過根據一六九一年的窗稅來推斷，蘇格蘭人口將近有一百二十萬人。另外，一七五五年的人口普查指出當地人口有一百二十六萬零五千人，這個數字獲得Michael Lynch的肯定，引用於*OCSH*（頁487至488）。此外，學界似乎對於一七〇〇年的城鎮規模有不同認知。舊時資料顯示愛丁堡當時有五萬人，格拉斯哥有一萬兩千人。Paul Slack委婉地在*CUHB*的頁300指出愛丁堡大概只有四萬多人，格拉斯哥的人口在一七〇〇年則為一萬八千人。不過Michael Lynch在前書中（第419頁）指出，一六九一年愛丁堡、卡努門（Canongate）以及南利斯（South Leith）的人口數為四萬人，格拉斯哥為一萬五千人，丹地為九千人，亞伯丁市為一萬人，艾爾（Ayr）則有五千人，因此這些城鎮的人口總和為七萬九千人。假如一六九一年蘇格蘭人口真為一百二十萬人，那麼住在大型城鎮的人口比例則為百分之六點六。如果Slack提供的格拉斯哥數據為真，那麼大型城鎮的人就要再加三千人，人口比例增為百分之六點八。｜**59.** *OCSH*，頁220。｜**60.** Sir Alexander Grant所撰*The Story of the University of Edinburgh During its First Three Hundred Years*（全兩輯，1884出版），第一輯，頁224至225。｜**61.** *HELS*，頁220。｜**62.** 請見Robert Chamber所撰*Notices of the Most Remarkable Fires in Edinburgh from 1385 to 1824*（1824於愛丁堡出版），頁13至15。｜**63.** 請見Alexander Reid所撰*'Aye Ready': The History of Edinburgh Fire Brigade, the Oldest Municipal Brigade in Britain*（1974年出版）。該書重述一七〇三年法規任命當地居民組織救火部隊的細節與內容，並指出該救火部隊有十二名消防員。有時會有人說倫敦的火災保險公司才是史上第一個提供滅火服務的組織。這樣說或許也沒錯（請見第一個新生兒，本統計數字即採用此出生率來推算。｜**41.** *Magna Britannia*，第三輯、頁99至101。｜**42.** *Magna Britannia*，第四輯、頁22至26；*AHEW*，第一冊，頁7。｜**43.** 我引用古格里．金統的數字。他推算出在一七〇〇年有百分之二十五的人口住在都會區。當時英格蘭與威爾斯總共有五百五十萬人，扣掉大城鎮裡的人口數後為八十五萬人。將此數字除以一六九三年英國與威爾斯的城鎮數（人口數小於五千的城鎮總共有六百四十八座），得出八百一十人。｜**44.** 引自*Schellinks*，頁48。｜**45.** *Cosmo*，頁140；*Fiennes*，頁181。｜**46.** 關於莫頓漢普斯泰德的人口數：教區人口登記顯示當地原有一千六百人，在十七世紀末增為一千七百人。此外應該要加入一六七二年來到當地的基督長老會教徒。在一六三九年的莊園與自治市普查中，莫頓漢普斯泰德與莫爾頓（Moreton）擁有相同房屋數量，三分之一的人口散落於教區中的其他莊園（例如杜康比〔Doccombe〕、雷伊〔Wray〕以及南泰格〔South Teign〕）。本地可能住有整個教區百分之四十的人口。其他細節來自一六三九年的普查（收錄於雷丁大學鄉村歷史中心〔Rural History Centre〕的資料庫中），另外我也參考幾份十八世紀的普查資料（位於埃克塞特的Devon Heritage Centre中的Courtenay系列資料）。可參考Ian Mortimer所撰Index of Medical Licentiates, Applicants, Referees and Examiners in the Diocese of Exeter, 1568-1783收錄於*Transactions of the Devonshire Association*, 136（2004出版），頁99至134；Bill Hardiman與Ian Mortimer合撰*A Guide to the History and Fabric of St Andrew' s Church Moretonhampstead*（紙本書於Friends of St Andrew' s在2012出版）；*Magna Britannia*，第六輯第二冊，頁357。｜**47.** *Baskerville*，頁289至290。｜**48.** *OCSH*，頁488。｜**49.** 不同資料指出的日期皆有出入，我參考*Later Stuarts*，頁409。｜**50.** Arthur Bryant所撰*Samuel Pepys*（全三輯，1954至1958間出版），第二輯，頁379。｜**51.** 原文來自*A Trip to Barbarous Scotland*（約1708左右出版），引用於*EoaW*，頁49。｜**52.** *Fiennes*，頁182至184。｜**53.** 其他十一個主教管區分別為阿蓋爾（Argyll）、布理金（Brechin）、凱瑟尼斯（Caithness）、鄧伯蘭（Dunblane）、敦克爾德（Dunkeld）、馬里（Moray）、羅斯（Ross）、加洛威（Galloway）、群島（the Isles）、奧克尼（Orkney）與聖安德魯斯（St. Andrews）。｜**54.** 關於這些城鎮的平均規模請見*HELS*，頁31。｜

於曼島的聖公會索多暨馬恩教區，也在坎特伯里省的範圍之內。｜**23.** 在History of Parliament網站上，有關於1690至1715年的詳細資料，網址為Http://www.historyofParliamentonline.org/volume/1690-1715/survey/constituencies-and-elections。在我提供的英格蘭自治市總數中包含八個五港聯盟地區：多佛、黑斯廷斯、海斯、新羅姆尼、萊伊、桑維奇、溫切爾西以及西福德，另外也有杜倫以及紐瓦克地區。杜倫以及紐瓦克在一六七三年透過議會立法成為自治市。英格蘭自治市不包含蒙茅斯郡以及其中的阿斯克以及紐波特，因蒙茅斯郡屬威爾斯。｜**24.** John Toland所撰*The Art of Governing by Partys*（1701出版），頁75。｜**25.** http://www.clickonwales.org/wp-content/uploads/4_Factfile_Settlements.pdf。可參考Christopher Chalkin所撰*The Rise of the English Town, 1650-1850*（2001年於劍橋出版）。在該書第八頁中，作者指出雷克斯漢姆在一六五〇年時僅有兩千五百名居民。｜**26.** 數據來自*Urban Growth*，頁700。｜**27.** 關於埃克塞特在這個時期的房屋細節，請見Michael Laithwaite所撰*Exeter Houses 1450-1700*（1966於埃克塞特出版），頁58。｜**28.** *Fiennes*，頁198。｜**29.** *Cosmo*，頁133。他說大教堂「是棟規模宏大的建築，頗具歌德風格，外觀結構與規模令人歎為觀止。石頭上或深或淺的浮雕與裝飾，刻鑿出新約與舊約聖經中的聖徒。在克倫威爾掌權期間，很多雕刻都遭到破壞。」**30.** *Cosmo*，頁137。｜**31.** *Cosmo*，頁137。｜**32.** 這筆資料來自Demolition Exeter這個極具參考價值的部落格：http://demolition-exeter.blogspot.co.uk/。關於我在下一句提到的壓艙物，則是來自Michael Laithwaite所撰*Exeter Houses 1450-1700*（1966於埃克塞特出版），頁60。｜**33.** *Fiennes*，頁197。｜**34.** *Fiennes*，頁197。｜**35.** *Baskerville*，頁308。｜**36.** *Cosmo*，頁124至125。｜**37.** Philip Jenkins所撰*A History of Modern Wales 1536-1990*（第二版，2014出版），頁34-35；Paul Slack所撰Great and good Towns 1540-1700，收錄於*CUHB*，範圍347至376，頁350。｜**38.** *Lincoln*，頁143至144。｜**39.** *Fiennes*，頁172。｜**40.** Michael Faraday所撰*Ludlow 1085-1660*（1991於奇切斯特出版），頁160與168。1700年的數據是依照當年舉辦的六十六場受洗典禮來推估。受洗典禮相關資訊來自*Abstract of answers and returns made pursuant to an Act passed in the forty-first year of King George III*（1802出版），頁251。當年度粗估出生率為每千人中有三十一

郡、亨廷登郡、貝德福郡、萊斯特郡、東約克郡、拉特蘭、林肯郡以及諾丁罕郡，請見*Enclosure*，頁483至505。本文引用範圍於頁500。另外，杜倫郡也算是其中之一，請見*AR*，頁149。｜**14.** 數據引自*Enclosure*，頁502。根據J.R. Wordie的統計，一六〇〇年圈地的面積大概是英格蘭土地的百分之四十七，在一七〇〇年則來到百分之七十一。這項數據已排除在1914年僅存的公共土地，因為這項數據著重於互助地區銳減的趨勢，而非未遭圈限的土地面積。｜**15.** Robert C. Allen所撰Community and Market in England: Open Fields and Enclosures Revisited。此文收錄於M. Aoki與Y. Hayami所編之*Communities and Markets in Economic Development*（2001年於牛津出版）。該文頁數為42至69頁，本文引用範圍於頁62。｜**16.** *BEG*，頁54。馬匹數量以對數函數的規模成長，從三十二萬匹變為六十四萬匹。也可參考Nat Alcock所撰之*People at Home: Living in a Warwickshire Village 1500-1800*（1993於奇切斯特出版），頁190；John Langdon所撰The Economics of Horses and Oxen in Medieval England，此文收錄於*Agricultural History Review*第30輯第1冊（1982出版），頁31至40。Langdon表示，在中世紀牛比馬便宜，因為在開放式農地時期，照顧牛群的開銷由莊園領主負擔，佃農不用自掏腰包養牛。｜**17.** 根據*BEG*，頁106，在二〇一五年，大英帝國總共有兩千三百萬頭羊，平均每人可分到三分之一頭羊。其中大概有一千零九萬頭羊在英格蘭境內，每人可分到五分之一頭羊。｜**18.** *AR*，頁100與106。｜**19.** *Pepys*，第四輯，頁356（1663年10月29至30日）。｜**20.** John McCann所撰Clay and Cob Building（第三版，Princes Risborough於2004出版），頁35。｜**21.** *Fiennes*，頁168。｜**22.** 參考*AHEW*，第二冊頁409至411。根據John Adams的統計，一六九〇年全英格蘭具有市場的城鎮總共有八百七十四座（其中七十三座在威爾斯），不過他一定是將某些不毛之地也列入計算才得出這個數字。如果要銜接早期與後期的資料，參考一六九三年的數據會比較有幫助。英格蘭的城市有杜倫、約克、卡萊爾、隸屬於約克省的徹斯特、坎特伯里、羅徹斯特、奇切斯特、溫徹斯特、索爾斯伯里、埃克塞特、韋爾斯、伍斯特、赫里福德、倫敦、林肯、伊利、諾里奇、利奇菲爾德、布里斯托、格洛斯特、彼得伯勒以及坎特伯里省的牛津。威爾斯的城市則為班戈、聖亞薩、聖戴維斯以及蘭達夫，這些城市也隸屬坎特伯里省。另外，位

第二章 倫敦之外

1. *Thoresby*，第一輯，頁267至268。｜**2.** *Fiennes*，頁168。｜**3.** *Fiennes*，頁166與183。在十七世紀，黑岩峭壁位於蘭開夏郡境內，一九七四年起則屬西約克郡。｜**4.** *Schellinks*，頁34。｜**5.** *Schellinks*，頁64。｜**6.** *Lincoln*，頁111。｜**7.** *Schellinks*，頁130（多爾切斯特）。*BEG*，頁106（全英格蘭）。｜**8.** 多數十七世紀末的作家認為，根據查理二世時期的法律條文，蒙茅斯郡（Monmouthshire）屬於英格蘭而非威爾斯。如果依照這個推論，那麼其五百零七平方英里就應該從威爾斯中扣除，加到英格蘭的項目中。不過並非所有評論家都認為這塊土地屬於英格蘭。例如古里格．金參照的學者查爾斯．達維南特（Charles Davenant）就不這麼認為，請見*SED*，頁802。｜**9.** *Urban Growth*，頁700。文中顯示鄉村就業率在此時從百分之七十降至百分之六十六。不過在Wrigley的定義下，人口數高於五千人的區域就可稱為小鎮，因此他把不少小鎮歸類為「鄉村地區」。如果他將這些地區排除，那麼就業率會高出許多。｜**10.** 總人口數是引自前註提到的*Urban Growth*，頁700。根據*PHE*頁528，他們利用回推算法（Back-Projection），得出當時人口數為四百九十六萬兩千人。在E. A. Wrigley、R. S. Davies、J. E. Oeppen與R. S. Schofield合著之*English Population History from Family Reconstitution 1580-1837: a reconstruction*（1997年於劍橋出版）頁614，作者利用廣義逆向預測（Generalised inverse projection），得出1696年至1700年間的中點數字為五百一十一萬八千人。這幾位作者並未將蒙茅斯郡（Monmouthshire）計入英格蘭領域。古格里．金認為一六九五年的英格蘭人口為五百五十萬人。根據*SED*，頁772，我取五百零六萬人當中的百分之七十五，得出農村地區的人口數。根據金的統計，一六九五年的都市人口密度為每平方英里五百六十二人。｜**11.** *Enclosure*，頁502。｜**12.** Ian Mortimer所撰的*Berkshire Glebe Terriers 1634*，刊登於Berkshire Record Society（1995年）。1738年後，國會在當地舊郡區的十六萬公頃土地上設立圍欄，約為當地三分之一的土地（以1974年以前的郡界線範圍來計算）。在十八世紀初期，幾乎沒有農民私下締結合約，加上圈地法案也尚未普及化，因此地主無法借助法案來掌控自己的土地，因此當時圈地的情況在英格蘭相對少見。參考*Enclosure*，頁498。｜**13.** 這十一個郡分別是牛津郡、劍橋郡、北安普敦

撰*London and the Great fire*，頁19。｜**13.** Rosemary Weinstein所撰New urban demands in Early Modern London Medical History，副刊第11期，頁29-40。｜**14.** *Pepys*，第七輯，頁268。｜**15.** Thomas Vincent所撰*God' s Terrible Voice in the City*（1667出版）。引自*PL*，頁136。｜**16.** *Pepys*，第七輯，頁271至272。｜**17.** *Evelyn*，第二輯，頁12。｜**18.** 考古調查在現場發現熔化的陶器，據此推斷出當時的溫度。陶器目前於倫敦博物館展示。http://collections.nuseumoflondon.org.uk/Online/object.aspx?objectID=object-750122。｜**19.** *Pepys*，第八輯，頁87、114。｜**20.** Hearsey所撰*London and the Great Fire*，頁158。｜**21.** *Evelyn*，第二輯，頁14至15。｜**22.** *Pepys*，第八輯，頁60。｜**23.** Owen Ruffhead所編*Statues at Large*，第三輯（1786出版），頁289。｜**24.** M.J. Power所撰，East London housing in the seventeenth century收錄於*Crisis*，頁237至262，此段位於頁244。｜**25.** 這間公司後來改名為「手牽手火災與生命保險公司」（Hand-in-Hand Fire and Life Insurance Society）。另外，火災保險在一六六四年就已由德國的同業公會所制定，請見*Global Crisis*，頁635。｜**26.** Edgar Shepard所撰The Old Royal Palace of Whitehall（1902年出版）。｜**27.** M.J. Power所撰，East London housing in the seventeenth century，收錄於*Crisis*，頁237至262，此段位於頁237。｜**28.** *PL*，頁208。｜**29.** *Urban Growth*，頁688；David Ogg所撰，*J. & W.*，頁132。關於都柏林的人口數，在S. J. Connolly所編*The Oxford Companion to Irish History*（1998出版）頁161中，指出都柏林約有五萬至六萬居民。｜**30.** 這項數字是以倫敦的人口數，對比於倫敦以外全英格蘭前十大城市的人口數，並取一三七七年、一六〇〇年、一六七〇年、一七〇〇年、一七五〇年與一八〇〇年的數據為依據。一三七七年的資料，可參考*TTGME*，頁10；此時，倫敦人口數僅其他十大城市人口數的百分之五十九。一六〇〇年，可參考*TTGEE*，頁16，此時，倫敦的人口數僅其他十大城市人口數的二點二五倍。至於其他年代的差距可參考*Urban Growth*，頁700。一七五〇年，倫敦人口是前十大城市的二點八二倍。一八〇〇年降至一點七二倍，一八六一年跌至一點三六倍，一九〇〇年回升至一點六倍，一九五一年則是一點五九倍。

註解

緒論

1. 資料來源：Devon Archives and Local Studies Service: QS 1/9 fol. 51r (4 April 1654), 55r (11 July 1654)。嬰兒輾轉被送往不同處所，最後回到蘇珊的丈夫身邊（但他拒絕照顧這名嬰孩）。| **2.** *Global Crisis*，頁22。| **3.**《倫敦政府公報》（*The London Gazette*），1684年1月24至28日。| **4.** *WWHL*，頁167。

第一章　倫敦

1. *Schellinks*，頁48。| **2.** John E. N. Hearsey所撰*London and the Great fire*，1965出版，頁97。| **3.** 取自強納森．史威夫特（Jonathan Swift）的諷喻詩A description of a city shower（1710年發表）。| **4.** Sir John Hobart所述，引用於《佩皮斯筆下的倫敦》（*Pepy's London*，Stephen Porter撰，2011出版），頁20。| **5.** 數據來自Survey of London第三十輯：http://www.british-history.ac.uk/survey-london/vol36/pp25-34。| **6.** *Schellinks*，頁58。| **7.** *Cosmo*，頁200。| **8.** 取自詩作〈漫遊聖詹姆斯公園〉（A ramble in St James's Park）。| **9.** http://www.royalparks.org.uk/parks/hyde-park/about-hyde-park/history-and-architecture。2016年10月19日下載。| **10.** 這段話是我換句話說，布萊道爾在寫這段話時，有一半是以拉丁文書寫。| **11.** 彌松其實是在一六九七年寫下這段話，但他描述的倫敦大火發生前的市容。可見*Misson*一書第134至135頁。另外，這本書有時只屬名編者François Maximilien Misson（例如在網站*Oxford Dictionary of National Biography*; http://www.odnb.com/ 中就是如此。）不過在法文版中，這本書則數名為H. M. de V.，指的是彌松的兄弟Henri Misson，因此無法查證誰是真正的作者。| **12.** 笛福所撰《大疫年日記》（*A Journal of the Plague Year*）。引自John E. N. Hearsey所

漫遊十七世紀古英國：光榮革命、理性主義、咖啡館文化誕生，奠定現代英國基礎的四十年 / 伊恩．莫蒂默 (Ian Mortimer) 著；溫澤元譯 .-- 初版 .-- 臺北市：時報文化，2018.10
面；公分 .--（知識叢書；1063）
譯自：The time traveler's guide to restoration Britain
ISBN 978-957-13-7541-0((平裝)
1. 社會生活 2. 生活史 3. 十七世紀 4. 英國
741.3 107015127

ISBN 978-957-13-7541-0
Printed in Taiwan

知識叢書 1063

漫遊十七世紀古英國

光榮革命、理性主義、咖啡館文化誕生，奠定現代英國基礎的四十年

The Time Traveler's Guide to Restoration Britain

作者 伊恩・莫蒂默 Ian Mortimer｜**譯者** 溫澤元｜**主編** 陳怡慈｜**特約編輯** 黃亦安｜**責任企劃** 林進韋｜**美術設計** Jupee Cheng｜**內文排版** 薛美惠｜**董事長** 趙政岷｜**出版者** 時報文化出版企業股份有限公司 108019 台北市和平西路三段 240 號 1-7 樓 **發行專線**—(02)2306-6842 **讀者服務專線**—0800-231-705・(02)2304-7103 **讀者服務傳真**—(02)2304-6858 **郵撥**—19344724 時報文化出版公司 **信箱**—10899 臺北華江橋郵局第 99 信箱 **時報悅讀網**—http://www.readingtimes.com.tw｜**電子郵件信箱** ctliving@readingtimes.com.tw｜**人文科學線臉書** http://www.facebook.com/jinbunkagaku｜**法律顧問** 理律法律事務所 陳長文律師、李念祖律師｜**印刷** 勁達印刷有限公司｜**初版一刷** 2018 年 10 月｜**初版二刷** 2022 年 10 月 24 日｜**定價** 新台幣 650 元｜**版權所有 翻印必究**（缺頁或破損的書，請寄回更換）

時報文化出版公司成立於一九七五年，並於一九九九年股票上櫃公開發行，
於二〇〇八年脫離中時集團非屬旺中，以「尊重智慧與創意的文化事業」為信念。